1. 존 윌리엄 워터하우스, 〈에코와 나르키소스〉, 1903년, 리버풀 워커아트갤러리

2. 장레옹 제롬, 〈피그말리온과 갈라테이아〉, 1890년, 뉴욕 메트로폴리탄미술관

그리스 신화에 등장하는 대표적인 멜랑콜리커는 나르키소스와 피그말리온이다. 멜랑콜리커란 기본적으로 자기애自己愛에 사로잡힌 사람을 가리킨다. 수면 위에 비친 자기 모습을 사랑하는 나르키소스가 '직접적인 자기애'를 보여준다면, 자신이 조각한 상아소녀에 매혹된 피그말리온은 '간접적인 자기애'를 보여준다. 전자가 자기 자신을 사랑하는 자라면, 후자는 자신이 창작한 대상을 사랑하는 자다.

3. 작가미상, 〈아이아스〉, 고대 로마 시대, 게오르게 오르티츠 소장

아이아스Aias(라틴어로는 아약스Ajax)라는 이름을 가진 그리스 영웅은 두 명이다. 두 인물 모두 아킬레우스에 버금가는 뛰어난 전사이자 오만한 자긍심을 가지고 있던 멜랑콜리커다. 한 사람은 아킬레우스의 무구武具를 두고 오디세우스와 경합하다 정신착란을 일으켜 자살했고, 다른 한 사람은 귀향 도중 난파당했을 때 자력으로 살아남았다고 자랑하다가 포세이돈의 미움을 받아 익사했다.

4. 헤이르트헨 토트 신트 얀스, 〈인적 없는 곳의 세례자 요하네스〉, 1480~1485년경, 베를린 국립박물관

중세 기독교 문화에서 멜랑콜리는 '아케디아'로 불렸다. 이 말은 어원적으로 '어떤 것에도 관심이 없는 상태', 즉 무의미와 권태, 무감각과 나태에 깊이 빠진 상태를 말한다. 특히 금욕생활을 하던 수도자들을 괴롭히는 질병으로 통했다.

5. 작가미상, 〈악마에게 괴롭힘을 당하는 성 안토니우스〉, 1520년경, 쾰른 발라프리하르츠박물관

성 안토니우스는 그리스도의 길을 따르기 위해 모든 것을 버리고 사막에 은둔하며 온갖 유혹과 싸운 전설적인 인물이다. 성 안토니우스가 악마의 유혹(아케디아도 그런 유혹 중 하나)과 치열하게 싸웠다는 이 이야기는 후대의 수도자들은 물론 예술가들에게도 많은 영감을 주었다.

6. 콘라트 딩크무트, 〈연옥의 불길〉, 1483년, 취리히미술관

아케디아(나태)는 일곱 가지 대죄 가운데 하나다. 이 그림은 대죄를 범한 죄인들에게 가하는 형벌을 표현하고 있다. 1) 교만: (거울을 보고 있는) 자기도취적인 사람은 딱딱한 솔로 머리를 긁힌다. 2) 인색: (동그란 구슬처럼 생긴) 돈을 억지로 입에 쏟아붓는다. 3) 음욕: 두 남녀가 상대를 할퀴고 때린다.(남자의 성기는 뱀으로 묘사) 4) 질투: 개에게 물린다. 5) 식탐: 무한정 술을 들이키게 한다. 6) 분노: 성난 악마가 휘두른 칼에 난자당한다. 7) 나태: 팔짱을 끼고 있는(게으름의 상징) 사람을 쇠창살에 끼워넣고 불에 굽는다.

7. 알브레히트 뒤러, 〈멜랑콜리아 Ⅰ〉, 1514년, 베를린 국립박물관

〈멜랑콜리아 Ⅰ〉 부분

화면의 전체 이미지를 지배하고 있는 것은 커다란 날개를 단 천사다. 한 손으로 머리를 괸 채 상념에 빠져 있는 천사의 자세는 통상 '멜랑콜리 포즈'라 불린다. 멜랑콜리 관련 화집을 펼치면, 지루할 정도로 반복되는 정형화된 포즈다. 이 밖에도 르네상스 예술가(기하학적 소양을 갖춘 장인)를 상징하는 다면체, 구, 컴퍼스, 대패, 못 등이 있고, 기타 멜랑콜리의 상징물들, 즉 박쥐(어둠), 사다리(상승과 동경), 모래시계(시간), 열쇠와 주머니(소유욕망) 등이 빼곡히 화면을 채우고 있다.

8. 도나토 브라만테, 〈헤라클레이토스와 데모크리토스〉, 1487/1488년, 밀라노 브레라미술관

'웃는 철학자'라고 불리는 데모크리토스(오른쪽)가 '우는 철학자' 헤라클레이토스(왼쪽)와 마주하고 있다. 이 그림을 그린 브라만테는 자신을 데모크리토스로, 레오나르도 다빈치를 헤라클레이토스로 묘사했다고 한다. 자세히 들여다보면, 헤라클레이토스의 눈에는 눈물이 방울방울 흐르며, 데모크리토스의 입가에는 미소가 감돈다.

9. 살바토르 로사, 〈명상중인 데모크리토스〉, 1662년경, 베를린 국립박물관

외딴 숲속 개울가 나무 밑에서 데모크리토스가 광기에 관한 연구에 몰두하고 있다. 그의 주위에 널브러져 있는 책과 해부된 동물 시체들은 멜랑콜리의 전형적인 소품들이다.

10. 도메니코 페티, 〈멜랑콜리〉, 1618~1623년경, 파리 루브르박물관

책에는 죽은 자의 유령이 담겨 있다. 독서란 홀로 유령을 만나는 행위 혹은 그를 불러내는 초혼의식招魂儀式이다. 멜랑콜리를 거치지 않고 그 의식을 성공적으로 수행하기란 결코 쉽지 않다.

11. 루이 장 프랑수아 라그르네, 〈멜랑콜리〉, 1785년, 파리 루브르박물관

지그시 눈을 감고 있는 여인의 모습은 힘이 없어 보인다. 여성 작가 빙케르트는 멜랑콜리의 여성성을 어머니와의 강한 동일화, 아버지와의 분리, 첫 생리 경험의 충격, 반복되는 생리 주기, 고통을 동반하는 첫 성경험, 가장 아름답고 화려한 신부의 슬픔, 임신의 불안과 출산의 고통 그리고 양육의 버거움, 폐경 이후의 고독 등에서 유래한다고 설명한다. 그림 속 젊은 여인은 어떤 이유로 멜랑콜리에 젖어 있을까?

12. 카스파르 다비트 프리드리히, 〈떡갈나무 숲의 수도원〉, 1809/1810년, 베를린 국립박물관

해는 졌지만 아직 어둠이 세상을 뒤덮지 않을 즈음, 나뭇가지들이 대낮보다 더 또렷하게 실핏줄처럼 보일 때, 잠깐 동안 멜랑콜리 풍경이 펼쳐진다. 이때를 놓치지 않고 프리드리히는 앙상한 고목으로 둘러싸인 옛 수도원의 폐허를 화폭에 담았다. 그림은 풍경만으로 멜랑콜리의 진수를 보여준다.

13. 빈센트 반 고흐, 〈의사 가셰의 초상〉, 1890년, 파리 오르세미술관

짙푸른 멜랑콜리 색감을 배경으로 초상화의 주인공은 미간을 찌푸린 채 초점 잃은 시선으로 멍하게 화가를 바라본다. 의사 가셰는 왜 이런 초상을 주문했을까? 자기연민에 빠진 멜랑콜리커는 비참한 자기 모습을 들여다보기를 즐긴다. 고흐는 멜랑콜리커의 이런 주문을 만족시켜줄 수 있는 적임자였다.

14. 오귀스트 로댕, 〈생각하는 사람〉, 1881~1883년경, 베를린 국립박물관

원래 이 작품은 로댕의 대표작 〈지옥문〉 중앙 윗부분을 장식할 목적으로 만들어졌다고 한다. 〈지옥문〉은 단테의 『신곡』에 등장하는 문이다. 『신곡』의 지옥문에는 다음과 같은 구절이 새겨져 있다. "나를 거쳐서 고통스러운 마을로 가고 / 나를 거쳐서 영원한 고통 속으로 가며 / 나를 거쳐서 저주받은 무리 속으로 간다. ……여기 들어오는 너희는 모든 희망을 버릴지어다."

15. 프란츠 폰 슈투크, 〈루시퍼〉, 1890년, 소피아 외국예술국립미술관

키르케고르에 따르면, 악마적인 것이란 "선에 대한 불안"이다. 가장 빛났던 천사 루시퍼는 선에 대한 불안을 참지 못하고 악마가 되었다. 선에 대한 믿음이 없다면, 굳이 선을 선택해야 하는 이유도 사라진다. 그 때문에 불안할 수밖에 없다. 불안할수록 마음의 문을 닫고, 지독한 고독 속에 스스로를 유폐시킨다.

16. 에드바르 뭉크, 〈멜랑콜리 III〉, 1902년, 몬트리올미술관

뭉크의 그림은 전체가 검은 톤으로 물들어 있는데, 그 이면에 세 가지 색깔이 잠복해 있다. 그림 속 인물의 멜랑콜리가 감정의 다양한 색깔들을 억누르면서 검은 톤으로 조율한 것처럼 보인다. 뭉크는 '멜랑콜리'라는 제목으로 다수의 작품을 남겼다. 멜랑콜리 모티프에 천착했기에, 그는 대표작 〈절규〉를 세상에 내놓을 수 있었다. 일련의 창작 과정을 고려해볼 때, 〈절규〉 역시 현대인의 멜랑콜리를 가시화한 작품이다. 즉 검은 담즙이 곰삭은 자의 피맺힌 비명, 고막을 찢을 것 같은 멜랑콜리커의 절규를 형상화한 셈이다.

17. 강석인, 〈동경〉, 2012년

뿌연 안개에 싸인 어두운 밤, 새 한 마리가 홀로 창공에 떠 있다. 멜랑콜리커는 불가능을 동경憧憬한다. 하지만 그는 올려다보는 게 아니라 내려다본다. 처음부터 불가능을 예감했기 때문이다. '그럼에도 불구하고' 포기할 수 없는 동경은 안쓰럽기만 하다. 추락이 내려다보이는 부질없는 동경이기에. 작가는 새를 내려다볼 수 있는 부감俯瞰 포인트에서 광막한 멜랑콜리 공간을 사진에 담았다.

18. 강석인, 〈잿빛 눈꽃〉, 2014년

하염없이 흘러내리는 잿빛 눈꽃이 카메라에 잡혔다. 이런 눈꽃들이 만발하는 날에는 한낮도 백야 같다. 작품은 기형도의 시 「白夜」를 연상시킨다. "이 밤, 빛과 어둠을 분간할 수 없는 / 꽝꽝 빛나는, 이 무서운 白夜."

멜랑콜리아

서양문화의
근원적 파토스

멜랑콜리아

M e l a n c h o l i a

김동규

문학동네

일러두기

1. 단행본과 잡지는 『 』, 논문과 시 등은 「 」, 회화와 조각 등 예술작품은 〈 〉로 표시했다.
2. 본문 및 인용문의 고딕체는 강조 표시다.
3. 인용문에서 사용된 [ ] 안의 내용은 인용자 첨언이다.
4. 외국 문헌을 인용할 때, 한국어 번역본이 있는 경우 대체로 그 번역을 존중하되 부분적으로는 수정을 가했으며, 주註에 원서와 한국어판 쪽수를 함께 밝혀놓았다.
5. 이 책에서 많이 인용된 주요 원전(칸트, 하이데거)은 편의상 약어를 사용해 칸트는 GS, 하이데거는 GA로 표기했다. 가령 'GS2, 212'는 '칸트 전집 2권 212쪽'을 뜻한다. 이렇게 약어를 사용한 경우에는 주註로 처리하는 대신 본문에 직접 표기했다. 상세한 서지사항은 책 뒤의 '참고문헌' 참조.
6. 화보에 실린 강석인의 사진 〈동경〉, 〈잿빛 눈꽃〉은 사진작가의 게재 허락을 받고 수록한 것으로, 저작권은 사진작가에게 있다.

머리말

미토콘드리아의 지혜

먹고 먹히는 정글의 왕국에서 탈출하는 길, 그것이 지금까지 인류 문명이 걸어온 길이다. 하지만 과연 야만으로부터의 탈출에 성공했는지, 사랑과 이성의 공동체를 건설했는지는 의심스럽다. 인류의 역사는 크고 작은 전쟁들의 중단 없는 기록이었기 때문이다. 특히 근현대사에는 전지구적 규모의 식민지 쟁탈전이 있었다. 서양 제국은 차례차례 다른 문명들을 포식했다. 상황은 지금도 크게 다르지 않다. 외형은 사뭇 달라졌지만, 여전히 군사, 정치, 문화 등 거의 전 분야에서 서양은 지구 전체를 석권하고 있다. 현재 서양에 포획된 우리는 서양문명이라는 몸뚱어리의 소화기관, 즉 위장 혹은 내장 어디쯤에 있을 것이다. 이런 근현대사의 형국을 부정하기란 결코 쉽지 않다. 우리 주위에 있는 거의 모든 것, 예컨대 학교에서 배우는 교육 내용, 법과 제도, 문화와 경제체제, 각종 문명의 이기利器들은 얼마 전까지만 해도 이 땅에 존재하던 것이 아니었다.

도법자연道法自然, 길은 자연을 본받고 따르는 데 있다. 노자의 말이다. 자연과 변별되는 문명의 길이 미궁에 빠질 때, 우리는 다시 자연의 길을 돌아본다. 허나 먹고 먹히는 냉혹한 자연에서 도대체 어떤 길을 찾을 수 있을까? 자연은 무자비하다. 자연의 목가적인 이미지는 한순간 현실의 자연에 부딪혀 갈기갈기 찢긴다. 그럼에도 인간의 길이 보이지 않을 때에는 눈을 크게 뜨고 다시 자연을 볼 필요가 있다.

미토콘드리아. 생명의 최소 단위인 세포 내부에 있는 소기관이다. 세포호흡을 하며 에너지를 생산하기에 '세포의 발전소'라 불린다. 에너지를 만드는 소기관으로서 세포에게는 없어서는 안 되는 주요 기관인 셈이다. 그런데 이 미토콘드리아에는 자기만의 DNA가 있으며, 그 DNA는 핵 속에 있는 DNA와는 전혀 다르다고 한다. 게다가 미토콘드리아의 유전자는 세균의 유전자와 비슷하다. 그리고 미토콘드리아는 자체 내에 리보솜이 있어 단백질을 합성할 수 있고, 이중막을 지니고 있으며, 세포와는 별개로 분열을 수행한다. 그래서 린 마굴리스 같은 생물학자가 생각해낸 가설이 '세포 내 공생설endosymbiosis'이다.[1] 즉 세균이 먹어치운 먹잇감(또다른 세균)이 포식자의 내부에서 우연히 살아남아 공생 관계를 형성함으로써, 원핵세포에서 현재의 진핵세포로 진화할 수 있었다는 것이다. 포식을 통한 동화에는 실패했다. 먹잇감의 입장에서는 포식자의 내부라는 엄혹한 환경에서 생존해야 했다. 생사가 갈리는 험난하고 기나긴 시간이 소요되고 난 후, 둘은 공존의 기술을 터득하게 된다. 학자들에 따르면, 이런 공생을 통해 새로운 종(진핵생물)이 탄생한 것은 물론이거니와, 진화의 신기원이 마련되었다고 한다. 이제는 생물학 교과서에도 소개될 만큼 공신력을 갖게 된 이 가설에 따르면, 먹고 먹히는 적대적 경쟁 관계조차 공생 관계를 전적으로 배제하지 않는다.

자의 반 타의 반, 우리는 서양문화의 내부, 그 한가운데로 들어왔다. 그리고 그동안 서양문화의 정수를 따라잡기 위해서, 혼신의 힘을 다해 모방하고 배웠다. 어느덧 서양과 동양의 구분조차 무의미해진 시대가 되었고, 세계화와 세계시민이란 말이 당연시되고 있다. 하지만 여전히 우리는 서양의 관점에서 이방인이고 주변인이며 무임승차자다. 그렇다고 과거의 전통문화로 되돌아갈 수도 없는 노릇이며, 지금에 와서 그것만을 고집할 수도 없다. 서양문화의 내부에서 살 수밖에 없기 때문이다. 사정이 그렇다면, 미토콘드리아에게 배울 것이 있을지도 모른다. 포식자의 내부에서 공생의 길을 열었던 미토콘드리아에게서 말이다.

먼 훗날, 동서의 경계가 진정으로 무의미해지는 시점이 도래할 것이다. 동서를 아우르는 미래의 철학도 요구될 것이다. 이런 미래의 철학을 준비하는 것은 격변의 시대를 살아가는 철학자의 과제이자 소명이다. 김상환은 이것을 다음과 같이 감동적으로 역설하고 있다. "미래의 사상사에서는 동양의 정신과 서양의 정신은 어느 것도 절대화될 수 없다. 동양의 인문과 서양의 인문이 갈수록 상호 교차, 간섭, 변형하는 시대가 다가오기 때문이다. 역사의 수레바퀴는 제3의 정신이 떠오를 고요한 아침을 향하고 있다. 동아시아의 역사적 현실은 서양의 학습과 전통의 복원 사이에서 새로운 교양의 세계를 열어야 하는 위대한 국면을 맞이하고 있다."[2]

지금 서양은 미래를 준비할 능력이 없다. 서양의 무능력은 포식의 느긋함에서, 혹은 (한순간 주체 못할 정도로 자기를 변형시키는) 타자성에 대한 철저한 외면에서 나온 것이다. 그렇기에 미래의 철학을 준비해야 하는 쪽은 동쪽이다. 미토콘드리아가 그랬던 것처럼 서양에 포식된 동양이 내부 공생에 성공한다면, 지금까지 존재하지 않았던(존재할 수도 없었던) 진정한 세계철학이 탄생할지도 모른다. 이 책은 그

'위대한 국면'을 맞이하는 기다림의 작은 준비작업이다. 아마도 길고 고통스러운 시간이 될 것이다. 하지만 십시일반 지혜를 모으고 관심의 끈을 놓지 않는다면, 그날은 분명 오지 않을까? 나는 생명의 모진 힘을 믿는다.

우리 시대 이 땅의 철학자가 준비해야 할 것은 1) 서양철학의 정체성 정립, 2) 우리를 규정해온 동양철학 정립, 3) 자생적인 한국철학 복원, 4) 우리 내부에서 벌어지는 서양과 동양의 변용 과정에 대한 정확한 포착, 5) 넉넉하게 변용을 담아낼 수 있는 미래의 철학 구상 등이다. 이 모두는 한 사람이 떠맡기에 너무나 버거운 과제들이다. 단 하나를 성취하기 위해서라도 거인적인 노력과 재능이 요구된다. 지금까지 나는 주로 1)과 4), 5) 과제에 몰두했고(이 책이 담고 있는 내용이기도 하다), 미력하나마 내게 남은 모든 힘을 여기에 쏟고자 한다. 2)와 3)의 과제는 그 분야의 전문가들, 동료 철학자들이 잘 수행해주리라 믿는다.

각각의 과제는 서로 밀접하게 연결되어 있다. 서양을 알기 위해서라도 그와 대비되는 동양을 알아야 하며(그 역도 마찬가지다), 동양철학 가운데 한국철학은 어떤 위상을 가지는지를 살펴보아야 한다. 따라서 어느 하나의 과제를 독립적으로 연구한다는 것은 오로지 제한적인 의미에서만 가능하다. 이런 상황에서 개별 연구자들의 지적 네트워크가 중요해지는 것은 당연하다. 정보 과잉의 시대로 진입하면서 특정 분야의 전문가가 등장할 수밖에 없고, 이후 필연적으로 요청되는 것이 최근의 트렌드인 융합이나 통섭이다. 하지만 전문가 네트워크든 융합이든 그것이 힘을 얻기 위해서는, 개인 연구자 차원의 전체에 대한 조망이 요구된다. 또한 우리 내부에서 동서양의 변용이 어떻게 이루어지고 있는지, 그 변용이 얼마만큼 의미 있는지를 가늠하기 위해서는 단순한 경험적 포착에 그치지 않고 그것을 가능케 하는 철학적 지평을 함께 성찰해야 한다.

여타의 과제들도 마찬가지지만 특히 우리 전통을 연구하는 데 중요한 한 가지 방향만을 밝히기로 하자. 위대한 국면을 위한 준비작업은 더이상 1970년대에 있었던 과거 회귀적인 '우리 것 찾기 운동' 혹은 '민족적 주체성의 확립'이라는 틀에 갇혀서는 안 된다. 문제는 도래하지 않은 미래의 철학, 즉 미래의 세계시민이 거주할 수 있는 철학이기 때문이다. 세포 내 공생을 이룬 미토콘드리아는 전대미문의 존재, 새롭게 창조된 생명체의 중요한 일부가 되었음을 잊지 말자. 지금의 미토콘드리아는 더이상 과거의 박테리아가 아니다.

이 책은 '멜랑콜리'를 서양문화의 특이성으로 규명하고 그것의 한계와 한국적 변용 과정을 살핀다. 즉 이 책에서 다루는 핵심 내용은 다음 세 가지다. 첫째, 지금까지 진행된 서양의 '멜랑콜리' 담론을 철학적으로 재구성하는 것이며, 둘째, 멜랑콜리라는 코드로 읽힌 서양문화의 기본 얼개와 그 한계를 보여주는 것이다. 마지막으로, 멜랑콜리한 서양문화를 우리가 어떻게 변용시키고 있는지를 성찰한다.

이 세 주제에 맞추어 책은 3부로 구성되어 있다. 각각의 부에는 논의의 중심축을 형성하는 몇몇 장이 있으며, 장마다 그 끝에는 '멜랑콜리 스펙트럼'이라는 보론 형식의 글이 딸려 있다. 이 보론 형식의 글은 내용상의 구멍, 공백을 메우려는 의도와 각 장마다 진행되는 무겁고 세밀한 철학적 논의에서 빠져나와 조금은 가볍게 생각의 자유를 만끽하려는 의도, 끝으로 멜랑콜리라는 키워드로 예술작품들을 분석해보려는 의도로 마련되었다. 또한 본론에 담긴 정보량이 많은 관계로 각 부 첫머리에는 주요 내용을 일목요연하게 요약해놓은 '개요'를 첨가했다. 정보의 바다에서 방향을 잃는 일은 없어야 하기에 말이다.

책 전체 내용을 잠깐 일별해보면, 제1부에서는 아리스토텔레스와 칸트 그리고 니체를 중심으로 서양에서 전개된 멜랑콜리 담론의 철학적 배경을 살펴볼 것이다. 서양에서는 2,500년 전부터 멜랑콜리가 문화 창작, 예술 창작의 원동력으로 간주되어왔다는 사실, 멜랑콜리는 신적인 광기, 영감, 천재로 이어지는 자유로운 창작자의 정조라는 것, 그리고 멜랑콜리는 무의미한 고통을 견딜 수 있도록 고통을 해석해주는 문화, 곧 비극의 전통과 동근원성을 갖는다는 점, 마지막으로 데모크리토스에서 니체에 이르기까지 멜랑콜리와 함께하는 웃음은 타자를 무시하는 자기애적 냉소라는 점을 논할 것이다.

제2부에서는 하이데거와 프로이트 그리고 박동환을 중심으로 멜랑콜리 담론의 한계를 적시할 것이다. 여기서는 서양 전통철학을 회고하면서 누구보다 자기네 전통을 통렬히 비판했던 하이데거 철학이 시험대에 오른다. 그의 철학이 멜랑콜리의 전통 속에 있음을 논증함으로써 그가 수행했던 전통 비판의 한계를 밝힐 것이다. 또한 현대 사상의 흐름(특히 현대 멜랑콜리 담론)을 열었던 프로이트의 정신분석학이 여전히 전통철학적 관점에 머물러 있음을 비판함으로써, 멜랑콜리 담론의 한계를 드러낼 것이다. 서양 멜랑콜리의 한계를 밝히는 이 과정에서 박동환과 김상봉의 선구적 연구를 생산적으로 원용할 것이다.

제3부에서는 우리의 시인들이 멜랑콜리를 수용하고 변용한 과정을 살펴보고 그것의 철학적 의미는 무엇인지를 성찰해볼 것이다. 이미 우리의 예술가들, 특히 시인들은 예지적 감성으로 서양문화를 변용해왔다. 개화기의 만해 한용운부터 이성복, 기형도, 진은영에 이르기까지, 우리 시인들은 시적 감수성의 거대한 용광로 속에서 서양문화의 핵심적 특징인 멜랑콜리를 변형해 수용했다. 어쩌면 이들의 감성적 변용 속에 미래 철학의 조짐이 남아 있을지도 모른다. 이 책의 마지막은 그 가능성을 타진해보려는 시도이다.

차례

제2부
멜랑콜리 문화의 한계 _ 161

프롤로그

멜랑콜리라는 단어의 네 가지 향기

멜랑콜리. 먼저 이 단어를 입에 물고 곱씹어보라. 한순간 형용할 수 없이 미묘한 맛이 입안 가득 번질 것이다. 매우 쓰지만 달콤하고, 신 것 같다가도 입안을 톡 쏘는 매운맛이더니, 어느새 끝 모를 여운을 남긴다. 굳이 그 맛을 표현하라면, 아리스토텔레스의 비유에 기대어 포도주 맛에 빗댈 수도 있겠다. 그것은 '어두운 깊이(심연)를 느끼게 해주는 맛'(독일어로는 trocken, 영어로는 dry라는 말에 가까운데, 달짝지근한 맛이라기보다는 쓰고 떫은맛이자 묵직한 풀바디full body의 맛이며, 건조한 맛)이다. 멜랑콜리라는 말에서 우리는 오랜 시간 동안 알맞게 숙성된 깊은 맛을 느낄 수 있다. 어느덧 우리에게 그 말의 맛과 향은 친숙해졌다. 일상적으로 자주 쓰는 용어는 아니더라도 분명 어디선가 들어본 적이 있다. 정확한 뜻은 잘 몰라도, 미묘한 뉘앙스만은 감지할 수 있다. 나는 이 용어를 책 전반의 핵심어로 삼으려 한다.

나는 멜랑콜리라는 단어를 번역하지 않고 정착된 외래어로 사용할 것이다. '우울憂鬱'이라는 말로 번역할 경우 사라지는 의미가 너무 많기 때문이다. 편의상의 이유로 혹은 한글을 전용해야 한다는 부담감 때문에 억지로 번역한다면, 멜랑콜리라는 낱말의 의미는 의학적 차원의 질병으로 축소될 것이다. 동시에 그 단어에 수천 년간 퇴적되어온 인문학적 의미들이 모두 증발해버릴 것이다. 더군다나 나는 동양문화로는 호환 불가능한 서양문화의 특이성을 나타내는 말로 멜랑콜리를 이해하고 있기 때문에, 이 말을 한국어로 번역하기 어려운 처지에 있다. 그동안 몇 권의 책을 번역하며 담금질된 나의 번역론에 따르더라도, 애당초 번역 불가능한 말은 어설프게 번역하기보다는 외래어로 포용해야 한다.

통상 멜랑콜리라는 말은 '우울'과 연관된 심리상태, 특정 분위기, 고약한 정신질환 등등을 가리키는 말로 사용된다. 워낙 다양한 의미를 내포하는 용어이기 때문에, 엄격한 학술용어로 적합하지 않은 것처럼 보일 수 있다. 하지만 사정은 결코 그렇지 않다. 이미 수천 년간 서양의 학자들은 이 용어를 전문 학술용어로 애용해왔다. 이 글에서는 멜랑콜리를 크게 네 가지 의미로 고정시켜 문맥에 맞게 선택해 쓸 것이다. 처음의 비유로 말하자면, 멜랑콜리라는 단어에는 네 가지 향기가 배어 있다. 때로는 이 단어에서 한 가지 향만 날 수도 있고, 때로는 여러 향이 섞일 수도 있다.

1. 몸의 향기

멜랑콜리는 일차적으로 의학 용어다. 서양의 고대 의학에서부터 현대 의학에 이르기까지 면면히 사용되고 있는 학술용어이며, 그 일차적 의미는 질병으로서의 '우울'이다. 철학이 전공인 나는 의학자나 과학자가 아니기 때문에, 의학적 의미의 멜랑콜리를 비중 있게 사용하지는 않을 것이다. 다만 멜랑콜리라는 말의 배경에는 언제나 의학적인 '몸'의 멜랑콜리가 놓여 있기에, 근본적인 수준에서 몸을 가진 인간의 운명적인 고통, 고뇌, 슬픔 등은 논의에서 배제하지 않을 것이다.

처음부터 멜랑콜리라는 말은 인간의 몸을 다루었던 고대 서양 의학 용어였다. 어원적으로 멜랑콜리Melancholy는 그리스어 멜랑콜리아μελαγχολία에서 유래하는데, '검다'는 뜻의 멜라스μέλας와 '담즙'이란 뜻의 콜레χολή가 합성된 낱말이다. 라틴어에서는 그리스어를 외래어로 차용한 멜랑콜리아Melancholia 혹은 '아트라 빌리스atra bilis(검은 담즙)'라고 호명되기도 했다. 일차적으로 멜랑콜리는 '검은 담즙'이라는 뜻이다. 고대 의학에 따르면, 인간의 몸 안에는 네 가지 체액이 존재한다. 혈액, 노란 담즙, 검은 담즙, 점액이 그것이다. 멜랑콜리는 체액들 가운데 검은 담즙을 뜻하는 말이자, 그 체액이 두드러진 사람의 체질temperament을 가리키는 말이다. 이처럼 고대인들은 네 가지 체액에 따라 네 가지 기질로 인간의 몸을 구분했으며, 고대의 의사는 먼저 환자들을 네 가지 체질로 분류한 다음, 각각의 체질에 따라 구체적인 치료를 하고 처방을 내렸다.

그런데 통상 체질이란 것은 합리적인 방식으로 충분히 설명될 수 있는 것이라기보다 몸과 관련된 설명 불가능한 어떤 지점(대개 설명의 한계에 봉착할 때 '선천성'을 말한다)을 가리키는 말이다. 예를 들어 누군가의 언행을 도저히 설명하기 힘들 때, "그건 그 사람의 체질(기질)에서 나온 것이지"라고 말하는 것처럼, 체질이란 이성적으로 설명하기 힘든 현상을 몸의 현상으로 전치시킨 표현이다. 그것은 몸의 물리적 작용을 통해 인간의 특이한 행동과 정신 상태를 나름 설명해보려는 시도다. 물론 몸도 충분히 해명될 수 있는 것은 아니다. 의학이 아무리 발전한다 해도 몸의 비밀이 낱낱이 밝혀지지는 않을 것이며, 의학이 몸에 대한 지적 특권을 독점하려 든다면 그것은 지적 오만의 극치일 뿐이다. 여하튼 멜랑콜리는 정신의 비정상성을 야기한 몸의 작용, 그 불가해한 몸을 어설프나마 개념화한 용어라고 말할 수 있다.

해부학적 보고에 따르면, 고대 의학에서 가정했던 검은 담즙과 같은 것은 존재하지 않는다. 담즙은 황갈색이고, 변색되어도 검게 변하지는 않는다. 즉 검은 담즙은 고대인들의 상상의 산물일 뿐이다. 하지만 현대 의학에서도 그것을 대체할 만한 멜랑콜리의 의학적 원인은 명백하게 규명되지 않았다. 현대 의학자들은 검은 담즙 대신에 신경전달물질인 세로토닌 혹은 두뇌 구조의 특정 부위 이상을 말하기도 하지만, 약물(항우울제) 투여만으로 우울증을 완치할 수는 없어 보인다. 만일 그랬다면 세상에서 우울증은 일찌감치 사라졌을 것이다. 우울증을 야기하는 물질에 대해 어떤 이름을 붙이고 어떤 메커니즘으로 설명하든, 멜랑콜리 현상이 엄존한다는 사실, 그리고 그 현상에 더 가까이 접근하기 위해서는 몸과 정신, 의학과 인문학 모두를 아울러 가야 한다는 점만큼은 분명하다. 또한 상상력의 산물인 예술작품이 그러하듯, 고대인의 '검은 담즙'은 인문학적 담론에서는 여전히 유의미하며, 현대인의 "인문적 상상력"[3]에 커다란 활력과 영감을 불어넣어주고 있다.

짧으나마 서양의 고대 의학, 그 가운데 4체액설을 살펴보기로 하자. 멜랑콜리는 고대인들이 인간의 몸속을 운행한다고 믿었던 네 가지 체액 가운데 하나이다. 옛 서양인들은 유비적 상상을 통해, 즉 대우주인 천지만물과 소우주인 인간의 몸 사이에 가로놓인 비밀스러운 유사성을 바탕으로 거대한 세계관을 만들었는데, 오른쪽 도표가 그것을 잘 보여준다.[4]

이 표를 보면 한눈에 알 수 있듯, 4체액설에는 당시의 자연철학, 과학, 연금술, 점성술, 인간학 등이 모두 담겨 있다. 아직도 서양인들

원소	공기	불	땅	물
체액	혈액	노란 담즙	검은 담즙	점액
성질	따뜻함/축축함	따뜻함/건조함	차가움/건조함	차가움/축축함
계절	봄	여름	가을	겨울
연령	유아기	청년기	장년기	노년기
하루	아침	점심	저녁	밤
색깔	붉은색	노란색	검은색	흰색
맛	달콤한 맛	쓴맛	매운(신)맛	짠맛
기분	쾌활하다	대담하다	반항적이다	비활동적이다
행성	금성(또는 목성)	화성	토성	달(물을 가진 별)
기질	Sanguiniker : 밝고 쾌활하고 낙천적인 기질	Choleriker : 정열적이며 흥분하기 쉬운 기질	Melancholiker : 우울과 슬픔에 젖는 기질	Phlegmatiker : 조용하고 냉담한 기질

은 사람의 성격과 기질을 이야기할 때면 4체액설을 거론한다. 혈액형으로 한 사람의 성격을 가늠하는 한국인들과 달리, 그들은 4체액설을 가지고서 인간을 네 부류로 나눈다. 예컨대 토성의 영향 아래(르네상스 철학자 피치노에 따르면, "토성의 집은 물병자리와 염소자리이고, 최고조에 이를 때에는 천칭자리이다"[5]) 태어난, 선천적으로 멜랑콜리커Melancholiker(멜랑콜리 체질의 소유자)일 수밖에 없는 어떤 아이가 현재 쾌활하고 낙천적이라면 그것은 아직 유아기에 아침나절을 보내고 있기 때문이라는 식이다. 이렇게 고대 의학의 4체액설은 우리네 사주풀이처럼 현대를 사는 서양인들 사이에서도 꾸준히 회자되고 있다.

의학적 관점에서 보면, 멜랑콜리는 몸이 마음에 일으킨 파문 현상이다. 그런데 몸과 마음이란 과연 무엇일까? 그것들은 어떤 존재론적 위상과 연관성을 가지는 것일까? 이것은 의사가 홀로 해결할 수 있는 물음이 아니다. 차라리 이것은 의학과 철학의 경계에 있는 질문이다. 언젠가 의학자들과 철학자들이 함께 고민해야 할 물음이다. 여기서는 의학에 한정된 몸이 아니라, 우리의 전체 논의와 관련된 몸, 철학적 시선에 잡힌 몸을 짤막하나마 첨언해보기로 한다.

우리의 몸은 가없는 시간의 산물이다. 빅뱅 이론에 따르면 우리 몸은 약 138억 년 동안 진행중인 폭발의 파편 모음이고, 생물학에 따르면 수십억 년 전 생명체와 연결된 진화의 고리다. 마굴리스의 말처럼, "모든 생명체의 몸을 이루고 있는 물질들의 입장에서 보면, 우리는 우주의 탄생 때부터 존재해온 것이나 다름없다."[6] 까마득한 과거 시간을 기억하는 몸은 지금도 계속해서 주변 세계와의 관계 속에서 부단히 변형되고 변형한다. 그렇다면 몸은 단순히 일개 개체이기 이전에, 더 나아가 몸을 구성하는 물질이나 세포들의 집합체이기 이전에, 그것을 둘러싼 무한한 관계망들의 시간적 침전물이다. 바꿔 말해서, 몸이란 가없는 시공간 내에 응축된 세계의 "마디"다. 우리의 몸이란 무한한 관계망들의 세계, 그것의 "마디가 되며 마디로 하는"[7] 경계 모색 활동의 한 국면에 다름아니다.

아주 미세한 차원에서 변형된 몸 마디의 '경계'에서 정신은 부지불식간 반응한다. 일면 멜랑콜리를 포함한 고통스러운 '감정'이라는 것은 반응이 더딘 정신이 이미 셀 수 없는 변수들로 인해 변형된 몸에 대해 갖게 되는 알 수 없는 거북함이다. 정신의 타자이자 한계인 몸은 정신 내부로 진입하여 정신을 교란시킨다. 사회적이고 문화적인 존재로서 인간은 정신을 통해 사회제도와 이념을 만들고, 그것에 저항하는 몸을 길들이고자 한다. 물론 몸은 때때로 정신의 이런 길들임을 완강히 거부한다. 몸의 배후에는 끝 모를 우주적 시간에 대한 기억과 마디들 간의 비밀스러운 상호작용이 새겨져 있기 때문이다. 이런 점에서 플라톤을 비롯한 서양 이성 중심주의자들에게 몸은 공포의 대상이며 야만스러운 자연이고 무질서한 카오스의 세계였다. 멜랑콜리커는 그런 몸에 의해 지배당한 대표적인 사람이다. 그래서 플라톤과 같은 서양의 합리주의자들은 광인이라는 낙인을 찍어 이상국가에서 멜랑콜리커를 배제, 축출하고자 했던 것이다.

몸이 맺고 있는 관계망들의 전체는 그 자체로 파악될 수 없다. 무한히 펼쳐진 관계 고리, 관계의 마디는 한 개체의 특화된 고유성, 개성 등으로 나타난다. 관계의 무한성 내지 타자성과 '가까이' 접촉하면 할수록, 개체의 '낯선' 고유성은 강화된다. 타자와의 만남 속에서 새로운 개체가 잉태되듯이, 모든 창조적 개성화는 타자성과의 만남, 헤아릴 수 없는 관계들 마디의 접경에서 일어난다. 그런 경계지대는 언제나 자기상실과 거듭나는 자기가 교차되는 장소이다. 거기에서 하나의 마디가 새롭게 맺어진다.

새로운 마디짓기의 사건이 일어날 무렵, 기존의 개체는 자신의 한계, 경계로 내몰린다. 나의 한계, 타자와의 접경에 서는 사람은 멜랑콜리와 유사한 고통에 빠지지 않을 수 없다. 결국 경계를 모색하는 이의 창조적 고통이란 근본적으로 몸의 수준에서(타자에 대한 미세한 전반성적前反省的 감각에서) 정신의 차원에 이르기까지 타자와 대면하는 자의 근본 정조라고 말할 수 있다. 하지만 특이하게도 서양의 멜랑콜리는 타자의 마디가 되려 하지 않고, 타자를 자기의 마디로 삼으려고만 한다. 이화異化 없는 동화同化. 그것의 이미지는 닥치는 대로 타자를 집어삼켜 꾸역꾸역 몸집을 불리는 〈센과 치히로의 행방불명〉에 등장하는 가오나시를 연상시킨다. 이런 점에서 멜랑콜리란 몸으로 상징되는 타자성을 고착된 자기 안에 가두려는 욕망에서 유래한 고통이라고 규정할 수 있다.

2. 사람의 향기

인간은 태어나 사랑받고 사랑하다가, 종국에는 죽음을 맞이한다. 인생의 기본 골격은 인류가 탄생한 순간부터 크게 다르지 않다. 동서양의 문명이 아무리 다르다 할지라도, 최소한 인간에게 불가피한 경험들, 즉 탄생, 사랑, 죽음이라는 인생의 세 마디만큼은 보편적으로 공유하고 있다. 그런데 멜랑콜리라고 하는 것이 기본적으로 사랑하는 이의 죽음에서 비롯되는 것이라면, 그것은 인간의 보편적 경험에서 우러나온 보편적 정서를 지칭하는 말이 된다. 멜랑콜리는 남녀노소, 동서고금 할 것 없이, 또는 배운 사람이든 못 배운 사람이든, 가난하고 힘없는 사람이든 돈과 권력을 가진 사람이든 상관없이, 사람이면 누구나 경험하는 것이라 할 수 있다. 이런 점에서 멜랑콜리는 사람의 보편적인 향기를 뜻한다.

이 책 『멜랑콜리아—서양문화의 근원적 파토스』는 이전에 내가 쓴 『멜랑콜리 미학—사랑과 죽음 그리고 예술』(문학동네, 2010)의 후속편이자, 학술적 엄밀함과 디테일을 보완하면서 실타래처럼 얽힌 멜랑콜리 담론을 집대성한 저술이다. 이전 책은 부제가 일러주듯이, 대체적으로 인간의 보편적 경험, 즉 사랑과 죽음이라는 보편적 멜랑콜리의 지평에서 예술과 철학을 조망하려는 시도였다. 반면 이번 책은 보편적 멜랑콜리의 지평에 방점을 두기보다는, 서양문화의 특수성을 드러내는 멜랑콜리에 방점을 두고 있다. 물론 특수하고 구체적인 내용을 다루더라도, 철학은 언제나 보편을 지향한다.

여기서 보편을 지향한다는 말은 특수한 것들 가운데에서 어떤 공통분모를 찾는다는 뜻이 아니다. 미리 정해진 목적지를 향해 간다는 뜻도 아니며, 세계를 장악할 수 있는 어떤 설계도면을 찾는다는 뜻도 아니다. 차라리 그것은 보편 지향의 과정 또는 길을 고향으로 삼는다는 뜻이며, 인식적 성공만이 아니라, 오히려 인식적 실패와 좌절을 통해서 세계의 진실에 다가선다는 뜻이다. 이 지적 행보에는 항상 '보편이란 도대체 무엇이며, 그런 게 있기는 한가'라는 절망스러운 의심이 따라붙는다. 그리고 지금까지 보편으로 참칭된 것들이 대개 국부적인 진실로 밝혀진 점을 고려한다면, 어쩌면 보편이란 인식 '불가능한 것'인지도 모른다. 그리하여 철학의 보편 지향이 불가능한 시도라 하더라도, 철학은 우연적 특수성에만 안주할 수 없다. 보편 추구는 포기할 수 없는 철학의 꿈이다. 철학의 (불)가능성의 조건이다. 성취 불가능한 것 가운데에는 포기 불가능한 것도 있는 법이다. 이런 점에서 철학에는 국적이 없다. 진리의 왕국에서는 궁극적으로 '소속'이 시비의 잣대가 될 수 없다.

멜랑콜리가 특이체질을 가진 사람, 우울증 환자, 탁월한 천재, 서양문화의 특이성 등등, 그 어느 것을 지칭하는 말이라 하더라도, 그것이 보편적 담론의 공간으로 확장되는 순간, 보편의 열린 지평에 말려들 수밖에 없다. 또한 보편적 지평이 존재하기에, 서양적 멜랑콜리가 그토록 빨리 우리의 경험 속에 들어올 수 있었다. 물론 우리가 서양적인 것을 내면화할 수 있는 보편적 능력을 가지고 있기 때문이기도 하지만 말이다. 어느새 서양문화의 첨단에 설 정도로 우리가 서양문화를 내재화·자기화할 수 있었던 것은 그 문화가 가지고 있는 일말의 보편성 때문이다. 서양문화가 보편성과 단절된 특수성만을 가지고 있었다면, 우리에게 그런 일은 결코 일어나지 않았을 것이다.

멜랑콜리에 보편적 지평이 있다면, 그것은 역시 사랑과 죽음이다. 왜냐하면 인간은 사랑하다 죽는 존재이기 때문이다. 나에게는 '인간은 이성적 동물'이라는 서양 철학자들의 규정보다 '사랑과 죽음을 경험하는 존재'라는 규정이 더 설득력 있게 들린다. 오늘날까지 서양인들이 합리성이라는 잣대로 너무 많은 억지와 폭력을 휘두르고 있기에, 더더욱 그들의 인간관에 믿음이 가지 않는다. 사랑과 죽음이 인간의 조건이라는 점, 허나 사랑론과 죽음론에 있어서 동서양이 서로 다르다는 점은 전작에서 나름 충분히 서술되었다. 그러므로 그 점은 지금의 논의에서 생략하기로 한다. 다만 인간에 관한 생각의 편린 하나만 덧붙이자면, '사랑'하는 이의 '죽음'을 진심으로 '애도'하는 자만이 진정한 인간이라 할 수 있다. 인간이라면 누구나 사랑과 죽음이 직조하는 슬픔의 옷을 입을 수밖에 없다.

사랑과 죽음이 동서고금 통용되는 인간의 조건이듯, 멜랑콜리는 인간의 보편적 조건을 함축하는 말로 이해된다. 사랑하는 대상(그것이 연인이든 부모든 조국이든 같은 처지의 사람들이든 사물이든 상관없이)과 언젠가는 이별해야만 한다면, 멜랑콜리는 인간의 운명이다. 사랑하다가, 사랑하는 이의 죽음을 견디며 살아가다가, 결국 스스로도 죽어갈 수밖에 없는 존재, 그가 바로 **호모 멜랑콜리쿠스**homo melancholicus다. 결국 사랑과 죽음이라는 근원적 경험 속에서 멜랑콜리가 발원하기 때문에, '지금 여기'에 살고 있는 우리도 멜랑콜리에 관심을 가질 수밖에 없다.

3. 인문학의 향기

사람의 향기가 누구에게나 나는 향이라면, '인문학의 향기'는 인문학적 교양인에게 나는 향이다. 서양 전통에서 멜랑콜리는 지식인의 고유한 분위기로 이해되었다. 예를 들어 어떤 문제로 골몰해 있는 지식인이 수심에 가득찬 얼굴로 턱을 괴고 앉아 있는 장면이 있다면, 거기에 서린 정조가 바로 멜랑콜리다. 물론 멜랑콜리는 지식인에게 맴돌고 있는 특정 정조, 분위기를 가리키는 용어에만 그치지 않고, 그들의 지적 활동 자체를 핵심적으로 표현하는 용어이기도 하다.

이 책에서 주로 다루게 될 멜랑콜리는 이런 의미의 인문학 용어다. 아직까지 우리나라에서는 멜랑콜리가 중요한 '인문학적 전문용어'라는 사실이 거의 알려져 있지 않다. 그러나 이미 서양에서는 고대 철학자 아리스토텔레스부터 시작해 현대의 하이데거에 이르기까지 멜랑콜리가 문화의 중축인 예술과 철학을 해명하는 핵심어로 사용되어왔다. 이런 연유로 이 책에서는 서양 인문학의 핵심 용어인 멜랑콜리를 소개하는 작업에 대부분을 할애할 것이다. 멜랑콜리는 특히 인문학적 상상력, 창조성을 이해하는 주요 열쇳말이다.

서양에서 멜랑콜리 담론은 아리스토텔레스 이래로 이븐 시나, 아퀴나스, 피치노, 칸트, 헤겔, 키르케고르, 하이데거, 프로이트, 벤야민, 크리스테바, 데리다, 버틀러, 지젝 등등 수많은 서양 지성인의 입을 통해 줄기차게 이어져왔다. 이 책에서 집중적으로 다루고 있는 철학자들, 즉 아리스토텔레스, 칸트, 니체, 하이데거는 멜랑콜리를 철학적 용어로 사용하고 있으며, 프로이트의 정신분석학적 방법을 바탕으로 삼아 인문학 담론을 형성했던 크리스테바, 데리다, 버틀러, 지젝 등은 다양한 문맥(예술, 정치, 문화, 성 담론)에 멜랑콜리를 접속시키고 있다. 또한 미술사학에서 만만치 않은 입지를 차지하고 있는 파노프스키의 멜랑콜리론도 빠트릴 수 없다.

서양의 인문학 담론사에 출현한 멜랑콜리의 스펙트럼은 매우 다양하다. 역사적으로 말하자면, 고대 그리스인들이 찬미했던 비극적 영웅의 멜랑콜리, 중세인들이 죄악시하던 종교적 멜랑콜리, 근대적 주체가 숨길 수 없었던 강박적 멜랑콜리, 현대에 익명화되고 파편화된 개인의 고독한 멜랑콜리 등을 꼽을 수 있다. 그중 특별히 '예술가는 누구인가?'라는 예술철학적 질문에 대한 답변으로 멜랑콜리가 자주 애용되었다. 플라톤이 언급했던 시인의 신적 광기를 멜랑콜리로 해석한 아리스토텔레스 이래로, 서양인들은 예술가를 멜랑콜리커로 이해했다.[8] 즉 '광기'와 '천재'라는 양가적 의미를 담고 있는 멜랑콜리가 예술의 비밀을 밝힐 수 있다고 보았던 것이다. 이 밖에 여성에게 고유한 여성적 멜랑콜리나 진보세력에게서 관찰되는 좌파 멜랑콜리도 언급된 바 있다.

거대담론을 형성하는 철학자들은 말할 것도 없고, 문학·예술인, 심지어 교양 있는 일반인들도 멜랑콜리라는 주제에 지속적인 관심을 보였다. 예컨대 멜랑콜리를 주제로 한 프랑스와 독일의 합동 기획 미술전시(2005년 파리, 2006년 베를린)가 엄청난 관객의 호응을 받았다는 것은 세인들의 지대한 관심을 증명해주는 하나의 사례다.[9] 서양인들의 이런 각별한 관심에 비해 국내에서는 멜랑콜리 관련 논문, 저서, 전시활동 등을 거의 찾아보기 힘들다. 서양문화 수용의 취약성이 노출된 대표적인 공백이 아닐까 싶다. 어차피 책의 본론에서 서양 인문학자들의 멜랑콜리론을 집중적으로 소개할 예정이기에, 여기서는 국내 인문학자들의 희귀한 목소리를 조금이나마 경청해보기로 하자.

국내의 척박한 지적 풍토에도 불구하고, 멜랑콜리에 관한 인문학적 성과가 전혀 없는 것은 아니다. 더구나 국외 연구와 비교해서도 결코 뒤떨어지지 않는, 높은 수준의 내용을 확보하고 있다는 점에서 예의 주시할 만한 글들이 몇 편 존재한다. 그 가운데 특히 최문규와 김홍중의 연구가 독보적이다. 흥미롭게도 그들에게서 공통의 문제의식을 엿볼 수 있다. 즉 그들은 모두 사회·역사·문화를 이해하는 틀로서 멜랑콜리라는 감성적 도식Schema에 대한 접근이 꼭 필요하다는 인식을 공유하고 있다. 이성적인 분류 체계나 논리적인 접근으로 결코 잡히지 않지만, 사회·역사·문화에 대한 규정력을 가진 감정이 존재하며, 멜랑콜리는 그 모범적 사례라는 것이 두 연구자의 공통된 인식이다.

먼저 최문규의 「근대성과 "심미적" 현상으로서의 멜랑콜리」[10]는 멜랑콜리를 핵심어로 삼아 근대성과 근대문학에 접근한다. 그의 글은 우선 서양의 멜랑콜리 담론을 일목요연하게 압축 설명한 다음, "현실 전복적인 사악한 시선"인 멜랑콜리가 "비판의 멜랑콜리Melancholie der Kritik"가 될 수 있다는 관점에서, 서양의 근대성을 비판적으로 분석한다. 다시 말해서 최문규는 멜랑콜리에서 근대성에 대한 비판과 전복의 가능성을 읽어내고자 한다. 특히 이 글의 최대 장점은 근대의 멜랑콜리한 심미적 현상을 몇 가지로 분별하여 치밀하게 분석하고 있다는 점이다. 이 논문에서 주로 다뤄지는 네 인물, 즉 루소, 괴테, 보들레르, 벤야민의 텍스트 속에서 우리는 멜랑콜리라는 프리즘으로 분광되는 다양한 심미적 현상을 확인할 수 있다.

김홍중의 「멜랑콜리와 모더니티」[11]는 최문규의 근대성 분석과 겹치는 부분이 있지만, 사회학적 문맥에서 감정의 문제를 다룸으로써 또 다른 이야기를 펼쳐내고 있다. 특별히 김홍중은 '세계감世界感'이라는 신조어를 발굴한다. 그가 보기에, 인간은 단순한 인식 주체이기 이전에 상상 또는 감정의 주체이기 때문에, 이론적 차원의 '세계관'뿐 아니라 세계에 대한 감정의 구조를 의미하는 '세계감'을 가질 수밖에 없다. 이런 참신한 발상을 바탕으로 그의 글은 정치·경제·사회적 근대성과 구별되는 또다른 근대성으로서 '문화적 모더니티'를 제시하고, 감정의 영역에 대한 문화사회학적이고 지식사회학적인 접근을 감행하고 있다.[12]

이들의 연구는 멜랑콜리 연구가 전무한 상황에서 소중한 자산임이 분명하다. 이들 외에도 문학계에서 시인 진은영의 작품과 그에 대한 권혁웅의 비평,[13] 그리고 독문학자 류신의 두툼한 비평 작업[14] 등이 주목할 만하다.

4. 서양문화의 향기

오래전부터 서양인들은 앞서 말한 멜랑콜리의 세 가지 향기를 명료하게 지각하고 있었다. 그렇지만 그들은 멜랑콜리라는 말에서 자기네 문화의 특수성을 읽어내는 데는 실패했다. 세 가지 향기에 취한 나머지 숨겨진 하나의 향기를 간파할 수 없었던 것이다. 어찌 보면 이것은 당연한 일이다. 누구라도 자기 몸에서 나는 체취는 쉽게 감지할 수 없기 때문이다. 이 책에서 나는 서양인들이 식별하지 못했던 향기, 즉 멜랑콜리의 서양적 특수성에 집중할 것이다. 다시 말해서 이 책에 등장하는 멜랑콜리는 많은 경우 서양문화의 특수성을 밝혀내는 개념으로 사용될 것이다.

멜랑콜리가 서양의 향기를 머금고 있다는 말은 쉽게 이해될 것 같다가도 이내 수긍하기 어려운 말처럼 들린다. 오해를 무릅쓰고라도 직관적 이해를 돕기 위해 조야하지만 다음과 같이 접근해보자. 서양의 내로라하는 지성인들, 특히 비범한 예술가들과 철학자들의 풍모와 삶을 떠올려보라. 이 가운데 멜랑콜리하지 않은 사람이 있던가? 파스칼, 루소, 칸트, 키르케고르, 니체와 같은 철학자들은 물론이거니와 블레이크, 보들레르, 고흐, 뭉크, 베토벤, 도스토옙스키, 울프 등 유명한 예술가들은 모두 멜랑콜리 향을 진하게 뿜어낸다. 반면 동양의 지성인들은 아무리 어려운 상황에서도 멜랑콜리보다는 어떤 여유나 도통함이 먼저 떠오른다. 도통함이 바로 연상되는 불가나 도가도 아닌 유가의 공자마저도 멜랑콜리와는 거리가 있어 보인다. 멜랑콜리와 유사해 보이는 동양 지식인의 '우환憂患의식'이나 민초들의 '한恨'을 꼽아본다 하더라도, 그것들은 멜랑콜리와는 매우 다른 결을 가지고 있다. 또한 니체를 비롯한 수많은 사람들이[15] 서양문화의 원천이라고 평가하는 비극을 떠올려보는 것도 이해에 도움이 될 것이다. 왜 서양은 비극悲劇을 자기네 문화의 고갈되지 않는 원천으로 삼았던 것일까? 이런 단순하고 거친 질문에서 우리의 논의는 시작된다.

정신의학자 피터 크레이머는 서양문화가 오랫동안 멜랑콜리라는 질곡에 갇혀 있다는 사실에 크게 의아해하면서, 이제 그곳에서 빠져나오자고 제안한다. "수천 년의 적응 끝에, 우울증은 그렇게 우리에게 어울리게 되었다. 그것을 없애는 것은 새로운 습관, 새로운 걸음걸이의 발견이 될 것이다. 나는 우리가 준비되어 있다고 생각한다. 지금도 이미 멜랑콜리한 문학 형태들에 대한 우리의 애착은 답답하게 느껴진다. 황량한 소외를 이상으로 바라보는 시각은 기이한 고집처럼 여겨진다. 두뇌를 부식하는 징후를 자연의 결과라고 호소하는 것은 비뚤어진 것처럼 보인다."[16] 정신의학자의 눈에는, 멜랑콜리한 서양문화가 답답하고 기이하고 비뚤어진 것처럼 보일 것이다. 그리고 이 정신의학자의 말대로 멜랑콜리는 "자연의 결과"가 결코 아니다. 하지만 아무리 멜랑콜리를 질병으로 규정하고 의학적 치료법을 제시한다고 해서, 수천 년 동안 서양인들이 적응해온 멜랑콜리 문화가 하루아침에 사라지지는 않을 것이다. 크레이머를 포함한 서양인들은 아직도 자기네 문화의 정체성을 직시하지 못했기 때문이다. 그러나 적어도 크레이머는 멜랑콜리가 서양문화의 "기이한" 특성이라는 점을 어렴풋하나마 간파했다.

서양의 학자들은 앞서 언급한 세 가지 멜랑콜리 개념(의학/보편경험/인문학)을 잘 정련해놓았지만, 이 네번째 개념에 대해서는 크게 주목하지 않았다. 아니 주목할 수 없었다고 말하는 편이 정확할 것이다. 서양인들은 자기네 문화에 깊숙이 잠겨만 있었기에 인식적 거리를 확보할 수 없었다. 상대적으로 서양문화는 타문화와의 잦은 접촉에도 불구하고 자기동일성을 견고하게 유지해왔다. 외부로부터 유래한 큰 격변 없이 문화의 정체성이 유지된 셈이다. 타문화와 비교해서 상대적으로 치명적인 자기상실의 경험이 없었다는 점, 그래서 타자의 시선으로 낱낱이 자신을 해부해본 적이 없었다는 점, 이 점이 바로 서양 지식인들로 하여금 멜랑콜리의 서양적 특수성을 간과하게 만든 주요 원인이라 할 수 있다.

이와 관련해서 김상봉은 이렇게 말한 적이 있다. "중요한 것은 서양 사회 내부의 정치적 역학관계가 어떻게 변해왔든지 간에 정신적 공동체로서의 서양 세계가 근본적 단절 없이 연속성을 유지했다는 사실이다. 그것은 또한 서양 정신이 한 번도 타자적 정신 속에서 자기를 상실한 적이 없다는 것을 말하는 것이기도 하다."[17] 사실 어느 문명권의 문화든 어느 정도의 연속적 동일성을 유지하고는 있다. 인도나 이슬람 문명, 혹은 거대한 중국이나 작은 일본 문화도 나름의 자기동일성을 유지하고 있다. 하지만 근현대 제국주의 역사에서 서양 이외의 문화권은 거의 모두 서양문화에 포획되었고, 그런 와중에 불가피하게 처절한 자기상실과 자기부정의 경험을 해보았다는 점에서 그 차이를 말할 수 있다. 게다가 서양문화에 내장된 자기폐쇄성(멜랑콜리에서 여실히 드러나는 이런 특성)은 서양인들이 자기 스스로를 직시하는 데 실패하게 만든 주요 요인이기도 하다.

사람들은 사랑, 죽음, 인간, 세계를 자신들이 소속된 문화적 감성의 틀을 가지고 바라본다. 서양인의 문화 얼개, 특히 그들의 사랑관과 죽음관은 우리의 것과 다르기 때문에, 그들은 동일한 경험을 하더라도 우리와는 다른 색깔의 감성에 젖을 수밖에 없다. 사랑과 죽음을 이해하는 서양문화 특유의 감성적 도식, 그것이 바로 서양인들이 지각하지 못한 멜랑콜리다.

인간은 이미 특정한 문화에 던져진 존재다. 선천적 조산아인 인간은 문화적 토양에 뿌리를 내릴 때에만 온전한 인간이 될 수 있다. 철저하게 무력한 아이가 부모의 슬하에서 성장할 수밖에 없듯이, 철학적 사유는 문화의 토양에 던져져 그곳에 뿌리내리고 성장한다. 인간은 미지의 과거를 가질 수밖에 없다. 철학은 말할 수 없고 기억할 수 없고 생각할 수조차 없는 과거(기껏 사후 재구성만 가능한 과거)를 가지고 있다. 던져진 자는 던진 자의 진면목을 볼 수 없다. 인간은 이렇게 처음부터 세상에 던져진 존재이기에, 그 어떤 사유의 초월 작용도 비밀스러운 과거를 토대로 미지未知에 던지는 엉성한 그물일 수밖에 없다.

서양철학의 원천인 서양문화는 멜랑콜리라는 정조에 물들어 있다. 서양인들은 이 정조의 바탕 위에서 수천 년의 문화를 일구어냈다. 그 문화의 정수가 예술이다. 철학이 항상 예술을 참조해야 하는 까닭은 철학적 사유가 종국에 귀착될 수밖에 없는 곳이 바로 문화의 고갱이, 예술이기 때문이다. 동시에 예술은 철학의 빛을 통해서만 그 본모습을 드러낼 수 있다. 철학적 사유의 가시거리 안에서만 예술은 자신의 깊이를 온전히 발현할 수 있기 때문이다. 서양예술이 멜랑콜리 정조로 물들어 있다는 사실도 서양철학을 통해서만 분명하게 확인할 수 있는 것이다. 이 책에서 '서양예술의 멜랑콜리'를 주요 지향점으로 삼으면서도 철학적 논의를 전개할 수밖에 없는 것은 이런 사정 때문이다.

문화라는 것은 철학의 성장 조건이자 한계 조건이다. 문화의 특수성은 불가피하게 철학의 보편성을 제약한다. 그래서 특정 문화가 제공하는 철학적 토양은 어느새 답답한 감옥으로 변한다. 타문화와의 접촉을 통해 한계와 문제점이 발견되건만, 철학은 그곳에서 빠져나올 생각을 못한다. 빠져나오려 하기는커녕, 도리어 철학은 자기가 소속된 문화의 보편성을 강변하거나 정당화하고, 결국에는 문화를 창조적으로 변용시키는 것이 아니라 기성의 꼴로 고착시키는 역할을 한다.

서양문화는 멜랑콜리라는 요람에서 태어나고 성장했다. 그런데 멜랑콜리는 서양인들에게 천당이자 지옥이다. 멜랑콜리는 자유롭고 풍요롭고 안락하기까지 한 (그렇기에 탈출할 생각조차 못하게 만드는) 감옥이다. 한때 그들을 자유롭게 한 그 문화가 현재는 그들을 옥죄는 감옥이 된 셈이다. 서양인들은 자유인의 그 달콤한 멜랑콜리에서 빠져나올 줄 모른다. 주지하다시피 하이데거를 비롯한 현대 서양 철학자들은 과감하게 전통의 토양에서 벗어나고자 했지만, 그들 역시 멜랑콜리라는 감옥에서 탈출하지 못했다. 멜랑콜리를 핵심어로 삼아서 서양 문화를 조감하는 것은 지금까지 어떤 서양 철학자도 부지불식간에 그들의 이론체계들을 감싸고 있는 그 단일한 정조, 즉 멜랑콜리를 서양의 근본 정조로서 포착하지 못했을 뿐 아니라, 그 정조를 자아낸 특정한 세계 인식에까지 철저히 파고들지 못했음을 지적하기 위함이기도 하다. 더구나 과거에는 서양철학의 현란하고 세련된 빛에 매혹되었다가, 이제는 서양 현대철학자들의 통렬한 자기비판(보편성과 진정성이 담긴 자기비판인 동시에 전형적인 멜랑콜리커의 자학에 가까운 비판)에 현혹되어, 예나 지금이나 정작 그들의 민낯을 보지 못한다는 점이 우리의 고질적인 병폐이기 때문이다.

제1부

멜랑콜리,
서양문화의 숨겨진 기원

서양 철학자들은 멜랑콜리를 어떻게 이해해왔으며, 어떤 경로를 통해 멜랑콜리라는 것이 서양문화를 주조하는 원동력이 되었을까? 제1부에서는 이 물음에 답하고자 주력할 것이다. 여기에 등장하는 주요 인물은 세 명의 철학자, 아리스토텔레스, 칸트, 니체다. 인문학의 영역에서 아리스토텔레스는 처음 멜랑콜리라는 어두운 힘을 포착했고, 칸트는 제한적으로 그것을 받아들였으며, 니체는 그것을 서양문화의 핵심으로 삼았다. 이들의 증언에 따르면, 서양문화는 이성 이외에도 멜랑콜리라는 이성의 그림자, 즉 어둡고 낯선 힘과 고통과 광기를 바탕으로 주조되었다.

먼저 1장에서는 아리스토텔레스의 『문제들』에 등장하는 문제의식, 멜랑콜리가 이미지 창작의 원동력일 수 있는가에 관한 철학적 논의를 소개할 것이다. 논의의 순서는 1) 멜랑콜리 담론의 효시가 되는 아리스토텔레스 텍스트의 내용을 검토하고, 2) 멜랑콜리와 (예술적) 이미지의 내적 관계를 고찰하며, 3) 그럼으로써 아리스토텔레스 시학에서 지금까지 해명되지 못한 부분, 즉 은유적 이미지 제작론에 대한 미진했던 해석을 보충할 것이다.

아리스토텔레스는 철학과 예술 방면의 비범한 사람들이 모두 멜랑콜리커였다고 증언하면서, 최초로 고대 의학의 4체액설을 인문학적 용어로 번역한다. 그가 보기에 멜랑콜리, 곧 검은 담즙의 과잉(페리토스)은 문화 창조의 비범한 천재를 만드는 필요조건이다.(물론 충분조건은 아니다.) 포도주가 일으키는 심신의 변화를 통해 유비적으로 멜랑콜리 현상을 설명하면서, 그는 포도주, 디오니소스, 아프로디테, 열기라는 모티프를 통해 멜랑콜리가 '사랑의 열정'임을 시사한다. 부재하는 사랑 대상에 대한 과도한 열정이 이미지 창작을 추동하고 범상한 눈으로는 결코 포착할 수 없는 이미지의 연쇄와 결합을 가능케 한다는 것이다. 또한 아리스토텔레스에게 은유는 타고난 능력의 표시인데, 이런 은유 창작은 누구도 가르쳐줄 수 없는 것이다. 멜랑콜리 담론과 접속시켜 말하자면, 여기서의 타고난 능력이란 검은 담즙이 과도하게 흐르는 멜랑콜리 체질이자 상반되는 힘들의 절묘한 균형 상태를 뜻한다. 독창적인 예술적 이미지는 이런 멜랑콜리 과잉을 창조적으로 전용한 대표적인 사례다. 결국 광적인 사랑, 치명적인 고통이 불러오는 정념의 비정상적인 과잉이 독창적인 이미지, 진리를 드러내는 이미지 제작의 원동력인 셈이다.

2장에서는 서양 이성의 전형적인 모습을 선보인 칸트 철학에서의 멜랑콜리를 살펴볼 것이다. 계몽주의자 칸트는 이성을 누구보다 신뢰하면서도 이성의 한계를 숙고했던 철학자다. 그런 철학자였기 때문에 그는 이성과 함께 감성을 철학적 반성의 대상으로 삼을 수 있었다. 그런데 우리의 관심사인 칸트적 이성과 연관된 숭고함은 멜랑콜리라는 어두운 정조로 채색되어 있다. 숭고한 멜랑콜리의 간략한 특징과 그에 대한 칸트적 이해를 따라가는 과정에서 칸트적 이성이 어떻게 멜랑콜리라는 정조에 휩싸일 수밖에 없는지 확인할 수 있을 것이다.

3장에서는 고통을 만나는 방식으로 문화를 해석하고, 서양문화 가운데 대표적인 예술형식인 비극을 중심으로 이 해석을 입증하고자 한다. 즉 '문화는 고통을 해석하는 일종의 의미체계'라는 문화철학적 테제의 관점에서 비극에 대한 니체의 논의를 재해석할 것이다. 비극은 잔인하도록 무의미한 인간의 운명, 그리고 그것이 불러일으키는 격한 고통에 의미를 부여하는 문화적 장치로서 서양문화가 창조해낸 중요한 예술형식이다. 동시에 비극은 문화적 의미체계로 해석되지 않는 무의미에 대해 '분격'하는 대신에, 그것을 '긍정'하고 '사랑'할 수 있게 유도하는 예술적 장치이기도 하다. 한마디로 비극은 고통의 무의미성을 긍정하는 유연한 의미망이자 냉정한 현실인식에 기초한 강건한 문화체계다.

고통은 본래 '무의미한 것'이다. 삶 자체가 더이상 의미를 물을 수 없는 것이라면, 삶에 불가피한 고통 역시 의미화될 수 없는 영역을 남긴다. 니체는 그런 고통의 무의미성마저 긍정하고 사랑하라(amor fati)고 말한다. 그런데 삶이 그러하듯, 그런 긍정과 사랑은 무조건적인 것이자 맹목적인 것이다. 그는 그것을 디오니소스적 광기와 연결한다. 고통의 무의미성을 대하는 최후의 대처방식은 광기어린 멜랑콜리다. 그 광기는 '이유 없이 그리고 끊임없이' 아폴론적 가상(문화예술)을 창작하게끔 추동하는 원동력이다. 요컨대 문화의 맹점을 너무나 잘 알고 있던 니체는 문화철학적 관점에서 고통을 대하는 두 가지 해법을 제시한다. 하나는 고통을 해석할 수 있는 유연한 의미망을 짜라는 것이고, 다른 하나는 고통의 파토스pathos(이 말은 보통 '비애감'이라고 번역되지만 본래 paskhein, 즉 고통을 당하는 상태, 타자를 겪어내는 수동적 정념을 뜻한다)를 문화예술 창작의 힘으로 변용시키라는 것이다.

4장에서는 서양문화에서 웃음이 어떻게 다루어져왔으며, 서양적 웃음의 성격은 어떤 것인지를 멜랑콜리와의 연관성에서 살펴볼 것이다. 이 장은 멜랑콜리와 대척점에 서 있는 듯 보이는 웃음을 어떻게 이해해야 할지를 다루고 있다. 결론부터 말하자면, 서양적 웃음의 정체는 냉소이며, 냉소는 자기중심적 자유의 존재론에 근거를 두고 있는 서양문화의 틀 속에서 배양되었다. 그래서 자유인의 냉소는 멜랑콜리와 양립 불가능한 것이 아니라, 오히려 멜랑콜리의 아이러니이자 야누스적 모습일 뿐이다.

이 점을 밝히기 위해서 먼저 서양철학사에 등장하는 웃음의 철학자, 데모크리토스의 일화를 분석할 것이다. 이 일화를 통해 데모크리토스 웃음의 정체는 어리석은 세인에 대한 비웃음임이 밝혀진다. 다음으로 프로이트가 조증과 우울증의 순환적 교체 현상에 대해 논의한 바를 간략히 살펴볼 것이다. 프로이트는 두 증상을 '정신분석적 인상'과 '경제적 경험'이라는 두 측면에서 고찰함으로써, 멜랑콜리와 조증의 긴밀한 관계를 밝히고 있다. 이것을 통해 멜랑콜리가 그와 정반대의 징후와 순환 교체될 수 있음이 확인된다. 마지막으로 우리는 '웃음'을 철학적 주제로 삼았던 니체의 생각을 다룰 것이다. 니체는 그리스 비극과 명랑성의 역설적 대비에 주목하면서, 양자의 내적 연관성에 대해 숙고한다. 명랑성과 웃음은 자유인이 모든 종류의 예속성에 대해 퍼부었던 경멸과 야유의 웃음이다. 결론적으로 말해서, 서양적 웃음은 자기의 자유를 중심으로 세계를 이해한 서양문화의 웃음이며, 그것의 정체는 냉소이고, 이런 냉소는 결코 멜랑콜리와 모순되지 않는다.

1장

멜랑콜리 담론의 출발

아리스토텔레스

철학과 정치, 시 또는
예술 방면의 비범한 사람들이
왜 모두 명백히 멜랑콜리커였을까?
— 아리스토텔레스

아리스토텔레스는 인문학적 멜랑콜리 담론의 효시이다. 그는 의학 용어였던 멜랑콜리를 맨 처음 인문학 영역에서 전용했다. 그것도 인문학 영역에서 손꼽히는 최고의 난제, 즉 문화예술 창작의 숨겨진 비밀을 밝히기 위해서 이 용어를 도입했다. 지금 유행하는 어법으로 말하자면, 그는 최고의 난제를 풀기 위해 인문학과 자연과학의 지혜를 아우르는 통섭, 융합을 선보였던 셈이다. 문화예술 창작이라는 말이 허황되고 거창하게 들리기 때문에, 일단 이 장에서는 문화예술 창작 과정을 '이미지' 창작 과정으로 축소해 논의를 진행하기로 한다.

과연 아리스토텔레스는 멜랑콜리로 이미지 창작의 비밀을 해명해줄 수 있을까? 어느 정도까지 비밀이 누설될 수 있을까? 이 물음에 답하기에 앞서, 이미지가 도대체 무엇인지를 먼저 생각해보기로 하자.

1. 이미지란 무엇인가

이미지image라는 용어는 어원적으로 살펴보자면 라틴어 imago, imitari에서 왔으며 이 라틴어들은 모두 '모방하다'라는 의미를 담고 있다. 이때 모방은 주로 시각적 모방을 뜻한다. 하이데거는 이미지라는 라틴어 어원이 '모방하다'라는 의미가 지나치게 두드러지기 때문에 '창조적 예술'을 해명하는 말로서 부적당하다고 생각했다. 그래서 그는 이미지라는 용어 대신 빌트Bild라는 순수 독일어를 사용한다. 하이데거가 보기에, 빌트는 옛 독일어 필론pilon과 그리스어 에이코εἴκω의 의미에 상응한다. 고고 독일어 필론은 '부딪히다, 찌르다, 구멍을 뚫다, 밖으로 내몰다' 등의 의미를 가진다.

그리스어 에이코는 좀더 심오한 의미를 담고 있다. 에이코란 "어떤 것 앞에서 물러서지만 그래서 오히려 이것 앞으로 다가서게 함"(GA13, 103)[18]을 뜻한다. 또한 하이데거는 "이미지의 본질은 어떤 것을 보게 함이다"(GA7, 194)라고 단언한다. 위의 규정들에 따르면, 이미지는 단순히 보이는 어떤 것이 아니라, 도리어 어떤 것을 보게 해주는 것이다. 비유컨대 이미지란 마치 가시성을 차단시키고 있는 어떤 것에 구멍을 뚫는 활동 또는 그렇게 해서 무엇인가를 볼 수 있게 해주는 어떤 구멍이다. 즉 이미지는 그 자체로 보이는 어떤 것이 아니라, 그것을 통해 무엇인가를 볼 수 있게 하는 작은 구멍인 셈이다.

롤랑 바르트는 '구멍' 내지 '뚫기'라는 의미를 이미지와 탁월하게 접속시킨 또 한 명의 철학자다. 바르트는 사진 이미지를 분석하면서 스투디움studium과 푼크툼punctum이라는 두 개념을 고안해낸다. 스투디움이란 사진 이미지에서 지식이나 교양을 통해 알 수 있는 문화적인 부분을 가리킨다. 그와 대비되는 푼크툼은 라틴어로 '뾰족한 도구에 의한 상처, 찌름, 상흔', '작은 구멍, 작은 반점, 작은 홈'으로 스투디움을 깨뜨린다고 한다.

스투디움이 감상자가 이미지에 다가가 해독해내는 코드라면, 푼크툼은 해독 불가능한 탈코드로서 이미지로부터 유출되어 감상자를 엄습하는 것이자 주사위 던지기처럼 우연적인 것이며, "그 때문에 나의 시각이 변화되는 것을 느끼며, 내 눈에 그 사진이 탁월한 가치를 지닌 것으로 새롭게 보여지는 것"이고 결국 "매개체로서 스스로를 무화하고 의미가 아닌 사물 그 자체가 되는 것"이다.[19] 사진에 한정된 바르트의 논의를 확대 해석해보자면, 진정한 이미지란 이런 푼크툼을 포함하고 있는 이미지다. 그것은 보는 이의 가슴에 꽂혀 강렬한 감동을 자아내는 이미지이고, 한갓 제작된 산물이 아니라 인간의 손이 미치지 않는 실재(자연)로까지 격상될 수 있는 이미지다. 그것은 인간의 지식과 문화의 틀로는 잡히지 않으며, 보는 이로 하여금 무의식적 트라우마를 환기시키는 이미지다.

이미지는 그 안에 등장하는 것들이 생생하게 살아나 그림을 박차고 뛰쳐나올 수 있게 해주는 그 무엇이다. 존재하는 것들을 어두운 구멍으로부터 내몰아 현상하게 하는 것, 그래서 보이도록 해주는 것이 이미지의 본질이다. 이미지에 대한 이런 규정은 어두운 공간에 빛을 침투시키는 작은 구멍, 카메라 옵스쿠라의 구멍 또는 극장 스크린에 빛을 투사하는 영사기를 연상시킨다.

하지만 이런 유비적인 이해에는 한계가 있다. 특히 이런 이해는 이미지의 운동성을 빠트리고 있다. 하이데거는 이미지를 역동적인 개념으로 파악한다. 다시 말해 이미지는 명사적 실체이기 이전에 역동적인 움직임 자체, 그 작용을 뜻한다. 이미지에 대한 그리스적 어원(에이코)에 따르면, 이미지의 운동은 역방향으로 동시에 진행된다. 말하자면 어떤 것을 현상하게 하는 이미지의 전진 운동은 뒤로 빠지고 물러서는 이미지의 후진 운동을 전제한다. 이런 이미지의 전후前後·부침浮沈 운동이 일으키는 요철凹凸에서, 즉 상반相反 운동을 통해 생겨난 균열 속에서 이미지는 어떤 것을 볼 수 있게 해주는 것이다.

예컨대 부조浮彫 작업을 하는 조각가가 찰흙을 누르고 당겨서 하나의 형태를 만들어가는 과정을 떠올려볼 수 있다. 밀고 당김의 동시성. 안쪽으로 미는 순간 흙이 바깥으로 돌출하고, 바깥으로 흙을 당기는 순간 안쪽이 형성되는 과정 속에서 하나의 이미지가 터져나온다. 또는 최적의 감상 지점을 찾기 위해 그림에서 물러나는 모습을 연상해 볼 수도 있다. 우리는 그림으로부터 멀어지면서 그림이 가장 가깝게 다가오는 지점을 찾는다.

하이데거는 라틴어 어원보다는 독일어와 그리스어의 어원이 이미지에 대한 심오한 의미를 함축한다고 보고 있다. 굳이 그런 식의 비교를 해야 한다면, 나는 한국어 어원('이미지'에 해당하는 우리말은 '그림')이 그보다 더 심원한 의미를 담고 있다고 생각한다. 우리말의 어원에서 생각해보면, '그림', '글(文)', '그리다(畫)', '그리다(慕)', '그립다'라는 말은 모두 밀접한 관계에 있다. 백문식은 다음과 같이 설명한다.

> 그림과 글(文)은 '긁다(搔·刮)'에 어원을 둔 동사 '그리다(畫)'에서 갈라져나왔다. '그림을 그리다'라는 행동은 글을 쓴다는 행동보다 먼저 있었던 것으로 보인다. '그리다'는 선사시대 벽화를 그릴 때 손톱이나 날카로운 쇠붙이 끝으로 바닥 또는 벽면을 긁어 파는 원초적인 동작과 관련이 있다. ……'그리다'는 형용사 '그립다'로 발전했으며, 그립다에서 '그리움'(그리는 마음이 간절함)이 전성되었다. '그리움'의 어원적 의미는 '마음에 그림으로 떠오르는 것'이다. 결국 '그리다(畫)'는 연모戀慕(思憶)의 대상을 상상하여 그리워하는 행위와 연결된다.[20]

한국어의 어원 역시 서양말의 어원과 마찬가지로 깊이 있는 이미지 해석의 단초를 던져주고 있다. 그 해석을 정리해보면, 이미지는 일종의 그림인데, 근본적으로 그림은 그리움에서 유래한 것이다. 이미지라는 것은 사랑하는 대상이 부재할 때, 마음 둘 길 없는 그리움이 그려낸 그림이다.

회화적 이미지의 시원이라고 불리는 라스코 동굴벽화에는 동물을 사냥하는 사람의 모습이 그려져 있다. 보통 풍성한 사냥을 기원하는 그림으로 해석되는 이미지다. 그런데 조르주 바타유가 지적한 것처럼, 그렇게만 해석할 수 없는 부분이 그 이미지 속에 등장한다. 동물 앞에 성기가 발기된 남자가 죽어 드러누워 있는 부분이 바로 그것이다.[21] 이것을 어떻게 해석할 것인가? 바타유는 이 이미지를 에로스와 타나토스(죽음)를 연결짓는 모티프로 해석한다. 그에 따르면 에로스와 죽음은 서로 상반되는 것처럼 보이지만, 결국 하나로 연결되어 있다. 에로스가 지향하는 것은 상호간의 합일인데, 그것은 달리 말하면 개체의 죽음을 뜻한다. 또한 섹스에서 완전한 합일은 성적 긴장의 해소를 뜻하는데, 달리 말하자면 성적 욕망은 욕망의 자기부정(욕망이 더이상 불가능한 지점, 오르가슴)을 지향하고 결국 에로스는 타나토스를 지향한다는 것이다. 대립과 긴장의 에로스는 그것의 완전한 해소, 곧 죽음을 향해 육박해간다. 이런 의미에서 바타유는 성적 오르가슴을 '작은 죽음La petite mort'이라 부른다.

왜 이런 내용의 벽화가 그려졌을까? 바타유는 이 질문에 직접적으로 답을 제시하지 않는다. 단지 역사상 최초의 회화에 이런 내용이 있고, 그것이 마치 '시에 관한 시'처럼 회화의 기원과 본성을 명상하게 해주는 회화 작품인 듯 말할 뿐이다. 다시 말해서 라스코 동굴벽화는 인간이 만든 현존하는 가장 오래된 이미지이자, 처음으로 이미지의 기원과 본질을 암시적으로 드러낸 그림이다. 이렇게 해석할 수 있다면, 이미지를 다음과 같이 규정할 수 있을 것이다. 즉 이미지란 에로스와 타나토스, 사랑과 죽음의 합작품이다.

라스코 벽화가 회화적 이미지의 기원을 이해하기 위한 실증적인 자료라면, 신화나 전설은 상상적·집단무의식적 자료, 그래서 다양하게 해석되어야 할 인문학적 자료이다. 모든 기원에 대한 이야기는 신화 또는 전설로만 남고 그럴 수밖에 없다. 어느 누구도 기원을 직접 보고 확인할 수 없기 때문이다. 이제 예술적 이미지의 기원에 대한 전설을 두 가지만 살펴보기로 하자. 하나는 회화 영역에서 전승되어온 부타데스 부녀의 이야기[22]이고, 다른 하나는 시와 음악의 영역에서 전해내려오는 오르페우스 이야기다. 전자는 헤어질 연인의 모습을 실루엣으로 남긴 것이 이미지의 기원이 되었다는 이야기이고, 후자는 죽은 연인을 살리기 위해 부른 노래가 시와 음악의 기원이 되었다는 이야기다.

오르페우스 신화에서 죽음의 신을 감동시킨 오르페우스의 노래 가사에는 이런 구절이 있다. "나는 선물이 아니라, 대여를 원하는 것입니다."[23] 오르페우스의 노래는 연인의 궁극적인 소유권을 선선히 죽음의 신에게 돌린다. 그렇지만 잠시 동안만이라도 애인을 자신에게 빌려달라고 간청한다. 즉 이 노랫말에는 연인의 소유권과 양도에 관한 거래 내용이 담겨 있다.(서양인들이 생각했던 사랑과 소유의 관계에 관해서는 이 책 7장 5절, 10장 4절 참조) 지하세계를 지배하는 왕 플루톤은 오르페우스의 노래에 감동을 받아 에우리디케라는 "지옥의 유령"[24]을 대여해주지만, 지상으로 가는 도중 뒤를 돌아보지 말아야 한다는 조건을 건다. 잘 알려진 바대로, 오르페우스는 애인의 얼굴을 보고 싶은 욕망을 참지 못하고 뒤를 돌아보고 만다. 죽은 유령의 이미지는 오르페우스를 강렬하게 유혹한다. 연인의 죽음 이미지가 한순간, 연인의 생명보다 더욱 강렬하게 오르페우스를 유혹한다.

이 두 전설의 골격을 이루는 공통의 모티프는 세 가지다. 1) 사랑하는 연인—사랑, 2) 이별, 상실—죽음, 3) 회화, 음악—유령, 이미지, 예술. 이 전설들이 말하는 이미지의 기원은 사랑과 죽음에 있다. 사랑하는 사람의 죽음이 이미지를 만들게 한다는 것이다. 사랑의 힘으로, 죽음 앞에 선 에로스의 힘으로, 죽음의 무화작용에 맞서는(또는 견뎌내는) 사랑의 힘으로 이미지가 탄생했다는 것이다. 이미지의 어원과 기원을 종합해보건대, 상실한 무엇인가 혹은 누군가를 그리워하며 그려보는 마음, 그 그리움이 유령 같은 이미지 제작의 궁극적인 동력이라고 요약할 수 있다. 이미지는 사랑의 대상이 부재한 자리에 들어서는 유령이고 대체 환영이다. 결국 이미지란 사랑과 사랑 대상의 부재가 주조해낸 사랑의 판타지다. 그렇다면 예술의 기원과 예술 창작의 동력도 이와 같은 것은 아닐까?

2. 모든 비범한 시인은 멜랑콜리커다

이미지의 원천에 대한 어원적 탐구와 신화적 상상력에 의존하는 것은 이 정도로 마무리짓기로 한다. 언어와 신화는 그 자체로 무진장한 영감의 보고이지만, 그것만으로 사태의 진상을 면밀하게 살펴보는 데는 한계가 있기 때문이다. 이제 이미지에 대한 어원적이고 신화적인 선이해를 바탕으로 아리스토텔레스의 『문제들』에 등장하는 멜랑콜리와 이미지가 어떤 관계를 맺고 있으며, 그 결과 어떤 점에서 멜랑콜리가 이미지 창작의 원동력이 될 수밖에 없는지에 대한 철학적 논의를 소개하고자 한다.

인문학, 특히 철학 영역에서의 멜랑콜리 담론은 아리스토텔레스에서 시작된다. 아리스토텔레스는 『문제들』이라는 책에서 멜랑콜리를 다룬다. 그런데 사실 이 저작은 아리스토텔레스가 직접 쓴 글인지도 불분명하다. 아리스토텔레스가 아닌 그의 제자가 썼다는 설이 더 유력할 정도다. 아리스토텔레스를 추종하는 페리파토스학파의 대표자인 (레스보스섬에 위치한) 에레소스의 테오프라스토스가 『문제들』의 저자로 간주되기도 한다.[25] 그러나 우리의 문맥에서 실제 저자가 누구인지는 크게 중요하지 않다. 여기서 관건은 이 텍스트가 아리스토텔레스 철학에 기반을 두고 있는 사람의 저술인 것만은 분명하다는 점이다.[26] 또한 이후 수많은 사람이 '아리스토텔레스'라는 '이름'에 이 책을 귀속시켰으며, 지금까지 아리스토텔레스라는 이름의 권위 아래 멜랑콜리에 관한 모든 인문학적 연구성과가 집중되어왔던 까닭에, 그 저작과 아리스토텔레스라는 이름을 분리시켜 생각하기 어렵다는 점이 중요하다. 이런 까닭에 이 글에서 우리는 텍스트 저자의 이름을 여전히 '아리스토텔레스'로 부를 것이다.

문제에 대한 해답은 중요하다. 이전까지 누구도 내놓지 못한 답을 제출하는 것이야말로 중요한 학문적 업적이 아닐 수 없다. 하지만 답은 문제가 그려놓은 특정한 지평 속에서만 제출될 수 있다. 그래서 더 중요한 것은 문제가 된 사태이고 그 사태에 대한 문제제기다. 다시 말해서 이전과는 전혀 다른 문제를 제기하는 것, 이전에는 명시적으로 설정되지 않았던 문제를 정식화하는 것이 더욱 중요하다. 왜냐하면 하나의 문제를 새롭게 정식화한다는 것은 사태로 향해 있는 사유의 지평을 달리 한정짓는다는 것이며, 이전과는 다른 문맥을 삽입하고 교차시킨다는 것을 뜻하기 때문이다. 아리스토텔레스는 (히포크라테스 이후 전개된) 의학적이며 자연과학적 용어인 멜랑콜리를 처음으로 인문학적이고 철학적인 개념으로 만들었다. 그의 새로운 문제제기가 이후 인문학에 미친 영향은 이루 말하기 어려울 정도이다. 그럼 일단 그가 던진 문제를 살펴보기로 하자. 아리스토텔레스는 다음과 같이 문제를 제기한다.

철학과 정치, 시 또는 예술 방면의 비범한 사람들이 왜 모두 명백히 멜랑콜리커였을까? 더구나 헤라클레스의 영웅 이야기가 보여주는 것처럼, 왜 몇몇 사람은 검은 담즙으로 야기된 질병 속에서 고통스러워했을 정도로 멜랑콜리커였을까?[27]

여기서 아리스토텔레스는 당대 그리스인들의 인간이해 방식이자 히포크라테스가 의학적으로 처음 정리했던 멜랑콜리 현상을 인문학 영역, 즉 철학, 정치, 시, 예술 영역과 접맥시킨다. 일단 물음의 요지는 간단해 보인다. 걸출한 철학자, 시인, 예술가, 정치가 혹은 영웅적 인물이 멜랑콜리 기질을 가지고 있는 까닭을 묻고 있다. 이 물음에는 기정사실처럼 두 가지가 전제로 깔려 있다. 하나는 비범한 인물들이 모두 멜랑콜리커라는 것이고, 다른 하나는 멜랑콜리 기질이라는 것이 존재한다는 것이다. 물음을 제기한 사람에게 이 두 가지 전제는 매우 자명한 사실인 듯 보인다. 저자는 더이상 부연설명이 필요 없는 듯 말한다.

이런 자명성을 토이니센은 다음과 같이 표현한다. "비범한 자들, 즉 르네상스식의 천재ingeniosi가 멜랑콜리커인지 아닌지를 묻는 것이 아니다. 단지 그들이 멜랑콜리커라는 명백한 사태에 대한 이유만을 묻고 있다"[28] 여기서 토이니센은 그리스인들이 긍정적인 것(비범한 자들)의 가능근거로서 부정적인 것(질병으로서의 멜랑콜리)을 당연하고도 명백한 사실처럼 전제하는 모습에 주목한다. 현대인들, 특히 서양문화의 주변자에 속하는 우리에게 이 전제는 낯설기만 하다. 비범한 자들은 모두 멜랑콜리커라니?

친절하게도 아리스토텔레스는 이 전제에 쉽게 동의하지 않는 사람들을 위해 구체적인 인명까지 밝힌다. 헤라클레스, 스파르타인 리산드로스, 아이아스(화보의 그림 3 참조)와 벨레로폰 등과 같은 영웅적인 인물들과 엠페도클레스, 소크라테스, 플라톤과 같은 철학자들이 멜랑콜리커였다고 주장한다. 두번째 전제는 그에게 지극히 당연한 것이어서 부연설명조차 생략한다. 고대 그리스인들에게 멜랑콜리는 자명한 상식이었다. 그것은 의학적 상식인 동시에 인문학적 상식이었던 것이다. 아리스토텔레스는 멜랑콜리와 유사한 간질병[29]이 '성스러운 질병'이라 불렸다는 점만을 짧게 언급한다.

3. 페리토스: 일탈과 과잉

아리스토텔레스의 물음은 이후 철학과 미학에서 주요한 화두가 되었다. 그리고 이 물음이 내포하는 첫번째 전제는 예술의 영역에서도 하나의 공식이 되었다. 즉 위대한 예술가들은 멜랑콜리 기질을 가지고 있고, 예술가가 되기 위해서는 멜랑콜리 기질을 흉내라도 내야 한다. 이런 생각은 특히 르네상스와 낭만주의 미학에서 정점을 이룬다. 예컨대 낭만주의 예술에서 멜랑콜리는 천재의 증표로 이해된다. 오직 천재만이 예술가가 될 수 있으며, 멜랑콜리는 그런 천재의 고유한 정조이다. 낭만주의자들이 천재와 멜랑콜리를 곧바로 연결할 수 있었던 것은 아리스토텔레스의 물음에 있는 '비범한'이라는 표현 때문이다. 낭만주의자들이 보기에, 아리스토텔레스의 비범한 자는 천재가 아닐 수 없고, 그런 천재는 멜랑콜리할 수밖에 없다.

이 지점에서 우리는 성급한 해석을 보류할 필요가 있다. 고전을 해석할 때, 너무 성급하게 후대의 해석에 의지해서는 안 된다. 이 부분에 대한 후대의 해석이 완전히 틀렸다고 말할 수는 없지만, 해석자 당대의 시대정신, 특히 이 경우 낭만주의적 천재 개념이 투사되어 텍스트의 미세한 부분들이 은폐될 수도 있기 때문이다. 그래서 우리는 아리스토텔레스 개념을 통해서 낭만주의적 천재 개념을 새롭게 이해해볼 수도 있다. 낭만주의 천재 개념 역시 확고하고 선명하게 해명된 개념은 아니며, 시간의 선후를 고려하더라도 아리스토텔레스의 개념은 당연히 낭만주의 천재 개념의 모체에 해당하기 때문이다.

아리스토텔레스의 물음은 후대 학자들이 해석한 대로 천재나 영웅과 같은 사람들을 다룬다. 일단 그렇게 보이는 것은 사실이다. 하지만 해석의 관건은 '비범한 사람들'이라고 번역한 '페리토이περιττοί'라는 말에 있다. 멜랑콜리의 핵심적인 비밀은 바로 이 단어에 담겨 있다. 사전적으로 형용사 페리토스περιττός는 첫째, '보통'의 숫자나 크기 이상인 것, '평범함'에서 벗어난 것, 비범하고 특별한 것, 낯선 것, 이상한 것을 형용하는 말이며, 둘째, 충분한 상태를 초과하는 잉여, 과잉, 과도함을 뜻한다.[30] 다시 말해서 페리토스는 정상에서 벗어난 '일탈성'과 어떤 기준을 초과하는 '과잉성'을 뜻한다. 페리토스의 이런 일탈성과 과잉성은 일단 좋고 나쁨을 떠나 있는 말이다. 때로 그 말은 찬미의 레토릭에서도 사용되지만, 때로는 비난의 레토릭에서도 사용된다. 다시 말해서 페리토스라는 어휘는 호오好惡, 찬미와 비난이라는 양가적 의미를 모두 담고 있다.

또한 이 단어는 περί(주위, 주변), περάω(가로지르다, 통과하다, 뚫다), πέρας(경계, 한계) 등의 말과 같은 어원에 속한다. 멜랑콜리커는 '정상normal' 내지 '중심center'의 바깥, 주변의 경계에 위치한 자다. 그는 강제적으로 친숙한 세계에서 추방되었거나 자발적으로 그것과 결별한 자다. 그래서 변방의 세계, 후미진 주변부, 타자와의 경계지대를 배회하면서 광인이 되거나, 주변성으로 중심을 전복함으로써 패러다임을 바꿀 정도로 성공한 천재가 된다.

"철학과 정치, 시 또는 예술 방면의 비범한 사람들이 왜 모두 명백히 멜랑콜리커였을까?"라는 말을 다시 떠올려보자. 일단 '페리토스'라는 말은 철학, 정치, 시, 예술[31]의 영역에 종사하는 모든 사람을 수식해주는 말이다. 각 분야의 전문가들에게는 일반적으로 요구되는 기준이 있을 것이다. 철학자가 철학자라고 불릴 수 있고, 정치가가 정치가로, 시인이 시인으로, 예술가가 예술가로 불릴 수 있기 위한 최소한의 기준이 있을 것이다. 먼저 페리토스는 이런 이름에 걸맞은 기준을 수식하는 말처럼 들린다. 더 나아가 그것은 철학자, 정치가, 시인, 예술가라고 칭할 수 있는 '보통'의 기준을 훌쩍 넘어서는 것을 의미한다고 볼 수 있다. 이런 점에서 그 기준에서 이탈한 과도過度의 상태를 지칭하는 말로 해석된다. 이런 사람들은 일단 이상하고 특별하고 낯설어 보인다.

기준이나 함량이 문제시될 때, 페리토스는 그 기준과 함량의 초과치를 뜻한다. 이런 여분의 잉여지대가 페리토스의 영토다. 그런데 여기서의 잉여와 과잉은 '쓸모없는 나머지'라는 의미가 결코 아니다. 차라리 '최소한의 수준'을 만족시키는 것은 물론이거니와, 평균치를 훌쩍 상회하며 누구도 엄두내지 못할 정도로 달성해낸 잉여생산 혹은 각 분야의 핵심에 핍진하게 육박해가는 과잉운동을 뜻한다. 철학과 예술이라는 개념의 상식적 경계를 훌쩍 뛰어넘어 그 중심으로 직행한 사람들이 '비범한' 철학자와 예술가이다. 개념의 경계에 접근하는 일은 쉽지 않다. 대부분 겨우 턱걸이로 들어간다. 하물며 그 경계를 간단히 횡단하여 미지의 중심으로 함몰되는 일은 아주 드물다. 이런 맥락에서 일탈과 과잉이란 의미를 내포한 페리토스라는 단어가 멜랑콜리와 매우 친화적이라는 사실에 우리는 주목해야 한다.

이번에는 비범한 사람들을 특징짓고 있는 멜랑콜리, 즉 '검은' 담즙에 초점을 맞춰보기로 하자. 비범한 사람들이 공통적으로 가지고 있다는 멜랑콜리, 과연 그것은 어떤 것일까? 아리스토텔레스의 멜랑콜리는 "위대한 비극의 광기표상Wahnvorstellung과 플라톤 철학의 마니아 표상Mania-Vorstellung"[32]의 연장선상에 있는 또다른 이름의 광기다.

어둡고 음산한 영혼의 고뇌가 멜랑콜리의 핵심적 이미지다. 그래서 고대 그리스인들은 담즙이 '검다'고 상상하지는 않았을까? 아마도 그것은 고통으로 파괴된 인간 내면의 어두움을 상징적으로 표현한 말일지도 모른다. '검은' 담즙은 몸속을 운행하는 어두운 힘과 광기를 상징한다. 이런 까닭에 『문제들』에서 아리스토텔레스는 다음과 같은 호메로스의 이야기를 인용한다. "그[벨레로폰]가 모든 신의 미움을 받았을 때, 그는 자신의 심장을 뜯어먹고 사람들이 지나다니는 행로를 피해다니며 홀로 알레이옹 들판을 방황했다."[33]

이 인용문에서 알 수 있듯 1) 멜랑콜리커는 신들의 미움을 받아 '미쳐버린' 사람이고, 2) 신과 인간들로부터 버림받아 '홀로' 아무도 없는 들판을 방황하는 사람이고, 3) 자신의 심장을 뜯으며 '자기학대'를 일삼는 사람이다. 비록 검은 담즙이 상상의 산물이라 하더라도, 인간의 암울한 모습은 사라지지 않는다. 위에서 언급한 광기, 소외(고독), 자학과 같은 현상은 인간의 삶 속에서 사라질 수 없기 때문이다. 그래서인지 검은 담즙의 존재마저 과학적으로 부인되는 오늘날까지도 멜랑콜리에 대한 관심은 수그러들지 않고 있다. 요컨대 담즙의 검은색 이미지와 더불어, 페리토스의 일탈과 과잉이란 의미는 이후에도 멜랑콜리의 변치 않는 핵심적인 이미지와 의미군을 형성한다. 이 책을 읽는 내내 잊지 말기로 하자. 멜랑콜리는 일단 일탈과 과잉의 어두운 자식임을.

4. 포도주, 디오니소스, 아프로디테

아리스토텔레스의 물음 후반부를 떠올려보자. "헤라클레스의 영웅 이야기가 보여주는 것처럼, 왜 몇몇 사람은 검은 담즙으로 야기된 질병 속에서 고통스러워했을 정도로 멜랑콜리커였을까?" 여기서는 또 한 명의 비범한 영웅으로 헤라클레스가 등장하고 그 영웅이 검은 담즙에서 유래한 '질병'으로 고통을 받았다고 나온다. 히포크라테스에 따르면, 예로부터 멜랑콜리는 '성스러운 질병'과 동일시되었다. 그렇다면 왜 고대인들은 멜랑콜리를 성스러운 질병이라고 했을까? 아리스토텔레스의 해석에 따르면 '격분'과 '고통의 표출'이 극점에 이르러 광기에 빠져든 것처럼 보이기 때문이다. 더구나 광기에는 신성이 어려 있는 것처럼 보였다. 보통 사람들과는 전혀 다른 행동방식을 보여주기 때문이다. 그것을 잘 보여주는 것이 플라톤이 자주 언급하는 시인의 광기다.[34] 플라톤이 보기에 궁극적으로 신적인 광기, 곧 '신적인 힘θεία δύναμις', 그것을 통해서만 비로소 시인이 된다.[35] 이 점은 아리스토텔레스도 마찬가지다. 플라톤보다 좀더 탈신화적이고 계몽적인 아리스토텔레스마저, 플라톤의 광기 대신 모방과 제작술을 통해 시를 설명하려던 그마저도, 시인의 이런 모습을 전적으로 부인할 수는 없었다. 『문제들』에서 그는 시인들, 무녀들과 예언자들을 포함한 모든 영감에 찬 사람들이 멜랑콜리 기질을 가지고 있다고 말한다. 그리고 좋은 시인이 되기 위한 필수조건으로 멜랑콜리 증상으로 손꼽히는 몰아경沒我境을 제시한다. "시라쿠스 사람 마라쿠스는 그가 몰아경에 있었을 때, 훨씬 더 좋은 시인이었다."[36]

아리스토텔레스의 물음 자체에서도 알 수 있듯이, 아리스토텔레스는 멜랑콜리와 연관된 현상을 두 가지 종류로 구분한다. 하나는 질병으로서의 멜랑콜리이고, 다른 하나는 체질로서의 멜랑콜리다. 전자가 특수한 몇몇 사람만이 걸리는 질병이라면, 후자는 많은 사람이 공유하는 체질, 즉 검은 담즙의 과도함에서 유래한 자연적인 체질이다. 전자가 검은 담즙의 일시적 과잉을 통해 생긴 병이라면, 후자는 자연적으로 검은 담즙이 많이 분비되는 사람의 기질이다. 그러나 둘은 검은 담즙에서 유래하는 '자연현상'이라는 점에서 동일하다.

이런 두 가지 종류의 멜랑콜리 현상은 모두 비범한 사람들에게 빈번히 나타난다. 정확히 말해서, 비범한 사람들은 모두 멜랑콜리 기질을 가지고 있으며, 그 가운데 몇몇은 멜랑콜리한 질병까지 앓았다는 것이다. 그래서 아리스토텔레스는 다음과 같이 이야기한다. "그런 많은 사람들[비범한 사람들]은 몸속의 이런 혼합물에서 야기된 질병들로 고통을 받았고 다른 사람들은 그들의 자연적 본성이 명백히 이런 종류의 문제들을 갖게 되는 경향이 있었다. 이미 말했던 것처럼 어떤 경우든 그 모두는 자연적으로 그렇게 형성되었다."[37]

아리스토텔레스는 멜랑콜리를 자연적 기질로 이해한다. 기질이란 사람이 노력해서 얻을 수 있는 것이 아니다. 멜랑콜리는 자연이 우리에게 부여해준 것이다. 멜랑콜리 현상을 신적인 광기로 되돌리는 대신에 아리스토텔레스는 당대의 자연과학적 성과를 바탕으로 그것을 합리적으로 이해하려고 한다. 물론 아리스토텔레스의 설명에도 여전히 한계는 있다. 나중에 다시 언급하겠지만, 단순히 신神의 자리에 자연自然을 대치시킨 것에 불과한 것처럼 보이기 때문이다. 여기서 신과 자연은 모두 이성적 설명의 아포리아aporia(궁지·난관)를 가리키는 개념들이다.

그러나 멜랑콜리 현상을 검은 담즙으로 설명하려는 그의 기획에는 풍부한 해명 가능성이 잠재해 있다. 예를 들어 그는 멜랑콜리를 포도주와 연관시켜 이해한다. 검은 담즙이라는 체액이 몸속에서 어떤 작용을 하는지는 포도주와의 유비 속에서 설명된다. 마치 포도주를 마셨을 때 인간 정념의 색깔이 바뀌는 것처럼, 멜랑콜리는 우리 몸속에서 그런 작용을 하는 체액이다. 포도주와는 달리 "꿀, 우유, 물" 등은 어떤 정념을 일으키거나 바꾸지 않는다.

> 무엇보다도 우리는 하나의 자연적 사례로서 '포도주'를 사용하면서, 이것의 원인[멜랑콜리 기질]에 대해 생각해봐야만 한다. 왜냐하면 포도주는 우리가 멜랑콜리에 귀속시키는 성격들을 광범위하게 만들어내는 것 같기 때문이다. 술은 술취한 사람들을 언짢게 하거나 친절하게, 자비롭게 또는 무모하게 만들면서 다양한 성질을 생산해낸다. 그러나 꿀이나 우유, 물은 그 어떤 것도 이런 효과를 내지 못한다.[38]

포도주가 다양한 정념을 만들어내듯, 검은 담즙은 체내에서 인간의 다양한 성격을 만들어낸다. 하지만 포도주가 일시적 정념을 만들어내는 데 반해서, 검은 담즙은 지속적으로 정념을 산출함으로써 인간의 성격을 주조한다. 포도주가 만들어내는 정념은 멜랑콜리와 유사하다. 비록 일시적이기는 하지만, 포도주는 "보통의 상궤에서 벗어난περιττόν"[39] 상태를 만든다. 그렇기에 보통과는 다른 성격을 만들어내는 포도주가 검은 담즙을 설명하는 적절한 사례로 선택된다.

포도주를 마시는 사람은 체내에 얼마만큼의 포도주를 흡수하느냐에 따라 다양한 반응을 보인다. 마치 사람들의 복잡하고 다양한 성격의 단면을 차례로 한 꺼풀씩 보여주는 것처럼, 취기의 정도에 따라 술 마시는 자는 여러 모습으로 변하기 시작한다. 예를 들어 말수가 적고 냉정한 사람이라도 포도주를 조금 마시면 수다를 떤다든지 열정적인 달변가로 변신한다. 좀더 마시면, 서슴없이 이야기를 하게 되며, 이어 무모한 지경에까지 이른다. 술로 인해 무모해진 사람이 더 마시게 되면, 결국 거만한 광인이 된다. 요컨대 멜랑콜리커가 소유한 성격이란 취기에 따라 변하는 특정 모습이 체질적으로(검은 담즙의 체내 함량에 따라서) 굳어진 것을 뜻한다.

아리스토텔레스가 전하는 포도주의 효능은 1) 정념의 야기와 증폭, 2) 일시적인 비범함 제공 등이다. 그는 이런 효능이 포도주에 있는 열기 때문이라고 단정한다. 더 나아가 포도주와 검은 담즙은 모두 호흡하는 '공기'에 그 토대를 둔다. 이런 상상은 아마도 발작적인 멜랑콜리 질병, 예컨대 간질병에 걸린 사람이 발작할 때, 근육과 혈관이 팽창하고 숨을 제대로 쉬지 못하는 증상을 보고 추측한 것이라고 볼 수 있다. 더구나 그 공기는 뜨거운 열기를 포함한 공기다. 아리스토텔레스는 들숨과 날숨으로 이루어진 공기의 호흡을 포도주가 발효될 때 일어나는 '거품'과 연관짓는다. 포도주에 거품이 많을수록 공기가 많이 함유된 것이고, 그럴수록 더 뜨거운 기운을 함유한다.

『문제들』의 저자는 공기, 거품, 포도주를 성적 욕망과 연결시킨다. 이미지의 측면에서 성기의 팽창/수축은 공기가 들어오는 허파의 팽창/수축과 연결된다. 신화적인 측면에서는 포도주의 신 디오니소스와 거품에서 태어난 아프로디테가 연결된다. 멀리 떨어진 개념의 연합과 이미지의 연상이 절묘하게 이어지는 대목이다. "그리고 포도주의 힘은 공기에서 기인한다. ……거품은 포도주가 공기를 포함하고 있음을 보여준다. 기름은 그것이 뜨겁다 하더라도 거품을 만들지 않지만, 포도주는 많은 양의 거품을 만든다. 그리고 백포도주보다 적포도주가 더 많이 만든다. 그래서 적포도주는 사람의 몸을 더 뜨겁게 하고 더 들뜨게 한다. 이런 이유 때문에 포도주는 사람들이 서로 사랑하게 한다. 디오니소스와 아프로디테는 올바르게도 서로 연합된다. 그리고 멜랑콜리커는 보통 호색가이다."[40]

그리스 신화에서 아프로디테Ἀφροδίτη는 아프로스ἀφρός(거품)에서 솟아오른 아름다움의 여신으로 등장한다. 이 이야기는 크로노스(로마식 이름은 사투르누스) 신화에서 시작된다. 잘 알려져 있다시피, 크로노스는 당시 패권을 장악하고 있던 하늘의 신 우라노스를 폐위하고자 한다. 크로노스는 자신의 아버지 우라노스를 제압하고 거세한 뒤, 자른 성기를 바다에 던져버린다. 그때 일어난 거품에서 아프로디테가 탄생했다고 한다.[41] 그리고 이 경우 여신의 아름다움은 성적 매력을 뜻한다. 그래서 고대 그리스어로 성적 흥분 또는 성교를 나타내는 말이 '아프로디시아스모스ἀφροδισιασμός'였다. 아프로디테가 아름다움의 여신인 반면, 디오니소스는 다리를 저는 추한 신이다. 신화에 따르면, 그는 인간 세멜레와 신 제우스 사이에서 태어난 반신반인이다. 신의 얼굴을 보아서는 안 된다는 규칙을 깨고 세멜레는 제우스의 얼굴을 보고자 갈망한다. 결국 사랑하는 연인이자 죽음의 피안에 있는 신 제우스의 얼굴을 보는 순간, 세멜레는 불타버린다. 제우스는 세멜레의 뱃속에 있던 디오니소스를 구해낸다.[42] 이후 디오니소스는 생명력과 도취의 신, 포도주의 신이 된다.

『문제들』의 저자는 포도주가 발효될 때 생기는 거품을 통해 아프로디테와 디오니소스 그리고 멜랑콜리를 절묘하게 연결시킨다. 아름다움, 특히 성적 아름다움은 도취의 대상이다. 멜랑콜리커는 그 아름다움에 도취된 자다. 그래서 성적 아름다움에 중독된 그는 점점 커져만 가는 성적 욕망으로 고뇌하는 자다. 그리스 신화가 암시하는 아름다움의 본질은 거세와 상실이다. 과잉 성욕을 소유한 멜랑콜리커는 과잉 상실감이라는 고통의 무게를 짊어지지 않을 수 없다. 거세된 욕망, 감당하기 어려운 상실, 결핍, 공복감 등으로 절망할수록 사랑의 대상은 더욱 아름답게 보인다. 이렇듯 멜랑콜리는 디오니소스적 도취 또는 성적 욕망의 과잉과 깊은 연관을 맺고 있다. 비록 암시적일지언정 이런 발상은 이미 프로이트의 멜랑콜리론을 선취하고 있다. 프로이트에 따르면, 멜랑콜리의 궁극적인 원동력은 에로틱한 욕망이며, 욕망 대상의 부재에 따른 사랑의 성취 불가능성이 때때로 상실된 대상에 대한 '과도한' 애착 또는 집착을 낳는다. 그리고 그것이 불러일으킨 상실 대상과 자기와의 동일화 및 상실 대상에 대한 양가감정 등의 과정을 통해 멜랑콜리에 이르게 된다. 『문제들』은 멜랑콜리에 대한 프로이트

의 원인 규명을 함축하고 있다.[43]

아리스토텔레스는 멜랑콜리를 대립하는 두 성질의 혼합으로 이해한다. 다시 말해서 멜랑콜리한 체액은 "뜨거움과 차가움의 혼합"[44]이며, 양 극단의 성질이 한 극단에서 다른 극단으로 급변한다. 마치 시계추처럼 멜랑콜리 체질을 가진 사람의 성격은 두 극단 사이에서 흔들거린다. 극도의 정념 표출과 급작스러운 마비 현상이 바로 그런 것이다. 검은 담즙이 과도하게 뜨거우면, "노래를 동반한 흥겨움과 광기 그리고 고뇌 등등의 분출을 자아낸다." 또는 "실성하기도 하고 더 영리해지거나 요염해지며, 쉽게 정염과 욕망에 움직이고 어떤 사람들은 말수가 더 많아진다."[45] 반면 검은 담즙이 차가워진 사람들은 게으르고 우울하고 우둔하게 된다. 이렇게 검은 담즙은 매우 뜨겁게 달구어졌다가 한순간 아주 차갑게 식을 수도 있다. 마치 냄비처럼 뜨거움과 차가움이 순식간에 교차할 수 있는 열 전도체라고 말할 수 있을 것이다.

이미 지적했듯이, 멜랑콜리는 검은 담즙에 녹아 있는 극단의 성질들의 상호교체를 통해 사람의 성격을 변화시킨다. 멜랑콜리커는 그 기질상 가변적이고 불규칙한 상태에 있을 수밖에 없다. 그런데 이따금 상반되는 성질들이 절묘한 균형을 이룰 때가 있다. 기막히게 훌륭한 혼합이 발생하는 경우도 있다.

> 매우 불규칙한 상태가 잘 섞일 수 있고εὔκρατον 어떤 의미에서 아름다운 상태에 있을 수 있기 때문에…… 우리의 상태가 과도하게 더 따뜻하다가 다시 차갑게 되며 또 그 역이 가능하기 때문에, 모든 멜랑콜리커는 질병의 결과가 아니라 자연적 소질의 결과에서 기인한 비정상이다περιττοί.[46](인용자 강조)

아리스토텔레스에게 몸속의 열기는 영혼을 움직이는 힘이다. 검은 담즙에 스며든 열기가 어느 정도냐에 따라 검은 담즙은 정신에 직접적인 영향을 미친다. 그래서 한 사람의 특정한 기질이 형성된다. 멜랑콜리는 대개 불균형·불규칙 상태에 있다. 그것은 성적 욕망을 상징하는 공기의 변화무쌍한 흐름처럼 쉽게 변한다. 그러나 그런 상태만 있는 것이 아니라 "잘 섞일 수 있고 어떤 의미에서 아름다운 상태에 있을 수 있다." 그런 절묘한(아름다운) 균형은 드물게 존재하는 자연의 선물이다. 여기서 문화를 창조하는 비범한 사람들은 희귀한 자연적 소질을 타고난 비범한 사람으로 설명된다.[47] 아리스토텔레스는 신의 선물이 아니라 자연의 흔치 않은 과잉, 그것의 절묘한 혼합으로 천재를 설명했던 것이다.

5. 은유 제작의 원동력

아리스토텔레스는 『시학』에서 시인이 사용하는 언어의 "우수성"에 관해 말한다. 시인의 언어가 큰 공명을 얻기 위해서는 "평범함을 피하고", "낯선 말"을 사용해야 한다. 친숙한 말을 사용해서는 "웅장한 인상"을 줄 수 없다.[48] 여기서 아리스토텔레스가 생각하는 낯선 말은 외래어, 은유, 연장된 낱말, 그리고 기타 표준을 벗어나는 말이다. 울림이 있고 생동하는 언어, 강렬한 인상을 남기는 화법 가운데 특별히 중요한 것이 바로 은유이다. 그런데 아리스토텔레스는 은유를 비이성적인 영역에 위치한 것으로 남겨둔다. 시와 예술을 철저히 이성과 기술, 교육의 영역에 한정하려 했던 그도 은유만은 어찌할 수 없었다. 아리스토텔레스가 남겨둔 예술철학의 어두운 미로가 바로 이 은유다. 아리스토텔레스의 말을 직접 들어보자.

합성어와 외래어를 포함하여 앞에서 언급한 여러 형태를 모두 적절하게 사용하는 것이 중요하지만 가장 중요한 것은 은유를 능숙하게 구사하는 일이다. 이것만은 타고난 능력의 표시(εὐφυίας τε σημείόν)이며 남에게서 절대로 배울 수 없는 것이다. 성공적인 은유의 사용은 사물들의 유사성을 파악하는 능력에 의존한다.[49]

아리스토텔레스의 시학은 처음부터 '시 창작 기술'을 기록한 글이다. 여기서 기술이란 그리스어 '테크네techne'의 번역어이며, 테크네는 일종의 앎으로서 무엇인가를 반복해서 제작할 수 있는 앎, 그래서 교육이 가능한 앎이다. 시를 신비스러운 영감의 산물로 보지 않는 아리스토텔레스의 시각에서 보자면, 시 역시 일종의 창작이고, 창작에는 일정한 기술이 필요하며, 그 기술을 습득하기만 하면, 누구라도 시를 지을 수 있다. 아리스토텔레스 이전에도 많은 사람이 예술을 모방으로 이해했지만, 아리스토텔레스는 그 입장을 좀더 적극적으로 정당화한다. 그에 따르면, 모방과 모방의 즐거움은 인간 본성에 뿌리박혀 있고, 모방 기술은 습득될 수 있을 뿐 아니라, 모방 자체가 앎의 시발점이다. 이것이 시 창작에 있어 플라톤과 대비되는 아리스토텔레스의 입장이다. 그러나 이런 뚜렷한 견해 차이가 철두철미하게 관철되지는 않는다.

아리스토텔레스의 합리주의적 입장은 '창조성'을 설명하는 데에서 한계에 봉착한다. 어쩌면 그것은 당연한 일이다. 신이 아닌 이상 그 누가 창작의 원리를 단언할 수 있겠는가. 창작의 근본 원리는 고대 그리스부터 지금에 이르기까지 설명하기 힘든 사태로 남아 있다. 창작의 공식은 없다. 그것만 알면 누구든 창작할 수 있는 창작 원리는 없다. 하이데거적 관점에서 보면, 복제품을 무한히 생산할 수 있는 테크네는 과학의 기술일 뿐이지, 예술적 창작의 기술이 아니다. 창작의 테크네는 복제 가능한 제품의 설계도를 만드는 앎이 아니라, 복제 불가능한 작품을 내놓는 앎이기 때문이다. 예컨대 시작법에서 은유 창작은 어떤 원리를 통해서도 가르칠 수 없다. 이런 이유에서 시작법을 이성적으로 분석하려 한 아리스토텔레스에게 은유 창작은 최대 난제였다.

플라톤은 한편으로 시를 비롯한 여러 예술을 모방이라고 폄하하면서도, 다른 한편 유독 시에 대해서만은 '신적인 광기'를 인정하고, 그것의 탁월함을 말한다. 그에 비해 아리스토텔레스는 플라톤이 남겨놓은 시의 신비를 이성의 칼날로 해부한다. 그러나 그런 그마저 남겨두지 않을 수 없는 부분이 있었는데, 그것이 바로 은유다. 시인이 도대체 어떤 메커니즘으로 은유를 만드는지는 밝힐 수 없었던 것이다. 최소한 아리스토텔레스는 형식적으로 은유가 무엇인지는 규명할 수 있었다. 그에 따르면, 은유란 "한 사실에서 다른 사실로, 즉 유에서 종으로, 종에서 유로, 종에서 종으로, 또는 유추에 의하여 한 낱말을 옮겨서 쓰는 것이다"[50] 은유의 기본 형식은 "A는 B이다"라는 주어, 술어의 관계다. 언어의 비논리적이고 낯선 사용법인 은유는 손쉽게 무엇인가를 포섭할 수 있는 범주를 선택하는 어법이 아니라, 자유롭게 주어와 술어를 연결하는 언어 사용법이다. 그런데 은유가 되기 위해서는 논리적이고 일상적인 어법이 아니라고 해서 무의미한 말로 떨어져서는 안 된다. 요컨대 은유의 성립조건은 1) 낯섦, 2) 유의미성이다.

은유의 핵심은 주어와 술어가 계사를 통해 연결되면서 어떤 새로운 의미와 이미지가 창출된다는 점에 있다. 주어와 술어가 일단 상당한 차이가 있어 일반인의 눈에는 전혀 무관한 것처럼 보이지만, 그럼에도 주어와 술어의 결합은 절묘하게 인접한 유사성으로 이어져, 어떤 독창적인 의미론적 이미지를 생성시킨다. 보통 일반인은 전혀 눈치챌 수 없는 유사성을 찾아내는 능력, 그것이 바로 은유를 제작하는 능력이다. 아리스토텔레스는 이런 능력은 도저히 가르칠 수 없는 것이어서 "타고난 능력의 표시"[51]로밖에 설명할 수 없다고 본다.

이와 같이 『시학』에서 아리스토텔레스는 은유를 설명 불가능한 영역으로 남겨둔다. 하지만 멜랑콜리에 관한 글을 참조하고 재해석함으로써, 『시학』에서 중단된 부분을 계속해서 이어갈 수 있을 것이다. 비록 아리스토텔레스가 명시적으로 공언하진 않았지만, 그의 멜랑콜리론은 은유 창작의 숨겨진 비밀을 어느 정도까지 해명해줄 수 있다. 이 점이 바로 우리가 아리스토텔레스 시학 연구에 기여할 수 있는 부분이다. 물론 멜랑콜리를 통해 은유에 대한 이해를 보충한다고 하더라도, 은유에서 설명 불가능한 지점은 그대로 남는다. 이전 사람들이 신적인 영역으로 언급한 부분을 아리스토텔레스가 자연현상으로 대치한다 하더라도, 여기서의 자연은 설명 가능한 자연이 아니라 여전히 신적인 자연에 가깝기 때문이다.

예컨대 아리스토텔레스는 잠 속에서 예언적 꿈을 꾸는 현상에 대해서 터무니없는 신비주의적 접근을 배격하고 그것을 일종의 멜랑콜리와 연관된 자연현상으로 이해하면서도 다음과 같이 단호하게 말한다. "꿈은 신이 보낸 것이 아니고 이것[꿈속의 예언]이 꿈 현상의 목적일 수도 없다. 그러나 그것들은 신적인 기원을 가지고 있다. 비록 그 자체 신적인 것은 아니지만 자연은 신성하게 만들어졌기 때문이다."[52] 이렇듯 아리스토텔레스는 신을 자연으로 대체함으로써 불필요한 신비주의를 경계하지만, 자연의 신비를 인간의 지성으로 모두 밝힐 수 있다고는 생각하지 않았다.

멜랑콜리커인 시인은 작품을 창작하는 내내 검은 담즙의 뜨거운 공기에 휩싸인다. 뜨거운 공기란 여기서 어떤 에로스의 열정을 뜻한다. 그 열정이 감각을 극대화시키고, 상상력을 최대한으로 가동시킨다. 그 공기는 작은 자극에도 예민하게 반응할 수 있게 할 뿐 아니라, 자유롭게 서로 다른 이미지들이 쉽게 연합하도록 만든다. 다시 말해서 멜랑콜리커 시인은 서로 인접한 이미지들 사이를 속도감 있게 오가며, 절묘하게 어떤 유사성을 발견한다. 시인이 이런 일을 할 수 있는 것은 멜랑콜리커가 겪는 통제 불가능한 연상 작용, 즉 끝없이 꼬리에 꼬리를 물면서 이어지는 인접 이미지들을 산출하기 때문이다.[53] 마찬가지로 멜랑콜리커가 일상의 정상적인 생활을 하기 어려운 것도 이처럼 빠른 속도로 끝없이 이어지는 연상의 굴레 때문이다. 그러나 복잡하게 얽힌 연상 이미지들의 더미 속에서 시인은 낯설지만 유의미한 은유적 표현을 발견한다. 시인의 이런 은유는 먼 거리를 날아가 과녁에 정확히 꽂히는 화살과 같다. 아리스토텔레스의 말을 들어보자.

> 아주 평범한 사람들이 예언을 하거나 예언적인 꿈을 꾸는 재능을 가지고 있는 것은 어떤 신성이 꿈을 보내기 때문이 아니라, 그 모든 이의 본성이 수다스럽고 멜랑콜리하기 때문이고, 그들이 모든 가능한 현상을 보기 때문이다. 그것은 그들이 자신의 많고 다양한 정념을 통해서 유사성을 보는 데 성공한 덕분이다.[54]

> 멜랑콜리커들은 격렬성으로 인해 원거리 사수처럼 정확하게 활을 쏜다. 그리고 어느 한 순간 급변할 수 있는 태도로 인해 그들 앞에는 연속해서 그다음 이미지가 급속도로 다가온다. ……게다가 그들의 행동은 매우 격렬하여 또다른 행동에 방해받지 않는다.[55]

하루 중 멜랑콜리커의 과도한 열기로 말미암아 영혼이 요동치는 때는 우리가 잠에 빠져 있을 때다. 프로이트처럼 아리스토텔레스에게도 잠은 인간의 정념들이 억압 없이 터져나올 수 있는 절호의 기회다. “잠자는 동안 멜랑콜리 증상이 시작된다. 열기가 과도해질수록 영혼이 평상시보다 더 많이 요동치기 때문이다. 영혼의 요동이 훨씬 더 난

폭해지면 잠을 잘 수조차 없다."[56] 그런데 수면睡眠에 떠오른 꿈 이미지에서 미래를 읽는 예언가들이 여기서는 멜랑콜리커로 등장한다. 이전까지 사람들은 그런 예언적인 꿈을 신이 보낸 메시지로 여겨왔으나, 아리스토텔레스는 그것을 멜랑콜리 탓으로 돌린다.

넘쳐나는 정념들은 서로 관련짓기 어려운 사태들 사이의 유사성을 볼 수 있게 해준다. 여기서 유사성이란 주어와 술어라는 두 사태 사이를 가로지르는 결합의 조건을 뜻한다. 멜랑콜리커는 숱한 이미지들의 무더기 속에서 유의미한 결합들을 조직한다. 당연한 말이지만, 차이성이 크면 클수록 유사성을 찾아보기는 어렵다. 플라톤의 상상력에 따르면, 유사성을 찾기 위해서는 장대한 거리를 비상할 수 있는 영혼의 날개가 필요하며, 그런 영혼의 날개는 아름다움을 먹고 자라는 에로스이다. 연인의 아름다움을 먹고 영혼의 깃털이 자라 강력해진 날개로 날갯짓함으로써, 즉 에로스의 강렬한 추동력을 얻음으로써 영혼은 멀리 떨어진 곳까지 비상할 수 있다.[57] 아리스토텔레스는 플라톤의 이런 반쯤 신화적인 이야기를 좀더 이성적인(생리학적인) 멜랑콜리 담론으로 재해석한다. 꿈 이미지의 예언적인 힘은 이렇듯 거리가 먼 이미지들을 자유롭게 연결짓는 사랑 정념의 강렬한 힘에서 유래한다.

인접 불가능하게만 여겨지던 단어와 단어를 연결시킬 수 있는 능력인 은유 제작 능력, 바로 그런 상상력의 비상飛翔 능력을 멜랑콜리커는 소유하고 있다. 평범한 안목으로는 도저히 도달할 수 없는 거리를 멜랑콜리커는 가볍게 뛰어넘는다. 그리고 사태를 정확하게 포착한다. 다시 말해서 멜랑콜리커는 어울리지 않는 이미지들을 얼기설기 엮어 무의미한 이미지를 조립하는 것이 아니라, 존재 개방의 의미를 담고 있는 독창적 이미지를 빚어낸다. 그것은 이번 장의 서두에서 소개한 하이데거의 이미지, 곧 어떤 것을 보게 해주는 이미지라 할 수 있다. 이와 유사하게 프로이트도 멜랑콜리커가 "진리를 바라보는 더

예리한 눈"[58]을 가지고 있다고 보았다. 그 때문에 사람들은 때때로 멜랑콜리커가 범상치 않은 재능을 가졌다고 판단한다. 그런데 멜랑콜리커가 근본적으로 먼 곳의 과녁을 정확히 적중시키는 "원거리 사수"가 될 수 있는 동력은 사랑에 있다. 즉 모든 멜랑콜리한 창조력의 근원은 사랑의 열정, 그리고 사랑의 크기에 준하는 상실의 고뇌에서 나온다.

사랑 대상을 향한 열정의 과잉, 그래서 일탈적일 수밖에 없는 사랑의 정념은 사랑 대상의 부재와 상실(결국 죽음)을 만나 고뇌로 전환되면서 폭발적으로 증폭된다. 그 검은 고뇌가 상식적이고 정상적인 언어 사용을 불가능하게 한다. 그러나 부재와 고통의 바다에서 사랑하는 대상을 찾는 강렬한 그리움은 범상한 사람의 눈에는 보이지 않는 사물들 간의 유사성을 찾아내는 원동력이 된다. 독창적인 예술적 이미지는 이런 멜랑콜리, 즉 검은 담즙의 과잉을 창조적으로 사용한 대표적인 사례다. 다시 말해서 광적인 사랑, 치명적인 고통이 불러오는 정념의 비정상적인 과잉이 독창적인 이미지, 진리를 드러내는 이미지 제작의 원동력으로 사용된 셈이다. 오직 검은 담즙을 찍어 그린 선명한 이미지만이 유령처럼 사람을 홀릴 수 있고 울릴 수 있다. 요컨대 아리스토텔레스는 타인의 심금을 울릴 수 있는 이미지 창작의 샘을, 삶(사랑)의 고뇌가 농축된 검은 담즙에서 찾았던 것이다.

고대: 영웅적 멜랑콜리

오이디푸스의 비극, 바로 여기에 서양 멜랑콜리의 원형이 담겨 있다. 잘 알려진 이야기지만, 간단하게 줄거리를 요약해보자. 오이디푸스는 테베 왕족에서 태어난 고귀한 혈통이지만 '아비를 죽이고 어미와 동침할 것이다'라는 끔직한 예언 때문에 부모로부터 버려진 불운아였다. 구사일생으로 살아남은 오이디푸스는 이웃나라의 아이 없는 왕가에 양자로 들어가서 한동안 유복하게 성장한다. 그러다 우연히 자신의 끔찍한 운명을 전해듣고는 양부모를 떠난다. 그런데 양부모를 친부모로 착각하고서 불행을 피했다고 생각한 것이 더 큰 불행의 씨앗이 된다. 자기 운명에 대한 앎이 도리어 파멸을 부른다. 이웃나라(사실은 고국)로 방랑하던 길에 오이디푸스는 정당방위로 무례한 노인(친아버지)을 죽이고, 스핑크스의 수수께끼를 푼 업적으로 그 나라의 홀로된 왕비(친어머니)와 결혼하여 두 아들과 두 딸을 낳고 행복하게 산다.

그러던 중 나라에 역병이 돌고, 패륜아 때문에 역병이 돌게 되었다는 신탁을 듣게 된 오이디푸스는 집요하게 그 패륜아를 뒤쫓는다. 오이디푸스가 문제의 해법을 찾는 길로 성큼 나아갈수록, 도리어 절망적 파국에 점차 가까워지는 불길한 예감이 엄습한다. 조금씩 사건의 전말이 밝혀지면서 찾고 있는 범인은 추적자, 오이디푸스 자신임이 드러난다. 전방을 향해 날린 부메랑이 종국에는 투척자 자신의 뒤통수로 돌아오는 것처럼, '범인이 누구냐?'라는 질문은 '나 자신은 누구냐?'라는 질문으로 되돌아온다. 타자의 진실에 대한 물음에서 출발해서 자기 진실의 폭로로 이야기는 끝난다. '자신'이 뒤쫓던 사람이 바로 '자기 자신'이라는 것을 깨닫게 된 오이디푸스는 '자신'의 두 손으로 '자기' 눈을 찌른다.(이야기 속에 등장하는 '자기'의 중복성, 능동과 수동의 동시성을 기억하자.)

오이디푸스는 영웅이다. 영웅이란 한갓 힘이 세고 용감한 근육질의 투사가 아니다. 그리스적 영웅은 명예를 위해, 즉 자기의 이름, 자신의 정체성을 남기기 위해 죽음을 불사하는 인간을 뜻한다. 호메로스적 영웅 아킬레우스가 그러하듯이, 영웅이란 후세에 자신의 존재를 영원히 각인시키기 위해서 죽을 것을 알면서도 자기에게 주어진 몫Moira(운명)을 탁월하게 수행하는 자다. 그렇다면 오이디푸스는 분명 영웅이다. 그는 자신의 파멸을 예감하면서도 자기존재의 비밀을 끝까지 추적한다. 주위 사람들의 온갖 만류에도 불구하고 진실을 찾는 일을 포기하지 않는다. 파멸에도 아랑곳하지 않는 열정, 자기 진실을 집요하게 추구하는 광기, 그것이 오이디푸스를 영웅으로 만들었다.

'오이디푸스'라는 이름부터 그의 참혹한 운명을 암시하고 있다. '부은 발'이라는 뜻을 가진 그의 이름은 부모에게 버림받은 운명을 상징한다. 오이디푸스는 발목에 남겨진 자기 운명의 흔적을 두고 이렇게 한탄한다. "나는 요람에서부터 무서운 오점을 갖고 나왔구나!"[59] 고대 그리스인들에게 인간의 유한성은 너무도 잘 알려진 사실이었다. 세상은 인간의 뜻대로 움직여주지 않는다. 세상만사는 인간을 초월한 미지의 힘, 신적인 존재에 의해 움직인다. 운명이란 근본적으로 자기 인생마저도 원하는 대로 살 수 없는 냉혹한 현실을 가리키는 말이다.

오이디푸스의 어미이자 아내인 이오카스테는 이런 현실을 잘 알고 있다. "인간은 우연의 지배를 받으며 아무것도 분명히 내다볼 수 없거늘, 그러한 인간이 두려워한다고 해서 무슨 소용 있겠어요? 그저 되는 대로 그날그날 살아가는 것이 상책이에요."[60] 그녀가 보기에 세상사와 인생사를 굽어보려는 앎의 욕망은 헛된 것이다. 그런 욕망은 실현되지도 않을뿐더러, 실현된다 하더라도 남는 것은 불행뿐이기 때문이다. 그런 시선으로 볼 때, 집요하게 자신이 누구인지를 알아내려는 오이디푸스는 어리석기만 하다. 자살하기 직전 이오카스테는 이렇게 간곡히 부탁한다. "오오 불행한 분, 그대가 누구인지 결코 알게 되지 않기를!"[61] 고대인들의 지혜에 따르자면, 자기가 자기를 아는, 즉 자기가 인식의 주체이자 객체가 되는 자기인식은 필연적으로 불행을 초래한다.

운명Schicksal을 말한다고 해서 오이디푸스가 수동적인 숙명론자Fatalist라는 뜻은 아니다. 그는 자기 운명이 어떻게 예언되었든, 그것을 시험하고 증명하고 직시하고자 한다. 운명은 '이미' 주어져 있지만, (죽기 전까지는) '아직' 드러나지 않은 존재방식을 가지고 있기 때문이다. 영웅적 인간이란 미지의 자기 운명을 적극적으로 밝히는 자이자 운명의 전모를 밝히기 위해서 자기의 모든 가능성을 실현하는 '자유인'이다. 죽음이라는 자기 불가능성의 한계까지 육박해서 자기에게 주어진 가능성을 남김없이 실현하고자 하는 자유인, 그가 바로 비극에 등장하는 영웅이다. 오이디푸스는 그런 영웅이다. 그런데 이런 영웅은 멜랑콜리커가 될 수밖에 없다. 외로이 자기 운명을 직시하는 그 불가능한 일에 자신의 모든 것을 걸었기 때문이다.

오이디푸스는 아비를 죽이고 어미와 동침했다. 하지만 그는 모르고 그랬다. '무지의 베일' 속에서 행한 그의 행위는 도덕적 비난의 대상이 되기 어렵다. 통상 도덕은 알고 있다고 가정된 행위 주체를 상정함으로써 주체에게 책임을 물을 수 있다. 책임을 묻고 따질 때, 알고 행한 것이냐 아니냐가 중요한 것은 그 때문이다. 전적인 무지 상태에서 행한 것이기에 부친살해와 근친상간의 진정한 주체는 오이디푸스가 아니다. 차라리 그의 운명을 각색한 신이다. 오이디푸스도 이 점을 알고 있었다. 『콜로노스의 오이디푸스』에서 처남 크레온과 언쟁하면서 그는 이렇게 말한다. "만약 지금 여기서 누가 다가와서 올바른 사람인 자네를 죽이려 한다면 자네는 죽이려는 자가 자네의 아버지인지 묻겠는가 아니면 당장 되갚아주겠는가?"[62] 인간은 항상 전지全知 상태에서 행동하지 않는다. 누구나 무지한 상태지만 행동해야만 하는 절박한 상황에 처할 수 있으며, 그때의 행위는 도덕적 비난의 대상이 될 수 없다.

그렇다면 오이디푸스는 왜 자신의 눈을 찔렀을까? 자기 말대로 죄가 없는데도 그는 왜 자해를 했을까? 오이디푸스 비극에서 가장 섬뜩한 한 장면을 떠올려보자. 어머니이자 아내인 이오카스테가 진실을 직감하고서 목을 맨다. 오이디푸스는 그녀의 옷에 꽂힌 황금 브로치를 빼어들어 자신의 두 눈알을 찌르며 이렇게 울부짖는다. "이제 너희는 내가 겪고 내가 저지른 끔찍한 일들을 다시는 보지 못하리라. 너희는 봐서는 안 될 사람들을 충분히 오랫동안 보았으면서도 내가 알고자 했던 사람들을 알아보지 못했으니 앞으로는 어둠 속에 있을지어다."[63] 여기서 "너희"란 자신의 두 눈동자를 가리킨다. 오이디푸스는 몸을 자기 자신과 '분리'시키고, 자기 행동의 책임을 모두 몸에게 전가시켜 응징한다. 이것은 자기분열 상태에 빠져 자신을 학대하는 멜랑콜리커의 전형적인 몸부림이다.

그렇다면 이 절망스러운 몸부림은 어디에서 유래한 것일까? 그것은 죄책감이란 옷을 입고 있지만, 사실 도덕 저편에 있다. 오히려 정체성을 혼란시키는 경계의 부재不在 또는 자꾸만 이중으로 겹쳐지는 경계의 흐릿함이 그 절망의 원천이다. 자기정체성을 찾으려는 집념의 영웅 오이디푸스는 갈수록 경계가 흐릿해지는 착란 상태에 빠져든다. "남편에게서 남편을, 자식에게서 자식을 낳게 한 이중의 결혼",[64] "아내가 아니라 자신과 자신의 자식들을 낳은 이중의 어머니"[65]라는 이중적 사태에 직면한다. 여기서 이중성이란 '식별 불가능성'을 뜻한다. 이런 절망스러운 상황에서 빠져나오는 길은 자꾸만 이중으로 겹쳐지는 환영의 한쪽을 제거하는 길이다. 자기를 똑똑히 보고자 갈망했던 영웅 오이디푸스는 결국 분열된 자기의 한 부분을 도려낼 수밖에 없었다. 서양의 비극적 영웅은 단일한 자기정체성이 해체되는 것을 도저히 참을 수 없었기 때문이다.[66] 착란에 빠진 멜랑콜리커는 대개 두 눈으로 똑똑히 볼 수 있는 현실세계(몸)를 파괴한다. 그리고 자기만의 관념 세계에 은거하는 쪽을 선택한다.

2장

숭고한 멜랑콜리

칸트

그[멜랑콜리커]는 무엇보다도
숭고함으로 향하는 감정을 가지고 있다.
—칸트

1. 감성과 이성

감성과 이어지지 않는 이성은 없다. 이성은 언제나 어떤 감성을 전제한다. 독단적으로 이성을 맹신하는 사람은 철학에서 감성을 거론하기만 하면 비합리주의라는 인식표를 붙이려 한다. 그러나 그런 태도는 사유의 중요 사태를 외면하는 태도이며, 인식의 게으름이자 편의주의이고, 그가 그토록 중시하는 이성의 관점에서 보더라도 비합리적이다. 오히려 감성을 이성과 연관지어 사유하려는 시도야말로, 빠트림 없이 인간과 세계를 파악하려는 진지한 태도다. 이성을 감성과 연관짓는 것은 결코 불가능하지도, 부당하지도, 비합리적이지도 않다.

역으로 감성의 기치 아래, 독단적 합리주의에 거세게 항거하는 비합리주의도 이성을 철저히 배제할 수는 없다. "비합리주의는—합리주의의 반대급부로서—합리주의가 맹목적으로 반대하는 그것에 대해서 그저 사팔뜨기의 눈으로 이야기할 뿐이다"(GA2, 136)라는 하이데거의 말처럼, 서양철학사에서 비합리주의는 합리주의의 한갓 반대급부에 지나지 않는다. 근대의 낭만주의처럼 비합리주의는 합리주의가 볼 수 없는 것을 말한다고 호언장담하지만, 그것은 한갓 합리주의에 의존해서 그저 사팔뜨기의 눈으로 사태를 볼 뿐이다. 사태의 전모를 보지 못한다는 점에서, 합리주의와 비합리주의, 그 둘은 일치한다. 단순한 반대는 반대하는 것에 의존해서 그것을 부정하는 것 이외에 별반 하는 일이 없는 까닭에, 반대하는 것에 여전히 예속되기 마련이다. 이성을 중시한 서양의 합리주의적 전통은 이성의 배후에 놓인 감성을 보지 못했다. 그리고 그 합리주의 전통에 반대한 비합리주의의 전통 역시 다만 사팔뜨기의 눈으로 왜곡된 상像만을 보았을 뿐이다.

처음부터 서양의 이성은 특정한 감성 혹은 정조情調와 맞닿아 있었다. 아리스토텔레스가 이미 그것을 말하고 있다. 그에 따르면, 처음 서양 이성이 철학을 시작했던 정조는 "놀라움ϑαυμάζειν"[67]이다. 도대체 없지 않고 무엇인가 존재한다는 사실 자체가 서양 지성인들을 전율케 했고, 그런 경이로운 파토스 속에서 그들은 철학을 시작했다. 그러나 '존재의 놀라움'만으로 서양 이성의 주요 특징을 잡아내기는 어렵다. 단지 그런 파토스를 통해서, 있음의 찬란한 빛(아름다움)에 사로잡혀 서양인들이 없음의 어두움을 망각했다는 점을 추측할 뿐이다. 그런데 서양 이성의 배후에는 또다른 감성이 놓여 있다. 즉 멜랑콜리라는 어두운 감성이 도사리고 있다. 서양 이성의 강렬한 빛은 그만큼 어두운 감성의 그림자를 남겼다. 아니 멜랑콜리라는 새까만 석유를 태웠기에, 그토록 서양 이성이 밝게 빛날 수 있었다고까지 표현할 수 있다.

이제 서양 이성의 전형적인 모습과 그에 결부된 멜랑콜리를 잘 보여주는 하나의 사례로서 칸트 철학을 재조명해보기로 한다. 계몽주의

자 칸트는 이성을 누구보다 신뢰하면서도 이성의 한계를 숙고했던 철학자이다. 그런 현명한 철학자였기에 그는 이성과 함께 감성을 철학적 반성의 대상으로 삼을 수 있었다. 멜랑콜리의 인식론적 의미를 탐색했던 학자, 지빌레 크레머는 다음과 같은 질문을 던진다. "분석론과 변증론, 인식함과 사유함을 구분함으로써 합리적 인식의 자기한계 이론을 제출했던 칸트가 놀라울 정도로 자주 멜랑콜리 현상과 대결했던 것은 과연 우연일까?"[68] 결코 우연은 아니다.

계몽주의의 파도 한가운데에서도 이성의 한계를 숙고했던 장본인이었기 때문에, 칸트는 바로 감성에 관한 이성적인 학문, 곧 미학Ästhetik을 체계적으로 구성할 수 있었고, 멜랑콜리도 빠트리지 않고 다룰 수 있었다. 그런데 역으로 나는 칸트적 이성을 감성의 시각에서 반성할 것이다. 즉 그가 감성을 이성적으로 체계화시킨 바로 그 지점(이성화된 감성)으로 다시 돌아가 감성의 지평에서 이성을 반추해보고자 한다. 그럼으로써 한편으로는 특정 감성(즉 멜랑콜리)의 프리즘으로 이성을 분석할 기회를 얻을 수 있고, 다른 한편으로는 서양 이성의 숨겨진 이면을 새롭게 발굴할 수 있을 것이다.

칸트가 보기에, 철학자가 다룰 만한 가치가 있는 감성은 크게 두 가지다. 하나는 '아름다움'이고 다른 하나는 '숭고함'이다. 그것은 두 감성이 궁극적으로 넓은 의미의 이성과 연관되어 있기 때문이다. 다시 말하면 그것들이 이성의 배후에 놓인 감성이기 때문이다. 전자가 오성Verstand과 연관되어 있다면, 후자는 (좁은 의미의) 이성Vernunft과 연관된다.[69] 결론부터 말하자면, 칸트적 이성과 연관된 숭고함은 멜랑콜리라는 어두운 정조로 물들어 있다.

2. 멜랑콜리의 저장소: 쓸개

멜랑콜리란 원래 '검은 담즙'이라는 뜻이었다. 이 말의 어원에 충실하자면, 담즙 곧 쓸개즙이 멜랑콜리라는 특정 기분을 자아내는 모체다. 그런데 그냥 쓸개즙이 아니라 검게 변색된 담즙이 멜랑콜리라는 기질과 기분을 결정한다. 노란 담즙은 감성의 기복이 심한 다혈질을 결정짓지만, 검은 담즙은 그 색깔처럼 어둡고 음울한 성격을 형성한다. 특별히 쓸개는 멜랑콜리커가 보여주는 격한 '분노' 감정의 진원지로 간주되었다. 쓸개라는 신체기관을 멜랑콜리라는 특정한 기분과 연결시킬 수 있는 근거는 어디에 있을까?

담膽, 곧 쓸개는 의학적으로 '간에서 분비되는 쓸개즙을 일시적으로 저장·농축하는 주머니'다. 쓸개즙은 음식물, 특히 지방을 소화시키는 소화액이라고 한다. 그런데 기이하게도, 우리말 일상 어법에서 쓸개는 그와는 전혀 다른 의미로 전치되어 '줏대'를 뜻하는 말로 사용된다. 그래서 누군가를 '쓸개 빠진' 사람이라고 말하는 것은 그가 하는 짓이 사리에 맞지 아니하고 줏대가 없다는 것을 의미한다. 여기서 줏대란 사전적으로 두 가지 의미를 지닌다. 하나는 "사물의 가장 중요한 부분"이고, 다른 하나는 "자기의 처지나 생각을 꿋꿋이 지키고 내세우는 기질이나 기풍"이다.[70] 일상 화법에서 "줏대가 서다 / 줏대가 세다"라는 표현은 '자기' 나름의 생각을 올곧게 지켜가는 모습을 형용하는 말이다. 다시 말해서 줏대란 자기를 형성하는 핵심 부분, 즉 자기정체성을 형성하는 주요 부분을 가리킨다.

자기정체성이 위협받거나 침해되거나 무시당할 때, 우리는 보통 두려움과 분노를 느낀다. 자기를 해칠 수 있는 압도적인 위력 앞에서 전율스러운 두려움을 느끼며, 자기존재를 무시하거나 인정하지 않는 자 앞에서 분노가 치민다. 헤겔의 '인정투쟁'을 굳이 언급하지 않더라도, 자신을 인정해주지 않는 타자에 대한 분노는 모든 투쟁의 주요 원동력이다. 또한 '짜증'이라는 것이 개인 차원에서 스트레스를 폭발시키는 데 머무는 반면, 분노는 인간관계 및 사회구조를 바꾸는 사회변혁의 힘이 될 수 있다. 어쨌든 쓸개는 자기정체성이 위협당하고 무시당할 때 발생하는 두려움과 분노의 진원지라고 말할 수 있다. 위협적인 타자와 부딪쳐 발생하는 무시무시한 두려움과 그 두려움 한가운데에서 적극적으로 타자에게 자기존재를 펼쳐 보이는 분노는 같은 감성의 두 가지 모습이다. 두려움이 위협적인 타자에 대한 직접적이고 수동적인 반응이라면, 분노는 그것에 대한 능동적인 감성의 반응이다. 두려움이 커질수록, 이후 분노가 눈덩이처럼 커질 수 있다. 그리고 두려움과 분노라는 감성을 생성하고 저장하는 신체기관이자 그런 감성이 육화된 장소가 바로 쓸개다.

이것은 비단 한국어를 통해 본 한국인의 상상력에만 국한된 것은 아닌 것 같다. 고대 그리스인의 상상력 역시 두려움과 분노를 쓸개와 연결짓고 있다. 아리스토텔레스도 언급한 바 있는 헤라클레스나 벨레로폰의 멜랑콜리한 분노가 그 대표적인 사례다.[71] 또한 그리스어로 분노는 콜로스χόλος다. 이는 쓸개를 뜻하는 콜레χολή와 발음상 거의 비슷한 단어이다.(실제로 두 단어는 혼용되어 사용되었다.)[72] 발음상의 혼동이라고도 말할 수 있지만, 오래전부터 서양인들이 분노 감정의 신체적 진원지를 쓸개라고 생각했던 점은 분명하다.

쓸개즙은 분노의 고통을 상징한다. 와신상담臥薪嘗膽이란 고사성어가 잘 보여주듯이, 분노한 자는 쓸개를 씹으며 거기에서 나오는 쓰디쓴 즙을 마신다. 그리고 분노라는 검은 정념에 사로잡히게 된다. 이런 이미지의 중첩 작용을 통해 검은 쓸개즙이 멜랑콜리 기질을 낳는 신체의 일부분으로 설정될 수 있었다. 이밖에도 우리말 어법에서 보면, 이런 쓸개의 힘을 '담력膽力'이라고 말한다. 이 경우 담력이란 가공할 만한 두려움에도 굴하지 않는 용기이며, 그 말의 어법을 전체적으로 고려해 말하자면, 분노에 바탕을 두고 있는 용기다.

부가적으로 우리말 어법에서 미친 듯한 분노로 날뛰는 사람을 곧잘 "미친개 같다"라고 말한다. 아마도 그것은 광견병에 걸려 입에 거품을 물고 날카로운 어금니를 드러내는 개가 광적인 분노를 잘 형상화한다고 믿었기 때문일 것이다. 그런데 옛 서양인들도 미친개와 쓸개를 연결지어 생각했던 것 같다. 벤야민은 다음과 같은 서양인들의 오래된 생각을 전해주고 있다. "전해오는 옛이야기에 따르면 '개의 생체를 지배하는 것은 쓸개'다. 이 점에서 개와 멜랑콜리커는 동일하다. 특별히 민감한 기관으로 묘사되는 이 쓸개가 퇴화할 때 개는 활기를 잃고 광견병에 걸린다고 여겨졌다."[73]

3. 숭고한 분노

분노는 자기정체성의 불인정, 무시, 침해, 파괴 등을 통해 일어난다. 분노의 크기는 자기정체성이 훼손될 때 발생하는 고통의 크기에 비례한다. 정체성의 훼손에서 야기된 고통이 크면 클수록 분노도 커진다. 분노의 크기가 커질수록 분노는 광기로 돌변한다. 광기어린 분노는 그 깊이를 측량할 수 없는 어둠의 심연을 드러낸다. 그런데 이런 광기 속에서 분출되는 분노의 파토스는 숨겨진 진실과 도래하는 미래를 밝히는 예언의 힘을 갖기도 한다. 고대 그리스어 어원에 따르면, '예언하다μαντεύω'와 '광적으로 분노하다μαίνομαι'는 공통의 어간에 속한다.[74] 광기어린 분노는 도래하는 파국을 암시하는 불운한 전조이지만 동시에 예언적 성격을 가지기 때문에, 때때로 신적인 감성, 숭고한 감성으로 간주되기도 했다.

'숭고崇高'라는 말은 한자 그대로 '드높다'라는 뜻이다. 서양어에서도 숭고(τὸ ὕψος/sublime/Erhabene)란 높이, 치솟음을 뜻하는 말이다. 우리말 어법에서 이 용어는 주로 윤리적 의미로 사용된다. 즉 어떤 사람의 선한 행위, 고귀한 도덕적 행위를 수식하는 말로 사용된다. 또한 윤리적 의미와 아울러 종교적 의미로도 종종 사용되는데, 특히 성인들의 행적을 칭송하는 말로 사용된다. 다시 말해서 숭고는 세간사를 초월한 성스럽고 신성한 영역을 형용하는 말이다. 그리고 때때로 미학적 차원에서 숭고가 언명되기도 한다. 즉 예술작품을 규정하는 중요 심미적 범주로 다뤄지기도 한다.

이미 고대 그리스에서부터 숭고는 광기와 긴밀한 관련이 있었다. 고대인들에게 광기는 가혹한 질병 중 하나이기도 하지만, 어떤 광기는 신들림, 접신接神 현상으로 이해되었다. 광기어린 분노는 이런 신들린 분노로 이해되곤 했다. 여기서 '신들렸다는 것ἐνθουασιασμός'은 말 그대로 '신 안에 있음ἔνθεος εἶναι'을 뜻한다. 자기에서 빠져나와 신 안에 들어서는 모습은 그 자체로 '무아지경ἔκστασις'이자 '광기μανία'이다.[75] 이런 점에서 광적인 분노는 더이상 한 개인으로서의 자기 자신만을 침해하는 데서 오는 분노가 아니라, 보편자인 신을 모욕하는 데서 오는 분노이자 신을 대신해서 신을 모독한 자를 응징하고자 하는 정념이다. 다시 말해서 광적인 분노는 한 개인이 분출해내는 것이기는 하지만, 신에게서 유래한 신의 분노다. 그리고 이렇게 무한한 크기의 힘을 소유한 신의 분노는 숭고하다.

고대인들의 이런 관념은 근대 이후까지 계승된다. 전통의 가치와 유산을 파괴했던 계몽주의에서도 이런 생각은 중단 없이 이어졌다. 우리는 그것을 칸트의 논의에서 확인할 수 있다. 칸트는 「아름다움과 숭고함의 감정에 관한 고찰」(1764)[이하 「고찰」로 약칭]에서 멜랑콜리와 분노 그리고 숭고를 연결짓고 있다. 합리적으로 설명하기 어렵지만, 칸트가 보기에도 분노와 숭고는 긴밀하게 연관되어 있다.

> 악덕과 도덕적 위반 자체도 종종 숭고함이나 아름다움의 몇몇 특징을 이끌어낸다. 이것을 이성으로써 증명할 수는 없겠지만, 그런 것들이 적어도 우리의 감각적sinnlich 감정에서 나타나는 것처럼 보인다는 것만큼은 분명하다. 무서운 대상이 토해내는 분노는 숭고하다. 이는 『일리아스』에서 아킬레우스가 보여준 분노와 마찬가지다. 대개 호메로스의 영웅은 두려우리만치 숭고하다.(GS2, 212)[76]

여기서 이미 칸트는 도덕의 영역과 심미적 감정의 영역을 구분한다. 『판단력 비판』에서 사용하는 '심미적ästhetisch'이라는 용어 대신에, 「고찰」에서는 '감각적sinnlich'이란 용어를 쓰고 있기는 하지만, 도덕적 잣대로는 도저히 설명되지 않는 감정의 영역을 고려하고 있다. 영웅적 분노, 어마어마한 크기의 분노, 처절한 분노, 광기어린 분노는 숭고하다. 그러나 왜 그러한지는 불분명하다. 다시 말해서 (실천)이성적으로 그 이유를 충분히 밝힐 수는 없다. 하지만 상상을 초월하는 크기와 위력을 지닌 분노는 숭고한 것임에 분명하다고 칸트는 보고 있다. 윤리적 관점에서 분노는 미덕이라고 말하기 어렵다. 차라리 그것은 '악덕'또는 '도덕적 결함'이라고 할 수 있다. 그러나 '감각적 감정'의 측면에서 혹은 심미적 관점에서 보았을 때, 그것은 의심의 여지 없이 숭고한 감정과 맞닿아 있다.

이처럼 멜랑콜리한 분노를 숭고와 연결짓는 것은 이후 『판단력 비판』에서도 반복된다. "강건한 종류의 모든 정념은(말하자면 그것은 모든 저항을 극복하는 우리의 힘에 관한 의식[강건한 기질]을 생생하게 만든다) 심미적-숭고인데, 예를 들면 **분노, 심지어 절망**(의기소침한 절망이 아닌 격분한 절망)이 그것이다."(GS5, 122. 인용자 강조)[77] 이런 점에서 숭고라는 감정의 중심부에는 쓸개로 상징되는 분노의 정념(멜랑콜리)이 놓여 있다. 그리고 그 정념은 심미적으로 볼 때, 멜랑콜리한 숭고성을 주조한다. 그렇다면 좀더 구체적으로 멜랑콜리와 숭고는 어떤 관련이 있을까? 멜랑콜리한 숭고 또는 숭고한 멜랑콜리는 어떤 모습으로 현상하며, 그 감정은 어떤 메커니즘 속에서 생성되는가?

4. 자유인의 숭고한 멜랑콜리

학문 활동을 하는 동안 지속적으로 칸트는 멜랑콜리 현상에 주목했다.[78] 이런 지속적인 관심은 특히 『실천이성 비판』(1788)과 『판단력 비판』(1790)과 같은 주요 저작의 개념들과 접속되어 있으며, 거기에 모종의 영향을 미치고 있다. 나는 『판단력 비판』에 등장하는 숭고 개념을 멜랑콜리의 관점에서 해석하고자 한다. 숭고와 멜랑콜리 사이의 연관성을 알아보기 위해서는 먼저 「고찰」에 등장하는 숭고와 멜랑콜리 개념을 살펴보고, 다음으로 『판단력 비판』에서 더욱 정치하게 개진되는 숭고 개념을 살펴본 다음, 칸트적 의미의 멜랑콜리 개념을 좀더 세밀하게 다듬을 필요가 있다.

「고찰」은 총 네 개의 장으로 이루어져 있다. 1장은 '숭고함과 아름다움의 감정이 갖는 다양한 대상'에 관한 서술이며, 2장은 '인간에게 일반적으로 나타나는 숭고함과 아름다움의 고유한 성질'에 관한 장이고, 3장은 '여성과 남성의 상호관계에서의 숭고함과 아름다움의 구별'을 분석하고 있으며, 마지막 4장은 '숭고함과 아름다움의 여러 감정에 기인하는 한에서의 민족의 특성'을 논하고 있다. 「고찰」에서 우리의 주목을 끄는 부분은 앞의 두 장이다. 지적 엄밀함과 원숙함이 여실히 드러난 『판단력 비판』에 비해, 이곳에서 등장하는 숭고와 아름다움은 다소 피상적인 관찰과 미성숙한 성찰의 흔적을 남기고 있다. 하지만 이곳에서 우리는 26년 후에 등장하는 원숙한 개념들의 맹아적 형태를 확인할 수 있다. 더욱이 원숙한 형태에서는 잘 보이지 않는 주목할 만한 의미소들도 소박하게 드러나고 있다. 특히 숭고를 멜랑콜리와 연결짓고 있다는 점에서, 즉 '멜랑콜리한 숭고' 또는 '숭고한 멜랑콜리'를 볼 수 있다는 점에서 이 텍스트는 소홀히 다루어서는 안 된다.

먼저 칸트는 숭고한 대상을 열거한다. 그가 「고찰」에서 열거하는 숭고한 대상은 상당히 다양하다. 당시 일상어법에서 '숭고하다erhaben'라는 술어와 결합될 수 있는 모든 대상을 열거한다는 인상을 줄 정도이다. 예를 들어 칸트가 말하는 숭고한 것에는 다음과 같은 것들이 있다.(GS2, 208~215 참조)

"구름 위로 솟아오른 눈 덮인 봉우리의 산악 풍경", "성난 폭풍", "신성한 숲속의 키 큰 너도밤나무와 쓸쓸한 그림자", "검은색 눈동자" 등과 같은 자연 사물이 있으며, "밤", "반짝이는 별빛이 밤하늘의 갈색 그림자 사이를 비집고 나올 때, 그리고 쓸쓸한 달이 눈앞에 떠오를 때", "장구한 것", "나이 많은 노인"과 같은 것은 특정 시간과 관계있고, "아주 깊은 것", "아주 높은 것"과 같이 공간적인 것도 있으며, "깊은 외로움", "존경", "우정", "분노"와 같은 특정 감정도 있고, "밀턴의 지옥 묘사", "비극"과 같이 특정한 예술적 이미지도 있다. 그런가 하면 상당히 윤리적 성격의 숭고도 등장한다. "대담함" 자체, "우리를 위해서나 조국을 위해서 혹은 친구의 권리를 위해서 대담하게 위험을 감내하는 일", "원칙에 따라 자신의 격정을 자제하는 일", "참된 덕" 등이 그것에 해당한다. 또한 지성적 산물의 숭고도 있다. 예를 들면 "지성" 그 자체, "우주의 무한한 크기에 대한 수학적 표상, 즉 우리 영혼의 무한성, 그 기원, 그리고 불멸성에 대한 형이상학적 성찰"이 그것이다.

여기서도 쉽게 간파할 수 있듯이 「고찰」에서 거론되는 숭고는 『판단력 비판』에서 볼 수 있는 심미적 숭고, 곧 이론이나 실천과 구분되는 심미적 영역만의 숭고가 아니다. 여기서 숭고는 인식적 영역과 윤리적 영역을 아우르는 넓은 의미의 숭고다.

아름다움과 숭고를 비교하면서, 칸트는 숭고를 멜랑콜리와 연결짓는다. 그에 따르면 멜랑콜리와 연관된 숭고는 일단 "두려운 숭고함"이다. 『판단력 비판』에서와 달리 「고찰」에서 칸트는 숭고의 종류를 여러 가지로 분류한다. 일단 크게 세 가지의 숭고가 있다.

> 숭고함의 감정은 때로는 어떤 전율Grausen이나 우울Schwermuth을, 몇몇 경우에는 단순히 고요한 경탄을, 또다른 경우에는 숭고한 평원 너머로 펼쳐진 아름다움까지 수반한다. 나는 맨 앞의 것을 **두려운Schreckhaft 숭고함**이라 부르고, 그다음 것을 **고상한Edle 숭고함**으로, 그리고 맨 마지막 것을 **화려한Prächtige 숭고함**이라 부르고 싶다. 깊은 외로움은 숭고하지만, 두려움을 주는 방식으로 그러하다.(GS2, 209. 원문 강조)

여기서 우리말 '우울'로 번역된 독일어 Schwermut는 고대 그리스어에서 차용된 멜랑콜리Melancholie를 순수 독일어로 번역한 말이다. 칸트는 멜랑콜리를 "두려운 숭고함"에 소속시킨다. 멜랑콜리는 홀로 떨어져 있는 고독감, 무시무시한 외로움과 밀접한 관련성을 갖는다. 깊은 고독을 두려운 숭고함과 연결시키면서 칸트는 각주에서 '카라찬Carazan'이란 사람을 소개한다. 지독한 구두쇠[79]이자 타인에게 마음의 문을 열지 않았던 카라찬은 꿈속에서 "영원한 침묵과 외로움 그리고 암흑의 두려운 영토"를 목도하고 난 다음 회개하는 인물이다.

꿈에서 카라찬이 휩싸인 멜랑콜리는 전율스럽고 두려운 고독이었다. 치명적인 고독이 야기하는 멜랑콜리는 숭고하다. 어떤 점에서 그것이 숭고한지는 분명하지 않다. 「고찰」에서는 아직 숭고를 개념적으로 명백하게 규정하지 않았기 때문이다. 이곳에서는 단지 상식과 일상적 어법에 의존하여 숭고를 거칠게 분류할 뿐이다. 그러나 숭고에 대한 규정이 전혀 없지는 않다. 칸트가 보기에 숭고한 것은 "언제나 반드시" "거대한 것"이다.(GS2, 210) 이것은 『판단력 비판』에서 "절대적으로 크고 위력적인 것"이라는 규정의 단초가 되는 숭고 개념이라 할 것이다. 정리하자면 숭고란 거대한 것이고, 그 거대한 것이 전율과 두려움의 대상이 될 때, 그곳에서 우리는 멜랑콜리라는 기분에 젖는다.

칸트는 명시적으로 멜랑콜리커가 "숭고함으로 향하는 감정"을 지니고 있다고 말한다. 그렇다면 그에게 멜랑콜리는 어떤 것일까? 일단 칸트는 히포크라테스 이래의 고대 서양 의학적 개념인 4체액설을 그대로 반복하는 듯 보인다. 「고찰」에서 주목하는 감정, 즉 아름다움은 혈액질에 속하고 숭고는 검은 담즙, 즉 멜랑콜리에 속한다. 쓸개와 관련된 노란 담즙은 화려한 숭고 감정을 낳기도 하지만, 그것은 숭고함의 "희미한 빛"에 불과하다. 반면 점액질은 숭고나 아름다움의 감정과는 거의 무관하다.

숭고 감정을 주된 정조로 갖는 멜랑콜리커는 "다른 사람들이 판단하는 것, 말하자면 다른 사람들이 좋다거나 참이라고 여긴다는 것 때문에 슬퍼하지 않으며 단순히 자신의 고유한 통찰에 의지"하는 사람이다. 그는 완고하고 고집불통처럼 보일 수도 있지만 원칙들에 따라 행위하고 유행의 현란함을 경멸하며 우정을 소중히 여기고 사려 깊고 과묵하다. 또한 타인의 비밀을 지켜주며, 거짓과 허위를 혐오하고 자긍심을 가지고 있으며, "그 어떤 타락한 비굴함에도 굴하지 않으며 고귀한 가슴으로 자유를 숨쉰다."(GS2, 221 참조) 이상을 종합해보건대, 숭고한 멜랑콜리 기질의 사람은 한마디로 스스로의 이성을 사용하여 원칙을 세워 윤리적으로 행위할 수 있는 자긍심 높은 자유인이다.

하지만 이런 멜랑콜리도 퇴락할 수 있다. 이런 멜랑콜리의 특성이 퇴락하면, "진지함은 우울을 향해 기울어가고, 경건한 신앙은 광신Schwärmerei으로, 자유에 대한 열망은 밀교적 열광Enthusiasmus"(GS2, 221)으로 바뀐다. 이런 감정의 퇴락은 "계몽된 이성이 결여"[80]될 경우에 발생한다. 계몽주의자 칸트가 보기에 건강한 멜랑콜리는 이성이 동반될 때에만 가능하다. 그렇지 않으면 멜랑콜리는 곧장 일종의 정신병으로 퇴락한다. 그래서 유덕한 자유인이었던 멜랑콜리커가 삽시간에 "공상가Phantast"내지 "망상가Grillenfänger"(GS2, 222)로 둔갑해버린다.

칸트가 기술하는 멜랑콜리커의 모습을 살펴보면, 전통적인 멜랑콜리커의 모습과 미묘한 차이를 보인다. 전통적인 멜랑콜리커는 천재와 광기의 야누스적 얼굴을 가진 반면, 칸트의 멜랑콜리커는 자유인과 비자유인 또는 유덕한 자와 그렇지 못한 자의 이중적인 모습으로 그려진다. 자유의 원칙에 토대를 둔 이성적이고 유덕한 사람이 건강한 멜랑콜리커이고, 그것이 변질된 형태가 망상과 광기에 휩싸인 사람이다. 멜랑콜리의 이중성을 말한다는 점에서는 전통적인 견해와 일치하지만, 그 이중성의 내용이 약간 다르다. 계몽주의자 칸트에게 멜랑콜리의 이중성을 가르는 결정적 기준은 '이성'이다.

또다른 변화는 전통적 멜랑콜리커가 천재든 광기든 간에 몰아지경의 모습을 두드러지게 보이고, 그래서 신적인 성격이 부각되었던 데 반해, 칸트적 멜랑콜리커는 자유로운 주체 또는 자기 의식적 주체로 등장한다. 칸트는 멜랑콜리에 대한 신비적이고 종교적인 해석을 대폭 삭제한다. 신이든 타인이든, 그 누군가에게 맹목적으로 따르지 않고 자신의 이성적 판단에 따라 행위하는 주체, 곧 계몽된 주체가 건강한 멜랑콜리커다. 다시 말해 주변 상황이나 변덕스러운 타인들의 생각에

휘둘리는 것이 아니라, 자신의 이성에 따른 원칙을 가지고 모든 것을 그 원칙하에서 행위하는 사람, 그래서 인간의 존엄성을 실현한 존경받을 만한 사람, 그런 사람에게 속해 있는 숭고한 감정이 바로 건강한 멜랑콜리다.

반면 자신의 이성을 올바로 사용하지 못하는 경우, 멜랑콜리는 병적 기질로 변질된다. 멜랑콜리가 건강한 감정이든 병든 감정이든 그 감정을 해명하기 위해 굳이 신을 도입할 필요는 없다. 그것은 인간의 숭고한 존엄성에서 유래하는 감정이든가, 아니면 질병으로 전락한 감정이든가 둘 중 하나일 뿐이다. 결국 칸트에 이르러 멜랑콜리는 신비한 종교의 사원에서 떠나, 숭고라는 인간의 감각적 감정 속에 그 둥지를 틀게 된다.

5. 숭고한 이성의 멜랑콜리

「고찰」에서 이미 칸트는 아름다움과 숭고를 대비시키고 있다. 이런 대비는 후기의 『판단력 비판』에서도 그대로 반복된다. 아름다움과 숭고의 차이점과 공통점에 관해서는 이미 충분한 연구가 진행되었다. 때문에 여기서 그것을 장황하게 반복하지는 않겠다. 단지 『판단력 비판』에서 확정되는 숭고의 주요 특징과 정의를 간략히 살펴보고 그것을 토대로 멜랑콜리와의 접점을 찾는 것이 우리의 과제다. 주지하다시피, 아름다움과 숭고는 칸트에게는 더이상 객관적인 사물의 속성이 아니다. 다시 말해서 더이상 아름다움과 숭고는 우리 밖에 놓여 있는 사물적 존재 또는 그것의 속성이 아니다. 우리는 그것의 객관성을 말할 수 없으며, 그럴 필요도 없다. 주관적 인식능력들 사이의 관계와 그것들의 상호작용이 인간의 고차적인 감정, 즉 아름다움과 숭고의 감정을 산출하는 주요 원천이다.

숭고와 아름다움은 몇 가지 점에서 공통점이 있다. 「고찰」에서는 아름다움과 숭고가 모두 "외부 사물의 성질에서 기인"한 것이 아니라 "모든 사람 각각의 고유한 감정"(GS2, 207)이며, 그것도 "세련된 감정"으로 등장한다. 여기서 아름다움과 숭고를 "세련된fein" 감정이라 부르는 까닭을 칸트는 세 가지로 제시한다. 첫째는 아름다움과 숭고의 감정은 질리거나 소진됨이 없이 향유될 수 있기 때문이고, 둘째는 그런 감정이 영혼을 도덕적으로 고양시키는 데 자극을 줄 수 있기 때문이며, 마지막으로 그런 감정은 재능과 뛰어난 지성을 보여주기 때문이다.(GS2, 208 참조) 이에 비해 『판단력 비판』에서는 둘의 공통점이 좀더 치밀하게 분석된다. 1) 그 자체로 만족을 주고, 2) 개념에 의존하지 않으면서 모든 사람에게 보편타당성을 요구하며, 3) 단칭판단이며, 4) 규정적 판단이 아니라 반성판단이라는 점에서 숭고는 아름다움과 일치한다.(GS5, 74 참조)

이런 공통점을 가지고는 있지만, 아름다움과 숭고 사이에는 간과할 수 없는 차이점이 존재한다. 「고찰」에서는 특별한 숙고 없이 양자의 차이점을 대비시킨다. 그래서 어떤 본질적인 차이를 설명하는 대신 단지 차이 현상을 열거하는 수준에 머물고 있다. 즉 「고찰」에서는 아름다움과 숭고, 양자의 차이가 어떤 본질적인 차이의 기반 위에 놓여 있는지에 대한 분명하고 자세한 언급이 없다. 하지만 간단히 「고찰」에 등장하는 아름다움과 숭고의 대상들을 대비해보면 오른쪽 표와 같다.

아름다움과 숭고의 차이점들은 이후 『판단력 비판』에서 다시 나타난다. 『판단력 비판』에서 칸트는 양자의 차이점을 다음과 같이 설명한다. 우선 전자가 형식을 가지고 있는 데 비해, 후자는 철저히 몰형식적이라는 점이다. 아름다움은 일정한 형식이 있는 표상, 이미지, 형

아름다움	숭고
꽃들로 가득한 들녘, 시냇물이 굽이쳐 흐르고 풀을 뜯는 가축들로 뒤덮인 계곡의 풍경, 엘리시온에 관한 이야기, 비너스의 허리띠에 관한 호메로스의 묘사	구름 위로 솟아오른 눈 덮인 봉우리의 산악 풍경이나 성난 폭풍에 관한 묘사, 밀턴의 지옥 묘사
화단과 낮은 산울타리 그리고 그림 속의 잘 가꿔진 꽃, 낮, 파란 눈동자	신성한 숲속의 키 큰 너도밤나무와 쓸쓸한 그림자, 밤, 검은 눈동자
매료, 희극, 보편적인 호의의 근거	감동, 비극, 보편적인 존경의 근거
작은 것, 장식적이고 치장된 것	거대한 것, 단순한 것
위트, 사랑, 남녀 간의 사랑, 젊은이, 선한 마음씨, 여성, 아름다운 지성	지성, 존경, 우정, 노인, 고귀한 마음씨, 남성, 심오한 지성
유치, 맵시 있는 자, 멋쟁이, 엉터리 (아름다움이 퇴화된 모습)	공상, 기괴한 것, 환상가, 망상가 (숭고가 퇴화된 모습)
연민, 자비로운 감정, 사교성, 수용된 덕adoptierte Tugende	참된 덕, 순수한 덕, 정의로운 사람
혈액sanguinisch	**검은 담즙melancholisch**
이탈리아(매혹적·감동적 아름다움) 프랑스(우습고 감미로운 아름다움)	독일(화려한 숭고) 영국(고상한 숭고) 에스파냐(공상적·위협적 숭고)

상이다. 그것은 특정 형태의 윤곽을 가지고 있다. 반면 숭고는 상상할 수 없을 정도로 거대하기 때문에 형태화할 수 없는 대상, 윤곽을 그려 볼 수조차 없는 대상을 접했을 때 얻어지는 감정이다. 아름다움이 오성과 상상력의 자유로운 유희를 통해 확정되지 않는 오성 개념을 현시하는 것이라면, 숭고는 감성화될 수 없는 이성 개념, 그것도 불확정적인 이성 개념을 현시하는 것이다. 『판단력 비판』에 등장하는 아름다움과 숭고의 차이점을 도식화하면 뒤의 표와 같다.

칸트는 숭고를 두 가지 측면에서 정의한다. 하나는 수학적 숭고이고, 다른 하나는 역학적 숭고이다. 수학적 측면에서 숭고는 "단적으로 큰 것"

아름다움	숭고
성질, 대상의 형식, 형태, 한계	분량, 몰형식적 대상, 한계 없음
불확정적 오성 개념의 현시	불확정적 이성 개념의 현시
직접적·긍정적 쾌, 고요한 관조	간접적·부정적 쾌, 심정의 동요
유희하는 상상력	진지한 상상력
인식능력(판단력·상상력)에 합목적적, 적합, 자연스러운 일치	인식능력(판단력·상상력)에 반목적적, 부적합, 폭력적

그래서 "절대적인 것, 비교할 수 없이 큰 것absolute, non comparative magnum"을 뜻한다.(GS5, 79) 역학적 측면에서는 커다란 장애를 극복할 수 있는 압도적인 "힘Macht"으로 정의된다.(GS5, 102) 숭고는 이루 헤아릴 수 없는 압도적인 힘을 가진 것에 직면하여 얻게 되는 감정이다. 절대적인 크기로 표상되는 숭고의 대상은 이미지를 주조하는 능력인 상상력이 도저히 그려 보일 수 없는 것이고, 결국 상상력의 한계를 드러내는 동시에 상상력의 좌절을 불러일으키는 것이다. 그래서 숭고는 먼저 즐거움이 아닌 고통의 감정으로 다가온다.

역학적 측면에서 볼 경우에도 마찬가지다. 어마어마한 힘의 대상인 숭고의 대상은 먼저 우리를 압도하면서 두려움을 유발한다. 이런 점에서 아름다움이 직접적으로 느껴지는 쾌감인 것에 비해 숭고는 간접적이다. 다시 말해서 절대적인 크기의 힘으로 등장하는 숭고의 대상 앞에서 우리는 먼저 고통을 느끼는데, 이후 고통이 더욱 강렬한 쾌감으로 반전된다. 칸트에게 그런 감정의 반전은 우리 내부의 이성 때문에 가능하다. 다시 말해서 원칙적으로 감성화될 수 없는 이성 이념에 비추어 상상력의 고통과 좌절을 해명함으로써, 숭고 감정에서 일어나는 상상력의 필패를 이해할 수 있기 때문이다. 숭고의 대상이 감성적 이미지로 잡히지 않아 고통스러워하다가, 그런 결과가 오히려 이성적임을 깨닫고 얻게 되는 즐거움은 강렬하다. 고통이 즐거움으로 반전된 부정적이고 간접적인 쾌감임에도 불구하고, 숭고의 감정은 쾌감의 강도에 있어서 아름다움보다 더 강렬하다.

아름다움은 지상의 모든 사물이 우리의 지성에 합목적적일 것이라는 희망 아래 자유로운 비행을 감행하는 상상력을 통해서, 그 상상력의 이미지 창조를 통해서, 그 유비적인 화해의 방식을 통해서 발생한 즐거운 감정이다. 상상력은 지상에 존재하는 모든 개별적 존재자 하나하나를 "사랑"(GS5, 115, 120)의 원리 속에서 하나로 통합시켜 새로운 존재자를 창조한다. 그럼으로써 상상력은 자신이 날아오른 곳까지 오색찬란한 무지개다리를 만든다. 일체의 감각적 관심과 지적 관심에서 자유로운 상상력은 오직 양자를 자연스럽게 일치시킬 수 있는 지점을 찾아 유희하며 꿈의 다리를 축조한다. 미리 주어진 오성 개념으로는 결코 환원되지 않지만 미지의 오성 개념이 전제된 감성적 형상, "객체의 일정한 질의 표상"(GS5, 113), 즉 윤곽 있는 이미지를 상상력은 새롭게 창조한다. 사랑을 통한 창조, 그것의 결과물이 아름다움이다.

반면에 숭고는 아름다움의 이미지, 그 꿈의 가교가 무너지는 붕괴의 경험에서 시작한다. 창작된 감성적 이미지를 통해 분열된 세계 사이의 틈을 메우려는 시도는 애초부터 불가능한 것이었다. "글자 그대로 해석하고 논리적으로 고찰하면, 이념들은 현시될 수 있는 것이 아니다."(GS5, 115) 자유로운 상상력의 비상도, 그것의 무한한 창조력도, 심연의 폭과 깊이를 메울 수는 없다. 자신의 모든 가능성과 모든 힘을 남김없이 발휘하더라도, 성취 불가능한 것은 있는 법이다. 아름다움은 결국 헛된 가상의 무지개임이 폭로된다. 무한하고 초감성적인 이념을 향해 날아오르지만 상상력은 종국에는 태생적 한계로 말미암아 좌절할 수밖에 없다. 날개 꺾인 상상력의 추락(GS5, 203 참조), 상상력의 "희생Aufopferung", 그것의 자유 "박탈Beraubung"(GS5, 117 참조), 일체의 우상偶像 금지(GS5, 124-125 참조)는 처음부터 필연적인 수순이었다. 이 모든 것은 감성적 현상계와 초감성계가 분리되면서 이미 예정된 사건이다.

칸트가 처음부터 설정한 감성적인 것과 초감성적인 것 사이의 '차이'는 결코 해소될 수 없다. 그렇지만 모든 감성적 이미지의 소멸은 단순한 소멸로 끝나지 않는다. 상상력의 비극적 운명은 무의미한 것만은 아니다. 인간 이성은 이제 초감성적인 것의 징표, 참된 현시들 가운데 하나로서 상상력의 실패를 재해석한다. 도덕 법칙을 통해서 알려지는 초감성계와 관계시킴으로써 소멸된 이미지는 '형체 없는formlos' 이미지로 부활한다. 숭고의 감정 속에서, 이 지상에서는 낯선, 유령 같은 이미지의 부활은 긍정된다. 그리고 낯선 이미지는 자연이 아닌 우리 내부의 자유(도덕 법칙을 통한 자유)의 도움을 통해서, 즉 그것이 오로지 이성의 도구로 간주됨으로써 긍정될 수 있다. 결국 상상력의 극한적 확장, 박탈, 희생 그리고 이성적 이념에의 자발적인 굴복과 "존경"(GS5, 115)이라는 일련의 과정을 통해서 상상력의 고통은 숭고한 감정으로 승화된다.

이와 같이 칸트는 인식능력들 간의 관계를 통해서 아름다움과 숭고의 차이점을 더 세밀하고 엄밀하게 다룬다. 그러나 기본적으로 그는 「고찰」에서 생각했던 숭고를 그대로 이어가고 있다. 특히 두려움과 연관된 숭고 개념만큼은 변화된 바가 거의 없다. 『판단력 비판』에서 칸트는 두려움과 연관된 숭고를 다음과 같이 서술한다.

> 대담하게 높이 솟아올라 있는 위협적인 절벽, 번개와 우뢰를 몰고 다가오는 하늘 높이 피어 있는 먹구름, 엄청난 파괴력을 지닌 화산, 폐허를 남기고 지나가는 태풍, 파도가 치솟는 끝없는 대양, 힘차게 쏟아져 내리는 폭포 같은 것들은 그것들이 지니는 위력과 비교할 때 우리의

저항력을 무의미하고 사소한 것으로 만들어버린다. 그러나 우리가 안전한 곳에 있기만 하다면 그 광경은 두려우면 두려울수록 더욱 우리의 마음을 매혹한다.(GS5, 104)

절대적인 크기의 힘은 연약한 인간에게 가공할 만한 두려움의 대상이다. 자기를 위협하는 압도적인 대상 앞에서 인간은 두려움에 전율할 수밖에 없다. 그런데 무한한 크기와 힘은 두렵지만 동시에 매혹적이다. "두려우면 두려울수록" 매혹의 강도가 더욱 커진다는 것은 놀라운 일이 아닐 수 없다. 그렇다면 어떻게 이런 현상이 발생할 수 있는 것일까? 칸트는 그 이유를 다음과 같이 간명하게 밝히고 있다.

우리가 이러한 대상들을 기꺼이 숭고하다고 부르는 것은 그 대상들이 정신력을 일상적인 범용 이상으로 고양시켜주며 또 우리의 내면에 전혀 다른 종류의 저항능력이 있어서 그러한 저항능력이 우리에게 자연의 외관상 절대적인 힘에 도전할 수 있는 용기를 불러일으킨다는 것을 알려주기 때문이다.(GS5, 104)

어마어마한 크기의 자연력 앞에서 인간은 압도당한다. 압도적인 자연의 힘은 연약한 인간에게는 공포의 대상이다. 그러나 인간은 그런 자연력에 대항할 수 있는 저항능력을 지니고 있다. 더구나 그 저항능력은 대상이 위력적이면 위력적일수록 더욱더 커져만 간다. 강한 적과의 대련을 통해서 한층 더 강력한 전투력을 체득하는 전사戰士처럼, 위력적인 자연을 만날수록 인간은 자기 내부에 가능성으로서만 존재해온 또다른 대항능력을 찾아낸다. 평소에는 감추어져 있다가 그런 숭고한 대상을 만나고 나서야 비로소 환기되고 발현된다고 말할 수 있다. 그 숨겨진 능력이 바로 인간의 이성능력이다.

도처에서 볼 수 있는 자연현상이 아무리 위력적이고 무한한 크기를 지닌 것처럼 보여도, 이성적으로 생각해본다면 무한한 것은 아니다. 즉 상대적인 크기에 유한한 위력을 지닌 것에 불과하다. 예컨대 제아무리 거센 폭풍우라도 전우주적인 차원에서 볼 때, 그것은 하찮은 미동微動이라고도 말할 수 없다. 물론 연약한 인간에게 덮쳐오는 그것은 견딜 수 없는 두려움을 야기시키기에 충분하다. 파스칼의 말처럼 물 한 방울로도 죽을 수 있는 인간은 언제 어디서든 '감성적 차원에서 포착되는' 절대적인 크기와 위력의 대상을 만날 수 있다. 하지만 절대적인 크기의 무한한 힘은 지상 어디에도 존재하지 않는다. 자연 너머의 세계에서만 가능하다. 오로지 무한과 절대를 사유하는 인간, 자연법칙으로부터 자유로운 인간의 이성만이 자연을 넘어서는 초현상계에 접근할 수 있다. 그런 점에서 외관상의(감성적 차원의) 절대적인 힘에서 파생되는 두려움은 결국 가상에 현혹된 허위 감정에 불과하다.

하지만 그런 두려움은 감추어진 이성의 힘을 다시금 환기시키는 촉매 역할을 한다. 이런 점에서 볼 때 진정한 의미의 숭고 감정은 절대적 크기와 위력을 사유할 수 있는 이성에서 유래하는 것이다. 결국 숭고한 것은 이성이고, 이성은 숭고 감정의 존재론적 원천이다. 이런 이성적 자각으로 북돋아진 용기로 말미암아 인간은 자연의 위력에 저항할 수 있고, 그렇듯 자연에 저항하고 자연을 극복함으로써 고통과 두려움은 즐거움으로 급격하고 강렬하게 반전反轉된다. 이런 숭고 감정의 반전 메커니즘은 비극적 카타르시스의 메커니즘과 유사하다. 둘 모두 두려움에서 시작하지만, 그 끝은 두려움을 극복한 자기고양의 감정이란 점에서 그러하다.

6. 숭고한 멜랑콜리의 정체: 자기애적 이성의 멜랑콜리

「고찰」에서 칸트는 숭고를 멜랑콜리와 연관지었다. 그에 따르면, 아름다움은 혈액 기질과 연관되어 있고, 숭고는 멜랑콜리 기질을 가진 사람과 깊은 연관을 가지고 있다. 앞서 언급한 대로, 멜랑콜리는 고대 의학에 기초를 둔 인간학적 분류체계에서 유래한 용어다. 칸트 역시 이런 인간학적 분류체계 속에서 인간을 바라보았다. 「고찰」이 보여주는 것처럼 '비판' 이전 시기에도 그러했고, 이후에도 그러했다.

『실용적 관점에서 본 인간학』(1798)은 후기 칸트의 이런 견해를 잘 보여주고 있다. 여기서 칸트는 많은 부분 전통적인 견해에 따라 멜랑콜리를 이해한다. 전통적으로 멜랑콜리가 머리를 많이 쓰는 지성인들에게 찾아오는 질병으로 여겨졌던 것처럼,[81] 칸트 역시 멜랑콜리를 지식인의 질병으로 여긴다. 때때로 멜랑콜리를 순수 독일어 'Schwermut(무거운 심정)'로 번역하는 대신에, 칸트는 그것을 'Tiefsinnigkeit(심사숙고)'로 번역하기도 한다. 멜랑콜리가 우울하게 자기학대를 하는 광기로 돌변할 수 있지만, 그 자체가 마음의 병인 것은 아니다. 멜랑콜리는 깊이 사유하지만 매번 문제해결에 어려움을 겪는 자의 정조다. 그래서 칸트는 전형적인 멜랑콜리커의 사례로 '심사숙고하는 수학자'(GS7, 213)를 들고 있다.

철학자답게 칸트는 4체액설의 근본적인 문제를 제기한다. 즉 어떻게 한 사람의 기질이 결정되느냐의 문제가 그것이다. 결론부터 말하자면, 그가 보기에 한 인간의 기질은 육체와 영혼 모두의 영향을 통해 결정된다. 그러나 전통적인 4체액설에서는 오직 인간의 육체에 따라 기질이 결정된다고 보았다. 물론 칸트도 그 견해를 무시하지는 않는다. "생리학적으로 고찰해보면 기질이 문제되는 경우 그것은 육체적인 구조(강하거나 약한 체격)와 그 배합……으로 이해된다."(GS7, 286. 원문 강조) 여기서 칸트는 생리학적 측면에서 4체액설을 서술하고 그것을 긍정한다. 그렇지만 육체가 일방적으로 기질을 결정한다는 견해는 받아들이지 않는다.

도리어 칸트는 "심리학적 측면에서" 보자면, 4체액설이 영혼의 작용을 단지 육체와의 "유비Analogie"를 통해 설명해준다고 이해한다. "심리학적으로 고찰해보면, 즉 영혼(감정 능력과 욕구 능력)의 기질로 보는 경우에는, 혈액의 성질에서 빌려온 이와 같은 표현들은 단지 감정이나 욕망의 활동을 육체적인 활동의 원인(그 안에는 혈액이 가장 중요하다)과 유비시켜 보는 것이라 간주된다." 이렇듯 생리학적이고 심리학적인 측면에서 4체액설을 재조명한 다음, 칸트는 다음과 같은 결론을 내린다. "그리하여 그 결과로서 다음의 사실이 도출되어 나온다. 말하자면 우리가 단지 영혼에만 귀속시키는 기질은 인간의 육체적인 것 또한 비밀스러운 공동 작용 원인mitwirkende Ursache으로 취할 수도 있다."(GS7, 286)

기질은 인간을 파악하는 하나의 방법이다. 그리고 그것은 영혼에만 귀속시킬 수 있는 것이 아니다. 그렇다고 4체액설이 말하고 있듯이, 오직 육체에서만 유래하는 것이라고도 볼 수 없다. 그래서 감정이나 욕망을 결정짓는 기질은 "비밀스러운 공동 작용 원인"인 영혼과 육체 모두에서 유래하는 것으로 보아야 한다. 다시 말해서 인간의 기질은 단지 영혼이나 육체 가운데 어느 하나의 원천에서 형성되는 것이 아니라, 몸과 마음 전체에서 형성되는 것이다. 물론 칸트는 어떻게 서로 다른 두 실체(데카르트 이후 근대철학자들은 육체와 영혼을 서로 다른 실체로 보았다)가 기질을 형성하는 공동 원인이 되는지는 분명히 밝히지 못하고 있다. 다만 4체액설을 무시할 수 없는 한, 기질을 형성하는 몸의 권리 역시 인정해야 한다고 보고 있다. 영혼과 육체 어느 하나로 환원할 수 없는 미지의 영역을 두고 칸트는 단지 "비밀 속에 있다ingeheim"라고 말할 뿐이다.

칸트가 심신 관계를 어떻게 해명했는지를 살펴보는 것이 우리의 목적은 아니다. 다시 주관심사인 멜랑콜리로 돌아가보자. 좀더 구체적으로 칸트는 멜랑콜리커를 어떻게 이해하고 있을까? 고대인들의 생각을 그저 답습하는 수준에 머무르고 있을까? 아니면 이전과는 다르게 이해했을까? 멜랑콜리에 관한 칸트의 말을 직접 들어보기로 하자.

> 멜랑콜리한 기분에 젖은 사람Der zur Melancholie Gestimmte은…… 자기 자신이 관계하는 모든 것에 큰 의미를 부여하며, 모든 곳에서 근심Besorgnis의 원인을 발견하고, 성공의 희망에서 시작하는 다혈질적 인간과 달리, 그는 무엇보다 어려움에 주의를 기울인다. 그래서 다혈질인 사람이 단지 표면적인 것만을 생각하는 데 반해서, 멜랑콜리한 사람은 심각하게 생각한다. 그는 어렵사리 약속을 한다. 왜냐하면 약속을 지키는 것은 그에게 소중한 것이지만, 그것을 지킬 그의 능력은 의심스러운 것이기 때문이다.(GS7, 288. 인용자 강조)

이곳에서 기술되는 멜랑콜리커의 특징을 좀더 확장해서 말해보면, 멜랑콜리커는 1) 자기중심적이다. 그는 모든 것을 자기와 연관지어 생각하고 그럴 경우에 한에서 의미를 찾는다. 그것도 자의적으로 '과잉'된 의미를 '부여'한다. 2) 그는 비극적 세계관을 가지고 있다. 다행스럽게 성공한 경우에도 그는 그 성공이 장차 불행의 씨앗이 되리라 여긴다. 사안들마다 걱정이 앞서는 그에게 근심 없는 날은 없다. 3) 멜랑콜리커는 모든 것을 깊고 심각하게 생각한다. 그는 표면에 만족하지 않고 언제나 표면의 배후를 집요하게 캐묻는다. 그에게서 가볍고 경쾌한 모습은 찾아보기 힘들다. 4) 그는 자신을 믿지 못한다. 통제 불가능한 자기를 익히 알고 있기 때문이다. 여기서 묘사된 멜랑콜리커는 4체액설에서 일반적으로 거론되는 멜랑콜리커의 전형적 모습이다. 「고찰」에서 그려진 모습과는 약간 다르지만, 전·후기를 막론하고 칸트의 논의에서 여전히 일관되게 나타나는 공통점은 멜랑콜리커의 자기중심성이다.

멜랑콜리커는 자기중심적 인간이다. 그에게 자기와 매개되지 않는 모든 것은 무의미하며 공허한 타자로 남는다. 과도한 자기중심성은 확고한 자기정체성을 형성하며 그것을 위협하고 무시하는 듯 보이는 어떤 행위도 용납하지 않는다. 그는 타자의 조그마한 침해에도 광기어린 분노로 응수한다. 그렇다고 멜랑콜리커가 언제나 고집만 세고 자기 확신에 가득찬 사람인 것은 아니다. 자기중심적이면서도 그는 언제나 자기를 의심한다. 이따금 밀려오는 중심의 공허함에 시달린다. 꼬리에 꼬리를 무는 자신에 대한 의심이 자기 이외의 다른 것에는 눈을 돌리지 못하게 만든다. 여기서 언급되고 있는 자기란 근대철학의 의심하는 주체, 생각하는 주체, 이성적 주체를 뜻할 수도 있고, 한갓 개인적이고 주관적이기만한 개체를 뜻할 수도 있다.

이미 살펴본 바와 같이 칸트의 입장에서 본다면, 전자의 경우는 자기중심적이라 하더라도 건전한 멜랑콜리커이고 후자의 경우에는 정신질환을 앓고 있는 멜랑콜리커다. 그러나 어떤 경우든 멜랑콜리커는 자기가 모든 것의 중심에 놓여 있으며, 모든 것을 자기로 환원하고 수렴시키고자 하며, 그런 자기 의지를 관철할 수 있는 자신의 전능함에 매혹된 나르시시스트라는 점에는 변함이 없다. 전자의 경우처럼 이성을 중심으로 세계를 구축하려고 하든, 후자의 경우처럼 통속적인 정신질환으로 귀착되든 간에, 멜랑콜리가 나르시시즘에서 유래한다는 점은 일치한다.(7, 8장 참조)

멜랑콜리커는 자기의식이 과도한 사람이다. 고대 의학의 4체액설에 따르면 멜랑콜리커는 검은 담즙이 과도하게 분비되는 체질인 반면에, 칸트에 따르면 자기의식이 과도하게 작동하는 체질이다. 자기중심적인 멜랑콜리커는 주변의 사소한 일에도 예민하게 반응한다. 그는 자기 경계를 침입하려는 타자에 민감하게 반응한다. 그 반응의 첫 번째 모습은 두려움이다. 이런 두려움과 불안 속에서 멜랑콜리커는 인생의 대부분을 보낼 수도 있다. 하지만 그렇지 않은 멜랑콜리커도 존재한다. 자신이 소유하고 있는 이성을 통해 두려움을 극복하는 자가 바로 그런 멜랑콜리커다. 그는 자신보다 크고 뛰어나고 강한 타자를 만나 어떤 방식으로든 이성을 통해 그것을 동화시켜 마침내 자기고양自己高揚을 시도한다. 그리고 이런 자기고양과 자기상승의 희열이 드높이 치솟는 숭고한 감정을 일으킨다.

이와 같이 칸트의 멜랑콜리는 숭고한 멜랑콜리이고 그것의 정체는 이성을 통한 자기고양의 감정이다. 그러나 이런 멜랑콜리는 숭고하지만 동시에 고독하기도 하다. 숭고한 멜랑콜리는 결국 자기중심적 나르시시스트의 고유한 감정으로 귀착되기 때문이다. 칸트는 「고찰」에서 숭고한 것들을 나열하면서 이렇게 말한 적이 있다. "깊은 고독은 숭고하지만 두려운 방식으로 그러하다."(GS2, 209) 칸트의 후기 저술까지 살펴본 우리는 이렇게 말할 수 있다. 두려우리만치 깊은 고독은 한갓 숭고함을 느끼는 대상에게만 한정된 것이 아니다. 도리어 숭고한 멜랑콜리의 핵심부에 고독이 자리잡고 있다. 나르시시스트의 숭고한 고독이 칸트적 멜랑콜리의 본질이기 때문이다. 그리고 그런 멜랑콜리는 칸트적 이성, 곧 자기애적 이성이 휩싸일 수밖에 없는 고유한 정조다.

7. 멜랑콜리 연구의 현대철학적 의미

이상의 논의를 종합해보건대, 칸트적 이성과 연관된 감정은 숭고이고,

그 숭고함에는 멜랑콜리의 정조가 짙게 배어 있다. 칸트는 이성을 통해 건강한 멜랑콜리와 병든 멜랑콜리를 구분했지만, 이성 자체가 멜랑콜리로 조율되어 있다. 즉 자기중심적 나르시시즘이 이성의 근간에 놓여 있다. 칸트에게 이성의 세계는 자연을 초월하고 감각적 욕망을 지배해야만 열리는 세계다. 달리 말하면 자연의 위력에 광기어린 분노를 분출하는 칸트적 이성은 자연을 (우리 내부의 자연적 욕망과 함께) 희생의 제단 위에 바쳐야만 드높이 숭고해질 수 있다. 또한 숭고의 높이를 조성하는 칸트적 이성은 선험적인 자기를 중심으로 존재하는 모든 것을 재편해야만 직성이 풀린다. 칸트가 의기양양하게 선언한 코페르니쿠스적 전회는 이성의 자기중심적 성격을 잘 보여준다.

이런 자기애적 이성은 자기와 매개되지 않는 것에 무관심하며, 매개된 타자 속에서 자신만을 바라보며, 자신이 이미 타자를 통해 매개된 것임을 알지 못한 채 성공적으로 타자를 자기에 동화시킬 수 있는 자신의 권능에 매혹된다. 존재하는 모든 것을 자기와 매개시키고 자기로 동화시키려는 이성, 그래서 무한히 확장된 힘을 숭고 감정 속에서 향유하는 이성, 그런 숭고한 자기의 모습에 매혹된 이성은 자기의 바깥을 알지 못하고, 타자와의 진정한 만남을 이루지 못해 마침내 치명적인 고독에 빠질 수밖에 없다. 때문에 신화 속의 나르키소스가 깊은 절망 속에서 자살했듯이, 자기애적 이성은 언제나 자살 충동에 휘둘리는 멜랑콜리한 정조에 젖지 않을 수 없다.[82]

그런데 이것이 단지 칸트적 이성에만 한정되는 이야기일까? 니체를 필두로 한 현대 서양 철학자들은 자기네 전통철학의 문제점, 특히 서양 이성의 문제점을 가혹하리만치 비판한다. 그런 비판으로는, 삶의 약동을 잃어버린 플라톤주의(니체), 존재 혹은 존재론적 차이의 망각(하이데거), 도구적 이성의 팽창(아도르노), 동일성에 뿌리박은 이성중심주의, 음성중심주의, 남근중심주의를 비롯한 숱한 중심주의(데리

다) 등을 열거할 수 있다. 이런 비판을 피상적으로 들여다보면, 칸트적 이성과 현대철학의 이성 비판은 화해할 수 없는 것처럼 보인다.

하지만 과연 그럴까? 잘 알다시피, 이성 비판의 선구자는 다름 아닌 지금 비판의 표적이 된 칸트 자신이다. 칸트 역시 이성의 한계를 분명히 함으로써 언제나 이성의 월권을 경계했다. 그런 점에서 현대철학자들의 서양 이성 비판은 칸트적 비판 정신의 확장과 심화 또는 극단화라고 평할 수 있을 것이다.[83] 지금까지 살펴본 것처럼 칸트적 이성은 멜랑콜리라는 정조에 휩싸여 있다. 왜냐하면 그 이성은 많은 점에서 자기중심적이며, 멜랑콜리는 자기애적 이성의 고유한 정조이기 때문이다. 그렇다면 그 서양 이성을 신랄하게 비판했던 서양의 현대철학자들은 멜랑콜리한 정조에서 자유롭다고 할 수 있을까? 니체, 하이데거, 데리다, 푸코, 레비나스, 들뢰즈 등과 같은 쟁쟁한 현대 서양 지성인들의 철학적 얼굴을 떠올려보자. 그들의 철학에서 여전히 진한 멜랑콜리를 감지할 수 있지 않은가? 그렇다면 그들의 이성 비판 역시 서양적 이성의 큰 테두리 내에서 진행되고 있다고 의심해볼 수 있다.

서양 정신의 근본 정조가 멜랑콜리이며 현대 서양철학에서도 그 정조를 확인할 수 있다면, 현대 서양 철학자들의 자기비판이 여전히 불철저하고 지엽적일 수 있다는 혐의를 쉽게 풀어서는 안 될 것이다. 지식인은 복잡하고 난해한 개념을 통해 자기 자신은 물론 타인을 쉽게 기만하고 현혹할 수 있지만, 시나브로 자신의 몸과 영혼 그리고 철학에 침윤된 '분위기'는 그 자신도 어쩔 수 없기 때문이다. 이것이 바로 멜랑콜리 연구의 중요한 한 가지 의의다.

중세 I : 죄, 아케디아, 악마의 유혹

프로이트는 우울증의 대표적 증상 가운데 하나로 부끄러움 없는 자기비난, 과도한 죄책감을 꼽고 있다. 보통 타인 앞에서 자책하거나 죄책감을 토로할 때면 부끄러움이 동반되기 마련이다. 그런데 우울증 환자는 과도한 죄책감과 자기비난을 표출하면서도 부끄러워하지 않는다. 부끄러움이 동반되지 않기에, 자신에 대한 '불평Klagen'이 마치 타인에 대한 '탄핵Anklagen'처럼 들린다. 이런 특이한 현상을 프로이트는 이렇게 설명한다. 사랑 대상의 상실을 인정할 수 없는 우울증 환자는 대상을 자기와 동일화하며, 사랑 대상에게 그간 표현 못한 증오의 감정(양가감정의 한 측면)을 퍼붓는 것이 바로 부끄럼 없는 자기비난의 정체라고 말이다. 현대 멜랑콜리 담론을 선도했던 프로이트는 정신질환 의사로서 멜랑콜리를 질병(우울증)으로 이해했다. 그리고 멜랑콜리가 죄책감, 죄의식과 긴밀하게 엮여 있다고 보았다. 죄가 멜랑콜리의 어둠과 직결된다는 점은 오래전부터 익히 알려진 사실이었다.

르네상스나 낭만주의 시대처럼 멜랑콜리가 천재의 증표로 인식되던 아름다운 시절도 있었지만, 간질이나 광기와 같은 질병 또는 종교나 도덕의 심각한 죄로 간주되던 시기가 더 길었다. 대표적으로 중세 기독교 문화에서 멜랑콜리는 크나큰 죄였다. 당시 멜랑콜리는 아케디아a-cedia로 불렸다. 이 말은 어원적으로 '어떤 것에도 관심cedos이 없는a- 상태'를 뜻하며, 무의미와 권태, 무감각과 나태에 깊이 빠진 상태를 지칭한다. 특히 사막에서 금욕생활을 하던 수도승들을 괴롭혔던 질병으로 통한다.

『여덟 가지의 악한 생각에 대하여On the Eight Evil Thoughts』라는 글에서, 초기 기독교 시대의 영성가 에바그리우스Evagrius는 아케디아에 관해 다음과 같이 쓰고 있다.

> 아케디아는 '한낮의 악마'라고도 한다. 이는 그 어떤 악마보다도 사람의 숨통을 강하게 조인다. ……이 악마에게 사로잡히면, 자신이 머무르는 곳과 자신의 삶 자체와 해야 할 일을 전부 멀리하게 된다. 수도자는 벗들이 소원해졌다고 느끼고 아무도 자신을 위로해주지 않는다고 생각한다. 만약 이때 누군가가 수도자를 방해하기라도 하면, 악마가 그의 분노에 불을 붙인다. ……온갖 농간을 동원하여 수도자가 은둔생활에서 탈출하도록 만든다.[84]

기독교 문화에서 아케디아는 일곱 가지 대죄, 즉 음욕, 교만, 분노, 질투, 식탐, 인색, 나태acedia 가운데 하나다.(화보의 그림 6 참조) 스콜라철학의 수장 토마스 아퀴나스도 아케디아를 죄악의 목록에 등재한다. 선에 슬퍼하고 악을 통제하지 못하며 신의 은총을 경멸할 뿐 아니라, 무엇보다 신의 사랑인 카리타스caritas에 무관심한 아케디아는 치명적인 죄악이 아닐 수 없다.[85] 기독교 세계관에서 누군가 죄를 범하면 당연히 구원의 가능성은 사라지고 지옥으로 떨어진다.

중세 문학의 완결판인 단테의 『신곡』에는 죄인들이 지옥에서 벌을 받는 모습이 생생하게 묘사되고 있다. 단테가 상상한 지옥은 죄의 무게에 따라 지하에 층별로 나뉘어 있는데 죄가 무거울수록 아래층에 위치한다. 아케디아를 범한 죄인은 지하 5층에서 고통을 받는다. 거기에는 "검은 색깔"의 물로 가득한 늪이 있으며, 그 늪 가운데에 "고통스러운 표정으로 벌거벗은 채 온통 진흙을 뒤집어쓴 사람들"이 보인다. 물 밑에서 한숨짓는 사람들 때문에 수면에 "부글부글 거품"이 일어난다.[86] 단테는 그 사람들이 이렇게 말했다고 전한다. "햇살 아래 달콤한 대기 속에서는 마음속에 게으른 연기를 가졌기에 슬펐는데, 이제는 검은 진흙 속에서 슬프구나."[87] 여기서 늪의 '검은 물'은 멜랑콜리의 어원적 의미, 즉 '검은 담즙'을 빗댄 것이다. 이들은 살아서 게을렀기 때문에, 죽어서 지옥의 진흙 늪에 빠져 허우적대는 벌을 받는다.

어두운 지하세계 지옥은 "별빛 없는 대기"(제3곡)로 가득하다. 밤의 어둠과 늪의 검은 물이 뒤엉켜 암울한 분위기를 조성한다. 아케디아를 범한 죄인은 숨 막히는 고통에 답답한 한숨을 거품 물며 내쉬고 있다. 아케디아에 대한 단테의 상상은 현대 상상력 담론의 거장 가스통 바슐라르로 이어진다. '밤'과 '물'의 이미지를 밤의 늪지로 응결시키면서 바슐라르는 "멜랑콜리한 상상력"[88]을 가동시킨다. 그가 음울하고 무서운 밤의 늪으로 상상하고 있는 것은 그리스 신화에 등장하는 스팀팔로스 늪이다. 이 늪에는 전쟁의 신 아레스가 기른 새, 즉 청동의 발톱, 날개, 부리를 가지고 날개 깃털을 활처럼 쏘아 적을 쓰러뜨리는 새가 살았는데, 영웅 헤라클레스가 이 무시무시한 새들을 퇴치했다고 한다. 바슐라르는 이 늪을 떠올리며 이렇게 말한다. "연못은 괴상한 새들이 서식하는 검은 늪지, '아레스의 스팀팔로스화한 젖먹이들이 깃털을 화살처럼 흩어지게 하고 농산물을 휩쓸며 진흙투성이로 만들고 인간의 살을 배불리 먹는' 검은 늪지가 되는 것이다."[89] 결국 이 밤의 늪 이미지에서 바슐라르는 "밤이 뒤섞여 있는 물은, 잠자려 하지 않는 오래된 죄책감"[90]이라는 의미를 읽어낸다. 밤의 늪에서 떠올린 죄가 바로 중세식 멜랑콜리, 아케디아다.

역설적으로 죄라는 것은 강력한 유혹의 힘을 가지고 있다. 그래서 단테는 죄에 대한 경각심을 일깨우려는 목적으로 성서에도 나와 있지 않은 무시무시한 지옥을 생생하고 세밀하게 묘사했다. 기독교적 맥락에서 특정 행위가 죄일 수 있는 중요한 이유는 그것이 인간의 시선을 신이 아닌 세속적인 것, 덧없는 것으로 향하게 하기 때문이다. 게다가 우리의 시선을 사로잡는 세속적인 것들은 중독성과 전염성이 강해서, 좀처럼 그로부터 시선을 거둘 수 없을 뿐만 아니라 주위에 있는 타인들의 시선마저 덩달아 붙잡아둔다.

이런 점에서 죄는 신에게 이르는 구도의 길에서 만나는 악마의 유혹으로 묘사된다. 이런 유혹을 이기는 고행과 금욕이 수도자에게 불가피하게 요구된다. 알렉산드리아의 주교 아타나시우스는 357년 그리스어로 『안토니우스의 생애』라는 책을 쓴다. 이 책은 그리스도교 수도승에 관한 최초의 이야기다. 성 안토니우스는 그리스도의 길을 따르기 위해 모든 것을 버리고 사막에 은둔하며 온갖 유혹과 싸운 전설적인 인물이다. 안토니우스가 악마의 유혹과 치열하게 싸운 이야기는 후대 많은 예술가에게 영감을 주었다. 중세 말의 화가 마르틴 숀가우어, 히에로니뮈스 보스, 루카스 크라나흐는 물론이거니와 현대 화가 막스 에른스트, 오토 딕스 등도 이 이야기를 모티프로 그림을 그렸다. 기괴하게 생긴[91] 온갖 악마들이 안토니우스를 잡아끌고 있는 멜랑콜리한 모습으로 말이다.(화보의 그림 5 참조)

사실주의 소설 『보바리 부인』의 작가로 알려진 플로베르도 이 환상적인 이야기에 흠뻑 빠졌던 모양이다. 25년간 세 번의 판본을 수정해가며 그는 『성 앙투안의 유혹』을 썼다. 흥미롭게도 플로베르는 일곱 가지 대죄에 한 가지 죄를 더 추가한다. '논리'라는 죄다. 원래 철학이라고 했다가 논리로 바꿨다고 한다. 이런 설정은 신을 의심하고 논리적으로 따져 묻는 것이 현대인의 새로운 죄이자 동시에 강력한 유혹임을 암시한다. 넓게 보자면, 여러 죄 가운데 하나인 아케디아뿐 아니라 우리의 욕망을 유혹하는 모든 죄는 멜랑콜리를 낳는다. 기독교의 입장에서 죄란 신에게로 향한 사랑과 경쟁하는 모든 세속적 욕망을 뜻한다. 죄라는 것이 세속적 욕망에서 유래한다면, 인간의 세속적 존재방식은 처음부터 멜랑콜리할 수밖에 없다.

소설의 마지막 장면에서 앙투안의 심장을 가리키며 악마는 이렇게 말한다. "여기! 너의 늑골 아래에서 그걸 뽑아내지 않는 한, 넌 지옥과 함께 있는 거야. 네 가슴 속에 죄들이 있고, 너의 머릿속에 고뇌가 있으며, 너의 본성이 저주인 거야."[92] 중세와는 달리, 우리 시대 사람들은 과도하게 욕망을 미화한다. 하지만 욕망한다는 것은 유혹된다는 것이며, 결국 고뇌에 빠질 수밖에 없음을 뜻한다. 이것이 심장을 가진 인간의 실존적인 모습이다. 그렇다면 인간 실존에서 자양분을 얻는 예술가라면 멜랑콜리를 회피할 것이 아니라, 그것과 정면으로 대면하는 길을 선택해야 한다. 악마의 유혹에 넘어가든 이겨내든, 결과는 차후의 일이다. 악마와의 숙명적인 대결, 이것은 예술가가 통과해야만 하는 관문이다. 삶의 예술, 예술적 생명은 검은 담즙으로 가득 찬 욕조에 몸 전체를 담근 다음에야 나올 수 있다. "멜랑콜리는 악마의 욕조다Melancholia balneum Diaboli."[93] 이렇게 해서 '저주받은 예술가'라는 관념이 탄생한다.

3장

비극과 멜랑콜리

니체 I

본래 고통에 대해 사람을 분격하게 하는 것은
고통 자체가 아니라 고통의 무의미함이다.
— 니체

『멜랑콜리와 비극—계보학적 문화이론 I』[94]이라는 책에서 베티나 뉘세는 그리스 비극과 멜랑콜리의 연관성에 대한 문헌학적 연구를 시도한 바 있다. 특별히 뉘세는 이 책에서 아리스토텔레스의 멜랑콜리론과 니체의 멜랑콜리론을 핍진하게 비교한다. 뉘세는 이렇게 밝힌다. "니체의 『비극의 탄생』에 대한 해석은 계보학적 문화이론의 서막을 장식하고 있다. 나의 테제는 이렇다. 그 책은 **멜랑콜리와 비극**에 관한 이론을 담고 있다."[95](원문 강조) 나는 이 견해에 전적으로 동의한다. 비록 니체가 직접적으로 멜랑콜리와 비극을 연관짓지는 않지만, 그의 비극론의 바탕에는 멜랑콜리가 깔려 있다. 이번 장에서 나는 뉘세의 복잡다단한 문헌학적 논의 전개와는 별도로, '고통'이라는 화두를 중심으로 비극과 멜랑콜리를 엮고자 한다. 고통과 문화, 의미와 무의미, 아폴론과 디오니소스, 멜랑콜리와 비극이 이번 장의 핵심어들이다.

1. 고통의 무의미성

부처는 삶을 '고통의 바다(고해苦海)'에 빗댔다. 과장된 표현 같지만 실존적인 삶의 풍경을 찬찬히 돌아보면, 그의 현실인식이 사뭇 냉정하고 엄격했음을 확인할 수 있다.[96] 가까운 주변을 살펴보더라도, 행복의 달콤함에 젖어 있는 사람들보다는 고통에 허덕이는 사람들이 훨씬 더 많이 눈에 띈다. 자연재해와 전쟁으로 얼룩진 역사책을 몇 쪽 뒤적여보거나 실시간으로 업데이트되는 인터넷 뉴스를 흘깃 보더라도, '고통의 바다'라는 표현을 생생하게 실감할 수 있다. 과거와 현재를 바라보면서 미지의 미래를 어슴푸레 예감할 수 있다면, 미래에도 고통 없는 유토피아가 도래할 것 같아 보이지는 않는다. 사정이 이러할진대 종교인이나 철학자가 '삶이 존속하는 한 고통도 끝끝내 사라지지 않는다'라는 테제를 빈번히 제출하는 것도 그다지 억지스러운 일은 아닐 것이다.

그렇다면 검질기게 삶에 밀착해 있는 고통을 어떻게 만날 것인가? 고통의 문제가 우리에게 그다지 절박하지 않다면, 이런 질문은 제기되지도 않을 것이다. 고통이 우리의 삶에 심각한 영향을 미치며, 그것도 한순간에 삶 전체를 뒤흔들 수 있는 강력하고 위협적인 존재로 등장하기 때문에, 고통에 어떻게 대처해야 할지를 절박하게 묻는 것이다. 일단 '고통의 바다'라는 소박한 통찰에 의지해서, 고통이 삶에 '편재遍在'하고 '보편普遍'적이며 '불가피不可避'한 것이라고 규정하기로 하자. 그렇다면 이러한 고통에 어떻게 대응할 것인가?

열거할 수조차 없을 정도로 많은 고통 가운데 가장 참기 힘든 고통은 무엇일까? 가장 절박하기에 가장 큰 관심의 대상이 되는 고통은 어떤 것인가? 치통, 배고픔, 성적 불만족, 육체적 구타, 정신적 모멸감, 연인의 상실 등등일까? 아니, 과연 그 무엇이라 지칭할 수 있기나 한 것일까? 셰익스피어의 『리어왕』에 등장하는 귀공자 에드거는 이렇게 외친다. "앞으로 이보다 더 비참해질지도 모른다. '지금이 가장 비참하다'고 말할 수 있는 동안은 아직도 제일 비참한 것은 아니다."[97] 이것은 이복동생(에드먼드)에게 배반당해 걸인으로, 미치광이로 떠돌면서 자신의 신세가 가장 비참하다고 생각해오던 에드거가 자식에게 배신당해 두 눈을 잃고 헤매는 친아버지를 만나면서 던진 대사다. '가장'이라는 최상급의 부사를 사용하면서 '비참하다, 고통스럽다'라고 말할 수 있을 때는 이미 최상급의 시점은 아니다. 왜냐하면 최고의 고통은 결코 언술될 수 있는 것이 아니기 때문이다. 또한 인간이 겪어야만 하는 고통은 언제나 최상급 '가장'의 대상을 어김없이 갈아치울 수 있는 가능성을 내포하고 있기 때문이다.

혹시 날카로운 외마디 비명이 최고의 고통을 표현해줄 수 있을까? 아니다. 그 역시 '가장' 고통스러운 순간은 아니다. 고통에 대한 진술 내지 표현은 말할 나위도 없으려니와, 본능적이고 발작적인 비명 역시 고통이 이미 순화된 단계일 수 있다. 비명은 그 자체로 고통을 완화시키고, 절박한 상황을 심리적으로 준비하고, 어쩌면 주위에 있을지도 모를 타인에게 도움을 호소하는 기능을 한다. 때문에 비명을 지를 수 있는 사람은 이미 얼마쯤 고통에서 벗어난 사람이라 말할 수 있다.[98]

외마디 비명조차 낼 수 없는 아찔한 순간, 그 끔찍한 고통의 순간은 언제나 '비교 불가능한 절대적 감각'으로 다가온다. 감각, 느낌의 수준에서 이런 고통은 절대적인 고통으로 다가온다. 그래서 특정한 '이' 고통이 가장 정도가 심하다고 섣불리 말하기 어렵다. 각각의 경우를 비교하기도 어려울뿐더러, 설사 누군가 자신의 경험을 반추하면서 최고의 고통을 말할 수 있다 하더라도, 사람마다 제각각 다른 순간을 말하는 것이 보통이다. 그럼에도 불구하고 우리는 종종 고통의 정도를 분별하기도 하며, 타인과 함께 그 경중을 따져보기도 한다. 자기만의 고통에서 벗어나, 고통을 공유하고 그것에 대한 공론을 형성하기도 한다. 여기서 나는 개인의 언표 불가능한 고통의 수준에서가 아니라 특정 문화의 지평에서 사람들이 어떻게 고통과 만났는지, 즉 어떤 방식으로 서양인들이 고통을 해석해왔는지에 초점을 맞출 것이다. 미리 논의의 결론을 암시하자면, **멜랑콜리한 비극이야말로 고통 해석의 서양적 표준 판본이다.**

철학자 니체는 가장 고통스러운 순간을 '고통이 무의미해질 때'라고 암시한다. "본래 고통에 대해 사람을 분격하게 하는 것은 고통 자체가 아니라 고통의 무의미함이다."[99] 고통은 그 자체만으로도 감당하기 힘든 것인데, 고통이 무의미하게 다가올 때에는 어떤 격한 분노마저 치밀어오른다. '도대체 왜 이런 고통이 내게!'라는 분노어린 절규는 안 그래도 참기 힘든 고통을 더욱 고통스럽게 만든다. 가장 고통스러운 순간은 가까스로 견디고 있던 고통이 무의미하게 다가올 때다. 무의미한 고통, 바로 그것이 진정 참기 힘든 고통이다. 이런 점에서 문화라는 것은 고통의 무의미에 대처하기 위해서 오랜 시간 동안 발굴해낸 고통의 의미체계라고 규정할 수는 없을까?

2. 문화: 고통의 의미화 체계

의미의 그물망에 들어올 때에야 비로소 고통은 견딜 만한 것으로 변용된다. 예를 하나 들어 설명해보자. 일명 '학벌사회'라고도 불리는 우리 사회에서 쉽게 접할 수 있는 사례다. 온종일 책상에 붙어 앉아 대학 입시 공부를 하는 것은 고통스러운 일이다. 하지만 그 고통의 과정을 잘 견디면 대학의 자유를 만끽할 수 있으며, 이른바 명문대학에 입학하기만 하면 안정된 삶을 보장받을 수 있다는 믿음이 있기에(그런 믿음이 허구든 아니든), 학생들은 그럭저럭 그 고통을 견딘다. 다시 말해서 현재 받고 있는 고통이 미래의 사회적 성취 또는 행복과 연결됨으로써 의미 있는 것이 되며, 그럼으로써 참을 만한 것이 된다.

이와는 달리 고통의 원인을 추적함으로써 고통에서 의미를 찾을 수도 있다. 물론 원인을 안다고 고통이 즉각 사라지는 것은 아니다. 원인을 알더라도 고통에서 빠져나올 수 없는 경우는 허다하다. 하지만 원인에 대한 앎이 고통을 나름 최소화할 수 있는 방편임은 분명하다. 이 경우 고통의 원인이 정확하고 과학적인 원인이 아니더라도 큰 상관은 없다. 예컨대 현재 받고 있는 고통이 전생의 업보라고 생각할 수도 있고, 과거에 자신이 저지른 죄의 대가라고 생각할 수도 있다. 어떤 경우든 고통의 원인을 확인함으로써 당면한 고통은 의미망 속에 들어오며, 그럼으로써 고통과 맞서 싸울 수도 있고 최소한 고통을 감내할 수 있다. 바로 이것이 고통에 직면해 발휘되는 앎의 힘이고 믿음의 힘이며, 궁극적으로 의미의 힘이다.

니체는 종교와 도덕 그리고 학문 등을 신랄하게 비판한다. 이것들은 앎과 믿음 그리고 의미를 추구하는 욕망이 퇴화된 형태다. 하지만 그는 이것들의 힘을 분명하게 인식하고 있다. "알려지지 않은 어떤 것을 알려진 어떤 것으로 환원하는 것은 마음을 편히 해주고 안심시키며 만족하게 하고 그 외에도 힘을 느끼게 한다. 알려지지 않은 것에는 위험, 불안정, 걱정이 수반된다. ……어떤 설명이든 설명이 없는 것보다는 낫다. 사실상은 마음을 억누르는 생각들에서 벗어나고자 하는 문제일 뿐이기에, 사람들은 그 생각에서 벗어나게 하는 수단에는 까다롭게 굴지 않는다."[100] 니체는 미지未知를 기지既知로 환원하려는 인간의 심리적 경향성을 인정하면서도, 동시에 미지를 통해 기지가 해체·재편성·생성되는 사건에 용감히 뛰어드는 영혼의 위대성을 부각시킨다. 그가 보기에, 위대한 영혼이 자꾸만 왜소해지는 것은 허약해진 영혼의 병적 증후일 뿐이다.

하지만 때로 우리를 분격하게 만드는 고통이 있다. 어떠한 경우든 의미망에 걸리지 않는 고통이 존재한다. 어떤 과학적인 지식이나 종교적인 믿음을 통해서도 의미부여가 되지 않는 고통도 존재한다. 이유 없이 엄습하는 감당하기 힘든 고통. 종종 우리는 그런 절망적인 고통을 경험한다. 그 경우 고통은 견딜 수 없는 무게로 우리를 압박한다. 그런 고통에는 희망의 빛줄기 하나 보이지 않는 암흑의 고통이 더해진다. 견디기 힘든 고통의 무게 위에 모든 저항을 무력화시키는 '무의미'가 더해진다. 이런 고통 속에서 한 개인은 육체적으로나 정신적으로 파멸에 이른다. 이런 점에서 '무의미한 고통'을 최고의 고통, 고통의 고통이라 칭해도 과언은 아닐 것이다. 그렇다면 의미망에 걸리지 않는 고통, 의미망을 한순간에 찢어버리는 고통, 속수무책으로 몰려드는 무의미한 고통의 파도에는 과연 어떻게 대처할 것인가?

앞서 말했듯이, 고통은 우리의 삶에 편재하고 보편적이고 불가피하다. 그런데 만일 고통이 인간 삶의 불가피한 조건이면서 동시에 인간에게 고통의 무의미성이 가장 큰 고통이라고 한다면, 다음과 같은 가설을 정립해볼 수 있을 것이다. 즉 인류가 지금껏 이룩해온 철학, 예술, 종교와 같은 문화 현상은 고통을 무의미한 채로 방치하지 않으려는 인간의 욕망에서 출발한다고 말이다. 문화가 자연에 맞서 인간이 만들어낸 자기-보존-체계Selbst-Erhaltung-System이자 자기-고양-체계Selbst-Erhöhung-System라면, 문화는 자연이(또는 타자가) 인간에 가하는 고통에 대한 대응방식이라고 말할 수 있다. 그리고 이 경우 문화의 대응방식이란 곧 의미망의 창작 작업을 뜻한다. 예컨대 사랑하는 사람의 죽음에 대처하는 방식으로 장례, 기념비 제작, 제사, 사후세계에 대한 담론체계 등을 꼽을 수 있는데, 이 모든 것은 어처구니없는 죽음의 무의미성을 의미 있게 만드는 문화적인 장치들이다.

사실 니체는 문명Zivilisation과 문화Kultur를 구분한다. 그는 문명을 공동체의 자기보존을 위해 개인을 평준화시키는 '가축처럼 길들이기 Tierzähmung'와 연관시키는 반면, 문화는 인간 삶의 자기고양Erhöhung과 연관짓는다. 이렇게 그는 두 개념을 대립시키면서도 동시에 양자의 내적 연속성을 말한다. 다시 말해서 문화를 건설하기 위해서는 문명이 필연적으로 요구된다는 측면에서 양자의 내적 연관성을 밝히고 있다. "문화의 본질에는 노예제도가 속해 있다"는 니체의 말을 해석하면서, 이상엽은 다음과 같이 밝힌다. "이와 같이 예술 세계로서의 문화는 사회적 자기보존과 재생산을 위한 노동을 토대로 할 경우에야, 말하자면 이러한 부담과 구속을 토대로 할 경우에야 비로소 도달될 수 있다. 이러한 소외를 기초로 해서, 다시 말해 필연성의 왕국을 기초로 해서 창조적이고 예술적인 문화 세계로서의 자유의 왕국이 성장하게 된다."[101] 나는 문화를 '고통의 의미화 체계'로 새롭게 규정하고, 이런 이해를 바탕으로 니체의 비극론을 살펴보기로 한다.

'문화는 고통을 해석하는 의미 체계다'라는 테제의 관점에서 볼 때, 비극이란 잔인하도록 무의미한 인간의 운명, 그리고 그것이 불러일으키는 격한 고통에 의미를 부여하는 문화적 장치로서 서양문화가 창조해낸 중요 예술형식이다.[102] 동시에 비극은 의미의 망에 걸리지 않는 무의미에 대해 '분격'하는 대신에, 그것을 '긍정'하고 '사랑'할 수 있게 유도하는 예술적 장치이기도 하다. 한마디로 비극은 고통의 무의미성을 긍정하는 유연한 의미망이자 냉정한 현실인식에 기초한 강건한 문화 체계이다. 니체가 비극을 논하면서 일차적으로 말하고 싶은 것은 바로 이 점이었다.

3. 고통의 기원

니체는 삶에 뿌리박혀 있는 '고통'의 관점에서 그리스 비극의 기원을 바라본다. 자신의 첫 저술을 회고하는 '자아비판의 한 시도'에서 그는 다음과 같이 말하고 있다. "지금의 내가 그리스인에 있어서 비극의 기원과 같은 정말 어려운 심리학적인 문제를 다룬다면, 아마 훨씬 신중하고 적게 말할 것이다. 근본 문제 중 하나는 그리스인이 **고통**과 맺는 관계, 그리고 그리스인의 감수성Sensibilität의 정도다."[103](인용자 강조) 니체가 보기에, 인간이 고통과 어떤 관계를 맺을 것인지, 그것을 어떻게 느끼고 해석하고 의미부여할 것인지, 그리고 어떻게 대응해나갈 것인지가 그리스인들에게는 중요한 문제였다. 자연재해와 전쟁이 다반사였던 당시 상황에서 그리스인은 고통에 대처하는 하나의 탁월한 방식, 곧 예술적 형식으로 비극을 창작했던 것이다.

비극의 기원은 고대 그리스인들이 고통과 맺은 관계방식에서 유래한다. 더 나아가 고통의 무의미를 대처하는 방식에서 유래한다. 그렇다면 고대 그리스인들은 고통의 무의미에 대해 어떤 태도를 취했을까? 예컨대 프로이트의 "애도작업"[104]이 보여주는 의미화 작업처럼, 나름의 이유와 목적을 찾아주는 의미체계를 생각해볼 수 있다. 반면 애도작업에 실패하여 '멜랑콜리'라는 정신질환을 겪는 것처럼, 고통을 의미체계 안으로 포섭하는 것이 불가능할 때도 있다. 그 경우 고통은 도저히 참을 수 없는 것이 되고 만다.

문화를 일종의 고통 대응 방식이라 이해한다면, 지금껏 인류가 만들어온 문화는 고통에 대처하고 고통을 견딜 만한 것으로 만드는 고통의 의미화 체계라고 규정할 수 있다. 그리고 얼마만큼 고통을 견딜 수 있는 것으로 만드느냐에 따라 문화의 수준이 판가름된다. 그렇다고 문화의 의미화 작업을 통해 단순히 고통을 마비시키고 회피하는 것만이 능사는 아니다. 뒤에서 상술하겠지만, 불가피하게 직면할 수밖에 없는 고통을 위장하고 마비시키고 회피하는 방식은 삶을 직접 대면하는 방식이 아니며, 결국 실패할 수밖에 없는 방식이기 때문이다. 고통을 응시하면서도 고통을 삶의 극대화된 표현으로 변용하는 것, 그것이 문화가 수행해야 할 최대 과제이다. 그리스 비극은 이런 문화적 수행의 모범적인 방식이었던 것이다.

그렇다면 니체가 비극에서 찾은 고통의 기원은 무엇일까? 비극은 고통의 기원이 어디에 있다고 말하는가? 이 질문에 답한다는 것은 그 자체가 이미 철학적 사변을 통해 고통의 의미를 해석하는 작업이라 말할 수 있다. 비극의 기저에는 하나의 염세주의적 세계관이 놓여 있다. 니체가 보기에, "모든 현존하는 것은 오직 하나뿐이라는 근본 인식, 개체화를 불행의 근본 원인이라고 보는 생각"이 바로 '비극의 비교秘教Mysterienlehre'다.[105] 『비극의 탄생』에서 서술되고 있는 고통의 기원은 "개체화Individuation"에 있다. 궁극적인 존재는 "근원적 일자Ur-Eine"이고, 이 일자는 정태적인 존재가 아니라 생성하는(살아 있는) 존재이며, 그래서 그것이 생성하는 과정 속에서 개개 존재자들이 등장한다. 개체의 생멸生滅은 모두 일자의 생성 과정에서 일어나는 커다란 파도의 부침에 불과하다. 그런데 일자가 개별화된다는 것은 그 자체가 고통의 시발始發을 뜻한다. 일자를 상징하는 디오니소스가 신화(디오니소스-자그레우스 신화) 속에서 갈기갈기 찢기듯이, 개체화는 일자에서 찢겨나가는 파열의 고통에 다름아니다. 그리고 일자의 개체화를 통한 산물들, 곧 개체들은 자기를 존속시키고자 하는데 이것 역시 고통의 근원이다. 결국 고통의 근원은 궁극적으로 일자의 개체화에 있으며, 다음으로 개체의 자기 존속 성향에 있다.

탄생 이후부터, 개체의 생명과 정체성을 지탱하기 위해 겪어야 하는 모든 고통이 뒤따른다. 게다가 개체 소멸, 즉 죽음에 대한 불안의 고통까지 겪는다. 살기 위해 또는 죽지 않기 위해 전전긍긍하며 온갖 고통을 겪는다. 쥘리아 크리스테바의 정신분석학적 통찰에 따르자면, 생명을 부여받은 개인은 원초적인 심리적 고통, 분리의 고통, 곧 "무기적 물질과 유기적 물질 사이의 비약에 관한 기억, 또한 신체와 생태계 사이, 아이와 어머니 사이 등등의 분리에서 오는 감정상태, 그리고 항구적이고 전제적인 초자아의 치명적인 효력"까지 겪게 된다.[106] 이런 점에서 삶은 처음부터 "고해苦海"이고 "괴로운 이 세상의 형틀"[107]이 아닐 수 없다.

통상 고통은 개체의 정체성을 위협할 때 보이는 정서적 반응이라 규정할 수 있다. 나시오에 따르면, "무엇보다 고통은 일종의 정서affect이며 궁극적인 정서이자, 광기와 죽음에 맞서는 최후의 방어다."[108](원문 강조) 고통이 있기 위해서는 자기정체성을 가진 살아 있는 개체가 선행되어야 한다. 개체가 없다면, 고통도 없다. 개체와 함께 고통도 시작된다. 그렇다면 개체의 소멸은 곧 고통의 소멸이라 말할 수 있어야 한다. 그런데 문제는 개체 소멸에 이르는 길 자체가 동시에 고통의 연속으로 인식된다는 점이다. 그래서 개체 소멸이 고통에서의 해방으로 이해되기보다는 고통의 심화로 인식된다. 니체의 철학적 사변에 따르면, 개체의 소멸은 고통의 가중으로 느껴지지만 동시에 고통의 소멸에 이르는 길이다. 그래서 개체 소멸의 징후로서 등장하는 고통은 동시에 근원일자로 회귀하는 통로일 수 있는 가능성이 열린다.

고통은 삶과 밀착되어 있다. 그래서 고통의 문제는 단독으로 다뤄질 수 있는 것이 아니라, 삶의 지평 속에서만 온전히 다뤄질 수 있다. 니체는 고통을 삶의 관점에서 바라본다. 그가 보기에, 삶에서 고통은 불가피하다. 더욱이 삶이 보다 큰 힘으로 약동하기 위해서는 그만큼 큰 강도의 고통이 불가피하다. 삶은 저항을 극복하는 고통스러운 과정 속에서만 약동할 수 있기 때문이다. 이런 이유로 위대한 삶, 위대한 정신은 위대한 고통의 크기를 요구한다. 이것은 커다란 고통과 싸울 때에만 삶이 위대한 크기를 얻을 수 있다는 논리다. 그렇게 본다면, 고통은 삶에서 그저 피해야 할 대상이 아니다. 고통에 굴복해서 삶이 왜소해지는 것이 나쁘지, 고통 그 자체는 결코 삶에 나쁜 것이 아니다. 도리어 고통은 삶을 더욱 활력적으로 만들 수 있고, 삶을 고양시키는 고통 속에서 우리는 어떤 환희마저 맛볼 수 있다.

개체 소멸이 일자에 다시 합일되는 것이자 고통 소멸을 의미한다는 점을 깨닫지 못한다면, 죽음이 몰고오는 불안과 공포는 삶의 마지막까지 우리를 고통스럽게 만들 것이다. 비극은 개체의 소소한 고뇌에서 벗어나 근원일자와 합치하려는 디오니소스적 고뇌를 일깨운다. 동시에 비극이라는 예술형식은 개체의 고통에 거리를 두고 반추하면서 개체 소멸이 고통 소멸일 수 있음을 깨닫게 한다. 소포클레스의 『오이디푸스 왕』에서 마지막 코러스는 이런 진리를 분명하게 확언하고 있다. "……죽어야 할 인간일랑 어느 누구도 행복하다고 기리지 마시오. 삶의 종말을 지나 고통에서 해방될 때까지는."[109]

이것이 니체가 비극 속에서 읽고 있는 철학적 사변이다. 이 사변 속에서 우리는 고통의 기원과 그 의미를 발견할 수 있고 위안을 얻을 수 있다.[110] 하지만 이런 사변만으로는 부족하다. 비극이라는 예술형식은 철학적 사변이 넘볼 수 없는 그 무엇을 우리에게 선사해준다. 니체는 그것을 잘 알고 있던 소수의 철학자 가운데 한 사람이었다. 그렇다면 철학적 사변이 줄 수 없고, 예술만이 줄 수 있는 것이란 과연 무엇일까?

4. 비극: 고통에 대한 예술적 해법

종교, 철학, 예술 등의 고급문화는 고통을 견딜 수 있게 해주는 정교한 의미체계다. 각각은 상이한 방식으로 고통에 의미를 부여하지만, 고통의 의미를 묻는다는 점에서는 동일하다. 종교는 믿음의 거대한 의미체계 속에서 고통을 해석하고, 철학은 이성적으로 고통의 존재이유를 묻고 답한다. 그렇다면 예술은 어떻게 고통의 의미망을 만들어줄 수 있는가? 좀더 범위를 좁혀서 비극은 어떤 의미망을 고통에 부여하는가?

주지하다시피 니체는 예술을 형성하는 두 가지 원리로 '아폴론적인 것'과 '디오니소스적인 것'을 말한다. 이 두 원리는 자연의 두 가지 예술충동이라 표현되기도 하는데, 여기서 자연이란 바로 근원일자다. 그것은 삶의 약동하는 생성을 뜻하며, 수많은 가면을 쓴 디오니소스로 표현된다. 자연은 이렇게 부단히 생성하고 변모하는데, 이런 변용을 일으키는 힘을 두고 니체는 '예술적 충동'이라고 말한다. 인간이 창조한 문화 가운데 예술은 이런 자연의 예술적 충동을 가장 충실하게 따르는 영역으로 지칭된다. 당연히 니체는 종교와 철학보다는 예술에 더 자주 신뢰의 눈길을 던진다.

아폴론적 원리와 디오니소스적 원리는 예술을 형성하는 대등한 두 원리로 제시된다. 하지만 때때로 디오니소스의 변신(가면)에 아폴론적 원리가 포섭되는 것처럼 논의되기도 한다. 다시 말해서 때로는 아폴론과 디오니소스가 상이하고 대등한 원리로 이해되다가도, 때로는 디오니소스가 더 근원적인 원리로 제시된다. 전자의 해석과 후자의 해석은 언뜻 보기에 상충되는 듯하지만, 사실 양립 불가능하지는 않다.

전자의 해석은 비극 성립의 역사적 상황과 예술작품에서 보이는 대조적인 두 원리를 부각시킬 때 시도되는 해석이다. 즉 역사적으로 볼 때, 비극은 아폴론이 장악하고 있던 그리스에 이방의 신 디오니소스가 유입되면서 형성되었다고 한다. 이것만으로도 두 신의 첨예한 갈등은 쉽게 예상할 수 있다. 또한 비극에 나타나는 갈등 및 투쟁 상황을 부각시키기 위해서 두 신의 대등한 관계에 초점이 맞춰진다. 하지만 '모든 것은 하나ἓν πάντα εἶναι(hén pánta eînai)'라는 헤라클레이토스(니체가 드물게 찬미했던 철학자)의 테제로 돌아오면 이원적 대립은 지탱되기 어렵다. 니체는 적어도 『비극의 탄생』에서는 근원일자를 설정하는 일원론자이다. 그리고 근원일자는 아폴론적이라기보다는 디오니소스적 성격에 더 가깝다. 이런 점에서 두 원리는 대등한 관계라기보다는 디오니소스 원리가 더 근원적인 원리로 설정되며, 아폴론적 원리는 디오니소스 원리의 작동방식 또는 실현양태로 설정된다. 다시 말해 디오니소스의 변용능력, 곧 디오니소스의 가면으로 아폴론적 원리가 설명된다는 것이다. 그리고 디오니소스의 힘은 끊임없는 예술적 가상창작의 원동력으로 지목된다.[111]

니체는 두 대립하는 원리의 관계를 '공속관계'로 보고 있다. 여기서 공속관계란 소극적으로 말해 어느 하나가 없으면 다른 하나도 존재할 수 없는 관계를 뜻하며, 적극적으로 말하자면 적대적으로 투쟁하는 사이라도 상대가 있어야만 자기정체성이 존속되고 강화되는 관계를 뜻한다. 대립하는 두 원리의 특징을 간략히 열거해보면 다음과 같다. 아폴론적인 것은 형상, 아름다운 가상, 꿈, 유한有限, 조형예술 등등에 어울리는 개별화의 원리다. 이에 반해 디오니소스적인 것은 도취, 가상의 파괴, 한계초월, 음악 등등에 어울리는 일체화의 원리다. 양자의 관계에 대해서 니체는 다음과 같이 기술한다. "이 두 가지 충동은 크게 성격이 다르면서도 서로 평행하고 있고, 대체로 공공연하게 반목하고 상호 자극하여 항상 새롭고 힘찬 출산을 계속한다."[112] 마치 남녀가 서로 쉼 없이 싸우면서도 주기적으로 화해하면서 자식을 번성하는 것처럼, 양자는 공속적이고도 창조적인 관계를 유지한다. 이런 관계는 서로가 없으면 존립 불가능한 관계, 자신의 존재이유와 근거를 상대에게 두고 있는 관계이자, 풍요로운 결실을 맺는 생산적 관계다. 투쟁 속에서 서로는 성숙하고 성장하며 더욱더 강한 힘을 얻는다. 이 대립되는 원리의 결합을 니체는 "짝짓기Paarung"라고 표현하고, 두 원리의 짝짓기 속에서 비극이 탄생한다고 말한다. "이 짝짓기에 의해서 디오니소스적이며 동시에 아폴론적인 예술품인 아티카 비극을 낳게 된 것이다."[113]

이상의 논의를 종합해보면, 비극 예술은 아폴론과 디오니소스라는 두 원리로 이루어져 있다. 그리고 이 두 원리를 통해 비극은 고통에 어떤 의미를 부여한다. 예를 들어 오이디푸스가 겪는 고통을 생각해 보자. 이 인물의 삶에서 아폴론적인 것은 오이디푸스의 행위와 그를 둘러싼 사건으로 직조된 신화적 이야기다. 가혹한 운명을 직시하려는 오이디푸스의 영웅적 행위에 아름다운 가상을 덧씌우면서 오이디푸스는 한갓 고통의 무의미성에 무참히 짓밟힌 개인이 아니라 비극적 영웅으로 변용된다. 그래서 이 비극을 인상 깊게 본 관객들은 본인이 무의미한 고통과 마주했을 때 스스로를 오이디푸스와 같은 비극의 주인공으로 여길 수 있다. 이것은 분명 아폴론적 가상이 만들어낸 위로의 효과다.

반면 비극에서 디오니소스적인 것은 니체가 보기에 일차적으로 합창단의 음악이다. 개념화되고 형상화될 수 없는, 곧 이성적으로 설명할 수 없는 음악은 디오니소스적 도취의 힘을 가지고 있다. 이 도취의 힘은 예술에서 빠트릴 수 없는 요소다.[114] 음악에 빠져들면서 사람들은 고통을 망각한다. 여기서 고통을 망각한다는 것은 곧 고통의 기반인 개체적 '자기' 스스로를 망각한다는 뜻이자 근원일자에 복귀하는 것을 뜻한다. 따라서 여기서의 망각은 단순한 회피가 아니라, 개체의 허상을 깨닫고 근원일자를 직시한다는 뜻을 내포한다.

그런데 어떻게 고통을 잊을 수 있을까? 외마디 비명이 터져나오는 고통 앞에서 어떻게 그것을 망각하라고 말할 수 있을까? 여기서 관건은 디오니소스적 '도취' 개념이다. 도취된다는 것은 자기를 잊는 것이다. 고통을 망각하기 위해서는 고통의 뿌리인 개체적 자기를 잊어야 한다. 그리고 개체적 자기를 잊는 자기망각은 근원일자로의 도취적인 합일에서 이루어진다. 다시 말해서 근원일자를 표현하는 음악(여기서 음악이란 예술의 특정 장르를 지칭한다기보다는 도취를 유발하는 문화형식 전반을 가리킨다)에 자기 몸을 맡기고 자기를 잊는 것이다. 동시에 여기서의 자기망각은 고통과 무관한 희열이라기보다는, 오히려 고통의 한가운데에서 고통의 담지자인 자기의 소멸이 불러일으키는 광적인 희열에 가깝다. 한마디로 그것은 고통 속에서 고통을 향유하는 것이다.

이번에는 오이디푸스가 기꺼이 자기 눈을 찌르면서 자발적으로 고통에 빠져들었던 장면을 떠올려보자. 사실 합리적으로 생각해보면, 그의 행위를 설명할 길이 묘연하다. 소포클레스의 텍스트에서도 그 행위를 광기와 연관시키고 있다. 먼저 아내이자 어머니인 이오카스테가 자살한 것을 감지한 오이디푸스는 이렇게 묘사된다. "미쳐 날뛰고", "무섭게 고함을 지르고", "빗장을 억지로 뜯어내며 방안으로 뛰어들어" 가고, "무시무시하게 울부짖으며", "한 번이 아니라 여러 번씩이나 자신의 눈을 찌르면서" 오이디푸스는 절규한다. 이런 모습을 지켜본 사람은 당연히 이렇게 외칠 수밖에 없다. "오오 불쌍하신 분이여, 어떤 광증이 그대를 덮쳤나이까?"[115] 이처럼 비극의 주인공 오이디푸스는 고통 속에서 고통을 향유하는 광인狂人처럼 보인다. 그것을 보는 관객들은 오이디푸스의 고통에 참여하면서, 잠시나마 그의 광기에 도취된다.

물론 자기가 의도하지 않은 일(부친살해, 모친과의 동침)임에도 불구하고 행위결과에 대한 책임을 느꼈고 그 책임감에서 자해를 가했다는 식으로 도덕적으로 그의 행위를 설명할 수도 있다. 하지만 이 설명만 가지고는 뭔가 미진한 점이 남는다. 오이디푸스가 '서슴없이' 자기 눈을 찌른 행위에는 어떤 광기가 엿보인다. 그것은 아마도 "자신의 최고 유형의 희생을 통해 자기 고유의 무한성에 환희를 느끼는 삶에의 의지"[116](원문 강조)에서 유래한 것처럼 보인다. 이런 자기파괴의 환희에 도취되어 서슴없이 고통에 다가서도록 하는 광기, 그 디오니소스적 광기를 인정하지 않는다면, 그의 행위[117]를 이해하기는 어렵다.

5. 구멍난 의미체계

그것[가장 어려운 시절의 고통]을 사람들은
견뎌야 할 뿐 아니라 사랑해야 한다.
……운명애Amor fati.[118](원문 강조)

고통의 의미화 작업. 이 말은 분명 오해의 소지가 있다. 고통을 의미화한다는 말은 단순히 야수처럼 날뛰는 고통을 길들인다거나 마비시키는 것을 뜻하지 않는다. 물론 문화의 의미화 작업은 그런 방식으로 전락할 수 있다. 그런데 그런 문화는 이미 쇠락의 길을 걷고 있는 병약한 문화일 뿐이다. 니체가 문화예술에 도입하는 '디오니소스적인 것'은 바로 위대한 고통의 직시直視에 바탕을 두고 있다. "비극 예술은 과연 어디에서 유래하지 않을 수 없었던가? 아마도 쾌감에서, 힘에서, 넘쳐나는 건강에서, 과도한 충만에서 유래했을까? 희극 예술은 물론 비극 예술을 낳은 저 광기, 즉 디오니소스적 광기는 생리학적으로 어떠한 의미를 지닌 것일까? ……광기라고 해서 반드시 퇴화하고 몰락한 말기적 문화의 징조인 것은 아니지 않은가?"[119](원문 강조) 비극은 이처럼 쾌감에서, 충만한 힘에서, 광기에서, 그리고 그것들과 함께하는 고통에서 유래한다.

니체의 관점에서 보자면, 생명의 과잉과 충일에서 디오니소스적 광기가 유래하고 그 광기에서 비극이 유래한다. 그런데 비극에서 광기를 긍정한다는 것은 의미의 어떤 맹점盲點을 긍정한다는 뜻이다. 다시 말하면 비극은 철두철미하게 의미의 촘촘한 천으로 고통을 해석하지 않는다. 개체화된 근원일자가 최종적인 고통의 원천이며, 세계 자체가 고통의 바다다. 그 바다에서 빠져나갈 길은 없다. 아폴론적 가상의 섬에서 잠시 쉴 수 있고 위안을 얻을 수 있을지라도, 그것은 결국 가상일 뿐이다. 고통은 본래부터 의미 있는 어떤 것이 아니며 그 목적과 이유를 낱낱이 밝힐 수 있는 것이 아니다. 의미의 체계라는 것은 인간이 고통에 직면해서 부득이하게 만든 것이지만, 그것도 일종의 가상체계일 뿐이다.

고통을 직시하고 회피하지 않는다는 것은 궁극적으로 고통의 무의미와 광기를 인정한다는 것을 뜻한다. 비유컨대 아주 오밀조밀 교직된 의미망을 통해 고통을 담을 수는 없다. 오직 구멍이 숭숭 뚫린 성긴 의미망을 통해서 고통의 일부분만을 담을 수 있다. 건강한 문화는 고통을 견딜 수 있게 하는 튼튼한 완충막이다. 그런데 그 막은 디오니소스적 광기가 표출되는 구멍난 망사와 같다. 그것은 디오니소스적 구멍을 가진 아폴론적 의미 망사로 직조된다. 문화라는 의미망에서 반드시 잊지 말아야 할 것은 의미라는 실오라기보다는 그 실오라기가 형성하는 (그것을 형성하게 하는) 무의미의 빈 구멍이다. 구멍이 없는 천은 쇄도하는 고통의 빈번한 타격에 쉽게 찢겨나갈 수밖에 없다. 의미는 무의미 앞에서 자기를 뽐내서는 안 된다. 왜냐하면 의미라는 것은 무의미의 심연에서 나와 잠시 가상으로 머물다가 다시 자기존재의 근원으로 되돌아갈 수밖에 없는 것이기 때문이다.

단언컨대 고통의 무의미성은 완벽하게 제거할 수 없다. 고통을 삶에서 남김없이 제거할 수 없듯이, 문화적 의미망을 빠져나가는 고통도 불가피하다. 이런 고통, 무의미한 고통은 당연히 견디기 힘들다. 개체성을 유지하면서 이런 고통을 감내한다는 것은 버거운 일이 아닐 수 없다. 니체가 여기서 전하는 마지막 메시지는 고통과 고통의 무의미성을 긍정함으로써 고통을 즐기라는 것이다. 이때 고통을 즐기고 고통을 향유할 수 있는 근거는 고통이 삶에서 시작되고 그 속에서 성장한다는 점에 있다. 고통이 개체의 고통이고 개체 소멸의 전조라면, 그것은 곧 고통 소멸에 가까이 다가서는 황홀한 순간일 수 있다는 말이다.

이런 점에서 디오니소스적 도취는 단순히 고통에 맞서는 태도가 아니라 고통을 긍정하고 향유함으로써 고통을 고양된 기쁨으로 변용시키는 방식이라고 할 수 있다. 이것은 분명 고통에 대응하는 이성적인 방식이라고 보기 어렵다. 왜냐하면 이성이란 통상 고통 회피의 방법을 강구하면서 동원되는 치밀한 계산 능력을 뜻하기 때문이다. 차라리 이성의 측면에서 보자면, 그것은 일종의 광기다. 여기서의 이성이 자연을 지배하기 위한 일종의 '도구적' 이성이라면 더욱더 그러하다. 디오니소스적 도취가 도구로서의 이성을 철저히 무력하게 만들기 때문이다.

하지만 니체의 "커다란 이성"[120]의 관점에서 보자면, 이 광기는 이성과 양립 불가능한 것이 아니다. "광기 속에는 얼마간의 이성이 있다."[121] 그러나 그 광기도 고통과 만나는 하나의 방식이고 그 점에서 고통에 대한 대처방식이라 말할 수 있다. 견딜 수 없는 고통, 어떤 의미망을 통해서도 잡히지 않는 고통은 고통에 도취되어 그것을 향유하는 광기를 통해 대응하는 것 이외에는 별다른 방도가 없다. 고통을 삶의 운명으로 여기면서 그것을 사랑하고, 또 오로지 이런 사랑의 광기를 통해서만 고통의 지독한 무의미가 진정된다. 동시에 이런 사랑의 광기 속에서 커다란 고통은 "정신을 최종적으로 해방하는 자" 또는 "위대한 의혹의 스승"이며 "우리를 깊이 있게"(원문 강조)하는 것이라는 의미를 갖게 된다.[122]

고통에의 도취와 광기에서 어떤 의미를 찾기는 힘들다. 그것은 의미의 실오라기 사이에 놓인 구멍과 같은 존재다. 하지만 거시적인 관점에서 볼 때, 이런 문화예술(특히 비극)이라는 의미망 자체의 의미를 물을 수 있다. 의미체계의 의미는 무엇일까? 이런 궁극적인 물음에 대한 답으로 니체는 '삶'을 제시한다. 삶을 위해 문화가 존재하는 것이며, 삶의 기준에 따라 문화에 의미가 부여되는 것이다. 니체에게 최고의 의미지평은 삶이다. 삶 자체가 궁극적인 의미지평을 이루는 것이기 때문에, 삶은 최고의 심급에서 모든 것에 의미를 부여한다. 그러나 바로 그 때문에 삶 자체는 더이상 의미의 망 속에 걸려들지 않는다. 다시 말해서 더이상 의미를 물을 수 없는 삶이 여타의 모든 것에 의미를 던져준다. 고통과 광기는 궁극적으로 의미의 전체 지평인 삶, 그것의 무의미성(맹목성)에서 비롯된 것이다. 삶은 의미의 바깥, 더 정확히는 의미와 무의미의 접경지대에 있다.

고통과 광기 그리고 예술도 삶 속에서만 의미를 갖는다. 그것이 삶을 자극하고 고양시키느냐, 아니면 왜소하게 하고 허약하게 하느냐에 따라 다른 의미와 가치가 매겨질 수 있다는 말이다. 『우상의 황혼』에서 니체는 '예술을 위한 예술'을 주장하는 예술지상주의가 도덕에 반대한다는 점에서는 타당한 관점이라고 생각한다. 그러나 예술 이외에는 아무런 목적도 의미도 없다고 보는 것에 반대하면서 다음과 같이 말한다. "……오히려 예술의 의미인 삶을 향하고 있지는 않은가? 소망할 만한 것으로서의 삶을 향하고 있지는 않은가? — 예술은 삶의 위대한 자극제다."[123](원문 강조) 여기서 예술의 의미는 삶으로 제시된다. 삶의 관점에서 예술의 의미가 규정된다. 그리고 삶을 노래하는 예술의 관점에서 "고통은 삶에 대한 반박으로 간주되지 않는다."[124](원문 강조) 쇼펜하우어가 예술을 "의지의 진정제"[125]로 보았다면, 니체에게 예술은 '삶의 자극제'다. 결국 니체가 생각하는 비극은 "고통에 익숙한 자, 고통을 찾는 자, 영웅적인 인간"(원문 강조)이 "강력한 적수 앞에서, 커다란 재난과 공포를 불러일으키는 문제 앞에서 느끼는 용기와 자유"[126]를 찬미함으로써 삶을 강렬하게 고양시키는 자극제다.

6. 디오니소스적 광기와 멜랑콜리

아직 디오니소스적 광기에 대한 충분한 해명은 이루어지지 않았다. 또한 고통이 어떻게 광기어린 희열로 이행될 수 있는지 역시 충분히 해명되지 않았다. 사실 니체 자신도 그것을 분명하게 서술하고 있지 않다. 어찌 보면 그것은 당연한 일이다. 어떻게 광기에 대한 핍진한 설명이 가능하겠는가? 그나마 해석의 코드로 제시될 수 있는 것은 해명되었다. 바로 예술이다. 니체는 디오니소스적 광기와 예술가를 연결한다. 광기를 예술가와 짝짓는 시도는 실은 니체만의 독창적인 시도는 아니다. 그것은 너무나도 전통적인 방식이다. 플라톤 이래의 서양 전통에서 긍정적인 광기의 좋은 사례가 예술가의 광기였기 때문이다. 그래서 디오니소스적 광기는 예술가에 관한 논의로 자연스럽게 연결될 수 있었던 것이다. 니체가 보기에, 존재는 삶이고 생성이며, 굳이 그것을 관례대로 신이라 표현한다면, "비도덕적인 예술가-신 unmoralischer Künstler-Gott"[127]이다.

니체는 이런 '예술가-신'을 다음과 같이 기술하고 있다. "파괴에서와 마찬가지로 건설에서도, 악에서와 마찬가지로 선에서도 자기의 변함없는 쾌락과 자기 영광을 고수하려고 하는 신이며, 여러 가지 세계를 창조함으로써 충실과 과잉의 필요로부터, 자기 속에서 솟구치는 대립들의 고통으로부터 스스로 벗어나려는 예술가로서의 신인 것이다."[128](원문 강조) 그런데 '예술가-신'은 오직 가상을 통해서만, 끊임없이 가상세계를 창조함으로써만 구원될 수 있는 신이다. 여기서 구원이란 생성하는 자신을 온전히 실현한다는 의미로, 또 생성에 거역함으로써 생겨나는 온갖 고뇌로부터 해방된다는 의미 정도로 이해해야 할 것 같다.

여기서 확인할 수 있는 '예술가-신'의 특징은 아폴론적 가상을 부단히 창조해야 한다는 점이다. 왜냐하면 그 신은 생성의 모순, 곧 디오니소스적 고뇌를 떠안고 있는 자이기 때문이다. 이런 근원일자에서 파생된 개체 역시 마찬가지다. 하나의 고정된 의미체계를 통해서는 개체에게 주어진 삶의 고통을 충분히 감내하기 어렵다. 부단히 가상을 창조하고 새로운 의미체계를 구축하는 과정 속에서만 개체는 고뇌에서 구원될 수 있다. 다시 말해서 디오니소스적 고뇌는 아폴론적인 가상의 부단한 창조를 통해서만 고통으로부터 구원받을 수 있다.

언뜻 보면, 디오니소스적 고뇌를 감당하는 것과 아폴론적 가상을 만드는 것은 서로 다른 것처럼 보인다. 그러나 그렇지 않다. 디오니소스적 고뇌는 '끊임없이' 그리고 '이유 없이' 가상을 만들지 않으면 안 된다는 점에 있기 때문이다. 그렇다면 왜 '예술가-신'은 끊임없이 가상을 만들어야만 하는가? 이유는 없다. 그래도 굳이 말한다면, 끊임없이 새로운 가상 창조에 몰두하는 동안 잠시 고통마저 잊고 창작된 것과 창작행위 자체를 향유할 수 있기 때문이다. 가상 창작은 궁극적으로 이유 없이 행해진다. 그 자체가 최종 근거이자 궁극의 목적인 것은 더이상의 설명이 불가능하다. '이유 없이 그저 즐거운 놀이'에 몰두하는 것처럼, 새로운 가상의 반복적인 창조 자체에 희열을 느끼며 몰입하는 것, 그 가운데 고통마저 향유하는 것, 그것이 바로 예술가의 광기다.

니체는 이런 예술가적 세계와 반대되는 것으로 도덕과 기독교를 든다. 기독교는 "예술을 부정하고 탄핵하고 단죄"하며 "삶에 적대적인 것, 삶 자체에 대한 원한에 찬 혐오감"(원문 강조)을 감추지 않고 "삶에 대해서 느끼는 구토요, 권태감"[129]을 드러낸다. 마찬가지로 도덕은 "삶의 부정에의 의지이자 은밀한 파괴본능이며, 몰락의 원리이자 축소의 원리이며, 비방의 원리이자 종말의 발단"[130]이다. 물론 이런 도덕과 기독교 역시 서양문화의 한 부분이고, 따라서 고통을 의미화시키는 의미체계다. 그런데 도덕과 기독교는 의미화의 실오라기를 지나치게 오밀조밀하게 엮으려 한다. 마치 완벽하게 고통을 의미화할 수 있다거나, 말끔하게 고통을 제거할 수 있다는 듯이 말이다. 하지만 니체에게 이것은 고통을 직시하지 않고 회피하려는 태도에 불과하다. 거기에는 고통마저 사랑하고 향유할 수 있는 강건함이 없다.

고통을 제거하고 회피하며, 거기서 벗어날 도피처를 제공해주기 위해서 도덕과 기독교는 틈이 없는 의미체계를 구축하고자 했다. 그러나 니체가 보기에 이것은 삶에 적대적인 문화요, 실현 불가능한 문화요, 실패할 수밖에 없는 문화다. 동시에 그것은 삶의 약동이 사윈 병든 문화에 지나지 않는다. 이런 문화는 어떻게 해서든 의미망을 비집고 나오려는 디오니소스적 고뇌를 항구히 틀어막으려 들기 때문이다. 그것은 고통을 삶의 축제로 만드는 문화가 아니라, 삶의 한 축인 고통을 삶과 분리시키고 제거하려는 문화다.[131] 이런 점에서 도덕과 기독교는 정직하게 고통을 응시하는 문화가 아니라 "삶에 대한 원한"(원문 강조)에 기초를 두고 있는 문화다.[132]

우리에게 주어진 고통은 원래부터 의미 있는 것이 아니다. 거기에는 특별한 이유도 목적도 없다. 고통을 겪으면서 종종 던지는 물음,

곧 '왜 하필 내가 이런 고통을 받아야만 하는가?'라는 비명 섞인 탄식 속에서 우리는 모든 고통에 '우연성'이 필연적으로 개입된 것을 확인할 수 있다. 그리고 이 우연성은 매번 의미의 연쇄고리를 깨트려버린다. 근본적으로 고통은 어떤 논리와 의미망으로도 남김없이 사로잡힐 수 없다. 생명을 부여받은 유한한 개체로 존재한다는 것 자체가 그나마 말할 수 있는 고통의 원천이다. 주디스 버틀러의 말처럼, 우리의 삶은 불확실하고, 상처받기 쉬우며, 그래서 슬퍼할 수 있고, 더 나아가 고통받는 동일 운명의 존재자들을 애도해야만 한다. 곧 생명을 가진 것들은 언제나 위험에 노출되어 있어 깨지기 쉬우며, 그래서 애도되어야 할 존재다.[133] 생명으로 존재한다는 것은 곧 고통에 전방위적으로 노출되어 있음을 뜻한다. 이런 점에서 오직 삶의 관점에서만 고통의 의미를 다음과 같은 수준에서 말할 수 있을 뿐이다.

> 모든 생성과 성장, 미래를 담보하는 것은 전부 고통을 조건으로 삼는다. ……창조의 영원한 기쁨이 있기 위해서는, 삶에의 의지가 영원히 자기 자신을 긍정하기 위해서는, '산모의 고통'도 영원히 존재해야만 한다. ……디오니소스라는 말은 이 모든 것을 의미한다.[134] (원문 강조)

인용문에서 확인할 수 있듯이, 창조적 생성으로서의 삶의 기쁨은 필연적으로 고통을 전제한다. 그리고 유일하게 삶만이 고통의 의미를 말해준다. 하지만 역설적으로 삶이 어떤 의미인지, 삶에의 의지가 어떤 방향으로 향하고 있는지는 아무도 모른다. 생성, 삶의 이유에 대해서는 더이상 물을 수 없다. 궁극적으로 모든 의미를 주재하는 것이 삶이지만, 삶 자체는 의미의 그물망에서 벗어난다. 이런 점에서 삶의 고통에 대한 모든 해석은 무의미라는 심연 위에 떠 있는 작은 섬에 불과하다.

어떤 경우든 삶은 고통스럽지 않을 수 없고, 삶의 고통은 쉽사리 익숙해질 수도 없다. 그럼에도 우리는 인간의 운명인 가혹한 삶과 고통마저 사랑할 수 있다. "그렇다. 삶에 친숙하기 때문이 아니라 사랑에 익숙해 있기 때문에 우리는 삶을 사랑하는 것이다. 사랑 속에는 얼마간의 광기가 있다."[135] 삶에의 의지 내지 사랑에는 디오니소스의 맹목적인 광기가 서려 있다. 비록 고통이 궁극적으로 무의미한 삶의 영역에 속하지만, 삶에의 의지, 창조적인 삶에 대한 사랑의 광기가 고통을 강렬한 쾌감의 원천으로 만든다. 그럼으로써 고통은 '산모의 고통'이라는 최소한의 의미를 얻게 되고, 결국 그것은 참고 견딜 만한 의미와 가치를 가진다. 궁극적으로 삶을 사랑하는 광기만이 고통의 무의미를 감당할 수 있다.

고통에 대한 대응전략으로 마련된 문화는 고통을 문화적 의미망 속에 가둬 길들이려 한다. 하지만 삶의 고통이 의미망에 온전히 잡힐 리는 만무하다. 촘촘한 의미망으로 고통을 사로잡으려는 시도는 도리어 그 자체가 고통을 가중시킬 뿐이다. 그런 그물에 잡힌 고통은 인간이 도저히 짊어질 수 없는 무게로 우리의 어깨를 짓누르기 때문이다. 문화가 가지고 있는 이런 역리적인 상황은 이미 루소를 비롯한 근대 낭만주의자들, 아도르노, 데리다를 비롯한 현대철학자들이 상세히 밝힌 바 있다. 니체도 이 점을 잘 알고 있던 철학자 가운데 한 사람이다.

문화의 맹점을 너무도 잘 알고 있던 니체는 고통을 대하는 두 가지 해법을 제시한다. 하나는 구멍이 숭숭 뚫린 문화의 의미망을 짜라는 것이고, 다른 하나는 삶을 사랑하듯 고통을 사랑하고 향유하라는 것이다. 전자는 문화의 의미체계로 고통을 완전히 제거하려 들면 안 된다는 메시지이며, 후자는 문화적 의미망을 빠져나간 고통에 대한 마지막 대응방식으로서 고통을 삶의 축복으로 긍정하라는 메시지이다. 그리고 후자의 방법, 즉 고통을 긍정하는 도취적 향유는 한갓 '자학적 쾌락'을 뜻하는 것이 아니라, 새로운 가상 창조에 '미친듯이' 몰입하면서 얻는 '예술가적 즐거움'을 뜻한다. 다시 말해 그것은 새로운 의미망을 창작하는 원동력으로 고통의 파토스를 사용하면서 얻는 기쁨이다. 그리하여 두번째 해법은 첫번째 해법인 유연한 의미망 구축의 '가능 조건'에 해당한다.

요컨대 고통의 강렬한 힘을 기폭제와 원동력으로 삼아 끊임없이 가상 창작(문화예술 창조)에 도취하는 광기, 그것이 고통의 무의미성을 대하는 최고의 문화적 대응방식이다. 그리고 이것이 아리스토텔레스를 언급하며(1장 참조) 내비쳤던 창조적 멜랑콜리의 광기에 해당한다. 니체가 예술, 특히 비극을 상찬했던 것은 비극이 서양 예술의 근원으로서 고통에 대응하는 두 해법을 잘 활용한 문화적 전범으로 보였기 때문이다. 비록 니체가 비극과 멜랑콜리를 직접 연결시키지는 않았지만, 그는 비극의 탄생 비밀을 밝히는 열쇠로서 멜랑콜리를 제시한 셈이다. 이번 장에서 밝혔듯, 비극은 멜랑콜리라는 모체에서 탄생했다. 멜랑콜리와 비극, 이 둘은 예나 지금이나 서양문화의 젖줄이다.

백야의 멜랑콜리

이 밤, 빛과 어둠을 분간할 수 없는
짱짱 빛나는, 이 무서운 白夜.
—기형도, 「白夜」

언젠가 시인 기형도는 눈 내린 밤을 위와 같이 묘사했다. 이 이미지는 상투적으로 포장된 설야雪夜의 느낌, 즉 따뜻하고 포근한 이미지와는 전혀 딴판이다. 소복이 눈이 쌓인 하얀 밤, 그 백야는 하얀 눈과 어두운 밤의 기괴한 결합이다. 하지만 눈과 밤이 어울리지 않기만 한 것은 아니다. 눈과 밤은 공통점을 가지고 있다. 그 둘은 단 하나의 색깔로 세상을 뒤덮은 다음, 사물의 모든 색깔을 지운다. '탈脫-색色'한다. 탈색 작용 후 남는 색은 흰색이든지 검은색이다. 아니 색깔이 아니다. 사물의 색이 바래고 사라진 결과물이기 때문이다. 흑백은 색깔 없는 색깔이다. 이런 색은 스스로를 부정하는 모순의 색이다. 정체불명의 색이다. 눈이 온 밤에는 사물들의 형체는 물론이거니와 빛과 어둠마저 분간할 수 없다. 그래서 무섭다. 아무것도 분간할 수 없는 상태는 분별력 있는 인간에게는 언제나 두려운 상황이기 때문이다. 정체불명의 대상일수록 무서움이 가중되듯이, 순수한 흑과 백이 공존하는 밤에는 두려움도 배가된다. "이 무서운 백야."

흰색의 공포에 관해서는 허먼 멜빌의 『모비 딕』이 압권이다. 『모비 딕』은 고래와 고래잡이들에 관한 이야기다. 자신의 다리를 물었던 고래를 끈질기게 추적하는 에이해브 선장과 특별한 고래 모비 딕이 이야기의 기둥을 이룬다. 간단한 줄거리보다는 수수께끼처럼 소설 곳곳에 박혀 있는 숱한 상징과 암시가 독자의 시선을 사로잡는다. 들뢰즈의 해석에 따르면, 에이해브 선장이 모비 딕을 고집스럽게 추적하는 까닭은 그 고래의 '특이성' 때문이다. 개인적인 원한 관계도 있지만, 모비 딕은 다른 고래들과 전혀 다르기에 선장에게 각별하다. 특히 고래의 흰색이 모비 딕의 대표적인 특이성이다. 고래의 흰색에 이끌려서 에이해브는 정상에서 벗어난 광기(들뢰즈 시각에서는 '동물-되기')에 빠져든다.

모비 딕의 흰색은 "막연한 공포"를 불러일으킨다. 형언하기조차 어려운 막연함은 신비롭지만, 동시에 우리를 몸서리치게 하는 공포로 이끈다. 흰 수의나 북극의 흰곰, 열대의 백상어 등을 지목하면서, 멜빌은 흰색의 공포에 대해 다음과 같은 질문을 던진다. "하얀 은하수의 심연을 쳐다보고 있을 때, 우주의 무정한 공허함과 광막함을 넌지시 보여주어 무서운 절멸감으로 우리의 등을 찌르는 것은 그 색깔의 막연한 불확정성이 아닐까? 흰색은 본질적으로 색깔이라기보다 눈에 보이는 색깔이 없는 상태인 동시에 모든 색깔이 응집된 상태가 아닐까? ……신격화된 '자연'은 매춘부처럼 진한 화장으로 우리를 매혹하지만, 그 매력은 속에 있는 납골당을 가리고 있을 뿐이다."[136] 결국 멜빌은 전체 존재이자 전무全無일 수 있는 '불확정적 가능성'이 흰색의 공포와 매력, 그 모두의 원천이라고 본다. 무리에서 떨어져 홀로 무한한 바다를 유유히 헤엄치는 흰 고래와 죽을 때까지 모비 딕 하나만을 추적하는 에이해브는 이 소설이 자아내는 멜랑콜리 향香의 진원지다.

원래 멜랑콜리의 기본 색깔은 검은색(다음으로 흰색, 신비와 죽음을 상징하는 푸른색, 보라색 등)이다. 사실 담즙 색깔은 검지 않으며 검게 변색되지도 않는다. 그렇다면 멜랑콜리는 물리적인 색깔이라기보다는 마음의 색깔이다. 검게 타들어간 마음의 색조다. 그 마음의 색조에는 희망의 불빛이 전혀 보이지 않는 막막함, 방향을 잃은 당혹감, 전혀 분간할 수 없어 생겨나는 불안감 등이 배어 있다. 검은색에 이런 의미가 담겨 있다면, 동일한 의미가 흰색에도 담길 수 있다. 흑과 백은 둘 다 식별 불가능한 맹목의 색깔이기 때문이다. 극과 극이면서도 서로 호환 가능한 색이기 때문이다. 멜랑콜리가 때로 불멸의 천재天才를 부여하는 신의 은총으로 여겨지다가도 악마의 저주로 여겨지는 까닭이 여기에 있다. 멜랑콜리는 눈처럼 하얀 천사의 모습으로도, 밤에만 나타나는 검은 사탄으로도 보인다.

멜랑콜리는 빛과 어둠, 흰색과 검은색을 통해 표현된다. 하나 더 추가하면, 빛과 어둠이 만들어낸 그림자로 묘사된다. 크리스테바는 멜랑콜리에 관한 자기 저서의 제목을 네르발의 시 「상속받지 못한 자」의 한 구절에서 따온다. '검은 태양'이 그것이다.[137] 빛을 빼앗긴 검은 태양은 멜랑콜리에 대한 완벽한 이미지다. 독일 낭만주의 화가, C. D. 프리드리히의 〈해변의 수도승〉 역시 마찬가지다. 이 작품은 '캄캄한' 밤, '하얀' 모래사장에 홀로 서서 검은 바다를 응시하는 수도승을 그리고 있다. 웅장한 대자연 앞에서 인간의 왜소함과 나약함이 극대화되지만 동시에 비참한 현실을 자각할 수 있는 것이 인간의 위대함이라는 파스칼식 멜랑콜리가 잘 표현된 작품이다. 또한 J. H. W. 티슈바인의 그림 〈긴 그림자〉에는 턱을 괸 남자가 벽난로에 서 있는 모습이 보이는데, 어두운 방안의 바닥과 벽, 천정을 휘감고 있는 기다란 그림자가 멜랑콜리를 인상적으로 살려내고 있다.

영화감독 라스 폰 트리에의 최근작 〈멜랑콜리아〉의 첫 장면에는 피터르 브뤼헐의 작품이 멜랑콜리 분위기를 한층 고조시킨다. 브뤼헐의 〈사냥꾼들의 귀환〉은 하얀 설경을 배경으로 전경의 사물들(나무, 사람, 사냥개 등)이 검은 색조로 묘사된다. 이 설경의 멜랑콜리로도 모자란다고 판단했는지, 트리에 감독은 멜랑콜리 연출 기법 하나를 추가한다. 천천히 검은 재들이 작품 위로 떨어지면서 그림이 점차 검게 물들고 마지막에는 검게 불타면서 소멸되는 모습까지 등장시킨다.

사실 빛과 어둠 그리고 그림자를 잘 드러내는 매체는 네거티브 필름 사진이다. 매체의 본질상 흑백사진은 기본적으로 멜랑콜리 정조에 친화적이다. 특히 죽은 인물 사진의 경우가 그렇다. 사진이 아우라aura의 몰락을 주도한 매체라고 주장했던 발터 벤야민조차도 초창기 인물 사진에는 아우라가 남아 있다고 인정한다. 이를테면 누군가 '죽은 연인의 사진'을 보며 불현듯 그이가 되살아나 내게 미소짓고 나를 응시하는 것처럼 느껴질 때가 있다. 그럴 때 사진에서 아우라가 방출된다는 것이다. 흑백사진 속 인물의 눈 흰자위와 검은 눈동자 사이로 사랑과 죽음의 그림자가 내비친다. 흑백의 눈(目)은 매력과 공포가 공존하는 멜랑콜리를 강렬하게 내뿜는다. 아우라가 서린 눈의 멜랑콜리다.

4장

멜랑콜리커의 웃음

데모크리토스, 버턴, 니체 II

웃음이란 선한 양심을 품은 채
남의 불행에 기쁨을 느끼는 것이다.
— 니체

1. 문화적인 웃음

'멜랑콜리는 서양문화의 핵심 코드다'라는 테제는 지나치게 거창한 주장처럼 들린다. 다른 것은 모두 차치하더라도, 2,500년 동안 면면히 관철된 서양문화 전체가 논증해야 할 연구 영역에 포함되기 때문에 거창하다는 인상을 간단히 지우기는 어렵다. 게다가 우리 시대는 거대담론의 종언을 외치는 시대가 아니던가? 하지만 포스트모던 시대에도 거대담론에 대한 지적 욕구는 여전히 존재하며(레비나스나 데리다의 자기문화 비판은 말할 나위도 없거니와 거대담론에 대한 리오타르의 포스트모던적 비판 역시 대표적인 거대담론이다) 글로벌 시대에 상호문화 철학의 중요성이 이전보다 더 부각되고 있기 때문에, 이 테제를 입증하려는 시도는 나름의 충분한 존재이유를 가지고 있다. 각종 환원주의의 폐해를 잘 알고 있는 시대이기에 거대담론을 무모하게 지어낼 수는 없다. 하지만 핵심 지점을 선별하여 그 지점에 대한 섬세한 분석을 시도함으로써 거시적 전망의 여지를 마련하는 것이 전혀 불가능하다거나 무익한 일만은 아닐 것이다. 미시 세계를 탐구하려는 지적 욕구 못지않게 거시 세계를 전망하려는 인간의 욕망 역시 무시되거나 부정될 수 없기 때문이다.

그동안 멜랑콜리를 서양문화의 근본 정조로 재해석하려는 시도를 두고서 공감을 표현하는 의견이 많았다. 나는 이미 여러 차례 학술 발표와 대중 강좌, 대학 강의 등을 통해 이런 반응을 확인할 수 있었다. 그러나 동시에 즉각적인 반론 역시 만만치 않게 제기되었다. 대표적으로 그 시도 자체의 무모함이 지적되곤 했다. 그런데 그렇게 생각하는 까닭은 의외로 단순하고 소박했다. 많은 사람들은 서양인들이 그 오랜 시간 동안 멜랑콜리 정조에 빠져 웃음을 잃었다는 주장으로 우리의 테제를 오해했던 것이다. 서양문화의 멜랑콜리를 말하면서 그들 문화 속에 웃음이 빠져 있다고 주장한다면, 그것은 당연히 일고의 가치도 없는 난센스에 불과할 것이다.

동서고금을 통틀어 갓난아기의 얼굴에서 웃음이 사라진 적이 있었던가? 당연히 어느 시절, 어느 문화에도 웃음은 존재한다. 눈물이 슬픔을 표출하는 방식인 것과 마찬가지로 웃음은 인간의 보편적인 정서인 기쁨을 표현하는 방식이다. 그렇다면 서양문화를 멜랑콜리로 파악하려는 우리의 시도는 '웃음' 때문에 심각한 도전을 받는 것일까? 그럼에도 여전히 '멜랑콜리 서양문화론'을 고집한다면, 서양 지성인들의 웃음을 어떻게 이해할 수 있을까?

분명 웃음은 인간의 보편적인 정서인 기쁨을 표출하는 방식이다. 그러나 보편적 인간 정서는 있는 그대로 표현되지 않는다. 표현방식은 시대와 장소에 따라, 정확히 말해 '문화'에 따라 달라진다. 다시 말해 일개 정서마저도 언제나 특정 시대와 공간의 "문화형식"[138]을 통해 이미 규정된다. 웃음이 특정한 표현 형식과 의미를 갖기 위해서는 형식과 의미의 그물망인 문화를 통과해야만 한다. 문화인류학자 클리퍼드 기어츠에 따르면, "문화는 인간이 자신의 경험을 해석하고, 행동의 지침으로 삼기 위한 의미의 틀"[139]이다. 마치 슬픔이 서양문화의 필터를 통해 멜랑콜리라는 특이한 감정으로 변모되듯이, 기쁨의 표현형식인 웃음 역시 서양문화의 특정 메커니즘 속에서 독특한 특징을 가질 가능성을 배제할 수 없다.

여기서 우리는 이 가능성에 이론적 관심의 초점을 맞추어보고자 한다. 기쁨의 보편적인 표현형식으로서의 웃음이 아니라, 서양문화 속에서 특징적으로 형성된 "파토스Pathos의 형식"[140]으로서의 웃음이 어떤 독특한 모습을 가지고 있는지에 대해서 살펴보고자 한다. 이런 고찰을 통해서 서양문화의 웃음이 멜랑콜리와 양립 가능한 것은 물론이며, 차라리 멜랑콜리와 공속관계에 있는 특수한 웃음임을, 곧 멜랑콜리라는 검은 담즙에서 피어난 냉소임을 밝힐 것이다.

2. 데모크리토스의 웃음

우선 고대 그리스 지성계에 있었던 에피소드 하나로 논의를 시작해보자. 의학적으로 처음 멜랑콜리를 언급했던 히포크라테스와 '웃는 철학자'로 알려진 데모크리토스의 만남에 관한 이야기다. 역사에 등장하는 서양 철학자들 대부분은 멜랑콜리한 표정을 짓고 있다. 옛 문헌에 묘사된 철학자들의 모습 또는 그들의 모습을 아로새긴 조각상, 아니면 현대철학자들의 실물 사진을 보더라도, 그들을 감싸고 있는 분위기는 명백히 멜랑콜리하다고 말하지 않을 수 없다. 예외적으로 '웃는 철학자'였다고 평가되는 데모크리토스는 '우는 철학자'로 알려

진 헤라클레이토스와 대비되어 그려지곤 한다.(화보의 그림 8 참조[141])
하나의 반례를 통해서도 가설이나 이론이 깨질 수 있듯이, 데모크리토스는 철학사에 등장하는 멜랑콜리 경향의 예외처럼 보인다. 앞서 논의했던 (서양의) 비범한 '모든' 철학자가 멜랑콜리커였다는 아리스토텔레스의 전칭명제를 붕괴시키는 치명적인 반례처럼 보인다. 그러나 전설의 내용을 찬찬히 살펴보면, 사정은 그와 정반대다.

르네상스 시대의 멜랑콜리 학자, 로버트 버턴은 평생 옥스퍼드 대학 도서관에서 멜랑콜리라는 주제를 탐구한 끝에 단 한 권의 책을 썼다. 바로 『멜랑콜리의 해부』(1621)인데, 이 책에서 버턴은 자신의 정신적 스승으로 데모크리토스를 지목한다.[142] 일생 동안 멜랑콜리를 연구했으며 스스로 멜랑콜리커였던 그가 왜 웃는 철학자 데모크리토스를 스승으로 삼았을까? 만일 멜랑콜리와 웃음이 양립 불가능하다면, 시공을 넘어선 이런 지적 사제지간은 애초부터 불가능한 일일 것이다. 여기서 우리는 데모크리토스의 웃음이 인간의 보편적 본성에 뿌리내린 웃음이라기보다는 문화적으로 정련된 웃음임을 확인할 수 있다. 그의 웃음에서 멜랑콜리와 공존 가능한 웃음의 모델을 찾을 수 있다. 이런 점에서 멜랑콜리론의 시조 히포크라테스와 데모크리토스의 만남은 우리의 주목을 끈다. 비록 그것이 일종의 전설과 같은 이야기에 불과할지라도, 웃음과 멜랑콜리의 관련성을 살펴볼 수 있는 좋은 자료 역할을 해줄 수 있기 때문이다.

전설의 내용을 간단히 요약하면 이러하다. 정신이상 증세(이유 없이 웃는 증세)를 보인 철학자 데모크리토스를 걱정한 나머지 주위 사람들은 당대 최고의 명의名醫 히포크라테스에게 치료를 요청한다. 히포크라테스는 기꺼이 그 요청에 응해 배를 타고 바다를 건너는 먼 여행길에 오른다. 결국 그는 데모크리토스가 살고 있는 '압데라'라는 곳에 도착한다. 그런데 데모크리토스를 진찰한 히포크라테스는 그가 미친 것이 아니라, 다만 주변 사람들이 오해한 것임을 확인한다.

그곳에는 슬픔에 잠긴 군중이 그를 기다리고 있었다. 데모크리토스의 집은 멀지 않았기 때문에 히포크라테스는 즉시 그에게 달려갔고 그는 개울가 근처의 나무 아래에 앉아 있었다. 그의 주변에는 책들과 함께 그가 해부한 동물 시체들이 널려 있었다. 그는 광기에 관한 책을 쓰고 있었다. 그래서 히포크라테스는 데모크리토스의 웃음이 병적 증상이 아니라 지혜의 징후임을 알게 되었다. 데모크리토스의 웃음은 인간의 어리석음에 대한 비웃음으로 밝혀졌다. 두 사람은 상대의 명성을 익히 들어 알고 있었다. 후에 그들은 서로 존경하는 관계로 발전했다.[143]

인용문에서 히포크라테스가 처음 데모크리토스를 발견할 당시의 주위 환경 묘사가 이채롭다. 데모크리토스는 세상 사람들이 사는 마을에서 떨어진 외딴 숲속 개울가 나무 밑에서 연구를 하고 있다. 그의 주위에는 책들과 해부된 동물의 시체들이 널려 있다. 그곳은 멜랑콜리의 전형적 소품들로 가득하다. 예컨대 '고즈넉하고 외딴 숲', '책', '시체' 등이 그렇다. 또한 히포크라테스가 당도할 당시 데모크리토스는 멜랑콜리 포즈(한 손으로 턱을 괴고 있는 포즈)를 취한 채 광기에 관해 집필하고 있었다.(화보의 그림 9 참조[144]) 주위 사람들로부터 미쳤다고 불리던 이가 사실은 맑은 정신으로 광기에 대해 글을 쓰고 있었던 것이다. 데모크리토스가 짓고 있는 웃음의 정체는 어리석은 세상 사람들에 대한 비웃음이었다. 이런 비웃음은 질병의 증상이 아니라 지혜의 증후다. 이에 대해서 몽테뉴는 다음과 같이 진술한다.

데모크리토스와 헤라클레이토스는 철학자였다. 그중에 데모크리토스는 인간 조건을 헛되고 가소롭게 보며, 밖에 나갈 때에는 늘 웃으며 조롱하는 상을 가졌고, 헤라클레이토스는 우리의 바로 이 조건을 연민과 동정심으로 보았기 때문에, 얼굴이 늘 슬픈 상이었으며, 눈에 눈물을 글썽거리고 있었다. ……나는 차라리 첫번째의 기분을 택한다. 웃는 것이 우는 것보다 더 유쾌해서가 아니라 그편이 더 경멸조이며, 다음 것보다 더 우리를 문책하는 까닭이다. 우리의 가치대로 보면, 우리는 아무리 경멸당해도 과하지 않다고 본다.[145]

몽테뉴의 견해에 따르면, 헤라클레이토스든 데모크리토스든 탁월한 지식인으로서 세상 사람들의 무지몽매와 비천함을 경멸하고 있다는 점에서는 동일한 입장을 취하고 있다. 같은 입장을 견지하고 있었지만, 그들은 표현을 달리했을 뿐이다. 즉 헤라클레이토스는 연민의 눈물을 흘리고 데모크리토스는 경멸의 비웃음을 짓는다. 몽테뉴가 보기에는, 헤라클레이토스의 울음보다 데모크리토스의 웃음이 진실을 폭로하는 데 더 적합한 태도다. 그 까닭은 웃음이 울음보다 인간의 비천함을 더 정확하게 드러내기 때문이다. 인간의 비천함은 연민과 동정의 대상이라기보다는 조소嘲笑의 대상으로 더 잘 어울린다. 결국 데모크리토스의 웃음은 뭇 인간의 어리석음과 비천함에 대한 조소, 비웃음, 냉소로 밝혀진다. 그것은 고뇌하는 지식인이 무지몽매한 대중에게 던지는 웃음이다. 동시에 그것은 자기가 세운 이지적 이상理想과 비교하여 턱없이 모자라게 보이는 현실에 대한 비웃음이기도 하다. 이런 웃음을 입가에 떠올릴 수 있는 자는 먼저 지적인 멜랑콜리에 빠져보았던 자다. 따라서 데모크리토스의 웃음은 그의 멜랑콜리와 전혀 모순되지 않는다. 그의 웃음은 멜랑콜리의 역설적 표현일 뿐이다. 이런 이유로 멜랑콜리를 해부하는 책을 쓴 저자이자 자기 자신이 멜랑콜리커이기도 했던 로버트 버턴이 웃음의 철학자 데모크리토스를 스승으로 삼은 것은 매우 자연스러운 일이었다.

3. 조울의 순환적 교체

이런 에피소드가 일말의 진실을 담고 있다면, 의학적으로 멜랑콜리와 웃음은 어떤 관계가 있는 것일까? 의학적인 차원에서 멜랑콜리는 간단히 우울증이라고 번역될 수 있다. 우울증으로서의 멜랑콜리는 디프레션depression이라고 일컬어지기도 한다. 디프레션이란 어원적으로 볼 때, 어떤 무거운 것에 짓눌린 듯한 답답한 심정을 뜻한다. 겉보기에, 무겁고 답답한 우울과 가볍게 터트리는 웃음은 전혀 관련이 없는 듯하다. 그러나 사실은 그렇지가 않다. 많은 경우 우울증은 그와는 정반대의 얼굴을 가진 조증을 동반한다. 그렇다면 왜, 어떤 경로에서 우울증은 조증을 동반하는 것일까? 이 물음은 멜랑콜리커의 웃음을 살펴보는 데 작은 실마리가 될 것이다. 이제 이 물음에 대한 프로이트의 견해를 간략히 살펴보기로 하자.

멜랑콜리를 일종의 우울증이라 할 때, 멜랑콜리는 그와 정반대의 조병Manie으로 쉽게 옮겨간다고 한다. 그래서 '조울증Zyklothymie'이라는 용어가 가능한 것이다. 물론 모든 울증이 조증으로 전환되는 것은 아니고, 그 역도 아니다. 프로이트는 '정신분석학적 인상'과 '경제적 경험'이라는 두 측면에서 멜랑콜리와 조병의 긴밀한 관계를 논하는데, 우선 정신분석학적 인상에서 특징적인 점을 이렇게 밝힌다. "조병의 내용이 멜랑콜리의 내용과 다르지 않다는 점, 그리고 두 질병 모두 똑같은 '콤플렉스'와 싸우는 것이라는 점, 그러나 멜랑콜리에서는 자아가 그 콤플렉스에 굴복한 반면 조병에서는 자아가 콤플렉스를 극복하거나 한쪽으로 밀어냈다는 점 등이다."[146] 그리고 경제적 경험의 측면에 대해서는 다음과 같이 말한다. "기쁨이나 환희 혹은 승리와 같이 우리에게 정상적인 광기나 흥분 상태를 불러일으키는 모든 심리 상태가 동일한 경제적 조건에 달려 있다는 것은 관찰을 통해 확인된다. 말하자면 이 경우는 어떤 영향의 결과로 오랫동안 유지되어왔고 또 습관적으로 행사해왔던 엄청난 양의 정신 에너지의 지출이 이제는 불필요하게 되어 그 에너지를 다른 여러 경우에 적용하여 배출할 수 있게 되었다는 점이다."[147]

프로이트에 따르면, 멜랑콜리는 사랑하는 대상의 상실에서 시작한다. 갑작스러운 상실은 충격적인 사건으로 다가오고, 그 충격은 상실을 겪는 이에게 마음의 상처를 남긴다. 이때 발생한 트라우마는 대개 상실의 현실을 인정하는 애도작업Trauerarbeit을 통해 치유된다. 그러나 도저히 그 현실을 인정할 수 없을 때 멜랑콜리라는 정신질환에 빠져든다. 멜랑콜리커의 경우 상실을 인정할 수 없기에 자기의 마음속 깊은 곳에, 즉 더이상 상실이 존재할 수 없는 마음의 한 귀퉁이에 상실 대상을 옮겨놓는다. 이런 대상의 이전移轉이 '동일화'다. 그리하여 상실된 대상은 '동일화'를 통해서 내 마음속에 둥지를 튼다. 나의 일부로 부활한다.

동일화는 자기분열이 초래된다는 것을 함축한다. 동일화를 통해 새로운 자아의 한 축이 생겨나기 때문이다. 그리고 자기분열에 빠진 상태에서 '애증愛憎 병존의 양가감정' 때문에 자아는 참기 힘든 정신적 콤플렉스를 갖게 된다. 여기서 양가감정Ambivalenz이란 사랑 대상에게 동시에 품는 사랑과 증오의 감정을 뜻하는데, 이것 때문에 사랑의 감정은 한순간 증오의 감정으로 돌변한다.(프로이트의 멜랑콜리론에 대해서는 7장에서 자세히 소개할 것이다. 여기서는 조증과 울증의 연결고리에 초점을 맞추기로 하자.)

멜랑콜리는 상실의 충격에서 파생된 자기분열과 혼동의 콤플렉스에 굴복하여 우울해지는 정신질환이다. 조병 역시 멜랑콜리가 당면하고 있는 콤플렉스와 맞닥뜨리고 있다. 다만 조병이 멜랑콜리와 갈라지는 지점은 멜랑콜리가 자기분열의 고통에 굴복한 반면, 조병은 그 고통을 일시적으로나마 극복한 경우라는 점이다. 그리고 콤플렉스와의 싸움에서 거둔 일시적인 승리를 통해서 지금까지의 싸움에 쏟은 에너지는 그대로 남게 되는데, 그 잉여의 에너지가 들뜬 흥분으로 전환된다.

물론 이런 통찰만으로 멜랑콜리와 조병의 관계를 선명하게 드러냈다고 말하기는 힘들다. 프로이트 자신도 조병과 우울의 연관성을 분명하게 드러내는 데는 한계가 있다고 보고 있다. "그러나 나는 이런 시도가 대단히 만족스러운 결과를 내놓을 테니 지켜보라고 약속할 수가 없다."[148] 정신분석학적 인상에 따르면, 조병은 '상실감의 극복'으로 이해된다. 이런 설명은 발작적이고 미친 듯한 조병의 열광을 설명하기에는 지나치게 간략하고 단순하다. 우리는 앞서 언급한 상실된 대상의 동일화 국면에서 프로이트의 설명을 조금 더 보충해보기로 한다.

자아는 상실된 대상을 영원히 마음속에 간직하기 위해 그것을 자신과 동일화하면서 분열된다. 다시 말해서 '사랑하는 나'와 '사랑받는 (대상과 동일화된) 나'로 말이다. 그런데 애증병존 현상으로 말미암아 사랑하는 나는 '증오하는 나'로, 사랑받는 나는 '증오받는 나'로 돌변한다. 그렇다면 각각의 경우 조병의 급작스러운 기쁨은 어떻게 생겨나는가? 먼저 '사랑하는 나'의 경우를 생각해보자. 사랑받는 나는 동일화되고 내면화된 상실 대상이다. 또한 그런 자아는 이상화된 나다. 프로이트식으로 말하자면, 그것은 자아 이상이자 초자아다. 그 앞에서 사랑하는 나는 초라하고 무력한 존재로 전락한다. 그러다가 한순간 사랑받는 이상적 나로부터 격려와 인정, 칭찬의 말을 들을 수 있을 것이다. 다시 말해서 경외의 대상이기까지 한 사랑의 대상으로부터 마침내 인정받는 순간이 도래할 수 있다. 이때 격앙된 기쁨이 솟구칠 것임에 분명하다. 다른 한편 '증오하는 나'의 경우 언제나 증오받는 나를 공격하고자 하지만 번번이 실패하다가 한순간 증오받는 나를 완벽하게 제압할 때가 있다. 그 경우 고양된 감정이 몰려올 것이다. 이런 맥락에서 멜랑콜리의 우울은 언제라도 급작스럽게 조증으로 교체될 수 있다. 역으로 한없이 고양된 조증은 일시적이고 불안정한 상태이기 때문에, 언제라도 다시 멜랑콜리라는 심연으로 추락할 수 있다.

요약하자면, 정신분석학적 측면에서 멜랑콜리커는 충분히 웃을 수 있다. 그렇다고 그의 웃음이 멜랑콜리를 온전히 극복한 것이라고는 볼 수 없다. 그의 웃음은 멜랑콜리의 연장선상에서 터져나온 조증의 증상과 유사하다. 그의 웃음은 멜랑콜리와 동일한 콤플렉스에 직면해서 보일 수 있는 반응 가운데 하나일 뿐이다. 다시 말해서 그의 웃음은 사랑의 깊은 상실감이 초래한 정신적 콤플렉스가 일시적으로 극복됨으로써 터져나오는 웃음일 뿐이지, 근본적으로 멜랑콜리가 치유된 모습이 아니다. 이런 정신분석학적 진단에 따르면, 웃음에는 두 가지 종류가 있다. 하나는 멜랑콜리와는 전혀 무관한 웃음이고, 다른 하나는 멜랑콜리의 야누스적 웃음이다. 프로이트처럼 멜랑콜리를 오직 정신질환이라고 이해한다면, 전자는 건강한 웃음인 반면, 후자는 병적인 웃음일 것이다. 건강한 상태와 병적인 상태를 어떻게 명확히 가를 수 있는가의 문제는 차치하더라도, 이상의 논의를 통해 최소한 멜랑콜리와 웃음의 양립 가능성이 확인되었다. 멜랑콜리와 동거하는 웃음은 그 양상만 다를 뿐이지, 멜랑콜리와 동일한 뿌리에서 파생된 것이다.

4. 비극성과 명랑성의 콘트라스트

전설 속에서 웃음의 철학자로 불린 사람은 데모크리토스다. 하지만 그가 웃음에 관해 철학적 성찰을 남긴 바는 없다. 웃음을 진지하게 언급했던 서양 철학자로는 기껏해야 니체와 베르그송 정도를 꼽을 수 있다. 그렇다면 두 철학자는 진정 멜랑콜리에서 벗어난 철학자들일까? 주지하다시피, 베르그송은 웃음이 경직성, 자동현상, 방심, 비사교성 등등에서 유래한다고 본다. "희극성은 사물을 닮아가는 사람이 지닌 어떤 면이고, 완전히 특수한 일종의 경직에 의해서 처음부터 끝까지 기계장치, 자동현상, 즉 삶이 없는 운동을 모방하는 인간적 사건의 양상이다. 따라서 그것은 초미의 교정을 촉구하는 개인적 또는 집단적 불완전성을 나타내는 것이다. 웃음은 이 교정 그 자체다. 또한 인간과 사건의 어떤 특수한 방심을 지적하고 저지하는 사회적 행동이다."[149] 이런 베르그송의 견해는 이전의 누구보다도 웃음을 다각도에서 분석한 것이라 평할 수 있지만, 아리스토텔레스가 제출했던 견해, 즉 희극이 보통보다 못한 사람들의 행위를 모방하는 것이라는 견해에서 크게 벗어난 것은 아니다. 다시 말해 웃음은 예상수치(기대수치) 이하의 존재를 갑작스레 확인할 때 터져나오는 냉소에 그 바탕을 두고 있다. 나는 베르그송의 웃음론 역시 우리의 테제에서 벗어나지 않는다고 보지만, 논의의 집중을 위해 니체의 웃음론만을 다룰 것이다.

니체는 보기 드물게 웃음을 찬미한 철학자다. 그는 대개의 철학자가 간과하고 폄하했던 주제, 예컨대 '웃음'과 '망각'을 사유의 중요 사태로 간주했다는 점만으로도 전통철학에서 크게 벗어나 있다. 웃음을 중요한 철학적 주제로 제출했던 사람은 서양의 지적 전통에서 극히 드물기 때문이다. 니체에게 웃음은 일차적으로 낡은 형이상학을 깨트리는 파괴의 힘과 새로운 철학의 서곡을 알리는 창조적 힘을 상징한다.

> 너희는 먼저 차안의 위로인 예술을 배워야 할 것이다. 나의 젊은 친구들이여! 어디까지나 비관주의자로 머물고자 한다면 너희는 웃는 것을 배워야 할 것이다. 그렇게 되면 너희는 언젠가 웃는 자로서 모든 형이상학적 위로를 악마에게 주게 될 것이다. 형이상학을 제일 먼저![150] (원문 강조)

> 웃음, 나는 그것을 신성하다고 선언했노라. 보다 높은 인간들이여! 나에게 배우도록 하라— 웃음을.[151] (원문 강조)

인용문을 보면 니체는 웃음을 배워야 한다고 강력하게 주장하고 있다. 신성한 것으로까지 찬미된 웃음은 드높은 인간, 초인의 덕목으로 제시된다. 나아가 니체는 웃음을 형이상학과 연결시킨다. 니체의 웃음은 전통 형이상학을 파괴하는 웃음이다. 그는 "비관주의자로 머물고자 한다면 너희는 웃는 것을 배워야 할 것이다"라고 역설적으로 말하면서 '비관주의'와 '웃음'의 공존 가능성을 언급한다. 그리고 웃음과 "차안의 위로인 예술"의 동근원성을 말하고 있다. 일단 우리 관심의 초점은 비관주의와 웃음이 어떻게 양립할 수 있는지를 해명하는 데 있다. 니체는 비관주의와 웃음을 양립 불가능한 개념으로 보지 않는다. 도리어 비관주의자가 되는 필수 조건으로 웃음을 제시하고 있다. 그렇다면 니체가 생각하는 웃음은 도대체 어떤 웃음일까?

『비극의 탄생』에서 비관주의와 웃음의 관계는 '그리스 비극'과 '그리스적 명랑성Heiterkeit'의 관계로 설정된다. 다시 말해서 니체의 웃음에 관한 논의는 명랑성에 관한 논의에서 출발한다. 멜랑콜리한 비극성[152]에 대립해 있는 명랑성은 이후 니체식 웃음론의 초석이 된다. 니체는 『비극의 탄생』 곳곳에서 이 명랑성이란 단어를 사용한다. 거기에서 니체는 "그리스인과 그리스 예술의 이른바 '명랑성'에 대해서 오

래전부터 품고 있었던 의문"을 제기한다.[153]

도대체 그리스 비극은 명랑성과 어떤 연관성이 있을까? 이 물음에는 적어도 그리스인들에게 비극과 명랑성이 상호 배제의 관계로 설정되지 않았다는 사실이 전제되어 있다. 다시 말해서 이 물음은 고대 그리스에서 비극성과 명랑성이 공존했다는 기정사실을 바탕으로, 그 둘이 '어떤' 연관 속에 있었는지를 묻고 있는 것이다. 이 전제에 따르면, 그리스 비극을 논할 때 반드시 명랑성을 잊어서는 안 되며, 역으로 그리스 문화의 명랑성을 말할 때, 그 비극성을 잊어서는 안 된다.

니체의 눈에 그리스인은 가장 매력적인 민족이다. 생명의 역동성을 자기 철학의 핵심어로 삼은 니체에게 그리스인들은 하나의 전범으로 여겨졌다. 문헌학자인 니체가 고대 문헌을 바탕으로 상상했던 것처럼 정말 그리스인들이 그러했는지의 역사적인 사실 여부는 여기서 그다지 중요한 문제가 아니다. 독일에서 그리스 문화 숭배는 니체 이전에 이미 빙켈만과 칸트 그리고 낭만주의자들과 헤겔을 비롯한 지성계 전반에 만연했던 지적 흐름이었다. 니체 역시 이런 흐름 속에 있었다. 하지만 그는 이전 독일 지성인들과는 다른 문맥에서, 즉 삶의 문맥에서 그리스 문화를 숭배한다. 여기서 문제는 니체가 그리스인들의 삶의 어떤 측면을 이상화시키고 있느냐다.

고대 그리스 민족은 삶을 긍정한 민족이었다. 바로 그 민족이 비극이라는 특수한 예술형식을 만들었다. 니체의 의문은 여기서 시작된다. 삶의 약동과 활기를 긍정한 그리스인들, 그들의 명랑성은 어떻게 비극 형식과 공존할 수 있었으며, 더 나아가 그것은 왜 비극성을 요구하고 있는 것일까? 『비극의 탄생』에서 니체는 이 물음을 처음부터 끝까지 제기하기는 하지만, 뾰족한 답을 제시하지는 않는다. 일단 니체는 그리스적 명랑성이 가능하기 위해서는 그 비극성이 반드시 필요하다고 보는 것 같다. 그가 보기에 그리스적 명랑성은 비극성을 필요조건으로 해서 성립한다.

니체에게 비극과 비관주의/페시미즘은 긴밀한 연관 속에 있다. 비극이라는 것이 행운을 바라면서 어떤 행위를 하지만 그 행위가 곧 불운의 씨앗이 되어 주인공을 파멸의 길로 이끄는 것이라고 한다면, 그리고 그것이 인간의 보편적인 운명임을 암시하는 것이라면, 비극은 비관주의 세계관을 토대로 형성된 예술형식이라고 말할 수 있다. 그러나 모든 비관주의가 무차별적으로 동질적인 것은 아니다. 다시 말해서 같은 용어로 통칭되지만, 사실 그 용어 아래 포괄되는 전혀 상이한 두 종류의 비관주의가 존재한다. 하나는 "몰락, 퇴폐, 실패작, 지치고 무기력한 본능의 징조"를 의미하는 비관주의이며, 다른 하나는 "굳건함에서 오는 비관주의"다.[154] 전자가 건강한 삶이 야기하는 고통과 기쁨이 크게 축소되면서 생겨나는 비관주의라면, 후자는 (기쁨이 클수록 커질 수밖에 없는) 고통을 굳건하게 감내하는 비관주의다.

그런데 니체가 보기에 그리스 비극의 비관주의는 굳건함에서 오는 비관주의다. 이런 비관주의는 삶에 적대적인 비관주의가 아니다. 그것은 도리어 삶의 "과잉 그 자체 때문에 오는 괴로움"[155]을 긍정하고 감내할 수 있는 비관주의다. 다시 말해서 삶의 과잉이 던져주는 고통을 표현한 것이 그리스 비극에서 보이는 비관주의이고, 그래서 그것은 삶의 명랑성을 간직할 수 있다. 그런데 여기서 삶의 과잉이란 위대한 일을 추구함으로써 얻을 수 있는 것이다. 예컨대 인류 전체에 행복을 가져다준 프로메테우스의 거인적이고 위대한 행위는 "모독Frevel"을 범할 수밖에 없으며,[156] 결국 그 모독에 준하는 신의 형벌을 감내하지 않을 수 없다. 이런 위대한 행위는 고통 속에서도 어떤 기쁨을 가져다준다. 물론 개체의 한계를 넘어서는 오만Hybris은 신에 대한 모독을 뜻하고, 그것이 결국 감당하기 힘든 고통을 초래한다는 것을 비극의 주인공은 알고 있다. 하지만 니체는 "자신에게 커다란 고통을 가하는 힘과 의지를 내면에서 발견하지 않는다면 누가 위대한 것에 도달할 것인가?"[157]라며 반문한다. 다시 말해 한 개인의 위대함은 그가 마주한 고통의 크기에 비례해서 상승한다. 이런 점에서 특정 행위가 산출하는 고통이 클수록 기쁨도 크다. 역으로 기쁨이 클수록 이어지는 고통의 크기도 클 수밖에 없다.

이처럼 고통과 기쁨의 공속관계를 긍정하면서 거대한 고통을 회피하지 않는 영웅이 바로 비극의 주인공이다. 영웅이란 힘센 근육질의 장사를 뜻하는 말이 아니다. 차라리 영웅이란 "최고의 고뇌와 최고의 희망을 향해 동시에 나아가는"[158] 비극의 주인공이자, 고통의 엄청난 무게에 짓눌려 있는 멜랑콜리커이면서도 동시에 삶의 고통을 긍정했기에 명랑성을 잃지 않을 수 있는 삶의 강자를 뜻한다.

5. 노예적 명랑성과 자유인의 명랑성

삶은 밋밋하고 규격화된 이성으로만 구성된 것이 아니다. 도리어 삶은 도취적인 광기로 채워져 있다. 니체는 삶의 관점에서 비관주의를 두 가지 종류로 나누었듯이, 광기도 두 가지로 구분한다. 즉 "퇴화하고 몰락한 말기적 문화의 징조"인 광기가 있고, "건강에서 오는 노이로제", "민족의 청춘과 젊음에서 오는 신경병", "그리스 온 땅에 최대의 축복을 가져온" 광기도 존재한다.[159] 당연히 니체는 후자의 광기에 관심을 보인다. 그리고 비극을 이런 광기, 곧 디오니소스적 광기에서 유래한 것으로 보고 있다. 비극성과 명랑성의 역설은 이 광기에 숨겨진 두 얼굴에서 만들어진다. 삶을 긍정하고 고통을 긍정하는 광기는 비극적이면서 명랑하다. 문제는 바로 콘트라스트가 짙은 이 역설의 비밀이다.

반면 소크라테스주의로 총칭되는 문화의 나약함과 퇴폐는 이런 광기를 은폐하고 배제하고 통제하려는 시점에서 시작된다.

> 만일…… 해체와 쇠약이 시작된 바로 그 시대에 발맞추어 그리스인들이 더욱더 피상적이고, 더욱더 연극적schauspielerischer이 되었으며 논리와 세계의 논리화에 열광하게 되었고, 마침내 명랑하게 된 동시에 과학적으로 되었다면 어떨까?[160]

여기서는 또다른 종류의 명랑성이 등장한다. 비극과 동근원적인 명랑성이 아니라, 비극의 몰락과 함께 시작하는 명랑성이 그것이다. 그런 명랑성은 그리스적 삶의 건강성이 파괴되고 쇠약해지면서, 동시에 비극적 신화를 밀어낸 철학, 세계를 논리적으로 재단하는 과학에 열광하게 되면서 출현한 명랑성이다. 이것이 바로 소크라테스적 명랑성이다. 니체는 이런 명랑성을 "노예적 명랑성Heiterkeit des Sklaven"이라고도 규정한다. 여기서 노예가 의미하는 바는 "무거운 책임을 질 줄 모르며, 위대한 일을 성취하려고 노력할 줄도 모르고, 과거나 미래를 눈앞의 현재 이상으로 존중할 줄도 모르는"[161] 사람을 뜻한다. 여기에 덧붙여 니체는 노예적 명랑성을 "여성적 도피", "안이한 향락을 즐기는 비겁한 자기만족", "분홍색 명랑성"이라고 명명하기도 한다.[162] 또는 그리스의 번영기 이후 서양문화의 중심지였던 알렉산드리아라는 도시 이름을 따서 "알렉산드리아적 명랑성"이라 명명하기도 한다. 이런 언급들을 종합해볼 때, 노예적 명랑성이란 고통을 회피함으로써 얻는 도피성 만족, 무거운 책임과 운명을 짊어지기를 거부하면서 얻게 된 속물적인 가벼움이라고 규정할 수 있다.

비극과 동거하는 그리스적 명랑성은 이런 노예적 명랑성과 대비된다. 비극과 함께할 수 있는 명랑성은 주인적인 명랑성으로서 무거운 책임과 운명을 회피하지 않고 짊어지려는 자의 명랑성이다. 그것은 자유로운 영혼의 명랑성이며, 커다란 고뇌를 껴안은 자의 위대한 명랑성이다. 더 큰 자유를 위해 그만큼 큰 고뇌를 마다하지 않고 감내하는 자유인의 명랑성이다. 니체가 보기에, 위대한 일을 성취하려는 자는 그만큼 큰 고통을 감내하려는 자이고, 그런 자만이 비극적인 명랑성을 소유할 수 있다. 이런 점에서 니체의 웃음은 노예들의 시기어린 저열한 웃음이 아니라, 삶의 고뇌를 한몸에 떠안은 영웅의 웃음이라고 추론할 수 있다.

니체는 이런 비극성을 파괴시킨 주범을 소크라테스로 지목한다. 소크라테스주의라고 총칭되는 것은 비극의 죽음을 알리는 장송곡이다. 소크라테스주의는 몰락과 피로와 병환의 징조다. 여기서 직접적인 영향관계를 추적하지는 않겠지만, 니체는 헤겔의 논의를 이어받고 있다. 헤겔이 선언한 예술의 죽음이 니체에게서 극적으로 번복된다. 헤겔은 예술이 종교와 철학으로 지양될 수밖에 없다는 변증법적 논리로 예술의 죽음을 선포한다. 반면 니체는 헤겔의 선포를 받아들이되 예술의 복권과 부활을 노리고 있다. 이 점이 헤겔과 대립하는 니체의 입장이다.

니체 철학 전체가 철학과 예술의 관계 문제에 있어 헤겔과 대립하고 있다. 헤겔이 논리와 학문적 체계성을 통해 예술의 감각성을 지양하고자 했다면, 니체는 헤겔이 말하는 변증논리, 학적 체계성 등등이 모두 삶의 진리를 배반하는 것들이라고 생각한다. 학문성(과학성)은 "비관주의에 대한 공포 내지 도피", "진리에 대한 일종의 교묘한 정당방위", "비겁과 허위", "교활함"이다.[163] 학문의 이런 성격은 그 자체로 분명하게 폭로되지 않는다. 근대는 과학의 시대이고 학문적 진리가 모든 진리의 모델이었던 시대이며, 때문에 학문 그 자체로는 학문의 한계를 직시하기가 거의 불가능했기 때문이다. 니체는 자신의 저작을 회고하면서 그것이 학문에 대한 비판을 염두에 둔 것이고 예술을 지반으로 그 작업을 수행하고자 했다고 말한다.

> 왜냐하면 과학의 문제는 과학의 지반 위에서는 인식될 수 없기 때문이다. 아마 이것은 분석적이며 회고적인 능력을 겸비한 성질의 예술가를 위한(즉 일종의 예외적인 예술가, 세상 사람들은 이와 같은 예술가를 찾아야만 하지만, 실제로는 누구 하나 찾으려고 들지 않는 그런 예술가의) 책이라고 할 수 있다.[164]

이것은 길고 긴 서양 전통을 떠올리게 하는 장면이다. 예술과 철학의 관계 문제는 플라톤 이래 서양 지성사를 구속해왔던 주요 지적 전통이다. 니체는 다시 철학의 과학성을 비판하면서, 그 비판의 잣대 혹은 리트머스 종이로 예술을 생각하고 있다. 학문의 불모성은 대표적으로 예술의 다산성 혹은 생명친화성과 대비된다. 이런 맥락에서 『비극의 탄생』의 핵심 과제를 니체는 "**과학을 예술가의 견지에서 보고, 한편 예술을 삶의 관점에서 본다는 과제**"[165](원문 강조)라고 요약한다.

중요한 점은 니체가 예술에 특권을 부여한 이유다. 그것은 바로 예술의 명랑성 때문이다. 학문이 '무겁고 진지하게' 진리를 추구한다면, 명랑한 예술은 진리를 추구하지 않는다. 예술가는 애초부터 항구불변의 진리가 없다는 것을 잘 알고 있었기 때문이다. 명랑한 예술가에게 학자들의 근엄한 진지성은 우스꽝스럽기만 하다. 예술가는 가상을 창조하며, 그것도 부단히 새로운 가상을 창조한다. 가볍게 표면적 가상을 창조하는 예술은 내면 깊숙이 숨어 있는 진리에 다가서려는 학문의 우둔함을 비웃는다. 경쾌하고 명랑하게 가상을 교체함으로써 예술은 존재의 비밀, 삶의 비밀을 드러내려 한다. 이것이 니체가 이해하는 예술의 탁월성이다.

니체는 비극성의 명랑성, 명랑성의 비극성을 추구한다. 그에 따르면 상호 배타적으로 보이는 이 두 가지는 오히려 공속관계로 엮여 있다. 둘 중 어느 하나라도 놓치게 되면, 나머지 하나도 타락과 쇠퇴의 길로 들어설 수밖에 없다. 비극적 멜랑콜리의 정조에서 명랑성과 웃음 그리고 가벼움을 중시했던 니체는 이 점에서 누구보다도 전통철학에서 멀리 나아간 철학자라고 평가된다. 왜냐하면 그 이전의 어느 누구도 명랑성과 웃음 그리고 가벼움의 중요성을 깨닫지 못했기 때문이다. 하지만 그런 니체도 결국 멜랑콜리의 굴레에서는 벗어나지 못한다. 다시 말해서 보편적인 슬픔을 멜랑콜리로 바꾸는 서양문화의 전통, 곧 자기의 자유를 중심에 두고 세계를 이해하는 서양의 지적 전통에서는 한 걸음도 빠져나가지 못하고 있다. 결론적으로 말하자면, 니체적 웃음은 비극적인 웃음이자, 멜랑콜리한 웃음이고, 그것은 곧 전형적인 서양의 웃음이다.

6. 멜랑콜리적 웃음의 본질: 냉소

사랑 대상의 상실을, 그 냉엄한 현실을 인정하지 못하는 멜랑콜리커는 마음속으로는(무의식 속에서는) 그 대상에 대한 충심을 저버리지 못하면서도, 겉으로는(의식 속에서는) 엄연한 현실을 받아들이는 척한다. 표리부동한 상태, 모순적인 심리상태가 표출되는 방식이 냉소다. 즉 객관적인 현실을 온전히 받아들이지 못하면서도 받아들이는 척이라도 하기 위해서는 냉소라도 던져야 한다. 멜랑콜리와 냉소의 이런 연관관계를 이론적으로 잘 밝힌 사람은 지젝이다. 게다가 그는 냉소적 멜랑콜리를 실천하는 대표적인 현대철학자이기도 하다.

지젝은 현재 서양 지성계에서 멜랑콜리 담론이 헤게모니를 장악하고 있음을 지적하면서, 이런 모습이 동시에 '객관적 냉소주의'를 열고 있다고 진단한다. 구체적인 사례로 지젝은 인종주의자를 들고 있다. 전지구적 자본주의 시대에 이미 상실된 인종적 뿌리를 안타까워하는 멜랑콜리커에게 남은 길은 다음과 같이 현실에 냉소를 던지는 것뿐이다. "우리는 우리의 인종적 뿌리에 대한 충심을 간직하고 있다. 비록 전력을 다해 전 지구적인 자본주의 게임에 몰두하고 있기는 하지만 말이다."[166] 지젝은 이런 세태를 보면서 다음과 같은 결론을 내린다. "이런 까닭에 멜랑콜리와 웃음은 대립적인 것이 아니라 엄격한 의미에서 같은 동전의 양면이라 할 수 있다."[167]

여기서 지젝이 생각하고 있는 웃음은 냉소이고, 이런 냉소는 '아이러니한 거리'에서 발생하는 것이다. 다시 말해서 아이러니한 거리 속에서 발화할 수 있는 주체만이 냉소를 던질 수 있다. 앞의 사례에서 인종주의자는 인종의 뿌리에 애착을 가지고 있다. 하지만 자본주의 현실에서 그것을 말할 수는 없다. 왜냐하면 그것을 말하는 즉시 낙인찍히기 때문이다. 그래서 그는 인종적 뿌리에 충심을 간직하면서도 현실을 긍정해야 하고, 상실 대상에 대한 충심과 현실 긍정 사이의 아이러니한 거리 속에서 발화할 수밖에 없다. 또는 말하지 않고 그저 웃을 수밖에 없다. 그리고 그 웃음은 지독한 냉소일 수밖에 없다.

데모크리토스에 관한 전설에서도 확인할 수 있었듯이, 멜랑콜리와 웃음은 양립 불가능하지 않다. 멜랑콜리커도 웃을 수 있다. 그런데 멜랑콜리커의 얼굴에 담긴 웃음은 냉소다. 그것은 지식의 위계질서 속에서 상위에 있는 자가 하위에 있는 자에게 보내는 웃음이다. 이것을 긍정적으로 표현하자면, 진리를 거머쥔 자가 거짓과 위선에 날리는 비웃음이자 조롱이다. 그러나 냉소는 여기에만 머물지 않는다. 냉소는 진리를 소유한 권력으로, '나'를 그 권력의 주체로 만들기 때문이다. 멜랑콜리를 낳은 서양문화, 즉 극도로 자기중심적이고 타자성을 철저히 배제하고자 하는 문화에서 웃음은 타인과 주위 세계에 보내는 무관심과 싸늘한 경멸에 가깝다.[168] 철학적으로 웃음을 찬미했던 니체 역시 여기서 예외는 아니다. 자유인, 곧 강하고 능동적인 초인 역시 허약하고 왜소한 인간들에게 냉소를 쏘아붙인다. 멜랑콜리를 웃음으로 승화시키고자 했던 니체마저도 그가 주조한 웃음은 냉소임이 밝혀진다. "웃음이란 선한 양심을 품은 채 남의 불행에 기쁨을 느끼는 것schadenfroh sein이다."[169] 결국 서양적 웃음의 정체는 타자성에 대한 냉소이며, 이런 냉소는 자유인의 자기중심적 존재론에 근거를 두고 있는 서양문화의 틀 속에서 배양된 것이다.[170]

냉소의 이면에는 어두운 멜랑콜리의 그림자가 드리워져 있다. 마치 조증과 울증의 악순환처럼 서양의 웃음과 멜랑콜리는 연쇄적으로 반복된다. 멜랑콜리를 머금고 있는 웃음이 냉소라면, 그 둘은 공존 가능할뿐더러 오히려 잘 어울린다. 조롱을 바탕으로 하는 희극과 멜랑콜리 정조로 가득찬 비극이 동전의 양면인 것처럼 말이다. 크리스테바는 이렇게 말한다. "희극의 욕망은 오늘날…… 비극 없는 그러한 진실, 연옥 없는 그러한 멜랑콜리에 대한 근심거리를 은폐하기 위해서 생긴다."[171] 서양에도 희극과 웃음은 존재했다. 하지만 그것들은 멜랑콜리한 비극과 공존할 수 있는 성격을 가져야만 했다. 서양적 웃음이 냉소라는 점은 그런 독특한 성격을 보여주고 있다.

류종영은 『웃음의 미학』[172]에서 고대에서 현대에 이르기까지 서양 웃음 이론을 집대성한 바 있다. 비록 그는 "시간과 공간을 초월하여 모든 인류에게 통용될 수 있는" 웃음 이론을 구상하고 있지만, 실제로 이 책에서 정리한 웃음론의 내용은 거개가 서양의 웃음론이다. 여기서 그는 서양 웃음 이론을 크게 두 가지로 요약한다. 하나는 타자의 약점이나 실수를 우월한 입장에서 보고 웃는다는 '우월 이론'이요, 다른 하나는 기존의 질서체계 또는 규범에 어긋나는 데서 오는 '대비 혹은 불일치 이론'이다. 그런데 실상 전자는 말할 것도 없고, 후자 역시 냉소 또는 비웃음에 가까운 웃음에 속한다. 후자의 입장에 속하는 프리드리히 게오르크 윙거의 웃음 이론을 요약하면 다음과 같다. 모든 희극적인 것은 '갈등'에서 나오고, 갈등이 일어나는 곳에서 힘이 '열등한' 사람이 싸움을 시작해야 하고, 그의 도발은 '부적절'해야 하며, 이 갈등을 끝내기 위해서는 힘이 '우세한' 사람의 응답이 필요하다는 것이다. 이런 갈등/불일치에서 오는 웃음론 역시 약자의 우스꽝스러움을 우위의 관점에서 바라본 비웃음, 결국 냉소로 웃음을 해명하고 있는 셈이다. 서양 형이상학을 극복했다는 니체식 웃음도 이런 서양의 웃음론에서 별반 벗어나지 못했으며, 그 웃음의 정체는 멜랑콜리커의 아이러니한 몸짓임이 분명하다. 요컨대 멜랑콜리와 웃음은 양립 불가능한 것이 아니며, 멜랑콜리와 공존하는 웃음은 근본적으로 냉소다.

멜랑콜리와 잠

멜랑콜리를 대표하는 알브레히트 뒤러의 동판화 〈멜랑콜리아 I〉(화보의 그림 7 참조)에서 무엇보다 감상자의 시선을 사로잡는 것은 날개달린 천사의 모습이다. 천사는 상념에 잠겨 눈을 치켜뜬 채 무엇인가를 날카롭게 응시하고 있다. 천사가 찾는 것은 지상에는 없는 창조적인 무엇 또는 (손에 컴퍼스를 들고 있는 것으로 짐작건대) 기하학적 세계의 무엇인가로 보인다. 어딘가를 향해 부릅뜬 천사의 눈은 열정 가득한 정신적 지향을 머금고 있다. 아마도 천사는 불면의 밤을 지새우며(그림의 배경은 별 하나가 떠 있는 밤이다) 날카로운 시선을 거둘 수 없었던 것처럼 보인다. 만일 이 이미지에 색을 입힌다면, 천사의 흰 눈동자에는 반드시 붉은 핏발을 그려넣어야 할 것이다. 그런데 기이한 것은 천사의 발밑에 잠자고 있는 개의 모습이다. 개는 웅크리고 앉아 눈을 감고 있다. 아마도 깊은 잠에 빠진 모양이다. 불면에 시달리는 천사와 단잠에 빠진 동물의 묘한 대조다.

왜 옛사람들은 멜랑콜리와 개를 연결시켰을까? 개의 두 가지 모습에서 그 이유를 찾을 수 있다. 하나는 개가 먹잇감을 집요하게 추적하는 모습이고, 다른 하나는 광기어린 분노를 쏟아내는 광견狂犬의 모습이다. 멜랑콜리커 역시 이와 유사한 모습을 가지고 있다. 르네상스 시대의 멜랑콜리 철학자 피치노는 진리를 포위하기 위해 헐떡거리는 사냥개로 철학자를 묘사한 적이 있다.[173] 고집스럽게 진리를 추구하는 학자든 세속적인 욕망, 특히 돈에 집착하는 수전노든(멜랑콜리커는 학자나 예술가처럼 창조적인 인물로 숭배되기도 하고, 수전노나 우울증 환자로 폄하되기도 했다), 멜랑콜리커는 강박적으로 무엇인가를 놓치지 않으려고 하며, 자기애에 상처를 내는 대상에 대해서 또는 이상적인 자기 이미지에 못 미치는 자기 자신에 대해서 무자비한 분노를 표출한다. 이런 이유로 멜랑콜리를 상징하는 사물들로 가득한 그림 속에 뒤러는 개를 주저 없이 그려넣었을 것이다. 하지만 이 설명만으로 해명되지 않는 부분이 있다. 왜 뒤러는 '잠자는' 개를 그렸을까? 하필이면 왜 불면의 각성 상태에 있는 천사와 잠든 개를 대비시켰을까?

말을 배우기 이전의 어린아이를 떠올려보자. 로고스, 즉 이성 내지 언어를 충분히 사용할 수 없기 때문에, 아이는 서양 전통의 관점에서 동물에 가까운 인간으로 비추어졌다. 아이는 보통 배고프거나 아플 때, 혹은 몸이 불편할 때나 잠이 몰려올 때 운다. 이 가운데 마지막 것은 성인의 입장에서 잘 이해되지 않는다. 아이들은 왜 잠이 오는 순간에 우는 것일까? 성인에게는 무거운 현실의 짐을 잠시 내려놓을 수 있는 즐겁고 편안한 시간이 잠인데 말이다.

물론 현실도피적인 잠의 기능은 아이에게서도 발견된다. 예컨대 익숙하고 평온한 집을 나와 과도한 자극과 낯선 정보가 난무하는 세상과 만나면, 아이는 시키지 않았는데도 울지 않고 (유모차 같은 편안한 공간에서) 잠을 잔다. 하지만 따뜻하고 편안한 잠자리에서 잠이 밀려올 때면 아이는 울음을 터트린다. 이런 울음은 잠이 분명 현실도피와는 무관하다는 것을 보여준다. 이럴 때 엄습하는 잠은 마치 공포의 대상처럼 보인다. 귀신을 보고 실성한 듯, 아이는 터져나오는 울음을 주체할 수 없다. 잠마저 고통스러운 현실보다 더 위협적인 것으로 느껴진다면, 세상 어디에도 도피처는 없을 것이다. 그 때문일까? 아이의 울음은 더없이 절박하고 애처롭게 들린다. 이런 잠의 양면성 때문일까? 잠 속에서 우리는 소망 충족의 행복한 꿈을 꿀 수도 있지만, 동시에 현실보다 더 낯설고 불쾌한 악몽을 꿀 수도 있다.

다시 물어보자. 아이는 왜 잠투정을 하며 우는 것일까? 경험적으로 관찰해보면, 잠투정은 생후 6개월부터 본격적으로 시작된다. 생후 6개월은 라캉이 '거울단계'라고 말했던 시기와 일치한다. 거울단계란 아이가 처음으로 자아에 대한 이미지를 그리는 시기다. 거울에 비친 자신의 모습을 보면서, 그와 함께 엄마의 사랑이 담긴 눈길을 느끼고 "이게 바로 너란다"라는 말을 들으면서 아이는 통일적인 자기 이미지, 즉 자기정체성에 대한 거친 스케치를 하게 된다. 그렇다면 이 단계의 아이에게 잠이란 원초적인 자기정체성을 위협하는 타자적 힘으로 여겨진 것은 아닐까? 기껏 조화롭고 질서 잡힌 자아상을 그려가고 있는데, 그 그림을 지워버리거나 뒤죽박죽으로 만드는 말소와 혼돈의 힘으로 느끼는 것은 아닐까? 그래서 그처럼 미친 듯 울면서 잠자기를 거부하는 것은 아닐까? 물론 어느 누구도 말 못하는 아이의 사정을 정확히 헤아려 대답할 수는 없을 것이다.

아이처럼 울어대지는 않지만, 마음대로 잠자기 어려운 사정은 성인도 마찬가지다. 잠자려 할수록 잠은 더 오지 않는 경우, 심신이 지쳐 있지만 말똥말똥 잠은 안 오는 경우가 성인에게도 빈번하게 나타난다. 잠이 '오다' 또는 잠을 '청하다'라는 일상어법에서도 확인할 수 있듯이, 잠은 우리의 통제권 바깥에 있다. 그래서 고대인들은 잠을 신의 관할로 귀속시켰다. 헤시오도스에 따르면, 잠의 신 히프노스는 밤의 신 닉스의 자식이자 죽음의 신 타나토스와 형제지간이다.[174] 족보로 묶인 이 신들은 모두 무섭고 "끔찍한" 신들이다.

다른 한편 호메로스에게 잠은 번민으로 고통받는 인간에게 신이 내리는 선물로 묘사된다. 오디세우스는 꿈에도 그리던 고향을 목전에 두고 "죽음에 가장 가까운 잠이 그의 눈꺼풀 위에 내렸으며",[175] 자신의 재산과 아내를 위협하는 구혼자들에게 완벽한 복수를 하려고 근심할 때, 아테네 여신은 "그의 눈까풀 위에 잠을 쏟아부었다."[176] 오디세우스가 복수의 혈전을 벌이는 동안 페넬로페에게 아테네 여신은 "달콤한 잠"[177]을 내려주고, 복수가 끝난 다음 잠을 깨우자 페넬로페는 오디세우스가 떠나간 뒤로 "이렇게 푹 자본 적이 없어요"[178]라고 말한다. 요컨대 고대인들에게 잠은 자기의 통제 밖에 있는 두려운 것이자, 동시에 현실의 고통과 근심을 잊게 해주는 신의 선물이다.

이제 다시 뒤러의 그림으로 돌아가보자. 천사는 무엇인가를 찾으려고 불면의 밤을 지새우며 눈을 치뜨고 있다. 반면 눈을 감고 있는 개는 평화롭게 잠들어 있다. 불면과 수면, 이것은 멜랑콜리의 야누스적 모습이다. 한편으로 멜랑콜리커는 자기정체성을 침해하는 고통과 싸우면서 잠 못 이룬다. 다른 한편으로 그는 자신을 지탱하고 고수하려는 의지를 내려놓고 잠이라는 타자적 힘에 스스로를 내맡긴다. 자기동화의 한계에 이르러 자기 바깥의 힘에 이화異化되는 모습이다. 그렇게 이화되는 파괴의 위험만큼이나 무리한 동화의 결과인 소화불량, 비만의 위험도 만만치 않다. 역으로 자기로 동화하는 섭취의 포만감만큼이나 '자기'라는 짐에서 벗어나는 이화의 황홀감도 만만치 않다. 물론 잠이 엄습하는 순간만큼은 자신을 잃을 것만 같은 두려움에 휩싸인다.

자기정체성 수호와 타자에의 내맡김. 이 둘 사이의 위험스러운 줄타기에 성공할 때, 멜랑콜리커는 한갓 우울증 환자가 아니라 창조적인 뮤즈의 대리인이 될 수 있다. 남루한 거지로 변장한 오디세우스를 고향집에서 처음 알아본 이는 그의 애견 아르고스였다. 어느 누구도 오디세우스를 몰라보는데, 개만은 주인을 잊지 않고 있다. 아르고스는 오디세우스의 기척에 머리를 들어 귀를 쫑긋 세우지만, 노쇠한 탓인지 제대로 반갑게 짖어보지도 못하고 이내 죽음이라는 깊은 잠에 빠지고 만다. "아르고스는 20년 만에 오디세우스를 다시 보는 바로 그 순간 검은 죽음의 운명이 덮치고 말았다."[179]

뒤러 그림 속의 천사가 예술가의 수호천사라면, 개는 무엇이라 말할 수 있을까? 하루의 대부분을 잠만 자는 아이, 말 못하는 아이라고 해야 할까? 그림 속의 천사가 예술가의 뮤즈라면, 개는 잠 속에 나타난 천사에게 민감히 반응할 줄 아는 예술가로 해석할 수 있다. 오디세우스의 아르고스처럼, 예술가는 뮤즈의 거동 하나, 말 한마디를 정확히 기억하고 매번 뮤즈를 반갑게 영접하는 자다. 오디세우스처럼 오랜만에, 그것도 변장하고 찾아오는 뮤즈를 개의 동물적 감각으로 알아채는 자가 바로 예술가다.

예술가는 꿈속에서 뮤즈를 만난다. 예술가가 꿈속이 아니라, 현실에서 맨정신으로 천사를 본다면 어떻게 될까? 멜랑콜리 예술가는 뮤즈를 고대한다. 한 개인의 역량만으로는 창작할 수 없는 작품을 꿈꾼다. 실현 불가능한 일을 소망한다. 수면중의 꿈 세계는 예술가가 자신을 일정 부분 내려놓는 시공간이다. 동시에 그 세계는 미지의 타자적인 힘이 유입될 수 있는 공간이기도 하다. 그런 곳에서만 뮤즈는 간헐적으로 나타난다. 예술가가 현실에서 직접 뮤즈를 만난다면, 아마도 아르고스처럼 죽음에 이를지도 모른다. 아니면 미친개처럼 광기에 침몰될지도 모른다. 불가능성과의 조우, 신과의 직접적인 만남은 인간에게 치명적이다.

제2부

멜랑콜리 문화의 한계

지금까지의 논의는 멜랑콜리가 서양문화를 이해하는 핵심 코드라는 사실을 전제로 진행되었다. 아직까지도 이 전제가 충분히 증명되었다고 말할 수 없다. 제2부에서도 이 작업은 계속되겠지만, 이제 논의의 무게중심은 서양적 멜랑콜리의 한계를 드러내는 데 놓일 것이다. 제2부를 이끌고 갈 중심인물은 하이데거와 프로이트다. 전자는 서양철학을 획기적으로 극복했다고 평가되는 철학자이며, 후자는 현대 사상의 물꼬를 튼 사상가이자 현대 멜랑콜리 담론의 초석을 놓은 정신분석가다. 결국 이 두 사람의 사상적 한계는 멜랑콜리의 서양적 한계라 말하지 않을 수 없다. 이들과의 대결 속에서 우리는 멜랑콜리가 드리운 어둠의 깊이를 측량할 것이다. 마지막으로 서양의 주류 담론에서 소외된 우리나라의 두 철학자, 박동환과 김상봉의 철학적 성과를 멜랑콜리론으로 수렴함으로써, 주변자의 시각에서 서양철학의 한계를 새롭고 선명하게 논증할 것이다.

5장에서는 우선 서양문화 혹은 서양철학의 근본 정조로서 멜랑콜리가 가능한지를 타진해볼 것이다. 로댕의 〈생각하는 사람〉과 신라시대의 〈금동미륵보살반가사유상〉에서 느껴지는 분위기에서 문제의 실마리를 찾은 다음, 하이데거의 '기분'에 대한 철학적 성찰을 검토할 것이다. 지금껏 철학 담론에서 기분은 언제나 배제되었거나 부당하게 폄하되었지만, 하이데거는 처음으로 그것을 진지한 철학적 테마로 삼는다. 그의 기분론은 한마디로 '기분의 불가피성'과 '기분의 존재 개방성'으로 요약된다. 그리고 모든 비범한 철학자가 멜랑콜리 기질을 가지고 있다는 아리스토텔레스의 견해를 고찰하면서, 그에 대한 하이데거의 해석을 살펴볼 것이다. 하이데거에 따르면, 철학은 일종의 창조이며, 창조는 세계형성을 뜻하고, 세계형성을 드러내기 위해서는 인간이 자유로워야만 하는데, 여기서 인간의 자유는 일차적으로 존재에의 개방성을 뜻한다. 그런 탈존적 자유는 자기존재 전체를 거는 결단을 통해서만 가능하기 때문에, 자유로운 창작자는 자유의 짐, 곧 묵직한 자기의 존재감을 느끼지 않을 수 없다. 따라서 창조적인 자유인의 철학인 서양철학은 무거운 심정인 멜랑콜리라는 기분 속에서 수행될 수밖에 없다는 것이 하이데거 해석의 요지다.

6장에서는 하이데거 철학의 핵심부에도 멜랑콜리가 고스란히 자리잡고 있음을 드러내 보일 것이다. 탁월한 기분 분석을 통해서 하이데거는 멜랑콜리를 통한 철학 이해의 발판을 제공해주었으며, 동시에 멜랑콜리가 철학의 근본개념이 될 수 있음을 보여주었다. 쿠라와 사투르누스 신화를 통해 하이데거는 현존재 개념에 대한 선존재론적 선취를 말하고 있는데, 쿠라와 사투르누스는 모두 멜랑콜리와 깊은 관련이 있는 신화다. 이 밖에도 '죽음을 향한 존재', '양심'과 같은 모티프 역시 '메멘토 모리'와 '자기비난'을 특징으로 하는 멜랑콜리와 연관된다. 또한 역설적으로 멜랑콜리의 비정상성은 현존재의 본래성과 연관된다. 하이데거에게 멜랑콜리는 본래적인 현존재의 고독에서 발원한 것이다. 여기서 고독은 한갓 심리적인 감정상태를 기술하는 말이 아니라 하이데거가 규정한 대로 철학의 근본개념을 뜻한다. 하이데거는 다른 현존재와의 관계에서 자기중심적 모델을 제시한다. 본래적인 결속성을 통해 타인의 본래성을 배려하지만 그것도 결국 자기의 본래성을 확보한 다음에야 가능하다. 하이데거의 자기중심적 존재론에 따르면, 현존재는 고립된 주체 내지 실체가 아니라 '세계-내-존재'이지만, 그 세계는 다시 '자기-내-존재In-dem-Selbst-sein'로 회귀한다. 이런 맥락에서 우리는 하이데거 철학의 '실존론적 유아론'을 이해할 수 있다. 결국 하이데거는 누구보다도 통렬하게 서양 전통철학을 비판한 장본인이지만, 멜랑콜리 정조를 통해 규정되는 서양 전통철학의 흐름에서는 한 걸음도 벗어나지 못했다.

7장은 프로이트의 '멜랑콜리론'을 (비교)문화철학적 문맥에서 재구성하는 것이 일차적인 목표다. 먼저 정상적인 슬픔이 멜랑콜리로 전환되는 내적 메커니즘을 정교하게 분석할 것이며, 더 나아가 프로이트의 멜랑콜리론에 감추어진 서양의 철학적 전통과의 연결지점을 밝힐 것이다. 곧 프로이트 멜랑콜리론의 근본 전제는 나르시시즘이며, 그것은 서양의 자기중심적 존재론의 연장선상에 있다.

멜랑콜리의 출발은 사랑하는 대상의 상실에서 시작된다. 그런데 특이한 점은 멜랑콜리커가 무엇을 상실했는지 모른다는 점이다. 왜냐하면 그의 사랑 대상은 무의식적인 사랑의 대상이기 때문이다. 사랑의 상실감을 치유하는 애도작업이 실패로 돌아가면, 멜랑콜리커는 상실대상을 자기 내면에 동일화한다. 동일화를 통해 내면에 자리잡은 대상에게 그동안 억압되어온 증오의 감정이 쏟아진다. 사랑이 증오를 동반한다는 양가감정은 멜랑콜리커의 지독한 자기비난 현상을 설명하는 개념이다. 이처럼 프로이트는 '무의식'과 '동일화'와 '양가감정'이라는 개념들을 통해서 멜랑콜리의 주요 증후인 '부끄러움 없는 자기비난'과 '이유 없는 슬픔'이란 현상을 설명해낸다. 이런 프로이트의 분석은 최종 심급에서 '나르시시즘으로의 퇴행'이란 개념으로 귀착된다.

나르시시즘, 이것은 프로이트 멜랑콜리론의 근본 전제다. 그런데 프로이트가 부지불식간에 설정한 이 전제는 전혀 새로운 것이 아니다. 오히려 그것은 서양에서 오랜 역사를 가지고 있는 낡은 전제다. 양가감정, 동일화 등의 개념을 통해 새롭고도 정치하게 멜랑콜리의 메커니즘을 해명했음에도 불구하고, 프로이트의 멜랑콜리론은 서양의 멜랑콜리 담론사와 연계된 서양철학의 핵심적 특징을 계승하고 발전시킨 이론으로 남는다. 요컨대 프로이트의 멜랑콜리론은 '보편적인 과학담론'이라기보다는, 차라리 서양적 주체의 '문화적 기질'을 밝혀주는 문화담론이라 말할 수 있다.

마지막으로 8장에서는 멜랑콜리를 구성하는 핵심 개념, 즉 1) 자기, 2) 동일성, 3) 나르시시즘을 중심으로 그것들이 함축하는 철학적 의미를 비판적으로 밝힐 것이다. 이 비판 작업에는 박동환과 김상봉의 철학이 원용된다. 하이데거, 아감벤 같은 서양 철학자도 참조하기는 하겠지만, 서양의 주변부에 있는 우리 철학자들의 선행 작업을 통해서 서양철학의 한계를 엄밀하게 조망해보는 기회가 될 것이다. 서양철학의 으뜸 개념이라 할 수 있는 '자기'와 '동일성' 개념은 박동환의 통찰을, '나르시시즘' 개념은 김상봉의 통찰을 참조할 것이다. 그리고 최근 박동환이 내놓은 '파격' 및 '격파'라는 개념을 통해, 멜랑콜리의 서양적 한계를 돌파하는 미래의 멜랑콜리를 구상해볼 것이다.

5장

창작하는 자유인의 고뇌

하이데거 I

모든 창작적인 행동은
무거운 심정[멜랑콜리] 속에 존재한다.
— 하이데거

1. 철학자의 이미지

지독하게 냉철하고 이성적인 철학자도 기분은 느낀다.[180] 그도 인간인 이상 희노애락의 감정을 느끼며, 어떤 분위기나 기분에 젖지 않을 수 없다. 물론 사람마다 느낌의 색깔은 천차만별일 것이며, 마치 카멜레온의 피부색처럼 자신이 처한 때와 장소에 따라서 기분은 변덕스럽게 변할 것이다. 그런데 이렇듯 누구나 쉽게 느낄 수 있는 변덕스러운 기분이 아니라, 혹시 철학자에게 배어 있는 어떤 독특한 기분이 있다고 가정할 수는 없을까? 철학자의 주된 정조情操라 말할 수 있는 것은 없는 것일까? 아무리 닦아내도 지워지지 않는 물감처럼 철학자의 몸과 사유에 깊이 물들어버린 기분이 존재한다면, 그것은 어떤 색깔일까?

한평생 철학과 무관하게 살아온 일반인들은 철학자를 어떻게 보고 있을까? 일반인들은 철학자에 대한 어떤 고정된 이미지를 가지고 있다. 그것은 대개 '직접' 철학자를 만나서 형성된 것은 아니다. 자신이 속한 문화적 환경 또는 전통의 '선입견'을 통해 확립된 경우가 대부분이다. 그렇게 형성된 철학자상을 몇 가지 열거해보자면, 한여름에도 겨울 외투를 입고 거리를 활보하는 기인奇人, 터무니없이 세상의 모든 고통을 혼자 짊어진 듯한 탄탈로스적 영웅, 날카로운 논변으로 누구도 넘볼 수 없는 자기정당화의 벽을 높이 구축한 나르시시스트, 예수나 석가처럼 진리를 찾아 길을 떠나는 구도자, 어처구니없는 궤변을 통해 주위 사람들을 성가시게 하는 소피스트, 지나치게 진지하고 무겁고 심약한 우울증 환자 등등으로 그려진다.

이런 인상은 피상적인 이미지일 뿐이고, 근거가 박약한 선입견임에 틀림없다. 하지만 모든 거짓에도 일말의 진실은 담겨 있고, 가다머의 지적처럼 전승된 선-입견(선판단Vor-urteil)에서 우리가 완벽하게 자유로울 수는 없으며, 더구나 전통의 선-입견이 나름의 합리성을 가지고 있다는 점을 고려한다면,[181] 이런 세간의 철학자상을 완전히 무시할 수는 없을 것이다. 그렇다면 이런 이미지, 인상은 어디에서 유래한 것일까? 철학자들의 다양한 이미지를 하나로 묶어주는 연약한 끈이라도 찾아볼 수는 없는 것일까?

언젠가부터 하이데거는 철학 또는 철학자라는 말 대신에, 사유 또는 사유가라는 말을 선호했다. "철학의 종언"(GA14, 61-63)을 선언하면서 철학자 대신에 사유가Denker, 곧 '생각하는 사람'이라는 말을 자신뿐 아니라 초기 몇몇 철학자를 지칭하는 이름으로 사용했다. 그런데 독일어 Denker를 '사유가', '사유하는 사람' 또는 '생각하는 사람'이라고 번역한다면, 보통 사람들은 쉽사리 조각가 로댕의 작품 〈생각하는 사람〉을 연상할 것이다.

엄밀히 말한다면, 후기 하이데거가 보여주고 있는 철학자의 모습은 로댕 작품의 이미지와 정확히 일치하지는 않는다. 더이상 철학이라고 불러서도 안 될, 전적으로 새로운 존재사유(특히 '내맡김'의 사유)와 그것을 전개하는 사유가는 로댕 작품에서 구현된 전통적인 생각하는 사람의 이미지에 어울린다고 하기 어렵다. 차라리 로댕의 작품은 전기 하이데거, 즉 『존재와 시간』에서 그려진 철학자, 죽음을 선취하며 결단하는 사람의 이미지에 부합된다. 이는 전·후기 하이데거 철학의 차이를 인정한다는 전제에서 그러하다. 하지만 양자의 연속성을 강조한다면 사정은 달라진다. 말하자면 하이데거가 전통 외부(예컨대 동양)에서 새로운 사유의 돌파구를 찾지 않았으며, 전통철학을 폐기한다거나 단순히 '지양하여 극복Überwinden'하기보다는 그것을 '견뎌내면서 변형시킨다Verwinden'는 관점에서는 로댕 작품의 이미지와 철저히 어긋난다고 말할 수도 없다.

여하간 '사유가'라는 말에서 즉각적으로 로댕의 〈생각하는 사람〉이 연상된다면, 그것은 로댕 작품의 이미지가 '이미' 권위 있는 선입견으로 확립되었음을 의미한다. 그래서 로댕의 조각 작품 〈생각하는 사람〉은 많은 사람이 동의할 수 있는 사유가, 곧 철학자에 대한 조형적 이미지라고 말할 수 있다. 어딘가에 조용히 걸터앉아 턱을 괸 채 골똘히 무엇인가를 생각하는 로댕의 작품은 철학자 일반의 이미지는 물론이거니와 하이데거적 사유가의 감성적 이미지로도 크게 손색이 없다.

너무나도 유명한 로댕 작품의 이미지를 머릿속에 떠올려보자.(화보의 그림 14 참조) 한 남자가 턱을 괴고 앉아 있다. 고민이 오랫동안 누적되어 머리가 무거워 보인다. 겹겹이 머리에 내려앉은 상념의 무게 때문에 머리와 상반신은 앞쪽으로 쏠려 있다. 남자는 미동도 없이 그저 한곳에 고요히 앉아 있다. 하지만 여유롭고 편안해 보이지는 않는다. 마치 감당할 수 없을 만큼 무거운 짐을 가까스로 떠받치고 있는 것처럼, 이미 전신은 팽팽하게 긴장되어 있는 상태다. 하여 외면상 전혀 동세動勢가 없음에도, 온몸의 근육과 핏줄이 유난히 불거져 있다. 더 나아가 혼신의 힘으로 사유의 사태를 정면으로 응시함으로써 몸 전체가 하나의 커다란 두뇌로 탈바꿈한 듯하다. 릴케의 문학적인 묘사에 따르면, "그의 몸 전체가 두개골이며 혈관 속에 있는 피는 모두 뇌수인 것이다."[182] 사유의 사태를 그는 벌거벗은 온몸으로 맞서고 있다. 생각들의 갈등과 충돌이 전율스러운 긴장을 고조시킨다. 자칫 이 고통스러운 긴장이 깨진다면, 몸과 마음은 모두 흩어져, 무無의 심연 속으로 까마득히 사라질 것이다. 아슬아슬한 사유의 줄타기가 언제까지 계속될지는 아무도 모른다. 그나마 다행인 것은 무거운 머리를 가까스로 지탱하는 손과 팔뚝이 더없이 튼튼해 보인다는 점이다. 감은 듯 내리깔고 있는 두 눈은 주위 대상에는 아랑곳하지 않는 듯, 상념의 바다에 깊이 잠겨 있다. 그리고 조각상의 '검은' 빛은 그 남자가 빠져든 고뇌의 깊이를 드러내고 있다.

철학자 김형효는 로댕의 작품과 신라시대의 미륵반가사유상을 비교한 바 있다.[183] 그는 두 작품이 똑같이 '생각하는 사람'을 형상화했지만, 다음과 같은 차이점이 있음을 지적한다. 우선 외면적으로 로댕의 작품은 청동 재질에 근육질의 형태를 띠고 있고, 피로에 지친 얼굴과 무뚝뚝하게 오른팔로 턱을 괴고 왼팔을 가운데로 둔 자세를 취하고 있다. 반면, 신라의 작품은 금동 재질에 무근육의 자태를 띠고 은은한 미소를 지으면서 반가부좌 자세로 앉아 있다. 동일하게 생각하는 사람을 주조했건만, 첫눈에도 두 이미지는 명암明暗이 갈리듯 크게 대비된다.

김형효는 이런 외면적 차이를 바탕으로 그 이미지를 낳게 한 근원을 향해 곧장 나아간다. 그에 따르면, 로댕의 작품이 노동하는 인간의 자의식과 의지가 강렬하게 표현된 것이라면, 미륵반가사유상은 "무아의 삼매경"에 빠진 사람 또는 "세상의 참모습으로서의 진여와 마음이 합일한" 경지를 표현한 것이다. 전자가 지옥 같은 현실 속에서 이상적 세계를 창조하는 일꾼의 사유를 표현한 것이라면, 후자는 "세상은 바뀌어지거나 바뀔 수 있는 대상이 아니라, 세상을 보는 인간의 마음을 바꿔야 세상이 달리 나타난다"는 미륵의 마음을 표현한 것이다. 또한 전자가 자아Ego의 사유를 형상화한 것이라면, 후자는 자아가 주체로서 사유하는 것이 아니라 무아無我의 빈 터전에 진여가 나타나는 삼매의 사유를 형상화했다.

김형효는 두 예술작품에서 서양철학과 동양철학의 차이를 섬세하게 읽어내고 있다. 나는 한편으로 그의 깊은 안목에 공감하면서도, 다른 한편으로 그가 로댕 연구자 타양디에의 해설(작품이 창작된 당대 시대조류와의 연관성을 부각시킨 해설)에 지나치게 의존해 있다고 생각한다.[184] 그런 까닭에 로댕 작품의 전체 이미지에 어울리는 용어를 찾지 못했다는 인상을 지울 수 없다. 예컨대 반가사유상이 로댕의 작품과 동일한 포즈를 취하고 있는데도, 전혀 다른 느낌을 주고 있음을 지적하는 부분에서 그러하다.

> 그러나 반가사유상은 〈사유하는 사람〉과 유사한 자세를 겉으로 취하고 있으나 와닿는 느낌이 전혀 다르다. 로댕의 상은 무거운 머리를 떠받치는 자세를 보이고 있으나, 신라의 것은 전혀 그런 모습을 보여주지 않는다.[185] (인용자 강조)

그럼 왜 로댕의 조각상은 무거운 머리를 떠받치는 자세를 하고 있는 것일까? 김형효의 해석(정확히는 타양디에의 해석)처럼, 마르크스 철학으로 무장한 육체노동자가 지나치게 무겁고 우울해 보이는 이런 포즈를 취한다는 것은 왠지 석연치 않다. '전혀 다른 느낌'에 대한 정곡을 찌르는 날카로운 해명이 작품분석에서 빠진 듯하다. 물론 이상주의자, 자의식이 강한 의지의 소유자(주체)가 현실에 부딪히면서 얻을 수밖에 없는 고뇌를 그린 것이라는 탁월한 분석에는 이의의 여지가 없지만 말이다. 그렇다면 로댕 작품의 이런 분위기를 어떻게 한마디로 명명할 수 있을까?

2. 기분이 건네는 소리

로댕의 〈생각하는 사람〉은 보는 자의 마음에 파문을 일으킨다. 작품이 전하는 존재의 충격은 느낌의 그물망을 출렁이게 만든다. 즉 그것은 우리에게 감感-동動을 주고 무언의 말을 건넨다. 예술작품은 우리에게 어떤 개념적 앎보다 먼저 어떤 '기분Stimmung'을 선사한다. 작품에서 우리는 아주 섬세하고 미묘한 기분을 감지한다. 더 나아가 작품에서 느껴지는 기분은 우리를 '조율stimmen'하고 '규정bestimmen'한다. '소리Stimme'와 연관된 독일어의 말놀이를 통해[186] 하이데거는 기분이 통상 생각되는 것보다 더 큰 힘을 가지고 있으며, 인간이 쉽게 통제하고 무시할 수 있는 사소한 것이 아니라, 차라리 그것을 통해 인간이 규정된다고 할 수 있음을 말하고자 한다. 심지어 이렇게도 말할 수 있다. "우리가 기분을 소유하는 것이 아니라, 기분이 우리를 소유한다." (GA45, 162)

하이데거는 오랫동안 철학의 영역에서 홀대받았던 '기분' 문제의 중요성을 잘 알고 있던 철학자다. 전통철학자들이 생각했던 것처럼 기분은 한갓 사소하고 변덕스럽고 주관적인 것이어서 진리의 인식과 실천을 방해하는 것이 아니다. 도리어 그것은 빠트릴 수 없는 인간 실존의 중요 형식이자 존재의 진리가 드러나는 한 가지 방식이다.

서양 전통철학자들은 스스로 특정한 기분에 젖어 사유했음에도 사유 속에 남아 있는 기분의 흔적을 지우려고 했다. 궁극적으로 완벽하게 지워지지는 않는다 하더라도 그것을 배제한다는 가정 아래 사유의 작업을 수행했다. 그들에게 기분은 진리의 길로 이끄는 것이 아니라, 오류와 거짓의 길로 이끄는 것이다. 그래서 철학적 이성은 '무기분의 무미건조함' 속에서 작업해야 한다고 보았다. 그러나 이것은 가능하지도 않을뿐더러, 이미 고대 그리스의 아리스토텔레스마저 그렇듯 단순하게 생각하지는 않았다.

주지하다시피, 아리스토텔레스는 '이론'이라는 개념을 처음 창안했던 철학자다. 하이데거는 '이론'의 영역에서도 기분을 완전히 배제할 수 없다고 주장하면서 아리스토텔레스를 인용하고 있다.(『형이상학』 A2, 982b 22 이하) "그러나 아무리 가장 순수한 이론θεωρία도 기분을 전부 떨쳐버리지는 못한다. 바라봄에 있어서도 그저 눈앞에 있는 것의 순수한 모습을 볼 수 있는 것은, 오직 그 이론적 바라봄이 평온한 머묾 속에서 '편하고ῥᾳστώνη 여유 있는διαγωγή' 상태에 이를 수 있을 때만 가능하다."(GA2, 184. 원문 강조) 하이데거의 아리스토텔레스 해석에 따르면, 기분은 이론에서 배제될 수 있는 것이 아니다. 오히려 특정 기분, 즉 평온한 기분 속에서 이론 작업이 수행될 수 있다. 그러나 물론 이를 "학문을 존재적으로 '느낌'에 내맡겨버리려는 시도"로 오해해서는 안 된다. 여기서는 다만 기분이 인간 실존을 구성하는 핵심 부분이며, 기분을 통해 존재가 드러난다는 사실이 중요하다.

이런 2,500년의 도도한 전통에 맞서 하이데거는 하나의 도전장을 제출한다. 하이데거에 따르면, 누구나 예외 없이 특정 기분 속에서만 실존한다. 왜냐하면 인간은 "언제나 이미" 특정한 세계에 던져진 존재이기 때문이다. 현존재가 세계에 던져져 있다는 사실, 곧 현존재의 피투성Geworfenheit은 기분을 통해 드러난다. 그리하여 의식적으로 사유하기 이전부터 우리는 이미 특정한 세계에 들어와 있음을 어떤 감感

으로 안다. 즉 기분을 통해 이미 무엇인가를 감지하고 있는 셈이다. '세계-내-존재'로서 인간은 언제나 이미 특정한 기분 속에 던져져 있다. 시나브로 안개에 옷이 젖듯이, 특정 세계에 던져진 우리 의식은 이미 특정 기분에 젖어 있을 수밖에 없다.

하이데거에게 기분(느낌)[187]은 사유를 준비하고, 언제나 사유에 동반하는 앎의 중요한 부분이다. 예컨대 하이데거가 「예술작품의 근원」에서 잘 보여주는 것처럼, 전승된 사물 해석이 사물에게 어떤 폭력을 휘두르는 느낌을 받았을 때, 이 느낌을 외면해서는 안 된다. 이 느낌을 통해 당장에 명석 판명한 인식을 얻을 수는 없다고 하더라도, 미묘한 이 느낌을 소중하게 간직하고 숙고해야 하는 것이다. '예감'일 수 있기 때문이다.

> 그렇지만 아마도 우리가 여기서 그리고 그와 유사한 경우들에서 느낌 또는 기분이라고 명명하는 것은 더욱더 이성적이다. 다시 말해 더욱 받아들일 만한 것vernehmender이다. 왜냐하면 그사이 계산적 이성ratio이 되어버려 합리적rational이라고 오해된 모든 이성Vernunft보다 존재에 더 개방적이기 때문이다.(GA5, 9)

여기서 확인할 수 있듯이, 하이데거가 비합리론자이고 감상주의자이기 때문에 기분을 중요시했던 것은 결코 아니다. 오히려 기분이 존재를 개방시키고 존재이해에 언제나 개입하며 결국 존재이해를 어떤 식으로든 결정짓기 때문에, 그것을 중요하게 다루었다. 더욱이 서양 형이상학을 해체하면서 새로운 길을 모색할 때, 어떤 느낌이나 기분은 일종의 '예감'으로서 사유를 더욱 진전시키고, 중도에서 그치지 않고 철저히 사유하게 하는 역할을 한다. 결국 생각한다는 것은 기분이 건네는 소리를 예민하게 듣고 그것에 화답하는 것이다.

3. 기분 분석의 철학적 의미

하이데거는 통상 감정이라고 불리는 것을 기분이라고 재규정하며, 그것의 존재론적 위상을 깊이 성찰한다. 그 성찰의 결론은 한마디로 "기분이란 존재의 목소리Stimme"라는 것이다.(GA9, 307)[188] 지금껏 철학자들은 기분을 주관적 정념에 그치는 것으로 이해했다. 지극히 변덕스럽고 개인적인 것이어서 철두철미 공유 불가능한 것이라고 보았다. 또한 주관적인 마음의 산물일 뿐이어서 인식적 가치라고는 조금도 없는 것이라 생각했다. 그러나 하이데거가 보기에, 기분이란 것은 그처럼 사소하고 하찮은 것이 아니라, 존재가 자신을 알리는 메시지이자 오래전부터 시나브로 우리가 수신해온 존재의 목소리다.

예컨대 우리가 어떤 우울한 기분에 사로잡혀 있다면, 그 기분은 그저 우연히 발생한 것이 아니다. 그것은 '아직' 충분히 개념화 또는 의식화되지는 않았지만, '이미' 과거로부터 존재해온 주위 상황이, 곧 우리를 둘러싸고 우리와 관계맺고 있는 것들이 전해오는 어떤 메시지다. 하이데거식으로 말하자면, 세계-내-존재로 살고 있는 현존재에게 존재가 어떤 신호를 보내고 있는 것이다. 비록 이성을 통해 그 메시지가 무엇인지 '언어'로 해독하지는 못하지만, 기분을 통해 현존재는 벌써 예민하게 그것을 수신하고 반응하고 해석하고 있다. 의식 속에서 반성되거나 또렷하게 주제화되지는 않고 있지만, 존재의 소리는 이미 거대한 음량으로 현존재를 조율하고 있으며 현존재는 기분을 통해 그것에 공명하고 있는 셈이다.

이성 중심적인 서양 전통철학에서 이런 기분은 소홀히 다루어져왔다. 기분의 파악 불가능성, 해독 불가능성, 가변성, 자의성, 비이성성 등등을 이유로 기분은 학적 고찰의 진지한 대상이 되지 못했고, 그런 상황에서 그 존재론적 지위가 제대로 평가될 수 없었다. 18세기에 이르러서야 비로소 바움가르텐이 (사유의 법칙을 다루는) 논리학에 준하는 (감정의 법칙을 다루는) 미학Ästhetik을 고안할 수 있었던 것을 보면, 전통철학에서 이 문제를 얼마나 소홀히 다루었는지 잘 알 수 있다.[189] 그러나 미학이 태동한 이후에도 감정은 여전히 그 존재론적인 지위를 정당하게 보장받지 못했다. 이런 철학사적 맥락에서 하이데거의 기분론은 가히 혁명적이라고 평가된다. 그렇다면 하이데거는 기분에 대한 전통철학의 몰이해를 어떻게 타개하고 있는가? 간략히 정리하면 다음과 같다.

첫째, 기분의 인식적 가치를 폄하하는 입장에 대해서는, 이론적 인식의 짧은 안목을 비판한다. 즉 좁은 의미의 인식 개념으로는 기분이 가지고 있는 '존재 개방의 힘'을 포착하지 못한다는 것이다. "……인식의 열어 밝힘의 가능성은 그 미치는 범위가…… 기분의 근원적인 열어 밝힘에 비할 때 너무나 짧다."(GA2, 179) 전통적 견해와는 달리, 여기서 기분은 현존재의 개방성에 속하는 것이다. 하이데거는 존재 개방이라는 척도에 비추어서 이론적이고 학문적인 인식의 편협성을 비판한다. 존재 개방의 큰 힘을 담고 있는 기분은 시시콜콜 시비를 가리는 이론적 인식보다 더 큰 인식적 가치를 가진다. 이론적 인식이 이미 개방된 영역 안에서 옳고 그름을 따진다면, 때때로 기분은 과거에는 없던 새로운 존재의 진리를 열어 보일 수 있기 때문이다. 푸코식으로 말하면, 이론적 인식이 특정 에피스테메에 국한된 지식에 머문다면, 기분은 새로운 에피스테메를 예감하는 인식이다.

둘째, 전통적으로 참된 인식과 도덕적 실천을 위해 기분이 통제되어야만 하는 것으로 이해되었다면, 하이데거는 그럴 수 있음을 전적으로 부인하지는 않으면서도, 근본적인 심급에서는 '기분의 통제 불가능성'을 주장한다. 그는 "존재론적으로 기분이란, 그 안에서 현존재가 그 자신에게 모든 인식과 의욕에 앞서vor, 그리고 이것들[인식과 의

욕]의 열어 밝힘의 범위를 훨씬 초과하여über-hinaus 열어 밝혀져 있는, 그런 현존재의 근원적인 존재양식"이라고 주장한다.(GA2, 181. 원문 강조) 기분이 존재의 목소리라면, 원칙적으로 기분은 지배나 통제의 대상이 될 수 없다. 물론 어느 정도까지는 기분을 제어할 수 있을 것이다. 또한 기분전환을 꾀하는 것, 예컨대 우울한 기분을 즐거운 기분으로 바꾸려는 것이 인간의 일반적인 경향성임을 부인할 수도 없을 것이다. 하지만 기분을 임의대로 완벽히 통제하거나 제거할 수는 없다. "우리는 결코 기분에서 해방되어stimmungslos 기분을 지배하게 될 수는 없고, 오히려 그때마다 어떤 반대기분Gegenstimmung을 통해 지배할 뿐이다."(GA2, 181) 원칙적으로 기분의 통제는 불가능하다. 제한적인 통제조차 오직 또다른 기분의 '대체'를 통해서만 가능하다.

셋째, 기분의 가변성을 향한 전통철학의 비난에 대해서 하이데거는 도리어 우리가 언제나 이미 기분에 사로잡혀 있을 수밖에 없다는 '기분의 불가피성'으로 응수한다. 어떤 기분이 사라지면, (그 어떤 기분도 없는) 기분의 진공 상태가 도래하는 것이 아니다. 기분이 없는 상태는 없으며, 언제나 다른 기분이 이전 기분을 대체할 따름이다. "현존재가 각기 이미 언제나 기분에 조율되어 있다"(GA2, 179)는 것은 인간이 기분이라는 조건에서 벗어날 수 없음을 의미한다. 더구나 철두철미하게 현존재를 규정하는 '근본기분'도 있다. 하이데거에게는 '불안'과 같은 것이 대표적인 근본기분이다.

넷째, 전통적으로 기분은 심리적 현상으로 다루어져, 심리적 부수현상 또는 내면적 인식능력들 간의 상호작용 속에서 발생하는 것으로 여겨졌다. 하이데거는 이런 견해에도 반대한다. 기분에 대한 현상학적 통찰에 따르면, 기분은 전통적인 구분법, 즉 안과 밖의 구분법을 손쉽게 넘어선다. "기분은 덮친다. 기분은 '밖'에서부터 오는 것도 '안'에서부터 오는 것도 아니며 오히려 세계-내-존재의 방식으로, 이 세계-

내-존재 자체에서부터 피어오른다."(GA2, 182) 전통적인 안과 밖의 구분법을 긍정한다면, 기분은 안에서만 발생하는 것도 밖에서만 주어지는 것도 아니다. 그 역으로도 말할 수 있다. 기분은 안에서 발생하는 것이자 동시에 밖에서도 영향을 미친다. 그렇게 모순된 주장이 양립할 수 있는 것은 기분이 이 이분법을 가로지르고 있기 때문이며, 안과 밖의 구분으로는 잡히지 않기 때문이다.

기분은 우리를 엄습하지만, 우리는 그 압도적인 기분을 그대로 받아들이지 않는다. 일상적인 삶에서 기분은 왜곡된 형태로 변형된다. 그렇다고 왜곡된 기분이 기분의 개방성을 부인하는 것은 아니다. 왜곡 속에는 언제나 왜곡되지 않은 것이 숨어 있기 때문이다. 기분은 전반성적 현상으로서(GA2, 182 참조), 현존재 자신이 세계 내에 던져졌지만 오히려 자신이 처한 상황에서 세계를 개방하는 한 가지 방식이다. "……기분에 조율되는 것Gestimmtheit은 실존론적으로 현존재의 세계개방성Weltoffenheit을 구성한다."(GA2, 183) 반성하고 의식하고 언어화하기 이전에 기분을 통해서, 이미 우리는 자신이 속해 있는 세계를 알고 있다.

4. 철학의 근본기분

로댕 작품이 발산하는 분위기를 생각하는 사람의 고유한 분위기, 그래서 결국 그것을 철학자의 분위기라고 할 수 있다면, 먼저 철학을 규정하는 근본기분에 대해 살펴봐야 할 것이다. 철학도 예외 없이 어떤 기분 속에서 수행된다. 철학과 기분이 인간에게 불가피한 것이라면, 철학 역시 특정한 기분 속에서 성장한다고 말할 수 있다. "철학은 그때마다 어떤 근본기분 안에서 일어난다."(GA29/30, 10)[190] 그렇다면 철학을 규정하는 철학의 근본기분은 어떤 것일까? 잘 알려져 있다시피, 이미 아리스토텔레스는 그런 근본기분으로 경이로운 '놀라움'을 언급한 바 있다. 처음 손꼽을 수 있는 서양철학의 근본기분은 놀라움이다.

> 지금이나 그 첫 단계에서나 사람들은 놀라움 때문에 철학을 하기 시작했으니, 처음에는 눈앞의 갖가지 기이한 현상들에 대해 놀랐고 그뒤에는 조금씩 발전하면서 더 중요한 것들에 대한 의문에 사로잡혔는데, 예를 들어 달 표면의 현상들, 태양과 별들 주변에서 일어나는 현상들, 온 세계의 생성이 그런 것들에 해당한다. 의문에 사로잡혀 놀라워하는 사람은 자기가 무지하다고 생각한다.(이런 이유에서 보면 신화를 사랑하는 사람도 어떤 뜻에서는 지혜를 사랑하는 사람인데, 그 까닭은 신화가 놀라운 사건들로 이루어지기 때문이다.) 그러므로 무지를 피하기 위해서 사람들이 철학을 시작했다면, 분명히 앎 때문에 인식활동을 추구한 것이지 유용성 때문에 그렇게 한 것이 아니다.[191]

어떤 것이 없지 않고 있으며, 그것도 굳이 이런 특정 방식으로 존재한다는 사실 자체가 우리에게 커다란 놀라움을 불러일으킨다. 더군다나 맞닥트린 존재에 대해 알고 있는 바가 거의 없을 때, 그것은 무엇보다 경이로운 대상으로 출현한다. 철학은 어떤 실용적인 목적을 위해서 시작된 것이 아니라, 이처럼 존재와 대면한 인간의 자연스러운 놀라움에서 출발한다. 그렇다면 이런 존재의 경이로움은 무엇을 의미하는 것일까? 이것은 단순히 무엇인가를 궁금해하는 얄팍한 호기심은 아닐 것이다. 하이데거는 일단 철학의 '놀라움'을 "설명 불가능성 Unerklärbarkeit"(GA45, 156)에서 유래한 것이라고 보고 있다. 이유 없이 존재하는 그 존재를 보고 인간은 어떤 '무시무시함Ungeheuer'을 느끼고 경탄한다. '있음'에서는 더이상 어떤 이유나 목적을 찾을 수 없다.

하이데거의 존재는 일차적으로 모든 설명이 무력해지는 지점을 가리킨다.

철학의 놀라움은 존재에 대한 경이로움이다. 잘 알고 있다고 여겨왔던 '있음'이 불현듯 설명할 수 없는 것으로 현상할 때, 우리는 존재의 경이로움을 느낀다. 그 경이감이 찾아들 때면, 지금껏 잘 숙지해왔고 익숙했던 사물들도 낯설게 여겨진다. 그래서 하이데거가 보기에, "놀라움 속에서는 가장 익숙한 것 자체가 가장 익숙하지 않은 것이 된다."(GA45, 166) 이후 철학은 경이감을 품고 미지를 탐험한다. 그런데 궁극적으로 이런 경이로운 감정을 완벽하게 해소할 수 있는 길은 없다.

존재의 경이에서 출발하지만, 철학하는 과정 속에서 경이로움이 반감되는 것은 아니다. 오히려 증폭한다. 철학의 근본기분으로서 '놀라움'은 철학의 시작과 끝을 지배한다. 지식의 축적을 통해 반감되는 놀라움은 진정한 철학의 놀라움이 아니다. 왜냐하면 존재는 그 어떤 지식으로도 완벽히 환원될 수 없기 때문이다. 철학적 사유의 마지막 발걸음까지 놀라움은 놀라움으로 남아 있다. 아무리 사태에 대한 이해가 높아져도 경이로움은 사라지지 않는다. "극단으로 치닫는 놀라움은 가장 익숙한 것의 익숙하지 않음에서 어떤 출구Ausweg도 알지 못한다."(GA45, 167) 마찬가지로 존재의 경이로움에 진입하는 것도 쉽지 않다. 마땅한 입구Einweg 역시 없다.(GA45, 167) 익숙하게만 여겨졌던 존재가 낯설고 경이롭게 다가오는 것은, 또한 아무리 지식을 축적해도 경이감이 사그러들지 않는 것은 조작하고 통제할 수 없는 존재의 풍요와 잉여를 입증해준다.

이제 다시 처음의 물음으로 되돌아가보자. 앞서 언급했던 로댕의 작품에서 느낄 수 있는 정조는 어떤 것인가? 지금까지 논의했던 철학의 근본기분, 즉 처음 철학하게 만드는 놀라움일까? 그런데 아무리 살펴봐도 로댕의 작품과 경이로움은 그다지 잘 어울리지 않는다. 〈생각하는 사람〉을 지배하는 전체 분위기는 놀라움과는 다른 어떤 것이다. 철학의 근본기분 가운데 하나인 놀라움이 작품과 어울리지 않는다면, 로댕의 〈생각하는 사람〉은 철학자와는 무관한 것일까?

성급하게 단정지을 필요도 없고 그래서도 안 된다. 그 작품에서 우리는 심각하고, 진지하고, 무겁고, 우수에 차고, 고통스러운 분위기를 느낄 수 있다. 사실 작품에서 받는 느낌은 너무나도 복잡 미묘해서, 딱히 무엇이라고 표현하기 어렵다. 하지만 오래전부터 서양의 지성인들은 이런 정조를 한마디로 '멜랑콜리'라고 명명했다. 서양철학은 멜랑콜리라는 기분 속에서 사유를 전개해왔다. 하이데거가 보기에도, 진정한 철학자는 멜랑콜리커다.

5. 하이데거의 멜랑콜리 해석

기분의 철학자 하이데거는 다양한 기분 현상을 분석한 바 있다. 『존재와 시간』에서는 '불안'과 '공포'를 다루었고, 『형이상학의 근본개념들: 세계성-유한성-고독』에서는 '권태'를 다루었다. 그밖에도 '낯섦', '놀라움', '섬뜩함' 등 다양한 기분들을 다루었다. 그런데 기존의 연구에서 특별히 주목받지 못한 기분이 멜랑콜리다. 비록 하이데거가 불안이나 권태에 맞먹는 비중으로 멜랑콜리를 분석하지는 않았지만(권태를 다루면서 짧게 언급했다), 멜랑콜리라는 기분은 그의 철학에서 상당히 중요한 개념이다. 존재의 경이로움과 더불어 그는 멜랑콜리를 철학의 근본기분으로 규정한다. 일단 그는 아리스토텔레스의 유명한 멜랑콜리론을 인용한다. 철학과 멜랑콜리를 연결지었던 최초의 텍스트를 언급하면서, 하이데거는 자신의 독특한 해석을 제시한다.

"철학과 정치, 시 또는 예술 방면의 비범한 사람들이 왜 모두 명백히 멜랑콜리커였을까?" 1장에서 이미 다루었던 것처럼, 아리스토텔레스의 이 물음은 멜랑콜리 담론사의 서장을 장식했던 물음이다. 그런데 하이데거는 권태를 논하는 강의에서 이 구절을 인용한다. 그러면서 하이데거가 말하고자 하는 것은 두 가지다. 멜랑콜리는 1) 현대를 특징짓고 있는 근본기분이며(그 구체적 논의는 '권태' 분석을 통해 성취된다), 동시에 2) 철학의 근본 정조다. 인용문은 특히 두번째 논지를 정당화하려는 일환으로 도입된 것이다. 여기서 하이데거는 그리스어 페리토이περιττοί를 독일어 'herausragend(비범한)'로 번역하고 있다. 1장에서 이미 지적한 바 있듯이, 그리스어 형용사 '페리토스περιττός'는 보통의 상태나 평범함에서 벗어난 것, 비범하고 특별한 것, 낯선 것, 그래서 이상한 것을 형용하는 말이면서 동시에 충분한 상태를 초과하는 잉여, 과잉, 과도함을 뜻한다. 이런 페리토스는 때로 찬미의 수사학에서도 사용되지만, 때로는 비난의 수사학에도 편입되는 용어다. 다시 말해서 페리토스라는 어휘는 호오好惡, 천재와 광기, 찬미와 비난이라는 양가적 의미를 모두 담고 있다.

그러나 이후 이 용어는 통상 '비범함'으로 번역되어 정착된다. 보통 사람들이 이해하듯, 비범함이란 평범한 수준을 초과하는 출중함을 가리킨다. 그래서 재능과 성취의 측면에서 타인들에 비해 상대적으로 출중한 사람을 수식하는 말로 이해된다. 동시에 이 경우 비범함이란 철학(그리고 예술, 정치 등)의 핵심을 지칭하는 말이다. 다시 말해 타인과의 비교 속에서 상대적으로 출중하다는 뜻만이 아니라, 철학이나 예술의 핵심에 안착한 사람을 뜻하는 말이다. 그래서 철학 방면에서 뛰어난 사람은 철학의 본질에 더 가까이 다가간 사람이라고 볼 수 있다. 아리스토텔레스의 관찰에 따르면, 그런 사람은 모두 멜랑콜리한 기분에 젖어 있다.

1) 창작 – 자유로운 형성

아리스토텔레스는 멜랑콜리와 연관된 비범한 사람들로 철학자, 정치가, 시인, 예술가 등을 지목하고 있다. 그렇다면 지목된 이들의 공통점은 어디에 있을까? 쉬운 대답은 아리스토텔레스의 물음 속에 있다. 그들은 모두 멜랑콜리커다. 물음의 전제이자 아리스토텔레스에게는 자명했던 그 사실이 도리어 현대인들에게는 낯설다. 아리스토텔레스는 자신의 물음에 대해 당대 의학(체액설)을 바탕으로 나름의 답을 내리고자 했다. 그런데 하이데거는 그런 답에는 관심이 없는 듯하다. 그에게 중요한 것은 아리스토텔레스가 제기했던 물음이다. 하이데거는 철학자, 정치가, 시인, 예술가를 '검은 담즙'이라는 체액을 통해 엮어보려 했던 아리스토텔레스와는 달리, 그들을 '창조적인 자'로 규정한다. 철학자, 정치가, 시인, 예술가는 모두 창조적인 활동을 하는 사람들이라는 점에서 하나의 범주로 묶일 수 있다.

> 오히려 철학은, 가령 예술을 볼 때처럼, 우리가 '철학은 창조적이어야 한다'고 말할 때 매우 서투르고 모호하게 의미하곤 하는 바로 그것을 요구하기 때문이다. '창조적Schöferisch'— 이 말 자체 속에 놓여 있는 의무와 이 의무를 지탱하고 있는 자세를 고려해볼 적에 이 말은, 비창조적인 막일꾼과 장사꾼에 비해서 탁월하고 출중하다는 의미가 아니라, 창작적인 면모를 의미한다. 창작schaffen은 일종의 자유로운 형성Bilden이다. 자유는 오직 하나의 짐Bürde을 떠맡는 곳에서만 존재한다. 창작에서 이러한 짐은 창작의 양식에 매번 따라오는 일종의 강제Muß[192]이며 절박함Not인데, 인간은 그러한 강제와 절박함을 부담스러워한다. 그래서 그런 인간의 심정은 무겁기만 하다. 모든 창작적인 행동은 무거운 심정Schwermut 속에서 존재한다. ……창조성과 멜랑콜리 사이의 이런 연관을 아리스토텔레스는 이미 알고 있었다.(GA29/30, 270)

인용문에서 먼저 하이데거는 '창조적'이란 낱말의 의미를 제한한다. '창조'가 신적인 것으로 무조건 경배되고 '탁월하고 출중하다'는 의미로 사용되는 시류와 거리를 두고 있다. '창조'라는 낱말이 지나치게 신비화되면서 그 말은 도리어 사태를 드러내는 힘을 상실했다고 보기 때문이다. 이미 낭만주의의 실패를 보았던 하이데거는 이 용어에 얹힌 비본질적이고 잉여적인 의미를 덜어내고자 한다. 또한 '창조'라는 말이 서양 전통의 문맥에서 통상 기독교적인 의미(무에서 시작한 신의 창조)로 사용되어왔다는 점을 고려하더라도, 그는 자신이 이 용어를 통해 말하고자 하는 바를 엄밀하게 규정할 필요가 있었다. 그가 보기에 창조(창작)란 기본적으로 '자유로운 형성'이다. 무엇인가를 자유롭게 형성하는 창조야말로 하이데거가 말하고 싶은 창조이다.

이 정의에는 하이데거의 중요 개념, 곧 '자유'와 '형성'이 담겨 있다. 상식적으로 형성이란 개별적인 어떤 것, 예컨대 철학논문이나 시 한 편 또는 하나의 조각품 등을 창작하는 것을 뜻한다. 그러나 궁극적으로 하이데거에게 형성이란 "세계형성Weltbildung"이다.(GA29/30, 507쪽 이하 참조) 인간의 입장에서 볼 때, 인간의 기투를 통해 세계가 형성된다고도 말할 수 있지만, 진리를 밝히는 '현-존재Da-sein'의 측면에서 보면, 존재하는 것들의 의미를 밝혀주는 세계는 현-존재의 '거기da'에서 스스로 형성된다고 말할 수 있다. 모든 것의 의미지평인 세계는 고정불변하는 것이 아니라, 시간 속에서 형성되는 것이다.

비범한 철학자, 정치가, 시인, 예술가 등등은 모두 (사상, 공동체의 제도나 법, 작품 등을) 창작하는 사람들이라는 점에서 일치한다. 동시에 그들은 모두 자유인이라는 점에서 하나의 범주로 묶일 수 있다. 당시 사회적 계급의 측면에서 자유인이었던 것은 물론이지만, 좀더 철학적인 의미에서 그들은 자유인이다. 하이데거가 보기에, 만일 인간의 본질이라는 것이 있다면, 그것은 자유다.[193] 그런 까닭에 자유인은 인간의 본질에 따라 실존하고 있는 사람들에 다름아니다. "진리와 자유의 본질적 연관을 성찰함으로써, 우리는 인간(현존재)의 은폐되었던 본질적인 근거에 관한 경험을 우리에게 보증하려는 관점에서, 그로써 우리를 진리가 근원적으로 나타나는 영역으로 미리 옮겨놓으려는 관점에서, 인간의 본질에 관한 물음을 추구하게 된다."(GA9, 187) 하이데거에게 인간은 무엇보다도 존재의 진리를 밝히는 '현존재'다. 성서의 한 구절인 "진리가 너희를 자유케 하리라"라는 표현보다 더 급진적으로, 하이데거는 진리와 자유를 동일한 것으로 파악한다. 진리는 곧 자유다. '자유가 너희를 진실되게 하리라.'

통상 자유를 인간의지와 관련지어 이해하는 것과는 달리,[194] 인간중심적 전통존재론에서 떠나려 했던 하이데거는 자유마저 존재진리의 사건으로 이해한다. "진리의 본질은 자유로서 개현된다. 자유는 탈-존하면서 존재자를 탈은폐하면서 존재하게 하는 것이다."(GA9, 192) 자유를 이와 같이 이해한다면, 창작은 자유를 전제하지 않을 수 없다. 다시 말해서 자유는 창작의 필수조건이다. 왜냐하면 창작이 결국 세계형성, 곧 시시각각 변전하는 존재사건의 진면목이라면, 그리고 "인간이 세계형성적"(GA29/30, 509)이라면, 존재를 드러내는 진리, 곧 하이데거적인 자유는 창작에 불가피하기 때문이다. 그리고 이제 자유롭게 형성하는 자들은 아리스토텔레스의 정의에 따라 멜랑콜리커로 규정된다. 다시 말해 인간의 본질인 자유를 구현하는 사람들은 멜랑콜리한 기분에 젖을 수밖에 없다는 것이다. 무엇보다 우리가 여기서 기억해야 할 것은 하이데거의 해석이 낡은 체액설을 통해서가 아니라, 자유로운 세계형성이라는 창작 개념을 통해 멜랑콜리를 새롭게 해명하려 한다는 점이다. 멜랑콜리는 자유로운 창작자들의 주된 정조다.

2) 자유의 짐

그렇다면 자유로운 사람은 어떻게 멜랑콜리커가 되는가? 자유를 통해 멜랑콜리는 어떻게 해석될 수 있는가? 하이데거는 멜랑콜리를 다시 철학적 용어로 재해석한다. 그에 따르면, 멜랑콜리는 자유인의 기분이다. 멜랑콜리는 자유라는 왕국의 소속감이다. 무엇인가를 자유롭게 형성하는 자는 불가피하게 멜랑콜리라는 기분에 젖을 수밖에 없다. 그런데 왜 그럴 수밖에 없는가?

이 물음에 답하기 위해 다시 앞의 인용문으로 되돌아가보자. 인용문에서 하이데거는 자유를 '떠맡아야 할 짐'으로 서술하고 있다. 일단 상식적인 관점에서 이해하자면, 자유에는 언제나 책임이 뒤따른다는 말로 해석된다. 자유로운 행위는 그에 상응하는 책임을 짊어진다는 조건하에서만 허용된다. 바꿔 말해서, 나의 자유로운 행위가 타인의 자유를 침해하거나 법 또는 관습 등을 위반해서는 안 된다. 그런데 이런 자유에 대한 통속적인 해석은 하이데거의 말을 이해하는 데 큰 도움이 되지 않는다. 왜냐하면 하이데거의 자유 개념 자체가 상당히 독특한 것은 차치하고서라도, 여기서의 관건은 창작의 조건으로 제시되는 자유이기 때문이다.

일상어법에서도 '창작의 자유'라는 말이 종종 사용되듯이, 무엇인가를 창작하기 위해서는 자유가 필요하다. 창작은 이전에는 없던 것을 있도록 하는 행위다. 이미 주어진 것만을 가지고는 창작할 수 없다. 이미 주어진 것 속으로 (아직 현실화되지 않은) 가능성을 기투할 수 있는 자유[195]가 선행해야만 창작이 가능하다. 이런 점에서 자유는 창작의 원천이다. 자유가 없다면, 창작은 불가능하다. 그렇다면 이런 창작의 자유가 어떤 이유로 하나의 짐이 되는 것일까? 하이데거의 관점에서 창작은 일차적으로 세계형성이고 그것은 동시에 자기형성이다.[196] 다시 말해서 무엇을 창작하든 간에, 창작이 가능하기 위해서는 자기존재를 새롭게 형성해야 하고, 그럼으로써 존재이해를 새롭게 바꾸어야 하며, 결국 세계형성에 조응할 수 있어야 한다.

하이데거에게 '자기Selbst'란 실체적으로 존재하는 '나Ich'가 아니라, 세계를 향한 초월과 이행 과정에 존립하는 것이며, "세인das Man의 환상에서 해방된 정열적이고 현사실적인, 자기 자신을 확신하고 불안해하는 죽음을 향한 자유Freiheit zum Tode 속에 있는 자신"(GA2, 353. 원문 강조)이다. 이 인용문에서 확인할 수 있는 것처럼, 하이데거의 자유는 죽음에서 그 최고의 형식을 얻는다. 자기존재 전체를 확보해주는 죽음, 그것을 향한 선구가 자유를 극대화한다. 하이데거의 자유에는 죽음이 함께 실려 있다. 자기존재 전체를 거는 자유만이 본래적인 자기를 확인할 수 있는 길이다. 이런 자유는 이미 존재했던 자기존재와 새롭게 형성될 자기존재를 모두 떠맡지 않을 수 없다.

비유컨대 인간이 지금까지 삶의 터전이었던 지구로부터 자유롭게 비상하기 위해서는 지구가 당기는 자기 몸의 중력을 이겨내야만 한다. 도약은 곧 중력과의 싸움을 의미한다. 자유의 무게는 곧 현존재가 처해 있는 현사실적 상황과 죽음에 이르는 기투적 결단에서 유래한다. 한마디로 자유의 짐이란 죽음의 저울로 측정한 자기실존의 무게이자 자유인으로서의 자기존재감이다.

자유는 그저 마음 내키는 대로 행위하는 것이 아니다. 자유는 창조적인 존재에 응대하기 위해서만이 아니라 본래적인 자신을 성취하기 위한, 매순간 죽음을 선취하여 자기존재의 전체성을 확보해서 결단하고 선택해야만 하는 강제와 절박함에서 유래한다. 진정한 자기를 찾기 위해서는 목숨(자기의 전존재)을 건 결단과 선택을 감행하지 않으면 안 된다. 그런데 이것은 일상을 사는 누구에게라도 짐스러운 일이 아닐 수 없다. 죽음을 회피하는 것이 아니라, 죽음을 정면으로 응시함으로써 얻을 수 있는 자유에는 자기존재 전체의 무게가 실려 있다. 그래서 자유로워야만 한다는 것 자체만으로도 부담스럽다. 그러나 자기존재의 무게가 실린 실존의 짐을 짊어질 각오가 없는 이상 진정한 자기도, 자유도, 창작도 불가능하다는 것이 하이데거의 생각이다. 그래서 자유란 실상 의지할 곳 하나 없는 고독이며, 다른 누구도 대신할 수 없는 자기존재의 무게를 감당해야 하는 고통이고, 그 고통을 감내하지 않고서는 자유로울 수도 창작할 수도 없다는 절박함이자, 그리하여 자유로워야만 한다는 강제의 또다른 이름이다. 그래서 자유는 구름처럼 마냥 가벼운 것이 아니라, '무거운 짐'으로 표상될 수밖에 없다.

하이데거는 이런 자유의 무거움을 멜랑콜리와 연결짓고 있다. 멜랑콜리는 통상 순수 독일어로 Schwermut, 즉 글자 그대로 '무거운 심정'이라고 번역된다. 하이데거는 멜랑콜리의 독일어 번역어에 담겨 있는 무거움Schwer-과 자유의 짐을 연결해 아리스토텔레스의 텍스트를 새롭게 해석한다. 여기서 관건이 되는 멜랑콜리는 자유로운 창작 과정에서 발생하는 묵직한 심정이다. 그것은 존재의 심연, 곧 무근거로서의 자유에서 유래한 독특한 기분이다. 멜랑콜리커는 존재의 심연에서 피어오르는 어둡고 묵직한 사유의 크기에 깔려 숨조차 제대로 쉴 수 없다. 창작의 자유는 그 자체가 자유롭게 피어오르는 고뇌의 중압감을 뜻한다. 이전에는 없던 것을 창작하는 사람은 창조적인 존재를 드러내는 자유인이고, 이 경우 그의 자유는 역사 속에서 존재가 보내는 '운명Schicksal'을 떠맡아야만 하는 짐이다.

자유로워야만 한다는, 세계형성에 호흡을 맞추어야만 한다는, 다시 말해서 존재의 부름에 응대해서 창작해야만 한다는 부담감이 한 개인의 연약한 어깨를 무겁게 짓누른다. 철학자는 이런 무거운 기분 속에서 창조적인 존재에 응대하며 창조적으로 사유한다. "철학은 무거운 심정Schwermut이라는 근본기분 속에서 인간 현존재의 창조적이고 본질적인 행위로서 존립한다."(GA29/30, 271. 원문 강조) 이런 의미에서 멜랑콜리는 자유로운 사유 속에서 세계를 형성하는 철학자의 고유한 정조다.

아리스토텔레스의 멜랑콜리론에 대한 하이데거의 해석을 요약해 보기로 하자. 아리스토텔레스가 말했던 철학, 정치, 시, 예술 등의 방면에서 비범했던 사람들은 모두 창조적인 작업을 수행했던 사람들이다. 그런데 창작은 자유를 통해서만 가능하다. 자유 없는 창작은 불가능하다. 하이데거식으로 말하자면, 창조는 궁극적으로 존재 자신의 창조이며 자유는 그런 창조를 밝히는 존재의 개방성을 뜻하기 때문이다. 그래서 창작가들은 모두 자유로운 사람들이다. 그런데 여기서 자유는 인간이 떠맡아야 하는 짐으로 등장한다. 그것을 떠맡아야 하는 까닭은 자유가 창조를 위해 반드시 요구되는 인간의 본질이자 운명이기 때문이며, 그것이 짐으로 생각되는 까닭은 창작의 자유를 확보하기 위해서 자신의 전부를 걸어야만 하기 때문이다. 그러므로 자유로운 창작자는 모두 자기존재감이 실린 자유의 짐에 고통받는 사람이다. 그래서 그는 멜랑콜리라는 어둡고 무거운 기분에 젖어 있을 수밖에 없다.

마지막으로 다시 로댕 작품으로 돌아가보자. 로댕 작품의 전체 분위기는 멜랑콜리하다. 멜랑콜리는 그 작품이 전해주는 느낌에 부합하는 가장 적절한 표현이다. 창작을 위한 온갖 상념에 머리가 무거워져, 한쪽 손으로 턱을 괸 모습은 멜랑콜리커의 전형적인 포즈다. 작품의 주인공은 철학자일 수도 있고 예술가일 수도 있다. 아니 어쩌면 아리스토텔레스의 말에 대한 하이데거의 해석에 의거하여 그는 자유로운 창작자 전체를 가리키는 상징적 이미지라고 볼 수도 있다. 아리스토텔레스에서 하이데거에 이르기까지 2,500년 동안 서양 지성인들을 지배했던 선입견에 따르면, 창작하는 자유인은 필연적으로 멜랑콜리한 분위기를 발산한다. 여기서 멜랑콜리는 자유의 산물로 미화된다.

자유인은 멜랑콜리하다. 멜랑콜리는 자유인의 표지이다. 사르트르의 말처럼 "자유에 선고된"[197] 인간, 하이데거식으로 말하자면 "자유의 소유물Eigentum"(GA9, 191)인 인간의 고뇌와 슬픔 그리고 자긍심을 서양인들은 멜랑콜리라는 어둡고 무거운 정조 속에 담아냈던 것이다.

중세 II : 아우구스티누스의 고백, 자백, 독백

고백告白이란 누군가에게 진정한 자기를 숨김없이 알리는 행위다. 통상 고백하는 자와 고백을 듣는 자 사이에는 지와 무지라는 인식의 격차가 존재한다. 고백에는 청자가 모르는 화자의 비밀이 담겨 있다. 다시 규정하자면, 고백이란 상대에게 나만의 비밀을 털어놓는 행위다. 그런데 청자가 고백의 내용을 이미 알고 있다면, 고백은 대체 왜 하는 것일까? 의외로 이런 경우는 많다. 예컨대 사랑 고백의 많은 경우, 이미 청자는 고백의 내용을 충분히 예견(기대)하고 있다. 서양 고백문학의 원조이자 대표작인 아우구스티누스의 『고백록』도 같은 경우에 속한다. 여기서 고백을 듣는 자는 전지전능한 신이다. 굳이 고백하지 않아도 신은 고백하는 자의 모든 것을 낱낱이 알고 있다. 그런데도 왜 아우구스티누스는 신에게 고백하는 것일까?

『고백록』 제11권에서 아우구스티누스는 이런 역설적인 상황을 다음과 같이 말하고 있다. "주여, 주님이 영원 가운데 계시므로 내가 주님께 말씀드리고 있는 것을 모르실 수 있나이까? ……어찌하여 나는 주님께 그런 사건들에 대해 이야기하고 있나이까? 확실히 나를 통하여 주님께 그것들을 알리려 함이 아니라, 도리어 그것들을 통하여 내가 내 자신의 사랑과 나의 독자들의 사랑을 주님께로 향하게 부추겨서, 모든 사람이 '주는 광대하시며 크게 찬송을 받으실지로다' 하고 말하게 하려 함이옵니다."[198] 고백을 듣는 자가 전지전능한 신이기 때문에, 숨겨진 비밀을 털어놓는 고백의 의미는 유명무실해진다. 그럼에도 고백하는 까닭은 신을 향한 나의 사랑을 유발하고 강화시키고 증명함으로써 신의 사랑을 얻기 위해서다. 이런 점에서 속마음을 터놓는 고백은 근본적으로 상대에게 진정한 사랑을 표현함으로써 상대에게 사랑받기를 기대하는 전략적인 화법話法으로 변모한다. 이것은 인간 편에서 하는 말이다. 역으로 전능한 신의 편에서 생각한다면, 고백은 처음부터 신의 뜻이다. "내가 주님께 고백하는 것이 먼저 주님의 뜻이었던 것이옵니다."[199] 사랑 그 자체인 신이 사랑하기(사랑을 주고받기) 위해 고안한 장치가 바로 고백이다.

고백의 내용이 비밀스러운 까닭은 대개 부끄러운 죄와 관련된 내용이기 때문이다. 이런 점에서 고백은 '자백'이다. 절대적이고 완벽한 존재 앞에서 유한한 인간의 모든 면면은 죄로 인식된다. 천진난만한 아이도 예외가 아니다. "땅 위에서 하루만 살다가 죽은 아이에게도 죄 아닌 것이 하나도 없나이다. ……어린아이가 천진난만하게 보이는 것은 몸이 연약했기 때문이지 그의 마음이 천진난만했기 때문은 아니었습니다. 나는 시기로 가득찬 어린아이였습니다. 말은 할 줄 몰랐지만 다른 아이가 어머니의 품속에 있는 것을 보면 분이 치밀기도 했습니다."[200] 기독교적 원죄를 짊어지고 태어난 인간은 이후에도 줄곧 죄를 멈추지 못한다. 아우구스티누스의 고백에 따르면, 그는 장난꾸러기 시절 배고파서가 아니라 장난삼아 남의 집 배나무를 흔들어 배를 돼지에게 던져준 일도 있었고, 젊어서는 마니교에 심취한 적도 있었으며, 정식 결혼을 하기 위해 15년간 함께한 동거녀를 내쫓고도 그사이를 못 참고 "정욕의 노예"가 되어 다른 정부情婦를 얻는 일도 있었다.

이처럼 아우구스티누스의 고백은 신과 인간 사이의 무한한 거리에 대한 절망이 주요 내용을 차지한다. 절망하면서도 그는 끊임없이 그 거리를 좁히려 한다. 내면의 무자비한 갈등은 회심回心의 순간에 최고도로 증폭된다. 그 드라마틱한 장면은 이렇게 전개된다. 우선 타인에게 방해받지 않고 또다른 자기와 "격렬한 전쟁"을 치르기 위해 그는 무화과나무가 있는 정원으로 자리를 옮긴다. "내 머리 속의 폭풍우는 나를 이 정원으로 내몰아갔으며, 그곳이라면 내가 자신과 벌이는 사나운 싸움이 방해받지 않을 만했나이다."[201] 처절한 싸움의 와중에는 이렇게 고백한다. "깊은 반성이 내 영혼의 은밀한 깊은 곳에서 나의 모든 비참을 끌어올렸을 때, 강한 폭풍이 일어났고 아울러 눈물이 심한 비처럼 내렸나이다."[202] 한참을 울었을 때, 이웃집에서 들려오는 "그것을 집어 읽어라"라는 음성을 듣고 아우구스티누스는 처음 눈에 띄는 성서의 한 구절을 읽는다. 그가 읽은 성서 구절은 이렇다. "낮의 빛 가운데 사는 사람들처럼 단정하게 행동해야 합니다. 흥청망청 먹고 마시며 술 취하지 말고 음란과 방탕과 싸움과 시기하는 일을 버리십시오. 주 예수 그리스도로 옷 입고 정욕을 위해 육신의 일을 추구하지 마십시오."(「로마서」 13: 13-14) 성서의 이 구절을 읽는 순간, "즉시 충만한 확신의 빛 같은 것이 내 마음에 들어왔고, 의심의 모든 어둠이 사라졌다"라고 말하며 그는 기독교로 개종한다.

물론 이런 회심의 결단 뒤에도 정도는 덜하지만 아우구스티누스는 죄를 짓고 번뇌하며 회개를 반복한다. 어쩌면 이것은 당연한 일이다. 인간은 결코 신이 아니기 때문이다. 아우구스티누스의 『고백록』을 읽다보면, 중세적 멜랑콜리[203] '아케디아'가 수도사들에게 자주 찾아온

이유를 알 수 있다. 수도사의 금욕, 고행, 은둔 생활이 멜랑콜리의 원인이기도 하지만, 궁극적으로 신과의 '무한한' 거리를 좁히려는 '불가능한' 시도를 하기 때문에 수도사들은 아케디아의 위험에 빠져들었던 것이다. 이와 같이 중세적 멜랑콜리인 아케디아는 종교적 멜랑콜리, 정확히는 기독교적 멜랑콜리라 말할 수 있다. 그것은 신으로 향해 가는 길을 잃고 만 사람들, 아니 반드시 길을 잃을 수밖에 없는 인간의 유한성에서 유래한 멜랑콜리다.

그렇다면 예술가는 이런 멜랑콜리에서 자유로울 수 있을까? 만일 어떤 예술가가 도달할 수 없는 아름다움을 추구한다면, 그는 언제든 이런 멜랑콜리의 공격을 받을 수밖에 없을 것이다. 초월적인 아름다움을 믿고 소망하고 사랑한다면, 즉 예술가에게 예술이 일종의 종교가 된다면, 그는 이런 종교적 멜랑콜리를 만나게 될 것이다. 그럼 세속적인 미와 통속적인 예술에 만족하는 예술가는 어떨까? 그는 이런 종교적 멜랑콜리에서 완벽하게 안전할까?

화가는 빈 캔버스와 홀로 마주해야 하며, 시인은 백지와 대면해야 한다. 독창적인 작품을 창작하기 위해 그들은 진정성을 담아 빈 공백에 말을 건넨다. 공백의 무無와 마주한 예술가는 독백하는 자다. '독백'이란 자기와의 대화이다. 그런데 이 독백 역시 전지전능한 신에 대한 고백처럼 역설적인 상황에 빠진다. 청자로서의 자기와 화자로서의 자기는 결국 서로 다른 사람이 아니기 때문이다. 모든 것을 알고 있는 자기 자신에게 뻔한 이야기를 고백한다. 왜? 자기에게 사랑받고 싶기 때문이다. 분열된 채 존재하는 또다른 자기와 화해하기 위해서다. 그런데 그 일은 쉽지 않다. 어쩌다가 마음에 드는 작품을 창작할 때 잠시 봉합될 수 있을지언정 영원한 화해는 불가능하다. 역설적으로 영원한 화해는 작품 창작의 적敵이다. 화해의 상태에서는 더이상 고백할(작품을 창작할) 이유 내지 욕망이 사라지기 때문이다. 개종을 한 후에도 번민하며 『고백록』을 쓰는 아우구스티누스처럼, 예술가의 자기분열과 마음의 격렬한 내전內戰은 창작의 동력인 것이다. 결국 고백의 언어로 독백하는 예술가는 멜랑콜리의 위험에서 자유로울 수 없다.

6장

유아론과 멜랑콜리

하이데거 II

'불안은 영혼을 잠식한다'
—라이너 베르너 파스빈더 감독의 영화 제목

하이데거는 멜랑콜리를 잘 알고 있었다. 아리스토텔레스의 멜랑콜리론을 인용하며 철학적인 해석을 내리기도 했다. 그렇다면 한 걸음 더 나아가 하이데거의 철학 자체도 멜랑콜리라는 기분의 자장 속에 있지 않을까?

이번 장에서는 하이데거 철학이 (특히 『존재와 시간』을 중심으로) 근본적으로 멜랑콜리한 정조로 물들어 있으며 멜랑콜리 담론과 접속되어 있다는 점을 밝힘으로써, 궁극적으로 하이데거 철학의 핵심부에 멜랑콜리가 자리잡고 있음을 논할 것이다. 하이데거 철학은 그 어떤 철학보다도 강력하고 심층적으로 전통철학을 비판한 철학인데도, 시작부터 멜랑콜리로 각인된 서양철학의 도도한 흐름 한가운데 있으며, 서양문화의 검은 낙인이 여전히 지워지지 않은 채 남아 있다.

지금까지 살펴보았듯이, 서양철학이 멜랑콜리라는 정조 속에서 탄생하고 성장했다는 주장은 한갓 개인적인 소견이 아니다. 고대 그리스 철학을 집대성한 아리스토텔레스가 이미 그런 주장을 한 바 있으며(1장 참조), 그가 멜랑콜리 철학자라고 직접 언급했던 엠페도클레스, 소크라테스, 플라톤은 말할 것도 없고,[204] '어두운 철학자' 또는 '우는 철학자'로 불렸던 헤라클레이토스, 르네상스 시대의 영국 학자 로버트 버턴이 멜랑콜리에 관한 자신의 저서에서 스승으로 삼고 있는[205] 데모크리토스 역시 모두 멜랑콜리커였다. 고전철학에 해박한 하이데거가 멜랑콜리에 대한 아리스토텔레스의 규정을 간과했을 리 없으며, 앞에서 살펴본 대로 하이데거는 아리스토텔레스를 인용하면서 자유롭게 세계를 형성하는 자, 특히 창조적인 철학자가 멜랑콜리할 수밖에 없다고 진술한다.

아리스토텔레스를 좇아서, 창조적인 영역에서 비범한 역량을 드러내 보인 사람들은 멜랑콜리할 수밖에 없다는 것이 하이데거 주장의 요점이었다. 그렇다면 하이데거 철학은 여기서 예외일까? 하이데거가 멜랑콜리를 긍정적으로 해석한 것을 두고 추론해보자면, 자신의 철학도 멜랑콜리 정조에 젖어 있다는 평가를 부정하지는 않을 것 같다. 일평생 서양철학 전체를 극도로 압축적으로 요약하고 그것을 '창조적으로' 변형시키고자 한 하이데거 철학 역시 멜랑콜리한 정조에 감싸일 수밖에 없다. 대부분의 철학사가들이 인정하듯 하이데거가 대표적인 '서양의' 철학자이고, 게다가 현대의 '비범한' 철학자에 속한다면 더더욱 그는 (최소한 자신이 직접 언급한 의미의) 멜랑콜리와 무관할 수 없다. 그렇다면 『존재와 시간』에서 펼쳐지는 그의 철학은 어떤 점에서 멜랑콜리한 것일까?

개념적이며 체계적으로 이해하기 이전에, 우리는 먼저 하이데거의 철학을 어떤 분위기로 느낀다. 그 느낌을 소중하게 살려가며 개념을 정치하게 반성하고 사유한다면, 하이데거 철학에 대한 이해가 풍요로워질 것이다. 느낌에 반反하고, 느낌을 죽이는 반성과 사유는 진정한 존재이해에서 멀어진다. 느낌과 절단된 사유에 함몰된 자는 자신의 사유에 어떤 문제가 있는지를 살펴볼 수 있는 소중한 거울을 잃어버린 사람이다. 감성적 거울을 잃어버린 자는 사유의 맹목에 빠질 위험이 크다. 하이데거 철학의 근본 정조는 멜랑콜리다. 그렇다면 어떤 점에서 그렇게 규정할 수 있을까?

1. 불안과 멜랑콜리

『존재와 시간』에서 하이데거가 집중적으로 분석하는 기분은 '두려움'과 '불안'이다. 두 기분은 서로 유사하지만, 결정적인 차이점을 가지고 있다. 하이데거에 따르면, 두려움은 세계 내에 존재하는 특정한 무엇 때문에 발생하지만, 불안은 현존재 자신, 곧 세계-내-존재 자체에서 발생하는 것이다.[206] 전자가 '자기' 외부에서 유래하는 비본래적인 기분이라면, 후자는 자기에서 유래한 본래적인 기분이다. 그런 점에서 전자는 후자에 의존해 있으며, 그래서 전자는 후자의 비본래적인 파생태라고 할 수 있다.(GA2, 451 참조) 불안의 대상은 세계 내부적 존재자가 아니다. 굳이 말하자면, 불안의 대상은 현존재 자신, 곧 기분이 뿌리박고 있는 세계-내-존재 자신이다. 다시 말해서 불안이 직면하고 있는 것은 세계 내에 던져진 현존재 자신이다. 이런 면에서 불안은 본래적인 자신과 대면할 수 있는 기회를 제공한다. 일상의 삶으로부터 시선을 거두고 우리 자신과 솔직히 대면하도록 해주는 것이 바로 불안이다.

불안이란 본래적인 자기의 감성적 목소리다. 그렇다면 왜 본래의 자기는 불안할 수밖에 없는 걸까? 하이데거의 시각에서 보자면, 인간은 실존적으로 불안할 수밖에 없다. 인간은 스스로가 "어디에서 와서 어디로 가는지를" 알 수 없다.(GA2, 179-180 참조) 자기존재가 어디서 유래하는지에 대해 무지한 것은 말할 것도 없으며, 자기존재의 궁극적 귀착지에 대해서도 아는 바가 전혀 없다. 그렇기에 세상 어디에도 마음 편히 머물 곳이 없다. 편안히 발 뻗을 곳이 없다. 비좁고 갑갑하기만 하다. 참고로 불안에 해당하는 독일어 단어 Angst는 어원적으로 '좁음Enge', 폐소공포증claustrophobia과 관련된 말이라고 한다. 우리는 이유 없이 세상에 던져져 '있고', 미래에 대한 보장 없이 언제나 막막한 미래에 자신을 던지며 살고 있다. 게다가 자기의 미래란 죽음의 유예상태에 불과하다. 이것이 인간의 실존적인 상황이다. 그런 실존적인 자기 모습을 일말이라도 자각한다면 불안하지 않을 수 없다는 것이다.

불안이란 현존재의 실존이 감성적으로 자신을 알리는 방식이다. 그것은 실존의 뿌리 깊은 기분이며 현존재의 핵심에 가장 가까운 정조다. 그러나 대개 우리는 이런 실존적인 상황을 감추고자 한다. 그래서 불안을 감추고 존재론적 동요를 진정시키는 일상성에 빠져든다. 그러나 어느 순간 불현듯 친숙하고 편안한 일상의 보호막을 찢고 등장하는 것이 불안이다. 그래서 낯익은 가운데 낯설어지는 기분, 즉 어떤 섬뜩함Unheimlich, Un-zuhause이 불안과 동반된다.

불안은 한순간 모든 것을 무의미하게 만든다. 불안 속에 들어서자마자, 존재하는 모든 것이 무의미해져버린다.(GA2, 247-49쪽 참조) 모든 사물이 의미를 잃는다. 유용성의 맥락 속에 묶여 있던 도구들도 무의미해지며, 소중하게 여겨왔던 타인들마저 자신과는 무관한 '그저 그렇고 그런 그들'로 전락한다. 그런데 이처럼 모든 것이 의미를 잃자마자, 도리어 그것들에 의미를 준 세계 자체가 부각된다. 불안은 "근원적으로 그리고 직접 세계로서의 세계"를 열어 밝힌다.(GA2, 249) 불안은 우리가 특정 세계에 빠져 있었다는 사실을 자각하게 해주고, 현존재가 세계-내-존재임을 다시금 확인해준다.

불안에 몸서리치지만, 우리를 위협하는 특정 대상은 어디에서도 발견되지 않는다. 불안의 대상은 눈에 보이지 않는다. 분명 나를 위협하는 무엇인가 있는데, 보이지 않는다. 보이지 않을수록 불안은 가중된다. 이유를 알 수 없기 때문에 검질기게 달라붙는 불안은 더욱 떨쳐내기 어렵다. "그것은 이미 '거기에' 와 있다. 그런데도 아무데도 없다. 그것은 사람의 숨을 조이며 압박할 지경으로 가까이 있으나 그럼에도 아무데도 없다."(GA2, 248) 이것은 불안 현상에 대한 하이데거의 탁월한 기술이다. 분명 가까이 와 있지만, 어디에도 없는 불안은 끊임없이 꼬리에 꼬리를 물고 불안을 가중시킨다. 결국 불안은 우리의 자아를 무화시키는 지경에 이르기까지 조금씩 현존재를 잠식한다. 동시에 불안은 실체적으로 고착된 '나'를 깨트림으로써 새로운 자기로 거듭 태어날 수 있는 가능성을 열어놓는다.

멜랑콜리라는 기분도 이런 불안의 특징을 닮아 있다. 전통적으로 멜랑콜리는 "이유 없이" 찾아온다고 생각되었다. 프로이트는 상실된 대상을 의식 속에서 인지하지 못하기 때문이라고 설명한다. 다시 말해서 보통 슬픈 경우에는 무엇을 상실했는지를 분명히 알 수 있지만, "멜랑콜리는 어떤 식으로든 의식에서 빠져나간 대상 상실과 연관된다"[207]고 보고 있다. 이런 '상실'의 맥락에서 보자면 불안은 '내던져진 존재'의 고향 상실과 연관된 실존론적 멜랑콜리라 할 수 있다. 날 때부터 인간은 자기 의지와는 무관하게 세계에 내던져진 존재다. 아무리 부정하려 해도, 엄연한 이 처지는 바뀌지 않는다. 불안이란 인간 자신이 처한 통제 불가능한 상황에서 유래한다. 불안을 피하고자 온갖 수완을 동원해보아도 소용없다. 어느새 불안은 우리를 무장해제시키고 압도하기 때문이다.

기분은 현존재를 열어 밝힌다. 불안은 기분, 그 가운데에도 탁월한 기분이다. 불안의 기분은 현존재가 처해 있는 상황을 밝혀준다. 불안할 때면 주위의 모든 것들이 무의미해져버리고, 세계 내의 존재자들은 뒤로 물러난다. 그리고 모든 것과의 외적 연관이 끊어지면서 고독해지고 자기의 개별성이 부각된다. 개별자들이 홀로 빛을 발한다. 세계에 빠져 있고 세계 속에 거주하고 있다는 점을 불안을 통해 깨닫는다는 것은 곧 현존재가 세계로부터 떨어져 홀로 된다는 것을 의미한다. 물론 그렇다고 세계를 벗어날 수 있는 것도 아니고, 세계 밖으로 나아간 것도 아니다. 하이데거적 관점에서(하이데거 어법을 패러디해서 표현한다면), 현존재의 자기존재는 '세계-내-존재'이지만 동시에 세계는 '자기-내-존재In-dem-Selbst-sein'이다. 불안을 통해 세계 내에 존재함을 확인하는 고독한 순간만큼은, 더이상 주어진 세계에 예속된 채 파묻혀서 사는 것이 아니라 자기 스스로 세계를 형성하며 살 수 있다. 불안의 고독은 세계형성의 가능성을 열어준다.

'세계-내-존재'를 '자기-내-존재'로 대체할 수 있는 까닭은 이미 『존재와 시간』에서 제시되고 있다. 현존재 분석은 '세계-내-존재' 분석에서 시작하여(12-38절), 현존재의 존재인 '염려' 분석으로 이어지며(39-44절), 이어 죽음과 양심 분석을 통해 근원적인(전체적이고 본래적인) 현존재 분석을 마친 다음(46-60절), 마지막으로 현존재의 존재론적 의미인 시간성 분석으로 이어진다. 그런데 현존재 분석의 근원적인 이해지평으로 설정된 시간성을 본격적으로 분석하기 이전에 '염려와 자기성'이라는 절(64절)을 삽입한다. 그래서 세계-내-존재에서 시작된 현존재 분석을 '자기'의 문제로 수렴하고 요약하면서 현존재의 시간성을 준비한다. 이처럼 '세계-내-존재'의 세계는 '자기-내-존재'라 할 수 있으며, 세계와 자기는 공속관계로 엮여 있다. 이런 맥락에서 다음 구절을 이해할 수 있다. "세계는 세계-내-존재로서 그것[현존재]의 자기존재에 속한다Welt gehört zu seinem Selbstsein als In-der-Welt-sein."

(GA2, 194)

세계와 자기의 공속성을 통해서 하이데거는 고유성, 개별성의 극대화가 세계를 보다 잘 드러낸다는 역설적인 논리를 전개한다. 이 논리에 따르면, 본래적인 개별성이 극대화될수록 세계성을 확보할 수 있는 가능성이 커진다. 이것을 어떻게 설명할 것인가? 개별성이 극대화된다는 것은 결국 탄생과 죽음이라는 실존적 심연 사이에서 다른 것들에 종속되거나 동화되지 않고 최대한 개성적 차이를 산출하면서 살아가는 것을 뜻한다. 극도의 차이, 차이의 극대화는 자유를 바탕으로 성립한다. 자유로울 때만 개별성을 극대화시킬 수 있기 때문이다. 그리고 이 자유 속에서만 존재가 자신의 풍요로움을 드러낸다. 이런 점에서 하이데거의 불안은 개별자의 고독한 자유에서 유래한 불안이다. 이런 불안은 잠시 망각되거나 회피할 수는 있어도, 궁극적으로 인간이 자유로운 개별자인 이상 인간의 삶에서 제거될 수 없다. 자유가 인간 실존의 조건인 것만큼이나 불안 역시 실존의 조건이다. 그리고 자유와 불안의 이러한 내밀한 관계에 관해서 이미 쇠렌 키르케고르는 불안이란 "자유의 현기증der Schwindel der Freiheit"[208]이라고 절묘하게 표현했다.

『존재와 시간』에서 하이데거가 그리는 본래적인 현존재는 멜랑콜리의 정조에 휩싸여 있다. 여기서 멜랑콜리란 참기 힘든 존재의 무거움, 알 수 없는 무엇인가가 조여오는 숨 막힘, 성큼 다가온 불안, 절체절명의 결단에 수반되는 팽팽한 긴장감 등과 같은 느낌을 총칭한다. 그런데 이런 느낌 속에서 평범한 우리는 오래 버틸 수 없다. 대개 일상에 젖은 인간은 본래적인 현존재의 모습으로 살지 않는다. 인간의 가혹한 운명을 회피하고자 한다. 매순간을 불안과 결단의 시간으로 빼곡히 채우는 일은 지독하게 힘겨운 일이기 때문이다. 그래서 일상의 삶은 인간의 운명을 망각하도록 설계되어 있다. 생사를 가르는 결단의 순간을 살아가기보다, 보통 사람들은 그저 따뜻한 안식을 희구하고 불안과 걱정이 없기를 희망한다. 주변 사람들과 스스로에게 항상 "걱정 마Keine Sorge!"[209]라고 말한다.

이처럼 존재의 진리를 대면하는 일은 매번 어렵다. 인간 자신이 존재의 순수한 매체가 되기 위해 꾸밈없이 발가벗은 상태, 혹은 스스로는 드러나지 않으면서 다른 모든 것을 보이게 해주는 빛과 같은 상태, 그것이 하이데거가 말하는 현존재 본연의 모습이다. 그러나 그 일은 치명적인 고독과 불안 그리고 광적인 멜랑콜리를 수반한다. 죽음을 각오하는 무거운 결단이 요구된다. 그래서 본래적인 자기로 귀환하는 육중한 과제는 언제나 멜랑콜리한 정조 속에서 수행된다.

2. 쿠라와 사투르누스

원래 '검은 담즙'을 뜻하는 '멜랑콜리'는 전통적으로 비정상적인 천재와 광인의 정조로 이해되어왔다. 멜랑콜리 기질을 가진 사람들은 대개 정상인과는 다르다는 것이다. 그런 정조를 가진 사람은 시간의 신, 사투르누스saturnus의 자식으로 간주되었고, 때때로 자살까지 감행할 정도로 죽음에 대한 불안에 진저리치는 자이고, 세인들에게서 떨어져 나와 고독한 명상에 빠지는 자이며, 자기의 '낯선' 목소리를 듣고 그것에 따르는 자다. 이런 멜랑콜리 관련어들은 하이데거 철학의 주요 개념들이기도 하다. 특히 하이데거의 쿠라cura 신화 분석은 하이데거 철학의 멜랑콜리를 잘 드러내주고 있다. 쿠라 신화는 『존재와 시간』에서 등장하는 주요 모티프를 압축적으로 반복할 뿐 아니라 그 철학의 함의 전체를 문학적이고 신화적으로 함축하고 있어서, 멜랑콜리와 하이데거 철학 사이의 가교를 한눈에 조망할 수 있게 도와준다.

『존재와 시간』 42절에서 하이데거는 자신의 용어, '염려Sorge'를 설명하기 위해 고대부터 내려온 쿠라 신화를 도입한다.(라틴어 Cura는 독일어로 Sorge이며, '염려/걱정'이란 뜻을 지닌다.) 신화를 도입함으로써 한편으로는 알기 쉽게 자신의 생각을 알리고, 다른 한편으로는 '선존재론적vorontologisch' 수준 혹은 신화적이며 원형적인 사유 수준에서도 '염려' 개념의 맹아가 발견된다는 사실을 통해 자기 철학의 보편성을 입증하고자 한다. 잘 알려져 있지만, 쿠라 신화의 내용을 간략히 재구성해보기로 하자.

인간이 지상에 출현하기 이전에 쿠라 (여)신이 살고 있었는데, 강을 건너가다가 찰진 흙을 발견한다. 가던 길을 멈추고 그녀는 그 흙으로 인간을 빚는다. 그때 유피테르를 만나, 흙덩어리 인간에게 생명의 영혼을 불어넣어달라고 부탁한다. 유피테르는 흔쾌히 그 청을 들어준다. 그런데 문제는 쿠라가 자신의 창작물에 이름을 부여하려 할 때 발생한다. 유피테르는 영혼을 불어넣어준 것이 자기이기 때문에 당연히 자기 이름을 붙여야 한다고 주장하고, 덩달아 대지의 신, 텔루스도 나타나 자신의 일부분으로 인간을 만들었으므로 자기 이름을 붙여야 한다고 강변한다. 세 신이 인간의 이름을 두고 말싸움을 하다가 결론이 나지 않자, 결국 시간의 신 사투르누스를 심판관으로 모시고 그의 판결에 승복하기로 한다. 사투르누스의 판결은 이러했다. "유피테르, 그대는 영혼을 주었으니 그가 죽을 때 혼을 받고, 그대, 텔루스는 육체를 선물했으니 육체를 받아가라. 하지만 쿠라가 이 존재를 처음으로 만들었으니, 그것이 살아 있는 동안 그대의 것으로 삼을지니라. 그러나 이름 때문에 싸움이 생겼고 그것이 후무스humus(흙)로 만들어졌으니, 그를 '호모homo'라고 부를지니라."(GA2, 262-263)

쿠라 신화는 인간의 기원에 관한 신화다. 인간의 기원에 관한 이야기는 곧바로 인간의 비밀스러운 본성을 드러내는 이야기가 된다. 하이데거는 쿠라 신화를 통해서 본질적으로 인간이 존재하는 모든 것들을 염려하는, 아니 무엇보다도 자기존재 자체를 염려하는 현존재임을 보여주고자 한다. 인간은 언제나 염려하며 살아간다. 아니 살아 있는 한 인간 자체가 염려다. 사전적인 의미로 조르게Sorge라는 단어가 이미 불안의 의미를 담고 있는 '기분'을 뜻하는 말이다. 불안하고 존재의 무게에 짓눌린 무거운 심정을 뜻하는 염려가 인간을 규정하는 하이데거 철학의 핵심어가 된 것이다. '염려'라는 용어 사용에서부터 인간이 본질적으로 멜랑콜리한 정조 속에서 살아갈 수밖에 없음을 하이데거는 보여주고 있다.

일단 쿠라 신화에 등장하는 주요 배경과 인물, 사건과 소재를 열거해보는 것이 좋을 듯하다. 신화의 시간적 배경은 불분명하다. 단지 인간이 탄생하기 이전과 그 직후의 시간인 것만을 확인할 수 있다. 공간적 배경은 지상의 어느 강가다. 창조된 인간 주위에는 네 명의 신이 등장한다. 염려의 신 쿠라, 하늘의 신 유피테르, 대지의 신 텔루스, 시간의 신 사투르누스이다. 이들은 모두 인간을 창조하고 그 본질을 형성하는 데 기여한 신들이다. 이들을 통해 지금과 같은 인간이 탄생했다고 보는 것이다. 그리고 그 신화에는 신들을 다투게 만들었던 인간의 '이름'과 소유권을 분배하는 기점이 된 '죽음'이 등장하며, 시간의 '결정'과 '호모'라는 이름이 만들어진 배경이 설명되고 있다.

인간의 기원을 설명하는 모든 신화가 그러하듯, 인간이 존재하기 이전에는 신이 있었다. 쿠라 신화는 인간 탄생에 관여한 신이 넷임을 보여주고 있다. 인간의 구체적인 모습 하나하나를 창작한 쿠라, 인간에게 영혼을 불어넣은 유피테르, 육체를 제공한 텔루스, 그리고 인간에 대한 권리 주장을 조정하고 결국 인간에게 이름을 지어준 사투르누스의 네 신이 인간 탄생에 관여하고 있다는 것은 이것들이 인간 존재를 규정하는 네 측면임을 뜻한다. 다시 말해서 이 신화가 밝히고 있는 내용에 따르면, 인간은 대지의 육체와 천상의 영혼으로 구성되어 있고, 살아 있는 인간을 구성하는 근본 원리는 쿠라이며, 인간에 관한 이 모든 것들을 최종 심급에서 결정하는 것은 시간이다. 어찌 보면 이것은 서양인들의 사유방식에 뿌리 깊숙이 각인된 인간이해이다. 신화는 인간이 영혼과 육체의 결합임을 부정하지는 않지만, 죽기 전까지 인간을 지배하는 것은 염려임을 밝히고 있다. 인간을 영혼과 육체의 합이라고 보는 것은 죽음 현상을 둘러싼 하나의 해석으로 제출될 수 있는 발상이다. 그러나 인간이 살아 있는 한, 인간을 단순히 영혼과 육체가 합성된 존재로 보기보다는 염려하는 존재로 보는 것이 더 사태에 합당하다는 것이 쿠라 신화(그리고 하이데거)가 말하고자 하는 바다.

죽기(육체와 영혼이 나뉘기) 이전에, 살아 꿈틀대는 인간은 통합적인 염려의 지배하에 있다. 그는 영혼만도 아니고 육체만도 아니다. 영혼이기도 하며 동시에 육체이기도 하다. 이런 모습을 영혼-육체라는 이분법적 구도로는 잘 포착할 수 없다. 신화가 보여주듯이, 죽음 이후에나 인간은 영혼과 육체라는 이분법으로 무리 없이 설명될 수 있다. 그래서 살아 있는 인간 존재를 규정하는 것은 영혼도 육체도 아닌 염려다. 자신을 주조한 쿠라 신처럼, 살아 있는 인간은 존재하는 모든 것과 자기존재를 염려한다. 인간은 '염려하는 활동' 그 자체다. 물론 신화는 쿠라가 대체 어떤 신인지 말해주고 있지 않다. 다만 우리는 쿠라cura에서 유래된 영어 단어가 케어care라는 점만을 알고 있다. 그리고 라틴어 cura이든 영어의 care이든, 이 말들에는 "걱정, 근심, 배려, 고심苦心, 관심, 돌봄, 보살핌, 보호, 간호" 등과 같은 의미들이 담겨 있으며, 이런 의미들은 다시 멜랑콜리와 쉽게 호환 가능하다.

하이데거도 비슷한 해석을 하고 있다. 그는 먼저 "Cura prima finxit(쿠라가 처음으로 이것을 만들었다)"라는 대목에서 "처음으로"를

"근원"으로 해석한다. 그래서 그는 "이 존재자는 자기존재의 '근원'을 염려에 두고 있다"(GA2, 263)고 본다. 마찬가지로 "Cura teneat, quamdiu vixerit(그것이 살아 있는 동안 쿠라가 그것을 소유할지라)"라는 구절을 "이 존재자는 그 근원에서부터 방면되지 않고 오히려 꼭 붙잡혀 있어, 그것이 '세계 안에 있는' 동안은 근원에 철저히 지배된다"(GA2, 263)고 해석한다. 인간은 살아 있는 동안에는 염려의 지배를 받는다. 그런데 쿠라가 인간의 본질을 결정하는 최종 심급이라고 판단하는 것은 아직 이르다. 비록 염려가 살아 있는 동안 인간을 규정하는 근본적인 것임은 분명하지만, 궁극적으로 그것을 결정한 이는 시간의 신이기 때문이다. 신화적 서사의 말미를 보면, 시간의 신 사투르누스가 살아 있는 인간을 염려에 귀속시킨다.

인간에 관한 모든 결정을 담당하고 있는 것은 바로 시간이다. 하이데거에 따르면, 현존재의 존재는 염려이고 염려의 의미, 곧 현존재의 존재를 드러내는 지평은 시간이다. 시간은 인간 실존의 조건이다. 그래서 현존재 분석의 최종 심급에 시간이 있음을 논증하는 지난한 과정을 거친 다음 『존재와 시간』 후반 결론부에서 하이데거는 다음과 같이 말한다. "시간성의 탈자적 통일성은…… 실존하는 하나의 존재자일 수 있기 위한 가능성의 조건이다."(GA2, 463)

이름을 붙이는, 즉 명명命名하는 일은 호명呼名된 존재를 비로소 존재하게 한다. 동시에 그것은 호명된 존재자가 그 이름에 소속된다는 것이며, 결국 처음 이름을 지어주고 호명한 이에게 귀속된다는 뜻이다. 이런 점에서 존재자를 그 존재에 있어 규정하는 일, 존재자를 존재에 다시 귀속시키는 일이 바로 이름짓기다. 그래서 신들도 막 창조된 인간의 이름을 두고 다투었던 것이다. 명명한다는 것은 새로운 존재자에게 소속을 부여하는 것이며, 그 존재의 점유권을 확정짓는 일이기 때문이다. 그런데 결국 인간의 이름을 지어준 이는 시간의 신이다. 심판관으로 등장한 사투르누스가 인간의 이름을 자신의 이름으로 지을 수는 없었지만, 그는 인간의 이름을 확정할 수는 있었다. 이런 점에서 인간은 궁극적으로 시간에 속해 있다.

하이데거는 이 부분을 다음과 같이 해명한다. "이 형상의 '근원적인' 존재를 어디에서 봐야 하는가에 대하여 결정권을 쥐고 있는 것은 사투르누스, 즉 '시간'이다. 이렇게 우화에서 표현되고 있는 인간에 대한 존재론 이전의 본질 규정은 애초부터 이 세계에서의 인간의 시간적인 변화를 철저히 지배하고 있는 그 존재양식을 염두에 두었다." (GA2, 263) 신화가 보고하는 바에 따르면, 일차적으로 인간을 결정짓는 것은 쿠라지만, 궁극적으로 인간을 쿠라에게 귀속시키는 결정은 시간의 몫으로 돌아간다.

신들이 인간의 이름을 두고 다툼을 벌인다. 다툼을 중재한 신이 사투르누스다. 다툼을 조정할 수 없었던 세 신은 전권을 현명한 사투르누스에게 위임한다. 그래서 쿠라를 비롯한 유피테르와 텔루스도 사투르누스의 결정에 아무런 이의 없이 따른다. 인간을 만든 쿠라는 다시 사투르누스의 지배를 받는다. 그래서 쿠라의 지배를 받는 인간은 결국 사투르누스의 지배하에 놓인다고 말할 수 있다. 그렇다면 시간의 신 사투르누스는 어떤 신인가? 사투르투스는 멜랑콜리와 어떤 연관이 있는가?

전통적으로 사투르누스는 멜랑콜리와 깊은 연관이 있는 신으로 등장한다. 먼저 간략하게 사투르누스 신화를 살펴보자. 사투르누스는 고대 그리스의 신 크로노스의 로마식 이름이다. 크로노스는 우라노스의 자식으로서 우라노스의 왕위를 찬탈하기 위해 아버지를 거세한 장본인이다. 신화에 따르면 크로노스가 아버지의 성기를 거세하고 그것을 바다에 던져 생겨난 거품 속에서 미의 여신 아프로디테가 탄생한다. 크로노스는 자신 역시 자식들로부터 위협받을 것이라 생각하고 자식을 낳는 족족 삼켜버린다. 그래서 시간의 신 크로노스는 생성과 소멸을 주관하는 신으로 그려진다. 하지만 그의 아들 제우스는 어머니의 도움을 받아 목숨을 구하고 결국 아버지 배를 갈라 형제들을 구한다. 이때부터 천상의 권좌는 제우스가 차지하게 되고, 크로노스는 멀리 추방당한다.[210]

이런 크로노스 신화는 고대 그리스인들의 시간관을 고스란히 담고 있다.[211] 시간은 생명을 가진 모든 것의 생사生死를 주관하는 신이다. 그리스인들은 신화적 상상력을 통해 시간을 좀더 극화시킨다. 자기의 자식을 낳자마자 집어삼키는 신으로 시간을 멜랑콜리하게 표상한다. 리처드 커니는 멜랑콜리한 시간을 다음과 같이 해석한다. "멜랑콜리한 것은 살육자로서의 시간이 휘두르는 낫이 유한한 존재 안에 생산하는 공포와 밀접히 연관되어 있다. 살육자로서의 시간은 모든 분리 중의 분리, 즉 죽음인 것이다."[212]

이후 화가들은 이런 크로노스의 모습을 한 손에는 모래시계를 들고 다른 한 손에는 커다란 서양 낫을 든 모습으로 그리곤 했다. 저명한 미술사학자이자 도상학의 정초를 놓았던 파노프스키는 이렇게 설명한다. "르네상스와 바로크 미술에서 아버지 시간은 보통 날개가 달려 있고 대부분 나신이다. 가장 빈번히 등장하는 시간의 상징물은 긴 낫scythe 혹은 작은 낫sickle이며, 여기에 모래시계, 자신의 꼬리를 물고 있는 뱀이나 용, 또는 12궁zodiac이 경우에 따라 첨가되거나 대체되곤 한다. 또한 목발에 의지해 걷는 모습도 빈번히 관찰된다."[213](원문 강조) 덧붙여서 사투르누스는 석재와 목재를 사용하는 작업과 연관된 신이며, 농경신으로서 사물의 치수와 양을, 그리고 특히 토지 구획을 감독하는 신이었고, 그래서 그의 상징물로 컴퍼스가 등장했다고 한다.[214] 마지막으로 사투르누스는 플라톤주의적 전통에서 '철학자의 신'으로 간주되었다.[215]

전통적으로 멜랑콜리커는 시간의 자식, 곧 사투르누스의 자식이라 불렸다. 모든 것을 생성하고 소멸시키는 시간, 그것을 추종하는 자가 바로 멜랑콜리커다. 멜랑콜리커는 소멸에 민감하게 반응한다. 덧없이 사라지고 소멸하는 것에 괴로워한다. 아리스토텔레스가 언급했던 '비범한' 멜랑콜리커는 소멸과 상실의 아픔을 딛고 생성과 창조에 참여하는 자다. 하이데거에 따르면, 인간 현존재의 의미는 시간에 있다. 인간은 존재의 진리를 밝히는 자이고 존재의 진리는 시간의 지평 속에서만 드러난다. 생멸生滅을 주관하는 사투르누스를 불안 속에서 응시함으로써 인간은 시시각각 변전하는 존재를 드러낼 수 있다. 이런 맥락에서 본래적인 자기를 되찾은 현존재는 시간의 신 사투르누스의 비호를 받는 자이며, 후기 하이데거가 말하는 창조적인 시인과 사유가는 아리스토텔레스가 말했던 소수의 비범한 멜랑콜리커에 속하는 자들이다.

3. 자유인의 진정한 관계

지금까지 간략하게 살펴본 대로 『존재와 시간』에 등장하는 주요 개념들은 거의 모두 멜랑콜리의 주요 모티프에 속한다.[216] 존재이해의 지평으로 상정된 '시간', 유한한 자기존재의 무성無性에서 비롯된 '불안', 현존재의 본래성을 가시화시키는 '죽음', 현존재의 본래성을 증명해주는 '양심', 현존재의 존재로 제시되는 '염려', 현존재의 두 가지 존재가능성인 '본래성'과 비본래성 그리고 그 구분에서 기인하는 본래적 '자기'와 '그들' 등이 그런 모티프들이다. 이런 개념들은 『존재와 시간』의 전체 내용을 이끌고 있는 주도동기Leitmotiv들이자 동시에 멜랑콜리의 주요 모티프이다. 다시 말해서 『존재와 시간』 전체의 핵심 모티프들은 모두 멜랑콜리라는 하나의 범주에 포섭된다.

하이데거 철학에서 멜랑콜리가 강렬하게 표출되는 지점은 무엇보다 죽음론일 것이다. 멜랑콜리커는 죽음을 기억하는 자다. 메멘토 모리Memento mori가 그의 삶의 중심 규범이다. 하이데거는 인간 삶과 죽음의 공속성을 밝히면서, 인간 현존재가 죽음을 향한 존재이기에 죽음을 삶 속에 내면화함으로써 삶의 다양한 가능성을 더욱 풍요롭게 할 수 있다고 본다. 하이데거에게 죽음을 사유한다는 것은 전체로서의 본래적인 삶을 사유하는 것이자 자기존재 전체의 무게를 한꺼번에 짊어지는 기회를 뜻한다. 앞서 아리스토텔레스 텍스트 해석에서 암시되었던 것처럼, 멜랑콜리한 예술가의 창작과 철학자의 창조적 사유는 자기존재 전체의 무게가 실린 무거운 심정 속에서 열려진 가능성이다. 그리고 존재사건에 조응하는 창작의 가능성은 죽음에의 선구, 즉 '불가능성의 가능성'에서 극대화될 수 있다. 창조적인 가능성은 오직 불가능성에 직면해야만 열린다.[217]

프로이트가 지적하는 멜랑콜리커의 주된 특징 가운데 하나는 치명적일 정도로 엄격한 자기비난, 죄책감에 시달린다는 점이다. 과도한 자책, 부끄러움이 없는 자기비난은 사랑의 대상에 대한 양가감정이, 즉 사랑의 빛에 가려 있던 미움의 감정이 상실된 대상과의 동일화를 통해서 또다른 자기를 향해 터져나온 것이다.(7장 참조) 하이데거의 『존재와 시간』은 그것을 양심이라는 주제 아래에서 정식화한다. 하이데거에게 양심이란 일상세계에 빠져 있는 본래의 자신을 소환하는 행위다. 일상성에 빠진 '나Ich'와 본래적 자기의 분열 속에서 이미 멜랑콜리가 엿보인다. 양심은 또다른 자기, 숨겨진 자기, 낯선 자기가 부르는 나의 재귀적인 목소리이고, 본래적인 자기로 회귀하도록 재촉하는 소리이며, 이전의 '나'를 무너뜨리는 섬뜩한 목소리이자, 또다른 자기로 다시 태어나기를 요구하는 준엄한 정언명령이다. 그런데 이 목소리는 "이건 본래의 내가 아니"라는 가책의 목소리로 현상하며, 이런 "아님"의 무성을 통해서 알려진다. 다시 말해 자기란 고정된 실체로 확정지을 수 있는 것이 아니라, 무성으로 침윤된 가능성이다. 그 때문에 양심의 목소리에 귀를 기울이는 자는 본래적 자기의 낯선 목소리에 불안해하고, 일상세계에서 구축된 자아와 본래 자기 목소리 사이에서 갈등하고 절망할 수밖에 없는 멜랑콜리커다.

멜랑콜리는 비정상적인 심리상태 또는 행동양상이다. 그래서 줄곧 비정상적인 자들의 두 모습, 곧 천재와 광기의 증표로 이해되어왔다. 하이데거는 『존재와 시간』에서 일상적이고 정상적인 삶의 모습과 그렇지 않은 모습을 강렬하게 대비시킨다. 즉 '다스만das Man(일상의 우리)'과 본래적 자기의 모습이 그것이다. 정상과 비정상이 여기서는 전도된 형태로, 즉 평준화된 우리와 개별성과 독창성Originalität이 최대로 극대화된 본래적 자기로 나타난다. 본래적인 현존재는 자기 실존의 도피처인 다스만에서 빠져나와 유일무이한 자기존재로 복귀하고자 하는 자다. 그래서 극심한 자기분열에 시달리는 자다.

여기서 일상성과 본래성의 대립구도에 대해 좀더 자세하게 살펴보기로 한다. 사랑하는 대상의 상실에서 멜랑콜리의 시작을 보고 있는 프로이트의 견해는 차치하고서라도, 멜랑콜리는 기본적으로 타인과의 관계 속에서 잘 드러날 수 있기 때문이다. 더욱이 자신과 타자의 관계 설정은 하이데거 철학의 핵심부에 있는 어두운 심연을 드러내준다. 우리가 일상에서 만나는 타인은 '내가 아닌' 타인이기 이전에 먼저 '우리'로서의 타인이다. 인간은 고립된 개인으로 미리 주어지는 것이 아니라, 오히려 '우리'라는 울타리 속에서 개인으로 형성된다. 그런데 획일화와 평준화를 지향하는 '우리'는 '우리'라는 울타리에 균열을 일으키는 비정상성을 결코 용납하지 않는다. 획일화된 동질성으로 균질화된 '우리' 속에서 이질적인 것을 용납하기는 힘든 법이다.

그래서 비정상성은 언제나 우리의 경계 대상이다. 르네 지라르에 따르면, '비정상anormal'이라는 말 자체에 어떤 금기가 담겨 있다고 한다. 이 말은 성스러우면서 동시에 저주받은 대상을 지칭하는 '사케르sacer'의 이중적인 의미처럼 한편에서는 찬미와 숭배의 수사修辭로, 다른 한편에서는 저주와 비난의 수사로 함께 사용된다. "예를 들어 사회적인 비정상이란 것이 있는데, 여기서 기준을 정하는 것은 중간층이다. 그래서 가장 평균적인 사회적 신분에서 어떤 영향으로든 멀어질수록 박해받을 위험은 그만큼 더 커진다."[218]

현존재는 처음부터 '더불어 있음Mitsein'이다.[219] 더불어 있는 존재이기에, 우리는 타인을 만날 수 있다. 타인을 만날 수 있는 가능근거가 이미 자기 안에 있는 더불어 있음에 있다. 현존재가 매일매일 만나는 타자는 '우리'(그들, 세인, 다스만das Man)이다. 그렇다면 본래적인 현존재가 타자와 만나는 고유한 방식에는 어떤 특징이 있을까? 일단 하이데거는 타인을 대면하는 태도 및 관계방식을 '배려Fürsorge'라고 말한다. 현존재는 타인과 만나면서 타인을 '위해Für' 마음을 쓴다. 그것은 도구에 마음을 쏟는 것과는 다른 종류의 것이다. 현존재는 도구를 '고려Besorgen'하듯 타인을 고려하기보다는 타인을 배려한다. 물론 타인을 도구처럼 고려할 수도 있다. 자기 이익을 위한 수단으로 타인을 대할 수도 있다. 하지만 그것은 또다른 현존재인 타인을 대하는 참된 방식이 아니다. "이러한 존재자[현존재가 관계맺고 있는 다른 현존재]는 고려되는 것이 아니라 오히려 배려의 대상이다."(GA2, 162)

그렇다면 배려는 어떤 모습으로 존재할까? 우리가 타인과 만나는 대부분의 모습, 즉 서로를 위하거나 서로 반목하거나 질투하고 무시하는 모습 또는 냉담한 모습까지 모두 배려의 양상이라고 할 수 있다. 현실에서 흔히 볼 수 있는 이런 모습들을 하이데거는 배려의 "결손적 양태defizienten Modi"(GA2, 162)라고 말한다. 이것들은 배려이기는 하지만, 온전한 배려이기에는 무엇인가 부족하다. 그렇다면 온전한 배려, 본래의 배려는 어떤 모습일까? 하이데거는 배려의 '적극적인 양태'로서 두 가지 극단적인 가능성을 들고 있다.

> 배려는 그것의 적극적인 양태를 고려해볼 때 두 가지 극단적인 가능성을 가지고 있다. 배려는 가령 다른 사람의 '염려/걱정Sorge'을 덜어낼 수 있으며, 배려함 속에서 그[타인] 대신 그를 위하여 [그의 자리에] 뛰어들 수 있다. 이러한 배려는 타인을 위해 고려되어야 할 것을 [자기가] 떠맡는다. ……이러한 배려에서 타인은 의존하며 지배받는 사람이 되는데, 이때 그 지배가 암묵적이어서 피지배자에게 은닉된 채 남아 있더라도 마찬가지다. 이처럼 대신 뛰어드는, '걱정'을 덜어내는 배려가 서로 함께 있음을 광범위하게 규정하고 있으며, 이러한 배려는 대개 손안의 것에 대한 고려에 해당된다.(GA2, 163. 원문 강조)

이것은 타인을 위해 배려하는 하나의 전형적인 모습이다. 이 모습은 이웃의 고통과 근심을 덜어주는 친구의 자상한 모습처럼 보인다. 이런 행위는 타인을 대신해서 그가 염려하는 대상을 덜어주는 우정어린 손길이다. 그런데 이런 식의 도움은 도리어 상대방을 무력하게 하고, 외부적인 도움의 노예로 만들 수 있다. 다시 말해서 그것은 상대방을 도와주는 것 같지만, 실은 상대방을 자유인으로서 존중하지 않고 예속상태로 빠트리는 '배려 아닌 배려'다. 상대방에게 이런 도움을 주는 것은 원칙적으로 자신과 상대방을 도구로 만들 수 있다. 다시 말해서 두 사람 모두 '필요에 따라' 사용할 수 있는 도구적 존재로 전락할 수 있다. 왜냐하면 둘의 관계 자체가 배려가 아닌 고려로 규정되기 때문이다. 이런 관계는 궁극적으로 도움을 주고받는 '거래'의 관계다.

사람들은 저마다 자신이 떠맡아야 할 일들을 가지고 있다. 누군가 돕는답시고 대신 떠맡는다면, 그것은 진정으로 돕는 것이 아니다. 누구든 궁극적으로 타인의 삶을 대신 살아줄 수는 없기 때문이다. 하이데거는 이런 배려가 적극적인 배려의 모습이라는 점은 인정하지만, 진정한 배려의 모습이라고 보지는 않는다. 그렇다면 하이데거가 생각하는 본래적인 배려는 어떤 것인가?

> 이와는 다르게 타인을 위하여 그렇게 대신 뛰어들기보다는 그의 실존적인 존재가능에서 타인에 앞서 먼저 뛰어드는 그런 배려의 가능성도 존립한다. 이 경우 타인에게서 '걱정'을 덜어버리는 것이 아니라 오히려 이제 비로소 본래적으로 염려로서 되돌려준다. 본질적으로 본래적인 염려, 다시 말해서 타인의 실존에 관계할 뿐 그가 고려하는 무엇에 관계하지 않는 이러한 배려는 타인으로 하여금 그 자신이 그의 염려 안에서in 투명해지고 그의 염려를 위해서für 자유롭게frei 되도록 도와준다.(GA2, 163. 원문 강조)

타인에게 진정 마음을 쓴다는 것은 타인이 몰두하고 있는 개별 사안들을 단순히 거들어주는 것이 아니라, 타인의 실존 자체를 배려하는 것이다. 문제는 단순히 그의 걱정을 덜어주는 것이 아니다. 오히려 그가 염려하고 있는 것이 무엇이고, 지금 그가 어떤 상황에 놓여 있는지를 환히 밝혀줌으로써 그가 어떤 일을 감당하고 책임져야 하는지를 분명히 보여주는 것이다. 그럼으로써 자질구레한 걱정들로부터 자유롭게 해주는 것이 바로 타인에 대한 진정한 배려의 모습이다. 각자는 자기존재를 떠맡아야 하는 자유로운 존재자다. 어느 누구도 자기존재를 대신 짊어질 수는 없다. 거기에 현존재의 존엄성이 놓여 있다. 그것을 훼손하면서까지 타인을 위하는 것은 진정한 위함이 아니다.

타인의 실존 자체에 마음을 쏟는 것, 그의 실존 자체를 사랑하는 것은 단순히 타인을 이용하려는 태도도 아니고 타인이 당면한 골칫덩이를 임시방편으로 해결해주는 것도 아니다. 그것은 타인이 본래적인 자신으로, 자유로운 자기로 살아갈 수 있게끔, 본래적인 자기를 떠맡을 수 있게끔 그의 실존에 마음 써주는 일이다. 결국 타인에 대한 배려는 타인을 자유인으로 대하고, 그가 자신의 자유를 존중하고 보살피도록 도와주는 것을 뜻한다.

이렇게 맺어진 관계가 타인과의 진정한 관계다. 관계 속에 있는 자기와 타인 모두 본래적 자기를 상실하지 않도록 하는 관계, 인간의 본질인 자유를 회복케 하는 관계, 그것이 하이데거가 생각하는 진정한 타인과의 관계이자 본래적인 결속성이다. 이런 맥락에서 하이데거는 "본래적인 결속성이 비로소, 타인을 그의 자유에서 그 자신에로 자유롭게 내어주는 그런 올바른 사태성을 가능케 한다"(GA2, 163. 원문 강조)고 말하고 있다. 각기 자기 본래의 존재로 살아가는 것, 개별자의 개별성을 최대로 살리는 것, 서로의 있는 그대로의 실존을 훼손하지 않고 존중하는 것, 그것이 진정한 인간관계의 모습이다. 그렇지 않을 때, 어떤 방식의 결속이든 개인의 자유를 훼손하는 폭력으로 작동할 수 있다.

그런데 이런 타인에 대한 진정한 배려나 타인과의 진정한 관계 역시 다시 종국에는 본래적인 자기를 찾은 다음에야 가능하다. "……본래적인 서로 함께함은 가장 먼저 결단성의 본래적인 자기존재에서 발원한다."(GA2, 395. 인용자 강조) 타인과의 관계 속에서 서로가 본래성을 회복해가는 것이 아니라, 본래적인 자기관계가 선행한 다음에야 타인과의 관계가 추후적으로 본래성을 확보할 수 있다는 것이다. 즉 스스로가 먼저 진정한 자기에 도달해야만, 타인과의 관계나 타인에 대한 배려도 진정성에 도달할 수 있다. 타인의 자유를 침해하지 않으면서 타인 자신이 본래성을 회복하도록 도울 수 있는 길은 오로지 자기 스스로가 먼저 본래성을 회복하는 데 있다.

하이데거의 이런 분석은 한편으로 타인을 진정으로 배려하는 것이 무엇인지를 통찰력 있게 보여준다는 점에서 매우 인상적이고 감동적이기까지 하다. 그러나 달리 생각해보면 서양 전통철학의 자타自他 관계론에서 크게 변화된 것이 없음을 확인할 수 있다. 이런 자유인끼리의 관계 방식은 서양적 자타 관계의 낡은 모습에서 벗어나지 않는다. 자유인이 자유인을 대하는 방식은 타인의 자유를 침해하지 않고 그 자유를 존중하고 고양시키는 데 있다. 자유인의 품격을 갖추지 못한 사람은 이런 배려의 대상에서 배제된다. 그리고 이런 의미의 배려란 오직 자기 자신이 자유인의 풍모를 갖출 때에만 가능하다. 타인에 대한 진정한 배려가 가능하기 위해서는 '자기배려'가 선행한다는 점에서도 하이데거는 전통철학의 연장선상에 서 있다. 자기배려는 타자배려의 필수적인 선행조건이다.

서양철학사에 각인된 자기배려 담론에 대해서는 푸코의 연구가 유용하다. 푸코는 통상 서양철학사에서 비중 있게 다루지 않은 자기배려의 문제를 인상적으로 주제화시켰다. 자기배려의 문제를 계보학적으로 분석함으로써 고대 그리스와 로마의 주체화 방식을 폭로하는 푸코의 작업은 하이데거의 현존재 분석과는 상당한 거리가 있어 보인다. 그러나 하이데거의 현존재 분석도 푸코가 밝힌 자기배려의 전통 가운데 있음은 부인하기 어려울 것이다. 하이데거는 현존재의 존재를 '염려'로 삼고 있는데, 그 기저에는 "자기염려Selbstsorge"(GA2, 256, 421)가 깔려 있다고 본다. 어원적으로 보자면 그것은 라틴어로 '쿠라 수이cura sui'이고 그리스어로는 '에피메레이아 헤아우투ἐπιμέλεια ἑαυτου'다. 푸코에 따르면, '에피메레이아 헤아우투'는 "그리스·헬레니즘·로마 문화의 전반에 걸쳐서 철학적 태도를 특징짓는 항구적 원리"[220]였다. 그리고 타인을 지배하기 위해 먼저 자기 자신을 통제해야만 했던 피문은 원리이자 기술이었다.

자유인의 이런 모습에는 어떤 쓸쓸한 고독이 서려 있다. 여기에는 '우리'에서 벗어나 홀로 서야만 하는 자유인의 뿌리 깊은 불안과 고독이 배어 있다. 하이데거도 인정하듯이, 그의 철학에서 현존재의 고독을 부정할 수 없다. 그리고 그 고독은 멜랑콜리의 마지막 결정적인 모티프이다.

4. 실존론적 유아론의 멜랑콜리

멜랑콜리를 일종의 분위기로 이해한다면, 그 멜랑콜리한 분위기를 이루고 있는 핵심부에는 언제나 고독이 굳건하게 자리잡고 있다.[221] 멜랑콜리커의 주요 특징이 일상적인 정상성正常性에서의 일탈이라고 규정한다면, 고독은 멜랑콜리의 필연적인 귀착점이다. 『문제들』에서 아리스토텔레스는 대표적인 멜랑콜리커로 벨레로폰을 들면서, 그에 대한 호메로스의 기술을 인용한다. "그가 모든 신의 미움을 받았을 때, 그는 자신의 심장을 뜯어먹고 사람들이 지나다니는 행로를 피해 다니며 홀로 알레이옴 들판을 방황했다."[222] 또한 멜랑콜리의 회화적 이미지로서 손꼽히는 작품들, 예컨대 카스파르 다비트 프리드리히의 〈해변의 수도승〉을 떠올려본다면, 고독이 얼마나 깊게 멜랑콜리의 핵심부에 뿌리박고 있는지를 쉽게 확인할 수 있다. 그렇다면 하이데거 철학에서 멜랑콜리한 고독은 어떤 의미를 지니고 있는가? 그것은 한갓 개별 실존의 고독에 불과한 것인가? 아니면 멜랑콜리한 고독은 하이데거 철학의 내적 논리에 따라 필연적으로 발생한 분위기인가? 하이데거 철학이 멜랑콜리로 침윤되어 있다는 우리의 테제에 따르자면,

멜랑콜리한 고독은 단순히 사소한 감정이 아니다. 오히려 하이데거 사유의 길 전체를 지배하는 내적 논리와 연관된 정조다. 그래서 하이데거 철학의 멜랑콜리를 탐색하는 우리의 마지막 작업은 '철학 자체의 고독'에 대한 성찰일 수밖에 없다.

하이데거의 현존재는 고독하다. 현존재는 인간 일반을 규정하는 어떤 추상적인 개념이 아니라, 그때그때 유일무이하고 고유한 나의 존재다. 그렇지만 현존재의 고독을 말한다고 하더라도, 여기서 현존재를 한갓 고립된 존재자로 이해해서는 안 된다. 하이데거는 처음부터 인간이라는 말 대신에 현존재를 선택했고, 현존재가 무엇보다 '세계-내-존재'라는 것을 밝히고자 했다. 때문에 홀로 고립된 주체로 자기를 설정하지 않았다. 현존재는 언제나 사물과 타인과 더불어 존재하고 그것들을 밝히는 세계 내에 존재한다. 그래서 대개 우리는 고독을 잊고 살아간다. '우리'라는 유대감과 누군가에, 무엇인가에 의지할 수 있다는 안도감에 빠져 있다.

그렇지만 현존재는 단순히 객관화될 수 있는 대상이 아니다. 추상화되고 획일화될 수 있는 대상도 아니다. 그것은 세계 속에 살아 꿈틀대며 '존재하는' 개별 현존재다. 현존재의 '각자성Jemeinigkeit'과 '각시성Jeweiligkeit'은 현존재의 구체적 개별성을 표현하는 용어들이다. 존재든 세계든 바로 그러한 개별 현존재에만 깃들 수 있고 드러날 수 있다. 현존재는 '세계-내-존재'이지만, 동시에 세계는 '자기-내-존재'다. 역설적인 표현이지만, 세계-내-존재는 다시 개별적이고 고독한 자기존재로 귀환한다. 죽음 앞에서 불안에 휩싸이는 순간, 곧 현존재의 개별성이 극대화되는 고독한 결단의 순간에서야 비로소 세계-내-존재로서의 현존재가 그 본래성과 전체성을 회복할 수 있다는 점에서, 현존재의 존재론은 세계를 자기에게로 수렴시키는 유아론[223]일 수밖에 없다.

> 불안은 현존재를 개별화해서, '홀로된 자기solus ipse'로 밝혀준다. 그러나 이러한 '실존론적 유아론existenziale Solipsismus'은 하나의 고립된 주체사물Subjektding을 무세계적 사건의 무해無害한 공허 속으로 옮겨놓는 것이 아니고, 도리어 그것은 바로 극단적인 의미에서 세계로서의 그의 세계 앞으로 현존재를 데려오며 그래서 현존재 자신을 세계-내-존재로서의 그 자신 앞으로 데려오는 것이다.(GA2, 250. 인용자 강조)

'홀로된 자기'라는 용어는 통상 근대 인식론을 배경으로 이해되지만, 여기서는 존재론적 의미로 읽어야 한다. 여기서의 유아론은 '있음 자체의 자기 유일성'으로, 곧 있음은 오직 개별 현존재의 존재이자 현존재의 단독적인 자기를 통해서만 드러날 수 있다는 의미로 이해되어야 한다.

이미 언급한 것처럼, 불안은 세계 내부 존재자를 관심영역에서 무화한다. 불안 속에서 모든 것은 무의미해져버린다. 친숙하던 모든 것은 물러나 사라져버리고 오직 나 홀로 남는다. 이렇게 되자마자 세계 내의 특정 존재자(사물과 타인)가 아니라 세계 자체가 부각되어 드러난다. 모든 것을 의미 있게 만든 세계가 문제시되는 것이다. 그리고 지금껏 그 세계 속에 빠져 살던 자신을 반추하는 과정을 통해, 사물과 맺고 있던 관계나 타인과의 관계가 재조정된다. 다시 말하면 세계가 새롭게 형성된다. 이것을 가능하게 한 것은 불안 속에서 감행한 결단과 그것을 통해 마련된 시선의 자유 때문이다. 세계형성이란 이런 자유로운 시선의 기투 과정에서 일어난다. 결국 세계는 자유로운 자기존재 내부에서 형성되는 것이다. 그리하여 현존재가 세계-내-존재이지만, 동시에 세계는 존재가 일어나는 '고독'한 '자기존재'와 다른 것이 아니다.

이런 맥락에서 하이데거는 1929/1930년 강의에서 형이상학의 근본개념들로서 세계, 유한성 그리고 고독을 꼽았고 세 개념의 연관성을 논하고자 했다.(GA29/30 참조) 다시 한번 강조하건대, 하이데거 철학에서 고독은 한갓 수사적 주변 개념이 아니라, (실존론적 유아론) 철학의 근본개념이다.

인용문에서 언급되는 불안의 실존론적 유아론을 그저 스쳐지나가는 말로 넘겨서는 안 된다. 하이데거의 『존재와 시간』은 이런 유아론적 주장을 다양한 방식으로 반복하고 있기 때문이다. 예를 들자면, 여기에서 그는 전통철학의 '실재성Realität'이 특정한 하나의 존재이해 방식임을 밝히면서 "……내부세계적 존재자의 모든 존재양상은 존재론적으로 세계의 세계성과 함께 세계-내-존재 현상에 기초하고 있다"(GA2, 280)라고 주장하고, "오직 존재이해가 있는 한에서만, 존재자로서의 존재자가 접근 가능해진다"(GA2, 281)라고 결론짓는다. 다른 곳에서 "(존재자가 아닌) 존재는 단지 진리가 있는 한에서만 '존재한다[주어진다]es gibt'. 그리고 오직 현존재가 있는 한에서만 그것[진리]이 있다"(GA2, 304)라는 자신의 확고한 유아론적 테제를 밝힌다.

물론 여기서 하이데거 자신의 입을 통해 말해지는 유아론은 여타의 유아론에서 보여지는 실체(주체)적 성격이 탈색된 유아론이다. 그럼에도 현존재 이외의 다른 어떤 타자를 필요로 하지 않는다는 점에서 그의 철학에도 '유아론'이라는 동일한 명칭을 부여할 수 있다. 사물('눈앞의 존재'든 '손안의 존재'든)과 타인은 궁극적으로 현존재의 세계-내-존재에서 연역된다. 다시 말해서 하이데거 철학은 세계-내-존재인 현존재를 선행 원리로 삼아 거기에서 타인과 사물의 '있음'을 도출한다. 하이데거는 자기(즉 현존재Dasein) 내부의 타자(즉 존재Sein)를 말함으로써, 자기 외부의 타자(특히 타인)를 도외시하거나 외부적 타자성을 다시 자기 속으로 내면화한다. 근본적으로 그는 현존재의 자기성 속에서 타자적인 '존재'가 드러난다고 본다. 다른 사물과 타인과의 관계는 궁극적으로 '자기-내-세계' 분석으로 해소되고, 오직 '존재'만이 (자기 내재적) 타자성으로 남는다. 이런 자기중심적 사유방식은 '철학적 유아론' 내지 '철학적 나르시시즘'이라고 명명될 수 있다.

하이데거는 '나'의 실체성을 철저하게 해체했지만, 여전히 자기중심적Selbst-zentral 철학을 떠나지는 않는다. 그 때문에 그의 철학은 여전히 '자기'의 '자유'의 철학이고, 중심이 비어 있기는 하지만(자기 내재적 타자성) 모든 것을 그 '빈 중심'에 환원시키는 철학이며 그래서 (유아론적 존재이해를 통해 상실된) 외재적 타자성을 비극적으로 자기와 동일화하는(내면화시키는), 그리하여 운명적인 '자기-분열Selbst-Entzweiung'에 시달리는 멜랑콜리의 철학이다. 하이데거 철학이 멜랑콜리 정조에 휩싸일 수밖에 없는 이유는 궁극적으로 실존론적 유아론, 곧 자기중심/자기동일화 철학에 빠져 있기 때문이며, 하이데거의 현존재가 멜랑콜리커일 수밖에 없는 까닭은 그 현존재가 고독하게 오로지 자기 속에서만 타자성을 볼 수 있는 구조, 즉 '자기'의 실존론적인 무근거Ab-grund인 자유, 양심, 죽음과 불안 등등을 응시해야만 겨우 타자성을 볼 수 있는 구조로 엮여 있기 때문이다.

결국 근대적인 주체, 실체론적인 자아 개념을 해체하는 것까지는 성공했지만, 여전히 하이데거는 고대 그리스 철학부터 지속되어온 서양철학의 비극적 멜랑콜리를 벗어나지는 못했다. 다시 말해서 그의 철학은 (특정 존재이해로 말미암아 상실·포기·망각될 수밖에 없었던 타자를 자기와 나르시시즘적으로 동일화하는) 자기중심적 존재론의 그 비극적 오만tragische Hybris이 초래한 멜랑콜리 정조에서는 한 치도 벗어나지 못했다고 결론지을 수 있다. 이런 점에서 2,500년이라는 긴 세월 속에서 외양은 많이 변모했지만, 하이데거의 본래적 현존재는 그리스 비극 멜랑콜리커들의 적자嫡子라고 말할 수 있을 것이다.

5. 불안은 영혼을 잠식한다

독일의 파스빈더 감독이 1974년에 제작한 영화 〈불안은 영혼을 잠식한다Angst essen Seele auf〉는 아랍계 주인공이 독일 사회에서 겪는 이방인으로서의 고통을 그린 수작이다. 영화의 제목은 주인공이 자기네 문화 전통에서 항상 들어오던 격언이라고 한다. 영화 속에 등장하는 영혼을 갉아먹는 불안은 하이데거의 불안과는 다른 불안이다. 하이데거의 불안은 영혼을 잠식하기는커녕 영혼을 일깨우는 불안이라고 말할 수 있다. 그런데 여기서 반문이 생긴다.

왜 본래적인 자기는 불안해야만 하는 것일까? 아무리 하이데거적 불안이 일상적으로 이해된 불안은 아니더라도, 현존재가 굳이 본래부터 불안해야 할 까닭은 무엇인가? 하이데거의 현존재는 정녕 근대의 고립된 주체, 실체화된 주체와는 현격하게 상이한 존재일까? 어쩌면 불안은 하이데거 철학에 남아 있는 서양적 자유인, 실체적(또는 기독교적) 주체의 마지막 흔적은 아닐까?

서양의 지식인들은 이런 의문들을 주마간산으로 스쳐 지나칠 수 있다. 하지만 비서구 문화권에 살고 있는 이들은 이런 물음들을 쉽게 포기할 수 없다. 이미 오랫동안 몸담아온 자기네 문화와 시도 때도 없이 충돌하기 때문이다. 예컨대 빼어난 하이데거 연구자 권순홍도 유사한 질문을 던지고 있다. 『유식불교의 거울로 본 하이데거』라는 책에서 그는 풍부한 지식과 엄밀한 사유를 기반으로 기존 연구보다 한층 더 높은 수준에서 유식불교와 하이데거 철학을 비교한 바 있다. 그 책의 마지막에서 권순홍은 다음과 같이 말하고 있다.

> 하이데거가 이 고독을 견디는 대가로 현존재에게 안기는 선물은 차이화의 사건이다. 붓다는 무상한 법의 전전과 함께 발생하는 차이화의

> 사건에서 괴로움을 보지만, 하이데거는 현존재의 각시적인 자기부단성과 함께 일어나는 실존의 차이화의 사건에서 오히려 실존의 활력을 목도한다. ……유식불교는 중생에게 괴로움을 넘어서 열반의 종교적인 구경에 이르도록 열반의 길을 걸어갈 것을 당부하지만, 하이데거는 현존재에게 본래적인 자기의 새로운 풍경에 대한 기대를 품고 실존의 길을 지치지 않고 끝없이 걸어갈 것을 부탁한다. 열반적정인을 두고 하이데거와 유식불교 사이의 대화를 더는 이끌어나갈 수 없는 까닭은 여기에 있다고 할 수 있을 것이다. 그러나 한번쯤 우리는 반드시 물어야 한다. 정녕 하이데거에게도 차이화의 사건은 괴로움이 아닌가? **죽음의 가능성으로 선구할 때마다 피어오르는 불안의 안개를 차이화의 사건이 과연 말끔히 제거할 수 있겠는가?**[224] (인용자 강조)

권순홍은 서로 다른 전통의 철학을 선명하게 대비시킴으로써, 하이데거 철학을 상대화시킨다. 제아무리 하이데거적 불안이 일상의 불안과는 다르고, 더구나 불안이 본래적인 자기로 들어가는 관문이라 하더라도, 불안을 열반의 상태라고 강변할 수는 없다. 오직 '자기' 개념을 찬미하는 전통 속에서만 불안은 영혼을 일깨우고 정화하는 기분, 그리하여 '영혼의 근본기분'일 수 있는 것이다. 그러나 영화 속의 아랍계 주인공이나 우리의 철학자 권순홍과 같은 비서구권 사람들은 불안이 종국에는 영혼을 좀먹는다고 생각한다. 만일 그들의 의구심이 정당하다면, 서양 전통에 신랄한 비판을 가했던 하이데거 철학조차 멜랑콜리한 서양철학의 전통 한가운데 있다는 테제 역시 유효하다고 볼 수 있을 것이다.

근대 : 햄릿의 멜랑콜리

고대 비극에서 '운명'이 사건을 주도한다면, 근대 비극에서는 '주체'가 그 역할을 담당한다. 세상을 연극무대로 비유하자면, 고대의 인간은 신이 짜준 각본(운명)대로 연기하는 배우다. 그리고 신은 저 높은 하늘에서 세상사 연극을 연출하고 관람한다. 근대에 이르러 세상의 피안은 점차 사라진다. 그럼에도 여전히 세상을 무대에 비유한다면, 근대의 인간은 배우이자 연출자이며 동시에 관객이다. 신이 사라지고 인간이 모든 사건의 주체가 되면서, 갑자기 우리 인간은 할 일이 많아진 셈이다. 그렇다면 주체로서의 인간은 어떻게 세 가지 역할을 한꺼번에 수행할 수 있었을까?

그것은 자기 자신과의 '거리두기', 자신과의 '분열'을 통해서다. 하나가 셋으로 쪼개지고 갈라짐으로써 그것이 가능했다. 다시 말해 한 명의 주체가 특정 배역의 배우가 되고 동시에 다른 배우들의 행동에 조응해서 그때마다 새롭게 각본을 짜는 연출가 역할을 하고, 다시금 그런 자기의 모습으로부터 거리를 두면서 관객이 된다. 따라서 고대 비극의 주인공이 미리 짜인 운명에 과감히 부딪치는 영웅적 멜랑콜리커였다면, 근대 비극의 주인공은 다수 역할을 '동시에' 수행하는 분열된 주체의 멜랑콜리커 면모를 보여준다. 셰익스피어의 햄릿은 근대적 주체의 전형적인 멜랑콜리를 보여준다.

외적인 풍모에서부터 햄릿은 완벽한 멜랑콜리커의 모습을 하고 있다. 우울해 보이는 자식에게 근심어린 핀잔을 던지는 어머니를 향해 햄릿은 이렇게 말한다.

> 어머님, 소자의 어깨에 걸친 이 새까만 외투도, 소자가 입고 있는 의례적인 검은 상복도, 맷돌질하듯 갈아내는 무거운 한숨도, 아니 내를 이루듯 샘솟는 눈물도, 수심에 찬 풀죽은 얼굴 모습도, 그 밖의 슬픔을 나타내는 천태만태의 모양이나 표정, 그리고 온갖 겉치레도, 소자의 진정을 드러내기엔 미흡합니다. 하기야 그런 것들은 그럴듯하게 보일 테죠. 그따위 연극쯤은 누구나 할 수 있습니다. 그러나 이 가슴속에 사무친 비애는 그따위 슬픔의 겉치레 옷 따위와는 다릅니다.[225]

여기서 햄릿은 멜랑콜리한 자신의 겉모습이 진정한 슬픔을 표현하기에는 역부족이라고 주장한다. 그 모습은 연극이 아니라 진실이며, 더 정확히는 진실에 한참 못 미치는 가상이라고 말한다. 햄릿은 자신의 비애를 그 어떤 것으로도 표현하지 못해 괴로워한다. 그러면서도 진정한 자신과 거리가 있는 그 모든 모습이 한갓 연극은 아니라고 생각한다. 하지만 정말로 연극이 아니었을까? 햄릿은 한참이나 기대에 못 미치는 자신의 연기에 좌절한 배우는 아니었을까? 실제로 햄릿은 스스로를 "천하의 어릿광대"[226]라고 칭한다.

햄릿의 멜랑콜리는 부친의 죽음에 따른 애도작업에 실패한 데서 유래한 것처럼 보인다. 햄릿이 처한 상황은 이렇다. 부친이 죽었다. 왕자인 햄릿은 임종의 자리를 지키지 못했다. 후에 전해들은 바로는 부친이 독사에 물려 죽었다고 한다. 곧바로 부친에 이어 숙부가 왕이 되고 어머니는 새로운 왕의 왕비가 된다. 이런 사건 전개를 바라보면서 햄릿은 슬픔을 이기지 못한다. 그런데 햄릿의 멜랑콜리는 부친의 죽음이 아니라 일차적으로 어머니에 대한 배신감에 그 원인이 있다. "약한 자여, 그대의 이름은 여자로다! 겨우 한 달, 나이오비 여신[니오베]처럼 눈물에 젖어 가엾은 아버님의 영구를 따라가던 그 신발이 미처 닳기도 전에 어머니가, 그 어머니가 아버님의 동생인 저 숙부와 결혼을 하다니. ……한 달도 못 돼서, 애통해하는 거짓 눈물의 짠맛이 눈동자의 핏발을 채 가시게 하기도 전에 결혼하다니."[227] 너무도 신속하게 진행된 어머니의 애도작업에 햄릿은 이상적인 어머니상像을 잃어버렸고, 그것을 애도할 기회조차 없었던 것이다. 갑작스러운 부친의 죽음에 더하여 어머니에 대한 배신감은 헤아릴 수 없이 깊은 슬픔으로 이어지고, 결국 총체적인 애도작업의 실패가 아버지의 망령을 불러낸다.

『햄릿』의 초반부에 등장하는 부친의 망령은 (선왕을 존경했던 호레이쇼를 비롯한 신하들도 포함해서) 햄릿의 내면적 갈등이 만들어낸 허상이다. 복수를 명령하는 초자아를 이미지화한 것이다. 그러나 망령을 불러오는 이런 심리극만으로는 부족했기에, 햄릿은 또다른 실제 연극을 연출한다. 실제 연극배우들을 불러 클로디어스 왕과 거트루드 왕비 앞에서 연극 공연을 벌인다. 왕과 왕비가 범한 죄악과 유사한 내용의 연극을 상연함으로써, 햄릿은 그것을 보며 놀라는 그들의 반응을 통해 범죄 사실을 확인하고자 한다. 이렇듯 연극은 진실을 밝히는 힘을 가지고 있다. 비록 그 자체가 허구이기는 하지만, 연극은 모든 것을 되비칠 수 있는 거울 기능을 가지고 있다. "연극의 목적은 예나 지금이나 말하자면 자연을 거울에 비추어 보이는 일이다."[228] 햄릿은 단지 어릿광대 역할에 만족하는 것이 아니라, 진실을 되비추는 연극을 연출한다. 연극이라는 거울을 통해 햄릿은 지나간 사건의 공정한 관객이 되고 새로운 사건을 도입하는 연출가가 된다.

햄릿이 왕에게 보여준 연극의 제목은 '쥐덫'[229]이다. 상징이 풍부한 제목이다. 햄릿은 연극이라는 덫을 놓는다. 햄릿에게 연극은 진실을 사로잡는 진실의 덫이다. 그러나 그것만이 전부는 아니다. 동시에 그것은 자신을 파멸로 이끄는 덫이기도 하다. 자기 자신은 다시 타인이 연출하는 연극에서는 한 명의 어릿광대가 되어야 하기 때문이다. 자신이 설치한 덫이건만, 그것은 언제든 내 뜻과는 무관하게 자기 자신도 옭아맬 수 있는 것이다. 햄릿의 연극 해프닝을 통해 위협을 느낀 클로디우스 왕은 곧장 햄릿을 제거하는 계략을 꾸민다.

신이 만든 완벽한 각본이 아니기 때문에, 인간들이 각자 짠 각본은 언제나 엉성할 수밖에 없다. 타인의 각본과 매번 어긋나고 충돌하기 때문이다. 타인의 각본에서 자기는 꼭두각시 배우일 뿐이며, 덫에 걸린 사냥감에 불과하다. 이런 불행한 상황을 바라보는 자신은 한 명의 관객으로서 멜랑콜리에 빠지지 않을 수 없다. 통일적인 전체 각본을 짜는 신이 사라지면, 개별 인간이 짠 각본은 타자를 사로잡는 덫이면서 동시에 자신이 사로잡히는 덫이 된다.

햄릿은 복수를 위해 각본을 짜지만 오히려 이것을 눈치챈 왕은 햄릿을 죽이려는 각본을 꾸민다. 왕과 왕의 사주를 받은 레어티스는 햄릿을 죽이는 덫을 놓지만, 예측 불가능한 각본들의 충돌로 인해 대부분의 등장인물들이 죽는다. 즉 왕은 햄릿을 죽이려 레어티스와의 검투를 제안하고 햄릿이 마시게 될 잔에 독을 탄다. 레어티스는 자신의 칼에 독을 발라서 작은 상처에도 햄릿을 죽일 수 있게 준비한다. 그런데 예측불허의 상황은 각본대로 진행되지 않는다. 독약이 들어 있는 잔을 왕비가 마시고 레어티스와 햄릿의 칼이 바뀌어서 햄릿은 물론이고 레어티스마저 독을 바른 칼에 찔린다. 그리고 독이 채 퍼지기 전에 햄릿은 왕을 칼로 찌르고 독이 섞인 남은 술을 억지로 비우게 한다. 숨을 거두기 전, 레어티스는 자기를 파멸로 이끈 덫을 두고 이렇게 외친다. "아, 제 덫에 걸린 어리석은 도요새가 됐다. 오즈릭! 내 자신의 꾀에 내가 넘어가 죽으니 천벌이 아니겠는가."[230]

자신이 연출한 연극에서 나는 타인을 꼭두각시로 만든다. 타인은 역으로 나를 꼭두각시로 만든다. 게다가 타인을 꼭두각시로 만들려는 나의 기획은 뜻밖의 결과를 초래하기 일쑤다. 덫은 주인을 알아보지 않기 때문이다. 이처럼 배우와 연출가를 오락가락하던 주체는 마지막으로 자신의 파멸을 바라보는 관객이 된다. 이와 같이 근대 비극의 멜랑콜리는 배우, 관객, 연출자 모두를 동시에 수행해야 하는 주체의 자기분열적 다중화에 그 원천을 두고 있다.

7장

서양 주체의 문화적 기질론

프로이트

멜랑콜리커는 진리를 바라보는
날카로운 눈을 가지고 있다.
—프로이트

프로이트는 간헐적으로 멜랑콜리에 관해 언급했다. 그가 멜랑콜리를 중심 주제로 삼은 텍스트는 「슬픔과 멜랑콜리」(1917)라는 짧은 글이다. 분량이 적은 만큼 상세한 논의가 생략되었지만, 이 글은 현대 멜랑콜리 담론에서 빠트릴 수 없는 문헌이다. 멜라니 클라인, 쥘리아 크리스테바, 주디스 버틀러 등이 내놓은 묵직한 멜랑콜리론은 모두 프로이트의 이 글에 이론적 뿌리를 내리고 있다. 현대 서양 지성사에 큰 족적을 남긴 철학자들, 예컨대 자크 데리다, 슬라보예 지젝, 조르조 아감벤 등도 프로이트의 멜랑콜리론에 지대한 관심을 보였다. 프로이트에게 직접적인 영향을 받은 클라인은 누구나 생의 처음부터 거쳐 갈 수밖에 없는 정신적 상태로서 '우울적 자리depressive position'를 말하고 있으며, 크리스테바는 프로이트의 멜랑콜리론에 대한 라캉적 해석을 바탕으로 시인, 예술가의 창조성의 원천으로 멜랑콜리를 해명한다. 버틀러는 문화적으로 제도화된 이성애 중심주의 때문에 발생하는 이성애적 우울증(동성애적 대상의 포기에서 유래한)을 논파하고 있고, 데리다는 애도의 불가능성을 밝힘으로써 슬픔(정상)과 멜랑콜리(비정상적 정신질환)의 경계를 해체하고 있다.[231]

프로이트의 글이 가지고 있는 최대의 장점은 멜랑콜리의 심리적 메커니즘을 이전의 다른 어떤 텍스트보다 '과학적으로' 엄밀하게 분석했다는 점에 있다. 그래서 프로이트 이후 멜랑콜리에 관심 있는 사람들은 사이비 담론이라는 혐의에서 벗어나기 위해서라도 그의 글을 펼쳐봐야만 했다. 물론 그의 텍스트가 멜랑콜리의 모든 것을 말해주지는 않는다. 프로이트 자신도 그 점을 잘 알고 있다. 예컨대 글의 첫머리에서 자신이 수행하는 작업의 한계를 겸손하고 냉정하게 다음과 같이 고백한다. "그러나 우리는 이번 결과에 대한 과대평가를 경계해야 한다는 고백을 미리 해두어야만 한다."[232] 이처럼 스스로 겸손하게 평가하고는 있지만, 이 글에서 제시하고 있는 멜랑콜리의 주요 특징과 메커니즘에 대한 분석은 한 세기가 지난 지금에 와서도 여전히 빛을 잃지 않고 있다.

나는 정신의학적 관점이 아니라 문화철학적 관점에서 프로이트의 멜랑콜리론을 재해석할 것이다. 먼저 멜랑콜리를 분석하는 프로이트의 주요 개념, 즉 '양가감정'과 '동일화' 등의 개념을 통해 상실의 슬픔이 멜랑콜리로 변해가는 과정을 핍진하게 살펴보고, 그 개념들이 가지는 철학적 함의와 그 저변에 깔린 선이해적인 전제를 찾아나갈 것이다.(철학적 함의에 대한 본격적인 분석은 8장에서 이루어질 것이다.) 끝으로 프로이트의 멜랑콜리 담론이 펼쳐 보이는 서양문화의 한계를 조망함으로써, 그것이 '보편적인 과학담론'이라기보다는 차라리 서양문화의 한 단면을 극명히 보여주는 '문화담론'이라는 주장을 도출하고자 한다.

1. 비교한다는 것

프로이트 글의 주요 내용은 그 제목이 말해주듯, '슬픔Trauer'과 '멜랑콜리Melancholie'를 '비교'(연언 접속사 운트und가 이 역할을 담당하고 있다)하는 가운데, 멜랑콜리의 주요 특징과 그 메커니즘을 드러내는 것이다. 여기서 비교의 대상은 슬픔과 멜랑콜리다. 비교의 대상이 되는 순간부터, 양자는 비교할 만한 가치가 있는 것으로 전제된다. 또한 양자의 차이점뿐 아니라 둘 사이의 친밀한 공통 기반이 전제된다. 비교의 대상을 선정하기 이전에 이미 멜랑콜리에 대한 프로이트의 선이해, 선-판단Vor-urteil, 즉 역사적으로 오랫동안 당연시되어온 슬픔과 멜랑콜리의 근친성이 전제되고 있다.

통상 비교란 공통의 기반 위에서 비교되는 대상 각각의 차이점을 밝히는 지적 작업이다. 무엇인가를 비교할 때, 우리는 대개 비교 대상들 사이의 차이점에 주목한다. 그러나 주제화되지는 않더라도 비교 작업에 있어서 비교 대상들의 공통적 연관성을 놓쳐서는 안 된다. 우리는 무차별적으로 어떤 것을 다른 어떤 것과 비교하지 않는다. 동급의 공통 기반 위에서만 비교의 필요성이 나타나기 때문이다. 따라서 기존의 멜랑콜리 연구가 슬픔과 멜랑콜리의 차이점만을 부각시켰다면, 나는 차이점을 언급하기 이전에 먼저 양자의 동근원성에 주목하고자 한다.

기존의 연구가 차이점을 주로 밝히게 된 원인은, 대개의 경우 멜랑콜리가 논의의 초점이 아니라 다른 논의를 이끌어가기 위한 보조적인 담론에 머물렀기 때문이다. 프로이트의 멜랑콜리 담론을 간략히 소개하는 수준에 머물고 있는 국내 연구 상황(그것도 프로이트에 관한 관심보다는 벤야민과 버틀러 또는 지젝의 멜랑콜리 해석을 위한 해제 차원의 소개)은 말할 것도 없거니와, 앞에서 언급한 국외의 연구자들, 즉 클라인, 크리스테바, 버틀러, 데리다, 지젝, 벤야민, 아감벤 등도 슬픔과 멜랑콜리의 동근원성에 대해서는 그다지 큰 관심을 보이지 않았다. 이것은 비교 행위에 대한 철학적 성찰이 부족한 데서 기인한 무관심이기도 하다. 이런 상황들을 고려해볼 때, 현대 멜랑콜리 담론의 효시가 되는 프로이트의 담론을 '철학적으로' 치밀하게 해석하는 일은 서양 멜랑콜리 담론의 깊이 있는 이해를 위해서 반드시 필요한 지적 작업이라 하겠다. 여기서 비교를 철학적으로 성찰하기 위해서 잠시 하이데거를 불러오기로 한다.

비교에 관한 하이데거의 성찰은 경청할 만하다. 그의 강의(1944/1945년 겨울학기 두번째 시간 이후 중단한 강의) 중에 비교에 관한 흥미로운 진술이 등장한다. 여기서 하이데거는 '시 짓기와 사유하기Dichten und Denken'에 대한 논의를 전개한다. 그는 먼저 시 짓기와 사유하기를 병치하는 데서 오는 오해, 즉 비교에 관한 통속적인 생각에서 논의를 시작한다. 상식적인 관점에서 비교는 비교되는 것들을 어떤 식으로든 '대등하게 세워놓는다'는 점에서 "비교의 가능성은 무제한적"이다. 다시 말해 어떠한 것과도 어떤 식으로든 비교는 가능하다. 예컨대 우리는 '시 짓기'와 '자전거 타기'를 비교할 수도 있을 것이다.(GA50, 137-138 참조) 비교하고자 마음만 먹는다면, 비교의 상대가 어떤 무엇이든 관계없이 양자의 공통점과 차이점을 밝혀낼 수 있기 때문이다.

하이데거가 보기에, 대부분의 무차별적인 비교는 한갓 지적 놀이(유머)이거나 단순한 호기심에서 유래한 것에 불과하다.[233] 그런 비교는 진정한 사유의 관심사가 아니다. 그런 종류의 비교는 사유의 불모성만을 입증하며, 사유의 품위를 떨어트리는 결과만을 초래한다. 이런 점에서 참된 비교란 항상 비교 이상에 대한 사유를 뜻한다. 하이데거는 참된 비교에 대해서, "참된 비교 속에서 우리는 똑같음을 통해 차이나는 것을 통찰하고, 똑같음의 차이나는 것을 통해 그때마다 비교되는 것의 고유한 본질을 통찰하려고 한다"(GA50, 같은 곳)라고 말한다. 본래적인 비교가 단순한 비교 이상이라면, 단순 비교를 초과하는 부분은 '같음das Selbe에의 공속성'에 해당한다.

이와 같이 하이데거적 문맥에서 비교를 이해한다면, 프로이트의 비교 역시 심상치 않은 비교임을 어렵지 않게 확인할 수 있다. 시 짓기와 자전거 타기를 비교하듯 그렇게 단순한 호기심에서 두 사태를 비교하는 것이 아니라, 선행하는 공속관계 속에서 슬픔과 멜랑콜리의 차이점을 밝히고 있는 것이라 말할 수 있다. 슬픔과 멜랑콜리는 다른 점보다 같은 점을 더 많이 가지고 있다. 슬픔과 멜랑콜리는 이미 어떤 같음에 함께 속해 있다.

더구나 정상적인 슬픔과 비정상적인 멜랑콜리의 차이점이라는 것도 얼마 뒤에는 점차 희미해지고 만다. 「자아와 이드」(1923)에서 프로이트는 「슬픔과 멜랑콜리」에서 농축시켰던 슬픔과 멜랑콜리의 차이점을 상당부분 희석시킨다. 멜랑콜리의 메커니즘이 특수한 정신질환에만 한정되는 것이 아니라, "자아의 성격"을 형성하는 일반적인 메커니즘으로 확장된다.

> 여기서 우리는 좀더 이해의 폭을 넓혀야만 한다. 잃어버린 대상이 자아 속에서 다시 자리잡는다는 가정, 따라서 동일화를 통해서 대상 리비도 집중이 해소된다는 가정을 통해, 멜랑콜리의 고통스러운 고뇌를 해명하는 데 우리는 성공했다. 그러나 당시 우리는 이런 과정의 전체 의미를 여전히 몰랐으며 그 과정이 얼마나 자주 있는 일인지 그리고 얼마나 전형적인 것인지를 알지 못했다. 그 이후 우리는 그런 종류의 대체가 자아의 형태에 큰 몫을 거들고 있으며 우리가 자아의 성격이라 부르는 것을 산출하는 데 본질적으로 기여한다는 사실을 이해했다.[234] (인용자 강조)

이와 같이 비교에 있어 차이라고 하는 것은 언제나 같음과의 관계 속에서 결정되는 것이다. 그렇다면 슬픔과 멜랑콜리는 어떤 것에 공속하고 있는가? 넓은 의미에서 그 둘이 공속하고 있는 것은 '사랑과 죽음(또는 죽음이 상징하는 이별, 상실)'이다. 사랑과 죽음은 슬픔과 멜랑콜리의 동근원이고 모태다. 프로이트에게 슬픔과 멜랑콜리는 '사랑하는 대상의 상실'이라는 쉽게 받아들일 수 없는 사태, 감당하기 어려운 사건에 직면한 인간의 정서적 반응이라는 점에서 동일하다. 이처럼 슬픔과 멜랑콜리는 같은 뿌리에서 태어났지만, 각기 다른 가지를 뻗으며 성장한다.

2. 멜랑콜리의 고유한 증상

프로이트는 사실 소박한 차원에서 슬픔과 멜랑콜리를 구분하고 있다. 그에 따르면, 슬픔이 인간의 보편적인(정상적인) 감정인 반면에, 멜랑콜리는 소수의 특수한 사람들만이 가지는 특별한(비정상적인) 감정상태, 더 나아가 일종의 정신질환이다. 프로이트는 이 차이를 당연시한다. 정신분석가인 프로이트가 멜랑콜리에 관심을 갖는 것은 그것이 심인성 질환이기에 치료가 요구된다는 판단 때문이다. 그러나 멜랑콜리도 분명 슬픔의 일종이다. 물론 그것은 건강한 슬픔이 아니라 병적인 슬픔이며, 정신적 상처가 아물 수 있는 슬픔이 아니라 아물지 못하고 계속해서 덧나기만 하는 슬픔이다. 그래서 멜랑콜리는 슬픔이 맺히고 꼬이고 뒤엉켜서 가슴에 검은 멍울로 번진 슬픔이다. 이런 멜랑콜리의 증상을 프로이트는 다음과 같이 기술한다.

영혼의 차원에서 볼 때 멜랑콜리는 다음과 같은 특징을 가지고 있다.

깊숙이 파고드는 고통스러운 불쾌감, 외부 세계에 대한 무관심, 사랑하는 능력의 상실, 성취를 위한 모든 행위의 장애, 자기비난과 자기욕설을 표현하다 못해 망상에 빠져 처벌을 기대할 정도로 커지는 자존감Selbstgefühl의 실추가 그것이다.[235]

그런데 여기서 언급되는 멜랑콜리 증후들은 굳이 멜랑콜리에만 한정될 수 있는 증상은 아니다. 사실 그것들은 모두 이별의 상처가 남긴 증후들과 동일하다. 사랑하는 대상과 이별하면, 그동안 의지했던 마음의 끈이 끊어진 것과 같아서 고통스럽고 불쾌하며, 그런 상태에서는 사랑 대상에 대한 그리움으로 세상사에 무관심해질 수밖에 없고, 영원히 다른 사람을 사랑할 수 없을 것 같으며, 어떤 일도 손에 잘 잡히지 않는다. 이별한 사람의 머리에는 온통 사랑 대상으로 채워져 있기 때문이다. 이런 증상은 일반적으로 사랑 대상과의 이별을 경험한 모든 사람에게 보이는 '슬픔'의 모습이다. 결국 프로이트가 여기서 언급한 멜랑콜리 증상들은 슬픔과 구분되는 멜랑콜리만의 특징은 아니다. 슬픔이 애도작업을 통해 이런 증상들을 차츰 지워가는 데 반해, 멜랑콜리는 슬픔 초기의 모습을 계속 유지할 뿐 아니라 그 강도를 더해만 간다는 점에서 차이가 있다.

여러 증상들 가운데 프로이트가 강조하고 있는 멜랑콜리만의 고유한 증상은 첫째, '부끄러움 없는 자기비난'과 둘째, '이유 없는 슬픔'이다. 먼저 첫번째 증상을 살펴보면, 전혀 부끄러움을 표현하지 않고 드러내는 가혹한 자기학대, 급격한 자존감의 실추, 그것의 극단적 모습인 자살 등등이 멜랑콜리커에게 특징적으로 나타난다. 물론 슬픔의 경우에도 자기비난은 가능하다. 누구나 사랑하는 대상이 떠나가기 전에 잘 대해주지 못한 것에 대해 깊은 자책감을 느끼게 마련이기 때문이다. 그러나 자책의 강도 면에서는 멜랑콜리 쪽이 비교할 수 없을 정도로 강력하다. 슬픔이 부끄러움을 동반한 자책의 모습이라면, 멜랑콜리는 부끄러움을 모르는 강렬한 자기비난의 양상을 보여준다.

멜랑콜리만의 두번째 특징은 상실된 대상을 명확하게 알지 못한다는 점이다. 슬픔의 경우 상실 대상이 분명히 의식되는 반면, 멜랑콜리는 그렇지 못하다. 전통적으로도 멜랑콜리는 '이유 없는 슬픔'이라 규정되었다. 슬픈 까닭을 찾을 수 없고 슬픔을 일으킨 대상이 의식 속에서 떠오르지 않는다. 분명 무엇인가를 상실했지만, 상실 대상이 무엇인지는 알 수 없다. 프로이트는 대상 상실이 "좀더 관념적인 본성mehr ideeller Natur"[236]에서 유래한 상실일 가능성이 있다고 보고 있다. 상실 대상이 구체적이지 않고 지극히 관념적이기 때문에, 상실된 것이 정확하게 무엇인지를 알기 어렵다는 것이다.

그런 까닭에 사랑의 대상을 잃고서도 무엇을 잃었는지를 알지 못한다. 때때로 누구를 상실했는지는 알고 있지만, 그 사람의 어떤 부분을 사랑하고 있는지를 모르는 경우도 있다. 다시 말해 "그가 누구인지를 알고 있기는 하지만, 그에게서 **무엇을** 상실했는지를 모르는"[237](원문 강조) 경우다. 이런 경우에도 상실의 고통을 겪고 있지만, 그 고통의 원인에 대해서는 무지할 수밖에 없는 상황이 연출된다.

더 나아가 무의식 속에서는 사랑하지만 의식 속에서 그것을 놓치는 경우가 있다. 특히 사회적 금기로 인해 허용되지 않는 관계라면 더욱더 사랑은 의식의 차원에서는 드러나지 않는다. 그래서 사랑 대상이 상실되더라도 상실을 모른다. 의식은 평온한 반면, 무의식은 슬픔으로 들끓는다. 이 경우 슬퍼해야 할 때 슬퍼하지 못해서, 또는 누구를 애도해야 할지를 모르기 때문에, 슬픔의 극복 과정, 곧 애도작업은 실패할 수밖에 없다. 상실 대상을 알기라도 하면, 바꿔 말해서 슬픔의 원인을 알기라도 한다면, 그 자체로 슬픔은 완화될 수 있으며 애도작업을 수행하기가 용이할 것이다. 사실상 정신분석의 치료 내용은 바로 이 정체불명의 원인을 환자 스스로 찾아내고 자기 고통을 이해하는 데 있다. 슬픔의 정체를 알 수 없기 때문에, 엄청난 크기로 밀려오는 상실의 고통과 불안 앞에서 멜랑콜리커는 그 어떤 보호나 위안도 받지 못한다. 멜랑콜리커는 출처 불명의 이방인처럼 불쑥 찾아오는 상실의 고통을 대책 없이 맞을 수밖에 없다.

이렇게 프로이트는 멜랑콜리만의 고유한 특징으로 '부끄러움 없는 가혹한 자기비난'과 '상실 대상에 대한 무지'를 들었다. 후자는 어렵지 않게 설명되었지만, 여전히 전자에 대한 설명은 미진하다. 그렇다면 멜랑콜리커의 부끄러움 없는 자기비난은 어떤 심리적 메커니즘에서 발생할까? 누구나 자기 자신에게 가혹한 비난을 퍼부을 수 있다. 그런데 대개 타인 앞에서 자신을 비난할 때에는 부끄러움이 수반된다. 타인 앞에서 발가벗은 자기 모습을 보인다는 것은 부끄러운 일이기 때문이다. 그런데 기이하게도 멜랑콜리커는 스스로를 비난할 때 부끄러움을 보이지 않는다. '마치 남을 비난하듯' 멜랑콜리커는 스스로를 가차없이 비난한다. 프로이트는 이 현상을 날카롭게 포착하고, 여기서의 자기비난이 실은 자기비난이 아닐 수 있음을 추론한다. 비난의 화살은 자기 자신이 아니라, 상실된 대상을 향해 있다는 것이다. 비난의 과녁은 자기 자신인 듯 보이지만, 사실 떠나간 대상, '애증愛憎이 병존하는 양가감정Ambivalenz'[238]의 대상이라는 것이다.

도저히 사랑의 손길을 거둘 수 없는 멜랑콜리커는 상실 대상을 무덤이 아닌 자기 가슴에 묻는다. 상실 대상을 영원히 상실될 수 없는 자신의 마음속에 안치시킨다. 이렇게 상실된 대상을 자기 내면으로 들여와 자신의 또다른 부분으로 만드는 과정이 '동일화Identifizierung'다. 동일화를 통해 상실된 대상은 영원히 자신과 함께할 수 있다. 그럼으로써 멜랑콜리커는 대상에게 고착된 리비도를 방향만 바꿔(외부에서 내부로) 그대로 유지할 수 있다. 그러나 동일화 과정이 무의식적으로 수행되기 때문에, 상실 대상은 의식 속에서 자취를 감춘다. 결국 슬퍼도 더이상 슬픈 이유를 모르게 된다. 이처럼 프로이트는 멜랑콜리 증후를 해독할 수 있는 핵심 개념으로 '양가감정'과 '동일화'를 제시한다. 양가감정이 인간 감정의 야누스적 모습이라면, 동일화는 자기중심적 심리패턴이다.

3. 자아에 드리운 검은 그림자

낭만적인 이미지를 걷어내고 정신분석학적으로 사랑을 정의하자면, 그것은 특정 대상에 온갖 관심과 성적 에너지를 쏟아붓는 행위, 즉 대상에게 리비도가 (대개는 과도하게) '집중'(Besetzung, cadexis: 점령, 투자)되는 현상이다. 그런데 이런 사랑은 '동시에' 증오를 일으킨다. 동일 대상에 대한 상반되는 감정의 공존, 그것이 바로 양가감정이다. 그렇다면 사랑은 왜 증오를 동반하는 것일까? 이 물음에 대해 프로이트는 상세히 해명하고 있지 않다. 그래서 프로이트가 남긴 암시들을 중심으로 그의 답변을 재구성할 필요가 있다.

프로이트의 사유 속에서 재구성할 수 있는 한 가지 답은 이렇다. 사랑을 주고 나면 그에 상응하는 사랑을 상대로부터 받기를 원한다. 그것이 사랑의 호혜 원칙이다. 내가 상대에게 리비도를 투자한 만큼, 아니 그 이상으로 상대의 리비도를 얻고자 하는 것은 리비도의 경제원칙이다. 그러나 타인에게서 돌아오는 사랑의 크기는 번번히 기대에 못 미친다. 사랑의 대상은 나와는 다른 타인이고, 그것도 내 뜻대로 움직여주지 않는 독립적인 한 개체다. 그래서 기대의 좌절, 믿음의 배반, 총체적인 실망감 등등이 사랑과 동반한다. 그런 점에서 사랑이 싹트는 동시에 미움과 증오가 싹튼다.

또다른 답은 이렇게 제시될 수 있다. 사랑이 한 개체의 정체성을 뒤흔드는 '타자의 침입사건'이라고 규정할 수 있다면, 사랑의 대상은 처음부터 위협적인 대상, 증오를 낳을 수밖에 없는 대상이라 말할 수 있다. 자기보존 본능과 나르시시즘을 인간의 기본 조건으로 이해하는 프로이트 역시 이와 유사한 답을 내놓는다. 그에 따르면, 도리어 증오가 사랑보다 앞선다. "대상과 관련된 증오는 사랑보다 먼저 발생한 것이다. 자극을 쏟아붓듯 발산하는 외부 세계를 자기애적 자아가 원초적으로 거부하는 것에서 증오가 생겨난다. 대상이 촉발한 불쾌감에 대한 반응의 표현으로서의 증오는 항상 자기보존 본능과 긴밀한 관계를 유지한다."[239] 기본적으로 자기보존 본능에 입각해 있는 인간에게 타자의 침입은 위험천만한 일이며 증오를 유발하지 않을 수 없다. 따라서 사랑과 증오라는 상반된 감정은 확연한 차이점에도 불구하고 서로 공속관계에 놓여 있으며, 이런 점에서 "사랑의 반대는 증오가 아니라 철저한 무관심"이라는 속설은 이론적 정당성을 확보한다.

사랑과 증오는 같은 뿌리에 속해 있다. 멜라니 클라인의 말처럼 동일한 대상(예컨대 최초의 애착 대상인 어머니의 젖가슴)이 "좋은 대상이자 나쁜 대상"이 되기도 한다.[240] 하지만 사랑하는 동안 증오는 보이지 않는다. 사랑을 유지하기 위해서, 또는 사랑을 키우기 위해서 증오는 의식의 수면 아래로 억압된다. 조금이라도 증오의 감정이 돌출되기라도 하면 심한 자책감에 사로잡히게 되고, 그 자책은 더욱 강력한 힘으로 사랑 대상에 대한 증오감을 숨기고 억누른다. 그래서 양가감정이 사랑의 정상적인 모습이건만, 그것은 대개 표출되지 않는다. 과도하게 표출되는 경우는 정신질환을 겪고 있는 사람에게 한정된다. "양가감정이 강렬한 수준으로 존재하는 것은 분명 신경증적인 사람의 유별난 특징이다."[241] 그런데 사랑하는 대상을 상실할 경우, 그 억눌려 있던 증오의 감정이 솟구칠 수 있는 호기를 맞이한다. 더이상 사랑을 지속시키기 위해 증오를 숨길 필요가 없기 때문이다. 예컨대 실연을 당한 사람들이 지루하게 늘어놓는 판에 박힌 넋두리 대부분이 그동안 못 다 표현한 증오감의 내러티브들로 채워지는 것은 바로 이런 이유 때문이다. 프로이트도 이 점을 직시하고 다음과 같이 말한다.

> 사랑 대상Liebesobjekt의 상실은 사랑 관계의 양가감정을 관철시키고 드러내기 위한 절호의 기회다.[242]

사랑하는 사람이면 누구나 애증병존의 양가감정을 가지며, 사랑 대상을 상실하면 증오의 감정이 자연스럽게 누설된다. 그런데 이런 증오의 표출도 애도작업의 일환이다. 증오를 표출함으로써 상실된 대상에 대한 애착을 거둘 수 있기 때문이다. 그런데 멜랑콜리의 경우 애착이 쉽게 대상으로부터 떨어지지 않는다. 상실 대상을 모른다는 특이한 사정이 중요 이유 가운데 하나다. 무엇을 잃었는지를 모르는데 어떻게 애도작업을 수행할 수 있으며, 상실 대상으로부터 자유로울 수 있겠는가? 그러나 그것만으로는 멜랑콜리커가 지속적으로 상실 대상에 묶여 있는 이유와 그에게 나타나는 지독한 자기비난 증상을 충분히 설명하기 어렵다. 그래서 도입되는 개념이 '동일화'다.

상실이라는 엄연한 현실을 받아들이고 지금껏 사랑 대상에게 쏟아온 리비도를 철회하기에는 감당해야 할 고통이 너무도 끔찍하다. 이런 상황에서 멜랑콜리커는 사랑의 대상, 욕망의 대상을 위장한다.[243] 대상을 위장함으로써 대상으로부터 분리되는 고통을 회피하고, 현실과 타인으로부터 오는 '분리에의 강요'를 피할 수 있다. 이것은 냉혹한 현실을 수용하는 척함으로써, 현실을 부인하는 방법이다. 현실 외면과 거부 그리고 리비도를 철회하지 않으려는 심리적 위장의 방법이 바로 동일화다. 상실된 대상은 이제 자기와 동일화된다. 동일화 속에서 상실 대상은 자기의 내면에서 다시 소생한다. 그럼으로써 상실로부터 초래되는 양가감정은 새로이 분출구를 찾게 된다. 다시 말해서 대상에게 향하던 사랑과 증오의 감정은 동일화된 자기에게 퍼부어진다. 멜랑콜리커의 자기비난은 이런 마음의 메커니즘을 통해 형성된 것이다. 자기비난, 자존감의 추락, 자기에게 가하는 혹독한 가학 등의 멜랑콜리적 증후를 푸는 열쇠는 바로 "포기된 대상과 자아의 동일화"(원문 강조)에 있다.[244]

프로이트는 동일화를 인간의 원초적인 심리 메커니즘인 것처럼 기술하기도 한다. 태어나자마자 인간은 어머니(오이디푸스 갈등 이후에는 아버지)를 자신과 동일화한다. 어린아이는 어머니의 젖무덤을 자신의 육체와 구분하지 못한다. 최초의 동일화는 자타의 구분이 불분명한 상태에서 일어난다. 아버지와의 동일화도 마찬가지다. 프로이트식 오이디푸스 삼각형 모델에서 아버지로부터 거세 위협을 받은 자식은 아버지를 연적戀敵으로서 증오하면서도 그를 선망한다. 한 명의 독립된 주체는 거세 콤플렉스를 통과하고 아버지를 자신과 동일화하는 과정에서 형성된다. 유아기에 발생하는 이런 동일화는 이후 사랑의 대상을 선택하는 데 영향을 줄 뿐만 아니라, 그 대상을 상실할 때 유아적 단계로 퇴행할 수 있는 발판이 된다. 이처럼 대상의 상실 상황에서 원초적인 나르시시즘으로 퇴행하는 이면에는 "대상과의 자기애적 동일화narzißtische Identifizierung"[245]라는 심리적 메커니즘이 존재한다. 결국 멜랑콜리는 사랑의 상실에 대처하는 어린아이 같은 태도, 즉 유아기에 겪게 되는 자기애적 동일화로 퇴행하면서 겪게 되는 질병이다. 다시 말해 까닭 모를 자존감의 추락, 극단적인 경우 자살에까지 이르는 멜랑콜리는 그동안 양가감정을 느껴왔던 사랑의 대상을 스스로와 동일화함으로써 발생하는 퇴행성 질환이다.

나르시시즘은 동일화의 전제조건이다. 자기애는 사랑의 대상 선택까지 결정한다. 사랑의 서사를 지어갈 때, 사람들은 종종 첫 만남을 '운명'으로 미화하곤 한다. 그런데 동일화를 통해 이 문제를 살펴보면, 사랑 대상의 선택은 그다지 신비스러운 것도 우연적인 것만도 아니다. 사랑 대상은 동일화될 수 있는 대상에 한정된다. 사랑 대상을 선택할 때, 이미 자신이 동일화했던 대상, 대표적으로 부모의 영향을 무시할 수 없다. 최초의 동일화 대상인 부모는 이후 사랑 대상을 선택하는 데 결정적인 역할을 담당한다. 이런 점에서 첫 사랑, 첫 만남임에도 이미 본 듯한 기시감déjà-vu이 생기는 것은 최초의 자기동일화 대상이었던 자기 어머니(혹은 아버지)와 유사하기 때문에 일어난 현상이다. 이런 맥락에서 프로이트는 다음과 같이 말한다. "동일화는 대상 선택의 앞선 단계Vorstufe"[246]이다.

자타 관계라는 철학적 개념으로 말하자면, 동일화는 타자를 나에게 동화시키는 현상이다. 그것은 자기를 중심으로 타자를 포섭하고 내면화하는 자기동일적 사유의 전형적인 메커니즘이다. 그런데 동일화라는 개념은 자기와 타자의 관계 속에서 성립한다. 자타가 미분화된 상태에서 동일화 개념은 성립 불가능하다. 만일 그 경우에도 동일화 개념을 사용한다면, 그것은 종전과는 철저히 다른 의미를 얻게 될 것이다. 유아에게는 처음부터 타자를 동화시킬 수 있는 '나'라고 칭할 만한 것이 없었다. 차라리 타자와의 동일화를 통해 비로소 자기가 형성된다고 말할 수 있다. 즉 여기서의 동일화는 타자를 '나'로 '동화'시킨다기보다는 타자에 '이화異化'되어 하나가 되는 현상을 뜻한다. 성인의 경우에도 마찬가지로, 사랑의 동일화란 일차적으로 타인을 '나'로 동화시키는 것이라기보다는 타인에게 압도되는 것이라 말할 수 있다. 다음의 구절에서 프로이트는 이런 동일화에 대한 해석을 뒷받침해주고 있다.

그래서 [사랑하지만 상실된 대상, 그래서 포기할 수밖에 없는] **대상의 그림자가 자아에 드리우며**, 이제 자아는 떠나버린 대상이라도 되는 듯 어떤 특수한 심급을 통해 대상처럼 판정될 수 있었다.[247](인용자 강조)

멜랑콜리의 동일화는 타자의 검은 그림자가 자아에 드리워진 것이다. 그 그림자가 짙어지면 짙어질수록 자기는 더 큰 위험에 처하게 되고, 심지어 자살에까지 이를 수 있다. 프로이트는 치열한 사랑과 멜랑콜리커의 자살이 결국 "자아가 대상에 의해 압도당하고 있다"는 점에서 동일하다고 말한다.[248] 이 문맥에서 언급되는 동일화는 내면에서 타자를 동화시키려 하지만 동화될 수 없는 '잔여'를 함축하는 개념이며, 더 나아가 그 불가능한 동일화로 말미암아 자기분열 및 자기파괴에 이르게 하는 심리 패턴이라고 규정할 수 있다. 그러나 멜랑콜리를 타자적인 사랑으로 규명할 수 있는 계기를 마련한 바로 이곳에서 프로이트는 다시 나르시시즘으로 선회한다. 동일화의 한 가지 모습인 이화異化를 삭제하고, 사랑의 타자성을 초-'자아'로 환원시킨다. 서양 전통의 도도한 흐름에서 빠져나오려는 순간, 프로이트는 다시 그 흐름에 자신의 사유를 내맡겨버린다.

궁극적으로 프로이트의 동일화 개념은 다시 그 개념의 기본적인 의미, 즉 타자의 자기동화로 귀착된다. 왜냐하면 프로이트는 모든 사람이 기본적으로 나르시시스트라고 생각하기 때문이다. 이미 사랑 자체를 자기중심적인 것으로 이해하고 있기 때문이다. 물론 인간의 정신발달 단계가 원초적인 나르시시즘을 극복하는 과정이기는 하다. 성인들이 에고이스트처럼 보이지 않는 까닭은 이런 발달 단계를 성공적으로 이수했기 때문이다. 다시 말해 '자기를 중심으로' 멀리 있는 타인에게로 사랑을 점차 확대해나갈 수 있었기 때문이다. 그러나 프로이트의 시각에서 볼 때, 결코 인간은 나르시시즘을 완전히 극복할 수 없다. 프로이트의 멜랑콜리론을 떠받치는 최후의 바탕은 양가감정 혹은 동일화가 아니라 바로 나르시시즘이다. 그리고 동시에 그것은 서양철학의 근본 특징이기도 하다.[249]

4. 동일화된 타자, 초자아의 멜랑콜리

프로이트에 따르면, 멜랑콜리커의 정신상태는 유아기의 자기애적 동일화 국면으로 퇴행한 것이다. 유아기의 이 국면에서 우리의 욕망은 대상들을 자기 속으로 동화시키려고 한다. 이런 욕망의 육화된 모습은 타자를 먹고 소화시키는 행위로 나타난다. 프로이트는 먹는 행위로 표상되는 자기애적 동일화의 국면을 "리비도 전개의 구순적oral, 카니발적kannibalisch 국면에 상응"[250]한다고 보고 있다. 즉 사랑 상실의 상처가 아물지 않을 경우, 과거의 구순기적 상태로 퇴행할 수 있다는 말이다. "……우리는 대상 리비도 집중Objektbesetzung이 나르시시즘에 속해 있는 구순기적 리비도 국면으로 퇴행하는 현상을 멜랑콜리의 특성 중 하나로 주저 없이 받아들일 것이다."[251] 이런 퇴행 현상은 철저히 타자를 자기화시킴으로써 타자와 하나되려는 욕망의 발현이자, 동시에 상실이라는 힘겨운 현실을 부인하고자 하는 욕망이기도 하다. 이것을 크리스테바는 다음과 같이 설명하고 있다. "상실하기보다는 차라리 조각내고, 분해하고, 자르고, 삼키고, 소화하고…… 멜랑콜리 증세의 식인 행위적 상상계는 상실과 죽음의 현실에 대한 부인이다."[252]

이미 언급한 대로, 멜랑콜리커는 그동안 억눌려 있던 증오를 한껏 표출한다. 사랑 대상에 대한 증오의 감정이 대상을 동일화한 자기에게 쏟아진다. 프로이트는 여기서 멜랑콜리가 구순기만이 아니라 가학적 단계, 즉 항문기로 퇴행하는 모습도 보여준다고 말한다. 여기서 멜랑콜리커의 자살도 해명된다. 상실된 대상에 대한 증오의 감정이 자아에게로 향하고, 그 증오가 자기학대, 더 나아가 자살로 이어진다는 것이 그의 기본 시각이다.

> ……외부 세계의 대상에 대한 자아의 원초적 반응을 표현하면서 그 대상을 향해 발산되었던 적개심이 자아 자신에게 되돌아오게 되면, 자아가 자신을 죽일 수도 있다는 사실을 알게 된 것이다.[253]

사랑에 빠지는 것은 자살과 유사하다. 사랑과 자살 둘 모두 대상에 압도되는 것이다. 사랑 대상의 압도적인 힘에 질식되는 현상이라는 점에서 사랑과 자살은 동일하다. 자살은 결국 사랑 대상의 압도적인 힘에서 유래한다. 이런 점에서 자살처럼 보이는 현상도 기실 타살이라 말할 수 있다. 그렇다면 여기서 누가 피해자이고 누가 살해자인가? 자살의 피해자는 자기 자신이고 가해자 역시 자기 자신이다. 자살은 자기 자신이 스스로를 죽이는 행위다. 이렇듯 자살은 행위의 주체와 객체를 분리하는 자기분열을 전제한다. 죽이는 자와 죽임을 당하는 자의 구분이 전제된다. 그렇다면 누가 죽이는 자이고 누가 죽임을 당하는 자인가?

이미 언급했듯이, 멜랑콜리커는 사랑하는 대상을 자신과 동일화함으로써 상실의 공포를 이겨내려고 한다. 이 점에서 동일화는 일종의 방어 메커니즘이다. 그런데 사랑의 대상이 자신과 동일화되면서 자아는 분열된다. '사랑하는 나'와 '사랑받는 나'로 분열된다. 원래 사랑은 그 대상을 이상화시킨다. 사랑의 대상은 언제나 자기보다 높은 곳에서 자신을 압도하는 자다. 이런 사랑의 미화美化 능력 때문에 사랑 대상은 명령하는 주인이 되고 사랑에 빠진 사람은 노예가 된다. 이런 사랑의 주종관계로 말미암아 동일화된 자기는 자기 이상이 되고, 초자아로 발전한다. 강력해진 초자아는 비루한 자아를 검열하고 명령하고 비판한다. 그 아래에서 자아는 자신의 나약함과 비굴함을 느낀다. 외부에 존재하는 사랑 대상으로부터는 잠시나마 벗어날 수 있지만, 내면화된 대상에게서는 도망갈 곳이 없다. 이렇게 자기와 동일화된 사랑 대상이 조금씩 자아를 잠식하는 과정이 바로 자학의 과정이며, 자학이 정점에 이를 때 자살이 발생한다.

프로이트는 상실된 사랑 대상이 자기와 동일화되면서, 자기의 내적 분열이 야기될 수밖에 없다고 보고 있다. 자아는 이제 사랑하는 자기와 사랑받는 자기로 분열된다. 그리고 애증병존의 양가감정 가운데 증오의 감정이 억압의 사슬에서 풀려난다. 그러자 사랑 대상은 증오의 대상이 된다. 사랑하는 자기는 증오하는 자기로 변모하고 사랑받는 자기는 증오의 대상으로 변모한다. 분열된 자기 내부에서 사랑(과 증오)의 주체와 객체는 수시로 뒤바뀌며 서로 충돌한다. 흥미롭게도 이 과정을 프로이트는 '양심' 현상과 연결짓는다. 프로이트적 관점에서 양심은 초자아가 자아에게 계율과 금지를 명령하는 목소리다. 프로이트는 멜랑콜리커의 과도한 자기비판에 주목하고 거기에서 양심과 유사한 구조를 발견한다.

> 멜랑콜리를 임상적으로 살펴볼 때 가장 두드러진 특징으로 나타나는 것이 바로 도덕적인 이유에서 비롯되는 자아에 대한 불만이다. 그런데 이때 환자의 자기평가 대상이 되는 것은 어떤 신체적인 결함, 추함이나 약점, 혹은 어떤 사회적인 열등감이 아니다. 멜랑콜리 환자의 자기평가에서 지배적인 위치를 차지하고 있는 것은 바로 자아가 빈곤해지고 있다는 것에 대한 두려움과 그것을 스스로 단정적으로 인정하는 발언인 것이다.[254]

초자아는 이상적인 자아로서 보통 도덕적인 명령을 내리는 마음의 심급이다. 도덕적인 판단을 내릴 때 자신을 냉정하게 비판하고 반성하도록 해주는 양심의 역할, 그것이 바로 초자아의 역할이다. 프로이트에 따르면, 멜랑콜리커는 이런 초자아가 지나치게 발달한 사람이다. 「자아와 이드」(1923)에서 프로이트는 "멜랑콜리의 경우 초자아가 의식을 장악하고 있다는 인상은 더욱 강하다"[255]라고 말하고 있다. 그런데 사실 초자아 역시 동일화의 산물이다. 생의 초반부에 있었던 부모와의 동일화가 초자아의 토대다. 초자아는 "동일화의 산물이고 그것도 자아가 아직 연약할 때에 생긴 것"이며, "오이디푸스콤플렉스의 후예이고 따라서 자아 속에 가장 중대한 대상을 도입했다는 것"[256]을 뜻한다. 다시 말하면, 초자아는 "이드의 첫번째 대상 리비도 집중" 또는 "오이디푸스콤플렉스"[257]에서 유래한 것이다. 이런 점에서 초자아는 삶의 초반부에 일어났던 동일화의 산물인 셈이다. 초자아는 동일화된 '타자'라는 점에서 '초'-자아지만, 타자를 동일화한 자아라는 점에서 초-'자아'다. 이렇게 확립된 초자아가 사랑 관계의 형성 이전에 미리 자기애적 방식으로 사랑 대상을 선택했던 것이다.

사랑은 언제나 증오를 동반한다. 자연히 동일화된 사랑 대상은 증오의 대상이 된다. 이 경우에 분열된 자기의 모습은 '증오하는 나'(초자아)와 '증오받는 나'(동일화된 상실 대상)가 된다. "……멜랑콜리의 경우 동일화를 통하여 초자아의 분노 대상이 자아 속으로 들어왔다."[258] 극단적인 경우, 증오하는 초자아가 동일화된 사랑 대상을 죽인다. 결국 자신을 죽게 만든 장본인은 지나치게 가혹한 초자아다. 물론 초자아는 기원을 거슬러올라가면 동일화된 타자이기는 하다. 그러나 프로이트는 어느새 사랑의 타자 관계성을 희석시키고 자아, 초자아, 이드의 관계로만 사랑 관계를 해명한다. 사랑에 압도되는 현상을 초-'자아'의 폭력적인 힘으로 다시 서술함으로써, 결국 프로이트는 자기애적 자기중심주의로 회귀한다. 그래서 이제 사랑의 타자성은 사라지고, 그 대신 초-'자아'가 멜랑콜리 담론의 핵심부에 놓이게 된다.

5. 서양 주체의 문화적 기질

지금까지 살펴본 프로이트의 멜랑콜리론은 한 개인의 독창적인 지적 산물만은 아니다. 그것은 이미 오랫동안 누적된 역사적 담론의 자양분을 섭취하여 탄생한 것이다. 인간 기질disposition을 체액의 종류에 따라 분류했던 히포크라테스의 4체액설을 시작으로 이미 서양인들은 멜랑콜리에 관한 담론을 끊임없이 산출했으며, 그 토양 위에서 프로이트의 멜랑콜리론이 싹을 틔울 수 있었다. 이미 6장에서 나는 서양의 멜랑콜리 담론에서 '자기중심적 존재론'이라는 특징적인 측면을 부각시켰다. 프로이트의 멜랑콜리론은 도도히 전개된 서양 전통의 흐름 한가운데 있다. 이제 마지막으로 프로이트의 멜랑콜리론이 가지는 지성사적 의미를 되새겨보기로 하자.

프로이트에게 슬픔은 사랑하는 대상의 고통스러운 상실에 대한 반응을 뜻한다. 그런데 상실을 마주하는 과정에서 슬픔과 멜랑콜리가 분리된다. 분리의 결정적인 조건은 애도작업의 성공 여부에 있다. 애도작업을 성공적으로 완수할 수 있으면, 슬픔은 평범한 슬픔으로 남는다. 하지만 실패할 경우 슬픔은 심인성 정신질환인 멜랑콜리로 변모한다. 상실된 대상으로부터 리비도를 철회하는 애도작업, 즉 가혹한 현실을 인정해야 하는 지난한 애도작업에 실패하면, 상실된 대상을 내면화시키고 동일화할 수밖에 없다. 그런데 상실 대상을 자신의 한 부분으로 동일화하면서 자기는 분열된다. 자기분열 속에서 가학적인 증오가 자기 자신에게 퍼부어진다.

나르시시스트는 사랑 대상을 선택할 때부터 이미 이전에 '나'로 동일화했던 사람을 모범으로 삼아 대상을 선택한다. 다시 말해서 그가 사랑한 것은 타자적인 대상이 아니라 바로 자기 자신이다. 타인 속에서 자신을 발견하며 타자화된 자신을 사랑한다. 멜랑콜리커가 상실된 현실을 인정하지 못하고 너무 '쉽게' 상실 대상을 자신과 동일화할 수 있었던 까닭은 바로 이 때문이다. 멜랑콜리커는 낯선 타자를 진정으로 사랑한 자가 아니다. 실상은 자기 스스로를 사랑하는 나르시시스트다. 결국 멜랑콜리는 나르시시스트의 고유한 정조이자 증후다.

프로이트는 사랑 대상의 '상실Verlust'이라는 용어를 사용한다. 그의 멜랑콜리론에서 이 용어는 다른 무엇과도 비교할 수 없는 비중을 지닌다. 그는 사랑 사건의 주요 마디인 '이별'을 상실로 대치했다. 그런데 상실이라는 용어는 사랑하는 자의 입장에서 사랑 대상이 자신의 소유물이라는 의미를 함축하고 있다. 처음부터 사랑 대상을 소유 대상과 구분할 수 있었다면, 상실이라는 표현은 결코 사용하지 않았을 것이다. 멜랑콜리의 선행조건으로 등장하는 '상실'이라는 용어는 멜랑콜리와 나르시시즘을 확고하게 묶어주는 연결고리다. 이런 용어 사용에서 우리는 프로이트의 사랑이 소유욕망이며, 더 나아가 소유물 속에서 자신의 권능을 확인하는 나르시시즘인 것을 확인할 수 있다. 프로이트에게 사랑은 어떤 경우든 소유욕이고 인간은 기본적으로 나르시시스트다. 실제로 프로이트는 「나르시시즘에 관한 서론」(1914)에서 나르시시즘이 인간의 보편적인 조건이라고 천명한다.

프로이트는 나르시시즘 개념을 상당히 폭넓게 사용하고 있다. 말하자면 인간만이 아니라 생명체 일반으로 확장시킨다. "이런 의미에서 나르시시즘은 성도착이 아니라, 모든 살아 있는 생명체가 어느 정도 당연히 보유하고 있는 자기보존 본능이라는 이기주의를 리비도가 보완해주는 것으로 이해할 수 있다." 여기서 그는 나르시시즘의 주요 사례로서 기질병organische Krankheit, 수면상태, 건강염려증, 남녀의 애정생활은 물론 부모의 자식 사랑마저 나르시시즘으로 거론한다. 다음과 같은 언명은 나르시시즘에 대한 프로이트의 생각을 잘 표현해주고 있다. "인간은 애초부터 자기 자신과 자신을 돌봐주는 여자라는 두 성적 대상을 지니고 있다. 그렇기에 우리는 모든 사람에게는 근원적으로 나르시시즘의 성향이 있으며, 경우에 따라서 그 나르시시즘은 대상 선택에 지배적인 역할을 할 수 있다고 말할 수 있다."[259] 과연 사랑과 인간을 이렇게만 볼 수 있을까? 프로이트의 이런 입장은 새롭고 독창적이기보다는, 도리어 서양의 지적 전통을 그대로 답습한 것에 불과하다.

이것은 나의 독단적인 프로이트 해석이 아니다. 자신의 정신분석학적 아이디어가 서양 지성사에 접속되어 있다는 사실을 프로이트 스스로가 기꺼이 고백한다. 예컨대 프로이트는 「쾌락원칙을 넘어서」(1920)에서 플라톤의 『향연』을 인용하고 있으며,[260] 에로스와 죽음충동의 이원론을 주장할 때에는 고대 그리스의 자연철학자 엠페도클레스의 '사랑philia과 불화neikos의 원리'를 언급하면서 다음과 같이 말한다. "그렇기 때문에 최근에 고대 그리스의 위대한 사상가 중 한 명에게서 나의 이론을 재발견했을 때 그만큼 더 기뻤던 것 같다. **나는 이 확인에 [나의 이론의] 독창성에 대한 명성을 기꺼이 바치겠다.** 그것은 특히 젊은 시절에 내가 읽었던 것의 범위를 생각할 때, 소위 새로운 창조라는 것이 잠재기억Kryptomenesie의 성취가 아닌지의 여부를 확신할 수 없기 때문이다."[261] (인용자 강조)

나르시시즘에 기초한 사랑론은 이미 고대 그리스의 플라톤에게로 거슬러올라간다. 플라톤은 『향연』에서 아리스토파네스의 입을 빌려 '에로스'가 근본적으로 '잃어버린 반쪽을 향한 그리움'임을 밝힌 적이 있다.[262] 사랑이란 본시 자신의 한 부분이었던 대상을 되찾으려는 욕망이다. 플라톤은 신화를 통해 사랑의 재전유(자기상실과 자기복귀)적 성격을 표현한다. 그 신화에 따르면, 태초에 인간은 지금의 인간보다 훨씬 강한 힘을 소유하고 있었다. 그런 강력한 힘은 태초의 인간들이 지금보다 두 배 많은 신체기관들을 소유하고 있다는 점으로 표현된다. 초인적인 힘을 소유한 태초의 인류는 오만방자하게 신들을 모독한다. 그것을 참다못한 신들은 인간을 전멸시키지는 않지만, 인간에게 둘로 쪼개지는 형벌을 내린다. 그뒤부터 인간은 잃어버린 반쪽을 찾으려는 욕망을 가지게 되었다는 것이다. 이 신화에 따르면, 결국 사랑은 원래 하나였던 것을 다시 복원하려는 힘이다. 사랑은 원래 하나였던 것과 재결합하려는 욕망이다.

이 신화에서 사랑의 대상은 대상으로 만나기 이전에 '이미' 상실된 대상으로 설정된다. 이런 '선험적 상실'은 '선험적 자기상실'을 뜻한다. 그리하여 인간은 선험적으로 자기상실감에 시달릴 수밖에 없고, 그런 상실감과 함께 사랑이 시작된다. 사랑이란 선험적으로 상실된 대상에 대한 그리움이기 때문이다. 이런 사랑론에서 사랑 대상과의 조우는 온전한 자기의 회복 내지 복귀를 뜻한다. 사랑의 과정이 이렇게 그려지는 까닭은 이 신화가 보여주는 사랑이 근본적으로 나르시시즘이기 때문이다.

아무리 에로스를 리비도로 바꿔 부른다 해도, 프로이트의 사랑은 근본적으로 나르시시즘이라는 점에서 플라톤의 그것과 동일하다. 서양 지성사에서 면면히 이어져오는 자긍심 강한 자유로운 개체, 자기애적 주체 개념 위에서 펼쳐질 수밖에 없는 사랑론이란 결국 타자를 배제하거나 자기 안으로 타자를 전유하는 자기사랑으로 귀착된다. 그리고 바로 이런 사랑론을 근본 전제로 삼아 프로이트의 멜랑콜리 담론이 구축되었던 것이다. 비록 과학적인 개념들과 설명방식으로 포장되어서 전통과의 연관지점을 찾아내기 힘들지만, 그 기저에 놓인 철학적 근본 전제로 말미암아 프로이트의 멜랑콜리론은 서양 전통의 연장선상에서 이해되지 않을 수 없다.

물론 프로이트는 전통에서 한 걸음 더 나아갔다. 즉 그는 양가감정, 동일화, 퇴행 등등의 개념을 제시하면서 그 누구보다 멜랑콜리의 메커니즘을 명쾌하게 분석했다. 더욱이 '자아에 드리운 검은 그림자'라는 사랑의 타자성에 의탁하여 멜랑콜리를 해명함으로써 전통에서 상당히 비켜나기도 한다. 하지만 종국에 그의 멜랑콜리론은 나르시시즘에 바탕을 두고 있는 전승된 멜랑콜리 담론으로 되돌아감으로써, 그 담론을 보다 정교하고 풍요롭게 만든 것에 불과하다는 평가를 면하기 어렵다. 자타 관계의 '근본 전제'에 있어서만큼은 프로이트의 멜랑콜리 분석도 서양 전통의 멜랑콜리 담론을 벗어나지 않는다. 결론적으로 말해서, 프로이트의 멜랑콜리론은 '보편적인 정신의학 담론'이라기보다는, 차라리 서양인의 '문화적 기질'을 밝혀주는 문화담론이라 말할 수 있다.

멜랑콜리는 여자다?

통계조사 결과에 따르면, 여자가 남자보다 '두 배' 가까이 우울증에 많이 걸린다고 한다. 반면 우울증에서 비롯된 자살률은 남자가 여자보다 '네 배' 가까이 높다고 한다.[263] 통계수치가 항상 진실을 대변하는 것은 아니지만, 오차범위를 우습게 상회하는 수치의 격차는 결코 예사로워 보이지 않는다. 여자가 남자보다 우울증 발병률이 높은 데는 크게 두 가지 조건을 생각해볼 수 있다.

첫째는 생물학적 몸의 조건이다. 즉 여자의 몸이 야기하는 우울을 고려해볼 수 있다. 일반적으로, 여자는 더 자주 몸의 (고통을 수반한) 변화를 경험한다. 『멜랑콜리는 여자다』[264]라는 책을 쓴 여성 작가 빙케르트는 자신의 경험을 반추하면서 멜랑콜리의 여성성을 설명한다. 어머니와의 강한 동일화, 아버지와의 분리, 첫 생리 경험의 충격, 반복되는 생리 주기, 고통을 동반하는 첫 성경험, 가장 아름답고 화려한 신부의 슬픔, 임신의 불안과 출산의 고통 그리고 양육의 버거움, 폐경 이후의 고독 등과 같은 여성적 삶이 여성에게 발생하는 멜랑콜리의 주요 원인이라는 것이다. 사실 여기에 나열된 여성의 삶에는 '사회적 젠더'로서의 경험도 포함되어 있기는 하지만, 여성의 몸만 겪을 수 있는 경험이 많은 부분을 차지한다. 물론 저자는 병적 우울증Depression을 멜랑콜리와 구분하면서, 멜랑콜리가 여성을 우울증으로부터 보호해주고 여성을 창조적이게 만든다고 주장한다.[265] 이런 주장에서 유추해보자면, 여성은 창조적인 멜랑콜리에는 빠져들기 쉬운 반면, 자살을 부르는 병적 우울증과는 거리가 멀다.

둘째는 여자가 당면하고 있는 사회적 조건으로서, 남성 중심의 가부장적 사회에서 여자가 겪게 되는 갖은 고초, 억울함, 무시와 소외의 삶이 우울증의 원인이 된다. 성폭력을 비롯하여 어릴 때부터 여성에게 가해지는 숱한 폭력들, 감당하기 힘든 도덕적 규율과 의무, 사회적·공적·경제적 영역에 둘러싸인 높은 진입 장벽 등 가부장적 사회는 여성 우울증의 온상이다.

그렇다면 우울증에 걸린 남자가 여자보다 더 많이 자살을 감행하는 이유는 무엇일까? 노자의 『도덕경』에 나오는 곡즉전曲則全, 즉 '굽히는 것이 온전히 보존하는 것이다'라는 말이 하나의 답을 줄 수 있겠다. 남자의 올곧은 완고함이 어쩌면 파국으로 향하는 직항로를 열었을지도 모른다. 반면 여자는 멜랑콜리에 쉽게 굴절되지만, 그런 굴절이 오히려 스스로를 온전히 보존하게 해준다. 이런 설명이 앞선 통계수치에 대한 하나의 가능성 있는 답은 될 수 있다. 하지만 더 근본적인 의문이 남는다. 올곧음과 구부림, 강함과 유연함은 과연 남녀가 지니고 있는 속성일까? 남자는 누구이고 여자는 누구인가?

여러 가지 면에서, 남자/여자라는 이분법의 한계는 명백하다. 사회적으로 형성되는 젠더의 복잡함은 차치하고라도, 동물의 세계에도 성을 양단兩斷하기 어려운 생명체들이 의외로 많다. 해부학적 성기의 차이 혹은 유전자적 차이만으로 성을 구분하기 어려운 지점이 나타난다. 이처럼 성별의 구분조차 쉽지 않은데, 그것을 멜랑콜리 발병률과 연결짓는 일은 허망해 보인다. 게다가 자살의 이유는 더욱 다양하고 복잡해서 딱히 그 이유를 잘라 말하기도 어렵다. 인간은 동일한 조건 속에서도 천편일률적으로 행동하지 않기 때문이다.

그렇다고 성급하게 멜랑콜리에 관한 성적 담론을 모두 무효처리하지는 말자. 아무리 투박하더라도 우리의 인식은 이런 이분법에서 출발하는 법이다. 일단 남녀의 차이를 당연한 것으로 혹은 미리 주어진 것으로 여기지 않는다면, 혹시 앞서 말했던 올곧음과 구부림, 강함과 유연함은 남녀의 '속성'이 아니라 오히려 남녀를 구분하는 '척도'라고 말할 수 있지 않을까? 쉽게 말해서, 남자니까 완강한 것이 아니라 완강하니까 남자다. 자기와 타자 사이에 굳건한 성을 쌓는 유형이 남성이라면, 자타의 경계를 변통 가능한 임시구역으로 삼는 유형이 여성이다. 몸의 측면에서 보자면, 완고한 정신으로 몸을 통제하려고만 할 뿐 몸의 메시지에 잘 반응하지 못하는 사람이 남성이라면, 몸의 변화에 민감하게 반응하는 사람이 여성이다. 이와 같이 양성을 재규정해본다면, 자기중심적인 유형의 인간이 남성인 반면에, 타자중심적인 인간은 여성이다.

이런 식으로 남녀를 구분할 수 있다면, 서양의 멜랑콜리는 남성적일까 여성적일까? 나는 서양의 멜랑콜리는 기본적으로 남성적이라고 생각한다. 서양문화에 등장하는 멜랑콜리는 자기중심 존재론을 전제하기 때문이다. 즉 서양의 멜랑콜리는 자기를 중심으로 높고 튼튼한 성벽을 쌓아 타자의 틈입을 허용하지 않는 존재론적 모형에서 발생한 것이다. 그리고 그런 서양문화에서 나온 여성적 멜랑콜리는 지금까지 남성적 멜랑콜리의 희생양이자 보완물이었다. 그러나 여성적 멜랑콜리는 단지 그것뿐일까? 어쩌면 남성적 멜랑콜리의 아킬레스건이자 또다른 가능성의 원천은 아닐까? 서양적 멜랑콜리로 분화되기 이전의 줄기세포가 아닐까?

여기서는 성급하게 속단하지 말고 여러 가능성을 열어놓기로 하자. 천천히 그 가능성들을 음미해보자고 제안하는 것에 그치기로 하자. 그 자체로 그럴 만한 충분한 가치가 있기 때문이며, 여성적 멜랑콜리, 즉 타자중심적 멜랑콜리는 전인미답의 연구 영역이기 때문이다. 여기서는 다만 몇몇 여성이 경험하고 언급했던 멜랑콜리에 관해서 조금 더 숙고해보기로 하자.

여성적 멜랑콜리라고 하면, 맨 먼저 떠오르는 사람은 버지니아 울프다. 아마 영화 〈디 아워스〉(2002)에서 처연하게 묘사된 것처럼 울프가 외투 주머니에 돌멩이를 가득 넣고서 강에서 자살하는 장면과 그녀가 남긴 유언이 강렬한 인상을 남겼기 때문이리라. 그 유언의 일부는 이렇다. "여보, 나는 내가 다시 미치고 있다는 것을 느낍니다. 나는 우리가 또다시 그러한 지독한 시간을 극복할 수는 없다고 생각합니다. 이번에는 다시 건강해지지 않을 겁니다. 나는 소리를 듣습니다. 나는 집중할 수가 없어요. 그래서 나는 이 상황에서 내가 할 수 있는 최선의 것으로 여겨지는 것을 합니다. ……당신의 호의에 대한 확신 이외의 다른 모든 것이 나를 떠났습니다. 나는 당신의 인생을 더이상 망치고 싶지 않습니다. 나는 어떤 두 사람이 우리들보다 더 행복할 수 있으리라고는 상상할 수도 없습니다."[266]

일단 울프의 글은 천재적인 작가에게 엄습한 멜랑콜리적 광기의 흔적으로 읽힌다. 이런 멜랑콜리의 원인으로는 창작의 고통과 고독, 독자들의 평가에 대한 불안, 차기 작품에 대한 부담감 등을 꼽을 수 있다. 개인사적으로는 어머니의 때 이른 죽음, 어린 시절 배다른 오빠의 성추행 그리고 아마도 그로 인한 성행위 기피와 자기 육체에 대한 혐오, 동성애적 성향 등등을 꼽을 수도 있다. 그러나 울프의 유언 속에는 단지 남편 레너드에 대한 사랑만이 가득하다. 울프의 사랑, 성생활이 거의 없었다고 하는 이 부부의 애틋한 사랑을 어떻게 이해해야 할까?

크리스테바의 아이디어를 원용하자면, 여성적 멜랑콜리를 "모성적 쇼즈 중독"[267]으로 이해할 수도 있다. 크리스테바의 멜랑콜리론에서 특징적인 점은 상실한 것이 사랑의 '대상'이 아니라 '쇼즈chose(Ding)'라는 점이다. 쇼즈란 사랑의 주체와 대상이 분열되기 이전의 상태(한때 한몸이었던 어머니의 몸)로서 명명·규정·포착·장악이 '불가능한 것'을 뜻한다. 여성은 남성보다 오이디푸스콤플렉스에서 비교적 자유롭기에, 바꿔 말하면 어머니로부터 분리될 수 있는 기회가 적었기에, 모성적 쇼즈에 중독될 가능성이 높다.

이미 쇼즈에 중독된 여성의 사랑 대상 배후에는 어머니의 그림자가 짙게 드리워져 있다. "여성의 관점에서 관계가 만족스러울 때, 여성의 이성애 파트너는 종종 그녀 어머니의 속성들을 가지고 있다."[268] 여성에게 사랑 대상의 상실은 쇼즈의 상실로 확산되기 쉽다. 그리하여 그 여성은 애도작업에 실패할 공산이 크다. 프로이트가 멜랑콜리의 시작을 자기동일화된 대상의 상실에서 찾는 반면, 크리스테바는 모성적인 타자인 쇼즈의 상실로 파악하고 있다. 즉 프로이트는 결국에는 '자기상실'로 멜랑콜리를 이해하고 있으며, 크리스테바는 '타자상실'로 보고 있는 셈이다.

실제로 버지니아 울프는 "나는 40대에 이를 때까지 어머니의 모습으로 꽉 차 있었다"라고 말한 적이 있고, 울프의 일대기를 썼던 발트만은 다음과 같이 추정하기도 한다. "아마도 그녀는 어머니의 보호, 즉 희생을 요구하는 남자에게서보다는 여자들에게서 더 쉽게 얻었던, 보호받는다는 느낌을 원했는지도 모른다. 후에 레너드가 버지니아에게 바로 이 보호를 제공했다는 것을 알 수 있다."[269] 크리스테바에 따르면, 이런 여성들은 타인의 희생을 통해서만 자기의 삶이 안전하다고 생각한다.[270] 즉 자기가 살아 있는 것은 자신으로 말미암아 타인이 죽어간다는 것을 뜻한다. 우리는 "당신의 인생을 더이상 망치고 싶지 않"다는 울프의 유언 속에서 이런 생각을 확인할 수 있다. 타자의 희생을 통해서만 자기가 안전하다(이를테면 동물이든 식물이든 먹거리들의 희생 덕분에 우리는 안전하다)는 감각은 그 자체로는 (불편한) 진실을 담고 있는 여성 특유의 탁월한 감각이다. 다만 그것이 왜곡되고 악용된다거나, 울프의 유언장에서 보이는 것처럼 일상생활을 이어나갈 수 없을 정도로 심각하게 강화되어서는 곤란하다.

울프는 30대 초에 이미 자살을 기도했지만 예순의 나이에야 성공했다. 그녀가 30년이란 긴 세월을 버틸 수 있었던 것은, 한편으로는 레너드의 사랑 때문이며, 다른 한편으로는 블랙홀처럼 흡입하는 쇼즈의 힘을 예술적으로 승화시킬 수 있었기 때문이다. 이런 멜랑콜리의 여성성 때문일까? 다양한 문맥에서 서로 다른 이야기들을 하고는 있지만, 현대의 거의 모든 '비범한' 여성 학자들은 멜랑콜리에 주목했다. 멜라니 클라인, 뤼스 이리가레, 쥘리아 크리스테바, 사라 코프만, 주디스 버틀러 등이 대표적인 인물이다. 이 가운데 가장 극단적인 사유를 전개하는 버틀러는 젠더 정체성 자체를 의문시한다. 당연히 버틀러에게는 멜랑콜리의 여성성이란 말 자체가 어불성설일 수 있다.

버틀러는 젠더의 정체성을 해체하는 작업에서 멜랑콜리 개념을 사용한다. 결론부터 말하면, 처음부터 젠더라는 것 자체가 강압적인 사회적 금기의 산물로서 '멜랑콜리한 젠더'다. 버틀러가 보기에, 젠더 정체성이란 역설적으로 금기시된 성욕, 대표적으로 이성애 중심 사회에서의 동성애를 배제함으로써 성립된 것이다. 타자성을 배제해야만 확보할 수 있는 정체성이란 사실 그 외부적 타자에 의해 구성된 것이라 할 수 있다. 동성애적 대상은 사회적 금기이기에, 부인하고 거부하다가, 결국 사회적으로 공인된 이성애를 위해 상실될 수밖에 없다. 그런 상실에서 오는 슬픔은 애도할 수조차 없다. 애도의 필패다.

프로이트의 멜랑콜리론에 따르면, 애도작업에 실패하면 사랑 대상을 동일화한다. 버틀러식으로 바꿔 말하면, 불완전하나마 동성애적 대상을 자기 몸에 합체한다. 상실된 대상과의 동일화를 통해 한 사람의 '성격'이 형성되는 것처럼, 이런 멜랑콜리의 동일화 메커니즘 속에서 젠더 정체성이 확립된다. 요컨대 금기된 대상이 오히려 멜랑콜리적 동일화를 통해 젠더를 구성한다. 때문에 이성애자는 동성애적 우울증을 앓을 수밖에 없다. 이와 같이 우울증으로 확립된 젠더 정체성이란 언제나 깨지기 쉽고 불완전할 수밖에 없다. 아니 우리의 삶 자체가 '불확실하고 비탄에 젖을 수밖에 없는 것'이다.[271]

크리스테바를 따라가면서 여성적 멜랑콜리를 말하든, 버틀러를 추종하면서 멜랑콜리로 젠더 정체성을 해체하든 간에, 이들 여성 철학자들이 탁월하게 멜랑콜리론을 진전시켰다는 점은 잊지 말기로 하자. 내가 아는 한, 크리스테바는 멜랑콜리의 서양적 특수성을 간파한 유일한 철학자다. 너무 짧은 촌평이기에 아쉬움은 남지만, 그녀는 번역과 관련하여 서양을 이렇게 규정한다. "**잠재적인 멜랑콜리 존재인 서양적 주체는** 무자비한 전달자가 되어서, 확신에 찬 도박사 혹은 **잠재적인 무신론자**로 끝난다."[272](인용자 강조)

특이하게도 대다수의 서양인들은 사물(쇼즈) 자체의 번역 가능성을 확신한다. 그들은 쇼즈를 번역할 수 있다는 쪽에 판돈의 전부를 걸었다. 그런데 그 말은 어머니 혹은 신을 인간의 언어로 명명할 수 있다는 가능성에 모든 것을 건다는 뜻이다. 그것은 동시에 신을 철저히 배반한다는 뜻이다. 신의 권능인 번역 불가능성을 인정하지 않기 때문이다. 하지만 세상은 공평하다. 승산이 없는 내기에서 성공을 확신하는 서양인들은 무거운 멜랑콜리를 짊어지는 대신에, '개성이 매우 강한 문체'를 얻었기 때문이다.

8장

서양 멜랑콜리의 한계

박동환 · 김상봉

서양 사람의 정신은 자아를 실현하려는 노력으로 자기 아닌 것을
여지없이 거부한다. 그것은 부정이나 모순조차 자기 안에서 펼쳐지는
하나의 마디로 수렴하려는 것이다. 자아가 펼치는 파노라마로서
자연과 세계 정복을 향한 그의 변증법이 이루어진다.

변함없는 목표를 향해 달리는 인생은 없다. 지향하던 목표가
도중에 꺾이고 다시 꺾이어 변형된 뜻밖의 결과가 나의 현재다.
— 박동환

1. 멜랑콜리의 핵심 개념

프로이트의 멜랑콜리론은 서양의 멜랑콜리 담론에 등장하는 핵심 개념들과 그 개념들의 연결고리를 설득력 있게 제시해준다는 점에서 유용하다. 프로이트가 멜랑콜리 담론에 기여한 바는 의사로서 우울증의 독창적 치료술을 창시한 점이라기보다, 바로 멜랑콜리의 근본 개념을 적시해주었다는 점, 더 나아가 그 개념들의 상호 연관성과 메커니즘을 어느 정도까지 해명해주었다는 점에 있다. 그렇다면 그가 제시한 개념들은 무엇이며, 그것의 철학적 의미는 무엇이라고 말할 수

있을까?

7장에서 상술한 멜랑콜리의 세 가지 핵심 개념을 간략히 압축하면 다음과 같다. 1) 자기. 기본적으로 멜랑콜리커는 자기의식이 강한 사람, 자기에게 집중해 있는 사람이다. 그는 자기에 관한 의식이 집요하고 강하기 때문에 사랑 대상의 '상실'에 대한 고통도 클 수밖에 없다. 2) 동일화. 타자를 자기와 쉽게 동일화하는 것은 멜랑콜리커의 두드러진 특징이다. 그는 모순과 차이를 인정하기 힘들어하며, 그것을 배제한다. 3) 나르시시즘. 멜랑콜리커는 타자 사랑이 아닌 자기사랑에 빠진 자다. 사랑의 대상을 선택할 때부터 이미 그는 자기와 닮은 자기의 분신을 선택한다. 그런 이유로 대상을 떠내보내기가 그토록 어려운 것이다. 멜랑콜리커에게 나타나는 주된 징후는 바로 양가감정의 폭발에서 유래한 '분열과 공격성'이다. 멜랑콜리커는 사랑 대상을 동일화하면서 자아분열의 상태에 빠지며, 동일화된 대상에게 억압된 증오의 감정을 쏟아붓는다.

그렇다면 이 세 가지 개념의 철학적 의미는 무엇일까? 또 멜랑콜리가 서양문화의 근본 정조라면, 이 세 개념은 서양철학의 정체성을 파악하는 데 얼마만큼 설득력을 발휘할 수 있을까? 과연 멜랑콜리를 형성하는 이 개념들로 서양철학의 정체성을 밝힐 수 있을까? 앞서 서양철학자들에 대한 논의에서 단편적으로 밝히기는 했지만, 이제 전체적으로 다시 한번 이 문제를 심도있게 천착할 필요가 있다. 이런 점에서 멜랑콜리의 핵심 개념을 통해 서양철학의 정체성을 분석하는 이번 장은 이 책의 중추에 해당한다. 멜랑콜리의 개념들로 서양철학의 정체성을 밝힐 수 있을 때에야, 비로소 우리 작업의 확고한 철학적 정초를 마련할 수 있기 때문이다.

이 문제를 나는 다음과 같은 방법을 통해 접근할 것이다. 즉 서양철학자들의 자기인식도 참조하겠지만, 특별히 한국 철학자들의 거인적인 작업을 참조하고 재해석함으로써, 서양철학의 정체성을 밝히고자 한다. 하이데거와 아감벤 같은 현대 서양 철학자들의 준열한 자기인식(비판)도 경청할 만한 것이 많지만, 때로 이들의 내재적 비판보다는 서양의 주변부에서 서양철학을 바라본 이방인의 시각이 더 폭넓은 보편성을 확보할 수 있기 때문이다. 다른 식으로 말하자면, 동서를 아우를 수 있는 미래의 철학은 서양의 내부에서 이방인으로 사는 사람들의 몫이기 때문이다. 대표적으로 박동환과 김상봉은 오랜 시간 동안 서양철학과의 진지한 대결을 통해서 서양철학의 정체성을 새로운 각도에서 밝혀놓은 바 있다.

무엇인가의 '정체성'을 밝힌다는 것은 곧 그것의 '한계'를 밝힌다는 뜻이다. 정체성을 규정하는 것은 정의define하는 것이며, 정의란 근본적으로 '무엇임'과 '무엇 아님'을 가르는 경계 긋기다. 영어의 define의 어근인 finis는 '경계' 혹은 '끝'을 뜻하는 말인데, 이것은 '정체성'과 '한계'의 연관성을 잘 보여준다. 이런 점에서 어떤 담론의 한계를 밝히는 작업은 단순히 담론이 내포하고 있는 잘잘못을 따지거나 오류를 찾아내는 일에만 머물러서는 안 된다. 그럴 경우 단지 시스템 내부의 사소한 오류 몇 가지를 지적하는 것에 그치기 때문이다. 오히려 한계限界라는 낱말 본래의 의미에 충실해야 한다. 한계의 일차적인 의미에 충실한다면, 한계를 밝히는 일은 담론의 잠재적인 경계 범위를 최대한 유연하게 확장시키더라도 종국에 부딪힐 수밖에 없는 파국을 가늠하는 데 있다. 즉 하나의 담론이 미칠 수 있는 마지막 지점들(가능성)에 선을 긋고 경계선 바깥(불가능성)을 사유한다는 뜻이다. 다시 말해서 그것은 하나의 시스템 바깥에 또다른 시스템이 있음을 보여주는 것이자, 지금껏 '절대'로 간주되어온 지평을 '상대화'하는 지적 작업이다. 한계를 살피는 일의 최종 목표는 담론의 안팎이 어떤 '사이'로 확정되어야 할지를 다시금 숙고함으로써, 안과 밖의 새로운 설정 근거를 모색하는 데 있다.

이런 의미의 한계 개념을 가지고서 이제 서양 멜랑콜리 담론의 한계를 숙고해보기로 한다.

2. 자기의 존재론

'언어는 존재의 집이다'라는 하이데거의 말을 확대 해석하자면, 각기 다른 언어마다 존재가 드러나는 모습은 달라질 것이다. 보편 문법, 언어라는 것이 있다 하더라도, 각각의 언어에는 번역 불가능한 지점이 있고, 그것만의 고유한 용법이 존재한다. 예를 들어 서양어에는 있지만 한국어에는 없는 용법이 있다.[273] 대표적으로 '재귀용법'이 그렇다. 즉 어떤 동작의 작용이 동작의 주체 자신에게 되돌아오는 역할을 하는 재귀동사가 있고, 그것과 호응하는 재귀대명사가 존재한다. 재귀再歸reflexive한다는 것은 자기를 떠나서 다시 자기 스스로에게로 돌아온다는 '자기 복귀'를 함축하고 있다. 이런 언어적 특성 때문일까? 서양철학에서 '자기self, Selbst' 개념은 각별하다.

생존해 있는 일급의 철학자로 평가되는 아감벤의 글에는 서양어(인도유럽어)의 이 재귀용법에 대한 철학적 성찰이 담겨 있다.[274] 여기서 그는 헤겔의 절대자와 하이데거의 존재사건 개념을 이 '자기'라는 개념으로 풀어낸다. 인도유럽어에서 '재귀하는 자기'의 의미군에 속하는 것은 **se*(그리스어 he, 라틴어 se, 산스크리트어sva-)다. 개체의 수준에서 그것은 '자기 곁에 서 있다'는 의미로서 '고독, 분리'라는 뜻을 가지고 있다. 그리고 공동체의 수준에서 그것은 '집단에 고유하다'는 의미로 '관습, 거주지'라는 뜻을 가지고 있다. 즉 이 말 속에는 분리와 통합의 의미가 모두 내장되어 있는 셈이다. 반면 절대자Absolute라는 말은 라틴어 solvo에서 유래한 것으로 se-luo라는 의미소로 분석되며,

그 말은 "무엇인가를 자기 자신*se으로 이끄는 풀기 작업, 자유롭게 하는 작업"[275]을 뜻한다. 이런 의미에서 보자면, '절대적으로absolutely'라는 말의 그리스어 표현, kath'heauto는 '그 자신에 따라서'라는 뜻이다. 타자가 아니라 오직 자기 자신만을 따르는 것, 그것이 바로 절대적인 것이다. 마주 선 것, 즉 상대相對들이 없는 절대絶對의 자기 고독.

아감벤의 책에 등장하는 정치철학적 귀결과는 별도로, 나는 서양어의 이 개념에서 자기와 절대자 개념이 언제나 동반한다는 점에 주목한다. 서양철학에서 자기란 상대 혹은 타자를 허락하지 않는 '절대'이며, 절대란 모든 것을 '하나'의 정체성에 수렴하고 환원시킨 '자기'다. 그런데 *se의 뜻을 살펴보면, 개체는 하위 수준의 이질적인 것들로 구성된 공동체를 가리키며, 공동체는 이질적인 것들을 하나의 단위로 확립시킨 개체다.[276] 그래서 이 말 속에 '고독, 분리'와 '관습, 거주지'라는 거의 상반되는 뜻이 공존할 수 있었던 것이다. 개인의 수준에서든 공동체의 수준에서든, '자기'라는 개념은 서양인들에게 모든 것을 판가름하는 아르키메데스의 점과 같은 비중을 차지하고 있다.

그렇다면 구체적으로 서양 지성사에서 '자기'는 어떤 모습으로 등장하고 있을까? 과연 자기(그와 연관된 개념들, 즉 자아, 개인, 개체 등)는 서양 언어에서 차지하는 자리만큼이나 큰 비중을 차지하고 있을까? 이런 물음에 대해서는 한국어가 모어인 철학자 박동환의 말을 들어보기로 하자. 그러나 그에 앞서 박동환에 대한 간단한 소개를 덧붙여야 할 것 같다. 왜냐하면 그는 김상환의 표현처럼 여전히 '은둔의 철학자'이기 때문이다. 그렇다고 여기서 그의 약력이나 개인사를 즐비하게 늘어놓지는 않겠다. 철학계는 물론이거니와 우리 지성계 전반에 두루 신망이 두터운 중견 철학자 김상봉, 김상환이 이미 박동환 철학에 관해 내린 평가로 그 소개를 대신할까 한다.

김상봉의 다분히 윤리적이고 민족 중심적인 평가에 따르면, 우리 민족의 고난과 절망의 의미를 한용운이 시적인 직관으로 포착하고 함석헌이 종교적인 깨달음으로 파악했다면, 박동환은 그것을 "논리적·존재론적으로 집요하게 반추"하면서 "개념적 사유 속에서 파악하려 했던 사람"이다.[277] 반면 김상환은 서양의 현대철학(차이의 철학)과 견주어 박동환 철학의 세계철학적 잠재력을 가시화시켰다. 그의 평가에 따르면, 박동환은 "우리나라에서 모종의 변혁을 꿈꾸었고 그 꿈속에서 예감된 진리에 헌신했던 소수의 사례"이며, "동서 철학사 전체와 작별을 고하는 '마지막 논리혁명'을 꿈꾼 철학자다."[278] 이들의 평가처럼, 박동환은 서양의 변방에서 존재감 없이 살고 있는 자들의 목소리를 철학적으로 대변하고, 더 나아가 철학이 홀대받는 척박한 현실(예를 들어 "우리처럼 작은 나라에서 철학 같은 것이야 필요할 때 외국에서 수입해다 쓰면 되지, 공연히 힘들게 만들 필요는 없지"라는 간편한 인식이 공고해진 현실)에서도 묵묵히 미래의 철학을 준비했던 희귀한 철학자다. 그는 서양문화에서 차지하는 '자기' 개념의 무게에 대해서 이렇게 말하고 있다.

서양사에서 두드러진 개체들의 절규.

파멸의 순간에도 자신의 결단을 굽히지 않는 비극의 주인공. 절망 속의 영혼을 구원의 대상으로 하여 펼친 예수의 복음. 보편자의 횡포를 거부한 옥캄의 개체들. 판단의 주체로 군림한 데까르뜨의 자아. 도대체 무슨 힘으로 자아나 개체라는 것이 우주에 등장하는가. 망각의 지대로 모든 것을 끊임없이 매장시키는 우주의 거대한 무차별의 힘에 대해 한 작은 갈대인 개체는 어떻게 저항하는가.[279]

동서를 막론하고, 개체든 자아든 자기에 대한 관심과 각성은 어디에나 존재했을 것이다. 그러나 상대적으로 서양사에서는 지독하게 강력한 자의식을 가진 개체들이 등장한다. 서양예술의 모태인 비극에 등장하는 영웅적 멜랑콜리커부터 시작하여, 스승을 배반하고 죽여야만 독립된 철학자로 설 수 있다는 지적 '부친살해'의 면면한 전통을 떠올려보면, 자기 개념이 얼마나 서양 지성사의 한가운데 오롯이 등장했는지를 어렵지 않게 이해할 수 있다. 심지어 근대철학, 특히 독일 관념론은 이런 자기를 중심으로 철학체계 전체를 구축하기도 했다. 서양철학에 내장되어 있던 '자기의 존재론'이 그 본질을 폭로하는 장면을 김상봉은 이렇게 기술한다.

> 세계는 단지 진리를 상기하고 회상하기 위한 매개물에 지나지 않는다. 그러나 우리가 회상해야 할 존재의 진리, 존재의 이데아는 바로 우리 자신 속에 있다. 그리하여 우리는 생각하는 나와 철학하는 정신 그 자체의 진리를 파악하기 전에는 결코 존재의 진리를 움켜쥘 수 없다. 이처럼 자기 자신에 대한 회상과 반성 속에서 존재의 진리를 찾아가는 정신의 운동, 그것이 바로 독일 관념론이다.[280]

김상봉의 견해에 따르면, 서양철학의 본질은 근대(특히 독일 관념론)에 와서야 자기의 존재론으로 폭로된다. 이런 관점에서 본다면, 근대의 주체 철학은 사실상 서양철학의 정점을 뜻한다. 그렇다면 현대철학은 정점에서 점차 쇠락해가는 철학이란 말인가? 외견상으로만 보면 전혀 그렇지 않다. 도리어 서양의 현대철학자들은 근대철학을 격렬하게 비판하며 자신의 입지를 확보했다. 하이데거의 영향을 받은 대부분의 현대철학자들은 '주체의 죽음'을 선언하며 전통철학과 스스로를 차별화한다. 설령 현대철학을 근대철학의 쇠락한 형태 혹은 메아리로만 평가할 수 없다 하더라도, 서양의 현대철학이 2,500년 전통의 '자기존재론'을 버릴 수 있었는지는 여전히 의문이다.

앞서 살펴본 바대로(6장), 현대철학의 포문을 연 하이데거도 여전히 자기 개념을 고수하고 있으며, 심지어 유보적인 태도를 취하고는 있지만 자신의 철학을 '실존론적 유아론'이라고 규정한다. 실체적인 자아 개념 내지 의식 수준의 자아 개념은 포기하지만, 자기를 표현하는 개념들, 즉 고유성Eigentümlichkeit, 본래성Eigentlichkeit, 존재사건Ereignis[281] 등의 개념들은 여전히 하이데거 철학에서 핵심적 위상을 점하고 있다. 다시 말해서 하이데거의 자기는 인식 주체로 상정된 선험적 자아가 아니라, 현존재의 자기로, 더 나아가 존재의 자기로 확장된다. 인간적 자기가 아니라 존재의 자기로 나아간 것이다.

그렇다면 이런 자기의 존재론에는 어떤 논리가 장착되어 있는가? 종종 서양인들은 동양에는 철학도 논리도 없다고 매도하는데, 그렇다면 도대체 그들이 말하는 논리는 무엇일까? 또한 어떤 논리가 서양의 멜랑콜리 문화를 엮어가고 있는 것일까? 프로이트가 멜랑콜리를 해명했던 중요 개념인 '동일화'는 해답의 실마리다. 서양 논리의 핵심부에는 동일성, 특히 '자기동일성'이 놓여 있다. 마치 유전자가 단백질을 합성하여 몸을 이루듯이, 서양의 철학 및 예술을 합성해낸 고유한 논리는 바로 자기동일성의 논리다.

3. 동일성의 논리: 정체쟁의

자기 개념은 유난히 서양철학에서 독보적인 위상을 점하고 있다. 자기를 지속, 보존, 정당화하기 위해서는 자기를 자기로 만들어주는 동일성의 논리가 필요하며, 자기가 아닌 비非자기들 혹은 자기와 모순되는 것 전부를 배제하는 원리가 요청된다.

보통 동일성이란 둘 이상의 서로 다른 것들이 특정한 측면에서 '같다'는 것을 뜻한다. 서양어의 계사(영어의 be, 독일어의 sein) 혹은 수학적 등호(=)가 같음을 표현하는 기호이다. 즉 'A is B' 혹은 'A=B'라는 형태로 동일성이 표현된다. 그런데 이런 상대적 비교 수준의 동일성에 앞서는 동일성이 있다. 바로 '자기동일성self-identity'이다. 'A is B'를 따지기 이전에 먼저 A의 A임과 B의 B임이 전제되어야 한다. 다시 말해서 'A is A' 혹은 'A=A'라는 동어반복적인 자기동일성의 확립이 모든 등호의 전제 조건인 셈이다. 결국 동일성의 근본 형식은 자기동일성이며, 자기의 동일성 확보에서 수학 방정식으로 대표되는 모든 등호의 존재론적 기반을 찾을 수 있다. 이런 점에서 동일성의 논리는 명징한 앎을 집요하게 추구했던 서양철학의 인식론적 초석이며, 그 동일성 논리의 배후에는 '자기'라는 존재론적 근거가 감추어져 있다.

서양의 논리가 진정 동일성의 논리일까? 하이데거나 데리다 같은 현대 서양 철학자들은 복잡하고 지난한 논리를 총동원하여 서양 전통철학이 동일성의 논리로 움직이고 있음을 밝히고 있다. 여기서 나는 미로처럼 꼬인 이들의 논의를 따라가는 대신에, 서양의 이방인으로 살면서 이 논리를 낯설게 경험했던 박동환의 논의를 따라갈 것이다. 단지 머리로만 접근하는 것보다 온몸으로 부딪치는 체험이 때로 더 분명하고 믿음직스러운 앎을 제공한다고 믿기 때문이다. 박동환은 '애매함을 대하는 태도의 차이'에서 그것을 포착하고 있다.

> 서양 사람의 논리는 애매함을 밀어내는 정신으로 이루어진다. 그의 논리는 이론의 정신을 나타낸다. 이론은 말의 그물 안에서 펼쳐진다. 그의 논리는 말의 그물을 따라 이어지는 내재함축으로 얽히는 것이다.
> 동양 사람의 논리는 애매함을 받아들이는 정신으로 이루어진다. 그의 논리는 실제의 정신을 나타낸다. 실제의 사태는 말의 그물 밖에 걸쳐 있다. 그의 논리는 잉여포섭으로 얽혀 짜인다.[282]

의식의 수준에서 순도 높은 자기를 정련해내기 위해서는 먼저 애매함을 언어의 바깥으로 밀어내야 한다. 여기서 말 또는 언어가 바로 넓은 의미의 논리다. 논리라는 말의 어원은 그리스어 로고스logos로, 원래 '말'이라는 뜻을 가졌다. 서양인들은 말의 그물인 논리로 실재를 붙잡으려 한다. 실재를 포획하기 위해서는 튼튼하고 정련된 그물망을 만들어야 하며, 실재에 의해 찢겨진 부분을 끊임없이 수선해야 한다. 아리스토텔레스 이래로 서양 논리학의 역사는 끊임없이 실재로부터 위협받는 동일성의 원칙을 철두철미 수호하고자 했던 역사였다. 서양인들이 말 속에 실재를 담으려는 '내재함축'의 논리를 구사해왔다면, 동양인들은 말로는 담을 수 없는 잉여의 실재를 무언의 방법으로 포착하려는 '잉여포섭'의 논리를 구사했다.

말의 그물망 안에 존재하는 모든 것을 담으려 하는 내재함축의 논리는 단순히 형식논리에만 한정되지 않는다. 형식논리를 금과옥조로 삼았던 철학자들은 말할 것도 없거니와, 모순을 포함하는 유연한 변증논리를 통해 심지어 절대자마저 담으려 했던 헤겔, 아이러니를 통해 절대를 드러내려 했던 낭만주의자, 그리고 헤겔 변증법에 적대적인 차연의 논리를 주창하면서도 텍스트의 바깥은 없다고 보았던 데리다도 모두 이런 내재함축의 논리를 따르고 있다. 요컨대 서양인들은 자기의 말, 자기의 논리에 세상을 모두 담으려 한다. 그러다 보니 '이다'나 '아니다' 가운데 어느 하나를 똑부러지게 선택하기를 강요한다. 그러고서 자기의 선택지를 끊임없이 논리적으로 정당화한다. 즉 자기가 처음 선택했던 것에 모순되지 않고 일관되게 그것을 떠받쳐 주는 논거를 찾는다. 서양인들의 이런 모습을 박동환은 다음과 같이 묘사하고 있다.

서양 사람이 이해할 수 없다는 동아시아 사람의 반응체질. 동아시아 사람의 대답은 '그렇소'인지 '아니요'인지 알 수 없는 때가 많다고 한다. 그의 대답은 흔히 '그렇소. 그러나 아니요' 혹은 '그렇소. 그리고 아니요'로 들린다고 한다. ……서양 사람들은 그들 사이의 메울 수 없는 철학적 이견異見에도 불구하고 다같이 '이다'나 '아니다'의 분명한 선택을 강요하는 무모순의 형식논리를 바탕에 깔고 있다. 무모순의 형식논리가 현실 생각에 들어맞지 않는다고 선언하는 사람들인 경험주의자, 실용주의자, 실존주의자 그리고 변증론가조차도 여전히 '이다', '아니다' 사이의 딱 부러지는 갈림을 피할 수 없게 하는 논리의 바탕을 버리지 않는다.[283]

서양인들은 선명한 자기 입장을 '이다' 또는 '아니다'로 말한다. 어정쩡하고 애매한 대답은 그들로부터 (생각이 없는 사람으로) 무시받거나, (자기를 숨기는 비겁한 사람으로) 오해받는다. 어떤 서양 철학자도 이 점에서는 큰 차이가 없다. 이런 서양철학의 특징은 유구한 역사를 통해 형성된 것이다. 이미 서양철학이 시작될 무렵에 파르메니데스가 이런 태도의 철학적인 기초를 마련했다. 파르메니데스 이래로, 동일률과 모순배제의 논리적 원칙은 서양인의 마음과 행동을 지배하는 원리가 되었다.

그것이 있다고 하면서 있지 않다고 할 수는 없다. '있다'와 '있지 않다'를 함께 받아들일 수 없다고 파르메니데스는 생각한다. 그가 내놓을 마지막 근거는, 있음만이 생각과 인식의 대상이기 때문이다. 그는 생각과 있음, 인식과 있음의 동일함을 주장한다. 생각함으로 '있음을 있음으로' 잡을 수 있다는 것이다. 여기에 동일법칙에 대한 가장 깊은 믿음이 놓여 있다.[284]

이와 같이 동일성을 보존하고 모순을 배제하는 논리는 사회체제를 지금의 서양처럼 만들어놓았다. 여기서 논리라는 것은 특정 사회 혹은 문명의 요람에서 태어난 것이자, 역으로 그 사회를 틀짓는 설계도면의 역할을 한다. 박동환은 서양적 모임살이의 형식을 '정체쟁의正體爭議'로 규정한다. 사회를 이루고 있는 개체들이 동일보존과 모순배제의 논리로 무장하여 각기 자기의 정체성을 지키려 한다면, 당연히 논쟁이 발생할 것이다. 한 사회 내에서 폭력에 호소하는 것이 아니라, 말과 논리를 통해 자기 생각의 정당성을 확보하고 그것을 공동체 전체의 의결에 반영하는 정치체제가 성립된다. 이 대목에서 역설적인 현상이 발생한다. 즉 자기정체성이 확고한 꽉 막힌 개체들이 모인 서양의 사회조직은 역설적으로 열린 사회의 개방성을 확보할 수 있었다는 것이다. 박동환은 이것을 다음과 같이 말하고 있다.

> 갈림을 명백하게 해서 펼쳐지는 엄밀한 폐쇄논리는 논쟁과 분규가 허용되는 결국의 개방사회를 낳고, 갈림을 애매하게 함으로써 나타나는 달관達觀의 개방논리는 용해와 화합을 달래는 결국의 폐쇄사회를 가져온다.[285]

자기정체성을 극대화하는 논리, 자기정당화의 논리, 동일성을 보존하고 모순을 배제하는 논리는 폐쇄적이다. 자기 내부에서 모든 것을 설명하려는 논리이기 때문이다. 그런데 그런 개체들이 모여 투쟁하다 보면, 자기와 동등한 개체로서 타자를 인정하게 되고, 결국 어지간한 논쟁이나 분규는 용인하는 개방사회, 즉 민주주의 사회를 형성하게 된다. 반면 자기를 내세우지 않고 일정한 수준에서 타인과 화해를 꾀하는 동양(중국)의 개방적인 논리는 도리어 상대에게 이미 충분히 관용을 베푼 상태이기 때문에 어떤 투쟁도 용인하지 못하는 폐쇄사회의 모습을 보인다. 흥미롭게도 박동환은 서양인들이 자랑스럽게 여기는 열린 사회, 민주주의 사회는 "닫힌 생각, 닫힌 논리가 현실에 내미는 다른 얼굴"[286]에 지나지 않는다고 결론을 내린다. 서양인들의 관용tolérance, 열린 마음open mind이라는 것도 알고 보면 굳건히 확립된 자기를 뒤흔들지 않는다는 조건하에서만 허용되는 것이다. 서양인들의 타자에 대한 관용, 인정, 환대 같은 타자 개방적인 태도는 모두 폐쇄적인 자기를 고수하는 태도의 반대급부적인 변용에 불과하다.

닫힌 생각, 닫힌 논리로 개방사회, 토론사회를 열었다면, 이런 동일보존, 모순배제의 논리로 무장한 서양인의 모습은 어떤 모습으로 형상화될 수 있을까? 전형적인 멜랑콜리커의 모습이라고 말할 수 없을까? 내가 보기에, 이런 논리가 관철되는 사회에서 성장한 사람은 멜랑콜리 정조에 빠지지 않을 수 없다. 박동환은 멜랑콜리를 언급하는 대신, 서양인들의 모습을 다음과 같이 기술하고 있다.

> 서양 사람의 정신은 자아를 실현하려는 노력으로 자기 아닌 것을 여지없이 거부한다. 그것은 부정이나 모순조차 자기 안에서 펼쳐지는 하나의 마디로 수렴하려는 것이다. 자아가 펼치는 파노라마로서 자연과 세계 정복을 향한 그의 변증법이 이루어진다. ……그는 극단의 실험과 모험에서 파국과 모순에 부딪친다. 그는 극단에서 일어나는 파국과 모순에 도전한다. 그것을 밀어내기 위하여. 그는 연역논리와 변증법으로, 확률과 귀납논리로 파국과 모순제거의 절차를 찾는다. 그가 추구하는 합리성은 파국과 모순의 제거행위에 있다.[287]

자기의 경계를 공고히 지키고 더 나아가 자기를 세계로 확대하려는 사람은 타자를 거부하고 극단의 모험을 즐기며 파국과 모순에 도전한다. 종국에는 파국으로 치닫고 스스로가 파멸한다 하더라도 그런 자기 모습을 사랑하고 긍정한다. 이것은 고대 그리스 비극에서부터 전승되어온 영웅적인 멜랑콜리커의 모습이다. 동시에 세상의 모든 타자를 노예로 지배함으로써 보다 전능한 주인(자유인)이 되려는 제국주의자의 모습이기도 하다. 서양인은 이런 자기정체성을 가지고 있다. 그리고 이런 자기를 미화하며 양육하는 문명에는 분열, 투쟁, 공격성이 은밀하게 자라나고 있으며, 그것은 언제라도 분출될 수 있다. 서양의 멜랑콜리는 이런 '투쟁' 논리(정체쟁의)를 내장하고 있는 서양 문화의 근본 정조다.

4. 서양의 나르시시즘

서양적 자기는 동일성의 논리만으로 구축되지 않는다. 동일성의 논리를 힘차게 밀어붙이는 어떤 정념이 요구된다. 멜랑콜리 담론에서 그런 파토스는 궁극적으로 '사랑'이다. 그런데 어떻게 사랑의 열정이 동일성의 논리를 치밀하게 전개하도록 한다는 말인가? 언뜻 납득하기 어려운 말로 들린다. 하지만 논리가 감정을 지배한다는 말만큼이나 논리적 사고의 이면에 어떤 열정이 도사리고 있다는 말도 정당하다. 그렇다면 서양인들은 어떤 정념의 힘을 통해 그다지도 고집스럽게 동일성의 논리를 고수했을까? 지금까지 줄곧 제안했던 이 물음에 대한 답은 자기사랑, 곧 '나르시시즘'이다.

서양철학이 플라톤 철학의 각주인 것처럼, 서양 사랑론 역시 플라토닉 러브platonic love의 각주다. 그런데 플라토닉 러브의 본질은 통상적으로 알고 있는 고상한 정신적 사랑에 있는 것이 아니라, 자기 스스로가 불멸하고자 하는 욕망에 있다.[288] 플라톤에게 사랑의 대상은 실상 타자가 아니라 자기의 분신이며, 사랑은 상실된 자기, 불완전한 자기를 충만하게 완성함으로써, 죽음을 정복하려는 욕망이다. 여기서 플라톤은 영원히 '불멸하는 자기'를 얻으려는 열망으로 사랑을 이해하고 있다. 이런 플라톤의 나르시시즘은 현대까지 그대로 이어진다. 대표적으로 프로이트 역시 나르시시즘을 인간의 보편적인 조건으로 파악했다. 요컨대 서양인은 자기를 사랑하는 나르시시즘의 힘으로 동일성의 논리를 전개할 수 있었고, 역으로 동일성의 논리를 통해 나르시시즘을 정당화할 수 있었다.

이전 장에서 살펴보았듯이, 나르시시즘은 멜랑콜리를 이루고 있는 핵심 개념들 가운데 하나다. 프로이트는 슬픔과 멜랑콜리를 가르는 결정적인 요인이 애도작업의 성패에 있다고 보았는데, 유별나게 특정인만이 번번이 애도작업에 실패하는 이유를 그의 나르시시즘에서 찾는다. 나르시시스트는 처음 사랑 대상을 선택할 때부터 자기의 이상적인 이미지에 의거하여 선택하기 때문에, 쉽사리 상실을 인정할 수 없다는 것이다. 그렇다면 나르시시즘의 철학적 바탕에는 어떤 것이 자리잡고 있을까? 나르시시즘에 대한 철학적 성찰을 본격적으로 시도한 사람은 김상봉이다. 더구나 그는 서양문화를 나르시시즘으로 포착한 최초의 철학자이기도 하다. 그러므로 서양의 나르시시즘에 대한 논의는 김상봉의 선행작업을 따라가며 진행될 수밖에 없다.

김상봉은 묵직한 두 권의 책에서 서양의 나르시시즘을 논하고 있다. 하나가 『나르시스의 꿈』(2002)이고 다른 하나가 『서로주체성의 이념』(2007)이다. 전자가 서양적 나르시시즘의 기본 얼개를 밝혀주고 있다면, 후자는 프로이트의 나르시시즘 이론을 덧붙여 좀더 상세하게 논의를 확장하고 있으며 나르시시즘이라는 키워드로 서양의 지성사를 네 단계로 재구성하고 있다. 먼저 『나르시스의 꿈』에 등장하는 나르시시즘의 본질 규정을 살펴보기로 하자. 김상봉은 네 가지로 나르시시즘을 규정한다. 1) 자기의 아름다움, 즉 자유인임에 대한 '확고한 긍지dura superbia'. 2) 진정한 타자를 만나지 못한 사랑. 3) 자기 스스로를 바라보는 정신의 자기반성 속에서 타자화된 자기에 대한 사랑. 4) 타자를 외면하고 자기 자신의 홀로주체성 속에서 자기의 절대적 순수성에 집착하는 사랑.[289] 나르키소스 신화에 입각하여 김상봉은 나르시시즘의 본질과 서양 정신의 비극적 운명을 설득력 있는 서사로 엮어간다. 서양 정신은 자신의 아름다움에 빠져 타자를 사랑하지 못하고, 수면 위에 비친 자기, 즉 타자화된 자기와의 불가능한 사랑에 몸부림치다가 결국 죽음을 맞이한다는 것이다.

『서로주체성의 이념』에서 나르시시즘에 대한 성찰은 좀더 넓고 깊어진다. 특히 나르시시즘으로 서양철학사를 재구성한 부분과 '나르시시즘의 객관적 현실태'로서 인식과 기술, 법, 자본을 꼽아 분석한 부분은 서양 지성사에 대한 전체적인 이해와 그것의 결실을 이해하는 데 결정적인 도움을 준다. 통상 서양철학사는 고대·중세·근대·현대로 구분되는데, 김상봉은 이것을 나르키소스 신화에 등장하는 네 국면의 서사에 대응시킨다. 1) 신화 속의 나르키소스가 자기에 대한 긍지를 느끼는 만큼 타인을 경멸하는 시기.(나르시시즘의 탄생기) 2) 수면 위에 비친 자기 영상에 매혹된 순간.(나르시시즘의 성장기) 3) 그 영상이 자기임을 깨닫고도 자기사랑을 중단할 수 없는 단계.(나르시시즘의 완성기) 4) 마지막으로 죽은 다음에도 지하세계 스틱스 강에서 자기 자신을 비춰보는 단계.(나르시시즘의 반향기)

김상봉은 서양 정신의 아름다움을 '자유'로 파악하고 있다. 그래서 그는 나르시시즘의 탄생기에서 고대 그리스인들의 정치적 자유와 철학자들의 정신화된 존재에 초점을 맞춘다. 성장기에서는 중세인들이 보인 모습, 즉 "신이 자기 자신의 영상인 줄 모르고 신에게 몰입하는 정신"[290]을 부각시킨다. 그는 "중세의 정신이 신에게 그토록 몰입한 것 역시 오로지 신을 통해서만 자기의 자유를 절대적으로 실현할 수 있다고 생각했기 때문"[291]이라고 해석함으로써, 고대와의 연속성을 확인하고 그것이 자기사랑의 두번째 국면임을 강조한다. 완성기에 근대인들은 중세인들이 찾아헤매던 신이 절대화된 자기 자신임을 깨닫고 "자기를 직접 절대화하고 신격화한 정신의 역사"[292]를 만들어간다. 생각과 있음의 불일치로 고심하던 근대인은 '나', '반성적 자기의식의 주체'를 발견하지만, 점차 절대화된 자아는 그것을 현실 속에서 실현해 보이지 못하며, 절대적 자아를 향해 달려간 독일 관념론은 결국 종말을 맞이한다.

이전까지 김상봉은 독일 관념론 이후에 대한 논의를 생략했다. 그런데 『서로주체성의 이념』에서는 나르시시즘의 반향기와 그것의 객관적 현실태에 대한 논의을 통해서 관념론 이후의 역사를 정밀하게 진단한다. 나르시시즘의 반향기에 대한 분석은 이전까지 미미했던 현대에 관한 논의에 비하면 단연 돋보인다. 그의 독자들은 서양철학의 정점을 근대로 설정한 저자가 현대철학을 어떻게 파악하고 해석할지 궁금해했는데, 이 책은 그 점을 명쾌하게 보여주고 있다. 그래서 반향기에 대한 논의가 이 책의 백미라고 할 수 있다. 그가 보기에, 절대화된 자아는 더이상 내가 아니라 타자이며, '나'라고 말하더라도 사물화된 나, 또는 "초자아"[293]일 뿐이다. 그는 니체의 초인을 초자아의 맥락에서 독해한 다음, 현대에 등장하고 있는 나르시시즘의 객관적 현실태로서 인식과 기술, 법과 자본을 "타자적인 초자아", "사물화된 보편자"[294]로서 규정한다. 그가 사물화된 보편자 문제를 '서로주체성 이념'을 통해 어떻게 풀어나갈지는 아직까지 불분명하지만,[295] 인식과 법 그리고 자본의 본질을 서양 지성사의 맥락 속에서 정확하게 규정함으로써 "적어도 문제가 어디에 놓여 있는지를 밝힐 수는 있을 것이다"[296]라는 그의 말처럼, 서양적 나르시시즘의 현대적 문제 상황을 명료하게 제기한 점만큼은 높이 평가해야 할 것이다.

이처럼 서양적 나르시시즘을 분석한 김상봉의 두 저술을 살펴볼 때 적어도 서양을 나르시시즘으로 포착하려는 시도가 상당한 설득력을 확보하고 있으며 생산적인 후속 담론을 유발하는 데 손색이 없다는 점은 분명하다. 두말할 나위 없이, 김상봉의 선행연구는 멜랑콜리로 서양철학을 규명하는 이 책의 연구에도 든든한 이론적 준거가 되고 있다. 다만 아쉬운 점은 김상봉 철학에서 서양철학과 꼭 닮은 모습이 자주 보인다는 것이다.

특히 '자유' 개념이 그렇다. 나는 김상봉 철학에서 가장 핵심적인 개념이 자유라고 생각한다. 문제는 이 자유에 어떤 내용이 담겨 있느냐는 것이다. 김상봉의 자유에는 일차적으로 그리스적 공동체의 정치적 자유가 함축되어 있다. 자발적인 주체인 자유인들만의 공동체. 그가 비루하고 부박한 한국의 현실을 개탄하며 현실 비판적 시각을 가질 수 있는 것은 이런 공동체의 이념에 근거하고 있기 때문이다. 복수의 '자유로운 나'들이 연대하기 위해 요구되는 이념이 바로 서로주체성의 이념이다. '너'를 사물화된 '그것'으로 대상화시키는 홀로주체성이 지금까지의 서양철학이었다면, 김상봉은 '사물화된 그것'을 다시금 '너'로 볼 수 있는 이념적 장을 마련하고자 한다. 그런데 문제는 여전히 그의 자유가 서양적 자유 개념의 자장 속에 머물러 있는 것처럼 보인다는 점이다.

'자유' 개념을 필두로 그와 연관된 개념어들에는 독일 관념론의 자취가 선연하게 남아 있다. 정신, 주체, 자기, 반성 등등. 관념론의 언어가 그의 철학의 핵심에 놓여 있다. 물론 그가 천명하는 서로주체성의 이념이 이런 개념들의 의미를 크게 변용시키고 있다는 것을 간과해서는 안 된다. 하지만 새롭게 규정된 의미도 금세 이전 것과 뒤섞이고, 결국 의미가 혼탁해지는 것을 막을 도리가 없어 보인다. 새 술은 새 부대에 담으라는 말도 있듯이, 서로주체성의 철학자는 새로운 사유의 지평에 걸맞은 철학 개념을 창안할 필요가 있어 보인다.

서양적인 자유 개념을 다시금 회상해보자. 서양적 문맥에서 자유라는 단어가 발견된다면, 도道 혹은 자연과 하나되는 공자나 노장의 자유를 떠올려서는 곤란하다. 차라리 서양적 자유는 초자연supernaturalness을 태연히 발설할 수 있는 인식론적이며 윤리학적 근거(대표적인 철학자로는 칸트)에 가깝다. 내가 보기에, 서양적 자유는 근본적으로 노예를 전제로 한 주인의 자유다. 헤겔의 주인과 노예의 변증법에서 볼 수 있는 것처럼, 주인의 자유는 타자와의 목숨을 건 투쟁 속에서 획득한 전리품이다. 이런 점에서 서양적 자유의 실질적 내용에는 타자 지배가 필수적으로 포함되어 있다. 이런 자유 개념에서 과연 피 냄새를 제거할 수 있을까?

만해 한용운의 시 「복종」을 해설하면서 김상봉은 이렇게 말한다. "스스로 복종하는 정신은 동시에 스스로 선택하는 자유로운 주체다. ……그렇다면 누가 주인이고 누가 하인인가?"[297] 주인과 노예의 경계가 사라지는 '서로주체성의 경지'에서 또다시 피묻은 자유를 말할 필요가 있을지는 여전히 의문이다. 만해도 '자유가 아닌 복종'이라 분명히 말하지 않았던가? 10장에서 보겠지만, 나는 만해의 이 복종을 자유가 아닌 '기룸'으로 해석한다. 주인과 노예의 변증법에 걸려들지 않는 자유, 피 냄새가 사라진 자유 개념의 확립에 아마도 서로주체성의 사활이 걸려 있을 것이다. 푸코의 통찰에 따르면, 타자를 지배하기 위해서는 먼저 자기 지배가 요구된다. 쉽게 말해 정신의 육체 지배가 불가피하게 요구된다. 설령 타인을 지배함으로써 얻은 자유는 아니더라도, 자유가 존재하려면 최소한 자기의 몸(자연)이라도 지배해야 하는 것이다. 하이데거도 서양 지성사에 등장한 자유 개념 가운데 하나로 '감성 지배로서의 자유Freiheit als Herrschaft über die Sinnlichkeit'(GA49, 142)를 꼽고 있다. 인격적인 존재인 인간은 '그것'이 아니라 '너'라고 치더라도, 자연에 존재하는 모든 것을 '너'라고 말할 수 있을까? 가령 김상봉의 '너'에는 박테리아도 포함될까? 오로지 정신적인 자유를 구가할 수 있는 존재자들만 '너'에 편입될 수 있는 것은 아닐까?

김상봉의 철학에서는 '그것'(혹은 '사물')이 '너'의 대립항으로 존재한다. 그 둘은 공속한다. 즉 어느 한쪽이 없다면, 다른 쪽도 존재할 수 없는 관계다. 그렇다면 한쪽의 대립항을 일거에 제거할 수 있을까? 철저하게 모든 '그것'이 '너'가 될 수 있을까? 이와 유사한 난점은 김상봉의 서양 비판이 한편으론 매우 준열하면서도, 다른 한편으론 그 이면에 어떤 선망이 엿보인다는 점에서도 확인된다. 프로이트적 아들이 강력한 연적인 아버지에게 동시에 가지는 증오와 선망의 감정처럼, 김상봉의 글에서 우리는 서양문명에 대한 강렬한 애증 병존 현상을 목도한다. 물론 이런 모습은 장단점을 취사선택하는 일반적인 수용 태도라고 해석될 수 있다. 장단점을 모두 고려하는 균형잡힌 시각이라고도 말할 수 있다. 그러나 장점은 대개 단점 덕분에 장점이 된다. 그 역도 마찬가지다. 장점과 단점의 공속관계.

아마 이 정도의 사실은 김상봉 역시 충분히 숙지하고 있을 것이다. 그렇지만 몇몇 대목은 아슬아슬하고 위태롭기만 하다. 예를 들어 서양적 아름다움을 언급하는 대목이 그렇다. 그는 서양이 진정 아름다웠기 때문에 자신을 사랑할 수밖에 없었다고 단호히 말한다. "어떤 타자가 서양 정신을 매혹시킬 수 있을 만큼 아름다울 수 있었겠는가? 왜냐하면 아름다움은 자유의 객관적 실현에 존립하는 것이지만, 어떤 타자적 정신도 서양 정신만큼 자유롭지는 못했기 때문이다."[298] 그러는가 하면 "나르시시즘은 오직 아름다운 사람에게만 발생하는 광기"[299]라고 말한다. 진정 서양인들이 매혹되었던 자유는 아름다웠던가? 나르시시즘은 "오직 아름다운 사람에게만" 발생하는 것일까? 내가 보기에, 나르시시즘은 오직 스스로를 아름답다고 착각한 사람에게만 해당된다.

김상봉의 서양적 나르시시즘 비판은 서로주체성이라는 대안으로 이어진다. 이미 『나르시스의 꿈』에서 그는 대안을 암중모색한다. 그리고 그 책의 에필로그를 "임신한 정신의 우울과 동정녀의 나르시시즘"으로 마무리한다. 여기서 서양적 나르시시즘과 비교가 되는 임신한 정신의 '우울'에 주목할 필요가 있다. 김상봉은 서로주체성에 대한 모색을 이렇게 표현한 것이다. 그런데 지금까지 서양의 멜랑콜리 담론을 살펴본 것처럼, 서양인들은 이미 플라톤의 『향연』에서부터 임신 비유를 애용해왔으며, 이성의 그림자이자 어두운 힘인 멜랑콜리(우울)를 창조의 동력으로 삼아왔다.

물론 나도 서양 정신이 동정녀라는 김상봉의 견해에 전적으로 동의한다. 그래서 서양 정신이 다만 타자화된 자기와의 만남을 통해 상상임신을 한 것뿐이라고 생각한다. 그러나 서양의 멜랑콜리 담론을 회고해볼 때, '임산부 우울'이라는 비유는 지극히 진부할 뿐 아니라, 오히려 서양적 전통에 갇혀 있다는 혐의만을 안겨준다. 서양의 지성사에서 나르시시즘과 멜랑콜리는 톱니바퀴처럼 긴밀하게 맞물려 돌아가는 개념 장치들이기 때문이다. 이런 작은 사안에서도 확인할 수 있듯이, 그의 철학은 아직까지도 서양철학적 개념 장치들의 영향권에서 자유롭지 못한 듯싶다.

서양의 자기 개념도 지속적으로 변모해왔다. 실체적인 자기에서 선험적인 자기(칸트), 상호주관적인 자기(후설) 혹은 차이의 존재론으로 파악된 자기(하이데거)로 말이다. 내용적 차이는 있겠지만, 우리에게도 자기 개념은 불가피하다.(물론 이런 불가피성이 서양적 자기 개념에 면죄부를 주지는 않는다.) 독일 관념론의 잔재라는 오해에도 불구하고, 김상봉이 고집스럽게 서로주체성을 대안으로 삼고 있는 까닭은 자기 혹은 주체가 불가피한 철학적 사유의 사태라는 점에 있을 것이다. 그렇기에 우리는 끝까지 김상봉의 철학적 행보에 주목할 것이다. 그가 분명 미래의 자기 개념 확립에 기여할 것이라 믿기 때문이다.

5. 미래의 멜랑콜리

김상봉보다 정도는 덜하지만, 박동환 철학에도 서양철학의 흔적은 진하게 남아 있다. 특히 동양적 전통을 비판하며 '개체의 독립성'을 강조할 때 그러하다. 두 철학자 모두 일찌감치 서양철학을 연구하며 그 속에서 선선히 동의할 수 없는 점을 부여잡고서 서양의 한계를 밝히고자 했지만, 그렇게 대결하는 와중에 닮게 되었던 것 같다. 사실 이것은 한 개인의 무능력과 부주의의 문제는 아니다. 누구든 서양철학을 공부한 사람이라면 피할 수 없는 운명일 것이다. 아니, 서양의 한가운데 이미 들어와버린 우리 모두의 운명일 것이다.

머리말에서 밝힌 미토콘드리아의 지혜에 따르면, 문제는 '흔적의 제거'가 아니라 '창조적인 공생'이다. 이 공생에는 호혜적 협력이란 의미 이외에도 적대적 투쟁, 동화 및 이화, 적응, 합병이라는 의미까지 내포되어 있으며, 특히 몸의 융합, 곧 '혁신적인 변용'이라는 계기가 주도적으로 작동한다. 서로 다른 두 개체가 변용되어 이전에는 없던 새로운 '공동체적 개체'라는 새로운 몸을 형성한다. 그것이 바로 공생을 통한 새로운 발생이다. 요컨대 '공생발생Symbiogenesis'에서의 핵심 관건은 자기와 타자의 창조적인 변용이다.

그렇다면 미래의 멜랑콜리는 어떤 변용 과정을 겪게 될 것인가? 먼 미래에 서양적 멜랑콜리는 어떻게 보편성을 확보하며 새롭게 재정립될 수 있을까? 멜랑콜리가 사라지지 않는다는 전제하에서, 동서를 아우르는 멜랑콜리는 어떤 구체적인 모습으로 도래할까?

솔직히 이런 물음들의 '융단폭격'에 여전히 나는 무력하기만 하다.

그렇다고 침묵할 수만은 없기에, 여기서는 간단하나마 박동환 철학을 해석하는 가운데 이 물음들에 응답해보고자 한다. 이후 제3부에서 우리 시 속에 등장하는 멜랑콜리의 변용 과정을 좀더 구체적으로 살펴볼 것이다. 비유컨대 미래의 멜랑콜리라는 건축물을 두루 살펴보기 위해서, 먼저 철학의 설계도면을 들여다보고, 이후 시적 상상력을 통한 3차원 시뮬레이션을 조감할 것이다.

박동환 철학은 진행중이다. 그는 3표론(정체쟁의·집체부쟁·붙음살이) 이후에도 줄곧 미래의 철학을 구상중에 있다. 지금까지 그는 완성되거나 완료된 철학, 박제화된 철학을 거부하고, 진행형의 철학, 살아 꿈틀대는 철학을 견지해왔다. 현재도 그는 각고의 노력으로 새로운 철학 개념들을 창안하고, 이전에 자신이 만들었던 개념들을 새롭게 다듬거나 폐기처분하고 있다. 최근 들어 그의 모험적인 사유 실험은 현재가 아닌 미래를 겨냥하고 있는 것으로 보인다. 동서를 횡단하는 철학, 미래 세대가 거주할 수 있는 철학에 관심이 있는 사람은 특히 박동환의 최근 글을 참조해야 한다.[300] 만일 멜랑콜리가 미래에도 살아남는다면, 박동환 철학을 통해 달라진 모습을 짐작해볼 수 있을 것이다.

이미 3표론에서 박동환은 '서양'과 '동양' 그리고 '우리(문명의 주변자)'의 삶의 방식 또는 사유방식을 분별해냈다. 정체쟁의(1표), 집체부쟁(2표), 붙음살이(3표)가 그것이다. 박동환은 도시문명 체제에서 나온 1표와 2표보다는 자연 생태에 가까운 3표가 더 끈질긴 생명력을 가지고 있으며, 미래 철학이 3표를 중심으로 재편되어야 함을 암시한다. 최근 발표된 글에서는 이런 암시가 구체적인 내용으로 뒷받침되면서 논의의 수준이 더욱 심화된다. 즉 그는 표의 구분이 더이상 의미를 갖지 못하는 미래 철학의 비전을 직접 보이려 한다. 사후적으로 해석해보자면, 마지막 종착지처럼 보였던 그의 3표론은 미래 철학의 비전을 위한 준비 작업이었던 셈이다.

x의 존재론. 이것이 현재까지 박동환이 정리한 미래 철학의 간결한 표제다. 이 소문자 x는 개체를 뜻한다. 여기서의 개체는 세포 수준에서 공동체 수준에 이르기까지 다양한 수준의 몸(體)을 가지고 있는 것, 즉 "한계지워진 존재"[301]의 전 영역을 아우른다. 세상에 몸을 드러낸 모든 것은 크고 작은 수준에서 개체가 될 수 있다. 그런데 이 개체는 더이상 '나눌 수 없는 것individual'이라든지, 자기정체성을 가진 실체가 아니다. 자기정체성은 "조건부 임시의 동일자"[302]에 불과하다. 박동환이 개체를 미지수 x로 표현한 이유 가운데 하나가 바로 여기에 있다. 여기서 서양 멜랑콜리의 핵심어인 견고한 '자기'는 조건부 동일자로 변경된다. 임시로 자기정체성을 가지고 있더라도 이내 미지의 x에 빠지기 때문에, 서양식 멜랑콜리가 안착할 수 있는 자기-존재론적 지평은 사라진다. 더이상 전통적인 멜랑콜리의 모습 그대로는 존립할 수 없다.

개체 x가 세상에 나와서 살아가는 방식, 개체의 한계를 지양하는 방법에는 크게 세 가지가 있다. 박동환은 "한계 지양의 순수 형식"을 간결하게 다음과 같은 기호로 표현한다. Xx, ⫟x, X( ).[303] 세 기호의 공통점은 미지의 엑스로 구성되어 있다는 점이다. 미지의 엑스로 한계해법을 표현한 것은 이 세 가지가 순수 형식이면서도, "모든 특수와 우연 안에서" 작동하도록 구상했기 때문이다. 즉 박동환은 특수와 우연을 배제하지 않는 형식을 이런 미지의 기호로 표현한 것이다. 유한자가 취할 수 있는 한계 지양의 모든 형식이 세 개의 범주로 압축된다. 이처럼 간단명료하게 압축될 수 있는 것은 미지를 뜻하는 기호 덕택이다. 미지를 적극 수용한 대가로 한계 지양의 틀을 포착한 형국이다.

1) Xx: 대문자 X는 개체 x를 포섭하는 일반자 또는 개별 사례를 설명해주는 법칙을 뜻한다. 철학자를 비롯하여 문명사회 대부분의 사람

들이 세상과 만나는 방식이 바로 Xx이다. 이것은 개별자(x)를 일반자(X)로 포섭하며 인식하는 방식(Xx)이다. 서양의 지성인들은 X의 자리에 이데아부터 유전자까지 다양한 내용을 담았으며, 동양 철학자들도 도道나 리理와 기氣 같은 것들을 염두에 두었다. 이런 것들을 망라하는 Xx는 '설명하고 인식하고 이해하는 모든 방식'을 총칭하는 말이다. 이 형식을 통해 펼쳐지는 세계는 "비교와 통분이 가능한 세계"[304]다. 어떤 식으로든 도시문명을 이루고 사는 이들은 Xx의 방식으로 세계를 만난다. 그런데 박동환이 대문자 X를 쓴 까닭은 (기존에 찾아낸) 일반자라는 것 역시 소문자 x처럼 임시의 조건부 동일자에 불과하기 때문이다. 개체들을 지배한다고 참칭하는 일반법칙은 특정한 조건하에서만 유효할 뿐, 그것 역시 언젠가 미지의 심연 X로 맥없이 사라질 운명이다. 그러므로 임시적으로 Xx라는 인식의 틀을 사용할 수 있으나, 그 방법만으로는 세계의 진면목을 온전히 경험할 수 없다.

2) ㄱx: 박동환은 이 기호를 '네버 엑스never x'라고 읽는다. 이것은 세계를 만나는 두번째 방식이다. 어떤 상위의 일반자 혹은 법칙을 통해 개체 x를 규정하려는 Xx와는 달리, 이것은 개체 x의 일탈과 거부 행위를 통해 확보되는 보편의 지평이다. 박동환에 따르면, ㄱx가 가능한 것은 개체 x가 이미 세계의 '마디'이기 때문이다. "마디가 되며 마디로 하는" 개체에게는 '기억'과 '상상'이 있는데, 그 둘은 임시로 할당된 자기, 특정한 X에 의해 규정된 자기를 깨트리는 일종의 다이너마이트이다. 한마디로 ㄱx는 "현실에 결박되어 있는 상태 x를 거부하는 모든 내재 가능성"[305]이다. 그리고 그 내재 가능성의 원천이 바로 기억과 상상이다. 기억과 상상은 무한히 일탈을 꿈꾼다. 그 점에서 둘은 일치한다. 그러나 기억과 상상이 동일한 것은 아니다. 박동환이 생각하는 기억과 상상의 관계는 다음 한마디로 요약된다. "상상은 기억에서 비롯하더라도 기억의 통제를 받는 것은 아니다."[306] 자식이 부모

에서 나왔지만, 부모의 통제를 벗어나는 것처럼.

박동환의 기억은 우주의 역사를 담고 있는 기억이다. 말하자면 그것은 단순히 의식 수준의 기억만이 아니라, 몸의 기억, 면역학에서 거론되는 세포 수준의 기억, 심지어 분자 수준으로 내려가는 유전체의 기억, 원소들에 담긴 빅뱅의 기억, 종국에는 '영원의 기억'으로까지 소급된다. 상상 역시 거대한 스케일로 해석되기는 마찬가지다. 박동환의 상상은 "영원한 기억에서 무한 변이를 빚어내며 재현시키는 자연의 능력"[307]이다. 이런 수준까지 기억하고 상상할 수 있다면, 기존의 자기와는 전혀 다른 자기로 변신할 수 있을 것이다. 특정한 일반자 X로는 도저히 설명되지 않는 ¬x, 일반자 X에 포박되기는커녕 도리어 일반자를 거부하고 조롱하듯 탈주해가는 이것을 박동환은 '파격'이라 부른다. "파격의 반란"[308]이라 부른다.

외견상 ¬x는 서양 전통의 창조적인 멜랑콜리커와 매우 친근해 보인다. 사회적 통념, 기존 체제, 유행 사조 등과 충돌하고 갈등하다가 결국 어떤 파격을 이룬다는 점에서 그렇다. 하지만 둘은 '자기'에 대한 이해에 있어서 현격하게 다르다. 서양인들은 매우 파격적인 개체 x를 고집하다가 멜랑콜리커가 되었다. 시류에 휩싸이지 않고 자기를 집요하게 포기하지 않음으로써 우연히 파격을 이룬 셈이다. 하지만 미래의 파격, ¬x는 자기를 고집하지 않는다. 오히려 스스로를 철저히 내려놓는다. 이런 ¬x는 다만 영원의 기억 속에 잠길 뿐이다. 무한의 상상에 말려들 뿐이다. 그럼으로써 현행 질서는 물론이거니와 자기 자신으로부터도 점차 멀어져간다. 동시에 지금까지의 그 어떤 파격(멜랑콜리커의 파격)보다 더 파격적인 창작을 해낼 가능성이 열린다. ¬x는 한갓 2,500년의 서양사가 아니라 호모 에렉투스와 수억, 수백억 년의 기억에 젖줄을 대고 있기 때문이다.

3) X( ) : 마지막으로 박동환은 세계를 만나는 세번째 방식을 X( )라

고 명명한다. 이것은 첫번째 Xx, 두번째 ¬x의 해법조차도 철저히 무력하게 만드는 사건을 지칭한다. 그래서 박동환은 X(x,¬x) 혹은 X(~~x&¬x~~)라고 X( )를 적기도 한다. 적어도 앞의 두 길은 개체 x가 간접적으로나마 세계에 접근하는 방식이라면, 세번째 길은 두 길이 모두 막힌 상황을 암시한다. 혹은 개체가 세계로 접근한다기보다 세계가 개체에 엄습하는 형국이다. 어떤 지혜와 노력으로도 어찌해볼 수 없는 상황, 공들여 쌓은 인위적인 기획들이 한꺼번에 무너지는 사건, 인간의 자기중심주의를 단숨에 깨트리는 파국과 대격변, 그것이 바로 X( )다.[309] 이것도 하나의 만남이라면 만남이다. 아니 오히려 이것이야말로 존재와의 직접적인 만남일 수 있다. 근본적으로 꾸밀 수 없는 만남, 어찌해볼 수 없는 만남, 불시의 만남, 피할 수 없는 만남. 박동환은 이런 만남을 '격파'라고 명명한다. 이것은 개체 x와 그의 기억과 상상(¬x)마저 모두 미지의 X의 괄호 속으로 함몰되는 사건을 뜻한다.

그런데 이 격파가 과연 하나의 만남, 하나의 해법이 될 수 있을까? 완벽하게 수동적으로 엄습해오는 격파의 사건을 어떻게 해법이라 말할 수 있을까? 모든 한계지워진 것들은 결국 미지의 힘에 의해 격파당한다.[310] 그것은 누구도 피할 수 없다. 그러나 이마저도 일종의 (궁극적인) 만남이라면, 격파를 수용하는 지혜가 요구될 것이다. 아쉽게도 박동환은 이 지혜를 자세하게 풀어놓지는 않으며, 단지 암시하고만 있다. 아마도 지혜의 첫 단추는 격파 역시 한계 지양의 길이라는 자각일 것이다. 이런 자각 이후에도 많은 지혜가 요구될 것이다. 격파되는 자기를 담담히 바라보기, 격파됨을 통해 더 큰 세계로 진입하기, 한계 너머의 미지의 세계가 건네오는 소리를 경청하기, 임박한 격파의 변수 x로서 살아가기 등등.

그런데 박동환의 격파 X( )와 유사한 것이 서양에는 이미 존재했다. 비극이다. 비극은 서양문화는 물론이거니와 멜랑콜리 정조의 원형적 예술형식이다. 박동환의 격파는 자기의 뜻과 무관하게 엄습하는 운명과 그것이 일으키는 고통을 담담히 견디게 하는 문화형식, 곧 비극과 유사해 보인다. 그러나 박동환의 격파에는 격파되어도 꼿꼿이 고개를 치켜세우는 서양적 영웅의 모습, 그리고 그런 모습을 자유인이라고 미화하는 허장성세는 보이지 않는다. 미지의 개체 x가 더 큰 미지의 X에 함몰되는 사건에서 멜랑콜리처럼 검은 분노의 정념이 발생하지는 않을 것 같다. 차라리 만해의 '기룸'이나 이성복의 '서러움(슬픔의 기울기)'과 유사한 정조가 흘러나올 것이다. 결국 동서의 구분이 사라지는 미래에도 멜랑콜리 같은 것이 존재한다면, 미래의 멜랑콜리는 자기중심적 존재론이 아닌 타자중심의 x존재론 위에서 전혀 다른 감성적 모습으로 도래할 것이다.

나르키소스와 피그말리온의 후예들

그리스 신화에 등장하는 인물 가운데 대표적인 멜랑콜리커는 나르키소스다. 프로이트의 멜랑콜리론에서도 확인할 수 있듯이, 멜랑콜리커란 기본적으로 자기애에 마비된(나르키소스는 '마취시키는 자'란 뜻을 가지고 있다) 사람을 가리킨다. 그런데 사실 그리스 신화에는 나르키소스 못지않은 자기애자들이 즐비하다. 그 대표적인 인물이 바로 피그말리온이다.(화보의 그림 1, 2 참조)

나르키소스와 피그말리온, 그 둘의 차이점을 생각해보자. 나르키소스가 '직접적인 자기애'를 보여준다면, 피그말리온은 '간접적인 자기애'의 전형을 보여준다. 다시 말해서, 전자가 자기 자신을 사랑하는 자라면, 후자는 자신이 창작한 대상을 사랑하는 자다. 전자가 노골적인 자기애라면, 후자는 은밀한 자기애다. 전자가 사랑에서 죽음까지 이어진 멜랑콜리의 길을 단숨에 주파하는 단거리 선수라면, 후자는 장거리 마라톤 선수처럼 뛰어간다. 하지만 완급과 장단은 다를지언정, 둘의 본질이 자기애라는 점에서는 동일하다.

사랑은 근본적으로 타자 사랑이다. 자기애의 대표격인 나르키소스도 처음 사랑에 빠졌을 때, 수면 위에 비친 모습을 미처 자기 자신이라 생각하지 못했다. 이것은 자기애조차 자기를 타자로 볼 수 있어야만 가능하다는 사실을 보여준다. 나르키소스 신화에 등장하는 첫번째 타자는 '환상으로서의 타자'다. 물론 수면 위에 비친 영상이 자기 자신이라는 것을 이내 깨닫는다 해도, 나르키소스는 이미 불타오른 '환상에 대한 사랑'을 멈출 수 없다.

나르키소스가 사랑에 빠지기 위해서는 환상 이외에도 또다른 타자가 필요하다. 즉 잔잔한 수면(혹은 거울)이 필요하다. 자신을 비출 수 있는 타자, 즉 자기 이미지를 복제해주는 타자가 필요하다. 에코는 이 일에 실패했다. 그녀가 나르키소스의 말을 아무리 따라해보아도, 그를 만족시키기에는 턱없이 모자란 목소리 복제였다. 따라서 신화에 등장하는 두번째 타자는 '자기복제 수단으로서의 타자'이다.

나르키소스의 자기애가 가능하려면, 최소한 이런 두 종류의 타자가 있어야 한다. 피그말리온은 이 최소한의 필요조건마저 스스로 창작해낸 인물이다. 결국 피그말리온은 우연에 기댈 필요도 없이(나르키소스처럼 우연히 연못에 갈 필요도 없이), 능동적으로 자기의 환상적인 타자를 작품(자기복제의 수단)으로 만들었던 또다른 나르키소스다.

신화 속의 피그말리온은 조각가다. 동시에 그는 여성 혐오증 환자이기도 하다. 나르키소스도 공유했던 여성 혐오증은 남성 중심 사회에서 타자 배척의 상징이다. 어떤 여성도 사랑할 수 없는 남자이지만, 피그말리온 역시 사랑만은 갈구한다. 그래서 그는 자기 이상형의 여자를 조각한다. "눈처럼 흰 상아"[311]를 조금씩 깎아내며 살아 있는 어떤 여인보다 아름다운 이상형의 여인을 완성해낸다. 그는 '놀라운 솜씨'와 '기술'을 겸비한 조각가였기에 아름다운 조각품을 창작할 수 있었고, 자신이 만든 상아소녀에 단번에 매료되었다. 피그말리온은 자신이 만든 형상을 마음속으로 뜨겁게 열망한 나머지, 자신이 제작한 인공물이 상아라는 것마저 인정하지 않으려 한다. 그리고 '물신숭배자'처럼 그것에 입맞춤하고 애무하고 온갖 귀금속으로 장식하며, 심지어 동침하기도 한다. 하지만 조각된 소녀는 말이 없고 반응을 모른다. 아무리 아름답다고는 해도, 한갓 상아에 불과하기 때문이다.

피그말리온은 자신의 힘으로 자기 이상형을 완벽하게 만들었지만, 그녀와 사랑을 나눌 수는 없었다. 상아소녀는 살아 있는 타자가 아니라 죽은 자기복제물에 불과했기 때문이다. 그래서 피그말리온은 미의 여신 아프로디테에게 부탁한다. 자신의 조각품에 생명을 넣어달라고 말이다. 간절한 그의 기도는 신에게 받아들여진다. 그리하여 피그말리온은 자신의 피조물과 결혼해서 아이까지 얻는다.

나르키소스와 피그말리온은 둘 모두 '광기어린 열망'의 소유자다. 그러나 둘은 서로 다른 삶을 영유한다. 나르키소스는 "저도 모르게 자신을 열망했으니, 칭찬하면서 스스로 칭찬받고, 바라면서 바람의 대상이고, 태우면서 동시에 타고 있었던" 자로서 파국적인 자기애에 빠져, 이렇게 한탄하며 죽는다. "내가 바라는 것이 내게 있는데, 풍요가 나를 가난하게 만든 거야. 아아, 내가 내 몸에서 떨어질 수 있다면 좋으련만!"[312]

피그말리온은 '자신이 만든 형상'을 뜨겁게 열망했고 이것 역시 이룰 수 없는 사랑이었다. 그러나 겨우 신의 도움으로 자신이 제작한 인공물과 사랑을 나누는 데 성공한다. 나르키소스가 자기 외모의 아름다움에 사로잡혔다면, 피그말리온은 자신이 꿈꾼 아름다움과 그것을 현실화할 수 있는 놀라운 기술에 사로잡혔다. 그런데 전자가 급격하게 멜랑콜리커로 추락했다면, 후자는 당장에는 멜랑콜리와 무관하게 살았다. 피그말리온 신화의 마지막에 등장하는 '사랑하는 이와 결혼하여 아이까지 낳았다'는 식의 클로징멘트는 해피엔딩 서사의 상투어이다. 그렇다면 자기의 기술과 능력을 사랑했던 피그말리온은 진정 멜랑콜리와 무관한 것일까?

오비디우스에 따르면, 상아소녀와 피그말리온 사이에 파포스라는 딸이 태어나고, 파포스의 아들이 키니라스이며, 그에게는 '미르라'라는 이름(향수, 방부제로 쓰였던 몰약 나무의 신화적 기원)의 딸이 있었다. 그런데 미르라는 아버지를 딸로서가 아닌 '여자로서' 사랑한다. 미르라의 주위로 수많은 구혼자들이 몰려들자, 아버지 키니라스는 딸에게 어떤 남편을 원하느냐고 묻는다. 그때 미르라는 '아빠 같은 남편'이라는 답변으로 자신의 욕망을 슬며시 내비친다. 미르라는 아버지를 향한 자신의 사랑이 범죄라고 생각하지만, 동물의 왕국이나 다른 부족에서 볼 수 있는 근친상간을 열거하며 자신의 사랑을 정당화하기도 한다. 그녀의 고통은 나르키소스가 자신을 사랑하며 겪었던 고통과 유사하다. "그분은 내 것이기 때문에 내 것이 될 수 없어. 가깝다는 것이 나에게는 오히려 방해만 돼. 오히려 낯선 여자라면 더 힘을 쓸 수 있으련만."[313] 이런 탄식과 불면의 밤이 지속되다가 미르라는 대들보에 목매어 자살을 기도한다. 때마침 지나가던 유모가 그 장면을 목격하고 미르라를 제지한다. 유모는 그녀가 자살하려는 까닭을 알고 경악하지만, "그렇다면 살아서 가지세요, 아씨의……"라고 말을 흐리며 그녀를 돕기로 결정한다. 나이 많은 유모의 계책으로 결국 아버지 키니라스와 딸 미르라는 동침에 성공한다. 그러다가 어느날 어린 애인이 누구인지 궁금해진 아버지가 등불로 딸의 얼굴을 보게 되면서 그 사랑은 끝이 나고, 미르라는 임신한 몸으로 도망치다가 신에게 다음과 같이 기도한다. "내가 살아남아 산 자들을 모욕하고, 죽어서 죽은 자들을 모욕하지 않도록 두 영역에서 나를 내쫓으시고, 나를 변하게 하시되 살지도 죽지도 않게 해주소서!" 그러자 미르라는 배가 불룩한

몰약 나무로 변하고, 이후 신의 도움으로 잘생긴 아이가 무사히 태어난다. 그 아이의 이름은 아도니스다.

미의 여신이 사랑할 만큼 아름다웠던 청년, 아도니스의 운명도 제 어미처럼 무참하기만 하다. 키니라스의 '아들이자 손자'인 아도니스가 사냥하다가 죽는 참혹한 장면은 이렇게 묘사된다. "사나운 멧돼지는 구부정한 주둥이로 제 피로 물든 사냥용 창을 금세 뽑아버리고, 겁에 질려 안전을 위해 도망치던 그를 뒤쫓아가 엄니들을 그의 사타구니 사이로 깊숙이 찔러넣어 죽어가는 그를 황갈색 모래 위에 길게 뉘었소."[314]

피그말리온의 후손은 선조의 사랑을 반복한다. 미르라가 저지른 근친상간은 자신의 피조물을 사랑했던 피그말리온의 업보다. 피그말리온이 자기가 만든 조각품과 사랑에 빠진다면(창조주의 피조물 사랑), 역으로 미르라는 자신을 낳아준 아버지와 사랑에 빠진다.(피조물의 창조주 사랑) 이들의 사랑은 출구 없는 폐쇄고리로, 즉 자기와 자기복제 사이에서만 맴도는 사랑의 순환고리로 묶여 있다. 이처럼 자기애의 귀결은 언제나 비극적이다.

여기서 비극이란 참혹한 사태를 감내할 수 있도록 미화시키는 문화적 장치를 뜻한다. 나르키소스의 비극이든 피그말리온 후손들의 비극이든, 그것은 비극적이지만 아름답다. 그 비극적인 아름다움을 서양인들은 꽃으로 표현했다. 나르키소스와 (피그말리온의 증손자인) 아도니스가 비극적인 죽음을 맞이한 후 피어난 꽃이 바로 수선화 Narcissus와 아네모네Anemone narcissiflora다. 나르키소스와 피그말리온의 근친성은 이 꽃 이름에서도 확인된다.

그렇다면 우리는 피그말리온 신화를 어떤 알레고리로 읽을 수 있을까? 서양문명, 특히 과학기술문명의 알레고리로 읽을 수 있지 않을까? 피그말리온의 후예들은 현실에는 존재하지 않는 이데아, 곧 수학적 질서로 표상되는 세계의 설계도면을 집요하게 추구했고 동시에 그것을 현실화할 수 있는 기술을 개발했다.[315] 그리고 피그말리온이 그랬던 것처럼, 자연보다 자신이 창작한 인공품을 더 사랑했다. 자기 자신을 더 잘 비추고 자신을 더 많이 발견할 수 있는 인공품, 그것은 자연의 산물보다 더 아름다운 것이다. 자기를 보다 또렷하게 볼 수 있기 때문이다. 이런 이유로 헤겔은 인공미를 자연미보다 우위에 두었다. 헤겔이 보기에, 예술작품이 정신 자신을 되비추는 매끈한 거울이라면, 자연물은 정신의 왜곡상만을 보여주는 울퉁불퉁한 거울이다. 이런 흐름의 연장선상에서 서양의 과학기술이 꽃피울 수 있었던 것이다.

하지만 자신이 만든 창조물, 그것도 타자성이 거부된 자기애의 산물이 과연 아름다울 수 있을까? 피그말리온 신화는 끝까지 그런 사랑의 산물을 아름답다고 강변한다. 피그말리온의 상아소녀에서 부녀父女가 낳은 아도니스까지 말이다. 그러나 시간이 흘러 현대로 접어들수록, 서양인들도 이것이 아름답기는커녕 끔찍한 괴물일 수 있다는 점을 점차 확인하게 된다. 메리 셸리는 처음 그런 착상을 했던 소설가 중 한 명이다. 『프랑켄슈타인』에서 그녀는 인간이 만들어낸 인간과 닮은 피조물이 탄생하는 장면을 이렇게 묘사한다. "차라리 고뇌에 가까운 불안에 휩싸여, 나는 주위에 흩어진 생명의 도구들을 그러모아 발치에 드러누워 있는 생명 없는 물체에 존재의 불꽃을 주입하려 했다. ……바로 그때 나는 반쯤 꺼진 촛불 빛을 빌려, 생물체가 흐릿한 노란 눈을 뜨고 있는 광경을 보았다. ……이 대재앙 앞에서 느낀 감정을 어떻게 형용할 수 있을까. 혹은 무한한 수고와 정성을 들여 빚어낸 그 한심하기 짝이 없는 괴물을 어떻게 묘사해야 할까."[316]

이 이야기에서는 인간의 피조물에게 생명을 불어넣어주는 것으로서 '전기자극 요법galvanism'이 등장한다. 피그말리온 신화에서 아프로디테 신이 해준 일을 과학이 담당하고 있는 셈이다. 유전자 지도를 완성하여 포스트게놈 시대를 열고 있는 현대인에게 "눈처럼 흰 상아"는 '유도만능줄기세포iPSC(induced Pluripotent Stem Cell)'가 되고, 장인의 "놀라운 솜씨"와 "기술"은 과학자의 바이오테크놀로지가 되었다. 영화 〈가타카〉는 피그말리온이 꿈꾸던 세계가 실현되고 있음을 보여준다. 그 세계에서는 테크놀로지의 힘으로 자기 취향에 맞는 인간을 쉽게 제조해낸다. 다수의 SF영화가 보여주듯이, 인간이 만든 제작물(클론이든 기계든)은 원래의 의도와 목적을 배반하고 인간을 지배할 수 있다. 이미 괴테의 시적 직관이 이 점을 간파한 바 있다. 괴테의 『파우스트』에는 실험실에서 만들어진 인조인간, 호문쿨루스가 등장한다. 그의 맹랑한 모습을 보고서 메피스토펠레스는 이렇게 말한다. "결국 우리는 우리가 만들어낸, 인간에게 끌려다니는 신세가 되었도다."[317]

서양인들은 피그말리온 신화의 결말을 해피엔딩으로만 읽어왔다. 하지만 나르키소스와 짝패인 피그말리온 후손들의 파멸을 잊지 말아야 한다. 사냥 도구로 무장하고서 의기양양하게 자연을 정복하려던 아도니스는 무지막지한 자연의 예상치 못한 역습으로 한순간 격파된다. "살아남아 산 자들을 모욕하고, 죽어서 죽은 자들을 모욕"하는 미르라는 "살지도 죽지도 않게" 만드는 몰약으로 변신했다. 곧 불멸에의 욕망을 실현하려고 '방부처리'된 미라로 변신했던 것이다. 진정 우리는 이런 운명을 소망하는가?

제3부

멜랑콜리의 수용과 변용

만약 멜랑콜리가 서양문화의 핵심이라면, 우리는 서양의 멜랑콜리 문화를 어떻게 받아들였던가? 지금껏 우리 철학자들은 이런 질문을 던질 여유가 없었다. 반도체 회로처럼 복잡하게 뒤얽힌 서양적 사유의 회로, 즉 난맥상의 서양철학을 수입해서 모방하고 해독하는 데 급급했기 때문이다. 하지만 창조적인 작업을 하는 예술가들은 달랐다. 그들은 무의식적으로 서양문화를 가공했다. 원래 우리 것이 무엇인지도 서양 것은 또 무엇인지도 정확히 몰랐지만, 감感으로 차이를 분별했고 새로운 창작을 위해 이질적인 것들을 과감하게 혼융시켰다. 하지만 더 멀리까지 나아가기 위해서라도 이제 창작의 재료가 되었던 것이 무엇이었는지를 철학적으로 성찰할 시간이 되었다. 철학적 배경의 도움 없이 예술가들의 직관에만 의존하는 것에는 뚜렷한 한계가 있기 때문이다. 제3부는 이런 문제의식 속에서 멜랑콜리가 우리의 작가들과 만나 어떻게 수용·변용되었는지를 살펴볼 것이다. 동시에 멜랑콜리 개념이 우리의 예술작품을 분석하는 데 얼마나 도움이 될 수 있는지를 시험하는 장場이 될 것이다.

먼저 9장에서는 현대시의 멜랑콜리에 관해 다룰 것이다. 여기서는 기형도 시를 중심으로 한국 현대시에 멜랑콜리 담론이 어떻게 적용될 수 있는지, 또 현대시의 주요 아포리아가 어떤 점에서 멜랑콜리와 연결되는지 고찰할 것이다. 특히 현대적 허무주의와 멜랑콜리 담론의 교차점, 그리고 기형도의 시 「빈집」을 한恨으로 해석하는 김상환의 견해에 초점을 맞출 것이다.

10장에서는 만해 한용운의 시와 하이데거 철학에 스며 있는 근본 정조의 차이점을 밝힘으로써 동서 문화 차이의 한 단면을 드러낼 것이다. 동시에 이 장을 통해서 제2부에서 다루었던 하이데거 철학의 서양적 특이성이 선명하게 부각될 것이다. 만해와 하이데거의 만남을 주선하면서 우리는 양자가 기대 이상으로 근친 관계에 있음을 확인할 수 있다. 만해의 '사랑'이 하이데거의 '존재'로, 하이데거의 존재가 만해의 '님'으로 해석되는 과정에서 이런 점이 논증될 것이다. 하지만 둘 사이에는 심연의 간극이 존재하는 것도 부인할 수 없다. 그 차이는 쉽게 해명될 수 없지만, 최소한 미궁을 헤쳐갈 수 있는 아리아드네의 실, 곧 둘 사이에 드러나는 '정조'의 차이 정도는 선명하게 드러낼 수 있다. 그 정조는 누군가 처해 있는 상황, 누군가 던져진 그곳을 알려주는 실마리이기 때문이다.

만해 시의 근본 정조를 '기룸'이라 할 수 있다면, 하이데거 철학의 근본 정조는 '멜랑콜리'다. 그렇다면 이런 차이는 어떤 존재론적 바탕에서 발생한 것일까? 만해의 사랑이 타자중심적이라면, 하이데거의 존재는 자기중심적이다. 만해의 사랑과 하이데거의 존재가 건널 수 없는 차이를 보이는 까닭은 바로 타자중심성과 자기중심성의 거리에 있다. 타자중심적인 만해의 사랑에는 타자에게 기꺼이 자기의 자리를 내어줄 '여유'가 있는 반면, 자기중심적인 하이데거의 존재는 자기 '능력'의 성취에 초점이 맞춰져 있다. 전자에서는 '기룸'이라는 타자의 여운이 남는 슬픔이, 후자에서는 '멜랑콜리'라는 비극적인 자기의 슬픔이 발생한다.

11장에서는 최근 문단의 담론을 주도했던 진은영의 논의를 중심으로 크리스토프 멘케의 어두운 감성에 대한 생각을 살펴볼 것이다. 나는 이들의 감성을 멜랑콜리의 관점에서 해석할 것이다. 진은영과 멘케의 논의는 예술의 정치성, 혹은 미학적 감성의 정치적 의미를 다루고 있는데, 여기서 다뤄지고 있는 예술과 미학의 힘은 결코 무시할 수 없는 정치적 역량을 가지고 있다. 이런 분석을 통해서 멜랑콜리 감성의 정치적 함의를 가늠해볼 것이며, 마지막으로 진은영의 시 「멜랑콜리아」에 담긴 각별한 알레고리를 분석함으로써 시 속에 담긴 멜랑콜리의 변용 범위를 타진해볼 것이다.

12장에서는 최근 발표된 이성복의 시들에 흐르는 심상치 않은 기류를 감별해볼 것이다. 누구보다도 멜랑콜리한 시적 정조를 구축했던 이성복은 이전과 유사하면서도 예사롭게 넘길 수 없는 시적 감수성의 차이를 보여주고 있다. 이성복의 최근 시들은 검은 담즙이 푹 곰삭아서 전혀 다른 맛과 향을 내고 있다. 우리네 항아리에서 오래 숙성된 멜랑콜리는 이전의 서양적 멜랑콜리와는 품격을 달리한다. 그의 시에서 우리는 미래의 멜랑콜리를 예감할 수 있다.

시와 철학은 너무도 달라 보인다. 그 차이 때문에 불화를 빚기도 했고 지적 헤게모니를 두고 치열하게 경쟁하기도 했다. 그러나 오래전부터 사람들은 철학적 사유와 시가 각별하고 친밀한 '사이'라고 믿어왔고, 나도 그러하다. 하이데거는 그 둘의 관계를 이렇게까지 말하고 있다. "사유자에게 시인이란 하나의 운명이다."(GA71, 325) 제3부는 멜랑콜리의 관점에서 시를 사유한 필로-포이에시스philo-poiesis 또는 멜랑콜리 시학에 해당한다.

9장

현대시의 멜랑콜리

기형도

사랑을 잃고 나는 쓰네
……가엾은 내 사랑 빈집에 갇혔네
— 기형도

1. 지옥에서 보낸 한 철

역사에서 현대現代란 없다. 한참을 양보해서 현대가 없지는 않다 하더라도 아무도 그것을 알 수 없다. 설사 알 수 있더라도 무엇이라 규정할 수는 없다. 다시 말해서, '현대'라는 말을 규정할 수 있는 수식어는 원칙적으로 불가능하다. 다만 그 흔적만을 추후에 확인할 수 있을 뿐이다. 산업혁명, 자본주의, 도시화, 군중 속의 소외 및 고독, 서세동점, 양차 세계대전, 아우슈비츠, 과학기술의 가속적 발전, 서양문명의 세계화, 현실 공산주의권의 흥망, 신자유주의, 9·11테러, 대테러전쟁, 촛불집회, 세월호 사건 등등, 정치와 사회 그리고 경제 영역의 굵직한 사건·사실의 개념화를 통해 현대라는 동시대의 시간을 특징지을 수도 있을 것이다. 하지만 이런 특징적인 흔적들을 아무리 나열하고 종합하더라도, 개념으로서의 현대와 우리가 실감하는 현대 사이에는 뛰어넘을 수 없는 간극이 발생한다. 현재를 무엇이라 규정하자마자 이미 과거의 끄트머리를 부여잡는 셈이 되기 때문이다. 우리는 다만 파란波瀾을 일으키며 사라지는 현대라는 시간의 흔적만을 숨가쁘게 쫓을 수 있을 뿐이다. 시간을 포착할 수 있는 개념적 인식 체계의 허술함은 두말할 나위도 없으며, 동시대를 전체적으로 조망할 수 있는 지점을 확보하기가 여간해서 쉽지 않기 때문이다. 모든 조망에는 시공간의 거리, 사유의 반성적인 거리가 요청된다. 그런 이유로 현대라는 시간 간격 역시 '어딘가에서 보낸 한 철'이 어떠했다는 식의 회고적 시제 속에서만 어설프게 규정될 수 있다.

'현대'를 규정하고자 하는 모든 시도는 결국 실패할 수밖에 없다. 단지 제한적으로 상상의 완료시제를 통해서만 언급될 수 있다. 이것이 현대시를 규정하기 어려운 첫번째 이유다. 두번째 이유는 시 자체가 정형화되기 어렵다는 점에 있다. 특정한 형식이 없어 보이는 자유시를 떠올리지 않더라도, 워낙 시poiesis라는 말 자체가 '창작'을 뜻하기에, 시에 대한 '규정'은 자유로운 창작을 밀폐된 개념틀에 가두는 형국이다. 더구나 정치·경제·사회의 범주들이 여과 없이 시 해석의 영역으로 들어와서는 곤란하다. 다시 말해서 '현대-시'를 해석하는 하나의 틀로서 정치·사회·경제의 범주들이 일방적으로 사용된다면, 시의 '현대성'은 물론이고 현대의 '시적인 것' 자체가 사라져버리는 결과만 초래된다. 이런 이유에서 나는 시 작품을 주도하는 특정 분위기, 한 시대를 풍미하는 특정 분위기로 논의를 시작할 것이다. 즉 시 몇 편에서 발견되는 현대적 멜랑콜리를 정치한 개념으로 다듬어가는 가운데 현대시를 다시금 규정짓고자 한다. 현대시를 딱히 무어라 규정하기 어려운 상황에서 이것이 나름 현명한 방법이라 생각된다.

5장에서 다루었던 로댕의 조각 작품 〈생각하는 사람〉은 멜랑콜리를 시각적 이미지로 탁월하게 형상화한 작품이다. 전통적으로 멜랑콜리에 빠진 사람은 고통스러운 상념에 젖은 사람이고 켜켜이 쌓여만 가는 생각의 무게 때문에 한 손으로 턱을 괴면서 머리를 받쳐야만 하는 포즈를 취한다고 보았다. 그런데 원래 〈생각하는 사람〉은 로댕의 또다른 작품 〈지옥문〉의 중앙 윗부분을 장식할 목적으로 만들어졌다고 하며, 〈지옥문〉은 로댕이 인상적으로 독서했던 단테의 『신곡』에 등장하는 문이다.

그런 사정 때문인지, 원래 〈생각하는 사람〉의 모델은 바로 시인 단테였다. 그래서 작품이 막 창작되었을 1888년에는 '시인'이라는 제목을 달았다가, 1889년에는 '생각하는 사람—시인', 1896년에는 '생각하는 사람'으로 작품명이 바뀌었다. 1904년 비평가 마르셸 아담에게 보낸 편지에서 로댕은 "그[생각하는 사람]는 더이상 몽상가가 아니다. 그는 창조자다"라고 말했지만, 1906년에는 "그것은 그 자체로 사회적인 상징이다. 우리가 꿈꾸는, 국가적 노동과 프랑스 노동자들을 기억하기 위한 노동기념비의 스케치와 같다"라고 말했다. 제목을 둘러싼 혼란에도 불구하고 로댕이 처음부터 마지막까지 자유로운 창조자로서의 시인(예술가)과 사유가를 염두에 두고 이 작품을 창작했던 것만은 분명하다.[318] 그런데 로댕이 읽고 영감의 원천으로 삼은 단테의 『신곡』에 나오는 지옥문에는 다음과 같은 구절이 새겨져 있다.

> 나를 거쳐서 고통스러운 마을로 가고 / 나를 거쳐서 영원한 고통 속으로 가며 / 나를 거쳐서 저주받은 무리 속으로 간다. / 정의는 지존이신 나의 창조주를 움직이시어 / 성스러운 힘, 최고의 지혜와 / 태초의 사랑으로 하여금 나를 이루셨도다. / 나보다 먼저 창조된 것이란 영원한 것 이외엔 / 없으니, 나는 영원토록 남아 있으리라. / 여기 들어오는 너희는 온갖 희망을 버릴지어다.[319]

지옥으로 통하는 문에 적힌 이 구절을 보면 지옥은 한마디로 희망이 없는 곳이다. 희망이 버려진 곳이다. 시인 단테는 희망을 '별'에 빗대면서 지옥을 별이 없는 어둠의 공간으로 묘사한다. 천국과 같은 강렬한 태양빛은 없다 하더라도(오히려 없기 때문에 별들은 나타날 수 있을 테지만), 단테가 그리는 지옥의 밤하늘에는 별이 뜨지 않는다. 칠흑 같은 어둠만 존재할 뿐이다. 사실 기독교적 상상력에 뿌리내리고 있는 지옥이란 것은 애초부터 존재하지 않을 수 있다. 하지만 희망의 유무를 통해 지옥을 말할 수 있다면, 그런 지옥은 존재한다. 그것은 도처에, 언제라도 존재할 수 있다. 단테가 말하는 '희망 없는 고통', 니체가 말한 바 있는 '의미를 찾을 수 없는 고통'이 "나를 거쳐서" 시작된다면, 바로 내가 지옥문인 셈이다. 그리고 이 지옥문 앞에 앉아 홀로 수심에 빠진 자의 정조가 바로 멜랑콜리다. 멜랑콜리라는 분위기는 지옥문 앞에서 진한 향기와 색채를 발한다.

현대철학을 열었다고 평가되는 니체는 자신의 시대를 '허무주의'라 규정한다. 현대는 모든 것의 의미가 무화되는 시대, 존재한다고 믿었던 모든 가치가 조잡한 허구로 밝혀지는 시대다. 같은 맥락에서 하이데거는 현대를 존재망각이 정점에 이른 시대로 본다. 실체화될 수 없는 '있음'을 그대로 보지 못하고 허상에 빠져 사는 시대, 더구나 허상에 빠져 있음을 자각할 수조차 없는 시대, 그것이 철학자 하이데거가 보고 있는 현대의 모습이다. 또다른 철학자이자 문학가인 사르트르는 이 시대를 『구토』라는 소설로 형상화한다. '본질에 앞서는 실존'의 모습은 아름답게 이상화된 모습이 아니다. 또한 인간의 자유는 마냥 좋은 것이라기보다 마치 사형에 처해지듯 '선고당한' 인간의 비극적 운명을 가리킨다. 현기증 나는 자유 속에서 존재하는 모든 것이 참기 힘든 구토를 일으킨다. 이처럼 서양의 현대철학자들은 자신의 시대를 어둡고 음울하게 그리고 있다. 이런 점에서 현대를 규정하는 근본 분위기는 멜랑콜리라고 말할 수 있다. 참고로 사르트르의 소설 『구토』의 원제목도 '멜랑콜리'였다.

어느 시대나 희망은 있었고 희망이 있는 곳에 절망 또한 공존했다. 그러나 현대철학자들의 진단에 따르면, 이전에는 결코 볼 수 없었던 현상이 목격된다. 현대에는 특정한 희망의 흥망성쇠가 관건이 아니라 '희망 자체'를 의심하게 되었다는 것이다. 하이데거식 진단에 따르면, 특정한 시대마다 특정한 희망을 갈망했지만 희망 자체의 있음에 관해서는 진지하게 생각해보지 못했다는 것이다. 이미 고대 그리스 시대부터 서양문명은 '어떤' 이데아(이념이나 이상의 어원인)를 동경해왔지만 있음 자체의 신비는 들여다보지 못해왔고, 그 결과 작금의 허무주의가 준비되어왔다는 말이다. 이처럼 현대철학자들은 '선험적 완료 시제'를 통해서 현대를 허무주의의 시대로 규정한다. 현대는 '희망 없는' 시대로 규정된다. 니체가 철학의 망치로 모든 거짓 희망을 부수어 버렸듯이, 시인 랭보는 "나는 내 정신 속에서 인간이 가질 수 있는 온갖 희망을 사라지게 하기에 이르렀다"는 시적 선언을 통해 현대의 시대정신을 철두철미 밀고 나갔다. 만일 이 철학자들과 시인들의 시대 진단이 옳다면, 그리고 단테가 말하는 지옥이 다름아닌 희망 없는 시공간을 뜻한다면, 지금 우리가 사는 이곳은 지옥이라 명명할 수 있을 것이다. 그렇다면 시인 랭보의 언어를 빌려 현대를 '지옥에서 보낸 한 철'이라 규정할 수도 있다. (엄밀히 말하면 서양 역사에 포섭된 모든) 현대인은 지옥의 시간을 통과하고 있다.

잘 알려져 있다시피 '지옥에서 보낸 한 철'은 랭보가 동성 연인 폴 베를렌과 함께 보낸 시간을 회상하며 붙인 시집 제목이다. 그렇지만 작품은 작가에게서 떠나자마자 작가의 개인사적 배경과 의도에만 묶일 수 없다.

나는 내 정신 속에서 인간이 가질 수 있는
온갖 희망을 사라지게 하기에 이르렀다.
그 희망의 목을 비트는 데 즐거움을 느껴,
나는 잔인한 짐승처럼 음험하게 뛰었다.

—아르튀르 랭보, 「지옥에서 보낸 한 철」 중에서[320]

원래 시의 제목인 'Une Saison en Enfer'을 직역하면 '지옥의 계절' 정도로 옮길 수 있다. 이준오는 그렇게 번역했다.[321] 그러나 김현은 시공간을 나타내는 전치사 en을 회고적인 완료시제로, 즉 '~에서 보낸' 이라는 의미로 의역했다. 그럼으로써 지옥 같았던 시간의 언표 가능성을 자연스럽게 확보할 수 있었다. 이런 회고적 어조부터 멜랑콜리하게 느껴진다. 회고적 어조는 지금 부재하는 것, 상실된 것을 말하고 있기 때문이다. 그런데 우리가 현재 살고 있는 동시대 역시 이런 방식으로 말할 수밖에 없다. 즉 표준적인 문법시제에 맞지 않는다 하더라도, 화자가 먼 미래에 있다고 가정한 채, 멜랑콜리한 음조로 그렇게 부를 수밖에 없다. 시작 안에 내포된 종말을 예견하며, 완료된 미래 사건들의 풍경을 배경에 깔고 회고하듯 말해야만 한다. 현대는 지옥에서 보낸 한 철이라고. 현대란 우리가 이미 지옥에서 보내왔고 지금도 그렇게 보내고 있으며 앞으로 얼마나 더 그렇게 보내야 할지 모르는 시간을 뜻한다.

2. 현대의 멜랑콜리

지금도 사람들은 어둡고 무겁고 음울하고 슬픈 정조를 멜랑콜리라 부른다. 제1부에서 자세히 설명했듯이, 이 용어는 처음 고대 그리스인들이 어떤 부정적인 정념의 과잉과 과도함을 담즙과 그 검은색에 연결하면서 시작되었다. 2,500년이라는 오랜 시간이 흐르고 현대 의학이 고대 의학을 대체한 지도 오래되었건만, 멜랑콜리 담론은 끈질긴 생명력을 자랑한다. 사위어가는 멜랑콜리 담론에 새 생명을 불어넣은 사람은 프로이트다. 멜랑콜리의 현대적 변모를 명료히 파악하기 위해서, 우선 7장에서 다루었던 프로이트의 멜랑콜리론을 다시 한번 정리해보기로 한다.

슬픔과 멜랑콜리는 모두 사랑에서 시작한다. 사랑하는 대상의 상실은 슬픔과 멜랑콜리의 존재조건이다. 상실 대상에 대한 애도작업을 통해 상실의 현실을 받아들이게 되면 슬픔은 슬픔으로 남는다. 하지만 애도작업이 실패할 경우 슬픔은 멜랑콜리로 변하기 시작한다. 슬픔은 짙은 어둠으로 변색된다. 사랑 대상의 상실을 인정하지 못하고 대상을 가장 안전한 곳, 더이상 상실될 수 없는 곳으로 데려온다. 즉 자기 마음속 한귀퉁이에 대상을 안치하는 것이다. 심층적으로 멜랑콜리를 이해하기 위해서는 프로이트가 제시한 두 가지 개념에 대한 숙지가 필요하다. 첫째, 애증병존의 감정이다. 사랑의 반대는 무관심이지 증오가 아니다. 원래 사랑과 증오는 한 몸이다. 자기보호 본능을 무력화시키고 타자의 침투를 허용하는 사랑은 증오로 돌변할 가능성을 처음부터 내포하고 있다. 하지만 증오를 의식의 수면 아래로 억압하면서 사랑을 키운다. 사랑이 커질수록 사랑의 무게가 짓누르는 증오의 크기도 커진다. 사랑 대상의 상실은 이 증오가 수면 위로 등장할 수 있는 절호의 기회가 된다. 그래서 애증병존 감정이 대상에게 마음껏 발현될 수 있다. 둘째, 타자와의 동일화다. 동일화를 통해서 자기 정체성, 좀더 쉽게는 자기의 성격이 확립된다. 심리적으로 상실된 대상을 자기에게 동화시킴으로써 대상을 자기 자신과 합체한다. 물론 여기서의 동화는 자기의 분열과 파열을 전제한 동화다. 자기 바깥에 있던 타자가 동일화를 통해 완벽히 하나가 되지 못하고 자기의 내부에서 똬리를 튼 형국이다.

프로이트가 분석한 멜랑콜리의 구조를 통해서, 우리는 사랑, 대상, 상실, 애증병존의 양가감정, 동일화의 메커니즘을 확인할 수 있었고 그것들을 통해 멜랑콜리라는 검은 담즙이 우리의 마음속에서 주조된다는 것을 확인할 수 있었다. 만일 현대가 멜랑콜리 정조에 휩싸여 있고, 시인은 누구보다 빠르고 정확하게 그런 정조를 시에 담아낸다면, 멜랑콜리를 통해서 현대시의 핵심부로 향하는 단서를 확보할 수 있다고 말할 수 있다. 그렇다면 다음으로 우리는 이렇게 물어볼 수 있다. 현대인은 도대체 무엇을 사랑했으며, 어떤 사랑의 대상을 상실했고, 동일화를 통해 어떤 정체성을 확립했던가? 그 결과 현대시는 어떤 모습을 하고 있으며, 어떤 아포리아(궁지)에 빠졌을까?

사랑과 사랑 대상의 상실, 그것이 프로이트가 제시하는 멜랑콜리의 전제조건이다. 물론 충분조건은 아니어서 사랑 대상의 상실이 필연적으로 멜랑콜리로 귀착되는 것은 아니다. 성공적인 애도작업을 통해 그저 정상적인 슬픔으로 남을 수도 있다. 하지만 사랑과 그 대상의 상실은 멜랑콜리를 형성하는 필요조건임에는 분명하다. 그렇다면 현대인들은 무엇을 사랑했고 상실했던가? 한 시대의 사랑을 말하는 것이기에 특정 개인 혹은 사물을 사랑의 대상으로 삼기는 어려울 것이다. 그렇다고 답을 너무 먼 곳에서 어렵게 찾지는 말자. 혹시 앞서 랭보가 말했던 '희망'이 아닐까? 그것도 특정한 희망이 아니라 '희망 자체'를 상실했다고, 그래서 결국 '사랑에의 희망'까지 상실했다고 말할 수는 없을까? 누군가 이런 물음에 손사래를 칠지도 모르겠다. 상실 대상이 지나치게 관념적이라고 말이다. 하지만 프로이트도 멜랑콜리커의 상실 대상이 "좀더 관념적인 본성"[322]을 지니고 있어 까닭 모를 슬픔을 낳는다고 말한 바 있지 않은가.

까마득한 과거에도 멜랑콜리는 존재했다. 의학적으로 멜랑콜리를 처음 말했던 히포크라테스와 모든 비범한 창작자가 멜랑콜리한 기질을 가지고 있다고 주장한 아리스토텔레스 시절부터 멜랑콜리는 존재했다. 아리스토텔레스가 남긴 기록에 따르면, 이미 그 옛날에도 나이를 불문하고 멜랑콜리로 자살한 이들이 많았다고 한다.[323] 이것은 예나 지금이나 멜랑콜리 증상들이 있었음을 증명해준다. 생존에만 노심초사했을 것 같은 고대인들에게 우울증적 자살은 없었으며 그런 자살은 근대 이후에나 볼 수 있는 현상이라고 섣불리 판단한다면, 그것은 큰 오판이다. 또한 프로이트가 분석한 멜랑콜리의 보편적 메커니즘이 설득력이 있는 한, 고대의 멜랑콜리와 현대의 멜랑콜리가 크게 다르지 않다고 말할 수 있다. 하지만 사랑 방식과 상실 대상의 차이는 엄존하며, 그 결과 멜랑콜리의 색깔도 다를 수밖에 없다. 그렇다면 멜랑콜리의 연속성과 시대별 단절면을 함께 보려는 태도가 균형잡힌 태도일 것이다.

레지스 드브레는 이미지의 변천사를 도식화하면서 고대·중세인에게는 '과대망상'을, 근대인에게는 '강박증'을, 그리고 현대인에게는 '정신분열증'을 귀속시킨 적이 있다.[324] 다소 익살스럽기는 하지만, 시대별로 서양인들이 미적 경험을 표현했던 것을 반추해보면 꽤 설득력 있는 구분법이다. 예컨대 (추정컨대) 그다지 아름다운 것이 아님에도 고대·중세인들은 감탄을 연발하며 그 아름다움을 형용하려고 신의 이름을 남발한다. '지금 이곳에 신이 임재해 있다'면서 호들갑을 떤다. 반면 근대인들은 순도 100퍼센트의 완벽한 미를 정련하고자 강박적인 몸짓을 반복한다. 현대예술가들의 경우, 거리낌 없이 정신분열적인 작품을 전시한다. 드브레의 구분법에 따라 잠정적으로 나는 고대·중세적 멜랑콜리를 '과대망상적 멜랑콜리'로, 근대적 멜랑콜리를 '강박증적 멜랑콜리'로, 현대의 멜랑콜리를 '정신분열적 멜랑콜리'

로 구분해보고자 한다. 물론 각각의 멜랑콜리는 관절들로 이어진 뼈처럼, 이어진 채 분절되어 있다고 봐야 할 것이다. 다시 말해서 단일한 서양적 멜랑콜리의 시간적 변태 양상이라고 봐야 할 것이다.(뒤의 「에필로그」 참조)

근대는 계몽의 시대, 혁명의 시대, 온갖 절망에도 굴하지 않는 희망의 시대였다. 세계의 중심에 선 인간이 합리적으로 세계를 통제할 수 있으며, 인간의 뜻대로 세계를 개조할 수 있다는 믿음이 팽배했던 시절이었다. 그 시대에 비해 현대는 희망 자체를 상실한 지옥 같은 시대다. 이 시대에는 특정 희망을 상실했다는 것이 고통스러운 것이 아니라 희망 자체를 상실했다는 의식이 고통스럽다. 결코 없어서는 안 될 것 같은 희망이 부재하는 시대다. 이런 희망의 부재는 참을 수 없는 불안을 몰고 온다. '시대정신Zeitgeist'은 그 부재의 현실을 인정할 수 없다. 그래서 부재하는 희망을 내면화하고 동일화한다. 그리고 사랑 대상이 사라지자 애증병존의 감정 가운데 억눌려 있던 증오가 폭발한다.(희망은 절망에 맞서는 힘이기도 하지만 동시에 절망을 낳는 원천이기에 양가감정을 유발한다.) 내면화된 희망에 억눌렸던 증오를 터트린다. 이런 시대에는 위선을 가혹하게 비난하는 위악이 횡횡하고 미 대신 추를 숭배하며 일말의 희망에도 냉혹한 저주를 퍼붓는다. 이 과정에서 시대정신은 분열된다. 여기서 현대의 정신분열적 멜랑콜리가 탄생한다.

앞에서도 인용한 랭보의 다음 시구는 희망에 대해 정신분열적이고 가학적인 멜랑콜리커의 모습을 여실하게 보여주고 있다. "그 희망의 목을 비트는 데 즐거움을 느껴, 나는 잔인한 짐승처럼 음험하게 뛰었다."

3. 현대 허무주의의 원인

별 하나 뜨지 않은 캄캄한 밤. 언젠가 별이 떠오를 거라는 마지막 희망마저 사라진 밤. 현대는 가망 없는 시대다. 현대시의 선구자 보들레르도 권태에 찌든 멜랑콜리커의 목소리로 이렇게 탄식한다. "거기서 '희망'은 박쥐처럼 / 겁먹은 날개를 이 벽 저 벽에 부딪히고, / 썩은 천장에 제 머리 박아대며 날아간다."(「우울spleen」 중에서) "우울한 정신이여, 전에는 싸움도 좋아하더니, / 박차로 네 정열 부추기던 '희망'도 이제 / 네 위에 올라타려 하지 않는구나!"(「허무의 맛」 중에서)[325] 이런 시대에 모든 것은 빛을 잃고 어둠 속으로 함몰된다. 현대는 이런 칠흑 같은 밤Abend의 시간이다. 그리고 현대라는 시간을 펼쳐내는 공간은 '밤의 나라Abendland', 곧 서양이다. 서양의 현대는 허무주의 시대로 다시 서술된다.

현대 허무주의의 원인에 대해서 어떻게 간단명료하게 말할 수 있을까? 다양한 원인이 언급될 수 있겠지만, 최근 『모든 것은 빛난다』[326]를 함께 쓴 드레이퍼스와 켈리의 견해에 따르면, 크게 세 가지 정도로 압축된다. 전통 종교의 영향력 상실, 인간 중심적 의미 창출의 실패, 과학(기술)적 환원주의를 통한 세계의 왜소화가 바로 그것이다.

이를 자세히 살펴보면, 우선 현대 허무주의의 첫번째 원인은 전통 종교, 기독교의 영향력 상실이다. 찰스 테일러가 잘 보여주듯이,[327] 현대에는 의미체계를 튼튼하게 받쳐주었던 기존 종교가 공적 영역에서는 물론이고 삶의 세밀한 영역에서도 영향력을 상실했다. 과거에는 종교가 삶의 방향과 의미를 하나하나 제시해주었다. 종교는 우리가 어떻게 살아야 할지, 특정 상황에서 어떻게 말하고 행동해야 할지를 상세하게 알려주었으며, 사람들은 어릴 적부터 종교적 지침을 믿고 따르고 익혔다. 그런데 종교의 영향력이 사라진 상황에서 많은 이는 삶의 갈피를 잃었으며, 감당하기 어려운 '선택의 짐'을 짊어지게 되었다. 현대인은 이제 세세한 일까지 모두 각자가 선택해야 한다. 문제는 설령 신중하게 선택을 했다 하더라도 그것이 더 의미 있는 선택이라는 확실한 보장을 찾을 수 없다는 데 있다. 삶의 의미라는 측면에서, 자신만만하게 세속화를 주도했던 근대인들이 예상했던 것보다 신의 빈자리가 컸던 것이다.

현대 허무주의의 두번째 원인은 인간 중심적 의미 창출의 실패에 있다. 현대인은 의미가 미리부터 '주어지는 것이 아니라 부여하는 것'이라고 생각한다. 그 기저에는 세계의 중심에 인간이 놓여 있다는 생각이 깔려 있다. 하지만 신의 죽음을 선언한 근대의 자율적 주체가 자기 혼자만의 힘으로 의미를 산출하기란 역부족이었다. 그렇게 인간 뜻대로만 만들어진 의미는 쉽게 파괴된다. 인간이 홀로 구성한 의미의 구조물에는 타자 몫의 의미도 없으며 타자를 위한 의미도 없기 때문에 타자에 의해 무너지기도 쉽고, 인간이 손수 무너트리는 데에도 거리낌이 없다. 또한 행위의 자율적 선택과 그것의 성패는 주체의 책임으로 전환되는데, 유약한 인간이 짊어질 수 있는 책임의 무게는 한계가 있다. 책임의 한계 중량에 도달하면, 사람들은 자신의 선택과 그에 수반되는 책임을 우연 혹은 필연의 탓으로 돌린다. 즉 우연적인 선택 또는 어쩔 수 없는 선택이었다고 변명한다. 그럼으로써 선택은 그 의미의 기반을 상실한다. 그와 동시에 옛사람들이 신에게 귀속시켰던 '경이로움'과 '감사'라는 의미의 원천(하이데거가 보기에, 경이로움은 철학을 시작하는 정조이고, 감사는 '사유'의 본령이다)(GA8, 91 참조)마저 고갈된다.

소설가 엘리자베스 길버트의 말을 인용하면서, 드레이퍼스와 켈리는 이 점을 잘 설명하고 있다. 길버트가 보기에, 예술가의 빛나는 성취(훌륭한 예술작품)를 한 개인의 능력, 천재적 재능의 소산으로 간주하는 것은 진정 예술가를 위하는 길이 아니다. 도리어 그에게 엄청나게 큰 심리적 부담감만을 안겨준다. "……누군가에게 그가 모든 신비의 원천, 즉 신성하고 창조적이고 알 수 없는 영원한 신비의 원천이라고 믿게 하는 것은, 연약한 인간 영혼에게 너무나 큰 책임을 지우는 일이라고 생각합니다. 그런 요구는 자아를 비틀고 왜곡하며, 수행하기 어려운 기대감을 만들어냅니다. 나는 이런 압박감이 지난 500년간 우리 예술가들을 죽여왔다고 생각합니다."[328] 그래서 그녀는 (근대적) 천재 개념의 원래 의미인 고대 그리스의 다이몬daimon, 로마의 게니우스genius, 즉 공동 창작자인 타자적 힘 개념의 복원을 호소한다. 고대인들이 고안해낸 이 개념에는 창작의 고통, 이전보다 더 나은 작품을 창작해야 한다는 부담감, 타인의 기대에서 오는 압박감 등을 덜어내는 고대인들의 지혜가 담겨 있다.

세번째 원인은 과학(기술)적 환원주의를 통한 세계의 왜소화를 꼽을 수 있다. 드레이퍼스와 켈리는 과학적 환원주의의 뿌리가 넓은 의미의 일신주의monotheism 전통에 있다고 본다. 호메로스의 세계에서는 풍요로운 의미 세계를 가능하게 해준 다신주의가 창궐했다면, 아이스킬로스 이래로 단테, 아우구스티누스, 데카르트, 칸트, 멜빌의 에이해브에 이르기까지 서양의 역사는 점차 일신주의로 경도된다. 종교적 일신주의가 뿌리라면 철학적 환원주의는 줄기이며, 그것의 열매가 과학적 환원주의다. 여기서 과학적 환원주의란 모든 현상을 과학적 방법과 지식으로 환원하는 태도를 뜻한다. 현대의 과학적 지식은 모든 것을 앙상한 수식과 법칙으로 환원한다. 과학적 지식 이외의 나머지는 개인의 주관적 감정, 공상, 미신 등으로 치부된다. 심지어 뇌과학, 인지과학에서 볼 수 있듯이, 과학적 지식을 산출한 자율적 주체마저도 역으로 그 지식을 통해 해부된다.

어느 과학자가 특정 기분을 산출하는 커피의 성분을 해명했다고 가정하자. 이 경우 각성효과를 보기 위해 커피의 대체물(고농축 카페인)이 사용될 수 있다. 커피에 함유된 특정 화학물질을 신체에 투여하는 것으로 커피 마시기를 대신할 수 있다. 그러면 커피와 커피 마시는 제반 행위, 예컨대 적당한 온도로 물을 끓이고 취향에 따라 커피를 고르고, 커피맛을 즐기며 벗들과 교감을 나누는 행위들은 모두 사라지고 카페인만 남을 것이다. 마찬가지로 과학적 설명에만 의존한다면, 베토벤의 교향곡은 사라지고 주파수만 남으며, 다빈치의 〈모나리자〉는 사라지고 화소만 남는다. 결국 인간마저 사라지고 신경 뉴런 간의 화학물질(또는 유전자들의 조합과 배열)과 그것의 메커니즘이라고 밝혀진 과학법칙만 남는다. 하이데거도 이와 유사한 견해를 피력한 적이 있다. 생활세계에서 사물들은 풍요로운 의미 현상을 간직하고 있다. 그런데 사물을 단순한 요소로 환원하면, 사물은 사라지고 만다.

> ……우리는 사실 사물이 나타날 때 처음부터 음향이나 소음과 같은, 쇄도하는 감각적 요소들을 인지하는 것이 결코 아니다. 오히려 굴뚝 속에서 몰아치는 바람 소리를, 비행기의 비행 소리를, 또 폭스바겐과는 직접적으로 구별되는 벤츠의 구동 소리를 듣는다. 모든 감각적 요소보다 사물 그 자체가 오히려 우리에게는 훨씬 가깝다. 우리는 집 안에서 대문을 두드리는 소리를 듣는 것이지, 결코 음향이나 단순한 소음을 듣는 것이 아니다. 오히려 순수한 소음을 듣기 위해서는 사물로부터 떠나 우리의 귀를 사물로부터 떼어놓은 후 추상적으로 들어야 한다.(GA5, 10-11)

이유가 어떻든, 지금 시대가 허무주의 시대라는 점은 분명하다. 모든 것이 빛나던 '아름다웠던 시절'이 역사상 정말로 존재했는지는 아무도 모른다. 하지만 확실한 것은 가까운 과거에 비해서도 지금 이 시대는 어둡다는 점이다. 어느 의미 하나도 반짝 빛나지 않을뿐더러, 다시 빛을 발할 것 같지도 않다. 모든 것에서 의미가 사라졌다. 삶의 희망도 사랑에의 희망도 상실했다. 아무것도 없다. 폐허다. 이런 허무주의가 우리 시대의 자화상이다.

4. 현대시의 아포리아

현대시의 아포리아. 우리는 그것을 어떻게 명명할 수 있을까? 제각각 다양한 아포리아가 제시될 수 있을 것이다. 어디를 가든 길을 떠나다 보면 각종 궁지에 몰릴 수 있으니까 말이다. 그런데 내가 제시하는 아포리아는 현대시가 봉착한 특정한 궁지를 뜻하는 것이 아니다. 그것은 궁지에서 벗어날 수 있다는 희망의 부재를 말하고 있기 때문이다. 현대시의 결정적인 아포리아는 돌파에 대한 희망의 동력을 상실한 '아포리아의 아포리아', '메타 아포리아'다. 그것은 한때 희망에 대한 과대망상에 빠졌다가 이어 희망을 향한 강박증에 허둥대다가 기어이 정신분열에 이른 현대 서양 멜랑콜리커의 아포리아다. 아니 그것은 사랑을 잃고, 세상을 잃고, 사랑의 희망마저 잃어버려, 오로지 멜랑콜리라는 텅 빈 집에 갇힌 아포리아다.

탁월한 시인이자 비평가인 옥타비오 파스는 근대시에 관해 이렇게 말하고 있다. "……서양의 근대시는 하나뿐이다. ……영국과 독일의 낭만주의자들이 산파 역할을 한 근대시의 탄생, 프랑스 상징주의와 중남미 모데르니스모의 성장, 근대시의 절정과 종말로서의 20세기 전위주의가 그 사건들이다. 출발에서부터 근대시는 계몽주의와 비판적 이성, 자유주의, 실증주의, 맑시즘으로 이어지는 근대성에 대립했는데, 한편으로는 근대성을 지향하며, 다른 한편으로는 근대성을 거역하는 반작용이었다. 이 때문에 근대시는 프랑스혁명에서 러시아혁명에 이르는 근대의 혁명들을 거의 언제나 열광적으로 지지했다가 돌연히 결별을 선언하는 이중적 태도를 취했다."[329] 그에 따르면 근대시는 역사의 산물이자 동시에 역사의 반역자다. 시대정신을 온전히 담으려는 노력과 시대를 돌파하려는 반시대적 의지 사이에서 파스는 근대시의 아포리아를 읽고 있다.

아도르노 미학의 뛰어난 계승자인 크리스토프 멘케는 근대미학의 아포리아를 이렇게 설명하고 있다. "심미적 경험에 대한 근대적 반성은 해소될 수 없는 양가성을 통해 규정된다. 그것은 시작부터 근대미학에 각인된 두 전통노선 속에서 표명된다. 하나는 차별화된 근대 이성 속에서의 다른 경험방식들과 담론들 옆에 나란히 있는 계기로서 심미적 경험을 기입하는 반면에, 두번째 것은 비미학적 담론 이성을 뛰어넘는 잠재태라고 그것[심미적 경험]을 판결한다. 이미 칸트 미학에서 서로 뒤엉켜 있는 근대미학의 두 전통노선은 아도르노의 『미학이론』에서 그것의 처음이자 마지막 응축된 교차 지점을 발견했다."[330]

칸트 이래로 근대미학은 두 가지 방향으로 길을 가고 있었다. 하나는 '독립선언'이고 다른 하나는 '지고성 선언'이다. 다시 말하면 중세 교권, 형이상학, 윤리와 정치 등등으로부터 예술 나름의 자율적인 공간을 확보하는 길이 그 하나요, 다른 하나는 여타의 모든 비미학적 영역을 뛰어넘는 지고의 권한을 선언하는 것, 쉽게 말해서 시의 심미적 부정성을 극대화함으로써 역사와 사회를 변혁할 수 있다는 신념이 그것이다. 이 두 길은 쉽게 교차하기 어렵다. 왜냐하면 자율성의 공간을 확보하는 것은 언제나 다른 영역의 자율성을 존중하는 것에 바탕을 두고 있기 때문이다. 여기서 멘케는 근대미학의 아포리아를 보고 있다. 이런 맥락에서 파스와 멘케가 포착하고 있는 근대시의 아포리아는 당대의 시대정신을 시만의 자율적이고 독특한 방식으로 포착하는 길과 다른 어느 영역보다 먼저 동시대를 극복하려는 반시대적 전위대의 길이 모순적으로 중첩되어 있는 아포리아다. 우리 문단에서 쉽게 발견할 수 있던 담론의 용어로 말하면(담론의 수준에서 너무 큰 괴리감이 느껴지는 것이 사실이지만), 순수와 참여의 아포리아다.

그렇다면 현대시의 경우는 어떠한가? 현대시는 근대시의 아포리아를 해결했던가? 현대시는 근대시가 갈망했던 자율성과 지고성을 모두 얻었던가? 아니면 모두를 상실했는가? 강박적으로 자율성과 지고성을 극단적으로 추구하다가 결국 정신분열적 멜랑콜리에 빠져든 것은 아닌가? 둘 모두를 잃은 것은 물론이고 심지어 또렷한 콘트라스트를 가졌던 근대적 아포리아마저 잃지는 않았던가? 망각을 망각하고 상실마저 상실한 것은 아닌가? 기존의 아포리아마저 희미해진 현대시의 아포리아를 우리는 어떻게 이해해야 할까?

여기서 시인 기형도의 시 「빈집」을 읽어보자.

사랑을 잃고 나는 쓰네

잘 있거라, 짧았던 밤들아
창밖을 떠돌던 겨울안개들아
아무것도 모르던 촛불들아, 잘 있거라
공포를 기다리던 흰 종이들아
망설임을 대신하던 눈물들아
잘 있거라, 더이상 내 것이 아닌 열망들아

장님처럼 나 이제 더듬거리며 문을 잠그네
가엾은 내 사랑 빈집에 갇혔네

—「빈집」 전문[331]

기형도는 "사랑을 잃고", 타자를 통해 촉발된 수동적인 정념, 즉 "더 이상 내 것이 아닌 열망들"에게 작별을 고한다. 실연당한 자의 눈에 들어오는 것은 없다. 마치 "장님처럼" 길을 더듬거리며 길 잃은 사랑을 자기 품에 가둔다. 그리고 자기의 사랑을 멜랑콜리하고 어두컴컴한 방에, 시詩라는 카메라옵스쿠라에 적어놓는다. 그리고 "내 사랑"이 마음의 "빈집"에 갇혀 있음을 가여운 눈빛으로 바라보고 있다. 사랑과 또다시 사랑할 수 있으리라는 희망은 이제 마음의 빈 상자 속에 봉인되어 있다. 사랑의 대상이 아니라 사랑 자체를 잃고 공허한 마음속에 안치시킨 멜랑콜리적 동일화는 결국 랭보가 말했던 "희망의 목을 비트는 데 즐거움을 느끼는" 가학적인 "잔인한 짐승"을 낳을 뿐이다. 현대시는 이처럼 잔인한 짐승이 되느냐(멜랑콜리커의 가혹한 자기비난) 아니면 또다시 헛된 희망을 다시 불러내느냐(멜랑콜리커의 자기연민)의 기로에 놓여 있다. 이것이 바로 우리가 주목해야 할 현대시의 정신분열적인 멜랑콜리이고 아포리아다.

그리스 신화를 보면, 최초의 여인 판도라는 (프로메테우스가 인간에게 훔쳐주었던 축복인) 불에 상응하는 불행을 안겨주기 위해 고안된 신의 음험한 계략이었다. 신은 판도라Pandora, 즉 '모든 것을 준다'라는 역설적인 이름의 여자를 지상에 보낸다. 잘 알려진 대로 그녀의 상자와 함께. 판도라는 영원히 봉인해두라는 경고를 무시하고 미지의 상자를 연다. 그래서 상자 안에 있던 온갖 불행의 씨앗이 세상에 나오게 되는데 엉겁결에 상자 뚜껑을 닫아서 그 속에 남게 된 것이 바로 희망이었다고 한다. 신으로부터 온 저주의 상자에는 희망도 함께 들어 있었다. 어쩌면 상자 속에 들어 있던 다른 것들과 마찬가지로 희망은 불행의 씨앗일 수 있다. 이것을 봉인해둘 것인가, 다시 세상에 꺼내들 것인가? 어떤 것이 현명한 일일까?

어느 시대나 시인은 판도라의 상자 앞에서 턱을 괴고 앉아 멜랑콜리한 상념에 빠져들었다. 고대·중세의 시인은 신의 금기를 두고 고민했지만 결국 자제심보다 커져버린 호기심 때문에 뚜껑을 열었고, 순간순간을 치열하게 살아간 근대의 시인은 강박적으로 상자 뚜껑 열고 닫기를 반복했다. 고스란히 전 시대의 아포리아를 물려받은 우리의 현대시인은 그것이 텅 '빈' 상자일지도 모른다는 불안에 젖어, 의미 잃은 말들을 중얼대며 홀로 상자 주위를 배회하고 있다.

허나 이것은 신화다. 판도라의 신화. 그 신화가 사라지지 않고 지금껏 서양의 역사를 떠받치고 있다. 물론 그것은 어느새 우리를 구속하는 신화가 되었다. 그래서 남의 일이 아닌 것이 되었다. 현대시의 아포리아, 현대시의 멜랑콜리는 그 신화의 마지막 서사 국면이다. 끝이다. 더이상의 이야기는 없다. 희망도 없다. 허무만 있다. 우리에게 남은 희망이 있다면, 구닥다리 판도라 신화가 아니라 미래에 도래할 새로운 신화 속에서 찾을 수 있지 않을까? 서양 신화의 찬란한 빛에 가려 후미진 구석을 떠돌고 있는 자들, 대변해줄 입을 찾고 있는 주변자들에게 있지 않을까?

5. 빈집에 갇힌 한恨: 김상환

앞에서 나는 기형도의 「빈집」을 서양 멜랑콜리의 관점에서 독해했다. 그런데 흥미롭게도 똑같은 시를 두고서 김상환은 전혀 다르게 분석한다. 그는 멜랑콜리가 아닌 '한恨'의 정서를 통해서 기형도 시를 분석한다. 나는 두 정서가 유사하지만 전혀 다른 것이라고 생각한다. 멜랑콜리가 서양 지식인의 고유한 정서라면, 한은 한국인, 그것도 힘없고 고통받는 민중의 고유한 정서로 알려져 있다. 그렇다면 어떤 이유에서 이런 해석의 차이가 발생한 것일까? 나는 이 장의 마지막을 이 물음에 할애할 것이다.

어떤 해석이 맞고 틀리는지는 여기서 크게 중요하지 않다. 아마도 이질적인 해석이 공존할 수 있을 만큼 기형도의 시가 넉넉한 정서적 자장을 가지고 있다고 말하는 편이 옳을 것이다. 일단 나의 관심은 두 해석 사이를 오가면서 멜랑콜리와 한의 차이점을 밝히는 데 있다. 두 정조의 차이는 서양문화와 한국 전통문화를 변별할 수 있는 좋은 준거점을 제공해줄 수 있기 때문이다.

그렇다면 멜랑콜리와 한은 어떻게 다른가? 지금까지 줄곧 멜랑콜리를 논해왔기에 여기서는 우선 한에 초점을 맞춰보기로 한다. 김상환이 「빈집」을 해석하고 있는 글은 「박동환의 3표론과 현대 차이의 철학」[332]이다. 즉 박동환 철학을 소개하고 재해석하는 문맥에서 기형도의 「빈집」이 삽입된 것이다. 1표, 2표도 아닌 3표, 즉 도시문명의 주변부에서 살고 있지만 그래서 도리어 자연생태의 삶에 가까운 우리네 삶의 형식을 가리키는 3표를 해설하는 문맥에서 「빈집」의 한이 삽입된다. 인위적인 도시문명이 아니라 태고부터 존재해온 끈질기고 억센 생명의 모임살이, 즉 주변인들의 삶에는, 또 이런 삶이 터를 잡고 있는 곳에는, 멜랑콜리가 아닌 한의 정서가 연무煙霧처럼 가득차 있다. 김상환의 해석이 박동환 철학에 기대어 있다면, 먼저 박동환에게 한을 물어보아야 할 것이다. 일찌감치 박동환은 한에 대해 이렇게 말한다.

> 한恨이란 무엇인가. 거절당했기 때문에 풀리지 않은 감정. 실현하지 못한 일에 대한 사라지지 않는 원망과 집념. ……한恨을 지닌 자에게는 '아니다'로 넘쳐오는 부정의 샘을 자기화하는 연역논리나 변증법이 없었기 때문에 그것은 다만 어쩔 수 없는 밀물이나 썰물의 파도처럼 방치되었던 것인가. 그것이 우리 역사 가운데 한의 심정으로 자리잡은

것인가. 아무리 퍼올려도 끝없이 쏟아지는 우물의 바닥처럼 깊이 가라앉은 것인가. 그것은 어째서 서양 사람의 역사에서처럼 정복하여 삼켜버려야 할 대상이 아니었던가. 그러나 세상의 누가 그것을 참으로 정복하여 삼켜버리는 데 성공하였는가.[333]

박동환에 따르면, 한은 타자의 '아니다'라는 메시지를 통해 거절당한 감정, 풀리지 않고 꼬이고 뒤틀린 감정이다. 그것은 타자에 맞서 행한 자기정당화가 실패로 귀결될 수밖에 없을 때 발생하는 감정이자 타자를 동화시킬 수 없는 데서 비롯된 낭패감이다. 또는 애초부터 타자를 자기화할 수 있는 힘과 논리가 없는 자들, 가난하고 힘없는 자들을 감싸고 있는 정조다. 그러나 이런 한의 정조는 최후의 승자임을 참칭하기 어려운 인간의 근본 정조이기도 하다. 더 나아가 타자에 의존해 살 수밖에 없는 모든 붙음살이들(박동환의 관점에서 기생은 한계를 지닌 모든 개체의 운명이다)[334]의 정조이기도 하다. 동시에 그것은 완악한 자기를 깨트리는 자기개방의 고통이다. 그리하여 왜소한 자기에서 벗어나 진실에 더 가까이 접근한 정조일 수 있다. 무한히 깊은 진실과 맞닿은 정조. 결국 격파됨으로써 존재의 진리를 밝히는 개체 x의 근본 정조. 그렇다면 김상환은 한을 어떻게 보고 있을까?

한편에서 보면 한은 도저히 넘을 수 없는 장벽(艮)에 막혀 움직이지 못하는 마음(心), 정지된 가운데 차갑게 응어리지는 마음과 시선, 요컨대 사랑의 가능성을 상실한 맹목의 고통이다. 한 맺힌 마음에는 눈물도 소용이 없다. 정서의 회로가 이미 마비되었기 때문이다. 그러나 다른 한편 한은 움직이는 마음이다. 마음은 지독한 고통에서 탈출하기 위해, 이제 무의미해진 모든 경험적 희노애락의 대상들과 이별하기 위해 움직인다.[335]

김상환에 따르면, 한은 정서적 '마비'와 경험적 대상들과 이별하는 '운동'이라는 상반되는 상태의 "역설적 교차"에 있다. 그리고 이런 한은 "자발적 폐쇄의 논리"에서 펼쳐진다고 한다. 여기서 김상환이 생각하는 폐쇄란 "개인이 경험했던 상대적 부정을 [ ]의 절대적 부정 속에 가두어 용해, 순화하는 절차"다. 다시 말하면 경험적 타자가 던져오는 상대적 부정을 절대적 부정 속에 함몰시키는 과정이다. 여기까지는 위에서 언급한 박동환의 한과 그다지 다르지 않다. 정확히 말하면, 박동환의 용어를 통해 한이라는 정념의 발생 메커니즘을 밝히고 있다. 그런데 자발적 폐쇄의 논리를 설명하는 가운데 "순화"와 "전회" 그리고 "다짐"을 말하면서, 김상환의 한은 점점 서양적 카타르시스 혹은 숭고의 메커니즘과 유사한 모습을 보인다. 즉 부정적인 고통을 즐거움으로 반전시키는 이성적 주체의 능동적인 활동이 한에 개입된다. 김상환의 주체가 칸트적 주체는 아니더라도, "한은 널뛰기 춤과 같은 어떤 **자기자극운동, 자기함량운동**이다"[336](인용자 강조)라는 말에서 볼 수 있듯이, 선험적 자기와 유사한 주체를 전제하면서 한을 설명하고 있다. 물론 김상환은 이런 오해를 예상하면서 다음과 같이 말한다.

> 경험과 선험, 묶기와 풀기 사이를 왕복하는 그 제자리 뛰기는 결코 주체성의 비중을 더해가는 절차가 아니다. 오히려 반복적인 다짐을 통해 자신을 타자로 전도시키는 자기객체화운동이자 자신을 비우는 자기해체운동, 나아가 존재의 자체분석과 하나를 이루기 위해 빈집 [ ]로 몰입하는 자기주변화 절차다. 이 주변화 절차는 수직적 초월성을 견디는 어떤 광기 속에서 마침내 굿판 같은 무대를 맞이한다. 존재론적 리듬과 장단에 맞추어 자유로운 감정의 유희가 일어날 수 있는 굿판.[337]

김상환은 자기해체, 자기주변화를 강조함으로써 한의 정서에서 주체성을 덜어내려고 한다. 그러나 그의 말 속에는 여전히 "반복적인 다짐"이라는 의지적인 행위의 주체가 얼굴을 내밀고 있다. 그로 말미암아 자기객체화나 자기해체라는 용어들은 모순과 부정을 자기 내부에 품고 있는 헤겔식 철학문법에 간섭받는다. 즉 김상환의 철학 개념들이 자꾸만 헤겔의 개념들, 예컨대 자기의 타자화, 자기부정, 자기에로의 복귀 등과 같은 의미로 읽힌다. 칸트나 헤겔의 주체는 아니더라도, 최소한 니체의 디오니소스적 광기에 사로잡힌 주체처럼 보인다. 과연 한이라는 것이 그런 주체의 정념일까? 박동환의 빈집, [ ]에는 그런 한이 거주하고 있는 것일까? 인위적인 조작의 산물인 상대의 환원과는 달리, 박동환이 말하는 절대의 환원에는 주체의 자발성이 끼어들 여지가 없다. 그것은 최근 박동환이 역설한 것처럼, 수직으로 찔러오는 '격파'의 경험이기 때문이다. 한의 '치유적 차원'과 '미학적 차원'을 강조하면서, 김상환은 점차 박동환 철학에서 멀어진다. 어쩌면 우리의 한마저 서양미학적 차원으로 해석함으로써, 한에서도 멀어진 것일지도 모른다.

한에 대한 해석은 그렇다 치고, 기형도의 시에 대한 해석은 어떠한가? 사실 이 시는 결코 난해한 시가 아니다. 실연당해본 사람이라면 누구나 무릎을 치며 공감할 수 있는 시다. 사랑하는 대상을 상실하고 우울해진 화자가 자기만의 영역인 글의 세계에 자신을 가두는 내용의 시다. 르네상스 시대의 학자 로버트 버턴처럼 우울증을 치유하기 위해 글을 쓰는 사람, 혹은 지향점을 잃은 사랑의 힘을 작품 창작에 전치시킨 사람을 형상화하고 있는 것이다. 그런데 김상환은 '너무나도 철학적으로' 이 시를 해석한다.

x를 잡으려는 열망과 좌절, 글쓰기를 통해 특화하려는 충동과 인내, 그 가운데 있었던 시련과 망설임, 비상과 추락을 거듭하는 변이와 굴절,

그와 더불어 회집되는 다양한 정서와 거기서 움트던 시視의 가능성, 그리고 그 가능성과의 싸움에 함께하던 주변 사물들에 대한 기억들.[338]

위와 같이 해석될 수 있다 하더라도, 문제는 이 모든 기술이 박동환의 3표 혹은 한에 속하는 것이라기보다는 멜랑콜리 담론에 속한다는 점이다. 이것은 김상환 자신의 말에서도 확인할 수 있다. 기형도의 사랑을 니체의 '운명애'와 결부시키면서 김상환은 "그 사랑은 모든 위대한 창조의 가능 조건이자 존재론적 경험의 가능 조건에 해당하는 정서, 특히 존재 일반의 긍정으로 이어지는 영원회귀 경험의 가능성과 결부된 사랑이다"[339]라고 말한다. 이미 제1부에서 살펴보았듯이, 니체의 운명애는 본질적으로 멜랑콜리한 나르시시즘에 기초하고 있다. 결국 김상환의 해석에 따르더라도, 기형도 시는 박동환식 한에 가깝다기보다는 니체적 멜랑콜리에 가까운 셈이다.

김상환이 애초에 의도하지 않았을 이런 뜻밖의 결과는 그의 글 전체 기획에서부터 시작된 것으로 보인다. 박동환 철학을 니체나 들뢰즈와 같은 현대 서양 철학자들과 비교함으로써 은둔과 주변의 철학이 가지고 있는 현대철학적 위상과 의미를 살리려는 것이 김상환 글의 의도였다. 무엇보다 철학의 "낙후성"[340]을 극복해야 한다고 믿는 김상환은 박동환 철학이 시대에 결코 뒤떨어지지 않음을 보여주고자 했다. 그리고 그 기획은 성공했다. 도대체 어느 누가 박동환 철학의 현대철학적 위상을 김상환만큼 풍부하게 해석할 수 있겠는가? 그런데 비교의 와중에 차이보다는 공통점이 더 많이 보였던 것 같다. 그래서인지 그의 글에서는 박동환 철학과 현대 서양철학(일명 '차이'의 철학) 양자의 변별 지점이 선명치 않다. 이런 점에서 본다면, 박동환 철학의 현대철학적 의미를 밝히는 기획에는 성공했으나, 서양철학과 대비되는 차이점을 부각시키는 데는 일정 정도 한계를 보인 셈이다. 기형도의 작품에 대한 과도한 해석은 아마도 이 한계 지점에서 유래한 것은 아닐까 싶다.

그렇다 하더라도, 김상환은 본래의 기획을 성공적으로 완수했으며, 기형도의 시 해석에서도 나름의 개연성을 확보했다. 더구나 박동환과 기형도에 대한 풍부한 해석을 통해 김상환 스스로가 서양철학의 최전방에서 그것의 한계를 돌파하는 중이라는 점을 증명해 보이고 있다. 여전히 나는 김상환의 기형도 해석에는 동의할 수 없다. 가끔씩 시의 앞부분이 그의 해석대로 읽혀질 때도 있지만, 번번이 마지막 연에서 막힌다. "장님처럼 나 이제 더듬거리며 문을 잠그네 / 가엾은 내 사랑 빈집에 갇혔네." 이 구절은 전통적인 한의 정조와도, 박동환의 '절대환원'이나 '격파' 개념과도 어울리지 않는다. 아무리 읽어보아도 진한 자기의식적 멜랑콜리에 가깝다. 하지만 앞서 말했듯이, 김상환 해석과 내 해석의 차이가 큰 의미는 없어 보이며, 오히려 그것은 기형도 시가 구축한 시 세계의 풍요로움을 증거한다. 어쩌면 기형도의 「빈집」은 한과 멜랑콜리 '사이'의 어딘가에 위치하고 있는지도 모른다. 그리하여 나는 김상환의 멋진 해석을 통해 박동환과 기형도가 서양의 한계 너머를 가리키는 표지가 되었다는 사실에 기꺼이 박수를 보낸다.

멜랑콜리 포즈: 서양 예술가의 초상

일반적으로 알브레히트 뒤러의 동판화 〈멜랑콜리아 I〉(화보의 그림 7 참조)은 서양 전통의 멜랑콜리 담론을 하나의 단일한 이미지로 집약시킨 작품이라고 평가된다. 특히 저명한 미술사학자 파노프스키가 평생을 바쳐 연구한 작품이기도 하다. 파노프스키는 이 그림을 바탕으로 사그러들던 멜랑콜리 담론의 불씨를 화려하게 되살린 장본인이다. 거창한 수식어로 소개받지 않더라도, 누구든 이 그림 앞에서는 걸음을 멈추고 한동안 머물 수밖에 없다. 작품 전체가 내뿜는 매력이 강렬하기 때문이다. 정신을 차리고 작품을 응시해보면, 작품은 수많은 수수께끼로 가득차 있다. 작품 속에는 박쥐, 별, 무지개, 바다, 천칭, 사다리, 종, 숫자가 새겨진 알 수 없는 벽, 모래시계, 두 천사, 컴퍼스, 다면체, 주머니, 못, 망치, 구, 잠자는 개, 대패, 톱 등등이 무질서하게 나뒹굴고 있다.

화면의 전체 이미지를 지배하고 있는 것은 커다란 날개를 달고 있는 천사다. 천상의 신과 지상의 인간 사이를 오가는 중간적 존재인 천사는 통상 사람의 형상에 날개가 덧붙여진 채로 그려진다. 사람들은 천사가 천상과 지상의 중계 역할을 하기 위해서는 양쪽을 자유로이 이동할 수 있는 날개가 필요하다고 상상한 듯하다. 대각선 구도의 하단면을 차지하고 있는 천사는 성숙한 여인의 모습을 하고 있다. 기독교적 존재이해에 따르면, 천사는 남녀 구별이 없다. 왜냐하면 천사는 유성생식을 하는 존재가 아니기 때문이다. 그래서인지 긴 머리에 치마를 입었을 뿐, 얼굴과 체형만 보면 성을 분간하기 어렵다.(파노프스키는 일단 여성으로 규정한다.) 다시 생각해보면, 천사가 육체를 가진다는 것도 의심스럽다.

중세의 대표적인 철학자 토마스 아퀴나스에 따르면, 천사는 '비물질적 피조물'이다. 중세적 세계관으로 바라볼 때, 존재자들의 안정적인 위계구도상, 지성을 가진 물질적 피조물인 인간과 창조주 신 사이에는 '순수 지성적 피조물'이 필요하다. 이런 필요에 의해 상정된 것이라면, 천사는 원칙적으로 육체를 갖지 않는다. 하지만 혼탁해지기 마련인 육체적인 눈을 가진 인간에게 메신저 역할을 하기 위해서 천사가 때때로 육체를 취할 수는 있다.[341] 물론 뒤러의 천사는 기독교적 천사라고 보기 어렵다. 오히려 모든 신을 이상적인 인간으로 형상화시킨 그리스 신들의 이미지에 가깝다. 뒤러는 고대 그리스 문화를 복원하려던 르네상스의 아들이기 때문이다.

서양의 지식인들은 고대 그리스 문화를 동경해왔다. 현대철학자인 니체와 하이데거마저 예술가가 지적 헤게모니를 장악했던 고대 그리스 시대를 찬미한다. 르네상스 시대의 뒤러는 두말할 나위도 없다. 뒤러의 천사는 그리스 예술가의 모습, 곧 아리스토텔레스가 언급했던 비범한 멜랑콜리 예술가의 모습에 가깝다. 파노프스키에 따르면, 그림 속 천사는 "실천적 기술을 존중하지만 수학적 이론을 좀더 간절히 열망하는, 천상으로부터의 영향과 영원한 관념에 의해 '영감을 받았다'고 여겨지지만 인간의 약함과 지성의 한계로 심하게 고통받는 르네상스 미술가를 상징한다."[342] 아니, 뒤러의 천사는 르네상스 미술가에게만 국한되지 않는다. 그것은 시대를 뛰어넘어 이후 모든 예술가의 자화상이 되었다. 낭만주의 시인이자 고딕풍의 멜랑콜리 화가이기도 했던 윌리엄 블레이크는 자신의 작업장 벽에 뒤러의 이 그림을 걸어두었다고 한다.[343]

천사는 머리에 화관을 쓰고 있다. 승리나 환희를 상징하는 화관이 우울해 보이는 표정과 극적인 콘트라스트를 이룬다.[344] 천사는 한 손으로 수심 가득한 얼굴을 받치고 있다. 무거워진 머리를 괴고 상념에 빠져 있는 이 자세는 전형적인 '멜랑콜리 포즈gestus melancholicus'[345]라고 불린다. 멜랑콜리 관련 화집을 펼치면, 지루할 정도로 반복해서 볼 수 있는 정형화된 포즈다. 이 포즈가 등장하는 대표적인 작품을 열거해 보면, 로댕의 〈생각하는 사람〉(1881-1883), 고흐의 〈의사 가셰의 초상〉(1890), 티슈바인의 〈긴 그림자〉(1805), 뭉크의 〈멜랑콜리 III〉(1902), 호퍼의 〈뉴욕의 영화관〉(1939), 보스의 〈성 안토니우스의 유혹〉(1490) 등이 있고, 심지어는 라파엘로의 〈시스티나의 성모〉(1512)에 등장하는 앙증맞은 아기천사도 이에 해당한다. 파노프스키에 따르면, 멜랑콜리 포즈는 전통적으로 "슬픔, 힘없음, 심사숙고"[346]를 상징한다.

천사는 뭉게구름처럼 부풀어만 가는 생각 때문에 무거워진 머리를 한 팔로 간신히 지탱하고 있다. 머리를 지탱하고 있는 주먹과 팔은 강인해 보인다. 팔이 강인하게 보이는 만큼 머리는 더욱 무거워 보인다. 천사의 다른 손은 컴퍼스를 잡고 있다. 무엇인가를 재고 있는 듯하다. 하지만 시선의 방향은 컴퍼스를 잡고 있는 손에 있지 않다. 컴퍼스를 만지작거리다가, 일순간 하던 일을 중단한 상태다. 동작의 중단은 사유가 막히거나 방해를 받은 다음, 생각이 재빨리 다른 곳으로 이동하고 있음을 보여준다. 감상자의 시선은 자연스레 천사의 손에서 얼굴로, 천사의 두 눈으로 옮겨진다. 천사는 날개를 가지런히 모으고서 무엇인가를 응시하고 있다. 치켜뜬 눈썹은 사유의 치열함을 보여주며, 흑백의 대조로 더욱 선명해 보이는 눈동자 속에는 어떤 갈망, 뜨거운 열정이 내비치고 있다. 거기에는 성취 불가능해 보이는 무엇인가를 홀로 찾고 있는 자의 고독과 불안 그리고 절망도 엿보인다. '이것이냐 저것이냐'의 기로에 서서 결단을 내려야만 하는 '긴박감' 혹은 무엇인가 잡힐 듯 잡히지 않는 '아슬아슬함', 이러지도 저러지도 못하는 '망설임'이 감지되기도 한다.

성숙한 천사의 옆에는 아기천사 푸토의 모습이 보인다. 천진난만한 푸토는 석판 위에 무엇인가를 열심히 쓰고 있다. 움직임이 없는 천사와 부단히 움직이는 천사. 파노프스키는 이것을 두고 성숙한 여자 천사가 상징하는 "사색하지만 행동하지 않는 이론적 통찰력"과 순진무구한 아기천사의 "행동하지만 사색할 수 없는 실천적 기능"의 대비라고 해석한다.[347] 두 가지 대립되는 모습의 병존에서 작품의 긴장감이 고조된다. 만약 천사가 예술가를 상징한다면, 극적으로 두 스타일의 예술가가 대비되는 셈이다. 사색적인 예술가와 본능적인 예술가로 말이다. 또 파노프스키의 해석을 존중한다면, 예술가가 가져야 할 두 덕목, 즉 이론적 통찰력과 실천능력을 모아둔 것이라 말할 수 있겠다.

여러모로 볼 때, 뒤러의 작품은 "예술가의 멜랑콜리Melancholia artificalis"[348]를 묘사한 것이다. 멜랑콜리한 예술가의 초상화다. 어쩌면 날개를 달고 있는 여인은 예술가들에게 영감을 불어넣어준다고 생각되었던 뮤즈 여신일 것이다. 그럼 왜 과거 사람들은 예술 창작의 영역에서 뮤즈를 말해야 했던 것일까?

예술 창작은 단순한 기술과 숙련의 산물이 아니다. 그것만으로는 예술작품을 창작할 수 없다. 고된 지식의 습득과 기술의 연마가 창작의 필요조건일 수는 있어도, 유감스럽게도 충분조건은 아니다. 장인적 기술에 무엇인가가 추가되어야 한다. 독창적이면서 아름다운 작품을 창작하기 위해서는 미지의 타자적 원조援助가 요구된다. 마치 동물에게 무성생식이 어렵듯, 독창적인 작품 창작은 혼자만의 힘으로 이룰 수 없기 때문이다. 그래서 작품 창작에 앞서 고대 예술가들은 뮤즈의 영감을 부르고 고대했다.

게니우스Genius, 통상 천재天才라고 번역되는 말이다. 그런데 원래 이 말은 천사를 뜻한다. 이 천사는 '태어난 것들'에게 저마다 주어진 것으로서, 그들을 보호하고 지키는 수호천사다. 여기서 '탄생natality'은 아렌트적 의미로, 즉 "시작하는 능력"[349]으로 읽을 수 있다. 단순히 어떤 목적을 위해 '제작된' 존재(예컨대 클론)가 아니라, 비밀을 간직한 채 '탄생한' 존재만이 무엇인가를 새롭게 시작하고 창작할 수 있다. 또한 아감벤에 따르면, 게니우스라는 라틴어 단어는 인간 속에 숨어 있는 비인격적·전개체적 요소, 즉 "우리 안에 있으나 우리에게 속하지 않는 것"으로서, "우리가 실체적인 동일성에 갇히는 것을 막으며, 우리 자신만으로 충분하다고 하는 자아의 자만을 산산이 깨뜨리는"[350] 요소다. 요컨대 게니우스는 탄생한 개체 내부의 타자적인 힘이자, 낯선 목소리다. 예술가는 자신의 게니우스를 만나야만 빛나는 작품을 창작할 수 있다.

이런 점에서 예술 창작이란 예술가와 그의 수호천사인 게니우스의 공동 창작인 셈이다. 하지만 둘의 팀워크는 삐걱대기 일쑤다. 서로가 서로에게 너무도 낯선 존재이기 때문이다. 게다가 게니우스는 개개인의 내면 깊숙이 감추어져 있고, 간절히 부른다고 해도 곧바로 응답하지 않는다. 오히려 게니우스는 돌발적으로 목소리를 낸다. 게니우스가 출몰하는 때와 장소는 예측할 수 없다. 더욱이 외계인의 목소리처럼 그의 목소리는 해독해내기도 어렵다. 때문에 예술가는 자기 자신과 게니우스 두 목소리의 접점을 찾기 힘들다. 결국 예술가는 깊은 멜랑콜리에 빠질 수밖에 없다.

뒤러의 작품에는 천사 이외에도 잠자는 개가 등장한다. 벤야민에 따르면, 개는 "후각과 지구력에서 지칠 줄 모르는 탐구자와 사색가의 형상"[351]이며, 잠과 꿈은 예언을 부르는 멜랑콜리의 특징이다. 또한 어둠과 밤을 상징하는 박쥐 역시 멜랑콜리를 상징하는 동물이다. 이런 동물들과 함께 다양한 도구, 예를 들어 대패, 망치, 톱, 못, 컴퍼스, 회전 숫돌, 수평계, 자, 거푸집, 도가니, "타고 있는 석탄을 그러모은 통"(아마 납을 녹여 만들었을 것이다),[352] 연필꽂이, 잉크병 등이 등장한다. 이런 도구들은 무엇인가를 제작하는 장인에게 필요한 것들이다. 서양인들에게 예술은 기본적으로 기술(테크네)이었고, 예술가는 장인이었다.

특별히 도구는 아니지만 입방체와 구는 기하학과 과학을 상징하는 오브제이며, 각종 연장은 창작할 때 필요한 도구들이다. "책·잉크병·컴퍼스는 순수기하학을 나타내고, 마방진magic square(숫자나 문자를 특수한 배열로 채운 정방행렬)·모래시계·천칭은 공간과 시간의 측정을 나타내며…… 공작 도구들은 응용기하학을 나타내고, 뾰족하게 잘려나간 능면체는 도형기하학, 특히 입체화법stereography과 원근법을 나타낸다."[353] 뒤러 작품에 대한 오마주로 후대 작가들은 원과 입방체를 자주 작품에 등장시켰다. 대표적으로 안젤름 키퍼의 〈멜랑콜리아〉(1989), 클라우디오 파르미기아니의 〈멜랑콜리아〉(2003), 루카스 크라나흐의 〈멜랑콜리〉(1532) 등이 있다.

뒤러의 그림은 서양의 과학과 예술이 같은 기원에서 출발하여 때로는 멀어졌다가도 어김없이 동행하는 동반자 관계임을 암시하고 있다. 폴 발레리는 이렇게 말한다. "과학과 예술은 거칠게는 서로 반대되는 개념이다. 그러나 실제로 과학과 예술은 서로 떨어질 수 없다.

……나는 둘 사이의 다른 점을 명확하게 찾을 수 없다."[354] 서양의 지성인들은 수학적 언어로 번역된 설계도면을 바탕으로 각종 도구를 사용해서 세계를 재창작하려는 장인들이었다.[355] 이 점에서 과학자와 예술가의 과제는 일치하며, 뒤러의 작품은 이 과제의 무게에 짓눌린 멜랑콜리커들을 표현하고 있다. 동양의 예술가가 도통한 도인道人 혹은 인격적 완성을 이룬 전인全人의 모습에 가깝다면, 상대적으로 서양 지성사에 등장하는 예술가는 과학자에 가깝다. 서양의 "과학과 예술은 만났고, 만나고 있다."[356] 이처럼 서양 예술가를 이해하는 키워드는 크게 세 가지로 꼽을 수 있다. 1) 천재, 2) 장인, 3) 과학자. 결국 〈멜랑콜리아 I〉은 서양 전통의 멜랑콜리 담론을 하나의 이미지 속에 집약시켰을 뿐 아니라, 서양의 대표적인 세 가지 예술가상마저도 멜랑콜리한 하나의 이미지로 축약시킨 작품이라고 결론지을 수 있다.

10장

기룸과 멜랑콜리

한용운

나는 당신의 「사랑」을 사랑하야요.
— 한용운

1. 만남의 의미

한용운의 시와 하이데거 철학에 감도는 '정조'를 중심으로 동서양 문화의 차이를 가늠해볼 수 있을까? 동서의 문화 비교라는 기획 자체가 이미 거시적 전망을 꾀하는 것이기에, 충분한 논증 과정이 생략될 우려가 있다. 이런 우려를 조금이나마 불식시키기 위해, 동시대에 살았던 동양 시인과 서양 철학자의 텍스트를 비교하면서, 두 텍스트가 발산하는 정조의 차이점을 해명하는 것에 논의를 제한하기로 한다. 비교할 때에는 언제나 비교의 잣대가 필요하다.[357] 우리가 이 글에서 사용하는 잣대는 프로이트가 멜랑콜리를 분석했던 개념틀, 즉 '사랑', '사랑의 대상', '상실', 그리고 거기에서 파생되는 '특정 정조의 색깔'이다.[358] 우리가 프로이트 개념을 비교의 잣대로 삼는 까닭은 최소한 이 잣대가 슬픔 또는 멜랑콜리와 같은 종류의 정조를 분석하는 유용한 준거가 될 수 있기 때문이다.

하이데거는 자기네 전통철학과 문화 전반을 강력하게 비판했던 사상가다. 특히 그의 근대 비판은 탈근대를 지향하는 대부분의 후배 철학자들에게 훌륭한 전범典範이 되었다. 하이데거 철학을 계승하든 반박하든, 그 이후 철학자들은 하이데거가 닦아놓은 존재론적 지평 위에서 근대 비판의 구체성과 유의미성을 확보하고자 했다. 그렇다면 과연 하이데거의 서양 전통 및 근대 비판은 철저했다고 평가할 수 있을까? 여전히 그는 서양 전통의 경계선 안에 있지는 않을까? 어쩌면 그가 경계 바깥으로 나가기를 기대하는 것 자체가 과도한 기대는 아닐까? 하이데거는 자기를 낳은 전통에 저항하고 그것을 첨예하게 비판했지만, 제2부에서 이미 살펴본 것처럼 하이데거 철학이 서양철학의 적자임은 부정하기 어려울 것 같다. 그는 오직 서양문화의 큰 틀 속에서 자기네 문화의 쇄신과 르네상스를 기도했다고 평가할 수 있다.

다시 태어남, 거듭남, (문예)부흥 등을 뜻하는 르네상스Renaissance는 과거를 단순히 반복해서 소생시키고 부활시키는 것을 뜻하지 않는다. 차라리 그것은 혁신적 수용을 뜻한다. 카시러는 말한다. "르네상스라는 이름값을 제대로 하는 르네상스는 그저 단순한 수용이 결코 아니다. ……세계사의 위대하고 진정한 르네상스들은 언제나 자발성의 위대한 승리였지 단순한 수용이 아니었다." 그래서 카시러는 페트라르카가 '최초의 근대인'이라고 불리는 까닭이 "고대 언어, 예술 및 문학이라는 매체를 통해서 다시 한번 고대 삶의 형식을 들여다볼 줄 알았다"는 점에 있다고 본다.[359] 하이데거를 비롯한 현대 서양 철학자들의 자기문화 비판은 이런 혁신적 의미의 르네상스를 꿈꾸는 데 있어 필수 과정이라고 보아야 한다. 이 르네상스를 하이데거적 언어로 풀이한다면, 전통의 해체적 '전유'라고 말할 수 있다. 철학적 사유를 전통 해체의 극단까지 몰고가서 다시 새로운 자기정체성을 확립하기. 곧 서양의 죽음과 부활.

> 철학에서의 구성은 필연적으로 해체Destruktion다. 다시 말해 전통을 향해 역사적으로 소급해 올라가면서 수행되는 전수된 것의 허물기Abbau다. 그러나 이 일은 결코 전통을 부정하거나 전통을 무효로 선고하는 것이 아니라, 오히려 반대로 그야말로 전통을 긍정적으로 자기 것으로 만드는 것positive Aneignung[전통의 적극적인 전유]을 뜻한다.(GA24, 31)

전통에 대한 비판 혹은 해체는 그것을 다시 전유하기 위해서 감행되는 것이다. 하이데거는 분명 그렇게 보았다. 서양 전통과 철학적 대결을 펼칠 때, 종종 하이데거의 철학은 서양 전통의 바깥에 있는 것처럼 보인다. 사람들은 비판의 신랄함에 현혹되어 그의 철학이 엄연히 서양의 지적 전통에 귀속된다는 점을 망각한다. 하지만 하이데거 철학이 서양의 전통 바깥에 있다는 인상은 수사학적 과장 혹은 비판의 거리두기에서 유래한 착시 현상에 불과하다. 하이데거 스스로도 자신이 서양적 입장에 서 있음을 분명히 밝히고 있다. 특히 서양의 이방인들과 만날 때, 그는 자기 철학의 서양적 귀속성을 분명히 밝히고 있다.

예컨대 하이데거는 어느 일본인과의 대화에서 유럽 예술과 일본 예술을 비교하면서 양자의 차이를 다음과 같이 밝힌다. "유럽의 예술은 본질적으로 **묘사**Darstellung라는 성격으로 특징지울 수 있습니다. 묘사, 즉 **형상**Eidos이란 볼 수 있도록 만드는 것이지요. 예술작품, 형태란 이미지 속으로 가져오고 볼 수 있게 하는 것입니다. 그와는 달리 동양의 세계에서 묘사란 일종의 장애요소, 즉 볼 수 있도록 만드는 이미지란 일종의 방해를 뜻합니다."(GA16, 554. 원문 강조) 서양의 전통 예술론에서처럼, 하이데거의 예술론에서도 형태, 윤곽의 중요성은 결

코 경감되지 않는다. 다만 하이데거 예술철학은 형태에 대한 해석을 달리할 뿐이다.[360]

또한 하이데거는 자신을 포함한 서양인이 일본의 선불교를 이해하는 데 한계가 있음을 밝히고 있다. "우리의 표상들(소위 직접적인 끝없는 길에 대한 표상)을 통해서는 일본인이 이미 존재하는 곳에 결코 다다를 수 없다는 사실이 분명해졌습니다. 나는 고승 하쿠인이 가장 좋아했던 공안 하나로 끝마치고 싶습니다. (한 손을 치켜들고) '한 손이 부딪치는 소리를 들어라.'"(GA16, 557. 원문 강조) 이처럼 이방인과의 만남에서 하이데거는 자신의 논의를 서양적 담론의 문맥으로 한정한다. 서양 지성사적 문맥에서 벗어나면 자기 철학의 유의미성을 확보하기 어렵다고 보았을 뿐 아니라, 또한 결자해지라는 취지로 외부(동양) 지혜의 조력을 통해서는 서양 지성사의 내적 문제를 결코 해결할 수 없다고 본 것이다.

이런 입장들을 종합해보자면, 하이데거는 서양 지성사의 과거를 짊어지고 미래를 준비하는 서양 지성의 적자라는 자기정체성을 가지고 있다. 진리의 이름으로 스승 플라톤을 비판했던 아리스토텔레스에서부터 스승 후설을 비판한 하이데거에 이르기까지, 서양의 지적 전통에서 적통을 잇는 후계자는 지적 아버지에게 순종하는 착한 아들이 아니라 '부친살해자'로 등장한다. 하이데거를 비롯한 현대 서양 철학자들의 전통철학 비판은 오히려 이런 유구한 전통, 즉 지적 부친살해 전통의 계승으로 보아야 한다. 노장이나 불교 철학과 유사한 점이 있더라도, 하이데거 철학은 엄연히 서양철학이다. 서양 전통철학을 아무리 신랄하게 비판할지라도, 그의 철학은 서양철학의 문맥에 더 가깝고, 그렇기에 일차적으로 그 문맥에 따라 해석해야 한다는 사실을 잊지 말자.

만해는 식민지 조선의 어떤 지식인보다 강렬하게 전근대적 문화와 전통을 비판했다. 그는 시인이자 종교인, 사상가일 뿐 아니라, 한 명의 행동하는 지식인으로서 식민지 현실의 변혁운동에 깊숙이 개입했던 사람이다. 이처럼 만해를 불교학자(선사), 사상가, 독립운동가로서 마땅히 평가할 수 있지만, 무엇보다 그는 한 명의 탁월한 시인이다. 그는 전근대적인 동양의 질곡을 온몸으로 체험했던 시인이다. 물론 개화기 지식인으로서 만해가 서양적 근대화의 모습을 통찰하고 있었다지만, 그렇다고 서양 근대에 대한 만해의 이해를 과장해서는 안 된다. 비록 만해가 잠시 러시아와 현해탄 건너 근대화된 일본을 경험한 적은 있다 해도, 그가 서양 근대화의 정수를 간파했다고 말하기는 어렵다. 더구나 한 명의 (서양) 철학자로서 만해를 규정할 때, 그와 하이데거와의 비교는 무의미해지기 쉽다. 왜냐하면 당시 시대 상황을 고려할 때, 만해의 서양철학에 대한 이해는 하이데거와 비교 불가능할 정도로 일천하기 때문이다. 이것은 만해 자신의 솔직한 고백이기도 하다. "나는 서양 철학자의 저서에 관한 한 조금도 읽은 바가 없고, 어쩌다가 눈에 띈 것은 그 단언척구單言隻句가 샛별과도 같이 많은 사람의 여러 책에 번역 소개된 것에 지나지 않는다. 그 전모를 보지 못한 것이 못내 안타까울 뿐이다."[361]

이런 사실을 종합해보면, 만해가 전근대적 문화를 비판한 준거점은 전적으로 서구적 근대화 모델이 아니었다. 낙후한 현실을 벗어나려 했지만, 마냥 서양적 근대를 지향하지도 않았다. 만해는 전근대에도 근대에도 머무르지 않았던 것이다. 어쩌면 그는 서양식 시대 구분법에는 존재하지 않는 '비근대'를 살았는지도 모른다.

나는 만해를 한 명의 탁월한 비근대 동양의 시인으로 규정하고, 그의 시를 하이데거 철학과 견주어보고자 한다. 당시 만해가 아무리 개화된 사람이었다 해도, 20세기 전근대적인 조선의 아들이었음을 부인할 수는 없다. 그렇지만 만해는 놀라울 정도로 비상한 시적 통찰을 보여주었던 예지적인 시인이다. 시 속에서 그는 근대를 비판했던 하이데거의 혜안마저도 무색케 하는 날카로운 존재론적 비전을 보여주고 있다. 이런 점에서 만해는 전근대가 아닌(서양 중심의 시간 구획 및 배열에 따르자면 당연히 근대도 탈근대도 아닌) '비근대'라는 시간을 살았던 시인이라 할 수 있으며, 그렇기 때문에 탈근대 담론을 개척한 하이데거 철학과 만해의 시 작품을 정당하게 견줄 수 있다. 근대를 살았던 횔덜린이 하이데거에게 탈근대적 시인이었던 것처럼, 시인의 시간은 획일적인 시간 구획과 배열에서 자유로울 수 있다.

하이데거와 만해의 만남은 여러 가지 층위에서 의미를 갖는다. 이 만남은 첫째, 비근대와 근대, 그리고 탈근대 담론의 교차 지점을 밝히는 좋은 계기가 될 것이다. 탈근대 담론의 시대를 살고 있는 우리에게 탈근대 담론의 이론적 토대를 마련한 하이데거와 비근대에 속한 만해의 만남은 새로운 담론 출현의 작은 시발점이 될 수 있다. 둘째, 이 만남은 서양과 동양의 만남이다. 세계화가 서양화를 의미하는 시대에 만해는 서양문화에 온전히 물들지 않은 타자로서의 역할을 충분히 해줄 수 있을 것이다. 셋째, 그 둘의 만남은 상이하지만 인간 최고의 활동이라 여겨지는 철학과 시의 만남이다. 하이데거가 도래하는 존재사건을 언어로 옮기기 위해 필수불가결한 만남이라 칭했던 그 만남이다. 이번 장에서 나는 이 세 가지 층위의 만남을 하나의 내용적 동아줄로 엮고자 한다. 상이한 층위들의 교차와 엮임이 이 장의 전체 내용을 이룰 것이다.

하이데거의 전통 비판은 하이데거 철학 내부에서 크게 두 국면으로, 다시 말해 그의 주저 『존재와 시간』을 중심으로 하는 전기 철학과 예술·언어에 대한 관심을 두드러지게 보이는 후기 철학으로 구분된다. 전통 비판의 관점에서 보자면, 전기 철학은 여전히 전통철학의 잔재를 간직하고 있는 반면, 후기 철학은 좀더 과감하게 전통으로부터 벗어나고자 한 것을 확인할 수 있다. 후기 하이데거 철학은 전기보다 더 전통철학에서 멀어진다. 새롭게 고안해낸 그의 다양한 언어군만을 살펴보더라도 그 점을 쉽게 확인할 수 있다. 하이데거는 더이상 전통철학, 근대철학의 개념어들을 사용하려 하지 않는다. 언어는 한갓 의사소통의 도구가 아니라 "존재의 집das Haus des Seins"(GA9, 313)이기 때문에, 어떤 언어를 구사하느냐가 존재사유의 이정표 역할을 하기 때문이다. 전통철학의 언어 대신에 하이데거는 과감하게 시어를 사용한다. 그는 시어 속에서 새로운 사유의 가능성을 타진한다. 잘 알려져 있다시피, 하이데거는 횔덜린을 비롯하여 수많은 시인의 언어를 참조한다. 그런데 하이데거가 참조하는 시인들은 공교롭게도 모두 멜랑콜리 정조를 기저에 깔고 작품세계를 구축한 작가들이다. 그리고 하이데거도 인정한 바 있듯이, 여기서 언급되는 멜랑콜리 정조는 서양 지성사를 지속적으로 물들여온 근본 정조다.

후기 하이데거는 예술과 시에 깊은 관심을 보였다. 존재망각이라는 깊고 광활한 레테의 강을 건너기 위해서는 철학과 예술의 공조가 반드시 필요하다고 생각했기 때문이다. 하이데거 후기 철학이 전기철학 못지않게 멜랑콜리 정조로 물들어 있다는 점은 그가 관심을 가졌던 예술가들의 면면을 떠올려봐도 쉽게 확인된다. 횔덜린, 노발리스, 트라클, 릴케, 소포클레스, 뫼리케, 괴테, 헤벨, 니체, 게오르게, 아이헨도르프, 르네 샤르, 랭보, 첼란, 고흐, 세잔, 클레 등등. 이 모든 예술가의 작품을 하나로 묶어주는 분위기가 무엇인가? 멜랑콜리다. 서양인들은 그런 독특한 분위기를 멜랑콜리하다고 불렀다. 반면 만해의 시는 어떠한가? '님'의 부재와 슬픔을 노래하고는 있지만, 만해의 시를 멜랑콜리하다고 명명할 수 있을까? 아무리 양보해도 그렇게 보기는 힘들다.

그렇다면 왜 이런 현상이 발생하는 것일까? 동일하게 '생각하는 자'를 조각했지만 로댕의 멜랑콜리한 〈생각하는 사람〉과 〈금동미륵보살반가사유상〉이 전혀 다른 정조를 발산하는 것도 우연이고 주관적인 편차란 말인가? 이것은 한갓 우연의 소산도 아니고 주관적인 느낌의 편차도 아니다. 하찮고 사소한 차이는 더더욱 아니다. 그것은 동서양 문화의 근본 정서가 상이한 데서 오는 필연적인 귀결이다. 물론 두 문화를 아우를 수 있는 어떤 보편적인 지평이 있을지도 모른다. 하지만 그것을 말하기 이전에 먼저 '차이'를 선명하게 밝혀낼 필요가 있다. 그 선행 작업을 충분히 이행할 때에만, 우리는 두 문화가 창조적으로 혼융하며 공존하는 미래로 성큼 다가설 수 있다.

2. 사랑의 존재, 존재의 사랑

시인은 즐겨 사랑을 노래한다. 반면 철학자는 사랑에 대해 거의 말하지 않는다. 어느 철학자나 '인간'에 관해서는 하나의 학설을 세우려 한다. 그러나 사랑을 말하기는 꺼려한다. 철학자가 사랑에 관해 침묵하는 데 이유가 없지는 않다. 철학자는 지나치게 통속화된 그 단어의 힘을 믿지 않으며, 엄밀한 학문의 이념에 비추어볼 때 전문 학술용어로 삼기에는 그 말이 지나치게 다의적이고 감정적이며 주관적이라고 판단한다. 그러나 철학자의 침묵을 비판적인 시각으로도 바라볼 수 있다. 많은 경우 그들의 고질적인 침묵은 현학적 허영심 때문이다. 사랑이란 용어만큼 널리 회자되고 관심을 받는 용어는 없기 때문에, 아무리 공들여 그 개념을 분석한들 세인들의 담론과 변별 지점을 찾기 힘들다. 또한 공연히 사랑에 대해 말했다가 자신의 얄팍한 사유가 폭로될 수 있으며, 결국 지금껏 구축해온 지적 허영심이 한순간에 물거품이 될 수 있다. 사랑을 섣불리 말했다가, 사랑에 관심 있는 무수한 사람들로부터 질타받기 십상이다. 나는 철학자의 정당한 우려는 존중하되, 현학적 허영이나 자기기만에 빠지지 않으면서 '사랑'을 말하고자 한다.

철학자 하이데거도 사랑에 관해 직접 언급한 바는 드물다. 따라서 사랑이라는 주제로 하이데거를 불러내기는 어렵다. 하지만 사랑의 관점에서 하이데거 철학을 재해석하고 재평가하는 일은 철저하게 불가능하지도, 무의미하지도 않다. 하이데거가 전혀 사랑을 말하지 않은 것은 아니며, 또한 사랑의 지평에서 그의 철학을 해석하지 말아야 할 하등의 이유가 없기 때문이다. 사랑이 인간을 해명하는 핵심 코드라고 가정한다면 더욱 그렇다.

이제 남는 문제는 어떤 의미의 사랑으로 하이데거 철학을 해석할 것이냐다. 다시 말해 일상의 닳고 닳은 사랑 개념을 가지고 하이데거 철학을 통속화시킬 것이냐, 아니면 하이데거 철학에 맞먹는 사랑 개념을 가지고 그의 철학을 해석할 것이냐의 문제다. 그의 철학을 폄훼하려는 악의가 없다면, 당연히 후자의 길을 택해야 한다. 그리고 이 길은 철학에 준하는 인간 최고의 활동 영역으로 하이데거 자신이 인정했던 시詩 속에서 찾을 수 있을 것이다. 그렇다면 어떤 시인의 사랑 시를 선택할 것인가? 나는 서슴없이 만해의 시를 선택한다. 왜냐하면 만해의 사랑 시가 하이데거 철학에 견줄 수 있는 극소수의 예술작품 중 하나라 판단하기 때문이다. 만해의 시 하나하나는 하이데거의 철학적 깊이에 견주어 결코 뒤떨어지지 않는다.

시인 만해는 철학자 하이데거와는 달리 '사랑'이라는 시어를 자주 사용한다. 하지만 그의 사랑 역시 세간에서 흔히 무차별적으로 사용되는 사랑과 다르다. 만해의 사랑도 일상적인 사랑과는 구분을 해주어야 한다. 그렇다면 어떻게 양자를 구분할 수 있을까? 궁극적으로 이런 구분은 다시 하이데거 철학(또는 불교 철학)의 도움을 받지 않을 수 없다. 왜냐하면 만해의 사랑을 해석할 만한 깊이 있는 철학은 매우 드물고, 하이데거 철학은 그 희소한 경우에 속하기 때문이다. 철학과 시를 이해하는 길은 이렇듯 양자의 호혜적이고 생산적인 만남 속에서 가능하다. 하이데거의 말처럼, 시와 철학은 가까운 이웃이고, 서로 친밀한 관계를 가질 때에만 스스로에 대한 이해 가능성이 열린다.(GA12, 163 참조) 우선 만해의 시 하나를 가지고 만해의 사랑을 살펴보기로 하자.

사랑을 「사랑」이라고 하면 벌써 사랑은 아닙니다.
사랑을 이름지을 만한 말이나 글이 어데 있습니까.
미소微笑에 눌려서 괴로운 듯한 장밋薔薇빛 입설인들, 그것을 슬칠 수가 있습니까.
눈물의 뒤에 숨어서 슬픔의 흑암면黑闇面을 반사反射하는 가을 물결의 눈인들, 그것을 비칠 수가 있습니까.
그림자 없는 구름을 거쳐서, 메아리 없는 절벽絶壁을 거쳐서, 마음이 갈 수 없는 바다를 거쳐서, 존재存在? 존재存在입니다.
그 나라는 국경國境이 없습니다. 수명壽命은 시간時間이 아닙니다. 사랑의 존재存在는 님의 눈과 님의 마음도 알지 못합니다.
사랑의 비밀秘密은 다만 님의 수건手巾에 수繡놓는 바늘과, 님의 심으신 꽃나무와, 님의 잠과, 시인詩人의 상상想像과, 그들만이 압니다.

—「사랑의 존재存在」 전문[362]

인용된 시에서 사랑은 먼저 언표 불가능한 사태로 묘사된다. 사랑은 포착 가능한 명사가 아니라 동사, 그것도 포착 불가능한 동사에 가깝다. 즉 사랑은 특정한 이름으로 언표되자마자 그 이름이 아닌 것으로 변화한다. 동시에 그것은 광대무변한 것이자 시간으로도 한정되지 않는 것이다. 죽음마저도 사랑의 한계가 될 수 없다.[363] 사랑은 경계를 세울 수 없는 것, 즉 한정할 수 없는 것이다. 그것은 도무지 무엇이라 말할 수 없는 것이어서, 굳이 말한다면, '존재'라고 밖에 말할 수 없다. 다시 말해 그런 것이 '있다'라고 밖에는 말할 수 없다. 만해의 시 속에 등장하는 "사랑의 존재"라는 말에서 '의'는 동격을 나타낸다. 사랑은 '있다'는 말 이외에 딱히 붙일 수 있는 술어가 없다. 그런 존재는 당연히 비밀스러운 것이다. "그러나 그 비밀秘密은 소리 없는 메아리와 같아서 표현表現할 수가 없습니다."(「비밀」) "사랑의 신성神聖은 표현表現에 있지 않고 비밀秘密에 있습니다."(「칠석」)

사랑이라는 존재는 일종의 '비밀'이다. 비밀스러운 사랑이 따로 있는 것이 아니라, 원래부터 사랑은 비밀이다. 여기서 비밀이란 폭로될 수 있지만 아직 폭로되지 않은 상태, 또는 감추고 숨기는 비공개 사태 전반을 뜻하는 말이 아니다. 도리어 비밀은 시종일관 폭로될 수 없는 사태를 뜻한다. 이런 비밀은 비밀로서 드러나야만 존재할 수 있다. 비밀로 존재하기 위해서는 비밀이 폭로되지 않는다는 조건에서 비밀을 드러내는 어떤 흔적과 단서가 제시되어야만 한다. 하이데거에 따르면, 비밀은 비밀로 남을 때에만 알려질 수 있다. "우리가 비밀을 안다는 것은 결코 비밀의 베일을 벗기거나 산산조각냄으로써가 아니라, 오로지 비밀을 비밀로서als 보호함으로써 아는 것이다."(GA4, 24)

만해는 님을 위해 "수놓는 바늘"과 님이 (나를 위해) 심은 "꽃나무"와 "님의 잠"과 "시인의 상상"만이 그 비밀을 안다고 말한다. 사랑의 존재를 확인하는 것은 이처럼 흔적을 통한 간접적 방법, 상상을 통한 재구성의 방법으로 가능하다. 사랑하는 마음을 확인하는 경우도 이와 유사하다.

> 당신이 사과를 따서 나를 주랴고, 크고 붉은 사과를 따로 쌀 때에, 당신의 마음이 그 사과 속으로 들어가는 것을 분명히 보았습니다.

……

당신이 나의 사진과 어떤 여자의 사진을 같이 들고 볼 때에,당신의 마음이 두 사진의 새이에서 초록빛이 되는 것을 분명히 보았습니다.

……

당신이 떠나시랴고, 나의 큰 보석 반지를 주머니에 넣실 때에, 당신의 마음이 보석 반지 너머로 얼골을 가리고 숨는 것을 분명히 보았습니다.

—「당신의 마음」 중에서

이런 것들은 비밀을 폭로해서 파괴시키는 것이 아니라, 비밀을 비밀로서 드러내는 사랑 비밀의 흔적들이다. 이처럼 만해는 궁극적으로 사랑을 '존재'와 '비밀'로 이해하고 있다. 그리고 사랑의 지평에서 하이데거 철학을 재해석하려 할 때, 이런 사랑 이해는 해석의 튼튼한 디딤돌이 된다.

그렇다면 하이데거에게 사랑이란 무엇일까? 이 물음에 답하기 위해서는 두 가지 큰 난관을 헤쳐가야 한다. 첫번째 난관은 하이데거 자신이 사랑에 대해 거의 언급하지 않는다는 점이고, 그렇기에 두번째 난관은 하이데거 철학에 관한 대부분의 전문연구에서 사랑이란 테마가 배제되었다는 점이다. 예외적으로 아감벤과 커니가 거의 유일하게 하이데거 철학과 사랑을 연결시키면서 양자의 조우 가능성을 타진하고 있다.[364] 그리고 아주 드물지만 하이데거가 사랑에 대해 언급한 곳이 있다. 그 부분을 중심으로 하이데거 사랑관의 전모를 재구성해보기로 하자.

「휴머니즘 서간」에서 하이데거는 다음과 같이 말한다. "어떤 '사태' 또는 '사람'에 대해 그 본질에 있어서 염려한다는 것은, 말하자면 그것을 사랑하는 것이요, 좋아하는 것이다."(GA9, 316)[365] 여기서 '염려하다'로 번역된 독일어는 걱정하며 돌보는 일체의 행위를 뜻한다. 이 인용문에는 '사랑하다'와 '좋아하다', 그리고 '염려하다'라는 말들이 긴밀히 연계되어 있다. 하이데거가 『존재와 시간』에서 현존재의 존재로서 말하고자 한 '염려Sorge'가 다름아닌 '사랑'으로 조심스럽게 번역되고 있는 셈이다. 하이데거에게 인간이 염려로 이해된다면, 그것은 곧 사랑으로 이해된다는 말이다. 탈자적으로 사물과 타인, 더 나아가 세계를 향해 있으며, '세계-내-존재'로서 이미 특정 세계에 던져졌지만 동시에 미래에 자신의 가능성을 던지면서 스스로의 세계를 창조하는 존재가 바로 현존재이고, 염려이며, 동시에 그것은 사랑이다.

한 세미나에서 하이데거는 사랑을 염려로 해석하는 이런 관점을 비교적 분명하게 내비친다. "그러나 염려를 올바르게, 즉 기초존재론적으로 이해할 때, 그것은 결코 '사랑'과 구분될 수 있는 것이 아니다. 오히려 염려는 존재이해로서 현존재의 근본 특징인 탈자적-시간적 구조를 가리키는 이름이다. 사랑은 인간학적으로 생각된 염려는 물론이거니와 결정적으로 존재이해에 근거를 두고 있다. 더구나 현존재의 기초존재론적 규정 속에서 실마리를 찾아 사랑의 본질을 규정하는 것이, 염려와 비교해 사랑에 있는 더 고상한 것을 바라보며 사랑을 특징짓는 것보다 본질적으로 더 심오하고 더 파급효과가 있다는 점이 기대될 수 있다."[366] 여기서 하이데거는 사랑을 존재론적인 인간이해, 즉 현존재의 염려로 해석하기를 주문하고 있다. 더이상 상세한 언급은 없지만, 이런 언급에서 하이데거가 자신의 철학용어인 염려와 밀접하게 연관시켜 사랑을 사유한 사실만은 분명하게 확인된다.

사랑은 타자(어떤 사태나 사람)의 본질을 염려하는 활동이다. 여기서 염려는 어떤 사태나 사람의 외양이나 그에 딸린 부수적인 것만을 돌보는 것이 아니라 그것의 본질에 대해 자신의 마음을 쏟는 것을 뜻한다. 곧 염려한다는 것은 염려 대상들의 본질을 '받아들이는 것

an-nehmen'이다. 그것은 자신의 고정관념으로 타인과 사물을 재단하는 것이 아니라, 그 본질 그대로를 받아들이는 것이다. 그런데 이처럼 타자를 받아들이는 것은 한갓 수동적인 일도 아니며 쉬운 일은 더더욱 아니다. 도리어 고된 능동성을 요구하는 어려운 일이다. 어떻게 나와 다른 타자성을 쉽게 받아들일 수 있겠는가? 이런 점에서 사랑한다는 것은 어떤 능동적인 능력이다. 더 나아가 그것은 우리의 모든 능력을 가능케 하는 본질이다. 사랑은 '능력의 본질Wesen des Vermögen'이다. 우리가 통상 능력이라 부르는 것은 모두, 이전에 사랑의 과정을 통과해서 얻은 결과물이다.

사랑은 타자의 본질을 받아들이는 것이다. 그런데 타자의 본질이라는 것이 미리부터 주어진 것은 아니다. 언제나 그것은 사랑하는 이와의 관계 속에서 유동적으로 결정된다. 이런 점에서 사랑이 타자의 본질을 받아들인다는 것은 곧 '본질을 선사하는 것Wesen schenken'이라고도 말할 수 있다. 이 말은 타자의 감추어진 본질이 사랑을 통해 비로소 밝혀진다는 뜻이다. 그래서 하이데거는 본질을 선사하는 사랑을 다음과 같이 말한다. 그런 사랑함은 "그 유-래에서 어떤 것을 '본질이게끔 한다', 즉 존재하게 할 수 있다"(GA9, 316)[367]는 것을 뜻하며, 결국 그런 사랑은 '가능케 하는 것'이다. 여기서 하이데거는 독일어 말놀이를 수행하고 있다. 사랑은 '좋아하다Mögen', '능력Vermögen', '가능성Möglichkeit' 같은 어원적 동계열의 말들과 밀접히 연관되어 있다. 이 말을 연결해 사랑을 정의하자면, 사랑한다는 것은 타자의 가능성을 열어주는 능력으로서 좋아한다는 뜻이다.

그렇다면 능력, 가능성과 어원적으로 연결되어 있는 좋아함이란 어떤 의미일까? 하이데거는 '사랑한다'와 동의어인 '좋아한다'를 존재론적인 지평으로 확대해서 해석한다. 이제 사랑은 단지 인간의 본질일 뿐만 아니라 존재 자체의 동적 모습으로 확대된다. 인간 역시 존재에 속하는 것이자 존재는 인간을 통해 드러나기에 이런 확장이 가능하다. 좋아함은 존재의 양태다. 동시에 그것은 사유를 불러오고 사유가 존재를 향하게 하는 존재의 '힘'을 뜻한다. "이런 좋아함으로부터 존재는 사유할 수 있다. 존재는 사유를 가능하게 한다."(GA9, 316)[368] 이상의 서술로도 충분히 예상할 수 있지만, 하이데거는 사랑을 어떤 실체, 또는 주체적인 것으로 파악하지 않는다. 사랑은 명사가 아닌 동사이며, 존재의 양태를 나타내는 말이다. 언어의 한계를 무릅쓰고 말하자면, 사랑은 문장의 동사이지만 동시에 주어이자 술어이기도 하다. 또는 그것은 서양어로 말하면 주어와 술어 '사이'에서 양자를 연결하며 양자를 규정하는 연계사이며, 우리의 말본에 따르면 주어와 술어를 결정짓는 허사 '-이다/있다'이다.[369] 사랑함과 좋아함을 존재와 접속시키면서, 하이데거는 존재를 다음과 같이 재규정한다. "존재는 할 수 있고 좋아하는 것으로서 '가능한-것'이다."(GA9, 316)[370]

존재는 무능하지 않다. 그렇다고 전통 형이상학에서 생각하듯이 신적이기 때문에 못하는 것이 없다는 식으로 해석되면 곤란하다. 존재가 무능하지 않은 것은 좋아함 때문이다. 좋아하기 때문에 모든 것을 할 수 있고 모든 것이 가능해진다. 존재는 닫힌 완전성이 아니라 열린 가능성이다. 여기서 '할 수 있다'라는 말을 되새겨볼 필요가 있다. 하이데거에 따르면, "무엇인가를 할 수 있다는 것은 어떤 것을 그 본질에 따라 우리 곁에서 허용하고 이런 허용을 내밀하게 보호한다"(GA7, 123)[371]는 뜻이다. 할 수 있다는 말은 자기 뜻대로 하는 것이라기보다는 변화무쌍한 존재의 모습을 허용하고 보호한다는 것을 뜻한다. 사정이 이렇기 때문에, 우리 인간 역시 오직 우리가 좋아하는 것만을 할 수 있다. "그것을 허용함으로써 우리는 언제나 우리가 좋아하는 것, 우리가 진심으로 하고자 하는 것만을 할 수 있다."(GA7, 123)[372]

3. 사랑의 대상: 님과 존재

사랑은 언술 불가능하다. 굳이 언술된다면, 그것은 문장의 주어만이 아니라 목적어도 될 수도 있다. 궁극적으로 사랑의 목적어 역시 사랑이다. '사랑은 사랑을 사랑한다.' 이런 비일상적인 조어법은 언표 불가능한 사랑의 존재를 언술할 때 발생한다. 난감한 어법에 대한 분석은 잠시 제쳐두고 사랑의 목적어, 사랑의 대상에 관해 살펴보기로 하자. 만해에게 사랑의 대상을 지칭하는 말은 '님'이다. 만해의 사랑이 일상적 이해지평이 아닌 존재의 지평에서 이해되듯이, 만해의 '님'은 통속적인 이해에서 비켜난 곳에 있다.

> 「님」만 님이 아니라 기룬 것은 다 님이다. 중생이 석가釋迦의 님이라면, 철학哲學은 칸트의 님이다. 장미화薔薇花의 님이 봄비라면 마시니의 님은 이태리伊太利다. 님은 내가 사랑할 뿐 아니라 나를 사랑하나니라.
> 연애戀愛가 자유自由라면 님도 자유일 것이다. 그러나 너희는 이름 좋은 자유에 알뜰한 구속拘束을 받지 않너냐. 너에게도 님이 있너냐. 있다면 님이 아니라 너의 그림자니라.
> 나는 해 저문 벌판에서 돌어가는 길을 잃고 헤매는 어린 양羊이 기루어서 이 시詩를 쓴다.
>
> —「군말」 전문

'님'은 사랑의 대상을 지칭하는 말이다. 사랑의 대상이란 사랑이라는 동적 활동이 지향하는 대상이다. 「군말」에서 만해는 사랑이 지향하는 대상이면 무엇이나 사랑의 대상이 될 수 있다고 말한다. 마치 '사랑하다'라는 동사의 목적어로 다양한 명사들이 자리잡을 수 있는 것처럼 말이다. 그래서 석가에게는 중생이, 칸트에게는 철학이, 장미

꽃에게는 봄비가, 애국자 마시니에게는 이태리가 각각 님으로 설정된다. 사랑이 향하는 곳에 '있는' 것이라면 무엇이든 님이 될 수 있다. 이 맥락에서 (칸트와 마찬가지로) 철학자인 하이데거에게 님은 철학이 될 것이다. 아니, 평생 '존재'라는 하나의 별만을 바라보며 살았다는 하이데거 자신의 회고를 참조할 때, 하이데거의 님은 아마도 '존재'가 될 것이다.

그런데 하이데거에게 사랑의 '대상'은 진정 '존재'라고 명명할 수 있을까? '사랑의 존재'를 말하는 만해의 관점에서 본다면, 불가능한 일은 아니다. 왜냐하면 만해에게 사랑의 대상이란 '사랑이 사랑을 사랑한다'라는 문장의 목적어Objekt를 뜻하는 말이기 때문이다. 하이데거에게도 '존재는 존재를 존재하게 한다'라고 말할 수 있으며, 목적어 위치에 있는 존재를 굳이 '대상'이라 부른다면, 그런 의미의 대상은 불가능한 것은 아닐 것이다. 하지만 '인식 주체와 맞서 대립해 있는 존재자'라는 의미로 대상이란 개념을 사용한다면, 하이데거의 존재를 대상이라 칭하기는 어렵다. 사랑이든 존재든, 그런 것들은 궁극적으로 대상화할 수 없다.

존재는 인식 주체의 맞은편에 있는 인식의 객체일 수도, 고정된 실체나 대상일 수도 없다. 또한 하이데거의 유명한 주장처럼, 존재는 결코 존재자가 아니다.(존재론적 차이) 이것은 사랑의 경우도 마찬가지다. 사랑의 대상은 언제나 특정한 어떤 것인 듯 보인다. 하지만 궁극적으로 사랑의 대상은 딱히 무엇이라 언술될 수 없다. 사랑의 주체 역시 마찬가지다. 사랑하는 주체와 사랑받는 대상이 있다고 가정해본다면, 사랑하는 주체는 그 대상을 자기사랑이 향하는 지향점이라고 생각한다. 하지만 사랑 속에서 주체와 객체는 쉽게 전도된다. 비유컨대 사랑의 사냥터에서 사냥꾼과 사냥감은 서로 구분되기 어렵다. 사냥꾼은 사냥꾼이 되기 이전에 사냥감의 유혹 대상(사냥감)이었고, 사냥감은 그 이전에 이미 유혹의 덫을 설치하는 사냥꾼이었기 때문이다. 단지 우리는 사냥꾼과 사냥감을 만드는 곳이 사랑의 사냥터라는 것을 확인할 수 있을 뿐이다. 요컨대 사랑이든 존재든 그것의 존재방식은 주체-객체의 도식 속에서는 잡힐 수 없다.

이 점은 만해에게도 적용될 수 있다. 그의 님은 특정한 대상을 지칭하는 말이 아니다. 만해에게 님은 어떤 남성(또는 여성)일 수도 있고, 석가일 수도 진리일 수도 있으며, 조국일 수도 있다. 다시 말해 님은 모든 것이 될 수 있다. 님이란 사랑이 지향하는 방향을 가리키는 푯말이지, 특정 대상을 가리키는 낱말이 아니다. 사랑의 대상이 특정 대상이 아니라면, 도대체 사랑은 어디를 지향하고 있을까? 사랑하는 것을 굳이 사랑의 대상이라고 한다면, 그 대상은 무엇인가? 만해에 따르면, 그것은 사랑이다. 사랑이 지향하는 것은 결국 사랑이다. 사랑은 오직 사랑만을 지향할 뿐이다. 다음의 시를 보기로 하자.

> 당신의 시詩는 봄비에 새로 눈트는 금金결 같은 버들이여요.
> 그러나 기름 같은 바다에 피어오르는, 백합百合꽃 같은 시詩가 없는 것이 아닙니다.
> 만일 좋은 문장文章만을 사랑한다면, 웨 내가 꽃을 노래하지 않고, 버들을 찬미讚美하여요.
>
> 왼 세상 사람이 나를 사랑하지 아니할 때에, 당신만이 나를 사랑하얐습니다.
> 나는 당신의 「사랑」을 사랑하야요.
>
> —「「사랑」을 사랑하야요」 중에서

사랑은 사랑을 사랑한다. 사랑은 근본적으로 동사이며, 그 동사의 주어이자 목적어이기도 하다. 다시 말하면 하나의 동사적 사태를 언술하는 과정에서 임시적으로 특정 주체와 객체가 설정될 뿐, 결국에는 사랑의 주체·객체 역시 사랑이라 불러야 한다. 그러므로 사랑은 무엇이라 정의할 수도 없고 규정하기도 어렵다. 아니 불가능하다. 주어, 동사, 목적어가 동일한 사태를 어떻게 정의한단 말인가?

사랑은 사랑을 사랑한다. 이 말은 얼핏 사랑의 자기성 혹은 나르시시즘적 사랑처럼 들리기도 한다. 사랑이 자기 스스로를 사랑한다는 말처럼 들린다. 플라톤에서 헤겔(이후 프로이트, 바르트 등등)로 이어지는 서양의 나르시시즘적 사랑론에 익숙한 사람들은 그처럼 알아듣고 스쳐지나갈 수도 있다. 그런데 과연 그럴까?

만해의 시로 돌아가보자. 인용된 시에서 우리가 특히 주목해야 할 점은 사랑의 대상인 사랑은 '당신의' 사랑이라는 점이다. "나는 당신의 「사랑」을 사랑하야요." 시적 화자는 '당신 속에 비친 나'를 사랑하는 나르시시스트가 아니다. 시적 화자는 '당신의 사랑'을 사랑한다. 사랑이 사랑하는 '자동自動' 현상처럼 보이지만, 목적어에 해당하는 사랑의 대상은 '타자'의 사랑이다. 이런 타자의 사랑은 내 사랑의 선행조건이다. 자타 구분을 전제로 말한다면, '나의' 사랑은 '타자의' 사랑을 사랑한다.

"당신의 사랑"이란 말은 일단 '당신의 나를 향한 사랑'이라고 해석된다. 이전 시구가 "왼 세상 사람이 나를 사랑하지 아니할 때에, 당신만이 나를 사랑하얏습니다"로 끝나기 때문이다. 그러나 당신이 나를 사랑해주었기에 그것에 대한 보답으로 당신을 사랑한다고 섣불리 해석하면 곤란하다. 이것은 전형적인 자기애적 해석이기 때문이다. 이 해석이 전적으로 부조리한 것은 아니지만 만해의 시 전부를 담기에는 지나치게 비좁은 해석이다. 나는 만해 시 전체를 고려할 때, 다음과 같이 해석할 것을 제안한다. 즉 '당신의 사랑'이란 말은 당신이라는 타자의 존재 자체가 내게는 '사랑의 베풂'이라고 말이다. 당신이 내게 사랑을 베풀고자 의도하지 않았더라도, 내게 당신은 존재한다는 것만으로도 사랑의 선물이라고 말이다. 요컨대 '당신의 사랑'은 타자 존재가 곧 사랑임을 뜻한다. '사랑의 존재'는 언제나 '존재의 사랑'이다.

'당신의 사랑을 사랑한다'는 말에서 간과할 수 없는 또다른 핵심은 타자의 사랑(혹은 존재)이 나의 사랑에 앞서며 나의 사랑을 야기한다는 점이다. 앞서 언급했듯이, 본래 사랑의 주체는 사랑이다. '내'가 사랑하는 것이 아니라 '사랑'이 나를 사랑하게 한다. 어떤 고정된 자아가 그와 다른 것을 사랑하는 것이 아니라, 사랑이 자아를 통해 사랑을 실현하는 것이다. 그런 이유로 우리는 사랑을 계획하고 이룬다고 말하기보다는(이런 모습은 사랑 사건이 발생한 후 한참 나중의 일이다), 하염없이 사랑에 빠진다고 말한다. 처음부터 사랑은 자기 뜻대로 성취할 수 있는 일이 아니다. 도리어 사랑의 사건은 이미 확립된 자기정체성을 뒤흔든다. 사랑의 사건 이후 헝클어진 정체성은 과거의 모습 그대로 돌이킬 수 없다. 새롭게 자리잡은 정체성이란 것도 타자 사랑의 부산물일 뿐이다.

타자의 사랑이 나의 사랑을 부른다. 만해에게 사랑은 주어와 목적어를 아우르는 전일적인 동(사)적 현상이다. 변화를 주도하는 동사는 자기동일성보다는 차이를 유도하는 타자성에 기대 있다. '사랑'이라 언술되면서 확보해야 하는 불가피한 동일성마저도 결국 비동일성, 차이성, 부정성, 타자성에서 조성된 임시적 규정성일 뿐이다. 만해에게 사랑은 타자의 사랑에 호응하는 타자에 대한 사랑이다. 그리고 이런 사랑은 타자의 '존재' 자체를 사랑하는 모습으로 등장한다. 다음의 시를 보자.

내가 당신을 사랑하는 것은 까닭이 없는 것이 아닙니다.
다른 사람들은 나의 홍안紅顔만을 사랑하지마는, 당신은 나의 백발白髮도 사랑하는 까닭입니다.

내가 당신을 기루어하는 것은 까닭이 없는 것이 아닙니다. 다른 사람들은 나의 미소微笑만을 사랑하지마는, 당신은 나의 눈물도 사랑하는 까닭입니다.

내가 당신을 기다리는 것은 까닭이 없는 것이 아닙니다.
다른 사람들은 나의 건강健康만을 사랑하지마는, 당신은 나의 죽음도 사랑하는 까닭입니다.

—「사랑하는 까닭」 전문

이 시에서 시적 화자는 님을 사랑하는 까닭을 말하고 있다. 사랑이 포착 불가능한 동적 현상이라면, 사랑하는 까닭이란 원칙적으로 존재할 수 없다. 사랑의 흐름은 원인이나 조건을 통해 설명하거나 예측할 수 있는 것이 아니다. 하지만 사랑하는 까닭을 굳이 말하라면, 자기 존재에 대한 타자의 무조건적 사랑 때문이다. 시적 화자는 님이 자신을 사랑하기에 님을 사랑하는 것이고, 님이 나의 일부 장점만을 사랑하는 것이 아니라 나의 존재 자체를 사랑하기에 님을 사랑하는 것이라고 말하고 있다. 만해에게 사랑은 먼저 타자로부터 오며 그것도 무조건적인 모습으로 다가온다. 때문에 님에 대한 나의 사랑도 그에 호응하는 무조건적 모습을 요구한다. 결국 만해에게 사랑은 타자적 존재에 대한 무조건적 사랑을 뜻한다.

4. 이별과 상실

만해는 사랑만이 아니라 님의 상실을 노래한다. 아니 정확히 말하자면, 상실이 아니라 님과의 '이별'을 노래한다. 사랑했던 님과의 이별. 애초부터 만해에게 상실이란 것은 없다. 처음부터 끝까지 님은 '자기 것'이라고 주장할 수 있는 것이 아니기 때문이다. '상실'이란 말이 통상 '자기 소유'였던 것을 잃어버린다는 뜻이라면, 그래서 그 어떤 상실도 결국 '자기상실'로 귀착된다면, 이런 의미의 상실은 만해에게 존재하지 않는다. 그에게 '님'은 처음부터 동화시킬 수 없는 타자적 존재이기 때문이다. 만해는 님과 하나였던 적이 있다고 미화하지도 합일을 참칭하지도 않는다. 그래서 상실이 아니라, 다만 님과의 이별만이 있을 뿐이다. 만해의 「님의 침묵」은 처음부터 이런 이별을 노래하고 있다. "님은 갔습니다. 아아 사랑하는 나의 님은 갔습니다." 님과의 이별, 님의 부재가 몰고 오는 정신적 충격을 표현하고 있다. 님이 어디로 떠났는지, 어떤 이유로 가버렸는지는 분명하게 제시되지 않는다. 단지 현재 이곳에 님이 존재하지 않는다는 처연한 상황만이 부각되고 있다. 이 시집에 수록된 대개의 시들은 이런 이별을 전제한다.

만해에게 사랑은 언제나 거리와 부재를 전제한다. 님과 함께 있을 때에도 거리가 전혀 없다고 말하기 힘들다. 님과 나는 결코 절대적인 '하나'가 아니기 때문이다. 사랑은 어쩌면 절대적인 합일에 이르는 것에 있다기보다는 나와 님 "새이"(사이)에 있다. 다시 말해 사랑의 존재론적인 자리는 양자의 수렴과 합일 지점이 아니라, 양자의 거리와 차이(사랑의 타자성)가 발생하는 '사이'에 있다.[373] '사이' 속에서만 사랑은 거주할 수 있다. 이런 점에서 만해의 사랑은 '사이 사랑'이라 명명할 수 있을 것이다. 사랑에서 거리를 완벽히 제거할 수 없는 것은 말할 나위도 없으며, 그런 점에서 부재와 이별은 사랑의 필연적인 계기이자 사랑의 본

모습이다. 그렇기에 이별의 아픔은 과장될 수 없는 것이다.

> 질겁고 아름다운 일은 양量이 만할수록 좋은 것입니다.
> 그런데 당신의 사랑은 양量이 적을수록 좋은가 벼요.
> 당신의 사랑은 당신과 나와 두 사람의 새이에 있는 것입니다.
> 사랑의 양量을 알랴면, 당신과 나의 거리距離를 측량測量할 수밖에 없습니다.
> 그래서 당신과 나의 거리距離가 멀면 사랑의 양量이 만하고, 거리距離가 가까우면 사랑의 양量이 적을 것입니다.
> 그런데 적은 사랑은 나를 웃기더니, 만한 사랑은 나를 울립니다.
>
> 뉘라서 사람이 멀어지면, 사랑도 멀어진다고 하여요.
> 당신이 가신 뒤로 사랑이 멀어졌으면, 날마다 날마다 나를 울리는 것은 사랑이 아니고 무엇이여요.
>
> —「사랑의 측량測量」 전문

사랑은 본시 측량할 수 있는 것이 아니다. 손으로 잡을 수 없고 언표할 수도 없는 것을 어떻게 측량할 수 있을까? 하지만 굳이 측량한다면, 만해는 님과의 거리를 통해 측량할 수 있다고 보고 있다. 측량의 방법은 간단하다. 사랑의 양은 거리에 비례한다. 님과의 거리가 크면 클수록 사랑의 양은 커지고, 그와 반대로 거리가 가까우면 가까울수록 사랑의 양은 작아진다. 그래서 사랑이 커질수록 울음의 양은 많아지고, 사랑이 작아질수록 웃음의 양이 많아진다. 여기서 사랑은 마냥 좋기만 하고 행복을 보장해주는 것이 아니다. 도리어 그것은 "날마다 날마다 나를 울리는 것"이다. '사랑의 슬픔'이란 것이 따로 있는 것이 아니라, 근본적으로 사랑은 그리움이고 슬픔이다. 왜냐하면 사랑이란 본래부터 님과의 사이, 거리에서 생겨나는 것이기 때문이다.

만해에게서 님의 부재는 두 가지 의미로 나뉠 수 있다. 하나는 현실적인 의미에서 님이 여기 이곳에 없다는 뜻이며, 다른 하나는 사랑의 본질적인 계기로서 '부재의 현존'을 뜻한다. 어떤 의미에서든 님의 부재가 사랑을 깨트리는 결정적인 요소는 아니며, 항상 님과 함께 있는 것이 사랑을 보장하지도 않는다. 도리어 많은 경우 님의 부재가 사랑을 키우기도 하고 님과 함께함이 사랑을 희석시키기도 한다. "사람이 멀어질수록 마음이 가까워지고 마음이 가까워질수록 사람은 멀어진다."(「그를 보내며」) 이렇듯 사랑에는 본질적으로 거리 또는 이별이 내포되어 있다.

만해에게 이별은 결코 (자기 것의) 상실도 아니며, 영원한 부재를 뜻하는 말도 아니다. 그에게 이별은 언제나 재회를 전제하는 사랑의 한 축일 뿐이다. 무조건적인 사랑이라면, 이별은 재회로 이어질 수 있기 때문에 이별은 사랑의 마지막이 결코 아니다. "그러면 지금의 이별이 사랑의 최후는 아닙니다."(「요술妖術」) 또한 이별이 사랑 속에서 보듬어지는 것이기에 이별은 아름다울 수 있다. 즉 "이별은 미의 창조"(「이별은 미美의 창조創造」)일 수 있다. 만남과 이별은 사랑 속에서 각기 큰 축을 형성하면서 사랑을 이루는 계기들이다. 어쩌면 기약 없는 이별도 있을 것이고 영원한 이별이 있을지도 모른다. 하지만 만해에게 다시 만남으로 이어지지 않는 이별은 존재할 수 없다. 만해가 이별을 이처럼 생각하는 것은 '사랑의 존재'에 대한 무조건적인 믿음에서 나온다. "우리는 만날 때에 떠날 것을 염려하는 것과 같이 떠날 때에 다시 만날 것을 믿습니다."(「님의 침묵」) 그리고 이런 믿음 속에서만 굳건한 기다림이 가능하다. "그러나 당신이 언제든지 오실 줄만은 알어요. 나는 당신을 기다리면서 날마다 날마다 낡어갑니다."(「나룻배와 행인」) 여기서 기다림은 어떤 의지적인 노력이나 도덕적 의무에서 유래한 것이 아니라, 사랑에서 자연스레 흘러나온 기다림이다. "내가 당신을 기다리고 있는 것은 기다리고자 하는 것이 아니라 기다려지는 것입니다."(「자유정조」) 이별이 사랑을 이루는 한 축이기에 이별이 사랑보다 더 클 수 없다. 사랑의 존재를 조건 없이 믿는다면, 최후의 이별과 같은 것은 없다. 만해는 「이별」에서 유별나게 단호한 어조로 이렇게 말한다.

이 세상에는 진정한 사랑의 이별은 있을 수가 없는 것이다.

……

사랑의 이별은 이별의 반면反面에, 반드시 이별하는 사랑보다 더 큰 사랑이 있는 것이다.

혹은 직접直接의 사랑은 아닐지라도 간접間接의 사랑이라도 있는 것이다.

다시 말하면, 이별하는 애인愛人보다 자기自己를 더 사랑하는 것이다.

만일 애인愛人을 자기自己의 생명生命보다 더 사랑하면, 무궁無窮을 회전回轉하는 시간時間의 수리바퀴에 이끼가 끼도록 사랑의 이별은 없는 것이다.

……

진정한 사랑을 위하야는, 괴롭게 사는 것이 죽음보다도 더 큰 희생犧牲이다.

이별은 사랑을 위하야 죽지 못하는 가장 큰 고통苦痛이오 보은報恩이다.

……

그러므로 사랑은 참어 죽지 못하고, 참어 이별하는 사랑보다 더 큰 사랑은 없는 것이다.

—「이별」 중에서

그렇기에 만해가 이별과 부재를 긍정하는 것은 사랑을 '무한히' 긍정한다는 말과 동일하다. 이런 긍정은 한갓 체념주의 또는 순응주의에서 비롯된 것과는 다른 종류의 것이다. 그는 떠나가는 님을 향해 "……나의 님이여 걸음을 돌리서요, 거기를 가지 마서요 나는 싫어요"(「가지 마서요」)라고 분명히 말할 줄 안다. 때때로 만해 시의 화자는 오지 않을 테면 도리어 가버리라고 호통치기도 한다. "님이여 오서요 오시지 아니하랴면 차라리 가서요."(「차라리」) 또 돌아오라고 간절히 호소하기도 한다. "오서요 당신은 오실 때가 되았읍니다 어서 오서요."(「오서요」) 이처럼 적극적이고 능동적인 모습은 체념주의 또는 순응주의하고는 애초부터 어울리지 않는다. 그가 스테레오타입의 체념과 순응에 빠지지 않을 수 있었던 것은 오직 사랑의 무한한 지평에서 이별과 부재를 긍정하기 때문이다.

만남과 이별은 사랑을 구성하는 두 축이다. "날카로운 첫 「키스」"와 같은 만남과 "나의 애를 도막도막 끊어놓는"(「어늬 것이 참이냐」) 이별이야말로 사랑의 징표이기 때문이다. 사랑의 이별을 긍정하지 않는다면, 사랑도 없고 님도 없다. "이별하고 만나지 않는 것은 님이 아니라 길가는 사람입니다. 우리들은 님에 대하야 만날 때에 이별을 염려하고 이별할 때에 만남을 기약합니다."(「최초最初의 님」) 여기서 길가는 사람이란 나와 사랑으로 엮이지 않은 사람을 말한다. 이별의 아픔과 염려가 없다면, 그런 무관한 사람으로 전락하고 만다. 오직 사랑하는 자만이 뼈아픈 이별을 경험할 수 있다.

만해에게 (상실이 아닌) 사랑의 이별만 있다면, 하이데거는 상실을 분명하게 말한다. 양차 세계대전 속에서 찬란한 서양문화가 몰락해가는 것을 목도한 하이데거는 깊은 상실감을 표출한다. 자긍심 높은 서양문화가 일시에 추락하는 모습을 보며 하이데거는 그 원인을 추적한다. 하이데거가 자기네 전통을 신랄하게 비판한 배경에는 그런 역사적 상황이 놓여 있다. 헤겔이나 니체처럼 하이데거는 서양문화의 모체를 고대 그리스 문화로 보고 있으며, 이미 플라톤 때부터 그것은 시나브로 쇠약해져간다고 보고 있다. 건강한 그리스적 존재이해의 상실, 그것이 서양문명의 현재 위기를 낳았다는 것이다. 하이데거에게 상실의 일차적 의미는 이런 서양의 역사적 문맥 속에서 이해되어야 한다. 자기네 서양문화에 대한 자긍심 상실.

궁극적으로 하이데거에게 상실이란 존재의 자기상실이다. 그는 존재의 상실을 다양한 어법으로 표현한다. "고향 상실Heimatlosigkeit",[374] "존재의 떠남Seinsverlassenheit", 존재의 "스스로를 빠져나가는 은폐Sichentziehende Verbergen", "신들의 떠나감", "궁핍Not 속에서의 궁핍 상실"(GA65, 111-113 참조) 등등. 하이데거 텍스트에서 상실을 뜻하는 다양한 단어군을 만나는 일은 그다지 어렵지 않다. 기본적으로 하이데거는 존재를 '자기-존재'로 파악하고 있고,[375] 따라서 자기에서 '멀어지고' 은폐되어 상실될 수 있지만, 결국 다시 자기로 '가까이' 재귀再歸할 수 있는 것으로서 존재를 이해하고 있다. 또한 존재의 자기상실, 부재, 무를 통해서만, 자기부정을 통해서만 존재는 자신을 알린다. 존재는 언제나 부재와 무無 속에서만 현상할 수 있다. 이런 점에서 존재의 자기상실은 존재의 필연적인 국면이다. 그리고 상실은 항상 재전유해야 할 것으로 이해된다. 파르메니데스, 헤라클레이토스, 아낙시만드로스 등과 같은 소크라테스 이전 철학자들과 주류 담론에서 배제되어온 예술가들의 통찰들을 재전유함으로써 도래할 존재를 맞이하려는 것이 하이데거의 기본 전략이다. 서양의 시원적인 것을 되찾아오는 일, 그것이 하이데거가 상실을 극복하는 방법으로 생각해낸 길이다.

반면 만해에게 상실은 처음부터 존재하지 않는다. 상실이 자기 소유의 무엇인가를 잃어버린다는 뜻이라면, 곧 '자기'와 '소유'를 전제하는 용어라면, 만해의 '님'은 처음부터 자기 소유물이 아니며, 따라서 잃어버릴 수도 없는 것이다. 그렇다면 만해와 하이데거 양자 사이에서 이런 차이가 발생하는 까닭은 무엇일까? 만해에게 '님'은 철두철미 타자적인 존재임에 반해, 하이데거의 '존재'는 여전히 자기성을 가지고 있기 때문이 아닐까? 하이데거는 '존재 자체Sein selbst', '존재 사건Ereignis'[376]이라고 언급하며 '존재의 자기동일성'을 포기하지 않는다면, 만해의 님은 '님 자체'라고 말하는 대신 '당신의 사랑'을 말하면서 사랑의 타자성에 좀더 귀기울인다고 말할 수 있지 않을까?

5. 기룸과 멜랑콜리

지금까지 우리는 만해의 사랑을 하이데거의 존재로, 하이데거의 존재를 만해의 사랑으로 해석해보았다. 그렇다면 그 둘은 완벽히 동일한 것일까? 분명 사랑과 존재는 서로 긴밀하게 묶여 있다. 그러나 양자의 현저한 차이 역시 무시할 수 없다. 그렇다면 양자의 차이는 무엇이고 그것은 어디에서 기인하는가? 아마 어느 누구도 이 물음에 대한 명쾌한 대답을 제출할 수 없을 것이다. 왜냐하면 양자 사이에는 시와 철학, 비근대와 탈근대, 동양과 서양의 '사이'라는 심원한 중층적 거리가 존재하기 때문이다. 그렇지만 이 물음 앞에서 마냥 침묵하는 것이 지적 미덕은 아닐 것이다. 소박하나마 우리는 만해의 사랑과 하이데거의 존재에 깔려 있는 분위기의 미묘한 차이에서 이 물음에 대한 답의 실마리를 구해보고자 한다. 우리의 테제를 제출하면 다음과 같다. 만해의 시 전편에 깔린 분위기는 '기룸'인 반면, 하이데거 철학 전반을 규정하는 근본 정조는 '멜랑콜리'다. 그렇다면 이 두 정조는 어떻게 다르며, 양자의 차이는 어떤 문화적 기반에서 갈라지는 것일까?

6장에서 나는 전기 하이데거 철학에 존재하는 '실존론적 유아론'의 측면을 부각시키고, 그 유아론에 바탕을 둔 정조가 멜랑콜리임를 논증한 바 있다. 그 결론에 따르면, 하이데거 철학의 멜랑콜리는 못내 지우지 못한 서양의 자기중심적 존재론의 필연적인 귀결이다. 후기로 갈수록 하이데거는 이런 존재론을 말소시키고자 한다. '초연한 내맡김Gelassenheit'이라는 용어가 그 지난한 노력의 대표적인 산물이다. 그러나 과거의 시간(전통)은 아무리 지우려 해도 지워지지 않는 자국으로 남아 있다. 그의 후기 철학에서도 어렵지 않게 멜랑콜리 정조를 느낄 수 있는 것이 이것을 증명한다. 후기 철학 곳곳에서 멜랑콜리의 주요 모티프들은 쉽게 발견된다. 예컨대 현존재의 후기 철학적 버전인 죽을 자(죽음), 고통, 자제Zurückhaltung, 멜랑콜리의 독일어 번역어인 무거운 심정Schwermut, 슬픔Trauer, 은둔성Abgeschiedenheit, 이별Abschied, 방랑자, 고독, 단념Verzicht 등등의 모티프가 계속해서 이어진다.

그렇다면 이 모티프들의 뿌리는 어떤 철학적 토양에 박혀 있을까? 이전의 논의(6장)와 연계하여 말하자면, 하이데거의 유아론적 존재론이 서양 특유의 '자기중심의 존재론'의 연장선상에 있으며, 그 위에 멜랑콜리 모티프가 굳건히 뿌리박고 있다.

『존재와 시간』에서 하이데거 스스로가 밝힌 바 있듯이, 그의 철학은 '실존론적 유아론'이라 명명될 수 있다. 이런 생각은 『존재와 시간』 이후에도 변함없이 지속된다. '세계-내-존재', '공동존재'를 통해 근대의 '고립된 주체' 개념을 비판하고는 있지만, '자기성Selbstheit'은 여전히 현존재를 규정하는 최고의 심급을 차지한다. 「근거의 본질에 관하여」(1929)에서도 그는 이렇게 말하고 있다. "세계는 자기성에 속해 있다. 세계는 본질적으로 현존재 관련적이다."(GA9, 157) 그렇다고 이 말을 통속적으로 이해해서는 곤란하다. 하이데거는 일상적 이해의 지평에서가 아니라 존재론적인 지평에서 '자기성'을 말하고 있다. 이

부분에 대한 하이데거의 해명을 들어보기로 하자.

> 현존재는 자신 때문에 실존한다라는 명제는 그때마다의 현사실적인 인간의 맹목적인 자애심을 위한 그 어떤 이기주의적-존재자적 목적정립도 포함하지 않는다. 따라서 이 명제는 많은 인간이 타인을 위해 자신을 희생한다는 사실 및 여하튼 인간들은 오로지 자신만을 위해서가 아니라 오히려 공동사회 안에서 실존한다는 사실에 대한 지적을 통해서도 '반박'될 수 없다. 언급된 명제에는 현존재의 유아론적 고립화도, 또한 현존재의 이기주의적 상승도 없다. 오히려 이 명제는 인간이 '이기적'이거나 또는 '이타적으로' '스스로' 태도를 취할 수 있는 그 가능 조건을 부여한다. 오직 현존재 그 자신이 자기성을 통해 규정되기 때문에만, 나의-자기는 너의-자기에 대해 태도를 취할 수 있다. 자기성은 항상 단지 너 안에서만 개시되는 나임의 가능성에 대한 전제이다. 그러나 결코 자기성은 너와 관련되지 않는다. 오히려 자기성은 이 모든 것을 가능하게 하기 때문에 나의 존재와 너의 존재에 대하여, 또한 실로 가령 '남녀의 성Geschlechtlichkeit'에 대하여 중립적이다.(GA9, 157-158. 원문 강조)

하이데거 자신이 말하는 자기성은 한갓 통속적인 '이기주의', '자아중심주의'를 뜻하는 말이 아니다. 그가 말하는 자기란 '나의 자기'와 '너의 자기'를 모두 아우르는 자기다. 자타 이분법의 피안에서 그 둘을 구분해주는 자기다. 그것은 나와 너 그리고 우리를 가능케 하는 자기이며, 각각에 동일성을 부여하는 자기이자, 따라서 그 모두에 중립적인 자기다. 그것은 결국 존재의 자기성을 뜻하는 말이다. 존재의 자기성이란 존재 자체自體를 뜻한다. 있음의 동일성을 다시금 확인시키는 존재의 자기반사Self-reflexion, 자기지시Self-reference를 의미한다. 그것은 존재하는 모든 것이 저마다 고유한 얼굴을 가지게끔 해주는 존재론적 원리다. 이런 자기중심적 존재론의 지평 위에서 나의 자기와 너의 자기, 그리고 우리의 자기도 가능해진다. 따라서 자기의 지평에서 존재를 이해하는 이런 의미의 유아론을 편협한 윤리적 잣대로 선불리 재단해서는 곤란하다. 왜냐하면 그것은 '우리'라는 공동체를 포함하는(자기존재의 확장으로서 공동존재를 파악하는) 존재의 자기중심성을 뜻하는 용어이기 때문이다.

이런 의미의 자기성을 바탕으로 사람들은 이기적일 수도 있고 이타적일 수도 있다. 이런 자기성 개념 아래에서 사람들은 타인을 위해 희생할 수 있고, 우정의 윤리를 확보할 수 있다. 레비나스 용어로 말하자면, 자기성이란 서로 "어깨를 나란히 하는côte-à-côte"[377] 자유인들인 '우리'의 '함께 있음'을 함축하고 있는 용어이기 때문이다. 그리고 하이데거는 이런 자기성의 중립적 성격이 마치 남녀가 아닌 '중성'과 같다고 덧붙여 설명한다.

레비나스에 따르면, 플라톤 이래 서양적 주체는 타자를 자기 자신으로 동일화해왔다. 그의 관점에서 타자란 호응해야만 하는 얼굴을 가진 존재인데, 서양인들은 얼굴을 가진 타자와 정면으로 맞대면하지 않았다. 그들은 단지 자신과 어깨를 나란히 하는 자들, 즉 자신과 동등한 자유인만을 타자로 인정하고 같은 공동체의 일원으로 인정했다. 사실 이런 공동체는 자기가 확대된 공동체이며, 자기와 동급의 매개 가능한 자들(또다른 나alter ego들)로 엮인 집단에 불과하다.

레비나스는 하이데거 철학도 여기서 예외가 아니라고 주장한다. 그가 보기에, 자기중심적인 공동체 철학이 모두 그렇듯, 하이데거에게서도 사회성은 홀로주체 내부에서 발견된다. 즉 더불어 있음은 본래 고독한 현존재 분석의 장에서 수행된다. 나는 레비나스의 하이데거 비판을 모두 수용하지는 않지만, 하이데거가 자기성을 분석의 최고 심급으로 삼는다는 해석만큼은 동의한다. 공동체 내부에서 이런 자기중심적 사유는 특별한 문제를 야기하지 않을 수도 있다. 이타성까지 아우르는 자기성 개념으로 무장하고 있기 때문이다. 하지만 서로 다른 공동체들 '사이'에서 발생하는 문제는 이런 사유의 지평에서 풀어내기 어렵다. 그 '사이'는 비교와 통분 그리고 매개가 불가능한 지점이기 때문이다.

이런 자기성의 본질은 자유다. 자기존재는 궁극적으로 자유로운 존재다. 하이데거 철학 내에서는 지극히 당연한 이야기지만, 자기는 어떤 주체나 실체가 아니다. 그것은 차라리 '난데없이ex nihilo' 스스로를 기투하고 초월하는 자유, 그 어디에 근거해서가 아니라 도리어 근거의 심연적인 근원으로서의 자유에 가깝다. 당연히 이런 자유는 일상인들이 생각하는 선택의 자유에 한정되지 않는 것은 물론이며, 근대철학자들이 주창했던 의지의 자유, 주체의 자유를 뜻하지도 않는다. 도리어 존재의 무화작용, 또는 존재사건이 일어나는 (현)존재의 진리에 가깝다. 자유를 이렇게 이해하기 때문에 하이데거는 "자유는 존재자를 존재-하게 함Sein-lassen von Seiendem으로 드러낸다"(GA9, 188)고 말할 수 있었다. 하이데거의 자유는 존재자를 존재하게 하는 진리의 본질로서 존재론적인 의미를 내포한다. "진리의 본질은 자유로서 드러난다. 자유는 탈-존하면서 존재자를 탈은폐하면서 존재하게 하는 것이다."(GA9, 192) 결국 자유는 존재의 진리를 드러내는 (현)존재 자신(자기)의 본질이다.

하이데거의 자유 개념은 그의 여타 개념들과 마찬가지로 상식적·일상적 개념과 전승된 철학 전문 개념을 전적으로 부정하지 않는다. 오히려 그는 그것들의 의미를 근본적으로 새롭게 재규정한다. 하이데거가 보기에, 자유에 대한 숱한 개념들이 가능하기 위해서는 먼저 존재개방의 힘(탈은폐성)으로서 자유가 전제되어야 한다. 자유에 대한 이런 존재론적 이해의 지평 속에서만 우리가 알고 있는 모든 자유(로운 행위)가 가능하기 때문이다. 특히 하이데거의 자유는 주체로서의 인간이 행사하는 능력으로서 자유를 이해하기보다는 도리어 자유를 통해 인간이 규정된다는 점을 강조한다. "인간이 자유를 속성으로서 '소유하는 것'이 아니다. 오히려 기껏해야 그것의 역이 타당하다. 말하자면, 자유가, 곧 탈-존적이며 탈은폐하는 현-존재가 인간을 소유한다." (GA9, 190)

인간이 자유를 소유하는 것이 아니라 자유가 인간을 소유하는 것이라고 말하면서 하이데거는 주체 중심, 인간 중심적 전통에서 비켜 간다. 하지만 여기서도 하이데거는 존재의 '자기성'만큼은 포기하지 않는다. 자유는 자기의 자유, 곧 자기에게 귀속되고 수렴된 자유다. 하이데거는 자기를 주체, 실체, 인간으로 삼는 대신에 '존재의 자기성'으로 치환시킨다. 이런 자유의 존재론, '자기중심적 존재론'을 바탕으로 멜랑콜리라는 근본 정조가 일어날 수 있었던 것이다.

하이데거적 자유를 포함해서 서양적 자유는 복종을 금기시한다. 복종은 자유의 적대자이자, 치욕적인 굴종이다. 복종하는 것은 자유인이 아닌 노예의 증표일 뿐이다. 더 나아가 자기에게 타자를 복종시킬 수 있을 때에만 자유인이 될 수 있다. 헤겔의 유명한 주인-노예의 변증법에 따르더라도, 타자를 복종시킬 수 있는 '주인-됨'이 자유인의 자격 조건이다. 이런 논리에 따를 때 누군가 복종한다면 그것은 이유가 어찌되었든 자기 자유의 포기, 곧 예속적 상태에 진입한 것을 뜻한다. 하지만 우리가 사랑에 빠지면, 불가피하게 복종을 경험한다. 자유인으로서의 드높은 자긍심마저 버리고 사랑하는 연인에게 자신을 무한히 낮춘다. 그래서 서양적 자유의 관점에서 볼 때, 이런 사랑은 위험천만하고 미친 짓이다. 플라톤의 『파이드로스』 초반부를 보면, 소크라테스마저 사랑의 신 에로스를 폄훼한 것은 지극히 자연스러운

자유인으로서의 태도다.[378]

그렇다면 왜 하이데거는 만해처럼 존재를 사랑으로 이해하면서도 복종을 불허하는 자유에서는 자유롭지 못할까? 그것은 그가 사랑을 사랑하기보다 자유를 사랑하기 때문이며, 그것도 '자기'의 '자유'를 사랑하기 때문이다. 자긍심 높은 서양의 자유인들도 사랑한다. 하지만 그네들의 사랑은 언제나 자기사랑으로 귀착된다. 서양철학 전반에 걸쳐 여전히 사위지 않는 멜랑콜리 정조는 그런 자기중심적 사랑, 곧 나르시시즘에 기초한 자유에서 유래한 정조다. 그러나 서양의 자유에 대해 만해는 다음과 같이 거세게 질타할 것이다. "그러나 너희는 이름 좋은 자유에 알뜰한 구속拘束을 받지 않너냐. 너에게도 님이 있너냐. 있다면 님이 아니라 너의 그림자니라."(「군말」, 인용자 강조) 시인의 번뜩이는 직관이 자유를 통렬히 비판하는 대목이다. 자유를 목숨처럼 생각하는 서양적 사랑은 만해의 시각에서 볼 때, 한갓 '자기 그림자'에 대한 사랑에 불과하다. 이번에는 만해의 「복종服從」이란 시를 떠올려보자.

남들은 자유自由를 사랑한다지마는 나는 복종服從을 좋아하야요.
자유自由를 모르는 것은 아니지만, 당신에게는 복종服從만 하고 싶어요.
복종服從하고 싶은데 복종服從하는 것은 아름다운 자유自由보다도 달금합니다. 그것이 나의 행복幸福입니다.

그러나 당신이 나더러 다른 사람을 복종服從하라면 그것만은 복종服從할 수가 없습니다.
다른 사람을 복종服從하랴면, 당신에게 복종服從할 수가 없는 까닭입니다.

—「복종」 전문

여기서 시적 화자는 만해의 대부분의 시에서와 마찬가지로 여성적인 목소리를 내고 있다. 시詩의 바깥(삶과 산문)에서는 지극히 남성적인 풍모를 보여주었던 만해가 시적 화자의 목소리를 여성적 어조로 설정한 까닭은 무엇일까? 젠더적 시각에서 볼 때, 그것은 자기애적 사랑에서 유래하는 남성적 자유가 아니라(비록 하이데거는 중성을 지향했지만, 결국 남성에 가까운 중성이라 할 수 있다), 타자 사랑에 기초한 여성적 자유를 말하고자 하기 때문일지도 모른다. 이때 '여성적 자유'에서의 여성성이란 남성 중심적 문화에 포섭된 여성성이 아니라 남성 중심적 문화의 바깥을 지칭하는 여성성이다. 서양의 자유로운 남성들 공동체에서, 남성적 자유의 틀 내에서[379] "아름다운 자유보다 달금한" 복종은 상상할 수 없다. 그런 복종은 어이없는 자유의 포기이거나 후일을 위한 전략적 후퇴일 뿐이다. 물론 하이데거도 자유의 복종적 성격을 어느 정도 알고 있었다.

> 자유롭게 만드는 것은 해방시키는 것이고 자유로이 만드는 것이다. 빛 속에서 본다는 것은 그것과 내가 관계를 맺고 있는 바로 그 자유롭게 만드는 것을 향해 자유롭게 됨을 말한다. 그것이 나를 그러한 관계맺음에서 **본래적으로** 자유롭게 해준다. 다시 말해서 두루 통과시키는 그것에 나 자신을 묶음을 말한다. 구속을 통해서 나는 힘을 얻는 것이지 나 자신을 포기하는 것이 아니다. 구속은 권력의 상실이 아니라 오히려 권력을 차지함이다. 자유와 빛의 연관은 이렇게 설명된다.(GA34, 59. 원문 강조)

인용문에서 하이데거는 자유가 필연적으로 내포하는 복종을 '구속'의 수준에서 이해한다.[380] 하지만 그의 구속은 '나'를 '포기'하는 구속이 아니라 도리어 내가 '힘'을 얻고 '권력'을 얻는 구속으로 설정된다. 위 인용문에서 빛은 진리를 뜻한다. 그리고 진리는 자유다. 그런데 이때 자유는 궁극적으로 '자기'의 자유다. 결국 빛에 속박된다는 것은 진리에 스스로를 묶는 것이요, 그것은 스스로를 진정한 자기존재에게 묶는 것을 뜻한다. 이런 의미의 구속은 비본래적인 자기 자신에서 벗어나 '본래적인 자기'에 구속시킨다는 의미의 자유를 뜻할 뿐이다. 이런 자유에서 타자에 대한 만해식의 복종을 읽어내기는 어렵다.

굳이 만해에게서 자유의 의미를 긍정적으로 살려 해석한다면, 만해에게 자유란 '사랑하는' 타자를 향한 복종의 모습으로 등장한다. 만해에게 자유라는 것이 있다면, 자신의 자유에 복종하는 것이 아니라, 사랑(하는 타자)에 복종하는 자유가 진정한 자유다. 여기서의 복종이란 (자기) 자유에의 구속이 아니라, (타자) 사랑에의 복종이다. 이처럼 타자 사랑에 뿌리내리고 있는 자유를 여성적 자유라고 명명할 수도 있을 것이다. 서양의 남성 중심적 자유와 대비해서 말이다.[381]

하이데거 철학은 멜랑콜리한 정조를 발산하고 있다. (자기)존재의 상실감이 전·후기 철학을 지배하고 있다. 그렇다면 만해의 시는 어떤 정조에 휩싸여 있을까? 만해의 시가 님의 부재와 슬픔을 노래한다고 해서 그 시의 정조를 멜랑콜리하다고 할 수는 없다. 멜랑콜리라는 용어는 만해의 시에 대한 적합한 수식어가 아니다. 그렇다면 만해의 시를 규정하는 근본 정조는 무엇일까? 멜랑콜리와 유사하지만, 그와는 전적으로 차별되는 정조를 무엇이라 명명할 수 있을까? 나는 만해의 시어 가운데 하나인 "기룸"을 제시하고 싶다. 기룸이라는 용어는 현대를 사는 우리에게 낯설다. 어떤 이는 그것을 개인시어idiolect라 하기도 하고 어떤 이는 방언에서 유래한 말이라고도 한다.[382] 그것이 개인시어든 방언이든 그다지 중요한 문제는 아니다. 문제는 그것이 만해의 시에서 어떤 정조를 가리키는지를 밝히는 것이다.

이미 언급한 적이 있는 「사랑하는 까닭」이란 시에서 '기루다'는 '사랑하다', '기다리다' 같은 계열의 의미로 사용되고 있다. 1연의 "내가 당신을 사랑하는 것은", 2연의 "내가 당신을 기루어하는 것은", 3연의 "내가 당신을 기다리는 것은"이 모두 호응을 이루고 있다. 또한 2연에서 기루어하는 까닭을 설명하면서 "당신은 나의 눈물도 사랑하는 까닭"이라고 답한다는 점에서 기룸은 사랑과 거의 같은 의미로 사용되고 있음을 확인할 수 있다. 만해가 생각하는 사랑이 기룸이란 이름으로 표현되고 있고, 그래서 기룸이란 시어는 만해 특유의 사랑을 가리킨다. 이런 맥락에서 나는 만해의 사랑, 특히 그 사랑의 독특한 정조를 기룸이라 규정하고자 한다. 이렇게 가정한다면, 기룸이란 용어의 낯섦은 도리어 통속적인 사랑 이해의 굴레에서 탈피해서 만해의 사랑을 규정하는 데 도움이 될 것이다.

기룸이란 자유보다 더 나은 만해식 사랑을 뜻한다. 이 사랑은 달콤한 사랑이라기보다는, 깊은 슬픔에 물든 그리움과 기다림을 내장하고 있다. 기룸은 애틋함, 슬픔, 안타까움, 가여움, 아쉬움, 한스러움 등등의 정조와도 밀접히 연관된다. 왜냐하면 만해의 사랑에는 처음부터 님과의 거리와 부재가 내포되어 있기 때문이다. 이런 점에서 멜랑콜리처럼 기룸도 역시 님을 "그리워하는 슬픔"(「의심하지 마서요」)이다. 하지만 그 슬픔은 자기중심적 나르시시즘의 자기상실에서 오는 슬픔이 아니다. 만해는 분명히 이렇게 말한다. "그러나 이별을 쓸데없는 눈물의 원천源泉을 만들고 마는 것은 스스로 사랑을 깨치는 것인 줄 아는 까닭에, 걷잡을 수 없는 슬픔의 힘을 옮겨서 새 희망希望의 정수박이에 들이부었습니다."(「님의 침묵」)

만해의 슬픔은 멜랑콜리처럼 검게 변색되지 않는다. 애초부터 만해에게 사랑은 자기중심적 사랑이 아니라, 철저히 타자중심적 사랑이기 때문이다. 아니 정확히 표현하자면, 그것은 어떤 '중심적 사랑'이 아니라, 자기와 타자의 '사이', 그 '사이의 사랑'이기 때문이다. 또한 사랑은 상실로 깨어질 수 있는 것이 아니라, 재회에 대한 굳은 믿음이기 때문이다. 사랑은 처음부터 슬픔이다. 그러나 그는 '걷잡을 수 없는 슬픔'을 '쓸데없는 눈물의 원천'으로 방치하지 않고 '새 희망'의 동력으로 삼는다. 사랑 속에 내재된 님의 거리와 부재는 '그리워하는 슬픔'과 '고대' 그리고 끝없는 '기다림'을 낳지만, 그것은 중단 없이 사랑을 이어가는 새 희망과 접속되기에 절망스럽지 않다. '기룸'이란 이런 사랑 정조를 포괄하는 만해의 시어다.

만해의 사랑에는 자기를 관철시키려다 이내 겪을 수밖에 없는 드라마틱한 비극성, 또는 고독한 멜랑콜리가 없다. 그 까닭은 자기중심적 존재론, 곧 자기(자기로서의 하나, 동일성)로 모든 것을 수렴하고 끊임없이 반복적으로 자기에게로 회귀해야만 하는 '자기-반복-강박적' 존재론을 애초부터 가지고 있지 않기 때문이다. 그래서 만해의 사랑에는 언제나 느긋한 '여유餘裕'가 있다. 이 여유는 님과의 이별을 파국적인 자기상실로 해석하지 않는 '사이의 사랑'에서 나온 것이다. 이런 여유 있는 사랑 속에서 님과의 거리와 님의 부재는 사랑을 증폭시키는 기제로만 작용한다. 여유 있는 사랑은 멜랑콜리를 알지 못한다. 만해의 사랑은 타자를 수미일관 자기로 포섭함으로써 확보되는 '자기' '능력'의 '성취'를 포기한다.(그럼으로써 무능력한 실패 역시 포기된다.) 그것을 포기함으로써 타자를 위한 여백이 커지고, 그럴수록 자기에게는 더 큰 여유가 생기고, 그럴수록 자타는 서로에게 더욱 풍부한 여운餘韻을 남긴다.

만해의 시 가운데 '수繡의 비밀秘密'이란 제목의 시가 있다. 거기에서 시적 화자는 님의 옷을 만들면서 주머니에 수를 놓고 있다. 그런데 그이는 주머니를 마저 짓지 않는다. 님을 기다리며 짓던 옷을 완성시키지 않는다. 그리고 그 까닭을 이렇게 말한다. "이 적은 주머니는 짓기 싫여서 짓지 못하는 것이 아니라, 짓고 싶어서 다 짓지 않는 것입니다."(「수繡의 비밀秘密」) 아마도 하이데거라면 이렇게 말했을 것이다. '짓기 싫어서 짓지 못하는 것이지, 짓고 싶어한다면 잘 지을 수 있을 것입니다.' '좋아하면 할 수 있다'는 하이데거의 논지대로 말한다면 말이다. 사랑하면 할 수 있고, 자기의 잠재된 가능성을 실현하는 능력을 소유할 수 있다.

반면 만해는 "짛고 싶어서 다 짛지 않는다"고 말한다. 만해의 사랑에는 하이데거식의 '능력 있는[383] 자기'는 없는 대신 '완성을 유예하는 여유'가 있다. 그는 힘과 능력을 얻기 위해서가 아니라, 사랑을 이어가기 위해서 여유를 남겨둔다. 사랑의 여백에 자신을 가득 채우지 않는다. 그 여유로운 '사이'가 바로 타자성이 거주할 수 있는 장소다. 동시에 그곳은 자타의 경계가 희미해지는 경지이기도 하다. 자기의, 자기에 의한 사랑, 결국 자기를 위한 사랑은 멜랑콜리를 낳지만, 자기성취를 유예하고 타자와의 '사이'를 지향하는 사랑은 여유 있는 기룸을 낳는다.

만해는 자유에 뿌리내린 서양의 멜랑콜리 문화를 접한 첫 한국의 지식인으로서 멜랑콜리와 견주어 전혀 손색이 없는 기룸을 시로 창작했다. 혼돈으로 가득찬 문화적 접변에서 그가 시적으로 성취한 기룸이 미래에 멜랑콜리를 대체할 수 있을지는 아직 미지수다. 다만 자신 있게 말할 수 있는 것이 있다면, 미래의 멜랑콜리 연구자는 서양적 자유와 대립각을 세웠던 만해의 기룸을 반드시 참조해야만 한다는 점이다.

멜랑콜리의 트라이앵글

불안, 권태, 고독

예부터 전해내려온 멜랑콜리의 대표적인 증상은 '이유 없는 슬픔'이다. 이유를 알 수 없기에, 슬픔은 배가되고 애도작업은 실패하기 일쑤다. 이유를 알 수 없는 것은 묘한 불안을 동반한다. 아니 애초부터 불안 개념 안에는 '이유 없음'이 내장되어 있다. 학자들의 구분법에 따르면, 공포는 그것을 불러일으킨 대상이 분명한 반면, 불안은 그 대상을 알 수 없다. 불안이 분명 일어났건만, 그것을 야기한 대상은 전혀 보이지 않는다. 결국 슬픔이 도무지 어디에서 왔는지 알 수 없기 때문에, 답답한 불안이 슬픔에 더해져 멜랑콜리를 이루는 것이다.

그 자신이 우울증 환자이기도 했던 작가 앤드루 솔로몬에 따르면, "철학자들 중에서 키르케고르는 우울증의 포스터 모델감이라고 할 만하다. ……그는 자신의 고통에서 묘한 위안을 얻었는데, 그것은 고통의 정직성과 진실성을 믿었기 때문이다. 그는 이렇게 썼다. '나의 슬픔은 나의 성城이다. 나는 멜랑콜리 속에서 나의 생을 사랑했다. 나의 멜랑콜리를 사랑했기 때문이다.' ……이전의 철학자들과 시인들이 멜랑콜리한 사람에 대해 이야기했다면 키르케고르는 인간 자체를 멜랑콜리한 존재로 보았다."[384] 솔로몬의 말처럼 키르케고르는 인간 실존의 바탕에 멜랑콜리가 놓여 있으며, 그 멜랑콜리에는 불안이 함께한다고 보고 있다.

키르케고르에게 불안이란 '할 수 있다'는 가능성을 가능하게 해준다는 점에서 가장 현실적인 자유에서 기인한 것이다. 즉 그것은 "가능성에 앞선 가능성으로서의 자유의 현실성Wirklichkeit der Freiheit als Möglichkeit vor der Möglichkeit"[385]이다. 무엇일 수도 아닐 수도 있는 가능성들의 무한계열, 바닥을 모르는 무한의 심연이 우리를 불안에 전율케 한다. 그런데 불안한 멜랑콜리는 상상력의 자유와 직결된다. 키르케고르는 멜랑콜리를 이렇게 설명한다.

> 무엇이 나의 병일까? 멜랑콜리다. 이 병은 어디에 자리잡고 있을까? 그것은 상상력의 내부에 있으며, 그 병에 양분을 제공하는 것은 바로 가능성이다.[386]

멜랑콜리의 양분은 가능성이고 가능성의 원천인 자유는 불안을 낳는다. 멜랑콜리는 불안과 동근원을 갖는다. 이때 상상력은 숨겨진 가능성들을 찾아내는 능력이자, 인간의 내면성을 형성하는 능력이다. 즉 현실과는 전혀 다른 가능 세계를 구축하는 능력이다. 예컨대 대표적인 사랑의 멜랑콜리커이자 질투에 눈이 멀어 점차 미쳐가는 오셀로, 그의 내면에 구축된 상상의 세계를 떠올려보자. 아내 데스데모나가 다른 남자에게 애교를 떨면서 동침하는 장면이 상상력의 스크린 위에 실감나게 상연된다. 멜랑콜리커는 끊임없이 이어지는 이 상상의 필름을 싹둑 자를 수 없다. 꼬리에 꼬리를 무는 가능성들을 자유로운 상상력이 펼쳐내면 낼수록, 불안은 깊어질 수밖에 없다. 미친 듯 폭주하는 상상의 선로를 따라가다 보면 뜻밖의 가능 세계가 열리고, 그 낯선 이국에서 마음은 주체할 수 없이 불안하기만 하다. 이런 점에서 멜랑콜리는 상상력의 자유가 감내해야 할 천형이다.

불안은 일종의 "공감적인 반감이자 반감적인 공감eine sympathetische Antipathie und eine antipathetische Sympathie"[387](원문 강조)이다. 불안은 무한의 심연을 내려다볼 때 느끼는 현기증 같은 것이다. 예컨대 깎아지른 낭떠러지 끝에 설 때 현기증을 느끼곤 하는데, 이 경우 현기증은 제아무리 뒤로 물러서려 해도, 불가항력으로 앞으로 나아가도록 하는 인력引力에 의해 조성되는 경우도 있다. 그것은 위험하지만 기묘한 매력을 지닌다. 그것은 낯섦에 반감을 가지면서도 왠지 그것에 끌리는 '섬뜩함Un-heimliche'이다. 이런 특성 때문에, 때때로 사람들은 불안을 즐기기도 한다. 문화인류학자 로제 카유아는 번지점프, 서커스, 스피드광이 즐기는 현기증 나는 놀이들을(타락한 형태로는 마약을 포함한 모든 종류의 중독이 있다) '일링크스Ilinx', 즉 소용돌이와 현기증을 뜻하는 낱말로 명명하기도 했다.[388] 요컨대 불안은 끝을 알 수 없는 가능성들의 심연이 불러일으키는 "자유의 현기증"[389]이다.

대부분의 서양 철학자들과 마찬가지로 키르케고르는 인간의 본질이 자유라고 생각한다. 자유롭기에, 인간은 선할 수도 악할 수도 있다. 현기증 나는 선택 가능성들의 심연에서 인간은 불안할 수밖에 없다. 그렇다면 이 말은 동시에 불안 속에서만 자유로운 자기 자신을 만날 수 있다는 것을 뜻한다. 대개 사람들은 감당하기 벅찬 불안을 회피하려 한다. 그래서 어떤 일에 몰두하기도 하고, 일부러 주의를 산만하게 만들기도 한다. 그러나 불안으로부터의 도주를 통해서는 자기를 만날 수 없다. 진정한 자기는 오직 불안 속에서만 스스로를 드러낸다. 불안해하면서 "자유는 자기를 가능성 안에서 자기 자신에게 보여준다."[390] 하지만 이런 불안은 권태와 고독을 불러모은다.

유신론자 키르케고르가 보기에, 인간에게는 불안으로부터 갈라지는 두 가지 길이 있다. 하나는 종교적 믿음을 통해 구원을 받는 길이며, 다른 하나는 '악마적인 것Dämonische'으로 경도되는 길이다. 전자는 불안 상태를 죄로 규정하며, 그래서 과감히 불안과의 관계를 끊어내는 길이다. 반면 후자는 하염없이 지루한 권태로 빠져든다. 악마적인 것이란 "선에 대한 불안Angst vor dem Guten"[391]이다. 선악은 근본적으로 믿음의 문제다. 선에 대한 믿음이 없다면, 굳이 선을 선택해야만 하는 이유는 사라진다. 그 때문에 불안할 수밖에 없다. 불안할수록 사람들은 마음의 문을 닫고, 지독한 고독 속에 스스로를 유폐시킨다. 그러다가 뜬금없는 돌발 행위를 해보지만, 연속성이 없는 그 행위는 내용을 가질 수 없고 권태롭기만 하다.

멜랑콜리의 포스터 모델 키르케고르는 불안만이 아니라 권태의 전문가이기도 하다. 그에 따르면, 권태는 모든 인간의 조건이자 인간을 움직이는 파괴적인 추동력impetus이다. 권태 자체는 정적이고 고요한 것이지만, 그로부터 벗어나기 위해서 인간은 필사적으로 움직인다. 즉 권태에 반발하는 힘은 가히 '마술적인 결과magische Wirkung'를 낳는다. 권태의 힘을 강조하기 위해 키르케고르는 심지어 성서의 내용마저 권태의 관점에서 다음과 같이 패러디한다.

> 신들은 권태로워져서 인간을 창조하였다. 아담은 홀로 있었기 때문에 권태로워졌다. 그래서 이브가 창조된 것이다. 이렇게 해서 권태는 세상에 들어왔고, 인구의 증가에 정비례해서 권태도 늘어만 갔다. 아담은 혼자서 권태로워졌고, 아담과 이브는 함께 권태로워졌고, 아담과 이브와 카인과 아벨은 가족이 통째로 권태로워졌고, 다음으로는 세상의 인구가 늘어가자 사람들은 대량으로 권태로워졌다. 사람들은 기분

전환을 하기 위해 하늘까지 솟아오를 탑을 세울 생각을 하였다. 이 생각 자체가 탑의 높이만큼이나 엄청나게 권태로운 것이고, 권태가 얼마나 우세해졌는가를 말해주는 무서운 증거다.[392]

불안에서 출발하여 권태로 이어지는 키르케고르의 '악마적인 것'은 중세식 멜랑콜리, 즉 아케디아와 유사하다.[393] 불안이 어떻게 권태로 이어지는지에 대해서는 다음의 이야기를 좀더 들어보자.

> 악마에게 말을 하게 하고 악마를 묘사해주기를 원하는 사람이 있다면, 그 과제를 해결해야 할 예술가는 곧 그가 사용해야 할 범주가 무엇인지를 분명히 알게 될 것이다. 예술가는 악마적인 것이 본질적으로 무언극과 같은 것임을 알고 있다. 그렇지만 그는 돌발적인 것에 의한 방법을 사용할 수 없다. 그것은 대화를 방해하기 때문이다. 그렇다고 해서 불쑥 말을 시키는 따위의 수단을 써서 어떤 효과를 내보려는 생각도 하지 않을 것이다. 오히려 그는 바로 정반대의 것, 즉 권태를 선택할 것이다.[394]

단테는 지옥의 가장 밑바닥에 있는 악마를 거의 미동도 없는 '얼음' 같은 존재로 묘사한다.[395] 어쩌다가 악마가 커다란 날개를 퍼덕이면, 모든 것이 꽁꽁 얼어붙는다. '무언극'의 배우처럼, 악마는 아무 말도 없이 배신자 유다나 브루투스 등을 질겅질겅 씹고만 있다. 처참함과 오싹함을 빼고 나면, 무한히 지속될 것 같은 단조롭고 권태로운 한 장면이다. 이에 비하면 밀턴의 악마는 영웅적인 의지를 가지고 고독하게 분투하는 인물로 그려진다. 어쩌면 단테의 악마가 권태에 지쳐서 권태를 잊어보려고, 그렇게 정열적으로 활동을 개시하는 것일지도 모른다.

권태에 관한 한 빠트릴 수 없는 또 한 명의 철학자는 하이데거다. 그는 세 가지 유형의 권태를 구분하는데, 먼저 앞의 두 가지 유형은 사례를 들면서 권태를 분석한다. 첫번째는 시골 기차역에서 지루하게 기차를 기다리는 경험이며, 두번째는 나름 즐거웠던 저녁 파티가 남긴 권태의 경험이다. 전자는 남는 시간을 소일하며 때우는 경험이자, 권태를 야기시킨 것(어긋난 기차시간)이 분명한 경우다. 반면 후자는 어떤 것(저녁 파티) 곁에서 분주하게 뭔가를 하고 있음에도 지루해진 경험이자, 권태로운 이유를 알 수 없는 경우다. 기차역 권태는 "각각의 사물이 그것 나름의 시간을 가지고 있기 때문"(GA29/30, 159)에 발생한 것이다. 기차가 도착할 시간, 술이 숙성되는 시간, 사춘기의 시간 등등, 모든 것은 제때를 가지고 있다. 제때를 놓쳐서 다시금 때를 기다려야만 한다면, 권태로울 수밖에 없다. 하지만 저녁 파티의 권태는 다르다. 제때 모든 것이 갖춰져 있고 나름 흥겨운 듯했다. 하지만 권태로웠다. 왜일까? 그 지루한 시간 내내 본래적인 자기 자신은 누락되었기 때문이다. 온전한 자기의 시간이 아니라, 과거/미래와는 철저히 단절된 현재의 시간만 있었기 때문이다.

현대인들은 바쁘게 살아간다. 강박적으로 '시간이 없어'라는 말을 입에 달고 살며, 순간을 즐기자는 슬로건으로 '카르페 디엠'을 외치기도 한다. 그러나 분주하고 요란한 것 이상의 커다란 공허만 남는다.[396] '정신없이 바빠' 내지 '시간이 없어'라는 상투어는 일상에 매몰되어서 자기 자신을 잃어버린 증후일 가능성이 높다. 누군가에게 시간이 없다고 말한다면, 은밀하게 '당신에겐 할애할 시간이 없다'는 말과 함께 '분주함 속에서 나를 잃어버렸다'라고 고백한 셈이다. 이런 것을 조금씩 자각하게 될 때, 권태는 본격적으로 시작된다. 하이데거는 세번째 권태의 모습으로 '그냥 지루해Es ist einem langweilig'라는 깊은 권태를 제시한다. 지루한 이유도, 지루해하는 주체도 알 수 없는 막무가내식 권태. 이런 권태에서는 쉽게 헤어나올 수 없다. 그런데 무대책의 권태가 오히려 모든 분주한 것에 빠져 있던 시선을 거둬들여 자기 스스로를 바라볼 수 있게 만든다. 그래서 이런 깊은 권태를 악마적인 것으로만 보았던 키르케고르와는 달리, 하이데거는 그것을 본래적인 자기로 들어가는 관문으로 설정한다.

굳이 권태의 이유를 말하라면, 권태란 자기 시간의 긴 '폭Weite' 때문에 발생한다. 권태의 시간은 늘어지고 늘어져서 탄생과 죽음 사이를 오가는 시간이며, 엿가락처럼 길게 늘어져서 모든 것을 칭칭 옭아매 그것들을 드러나게 하는 시간, 즉 시간의 폭이자 지평이다. 그런데 권태로 늘어지고 이완된 시간은 한순간 하나의 점으로 수축하기도 한다. 그것이 바로 '날끝Spitze' 같은 결단의 순간이다. 순간은 과거와 현재 그리고 미래의 시간을 하나의 점으로 모은다. 쉽게 말해, 순간을 사는 자는 인생을 모두 그 결단에 건다. 그 결단에서 본래적인 자기가 비로소 드러난다. 결단 이전의 지루했던 시간들은 진정한 자기의 시간이라 말할 수 없다. 오직 결단의 시간만이 자기의 시간이다. 물론 결단의 순간을 위해서는 먼저 깊은 권태가 필요하다. 모든 것이 모조리 무의미해지는 권태 속에서 자기 스스로에 대한 결단이 가능하기 때문이다. 하지만 깊은 권태는 결단의 순간을 통해 산산히 부서진다. 시간의 긴 폭이 예리한 날끝에 갈기갈기 찢긴다. 이처럼 권태가 깨지는 와중에, 자기는 본래와 비본래의 자기로 분열된다. 이처럼 하이데거적 결단은 본래적 자기를 되찾는 순간으로 미화된다. 하지만 성급하게 미화하기 이전에, 고통스러운 자기분열 현상에 천착할 필요가 있다.

> 왜 그런 폭이 오직 이런 순간에 의해서만 깨질 수 있고, 바로 이렇게 깨지는 가운데에서 현존재가 본래적인 실존에 이르게 되는 것일까? ……이렇게 현존재가 자기 자신 안에서 깨져 있음이라는 말은 무엇을 의

미하는가?(GA29/30, 252. 원문 강조)

권태는 결단의 순간을 통해 깨진다. 동시에 자기 내 분열이 생겨난다. 권태의 늪에 깊숙이 빠질 때부터, 자기 자신은 이미 타인들로부터 멀어져만 갔다. 지독한 권태는 사람을 고독하게 만든다.[397] 더욱이 자기 자신마저 멀어지고 낯설어진다. 고독한 자기의 내면에는 낯선 자기들이 우글댄다. 낯선 목소리들의 아우성. 고독할 때에는 타인은 말할 것도 없이, 자신마저도 낯설어진다. 하이데거는 고독Einsamkeit의 어원 분석에서 sam이 '함께'라는 의미를 가지고 있다고 말한다. 이 말은 사랑하는 타인과의 관계, 사이 속에서만 고독이 깃든다는 뜻이면서, 동시에 자기 분열 및 파괴의 결과로 낯선 자기들과 동거할 수밖에 없음을 뜻한다. 이와 같이 고독은 자기의 외부와 내부에서 발생하는 이중적 소외Entfremdung의 결과다.

타인으로부터의 소외와 자기로부터의 소외가 동시다발적으로 일어남으로써 고독은 정점에 이른다. 타인과의 대화는 물론이거니와 자기와의 대화도 단절된 고독. 이것은 신 앞에 선 단독자로서의 고독이 아니라, 하염없이 파열되는 파편화 앞에서의 고독이다. 물론 잠정적으로 파편화에 저항하며 자기를 고수할 수 있다. 깨어진 조각 하나를 '본래의 자기'라고 주장하면서, 거세게 저항할 수 있다. 저항이 크면 클수록, 고독도 그만큼 커져만 간다. 하지만 종국에 이런 자기마저 깨진다면, 위대한 고독도 사라진다.

자유인의 멜랑콜리한 고독을 고수하기 위해서는 처음부터 다시 파편화된 자기에서 출발해야 한다. 깨진 자기의 파편들을 붙들고서 불안과 권태를 반복해야 한다. 따라서 불안, 권태 그리고 고독은 멜랑콜리커의 영원한 트라이앵글이다.[398]

11장

멜랑콜리 감성의 정치적 힘

김수영·진은영

정치가에게 허용되지 않는
시인詩人만의 모랄과 프라이드
— 김수영

1. 의미의 직물

이 시대의 학자에게는 세계를 바라보는 두 개의 망원경이 있다. 하나는 인간사에 초점이 맞춰져 있고, 다른 하나는 자연과 우주를 향해 있다. 통상 전자는 인문학자용이고 후자는 자연과학자용이라 분류된다. 인문학자는 지식의 렌즈를 통해 문명 이후 수천 년 동안의 인간세계를 성찰한다. 그에 반해 자연과학자들은 인문학자보다 사유하는 시공간의 스케일이 크다. 생물학자는 몇만 년의 시간과 오지奧地의 자연을 누비며, 물리학자, 천문학자는 그보다 더 큰 시간과 공간을 오간다. 스케일을 크게 잡고 인간사를 돌아보면, 모두가 티끌처럼 허망하게 보인다. 인간과 자연의 경계선조차 희미해진다. 반면 성찰의 시야를 좁게 잡으면, 숨가쁘게 돌아가는 인간사에 부대끼다 결국 지적 무력감에 빠진다. 자칫하면 두 경우 모두 인식의 적, '무의미'와 조우하게 될 수 있다. 인식을 확대하고 싶은 욕망의 망원 기계 앞에서, 우리는 역설적으로 지옥 같은 무의미를 경험한다. 인식의 지옥문에는 '멜랑콜리'라는 낱말이 새겨져 있다.

인식하는 자, 특히 학자가 겪는 멜랑콜리를 문학적으로 탁월하게 묘사한 작품은 괴테의 『파우스트』다.[399] 호소력 있는 목소리로 '모든 이론은 회색빛'이라고 주장하는 메피스토펠레스를 만나기 이전부터, 파우스트 박사는 이미 인식의 허망함을 충분히 알고 있었다. 어두운 밤 비좁은 고딕식 방에 홀로 앉아 그는 이렇게 탄식한다. "아아! 나는 이제 철학도, 법학도, 의학도, 유감스럽게 신학까지도, 온갖 노력을 기울여 속속들이 연구하였도다. 그러나 지금 여기 서 있는 난 가련한 바보에 지나지 않으며, 옛날보다 더 나아진 것 하나도 없도다! ……우리는 아무것도 알 수 없다는 것만 알게 되었구나! 이런 생각을 하니 정말 내 가슴이 타버릴 것 같구나."[400] 파우스트는 '태초에 행위가 있었느니라'라고 성서 구절을 개작하고서, "살랑거리며 흘러가는 시간 속으로, 사건의 소용돌이 속으로"[401] 뛰어들기를 소망한다. 그만 책을 덮고서, 삶을 실천하고자 결심한다.

인식의 측면에서 무의미는 전체와 부분에 대한 조망이 불가능해질 때, 더 나아가 인식 자체를 의미 있게 만드는 삶의 실천적 고리가 보이지 않을 때 발생한다. 지식이 무수히 분화되고 삶이 파편화되는(혹은 전지구적 자본이나 권력으로 획일화되는—파편화와 획일화는 무의미화의 두 양상일 뿐이다) 현대는 무의미의 시대다. 니체가 말한 바 있는 허무주의의 시대다. 예술도 정치도 예외는 아니다. 예술은 정치와 단절되었으며, 정치는 삶과 단절되었다. 이런 절단면 속에서 피어나는 검버섯이 무의미다. 예술은 정치에게 정치는 삶에게, 모두가 서로에게 무의미하다. 하지만 인간은 분명 의미를 먹고 산다. 철저히 의미망이 붕괴된 곳에서 인간은 거주할 수 없다. 인간이 벌거벗은 채 막막한 우주 공간에서 살 수 없듯이, 인간에게는 의미의 직물織物이 필요하다. 그렇다면 무의미가 극성중인 이 시대는 분명 살 만한 곳은 못 된다고 말할 수 있으리라.

허무주의 시대에 어떻게 새로운 의미망을 구축할 수 있을까? 어설프게 얼기설기 의미망을 깁기에 이 시대는 너무도 계몽되었다. 근대의 계몽은 처음부터 데카르트의 무서운 '회의懷疑'에서 시작되었으며, 탈근대는 모든 것을 해체하는 니체의 더 큰 계몽, 더 큰 이성의 '망치'에서 시작되었다. 과연 이런 것들의 융단폭격에도 무사할 수 있는 의미망이 있을까? 안전한 의미망 구축은 일단 불가능하고 부질없는 일처럼 보인다. 그럼에도 삶을 이어가기 위해 의미망을 짜야 한다면?

우연히 나는 의미의 직물을 다시 짜기 시작한 우리 시대의 페넬로페를 보았다. 시인이자 평론가, 철학자인 그녀의 이름은 진은영이다. 최근 그녀는 시와 정치, 정치와 삶을 촘촘하게 다시 엮으려 하고 있다. 언뜻 진은영이 짜고 있는 의미의 직물은 철 지난 유행인 듯 보인다. 하지만 거기에는 시인의 무구無垢함과 철학자의 고뇌가 묻어 있다. 더구나 그녀는 랑시에르를 중심으로 현대 서양 철학자들의 미학적 쟁점까지 자신의 직물에 수놓고 있다. 그렇다면 예술적 전위 실험은 물론이거니와 정치적 혁명마저 족족 실패한 이 허무주의 시대에, 과연 예술의 정치적 의미망은 어떻게 직조될 수 있을까?

2. 예술의 정치성

랑시에르 미학과 김수영의 시론에 입각하여, 진은영은 2000년 이후 예술의 정치성에 대한 진지한 고민을 보여주고 있다. 언제나 사람들은 예술의 정치성에 대해 물음을 던졌다. 이 물음은 어제오늘의 새삼스러운 관심사는 아니었다. 그녀의 고민이 유독 빛나는 까닭은 그것이 니힐nihil의 밤을 지새운 고민이며, 1990년대 이후 비정치적인 예술 동향과의 '내부적 대결'이기 때문이다. 예술사를 회고해볼 때, 근대 이래로 예술은 정치와 이중적인 관계를 맺어왔다. 즉 한편에서 예술은 정치, 종교, 학문 등 모든 예술 외적 강제로부터 벗어나 예술만의 자율적 세계를 구축하려 하면서도, 다른 한편에서 자율적 예술 세계의 외부로 나가려는, 즉 (정치적) 삶 전체와 하나가 되려는 모습을 보여왔다. 진은영의 표현에 따르면, 예술은 "기존 에토스(관습적 윤리 질서)에 저항하고 지금까지는 불가능하게 보였던 다른 삶을 모색함으로써 자율적"[402]인 모습을 보이지만, 동시에 예술은 "순수예술의 영역에 남기를 고집하지 않고 공동체의 삶으로 들어가는 삶-되기의 운동으로 이어진다면 그것은 타율적"[403]인 모습을 띤다. 전자는 예술이 기존의 삶과는 다른 삶을 창출할 수 있는 자율 공간이라는 점에 강조점을 두고 있고, 후자는 예술적 특수성을 초과하는 삶-되기에 강조점을 둔다. 전자는 예술이 기존 삶과 거리를 둘 수 있는 독립된 공간임을, 후자는 예술이 삶에 개방된 공간임을 강조한다.

시인 김수영은 이런 이중적인 모습을 탁월하게 보여주는 전범이다. 김수영은 기존의 삶의 세계에 저항하고 새로운 세계를 꿈꾸기 위해서 예술의 자율성을 선포하다가도, 예술이 자율적 울타리 속에 안주하려 하자마자 예술의 타율성[404]을 선포한다. 이 점에서 진정한 예술이란 현실 정치와 반성의 거리를 두면서도 그로부터 소외되지 않는, 즉 예술의 좁은 울타리에서 벗어나 부단히 정치에 개입하는 예술이다. 랑시에르와 김수영에 기대면서 진은영이 말하는 예술의 "새로운 자율성"이란 예술의 우회적·부정적 정치성과 직접적·적극적 정치성을 아우를 수 있는 개념이다. 자율적이면서 동시에 타율적인 예술, 자율적이며 주권적인 예술, 예술가는 이런 모순, 불가능성을 실행하는 자다.

역설적으로 이런 불가능한 일은 가능하다. 김수영은 그 '불가능성의 가능성'을 사랑하고, 그 사랑을 실천한 시인이었다. 김수영은 이 모순, 불가능성을 '시 무용론詩無用論'에 대한 시인의 양가적 태도, 즉 '시 무용론'에 대해 최고로 혐오하는 '동시에' 최고의 목표로 삼는 이중적 태도라고 말한다. 진은영도 인용하고 있는 김수영의 글 「詩의 〈뉴 프런티어〉」는 이렇게 시작한다.

> 詩의 〈뉴 프런티어〉란 詩가 필요없는 곳이다. 이렇게 말하면 벌써 예민한 독자들은 유토피아를 설정하고 나온다고 냉소할지도 모른다. 그러나 詩 無用論은 시인의 최고 혐오인 동시에 최고의 목표이기도 한 것이다. 그러나 진지한 시인은 언제나 이 양극의 마찰 사이에 몸을 놓고 균형을 취하려고 애를 쓴다. 여기에 정치가에게 허용되지 않는 詩人만의 모럴과 프라이드가 있다. 그가 사랑하는 것은 '不可能'이다. 연애에 있어서나 정치에 있어서나 마찬가지. 말하자면 진정한 시인이란 선천적인 혁명가인 것이다.[405]

시인은 정치가와는 다른 정치를 행한다. (통상적 의미의) 시와 정치의 외줄 위에서 불가능한 균형잡기(진정한 시)를 모험하고 사랑함으로써 시인만의 정치를 수행한다. 그렇다면 '불가능에 대한 사랑'을 어떻게 실천할 것인가? 김수영은 그것을 "온몸"으로 밀고나간다고 표현한다. 온몸은 머리로만 만들어진 사변을 파산시키지만, 그렇다고 그것은 심장의 뜨거운 박동만을 뜻하지도 않는다. "정확하게 말하자면, **온몸으로 동시에** 밀고 나가는 것이다."[406] (인용자 강조)

여기서 '온'-몸은 머리와 심장을 전체적으로 동시에 아우르는 말이다. '온'은 삶의 전체성과 동시적 순간성을 함축하며, 결국 모순적인 삶 전체가 집약된 한순간을 뜻한다. 김수영의 "온몸"에서 진은영은 예술의 새로운 정치적 의미를 타진하고 있다. 온몸으로 시를 쓴다는 것은 실제로 전혀 다른 사람이 되는 것을 말한다. 시작詩作은 타자-되기의 시작始作이다. 진은영은 "딴사람의 시같이 될 것이다. 딴 사람—참 좋은 말이다. 나는 이 말에 입을 맞춘다"[407]라는 김수영의 문장을 두고서, 지게꾼이 시인이 되거나 시인이 지게꾼이 되기도 하는 상황을 꿈꾼다.

> 딴사람의 시같이 되기 위해 그는 시도 시인도 '시작始作'해야 한다고 생각한다. 무엇을 시작해야 할까? 딴사람-되기를. 시인의 자리를 지게꾼의 자리와 뒤섞고 문학의 자리와 정치의 자리를 뒤섞음으로써 감각적인 것들의 완강한 경계를 넘어가는 시와 시인이 동시에 '시작'된다. 김수영은 문학과는 다른('딴') 자리들을 문학의 자리로 만들고 문학을 다른 자리로 만드는 왕복운동이 문학에 내재한다는 통찰을 시론 속에서 끊임없이 개진한다. 그는 이 **'시작'의 야릇한 동시성**을 통해서 미적 전위가 되려거든 낡은 삶의 경계를 지우고 새로운 삶—그것은 처음으로 존재하는 것이어서 모호하고 혼란스러울 것이 분명하지만—을 과감히 발명하기 위해 노력하라고 권유하는 듯 보인다. 그러한 삶과 그 삶 속에서 **온몸으로** 씌어지며 사건을 만들어내는 시가 바로 정치적 전위를 형성하는 힘을 제공한다.[408](인용자 강조)

온몸은 미학과 정치, 감성과 실천이성을 '모두' '동시에' 아우른다. 그렇지만 온-'몸'의 주축은 감성이다. 머리부터 발끝까지 감성의 올 하나하나가 기존 정치에 적대적이고 새로운 정치의 발판을 이룰 때에야, 비로소 정치적 혁명이 시작될 수 있기 때문이다. 진은영이 랑시에르의 감성을 이론적 주춧돌로 삼고, 재현과 직유(-처럼)를 거부하며 대신 들뢰즈의 '되기'를 택하는 까닭도 바로 여기에 있다. 그래서 그녀는 시인의 진지한 고뇌 이전의 장난을, 순진무구한 어린아이들의 힘을 언급하지 않을 수 없었다. 그 감성의 힘은 '우스꽝스러운 얼굴'을 하고 있지만, 폭발적인 정치적 잠재력을 가지고 있다.

김병익의 4.19 회고담을 바탕으로 진은영은 김수영의 '온몸'과 예술의 정치성의 비밀을 해독하는 열쇠로서 '진지함' 이전의 혁명적 '감성'을 암시하고 있다. 김병익은 4.19 당시 어린 학생들이 장난스럽게 시위 행렬에 참여하는 것을 못마땅하게 본 기억을 떠올리며, 어린 시위대들의 순진무구함을 지탄했던 진지함이 오히려 순진한 생각이었다는 뼈아픈 깨달음을 술회한다.[409] 진은영은 김병익의 회고담을 인용하면서 다음을 말하고 싶었던 것 같다. 시의 정치성은 한갓 정치적 도구로 시를 '이용'하거나 지나치게 거창하고 진지한 정치적 고뇌를 시에 '반영'하는 데 있는 것이 아니라, 자기 몸에서 유래한 생기발랄하고 혁명적인 감성으로 기존의 감성 지도를 새롭게 분할하고 재편하는 데 있다고 말이다. 여기까지가 그녀가 짜고 있는(진행중인) 직물의 모습이다. 나는 이제 그 아름답고 튼실한 의미망 가운데 엉클어져 있는 한 부분에 관해 말하고 싶다.

진은영의 글에는 한 가지 불명료한 지점이 남아 있다. 그것은 논의의 복잡한 지류支流라기보다는 본류本流에 해당하는 매우 원론적인 문제다. 진은영의 글에서(또 그녀가 기대고 있는 랑시에르의 '감성의 분할' 이론에서), 도대체 감성이 '어떻게' 그토록 막강한 정치적 힘을 가질 수 있는지가 불명료하다. 그것은 김수영의 '온몸'과 진지한 고뇌 이전에 존재한다는 '가볍고 장난스러운 혁명의 힘'이 무엇이고, 그것이 예술, 정치와는 어떤 관계에 있는지를 불명료한 상태로 남긴 주범이기도 하다. 이 점은 예술의 정치성, 미학의 정치성에 대한 비밀을 여는 지점이기도 하다. 다행히도 크리스토프 멘케는 최근 저작에서 이 지점을 잘 밝혀놓고 있다.

3. 차이의 선: 멘케

나는 멘케를 주목한다.[410] 그 까닭은 그가 독일 철학의 화려했던 전통과 현대미학의 쟁점들을 창조적으로 융합하고 있기 때문이다. 멘케 철학의 핵심어 하나를 꼽으라면, '비극'이다. 그는 '비극의 현재'를 말한다. 그에 따르면, "언제나 성공을 지향하는 행위가 오직 그것[행위] 자체를 통해 필연적으로 실패를 초래하고, 그럼으로써 행위자의 불행을 초래한다"는 실천의 "비극적 아이러니"가 현재 상황에도 유효하다.[411] 계몽과 마르크스주의의 흥망성쇠를 조망하면서, 그는 현대인들이 어떤 종류의 역사적 비극을 목도할 수밖에 없는지, 비극 속에서 우리가 무엇을 배우고 그것을 어떻게 감내해야 할지를 고민하고 있다. 그리고 그의 비극적 시대인식에서 미학은 핵심적인 역할을 담당한다. 미학의 역사는 이성적인 실천이 왜 실패할 수밖에 없는지, 이런 비극적 상황에서 예술적 감성이 어떤 실천적인 힘을 발휘할 수 있는지를 알려주기 때문이다.

미학은 감성에 관한 철학적 성찰이다. 전통적으로 감성은 진리를 왜곡하는 거짓말쟁이 혹은 변덕스럽고 제멋대로인 망나니로, 하지만 동시에 가공할 만한 위력의 소유자로 간주되었다. 맹목적인 감성의 위력에 경악했던 전통철학자들은 가능하면 그것을 은폐·배제·억압하고자 했다. 그래서 근대 이후에야 감성은 겨우 주제화될 수 있었다. 통상 역사가들은 르네상스 이래로 신 중심에서 인간 중심의 세계관으로 이행되고, 그럼으로써 인간 '자신'과 자신의 '육체'에 관심을 가지게 되면서 감성에 주목하게 되었다고 말한다. 그러나 멘케는 감성이 주목받게 된 또다른 배경, 즉 실천철학적 배경을 밝힌다.

특이하게도 멘케는 데카르트의 인식론적 주체를 실천적 주체로 재해석한다. "나는 생각한다cogito"는 명제는 '나는 (생각/행위)할 수 있는 능력을 가진 주체다'로 바꿀 수 있다. 데카르트의 인식 능력은 실천적 주체 형성을 위한 교두보다. 실천적 선을 위해 확실한 인식적 기반이 요구됨으로써 데카르트적 주체가 확립된다. 그리고 근대적 주체가 형성되는 과정에서 감성은 그 감추어진 위력을 조금씩 드러낸다. 생각을 통해 행위 하나하나를 지도하고 통제하려는 이성적인 주체가 출현하기 전까지, 감성은 주목의 대상이 아니었다. 그런데 근대 이성적 주체가 확립되자마자 이성의 미개척지이자 그것의 강력한 적대자로서 감성이 주목받게 된다. 한편으로 미학은 이전까지 이성적으로 포착하지 못했던 감성에 대한 이성적 접근으로서, 다른 한편으로 이성적 주체를 끊임없이 위협하는 어두운 인간 본성Natur(인간 내부의 자연)의 발견으로서 탄생한 것이다. 어떤 의미에서든, 처음부터 미학은 '계몽의 산물'이다.

처음 근대적 주체 개념을 확립했던 데카르트는 감성을 명석하지도 판명하지도 않은 것으로 규정한다.(데카르트에게 명석·판명함은 결정적인 진리의 증표다.) 때문에 그에게 감성에 관한 학, 즉 미학은 원칙적으로 불가능한 것이었다. 반면 라이프니츠는 감성이 명석하지만 판명하지 않은 것, 즉 혼돈스러운 것이라 말한다. 그러나 그는 혼돈스러운 감성에도 어떤 "내적 원리"가 있음을 주장한다. 라이프니츠는 감성이 혼돈스럽기는 하지만 그것의 인식적·실천적 가치와 정당성을 인정한 셈이다. 그래서 멘케는 라이프니츠의 주장에 이미 "미학을 움직이고 지탱한 근본 사상"[412]이 담겨 있다고 평가한다. 라이프니츠는 이성적 원천과는 상이한 원천에서 유래한 실천의 '가능성'을 예감한 것이다. 다시 말해서 이성을 통해 지도되는 실천적 선 이외에도 감성적 행위의 선이 존재할 수 있는 가능성을 남겨놓은 셈이다. 라이프니츠 이후 바움가르텐이 이성적 구도에 편입된 감성, 그것의 상대적 자율성이 보장된 미학을 정초한 반면, 헤르더는 실천과는 구분되면서도 실천을 변형시키는 어두운 힘으로서의 미학을 정초한다. 라이프니츠, 헤르더, 니체에 이르기까지 '힘의 미학'이 성립되는 과정을 살피면서, 멘케는 감성의 어두운 힘이 어떻게 실천적 힘으로 바뀌는지를 추적한다.

미학사는 감성이 주체 속內에 똬리를 튼 이성의 바깥(外)임을 증명해주고 있다. 등잔 밑이 어두운 것처럼, 감성은 이성 광축光軸의 어둠이다. 미학의 창립자 바움가르텐과 근대미학을 총결산한 헤겔은 감성을 이성에 편입함으로써 통합적인 이성적 주체 개념을 확립하고자 한다. 그러나 규정할 수조차 없는 '어두운 힘'인 감성은 이성의 뜻대로 그렇게 쉽게 재편되지 않는다. 계몽의 기획에서 탄생한 미학은 이성적 기획을 마무리하는 승리의 타종打鐘이라기보다는, 도리어 이성적 기획안의 파탄을 알리는 조종弔鐘이거나 기존 안을 폐기하고 새로운 기획안을 제출하라는 경종警鐘 역할을 한다. 하지만 멘케가 보기에, 바움가르텐(그리고 헤겔)이 크게 기여한 바는 감성을 주체 성립 과정과 연동시켰다는 점이다. 언제나 실천적 주체와의 연관성 속에서 감성을 파악하려 했다는 점, 그것이 바로 바움가르텐의 공헌이다.[413](물론 그들은 그 연관성을 잘못 파악하고 있다.)

헤르더 해석을 통해서 멘케는 감성의 어두운 힘이 인간을 형성하는 "전前주체적이고 반反주체적인 힘"[414]이라고 주장한다. 그러나 그 힘은 어떤 식으로든 주체와 연관되어 있고 주체를 통해서만 표현될 수 있다. 당연히 그 힘은 이성적이지 않다. 통상 이성은 일반자Allgemeine를 통해 특수자를 규정하는 능력이며, '규범', '법칙', '목적'은 일반자의 세 형식이다. 이런 형식들이 없다면, 이성적인 (실천적) 판단을 내릴 수 없다. 그것들은 판단의 이성적인 준거準據이기 때문이다. 이성적 주체는 이런 준거를 소유한 능력자다. 이 능력으로 말미암아 주체는 우연적이고 특수한 상황을 지배할 수 있다. 그런데 감성적 힘의 어둠은 이런 일반자의 세 형식을 통해 밝혀지지 않는다. 차라리 그것은 주체의 능력에 속하는 것이라기보다는 "주체의 시원이자 동시에 심연"[415](원문 강조)이다. 다시 말해서 감성의 어두운 힘은 주체가 그로부터 유래한 시원이면서 동시에 주체를 끝내 몰락시키는 심연이다.

그렇지만 이런 감성은 실천과 무관한 것이 아니다. 감성이 이성으로 포섭되지 않지만, 그렇다고 그와 무관한 것이 아니라는 점, 바로 이 점이 중요하다. 감성은 오직 실천(주체)을 변형시키는 힘으로서만 표출될 수 있다. 그것은 실천과 실천주체를 매개하지 않고서는 자신을 알릴 길이 없다. 다시 말해서 감성Ästhetische(미학적인 것)[416]이란 실천적인 것의 자기반성적인 변형 사건 속에서 발현하는 것이다. 말하자면 "미학적인 것은 오직 비-미학적인 것의 미학화로서만 존재"[417]하며, 역으로 실천적인 것은 미학적인 것으로의 이행 속에서만 존재한다. 결국 (인식)실천적 주체는 미학적 주체를 낳지만, 오직 미학적 주체가 되는 과정을 거쳐야만 임시적인 실천적 주체의 지위라도 얻을 수 있다.[418] 결국 아도르노의 제자 멘케는 감성과 실천의 '부정 변증법'을 주장하는 셈이다.

정치성을 배제하지 않는 예술의 '새로운 자율성'을 제시한 전범으로 진은영이 김수영을 들고 있다면, 멘케는 니체를 꼽고 있다. 니체는 예술지상주의를 표방하면서도 예술이 삶이 되어야 한다고 역설한다. 니체 철학에 대한 멘케의 해석을 따른다면, 우리는 예술가만이 할 수 있는 일을 배워야 한다. 그리고 보통의 예술가들이 그것을 삶으로 확장시키지 못한다면, 그들에게 배운 것을 삶으로 확장시켜야 한다. 그렇다면 예술가들로부터 배울 점이란? 무능無能이다. 우리는 예술가들로부터 무능을 배워야 한다. 여기서 무능이란 한갓 어떤 능력의 결핍을 뜻하는 말이 아니며, 쉽게 성취할 수 있는 일도 아니다. 예술가는 무능해질 수 있는 사람이다. 무능無能에 유능有能한 자다. 그는 기존의 실천 방식과 실천 능력에 무능할 수 있는 사람이다. 특정한 능력과 기지旣知에 무능할 수 없다면, 새로운 능력 획득의 가능성은 없다. 니체가 거론하는 예술가란 특정 능력에 안주하는 대신, 감성의 어두운 힘에 자신을 맡겨 변용된 자기로 다시 태어날 줄 아는 사람이다. 그래서 어두운 세계(낯섦과 우연의 세계) 속에 미리 들어섬으로써, 새로운 실천을 준비하는 사람이기도 하다.

특히 멘케는 '비극적 예술가'에게서 예술의 윤리-정치적 의미를 발견한다. 비극적 예술가는 우리의 행위가 실패하는 곳에서도 어두운 힘을 원용하여 실패에 굴하지 않을 수 있는 사람이다. 성패成敗와는 무관하게 실천적 선악의 피안에서 자기창조를 향유할 수 있는 자, 유희할 수 있는 자만이 진정한 예술가다. 이런 예술가에게서 우리는 두 가지를 배울 수 있다. 배울 점 하나는 '실천적 능력'과 '유희하는 힘'을 구분하는 법이다. 양자를 뒤섞거나 무리하게 통일시켜서는 안 된다. 그것은 서로 철저히 다른 선, 즉 '행위의 선'과 '유희의 선'이다.

또다른 배울 점은 그 둘이 차이나면서도 동시에 서로를 필요로 한다는 깨달음이다. 유희의 선은 실천적 능력을 실행하는 힘의 자기향유 속에서만 가능하며, 행위의 선은 어두운 힘들의 유희를 거쳐야만 실현 가능하다. 그래서 서로 다른 선들을 무차별하게 뒤섞는 것보다는 구분짓는 일이 둘 모두를 위해, 그리고 양자의 결합을 위해 좋다는 점을 배운다. 한마디로 요약하자면, 예술가에게서 우리는 "선의 차이뿐만 아니라 (선의) 차이의 선을 배운다."[419]

멘케의 결론은 이렇다. "미학의 마지막 말은 인간적인 자유다."[420] 진지한 실천 행위도 생동감 넘치는 힘들의 유희도 모두 "인간적인 자유"에서 유래한다. 실천 행위와 감성의 힘은 '인간적인' 자유의 두 모습이다. 무겁고도 가벼운, 진지하고도 흥겨운 자유의 두 이미지다. 이 두 모습은 서로 대립하고 차별화될수록 결속하는 관계로 짜인다. 그래서 차이를 내는 것이 좋다. 차이를 내면 낼수록, 둘은 더 공고하게 묶이기 때문이다. 김수영의 '온몸'은 이런 역설적 자유를 표현한 시어다. 머리도 심장도 아닌 '온몸'은 진지한 실천 따로 힘들의 유희 따로가 아닌(또는 무차별적인 혼용이 아닌), 둘의 '차이'를 산출하는 '동시에' 둘을 묶는 '차이의 선'을 뜻한다. 이것은 가벼운 웃음으로 진지한 실천의 한계를 폭로하는 동시에, 삶의 준엄함으로 예술적 장난의 한계를 밝히는 선이다. 그런 선이 실현되는 시간은 양립 '불가능'한 모순을 '가능'하게 한 '동시'의 순간이자, 모순의 양극을 부단히 '다시 시작하는' 전환의 시점이다. 여기에 예술의 새로운 자율성과 정치성이 놓여 있다.

4. 우리 도시의 성벽

나는 멘케가 폭로한 미학적 힘, 즉 어두운 감성의 힘을 멜랑콜리로 이해하고 있다. 멘케의 힘과 멜랑콜리는 미지의 감성으로서 예술 창작의 원동력이자, 이성의 배후에서 부단히 이성을 변모시키고 개방시킨다는 점에서 일치한다. 게다가 궁극적으로 서양적 자유에서 유래한다는 점에서도 양자는 일치한다. 만일 미학적 힘의 진원지가 검은 담즙이라면, 멘케의 논의는 지금까지 충분히 다루지 못한 멜랑콜리의 정치성에 관한 논의라고 말할 수 있을 것이다. 앞서 제1부에서 다룬 아리스토텔레스의 멜랑콜리 테제에는 예술과 철학뿐 아니라 정치도 포함된다. 이 책에서 정치(가)의 멜랑콜리를 자세히 다룰 여력은 없지만, 지금껏 살펴봤던 멘케의 논의는 멜랑콜리 예술의 정치성에 대한 보론으로 여겨도 무방할 것이다.

김수영은 정치가의 정치와 시인의 정치가 다르다고 말한다. 그렇다면 두 정치가 어떻게 다를까? 그 이전에 도대체 정치政治란 무엇일까? 친구와 적을 가르는 행위일까? 또는 지배자가 피지배자를 '다스리는' 통치기술일까? 물론 그럴 수도 있겠지만, 선뜻 동의하기는 어렵다. 서양어의 정치politics는 공동체 폴리스polis를 뜻하는 말에서 유래한다. 서양말 어원을 가지고 말해보면, 정치란 폴리스(도시, 공동체)를 건립하는 일이다. 좀더 의미를 확대해보면, 그것은 자연에 맞서 신적인 것을 중심축polar[421]으로 삼고서, 인간이 거주할 수 있는 도시의 성벽을 세우는 행위다. 그것은 동물의 왕국과는 다른 인간세계를 구축하는 행위다. 말을 할 수 있는 인간과의 만남, 어울림의 방식을 결정함으로써 인간 공동의 세계를 만들어가는 행위다.

인간에 대한 지식과 이상을 바탕으로 숱한 정체政體를 구상한 정치가들이 있었다. 동물의 왕국과 유사하게 정체를 구상한 '현실주의자'도 있었으며, 동물의 왕국과는 현격히 다른 정체를 꿈꾼 '이상주의자'도 있었다. 전자에게 정치란 생존투쟁, 권력 쟁취와 수호의 연장이며, 후자에게는 천상의 나라, 유토피아를 지상에 실현하는 성스러운 행위다. 전자에겐 때때로 나타나는 자연 초월적인 인간 면모가 예외적 사례로 간주되며, 후자에겐 동일한 예외적 사례가 정치의 진면목으로 간주된다. 그러나 자연과의 경계를 어떻게 세우든, 정치를 논하는 사람은 이 경계를 말해야만 한다. 왜 인간을 바퀴벌레와 똑같이 대해서는 안 되는지를, 왜 '딴사람'들마저 우리와 평등하게 대해야만 하는지를 말해야 한다.

역사 속에서 우리는 무수한 정치적 실험을 목도한다. 비범한 혁명가들을 본다. 그리고 그들의 실패를 본다. 현실정치의 실패를 본다. 프랑스혁명, 러시아혁명, 68혁명, 한국의 4.19와 5.18, 촛불집회 등의 흥망성쇠를. 그렇다면 역사에서 보고 배운 것은 무엇인가? 정치는 결국 성공'할 수 없다'는 점, 언제나 실패'할 수 있다'는 점, 도시의 성벽은 하룻밤 폭풍우에도 무너질 수 있는 허약한 것이라는 점이다. 동시에 인간이 인간으로 존재하는 이상, 정치는 계속 다시 시작될 수밖에 없다는 점을 우리는 역사에서 보고 배운다. 무의미로 열린 자연이 아니라 인간은 정치적 의미(예컨대 타인의 인정과 기억) 공간에서 살 수밖에 없기 때문이다. 그렇다면 정치적 실패가 남긴 절망의 상처는 어떻게 치유할 것이며, 어떻게 다시 새로운 정치를 시작할 수 있을까? 거기에서 예술은 어떤 일을 할 수 있는가?

절망은 희망의 산물이다. 희망을 세우지 않았던들 절망은 존재할 수조차 없다. 희망은 실천적 목표에 대한 갈망이다. 그것이 좌절하고 실패로 돌아갈 때 사람들은 절망한다. 그런데 실천적 목표에 안착할 수 있는 방법은 어디에도 없다. 언제나 실천적인 성공은 불확실하다. 정치적 희망의 성공 공식을 밝히는 것은 정치학자들의 몫이다. 반면 예술가는 정치적 성공의 필연법칙에 내기를 거는 대신에, 필패必敗의 의미에 내기를 건다. 그래서 예술가는 직간접적으로 정치에 참여하기도 하지만, 이내 정치적 실패를 준비한다. 쉼 없이 현실정치의 바깥을 참조함으로써, 정치의 비극성을 성찰하고 또다른 정치를 준비한다. 게다가 실천적 선악의 피안에서 감성의 힘을 불러올 줄 아는 예술가는 실패에서 오는 절망을 위무慰撫할 수 있다. 요컨대 정치의 '중심축'을 부단히 이동시킬 수 있는 현실정치의 외곽, 그 경계지점이 예술의 정치성이 머물고 있는 자리다. 예술은 오직 현실정치의 한계 또는 주변에 머물기를 고집함으로써 자신의 정치적 역량을 극대화할 수 있다. 예술적 감성의 어두운 힘은 '우리'라는 도시의 지도를 '처음부터 다시' 그리기 위해서 도시 안팎을 어슬렁거린다.

진은영과 같은 진지한 이들은 다시 예술의 정치성을 묻는다. 그리고 예술의 새로운 자율성을 말한다. 랑시에르의 '감성의 분할' 이론은 예술의 자율성과 주권성을 한꺼번에 보장해주는 듯 보인다. 하지만 그것은 프랑스혁명 직후의 실러나 4.19혁명 직후 김수영의 생각과 크게 다르지 않다. 이렇듯 담론이 반복되는 것은 예술과 정치, 미학의 정치화와 정치의 미학화(벤야민이 아닌 랑시에르의 의미에서)가 하나의 순환고리 속에 묶여 있다는 점을 증명해주는 동시에, 감성에 대한 이해 수준이 예나 지금이나 엇비슷하다는 점을 보여준다. 감성에 대한 미봉적 이해가 지루한 반복을 만들고 있다.

멘케는 정치-윤리적 지평에서 미학사의 변천을 재해석함으로써 감성과 그것의 정치성에 대한 이해의 깊이를 더해주었다. 이 점이 멘케가 이 담론에 기여한 바다. 하지만 멘케 역시 미학적 힘을 언급하면서 유구한 멜랑콜리 담론을 간과한 것은 말할 것도 없으려니와, 감성적 힘의 전모조차 충분히 밝히지는 못했다. 아마도 이성의 빛이 틈입할 수 없을 정도로 감성 자체가 어둡기 때문이리라. 또한 '미학의 마지막 말은 인간적인 자유'라는 결론을 보더라도, 멘케의 미학은 서양적 자유론에 묶여 있다.[422] 멘케의 미학적 힘은 8장에서 보았던 박동환의 ㄱx의 파격과 유사해 보인다. 이성적이고 실천적 주체를 끊임없이 변모시키는 힘이기 때문이다. 그러나 멘케의 그것은 궁극적으로 합리적 주체 또는 서양적 자유와 공속하는 것으로 남는다. 다시 말해서 어두운 힘은 다시 서양적 합리성 내지 자유의 틀 내부로 포섭되고 만다. 결국 멜랑콜리 담론이 줄곧 그래왔듯이, 멘케의 미학적 힘은 오직 서양적 담론의 내부에서만 파격의 힘을 발휘할 수 있다.

과도한 지식욕은 먼저 지적 강박증 내지 현실 도피증이 아닌지를 의심해봐야 한다. 그럼에도 누군가 감성의 어두운 힘에 대해 더 알고 싶어한다면, 나는 그에게 우리의 시인 김수영과 철학자 박동환의 글을 소개해주고 싶다.

> 나의 모호성은 詩作을 위한 나의 정신구조의 上部 중에서도 가장 첨단의 부분을 차지하는 것이고, 이것이 없이는 무한대의 혼돈에의 접근을 위

한 유일한 도구를 상실하는 것이 되기 때문이다.[423](인용자 강조)

감각은 중심의 이동을 가리킨다. 감각은 개념과 사유가 자리잡은 중심을 흔들며 허물어낸다. ……감각은 어떤 보편의 개념으로 집합하기를 거부하며 하나하나의 사건 또는 사례의 독특함을 결정한다. 감각은 먼 중심자로부터 온 고독한 전달자다. 감각은 암호와 같다. 감각은 기존의 중심을 이탈하고 미지의 중심을 향하여 흩어져간다. ……감각은 세계에 실현되는 어떤 것에도 복종하지 않는다. 그것은 절대[ ]로부터 보내진 부름의 사자使者다.[424](인용자 강조)

언뜻 김수영의 '모호성'과 박동환의 '감각'은 온몸의 상하上下 양극단을 가리키는 듯 보이지만, 실은 지금까지의 핵심어였던 '감성'을 뜻하는 말이다. 두 인용문은 시인이 처음부터 다시 정치를 시작始作/詩作해야만 하는 까닭과 시인 진은영이 "야릇한 시작"[425]이란 말에 입을 맞추는 까닭을 암시해주고 있다. 오직 예술적 감성으로 정치를 '무한히' 다시 시작할 수 있을 때에만, 유한한 '우리'가 '무한대의 혼돈' 내지 '절대'와 접촉하는(무한한 절대가 유한한 우리에게 드러나는) 불가능한 사건이 일어날 수 있다. 이런 시작 속에서만 의미는 무의미를 은폐하거나 기만하지 않는다. 그렇다고 무의미에 무작정 함몰되지도 않는다. 시작이 '야릇한' 것은 이 때문이다.

5. 「멜랑콜리아」의 알레고리

진은영은 이론가 이전에 시인이다. 그것도 「멜랑콜리아」라는 제목의 뛰어난 작품을 낸 '멜랑콜리 시인'이다. 멜랑콜리아라는 서양문화의 정수를 직감하고 그것을 시로 승화시킨 드문 시인이다.(그녀의 시집 『우리는 매일매일』 전체를 멜랑콜리 코드로 읽어낸 비평가 권혁웅의 빼어난 안목에도 경의를 표한다.) 그녀가 얼마만큼 보편적인 감성으로 멜랑콜리를 변용시킬 수 있을지는 아직 판단하기 어렵다. 하지만 지금까지의 빼어난 창작 활동만 보더라도 기대를 한몸에 받기에 충분하다. 그렇다면 현재 진은영의 멜랑콜리 감성에는 어떤 메시지가 담겨 있을까?(감성에는 '존재의 목소리'가 담겨 있다는 하이데거의 말을 잊지 말자.) 그녀의 멜랑콜리한 시 「멜랑콜리아」에는 어떤 내용, 어떤 알레고리가 감추어져 있을까? 「멜랑콜리아」는 이렇게 시작한다.

그는 나를 달콤하게 그려놓았다
뜨거운 아스팔트에 떨어진 아이스크림
나는 녹기 시작하지만 아직
누구의 부드러운 혀 끝에도 닿지 못했다

그는 늘 나 때문에 슬퍼한다
모래 사막에 나를 그려놓고 나서
자신이 그린 것이 물고기였음을 기억한다
사막을 지나는 바람을 불러다
그는 나를 지워준다

그는 정말로 낙관주의자다
내가 바다로 갔다고 믿는다

—「멜랑콜리아」 전문[426]

이 시를 보면서, 나는 우리의 시인이 멜랑콜리라는 서양적 감성을 이만큼 밀도 높게 시화詩化한 것에 놀랐다. 그런데 정작 나를 경탄케 한 것은 시 속에 장착된 알레고리다. 시인의 창작 의도와는 전혀 무관할 수 있지만, 긴 호흡으로 서양의 멜랑콜리를 다루는 우리의 문맥 속에서 진은영의 「멜랑콜리아」는 새로운 의미를 얻는다. 서양적 멜랑콜리 감성에 대한 알레고리적 반성, 나는 이런 맥락에서 시를 읽었다. 시의 알레고리에 대한 내 해석은 다음과 같다.

시 속에는 두 명의 인물이 등장한다. '그'와 '나'. 아마도 그 둘은 사랑하는 연인 관계로 보인다. 시의 제목과 내용을 고려한다면, '그'가 멜랑콜리커인 것은 분명하다. '나'는 조금 애매하다. 멜랑콜리커를 사랑하는 사람이므로, 어느 정도는 멜랑콜리 감성에 전염되었을 것으로 추정할 수 있다. 시적 화자인 '나'가 '그'에 대해 서술하는 목소리에 멜랑콜리가 촉촉히 묻어 있다. 여하간 이 두 사람은 짙은 멜랑콜리 향을 발산하고 있다.

그는 나를 달콤하지만 쉽게 녹아 없어지는 아이스크림으로, 모래 사막의 물고기로 그리는 사람이다. 제멋대로 상대방을 상상하는 사람이다. 그럴듯하게 미화해서 그리지만, 그가 그린 그림은 내 모습이 아니다. 더구나 그림 속의 나는 하필 금방 소멸하는 것(아스팔트 위의 아이스크림, 모래 사막 위의 물고기)이며, 나의 이미지는 그가 멋대로 상상한 것에 불과하기에 언젠가는 소멸할 수밖에 없다. 나는 녹아 없어지고 지워지는 이미지에 불과하다. 자기 스스로 만든 환상이더라도 그것이 사라지면, 번번이 그는 슬퍼한다. 그를 슬프게 하는 것은 진정 무엇일까? 게다가 그는 자신의 슬픔을 '나 때문'이라고 말한다. 하지만 슬픔은 오래 못 간다. 곧 그는 자기 편한 대로 생각한다. 지워진 '나', 즉 물고기가 바다로 갔다고 말이다. 이런 유형의 인물은 어떤 인간일까?

사막의 물고기로 만들어놓고 바다로 갔을 거라 믿는 자기중심적 낙관주의자. 그는 멜랑콜리커다. 그는 나를 안다고 믿는다. 사랑한다고 믿는다. 하지만 그는 자신이 만든 환상을 사랑할 뿐이다. 나 역시 그를 사랑하지 않는 것은 아니다. 그러나 뼈 속까지 멜랑콜리커인 그를 온전히 사랑할 수는 없다. 그는 나를 사랑한다고 믿지만, 한번도 내게로 다가와 내밀한 나와 접촉한 적이 없기 때문이다. 나는 "누구의 부드러운 혀 끝에도 닿지 못했다."

필자는 이 시에 등장하는 '그'를 서양으로, '나'를 동양으로 해석해 보자고 제안한다. 단순히 남녀 한 쌍의 멜랑콜리한 이야기로만 해석하기에는 아까운 시이기 때문이다. 이 시에는 동서양의 관계에 대한 탁월한 알레고리가 숨어 있기 때문이다. 서양은 오리엔탈리즘의 시각으로 동양을 제멋대로 바라보았다.(헤로도토스의 『역사』에서 영화 〈300〉에 이르기까지, 중단 없이 일관된 그들의 시각을 보라.) 때로는 어처구니없이 왜곡시키기도 하고, 때로는 터무니없이 미화하면서 말이다. 서양 자신이 만들어놓은 환상에 동양을 가둔 것이다. 환상은 필연적으로 환멸을 불러온다. 환상의 소멸. 서양은 이 소멸을 슬퍼한다. 하지만 그의 슬픔은 오래갈 수 없다. 환상은 사라졌으되, 환상을 만든 자기 자신은 굳건히 남아 있기 때문이다. 필요하면 언제든 다시 환상을 만들면 된다. 그가 낙관주의자처럼 보이는 까닭은 나르시시즘에 기초한 멜랑콜리커이기 때문이다. 자기 스스로가 환상의 생성과 소멸을 주관하고 소멸마저 미화한다는 점에서 그렇다. 물론 곧이어 또다시 환멸에 젖어들 테지만.

그렇다면 서양을 바라보는 동양('나')은 어떠한가? '나'는 자신에 대한 '그'의 무지를 겨우 알아챘다. 시 속에 등장하는 '나'에 대한 정보는 이것이 전부다. 그가 나에게 닿아본 적이 없다는 것, 결국 그의 사랑이 기껏해야 환상적인 자기사랑이라는 것을 '나'는 알고 있다. 그가 멜랑콜리커인 것을 간파한 셈이다. 그런데 과연 동양은 서양의 본질을 간파했을까? 과거에 비해 서양의 많은 점을 알게 된 것은 사실이다. 단적으로 진은영의 「멜랑콜리아」가 서양문화에 대한 높은 수준의 인식에 도달했다는 사실을 증명해주고 있다. 과거 우리는 서양으로부터 엄청난 충격을 받았고, 이후 '그'를 추종하며 열렬히 사랑했다. 아니 지금도 사정은 마찬가지다. 식을 줄 모르는 영어 열풍이 잘 보여주는 것처럼, 우리는 심지어 모어마저 내팽개치려 하지 않던가? 하지만 이제는 서양의 정체를 냉정하게 직시할 필요가 있다. '그'가 나르시시스트이자 멜랑콜리커라는 것을.

냉정한 깨우침 이후, 우리의 사랑은 어떻게 될까? '그'처럼 '나'도 멜랑콜리커가 되어야 할까? 시적 화자인 '나'의 감성도 얼추 멜랑콜리하게 느껴진다. 그러나 멜랑콜리와는 다를 수밖에 없다. 왜냐하면 '나'는 '너'의 사랑이 지독한 나르시시즘임을 깨닫고 있기 때문이다. 마치 사랑하는 이로부터 '널 사랑한 게 아니라, 네 안에 있는 내 모습을 사랑한 거야'[427]라는 충격적인 말을 듣고 난 다음의 허탈한 감정이랄까? 시적 화자의 감성을 서양의 멜랑콜리라고만 한정짓기는 어렵다. '나'는 어렴풋이 '그'의 멜랑콜리의 본질과 한계를 알고 있기 때문이다. 서양의 멜랑콜리가 아니라면, 도대체 어떤 감성일까? 만해의 기룸이라고 부를 수 있을까? 그것도 아닌 것 같다.

이 애매한 지점에 진은영은 서 있다. 그녀의 탁월한 선배 시인들, 즉 김수영, 이성복, 최승자, 기형도 등은 서양의 멜랑콜리를 적극 수용하여 나름의 방식으로 변용시킨 시인들이다. 그들이 걸었던 이 길을 그녀가 뚜벅뚜벅 걷고 있다. 나는 진은영을 주목한다. 멜랑콜리 감성을 명징하게 보려 했던 최초의 시인이자 치열하게 감성의 정치적 힘까지 생각하는 이론가이기에, 그녀가 선배들에 이어 더욱 새로운 감성의 길을 낼 수 있다고 전망하기 때문이다.

좌파 멜랑콜리

벤야민

사람들의 정치적 성향을 말할 때 자주 사용되는 말이 좌파와 우파, 진보와 보수라는 개념이다. 이분법적 단순 도식이 가져다주는 인식적 편리성 덕분인지, 이 도식은 저마다 다를 수밖에 없는 복잡미묘한 정치적 입장을 '선명하게' 분류해주는 말로 애용되고 있다. 허나 이 말은 성급한 일반화의 오류와 폭력적 배타성을 내장하고 있는 위험한 용어이기 때문에, 매번 조심스럽게 사용될 필요가 있다. 불이 위험하다고 사용을 금지할 수 없는 것처럼, 이런 용어의 사용을 금할 수는 없는 노릇이다. 나라마다, 또 각 시대마다, 심지어 화자마다 각기 조금씩 다른 뜻으로 사용하기는 하지만, 여기서 우리는 우파와 좌파 개념을 이렇게 규정해보기로 한다. 즉 우파가 과거부터 존재해온 '현실적' 가치질서 내지 기득권을 보존하고 유지하는 보수적 정치세력을 뜻한다면, 좌파는 미래에 도래할 '잠재적' 가치질서를 이루고자 기득권에 도전하는 진보적 정치세력을 뜻한다고 말이다.

멜랑콜리의 관점에서 본다면, 우파보다는 좌파가 멜랑콜리라는 말에 더 잘 어울린다. 사실 국내외를 막론하고 근현대사를 주름잡은 지식인들은 대부분 좌파 인텔리겐치아였으며, 그들 주위를 감싸고 있던 원초적인 정조는 멜랑콜리였다. 멜랑콜리라는 것이 '있어온 것', '소유해온 것'을 지키려는 사람이 아니라, 기존의 것을 폐기하고 '잠재해 있는 것', '없던 것'을 창조하려는 자에게 더 친화적이기 때문이다. 물론 권태로운 일상을 사는 봉건귀족 및 부르주아도 다른 내용과 형태의 멜랑콜리에 휩싸이기도 한다. 그러나 좌파는 당장 실현 불가능한 이념, 실패로만 귀착되는 혁명, 강고하게 변하지 않는 현실 앞에서 뼈저리게 절망하기에, 멜랑콜리에 더 가깝다.

아니 어쩌면 멜랑콜리는 좌파의 운명이라고까지 말할 수 있다. 주어진 '현실'에 만족하면서 현재와는 다른 미래의 잠재성을 꿈꾸지 않는 순간, 더이상 좌파라고 부를 수 없기 때문이다. 좌파의 정치이념은 현실에는 부재하기에 버겁고, 체제와 기득권의 거대한 저항을 돌파해야만 실현될 수 있기에 힘겹기만 하다. 그래서 뜨거운 열정과 차가운 지성을 가지고서 불의로 가득찬 현실을 과감히 부인否認하고 세상을 뜯어고치려고 하지만, 이내 곧 '좌파 멜랑콜리Linke Melancholie'와 마주칠 수밖에 없다.

『당통의 죽음』의 작가이자 스스로도 혁명가였던 게오르크 뷔히너는 단두대에서 생을 마감했던 프랑스혁명의 주역 당통을 권태로운 멜랑콜리커로 묘사한다. 당통의 이런 단면을 잘 드러내는 한 장면은 이렇다. 옷을 입고 있는 당통에게 친구가 서두르라고 말하자, 당통은 다음과 같이 투덜거린다. "참 지겨운 일이야. 항상 속옷을 먼저 입고, 그 위에 바지를 입어야 하다니. 밤엔 잠자리에 들어갔다가 아침에는 다시 기어나와야 하다니. 그리고 언제나 한쪽 발을 다른 발보다 먼저 내디뎌야 하다니. 어떻게 달라질 조짐이 보이지 않으니, 참으로 서글

픈 일이야."[428] 혁명을 성공시킨 주역이건만, 역사가 지루하게 반복된다는 생각을 당통은 떨쳐내지 못한다. "사실 난 인류 역사 전체를 비웃지 않을 수 없어. 세상이 그대로라는 생각이 들어. 내일도, 모레도 그리고 먼 훗날에도 모든 게 오늘과 같을 거 같아. 공연히 소란피우는 거야."[429]

역사는 역설적이게도 혁명가 당통에게 지독하게 지루한 것이다. '같은 것의 영원한 회귀'로만 보이기 때문이다. 종국에 이 멜랑콜리 혁명가는 자신이 이끌었던 혁명에 의해 죽음을 맞이한다. 죽음을 예감하며 그는 이렇게 말한다. "혁명의 대홍수는 자기 마음대로 아무데서나 시체를 치운다네."[430] 당통에게 혁명은 이따금 반복되는 자연현상처럼 보이며, 인간은 역사의 주인이나 혁명의 주체라기보다는 역사의 쓰나미에 휩쓸려버리는 부유물처럼 여겨진다. 역사가 단 한 번의 혁명으로 구원될 수 없다는 말은 혁명이 영원히 계속되어야 한다는 뜻이자, 모든 개별적 혁명은 종국에는 실패할 수밖에 없다는 뜻이다. 따라서 당통의 역사관은 한갓 우울증 기질을 타고난 특정 개인에게 귀속시킬 문제가 아니라, 혁명적인 좌파 전체의 숨겨진 역사관으로 확대시킬 수 있다. 요컨대 개혁이나 혁명을 꿈꾸는 좌파는 역사적인 관점에서 멜랑콜리할 수밖에 없는 것이다.

'좌파 멜랑콜리'라는 말의 원조는 아마도 발터 벤야민일 것이다. 그는 히틀러가 등장하던 시대의 유대인으로서 주위의 몰이해로 고통받은 학자이자, 결국에는 자살로 생을 마감했던 불우한 좌파 지식인이다. 수전 손택에 따르면, 프랑스인들은 벤야민을 "슬픈 사람"이라 불렀고, 벤야민의 친구 숄렘은 "심오한 슬픔"이란 말로 그를 특징지었으며, 벤야민은 스스로를 멜랑콜리 점성학의 행성인 "토성의 영향 아래" 태어난 사람이라고 말했다.[431] 삶은 말할 것도 없거니와 그의 사상 자체도 멜랑콜리라는 모티프로 점철되어 있다. 또한 그는 『독일 비애극의 원천』을 남김으로써 멜랑콜리 담론을 현대 사상의 지형 속에 끌어들인 핵심 인물 가운데 한 명이 되었다. 그렇기에 몇몇 연구가는 그의 사상적 핵심을 읽어낼 수 있는 비밀 코드로서 멜랑콜리를 주목하기도 한다. 이처럼 벤야민은 그 자신이 한 명의 전형적인 멜랑콜리커였으며 탁월한 멜랑콜리 연구자였다. 하지만 예상과는 달리, 그는 앞서 우리가 규정했던 의미와는 다른 뜻으로 좌파 멜랑콜리라는 용어를 사용했다.

벤야민은 당대 인기가 많았던 시인 에리히 케스트너를 비판하면서 이 용어를 사용한다. 케스트너는 자본주의 체제에 순응하는 소시민에 대한 날카로운 풍자를 시에 담았는데, 벤야민은 그런 냉소적인 시인의 멜랑콜리한 모습이 도리어 "틀에 박힘Routine"에서 나온 것이라 평가한다.[432] 틀에 박힌다는 것은 "특이성을 희생하고 스스로에게 역겨움을 느끼는 재능을 포기하는 것"이다. 비판적 지식인의 냉소와 아이러니는 오히려 틀에 박히기 쉬운 환경을 조성한다. 공격이 최상의 방어라는 타자 비판의 방패 뒤에서 자기기만을 위장할 수 있기 때문이다. 타자에 대한 공격의 수위가 높아질수록, 기만과 위장의 수위는 깊어만 간다.

이런 지식인들을 벤야민은 "좌파 근본주의linke Radikalismus"라 부른다. 적수에 대한 "그로테스크한 폄하"는 단지 "이 좌파 근본주의 인텔리겐치아의 초소가 얼마나 많이 상실됐는지"를 드러내줄 뿐이다. 다시 말해 이런 식의 공격성은 한갓 자신의 취약성을 은폐하고 보호하려는 또다른 표현일 뿐이다. 벤야민은 케스트너가 프롤레타리아트라는 "보호색Mimikry"으로 위장하며 좌파 흉내를 내지만, 그것으로는 한 치의 현실도 변혁할 수 없다고 본다. 오히려 혁명의 기운을 헛되이 소진시킬 따름이다.

벤야민은 좌파 근본주의를 이렇게 정의한다. "좌파 근본주의란 결단코 어떤 정치적 행위도 더이상 상응하지 않는 태도"를 뜻한다.[433] 이들 좌파의 왼쪽은 이런저런 노선에 따른 왼쪽이 아니라, "가능성 일반"의 왼쪽이다. 다시 말해 무조건 왼쪽을 지향하고 보는 것이다.[434] 그들은 기껏 '아니요'라고 말하는 데서 짜릿한 쾌락을 향유한다. 그들의 말은 화려하지만 정치적인 행위로 이어질 수 없다. 거칠고 삐딱한 말들의 남용을 실천으로 생각하지만, 그들의 말에는 실천이 뒤따르지 않는다. 때로는 말을 삼키고 그간 자신이 했던 말들을 묵묵히 실천해야 하는데, 좌파 근본주의에게는 이런 모습이 없다. 혁명에 대한 과장된 말과 몸짓만 있을 뿐이다. 과도한 비난에도 꿈쩍 안 하는 완강한 현실 앞에서 그들은 절망할 수밖에 없다. 절망의 최종 귀착지는 허무주의다. 벤야민이 보기에, 케스트너의 마지막 귀착지는 바로 이런 허무주의였다. 케스트너는 허무와 절망의 연주법을 알고는 있었다. 하지만 그것은 배부른 자들의 비애, "고통스러운 우둔함Gequälte Stupidität"을 표현한 것뿐이다.

이와 같이 벤야민은 케스트너를 비판적으로 서술한 다음, 마지막으로 정치적 서정시의 과제를 충실히 수행한 시인으로 브레히트를 제시한다. 케스트너에 대한 벤야민의 평가가 과연 정당한지는 면밀하게 따져봐야겠지만,[435] 벤야민이 상당히 비판적인 관점에서 좌파 멜랑콜리라는 용어를 사용했다는 점만큼은 분명하다. 멜랑콜리 담론의 도도한 전통에서 보자면, 벤야민의 좌파 멜랑콜리 개념은 중세적 아케디아의 전통을 잇고 있다. 아케디아에 걸린 수도사의 모습처럼, 실천적 무기력, 방향을 상실한 자의 정처 없음, 무자비한 공격성, 무의미, 허무 등이 좌파 멜랑콜리커의 모습에서도 등장한다. 즉 아케디아와 좌파 멜랑콜리는 방향을 잃고 실천적 동력을 상실한 모습을 지칭한다는 점에서 일치한다.

좌파 멜랑콜리라는 말에서도 우리는 멜랑콜리의 양면성을 본다.

하나의 얼굴은 벤야민이 비판했던 무기력의 멜랑콜리이며, 다른 하나는 당면한 현실정치를 딴판으로 변혁해내는 창조적 멜랑콜리다. 멜랑콜리인 이상, 둘 다 힘겹고 처절하기는 마찬가지다. 하지만 전자에게는 몸과 말이 따로 노는 어긋남의 고통이 추가된다면, 후자에게는 그런 고통만은 없을 것이다. 반대로 전자에게 기만과 위선의 쾌락이 추가된다면, 후자에게 그런 쾌락은 없을 것이다.

그렇다면 우리의 좌파는 과연 어떤 멜랑콜리를 선택해왔을까? 현실 사회주의의 몰락을 기점으로 좌파는 전세계적으로 그 입지를 크게 상실하고 있다. 확고한 이념의 상실, 잇따른 정치적·문화적 헤게모니 장악의 실패가 좌파에게 정신적 공황상태를 불러일으키고 있다. 이런 때는 무기력한 좌파 멜랑콜리가 창궐하기 좋은 시절이다. 이런 시대에 누군가 좌파라고 자임한다면, 벤야민이 좌파 멜랑콜리에 대해 비판했던 내용을 반드시 기억해야 할 것이다.

12장

슬픔의 기울기

이성복

그때부터 울렁거리는 가슴엔 지워지지
않는 기울기 하나 남게 되지요
— 이성복

1. 곤혹의 지지부진

이성복의 시는 편지다. 두 가지 의미에서 그렇다. 하나는 시인이 세상의 독자에게 보내는 편지라는 점에서, 다른 하나는 시인의 시가 이전에 이미 그에게 도착했던 편지에 대한 답장이라는 점에서 그렇다. 다른 시인들의 경우도 비슷하지만, 특히 이성복의 시는 대개 '누군가 내게 쓰다 만 편지'에 대한 답장이다. 이 경우 보낸 이의 정체는 명확히 알려져 있지 않으며, '쓰다 만' 편지처럼 내용조차 분명치 않다. 답장을 쓰기 곤혹스러운 것은 일단 이런 이유 때문이다.

답장을 쓰려면 이름 없는 발신자를 추적해야 하고, 쓰이지 않은 편지 내용을 면밀히 복원해야 한다. 곤혹의 극한에 이르러서야 겨우 답신 몇 줄이 허락된다. 때문에 답장 쓰기의 진정한 난관은 "곤혹의 지지부진"[436]이다. 그런데 곤혹의 비등점까지 도달하지 못하게 하는 장애물 중 하나는 '알고 있다'는 착오 또는 오만이다. 행여 시인이 철학에 기대어 곤혹을 모르게 된다면, 그래서 곤혹의 지지부진에 빠진다면, 시(답장) 쓰기가 어려워지는 것은 당연한 일이다.

언젠가 시인은 '곤혹의 지지부진'을 고민했던 적이 있다. 시인의 곤혹은 어디에서 온 것일까? 혹시 지나친 철학 공부에 있는 것은 아닐까? 철학자인 나는 시인이 철학 공부를 너무 많이 하는 것 같아 한편으로는 반갑기도 했지만, 혹여 그것이 시 짓기에 방해가 되지 않을까 걱정했던 적이 있다. 심지어 "나는 동양을 얻고 문학을 잃었다. 얻은 것은 사상이고, 잃은 것은 문학이다"[437]라고까지 말하는 시인의 공언을 자구 그대로 믿지 않더라도, 산문집 곳곳에서 철학에 심취한 시인의 모습을 볼 수 있는데, 지켜보는 사람에겐 왠지 위태로워 보였다. 하지만 최근 출간된 시집 『래여애반다라』[438]를 보며 다행히 그것이 한갓 필자의 기우였음을 확인했다.

사실 앎이 곤혹을 가리고 지지부진하게 만들 때 시는 물론이거니와 철학도 위험에 빠진다. 철학은 '무지의 지'를 외칠 때조차 오만해서는 안 된다. 모든 종류의 '앎'은 그 빛나는 힘으로 곤혹을 은폐·미혹시킬 수 있기 때문이다. 곤혹의 지지부진에 빠지면, 더 나아가 곤혹이 깔끔하게 제거되면, 시가 그렇듯이 철학적 사유도 사그라진다. 시인과 철학자가 진리의 동반자로서 둘도 없는 친구 사이라는 하이데거의 말을 굳이 인용하지 않더라도, 곤혹의 지지부진을 경계하는 사람으로서 그 둘은 서로 가깝다. 서로가 서로를 자기곤혹의 도피처로 삼을 수 있기 때문이 아니라, 곤혹의 황량한 극지極地에서 만날 수 있는 귀한 말벗이라는 점에서 둘은 가깝다.

이 글은 시인으로부터 온 편지를 받고 철학하는 이가 써본 답장이다. 예나 지금이나 이성복의 시를 받으면 무척이나 곤혹스럽다. 그저 감상만 한다면야 그래도 견딜 만한데, 시에서 얻은 느낌과 생각을 정리해 글을 쓰려 할 땐 정말로 '아득'하기만 하다. 그런데 왜 그런 곤혹을 자청한 것일까? 정확한 이유는 알 수 없다. 다만 곤혹이라는 올가미에 함께 매여 있기 때문은 아닐까 추측할 뿐이다. 어쨌든 이 글은 시의 곤혹에 화답하는 철학의 곤혹을 담고 있다.

처음부터 이성복의 시는 답장이다. 그렇다면 누구에게 보내는 답장일까? 시인에게 먼저 편지를 보낸 이는 누구일까? 특정한 사람은 아닌 것 같다. 차라리 그것은 사람을 통해 말하는 '무엇'에 가깝다. 아니, 각종 동물, 살아 있는 모든 것의 몸을 통해 말하고 있는 그 무엇이다. 그것은 "슬픔 같은 것"이다.

> 내가 보지는 못했지만 저건 분명 어떤 손길이 지나간 거다
> 슬픔 같은 것이었는데, 고추장 붉은 덩어리가 뭉서리져 있고
> 슬픔도 그냥 슬픔이 아니다
> 저건 내가 손 댄 게 아니라니까
> 아이가 핥아먹는 솜사탕에도 벌건 선지피 덩어리가 뭉서리져 있고
> 저건 기억도 아니라니까
>
> —「누군가 내게 쓰다 만 편지」 중에서

편지를 띄운 자를 시인은 직접 보지 못했다. 시인은 다만 "어떤 손길"이 스친 흔적, 상처만을 본 셈이다. 시인은 손길의 흔적을 기록하고 답할 뿐이다. 미지의 손길은 "슬픔 같은 것"이다. 그러나 그것은 "그냥 슬픔"이 아니다. 진부한 슬픔도, 기지既知의 슬픔도 아니다. 또한 그것은 시인이 머릿속으로 만들어낸 것도 아니며, 시인의 기억 속에만 저장된 슬픔도 아니다. 그럼에도 분명한 것은 상처로 피가 엉겨 응어리가 진 슬픔이며, 아이가 먹는 솜사탕에도 스며 있는 슬픔이다.

문제는 이 슬픔이다. 어디에나 편재하면서도 '그냥 슬픔'은 아닌 슬픔.

시인마저도 이 슬픔의 정체를 완벽히 아는 것 같지는 않다. 그래서 슬픔이라 단정짓지 않고, '슬픔 같은 것'이라고만 말한다. 아니, 시인은 더이상 알려는 욕망을 포기하고 미지의 슬픔에 온전히 몸을 맡기는 듯하다. 슬픔 같은 것에게 슬픔 같은 것으로 답하는 듯하다. 주지하다시피, 언제나 이성복 시인에게 문제는 슬픔이었다. 슬픔은 시인에게 전혀 새삼스러운 것이 아니다. 그러나 이번 시집의 슬픔은 이전과는 사뭇 달라 보인다. 낯익지만 너무나도 낯설고, 낯설지만 너무나도 낯익은 '묘한 슬픔'이다. 낯익지만 낯선 이 '슬픔 같은 것'의 정체를 조금이라도 밝히는 것이 내가 이번 장에서 떠맡은 곤혹스러운 과제다.

시집 제목 '래여애반다라'는 '오다'로 시작된다. 편지가 온 것이다. 슬픔이라는 편지가, 처음에는 시인에게 다음에는 우리에게. 그런데 이번에 온 슬픔은 이전과는 분명 다른 슬픔이다. 그렇다면 시인에게 온 슬픔 자체가 달라진 것일까? 아니면 슬픔에게 보내는 시인의 답장이 달라진 것일까? 아니면 둘 다일까? 그것은 아무래도 상관없다. 미세하지만 현격하게 달라진 느낌의 지점을 분별해보는 일은 어떤 경우에도 무의미하지는 않기 때문이다.

2. 절취선이 있는 초대장

누군가 시인에게 보낸 편지는 초대장이었다. 그것은 발신자의 세계로 수신자를 초대하는 초대장이다. 수신자는 발신자의 초대를 거부할 수도 있고 수락할 수도 있다. 하지만 거부할 때에도 마냥 매몰차게 거부할 순 없다. 이미 초대를 '받은' 상태이기 때문이다. 처음부터 아예 편지를 받지 않았으면 모를까, 벌써 손에 쥐여진 편지는 수신자를 망설이게 한다. '어떻게 하나, 초대에 응할까 말까.' 이처럼 편지를 받고 망설이자마자, 그는 이미 편지에 낚인 셈이다.

시인에게, 우리에게, 살아 있는 모든 것에 당도한 편지는 도저히 받지 않을 수 없는 편지다. 이메일에서나 볼 수 있는 수신 거부, 스팸 차단 같은 간편한 기능은 존재하지 않는다. 문제의 편지는 우리에게 불가항력의 힘으로 도래한다. 삶이 시작된 순간부터 고통과 슬픔은 "한사코", "무작정"(「움직이는 누드」) 밀려오기 때문이다. 도래하는 것들은 '한사코', '무작정' 들이닥친다. 왜냐하면 그런 것들은 까마득한 미지의 과거로부터 유래한 것들이기 때문이다. 그저 스쳐지나가는 것들은 결코 '한사코', '무작정' '올 수 없다'. 오로지 '운명'이나 '천형天刑' 같은 것만이 그렇게 올 수 있다.

그런데 슬픔이 보낸 초대장에는 절취선이 그어져 있다. 실선이 아닌 점선의 절취선이 잘라내기를 청하고 있다. 시는 절취선이 그어져 있는 초대 편지다. 재미있게도 시인은 왜 절취선이 점선인지를 궁금해한다. 왜 그것은 굳이 점선으로 그어져 있을까?

대개 참석 여부를 알려달라는
초대장 아래쪽 절취선은 점선이다

박음질한 것처럼 아예 구멍을
내놓은 것도 있지만,

대개 점선에 자를 대고
찢도록 되어 있다

절취선이 꼭 점선이어야
할 이유는 없을 것이다

그러나 대개 점선인 것은
실선에는 없는 어떤 것이 있기 때문이다

아니면, 실선에는 있는 어떤 것이
없기 때문이다

—「절취선」 전문

실선에 없는 것은 무엇이고 있는 것은 무엇일까? 점선과 비교하여 실선에 없는 것은 빈 구멍, 또는 점이다. 실선에 있는 것은 연속하고 지속하는, 점이 아닌 선이다. 우리는 점선과 실선을 시와 산문을 빗대는 말로 해석할 수 있다. 시가 점선으로 되어 있다면, 산문은 실선으로 짜여 있다. 형식상 시가 논리의 단절, 비약을 통해 형성된 글쓰기라면, 산문은 논리적 수미일관, 연속을 통해 형성된 글쓰기다. 시는 "어딘가, 어딘가 도무지 닿지 않"는 "빈 구멍"(「구멍」)에 빠지는 가뭇없는 느낌을 줄 수밖에 없다. 산문이 발을 헛디딜 수 없는 매끈한 길을 제공하는 반면, 시는 한순간 심연으로 추락할 수 있는 징검다리 길이다.

그러나 이런 것이 시와 산문의 궁극적인 차이는 아니다. 시와 산문, 점선과 실선의 궁극적인 차이는 전자가 대개 절취선으로 사용된다는 점에 있다. 잘라내기 위해 쓰여진 글, 그것이 바로 시의 주요한 특징이다. 산문이 구축한 세계는 스스로를 실체화하고 지속시키려는 경향이 있는 반면, 점선으로 구축된 시는 자기절취와 자기소멸을 통해 다른 세계로 이행하는 징검다리로 사용된다. 고대의 신탁神託이나 선가禪家의 화두처럼, 시는 "그러나 대개" 이런 절취선을 내장하고 있다. 그렇다면 시의 운명이란 언젠가 시에 새겨진 절취선을 도려내 잠시 기억의 호주머니에 보관하다가, 결국엔 버려지는 것은 아닐는지.

시는 절취선이다. 그렇다면 시인은 어떻게 절취의 점선을 만들어가고 있을까? 시는 무엇을 잘라내라고 유혹하고 있는가?

3. 꿈에 낀 백태

잘 알려져 있다시피, 이성복 시인은 고통과 상처 그리고 슬픔의 시인이다. 그가 시 속에 만들어놓은 심연으로 통하는 구멍은 바로 이런 것들이었다. 이 점을 그 누가 부인하겠는가? 그런데 이번 시집에서 시인은 이전과는 다른 구멍을 파놓았다. 그래서 전과는 다른 모양의 점선이 만들어졌다. 먼저 간략하나마 그 차이부터 말할 필요가 있다.

이전에 나는 시인의 사랑론이 서양적 사랑관에 기초한 생각이며, 거기에서는 불가피하게 '멜랑콜리'라는 정조가 파생될 수밖에 없음을 밝힌 바 있다. 그때 내가 인용했던 시는 다음의 시다.

> 사랑은 자기반영과 자기복제. 입은 삐뚤어져도 바로 말하자. 내가 너를 통해 사랑하는 건 내가 이미 알았고, 사랑했던 것들이다. 내가 너를 사랑한다 해서, 시든 꽃과 딱딱한 빵과 더럽혀진 눈雪을 사랑할 수 없다. 내가 너를 사랑한다 해서, 썩어가는 생선 비린내와 섬뜩한 청거북의 모가지를 사랑할 수는 없다. 사랑은 사랑스러운 것을 사랑할 뿐, 사랑은 사랑만을 사랑할 뿐, 아장거리는 애기 청거북의 모가지가 제 어미에게 얼마나 예쁜지를 너는 알지 못한다.
>
> —「사랑은 사랑만을 사랑할 뿐」 전문[439]

이 시를 두고 나는 이렇게 평했다. "자기반영과 자기복제의 의미만을 가지고 있는 사랑, 플라톤식 불멸의 사랑은 타자를 위해 자신을 희생하지 않는다. ……겉보기에 타자를 위해 죽는 희생도 결국 이런 사랑의 담론틀 내에서는 타자를 위해 죽는 것이 아니다. 왜냐하면 이런 사랑 담론에서 타자는 기껏해야 자기의 복제이자 반영에 불과하기 때문이다. ……애기 청거북을 위해 죽음을 불사하는 어미 청거북은 결국 자기복제물을 위해, 자기불멸을 위해 죽은 것으로 간주된다."[440] 근본적으로 내게 '멜랑콜리'란 서양문화를 이해하는 핵심어로서 서양의 자기중심적 사랑관, 곧 자기애적 사랑 이해와 자유인의 죽음론에 바탕을 두고 있는 서양문화 고유의 어두운 정조다. 나는 이성복 시인이 이런 사랑관을 숨김없이 표방한 시인일 뿐 아니라, 시 속에서 누구보다도 적확하게 멜랑콜리 정조를 주조했던 한국의 대표시인이라고 보았다.

국내 지식인들이 서양의 멜랑콜리 담론을 몰라서 연결짓지 못한 것뿐이지, 이런 종류의 평가는 결코 새로운 것이 아니다. 『남해금산』의 해제에서 시인의 각별한 스승이었던 김현이 이성복의 시가 "서구적 이미지의 도움"을 받고 있다고 본 것은 말할 것도 없으며, 『뒹구는 돌은 언제 잠 깨는가』를 읽고서 황동규가 주목했던 "자유로운 연상"과 그 연상들의 "속도감" 그리고 시집 전체를 물들이고 있는 "흑백" 이미지 등은 "초현실주의"의 특징이라기보다는 서양적 '멜랑콜리' 정조에 가깝다. 이미 아리스토텔레스가 해명했던 것처럼, (서양의) 비범한 시인은 멜랑콜리커인데, 멜랑콜리커는 격렬한 파토스를 근간에 둔 빠르고 급격한 연상활동을 전혀 통제할 수 없다. 시인은 멜랑콜리커의 그런 힘을 바탕으로 원거리 사수처럼 탁월한 은유적 이미지(멀리 떨어진 이미지들 간의 유사성 적중)를 창작할 수 있었던 것이다.(1장 참조)

지금도 과거 나의 이런 판단, 즉 '이성복 시의 근본 정조는 멜랑콜리'라는 판단이 틀렸다고는 생각하지 않는다. 다만 그가 노래한 사랑과 슬픔의 '잠재적인' 폭과 깊이를 좀더 세심하게 고려해야 했다는 아쉬움이 남는다. 변화의 조짐을 내다보는 안목이 짧았던 셈이다. 얼핏

보면, 이번 시집에서도 그의 사랑관에는 큰 변화가 없어 보인다. 예컨대 맹목적으로 새끼들을 사랑하는 어미 오리와 수컷 뚝지의 모습이 그렇다. 애기 청거북을 사랑하는 어미 청거북처럼, 이번 시집에 등장하는 동물들의 모습도 자기복제와 자기반영의 사랑으로 설명할 수 있다. 그러나 동물의 존재감이 달라졌다. 단순한 시적 소재 내지 심상의 투영물 정도의 의미에서 벗어나 그 이상의 무게감을 얻고 있다. 시인의 동물(생명체)들은 인간을 되비춰주는 거울이자, 그 자체가 이미 생이 지은 시詩로 변모한다.

동물시학zoopoetics. 언젠가 데리다는 "카프카의 광범위한 동물시학"[441]을 언급한 적이 있는데, 이성복 시인의 생명에 대한 깊은 관심은 무엇보다 카프카의 영향이 컸던 것으로 보인다. 여기서 동물시학(생명시학)이란 동물이 등장하는 텍스트에 관한 시학을 뜻하지 않는다. 오히려 인간 아닌 동물 혹은 생명체zoē가 한갓 '비유적 대상' 내지 '감정이입의 대상'으로만 사용되는 것이 아니라, **시인의 몸을 빌려서 동물(생명) 스스로가 창작한**poiesis 시에 관한 시학을 뜻한다. 이전까지 이성복의 동물(청거북)이 시인의 시선이 투영된 동물에 가까웠다면, 이번에 등장하는 동물(오리, 뚝지)은 동물시학적인 측면에서 시인의 시선을 굴절시킨 동물에 가까워 보인다.

이 점이 이번 시집에서 두드러지게 달라진 점이다. 먼저 애인의 입술을 해삼, 막창, 탯줄에 빗대려다가 "내 눈엔 축축한 살코기밖에 / 안 보인다, 내 꿈에 낀 백태 때문에"(「입술」)라고 고백하는 점이 그렇다. 인간의 동물적 모습을 냉소적으로 꼬집었던 시인은 그것도 결국 '백태'의 소산임을 인정한다. 더욱 중요한 점이 있다. 어미 오리와 수컷 뚝지를 서술하면서, 놀랍게도 "아, 저 엄마는 어떻게 살까?"(「아, 정말 얼마나 무서웠을까」), "바보야, 그러면 그렇다고 말이라도 할 거지, 바보야"(「뚝지」)라는 깊이를 가늠하기 어려운 탄식과 한탄의 목소리가 삽입된 것이다. 과연 이 목소리는 누구의 목소리일까? 동물의 소리일까, 인간의 목소리일까, 아니면 시인의 독백일까? 그것은 모두의 목소리이자 특정한 누구에게 귀속된 목소리가 아닌 존재의 큰 울림이다. 수런거림을 머금은 침묵의 울림.

물론 이마저도 단순히 동물의 왕국을 바라보며 개입시킨 시인의 목소리이며, 동물에게 뒤집어씌운 감정이입의 소산이라고 간편하게 설명할 수는 있다. 그러나 이 탄식과 한탄에는 그런 설명만으로는 해소되지 않는 여운이 짙게 남아 있다. 뭐라 설명하기 힘든 이 울림은 미묘하나마 사랑에 대한 시인의 시선이 바뀐 것을 시사한다. 다시 말해서, 이 탄식의 기저에는 자기복제와 자기반영만으로는 설명할 수 없는 사랑이 깔려 있다. 나르시시즘이 백번의 변태를 겪는다 해도, 이런 느낌의 탄식과 한탄을 터뜨리기는 어렵다. 그렇다면 변모된 사랑관의 정체는 무엇일까? 지금 그것을 분명히 말하기는 어렵다. 여기서는 일단 느낌과 정조의 차이를 분별하는 것에 만족하기로 하자. 서양의 멜랑콜리만으로는 설명하기 힘든 그 정조는 향가에서 따온 글자, 애哀로 등장한다.

4. 멜랑콜리에서 서러움으로

시인은 한자 '哀'를 우리말 슬픔과 서러움으로 번역한다. 시인에게 서러움은 어떤 정조일까? 「오다, 서럽더라」 시리즈만을 살펴보면, 30년 전에 보았던 죽어가는 청년의 성기가 "아직 내 생속을 후벼판다"(「오다, 서럽더라 1」)는 느낌, 할머니의 영정을 방치한 아들을 야단치며 "할머니는 혼자 버려져 계실 텐데"(「오다, 서럽더라 2」)라며 되뇌는 느낌, 고인이 된 장인의 면도기를 한참 후에 찾고서 "그분은 내 사무실 서랍 / 속에 남아 계셨던 것이다"(「오다, 서럽더라 3」)라는 뒤늦은 자각, 우연히 할머니 무덤을 이장할 때 그 밑에 장군무덤이 있던 것을 알게 되면서, "영문도 / 모르고 죄 지은 우리 할머니가 / 가엾기도 하고, 긴 세월 할머니 밑에서 / 고생하셨을 장군께 미안하기도 하고, / 또 그런 미안함 밑에는 어떤 생판 / 짐작도 못할 미안함이 / 파묻혀 있을지 아득하기만 하다"(「오다, 서럽더라 4」)는 느낌 등등.

슬픔이 '그냥 슬픔'이 아니라면, 여기서 등장하는 서러움도 '그냥 서러움'은 아닐 것이다. 때문에 먼저 우리가 알고 있던 기지의 서러움을 판단중지epoche할 필요가 있다. 일단 여기서 기술된 시인의 서러움은 특정한 대상에게서 나온 느낌이 아니다. 물론 특정 대상의 몸을 빌려 나온 것이지만, 그 서러움은 대상보다 더 깊은 근원을 가지고 있다. 또한 여기서의 서러움은 자기존재를 침해받아서 생겨난 억울함도 아니다. 오히려 그것은 대상과 자기를 모두 아우르는 존재론적 서러움이다. 그것은 존재의 슬픔이자 필멸하는 생의 슬픔이며, 궁극적으로는 필멸하는 생을 '사랑'하는 슬픔이다. 그렇다면 시인은 어떻게 이런 서러움을 느낄 수 있게 되었을까? 또 왜 이전에는 이런 느낌의 서러움을 말하지 못했을까?

이전에도 시인은 서러움을 말하고 있었다. 그런데 이전의 서러움은 서러움이되 관찰자적 서러움이다. 이전의 시인은 세상은 물론이고 시인 자신의 삶마저도 관찰자적 시선[442]으로 냉정하고 무자비하게 바라보고자 했다. 그리고 그것이 진정한 사랑이라고 생각했다. 초창기 시의 서늘한 풍자는 이런 시선의 힘에서 나온 것이다. 관찰자는 대상과 거리를 두고서 그것을 굽어보는 제삼자다. 이런 관찰자는 냉소는 날릴 수 있을지언정, 서러움을 과장할 수는 있을지언정, '몸소' 서러울 수는 없다. 또한 자신의 고통마저 관찰자적 시선으로 거리를 두는 것은 고통에서 벗어날 수 있는 하나의 방법이기도 하다.

아니 백번을 양보해서, 서러움을 토해낼 수는 있을지언정, 서러움을 "비단처럼 펼쳐"('시인의 말')낼 수는 없다. 이전 시들이 멜랑콜리한 분위기 속에 있었던 것은 생을 굽어보려는 관찰자적 자아가 그의 시 배후에서 끝내 사라지지 않았기 때문이다. 더구나 관찰자의 시선에는 "고압의 / 송전탑처럼 발기해 천지의 미물들을 감전시키고 싶"(「하늘에게」)은 욕망이 담겨 있다. 당연히 이런 욕망은 좌절할 수밖에 없고 자책과 자기연민을 반복하는 멜랑콜리 정조에 물들 수밖에 없다.

이번 시집에도 관찰자적 시선은 여전히 존재한다. 그러나 삶을 가혹하게 불러세워 날카로운 이성의 면도날로 그 단면을 한꺼풀씩 벗겨내지는 않는다. 도리어 "사랑이 없는 눈으로는 불러세우지도, 마냥 보내지도 못합니다"(「이별 없는 세대 1」)라고 고백한다. 또한 청운의 꿈을 담고 있는 푸른 하늘은 "철없을 때 내가 판 푸른 연못"(「하늘에게」)으로 규정된다. 날 선 자기비판은 여전하지만 가혹한 피학의 자책이 아니라, 자신의 비루함에 대한 담담한 직시直視로 바뀐다. 그렇다면 자타自他의 대립과 분열을 넘어서, 냉혹한 관찰자적 시선을 넘어서, 시인은 어떻게 세상을 바라보고 있는가? 도대체 어떤 시선으로 삶을 바라보고 있는가? 그 물음에 대한 답을 다음의 시가 암시하고 있다.

빛이 안 왔으면 좋았을 텐데
빛은 왔어
균열이 드러났고
균열 속에서 빛은 괴로워했어
저로 인해 드러난 상처가
싫었던 거지
빛은 썩고 농한 것들만
찾아다녔어

아무도 빛을 묶어둘 수 없고
아무도 그 몸부림 잠재울 수 없었어
지쳐 허기진 빛은
울다 잠든 것들의 눈에 침을 박고,
고여 있던 눈물을 빨아먹었어
누구라도 대신해
울고 싶었던 거지,
아무도 그 잠 깨워줄 수 없고
아무도 그 목숨
거두어줄 수 없었으니까
언젠가 그 눈물 마르면
빛은 돌아가겠지,

—「빛에게」 중에서

여기서 빛은 생生, 사랑으로 읽힌다.(프로이트의 에로스도 생이자 사랑이다.) 빛은 시인을 포함한 살아 있는 모든 것의 가혹한 운명을 뜻한다. "안 왔으면 좋았을" 빛이 세상에 왔다. 생은 빛이기에 "저로 인해 드러난 상처"들로 아파하지 않을 수 없다. 아픔과 슬픔을 치유하는 일, 즉 애도작업은 슬픔의 눈물을 흘리는 것 이외에 달리 뾰족한 방법이 없다. 오로지 위안은 "울다 잠든 것들의 눈에 침을 박고, / 고여 있던 눈물을 빨아먹"는 일을 통해서만 얻을 수 있다. 울음을 통해서만 슬픔은 진정된다. 때문에 누군가를 대신해서라도 울어야 한다. 이렇듯 실컷 울고 나면, 슬픔이 사라지지는 않는다 해도 '견딜 수 있는' 슬픔으로 바뀐다. 이 땅에 '온' 빛은 스스로 슬픔을 겪고 견디면서, 슬픔의 거대한 역사를 비추고 증거한다. 이제 주체적인 관찰자는 세상의 거대한 슬픔을 '밝히는' 또하나의 작은 슬픔으로 변모한다.

이제 앞서 언급했던 시 한 구절을 다시 떠올려보자. "사랑은 사랑만을 사랑할 뿐". 여전히 유효한 말이다. 말 그대로는 탁월한 혜안이다. 진정 사랑은 사랑만을 사랑한다. 슬픔도 슬픔만을 슬퍼한다. 사랑 또는 슬픔이란 동태動態가 자신의 주어와 목적어를 설정하고 부린다. 이전까지 시인에게 이 말은 한갓 주체의 자기사랑으로 국한되어 이해되었다. 자기복제와 자기반영으로만 해석되었다. 왜 하필 이렇게만 해석되어야 할까? 그러나 이제 사랑은 생명을 가진 모든 것으로 확대된다. 특히 사랑은 "썩고 농한 것들만" 찾아다닌다. "울다 잠든 것들의 눈에 침을 박고, / 고여 있던 눈물을 빨아먹"는 사랑으로 묘사된다. 즉 자기의 존재로 말미암아 상처받은 타자의 슬픔을 보듬는 사랑으로 변모한다. 주체는 사랑을 대상화해서 장악할 수 없으며, 오로지 사랑의 빛 속에서만 그 모습을 드러낸다.

여전히 이번 시집에서도 생의 빛과 나는 구분된다. 시인이 나무를 연모하며, "나무와 나는 하나 되리라고, 그러면 나도 없고 / 나무도 없고, 질푸른 그늘만 남게 되리라고"(「남지장사 1」) 말하거나, 기파랑을 기리며 "그는 나무 애기를 들려주러 우리에게 온 나무인지도 모른다 / 아니면, 나무 애기를 들으러 갔다가 나무가 된 사람"(「기파랑을 기리는 노래」)이라고 말하면서 삶과 내가 하나가 되는 상태를 꿈꾸지만, 여전히 시인은 "아무래도 / 나는 남의 순간을 사는 것만 같다"(「來如哀反多羅 3」)고 느낀다. 그렇다고 해도 이전처럼 타자화된 생의 어둠을 폭로하고 삶을 증오하는 느낌은 사라졌다. "삶이여, 네가 기어코 / 내 원수라면 인사라도 해라, / 나는 결코 너에게 / 해코지하지 않으리라."(「來如哀反多羅 5」) 원수 같은 삶일지라도 그것에 인사를 권한다.

이번 시들은 관찰자인 내가 일방적으로 삶을 주시하는 것이 아니라, 그와는 반대로 "장난기 가득한 눈으로 / 나를 바라보는 생"(「來如哀反多羅 9」)을 고려하고 있다. 여전히 생은 가혹하지만, 그것을 바라보는 시인의 시선이 너그러워졌다. 생을 "어여쁘디 / 어여쁜 나의 생이여, 어여어여 뜨거운 물수건 꼭 짜서 / 끈끈한 네 이마를 닦아주면 넌 좋아할까?"(「나의 아름다운 병원」)라고 말하는 곳에서 그것을 확인할 수 있다. 이전에 시인이 생을 어여쁘다고 말한 적이 있던가? "어여어여"라는 친밀한 어휘를 생에게 사용했던 적이 있던가? 이런 점들이 시인의 이전 시와는 다른 느낌을 자아낸다.

그렇다면 시인의 시가 변모한 까닭은 무엇일까? 사실 초기 시와 산문 들을 일별해보면, 놀랍게도 그는 정도의 차이만 있을 뿐 이런 변화를 미리 예고하고 있었다. 막연하게 알고 있었고 예감하고 있었다. 하지만 생의 빛은 "아무도 그 몸부림 잠재울 수 없었"(「빛에게」)고 시인은 "지글거리는 아스팔트 위의 / 어린 다람쥐처럼 이 생의 저변을 콩닥거리며 뛰어"(「나의 아름다운 병원」) 다녔기 때문에, 그 생각의 씨앗들을 온전히 시로 발효시킬 수 없었던 것이다. 머리로는 예감했으나 그 예감이 온몸으로 녹아들지는 못한 셈이다.

지금껏 시인은 사랑을 비롯한 모든 것을 환幻으로 말하려 했다.[443] 실재를 참칭한 모든 것들이 환상에 불과한 것임을 폭로하려 했다. 색色을 공空으로 보려는 무한한 열망 속에서 깨달음을 얻어 고통을 상쇄하려 했으나, 자꾸만 원한과 회한만 쌓여갔다. 그런데 이번 시에는 생활의 소소한 경험을 통해 그런 과거 모습에 대한 깊이 있는 반성을 담고 있다. 닳고 닳아 조금 남은 비누조각을 새 비누에 붙여 쓰는 방법을 터득하면서, "지금까지 내 삶에서 이보다 / 더 보람 있는 수행은 없었으니, 원한도 회한도 없이 / 있지도 않은 無를 없애려 하지도 않았던 것이다"(「소멸에 대하여 2」)라고 말한다.

있지도 않은 환상을 없애려 노심초사할 이유는 없다. 더구나 환幻이 멸滅하는 모습幻-滅을 보면서 기뻐 환호하지는 못할지언정, 목소리 높여 개탄하거나 과장되게 절망할 이유도 없는 것이다. 그는 이런 깨달음을 얻었으되, 그것마저 과장하지 않는다. "환갑을 코 앞에 둔 내가 / 작은 비누 조각처럼 내 아들의 등때기 위에서 나날이 / 사라져간다 한들, 암두꺼비 등을 타고 할딱거리며 / 교미하는 멍청한 수놈과 무엇이 얼마만큼 다를까"(「소멸에 대하여 2」)라고 말하며 그 이치의 원조를 "천지신명"에게 돌린다.

5. 슬픔의 기울기

이성복의 최근 시집에서 가장 인상적인 시 한 편을 꼽으라면, 나는 주저 없이 「연에 대하여」를 꼽을 것이다. 그것은 한편으로 삶과 예술에 대한 탁월한 알레고리이면서, 다른 한편으로는 최근 그의 시에 등장한 슬픔의 변모變貌를 정제된 이미지로 보여주고 있기 때문이다.

> 처음엔 바람을 마주하고 뛰다가 연이 바람을 타면 조금씩 실을 풀어주지요 신문지 찢어 붙인 꼬리 흔들며 대나무 살을 붙인 태극무늬 방패연이 솟아오르면, 갈라터진 아이의 손에는 일렁이는 실의 느낌만 전해오지요 마침내 실감개의 실이 다 풀리고 까마득한 하늘 높이 까박까박 조는 연에서 흘러내린 실은 제 무게 이기지 못해 무너지듯 휘어지지요 그 한심하고 가슴 미어지는 線은 그러나, 참 한심하고 가슴 미어진다는 기색도 없이 아래로, 아래로만 흘러내리고, 그때부터 울렁거리는 가슴엔 지워지지 않는 기울기 하나 남게 되지요 남자든 여자든, 어른이든 아이든 누구나 가졌지만 의지가지없는 이들에겐 더욱 뚜렷한 線, 언젠가 우리 세상 떠날 때 두고 가야 할 기울기, 왜냐하면 그것은 온전히 이 세상 것이니까요
>
> —「연에 대하여」 전문

잘 다듬어진 조각품처럼, 시는 단단하고("방패") 선명한 이미지("연")를 구축하고 있다. 어렸을 적 자주 연을 날려본 사람은 말할 것도 없고, 한 번이라도 연날리기를 본 적이 있는 사람은 시가 그리는 이미지를 쉽게 재생할 수 있다. 시의 후반부에 등장하는 "세상"이라는 단어로 인해, 연날리기와 인생사가 연상의 자연스러운 이합집산 속에서 화음을 이룬다.

바람은 거칠고 가혹한 세상사를 뜻한다. 동시에 장난기 가득한 생을 뜻한다. 우리에게 생은 번번이 "무언가, 무언가 안 되고 있다"(「極地에서」)는 느낌을 전해준다. 나이를 먹는 일은, 내 뜻대로 되는 일이란 세상에 존재하지 않는다는 뼈아픈 각성의 눈물을 삼키는 일을 말한다. '되는 일'이란 항상 변화무쌍한 바람의 소관이다. 그러나 이런 바람이 없다면, 빛도 고통도 슬픔도 없다. 게다가 바람이 있어야만 연을 띄울 수 있다. 바람은 연날리기의 필수조건이다.

하늘로 솟구친 연은 시인에게 시詩일 것이다. 평범한 사람에겐 고통과 절망의 구렁텅이에서 가뿐히 비상하고 싶은 욕망 또는 희망이라 말해도 무방할 것 같다. 시인은 연과 유사한 의미로 날개를 언급한다. "여러 날 굶은 생쥐가 미끄러운 짬밥통 속에서 엉덩방아 찧다가 끝내 날개를 얻었다 하리라"(「생에 대한 각서」)라고 말하기도 하며, "내 날개엔 아직 솜털이 돋지 않았다"(「봄밤」)고 고백하기도 한다. 비상하고 싶은 욕망은 "꼬리" 달린 연을 띄운다. 결국에는 지상을 떠날 수 없을지라도, 그 욕망의 불가능성이 거듭 연들을 띄워올리는 또다른 힘의 원천이 된다.

처음 연을 띄울 때, 그것은 바람의 방향과 세기에 따라 상하와 전후좌우로 요동친다. 요란하게 파닥거리며 거센 바람을 그대로 형상화한다. 비가시적인 바람을 가시화한다. 완강하게 연줄을 부여잡은 나와 바람의 격렬한 싸움이 공중에서 실연實演된다. 연은 때로 바람을 타고 급격히 상승하기도 하지만 한순간 꼬꾸라져 땅바닥에 머리를 처박는 경우도 부지기수다. 그러나 실감개에서 실이 한껏 풀리면서 점차 연은 안정된 궤도를 그린다. 연은 바람에 밀려 더 멀리 더 높이 솟아올라, 졸고 있는 듯 미동도 없다.

초창기부터 시인은 이런 연의 이미지, 즉 무엇인가를 거스르지만 그것을 타고 상승하는 이미지를 잘 알고 있었다. 「상류로 거슬러오르는 물고기떼처럼」은 역류해야만 성취 가능한 비약飛躍과 그럼으로써 형성된 역동적인 정지靜止 이미지를 표현한 대표적인 시다. "상류로 거슬러오르는 물고기떼처럼 / 그는 그의 몸짓이 슬픔을 넘어서려는 것을 안다 / 모든 몸부림이 빛나는 靜止를 이루기 위한 것임을."[444] 상류로 거슬러올라가는, 슬픔을 넘어서려는 물고기의 몸부림은 이번 시집에서 바람을 타고 올라 "까마득한 하늘 높이 까박까박 조는 연"의 이미지로 이어진다. 그런데 물고기의 몸짓이 자기-의지적인 분투奮鬪의 모습이라면, 연은 비스듬한 기울기를 남기면서 최대한 바람에 의탁하는 모습이다. 슬픔을 넘어서려는 몸짓이 슬픔과 비스듬히 하나가 되는 모습으로 변모한 셈이다.

연과 나는 아득한 공간을 두고 연실로 이어져 있다. 하늘로 까마득히 떠올라 잘 보이지도 않는 연은 이제 일렁이는 실로만 감촉될 뿐이다. 실은 연의 궤도를 창공에 가지런히 수놓는다. 잡다한 궤도들을 하나의 선으로 압축한다. 동중정動中靜의 그 선은 아래로 휘어지고 늘어진 긴 곡선이다.

연실은 나의 시간을 뜻한다. 그것은 나와 연을 이어주는 나의 시간이다. 주체의 죽음, 저자의 죽음을 외쳐대는 현대철학자들에게 기대지 않더라도, 실감개를 감았다가 푸는 자가 진정 나인지 다른 어떤 존재인지는 확인하기 어렵다. 하지만 연과 이어져 있는 실조차 나의 시간임을 부인하기는 어려울 것 같다. 실감개에서 실이 거의 다 풀렸다는 것은 죽음에 임박했음을 뜻한다. 나의 시간이 얼마 남지 않은 셈이다. 거의 다 풀린 실은 연을 공중에 띄운 채 축 늘어져 있다. 그것을 시인은 "그 한심하고 가슴 미어지는 線은 그러나, 참 한심하고 가슴 미어진다는 기색도 없이 아래로, 아래로만 흘러내리고"라고 묘사하며 그런 곡선의 "기울기"가 가슴에 남는다고 말한다. 나의 생生 곡선의 기울기.

시인은 연실이 만들어내는 기울기가 아래로만 흘러내린다고 말한다. 어쩌면 그와는 반대로 휘어진 기울기로 상승한다고 말할 수도 있을 텐데 말이다. 연이 "철없을 때" 띄운 상승의 의지라면, 시간의 실이 풀려갈수록 그것은 점점 꺾이고 휘면서 아래로 추락한다. 연 쪽에서 보면, 처음 추락의 기울기는 급경사를 이루다가 점차 완만한 경사를 유지한다. 무게를 이기지 못해 길게 늘어진 갈고리처럼 생긴, 이런 기울기는 연실의 무게가 만든 것이다. '살아내는 시간'의 무게가 부드러운 곡선의 기울기를 만들어낸 셈이다. 또한 그 기울기는 우리네 삶이 비추어낸 바람의 무게, 곧 '세상의 무게'를 싣고 있다. 가시적으로는 연실의 기울기가 그런 무게를 표현하고 있으며, 비가시적으로는 연실을 타고 전해오는 팽팽하고 묵직한 감촉이 그것을 알려주고 있다.

이성복의 『래여애반다라』에 나타난 슬픔은 이 기울기로 요약할 수 있다. 연을 하늘 저 먼 곳으로 띄우지만 아래로 축 늘어뜨린 연실의 기울기가 이번 슬픔의 새로운 기미를 보여주고 있다. 이전 이성복의 시에서 보였던 멜랑콜리가 급격한 상승과 추락을 반복하는 수직의 기울기에서 유래한 것이라면, 이번 시에서 느껴지는 서러운 슬픔은 완만한 경사를 이루고 있다. 부드러워진 곡선의 기울기다. 그것은 세상과 타협해서 얻은 원만圓滿이 아니라, 지상의 모든 슬픔이 끌어당기는 중력 때문에 비상의 꿈이 조금씩 무너져내린 '긴장된 시간들의 긴 궤적'을 뜻한다. 거기에는 관찰자적 자아의 냉정함도 없고, 한탄과 절망을 과장하는 자아도 없다. 지상에 늘어진 실에 매여 바람결에 따라 조용히 나부끼는 연만 있을 뿐이다. 거기엔 파격破格을 꾀하기보다는 격파擊破된 자기를 담담히 응시하는 눈길만 있을 뿐이다.

과거 이성복은 파격을 꿈꾸었던 시인이다. 그가 어두운 자신의 내면으로 침잠하며 발굴해낸 이미지는 기존의 어떤 이미지나 이론으로도 설명되지 않는 파격적인 것이었다. 그런데 이번 시집을 들고 온 이성복은 '자기'의 '파격'으로부터 떠나서 '격파'의 흔적을 온전히 간직하려는 듯 보인다. 즉 '자기 내부의 타자성(자기의 특이적 고유성)'에서 보편성을 확보하려 하기보다는, 미지의 것에 의해 격파된 자기, 그것에게 남겨진 '불가능성'의 흔적을 밝힘으로써 보편의 길로 들어서려 한다. '슬픔의 파격'이 '격파의 슬픔'으로 이동함으로써, 슬픔은 명실상부 아득한 심연의 깊이로 함몰된다.[445]

6. 환멸과 적멸 사이

바람의 세기와 풍향의 변덕은 예전 그대로다. 거센 바람에도 연날리기를 그만두지 않는 시인의 모습도 한결같다. 그러나 마음의 실감개에서 넉넉히 풀어준 연실과 더 높이 솟아올라 굳건해진 시적 이미지는 뚜렷이 달라진 점이다. 실의 폭이 길어질수록, 즉 삶과 사랑, 고통과 슬픔의 폭이 넓어질수록, 연은 흔들림이 없어지고 실은 깊이 있는 기울기를 얻어간다.

어쩌면 이번에야말로 시인은 오래전부터 소망했던 (슬픔을 육화/동화하는 데 그치지 않고 그런) "자기를 시詩로 변화시키는" '구체적인 사랑'이라는 "좁은 문"[446]을 통과하는 데 성공한 것은 아닐는지. 최소한, '서양적' 멜랑콜리로 침윤된 시적 정조에서 탈피하여, 더 보편적이면서 깊은 슬픔의 정조를 발굴했다는 점만은 의심의 여지가 없다. 그런데 생명을 부여받은 것들을 모두 담을 수 있는 한없이 넓고 깊은 이 슬픔이 우리가 찾던 미래의 멜랑콜리가 아니었던가? 8장에서 박동환의 철학 개념에 기대어 막연히 그려보았던 미래의 멜랑콜리가 드디어 '슬픔의 기울기'라는 시적 이미지로 몸을 얻은 것은 아닐까?

단언하기에는 너무 이르다. 그러나 지금까지 나는 이 주장의 개연성을 충분히 보여주었다고는 자신한다. 인생이 내기와 같고 간혹 내기에서 올인해야 할 때가 있다면, 나는 이 개연성에 모든 것을 걸 것이다. 박동환의 철학과 이성복의 시는 미래의 멜랑콜리를 탐험하는 이들에게 틀림없이 좋은 내비게이터가 되어줄 것이다.

끊일 듯 끊이지 않는 연줄의 기울기를 따다가 시인은 한 땀 한 땀 시집 전체를 수놓았다. 이미 언급했던 것처럼, 그것은 초대장의 절취선처럼 보인다. 나는 환멸과 적멸 '사이'를 가르며 하염없이 아래로 흘러내리는 "그 한심하고 가슴 미어지는 線"을 자를까 말까 몇 번을 망설였다. 결국 나는 기다랗게 휘어진 절취선을 그대로 두기로 했다. 이 '사이'의 점선이 시로 형상화할 수 있는 생의 전부라고 보았기 때문이다.

시의 고유 기능이 절취에 있다고는 하지만, 시는 오로지 절취 직전의 점선으로만 존재한다. 잘라낸 다음 도통道通하느니, 나는 차라리 '살아 있는 동안'만큼은 시와 함께 '망설임의 곤혹'을 끝까지 사랑하기로 했다. "뱃가죽 터지고 사지가 너덜거려야"(「뚝지」) 마침내 그 속내를 드러내 보이는 바보, 멍텅구리 뚝지가 되기로 했다.

자본주의적 멜랑콜리

우리 사회를 규정하는 가장 힘있는 단어는 무엇일까? 어떤 말이 우리 시대의 명암을 잘 드러내줄 수 있을까? 무한경쟁, 세계화, 거대도시화, 정보화, 포스트모던, 디지털 매체를 비롯한 첨단 과학기술 등등. 수많은 단어를 꼽을 수 있겠지만, 정치경제학에 문외한인 나의 뇌리에도 자연스럽게 '자본주의'라는 단어가 먼저 떠오른다. 지금 우리는 자본이 주인공인 사회에서 살고 있다. 제어가 거의 불가능해 보이는 자본, 그것이 지배하는 사회에서 살고 있다. 이곳에 살고 있는 사람이라면 누구라도, 이 사회가 심각한 우울증을 앓고 있다는 점은 쉽게 납득할 수 있을 것이다. OECD 자살률 1위, 유치원 꼬마부터 고희의 노인까지 막무가내로 내몰리는 생존경쟁, 무한경쟁의 아레나arena가 바로 우리가 살고 있는 '여기, 이곳'이기 때문이다. 지금 시대를 살고 있는 누구나가 겪는 멜랑콜리는 바로 자본주의 사회가 낳은 멜랑콜리다. F. 스콧 피츠제럴드의 『위대한 개츠비』는 이런 멜랑콜리의 전형적인 모습을 담고 있는 소설이다.

『위대한 개츠비』는 가난한 청년의 성공과 사랑 그리고 파멸을 담고 있는 소설이다. 소설의 주인공 개츠비의 본명은 '제임스 개츠'다. 그는 실패한 농사꾼의 아들로 태어났고, 야망의 화염에 휩싸였던 열일곱 살 때 자신의 이름을 '제이 개츠비'로 바꾼다. 그의 개명改名은 부와 성공을 위한 인물로 완벽하게 변신하겠다는 의지의 표방이다. 그 무일푼의 야심가 앞에 부잣집 딸 데이지가 나타났을 때, 그는 사랑을 얻으려고 부자인 척 거짓말을 한다. 개츠비는 타고난 매력과 거짓말로 잠시 데이지의 마음은 얻을 수 있었으나, 가난은 그들의 사랑을 지속시킬 수 없었다. 그들 사랑의 궁극적인 대상은 '돈'이었기 때문이다. 그들은 서로에게 단지 돈을 향한 '욕망의 매체'였을 뿐이다. 결국 데이지는 부자인 톰과 결혼하고, 개츠비는 다시 데이지를 얻기 위해 온갖 수단과 방법을 동원하여 돈을 번다. 부자가 된 개츠비가 다시 데이지에게 접근하게 되는데, 그럴수록 파국은 점점 임박해온다.

이 소설에서 특별히 독자의 호기심을 자극하는 부분은 데이지의 목소리다. 작가는 데이지의 목소리를 다채롭게 묘사함으로써 그녀의 인물됨을 암시하고 있다.[447] 이를테면 작가는 매력적인 그녀의 목소리를 다음과 같이 묘사한다. "나지막이 떨리는 목소리"는 "귀가 따라가며 알아서 맞춰 들어야 될 것 같은 그런 종류"이며, "흘러나오는 말 하나하나가 다시는 연주되지 않을 음정들의 배열" 같고, 거기에는 "잊기 힘든 어떤 흥분 같은 것"이 실려 있다.[448] 그런데 주인공인 개츠비는 데이지의 목소리를 한마디로 "돈으로 충만한 목소리"라고 단언한다. 데이지와 개츠비의 친구인 닉은 개츠비의 그 말에 수긍하면서, 이렇게 부언한다. "돈, 그 안에서 오르고 내리는 매력은 결코 사라지지 않는다. 짤랑거리다가 때론 심벌즈 소리처럼 요란하게 울려대기도 하고, 하얀 궁전의 공주처럼 저 높은 곳에서, 번쩍번쩍 빛나는 금으로 만든 소녀상처럼."[449]

이 인용구의 마지막은 피그말리온 신화를 연상시킨다. 피그말리온이 사랑했던 상아소녀처럼, 데이지는 돈으로 충만한 목소리를 내는 금제 소녀상이다. 피그말리온의 상아소녀가 신의 도움으로 생명을 얻을 수 있었다면, 데이지는 자신도 모르게 영혼psyche(원래 살아 있는 몸에서 죽은 다음의 시체를 뺄셈하고 남은 '생명'을 지칭한다)이 팔려 금제 소녀상이 된 인물이다. 이처럼 피그말리온 신화로 데이지를 해석하자마자, 금세 데이지라는 인물은 우울한 정조에 감싸인다. 피그말리온의 후예인 서양인들은 신의 도움으로 살아 있는 소녀를 사랑할 수 있게 된 것이 아니라, 자기의 조각상을 사랑하다가 스스로가 영혼 없는 조각상이 되었다.

데이지가 개츠비를 다시 만나고 사랑의 불씨를 되살리게 된 결정적인 사건은 그의 방에 있던 셔츠였다. 개츠비는 두 개의 큰 에나멜 장롱에 있던 고급스럽고 화려한 셔츠들을 보란듯이 테이블 위에 꺼내놓는다. 점차 "부드럽고 사치스러운 언덕은 점점 더 높아만" 가고, 셔츠의 언덕을 바라본 데이지는 이상한 반응을 보인다. 너무도 유명한 이 장면을 스콧 피츠제럴드는 이렇게 묘사한다.

> 그 순간 갑자기 데이지가 이상한 소리를 내며 얼굴을 셔츠 더미에 파묻고 격렬하게 울기 시작했다. "너무, 너무 아름다운 셔츠들이야." 그녀가 흐느꼈다. 두터운 셔츠 더미에 파묻혀 그녀의 목소리가 띄엄띄엄 들려왔다. "너무 슬퍼. 한번도 이렇게, 이렇게 아름다운 셔츠들은 본 적이 없거든."[450]

셔츠 더미에 파묻혀 격렬하게 흐느끼는 데이지. 우리는 그녀의 심리상태를 어떻게 이해하면 좋을까? 이런 데이지를 열렬히 사랑하는 개츠비는 또 어떻게 바라보아야 할까? 이미 개츠비는 개츠의 "이상화된 자기형상화"[451]였고 "과도한 자아도취"[452]의 산물이었다. 다시 말해서 개츠는 자기 스스로 만든 개츠비를 사랑하는 나르키소스 혹은 피그말리온이었던 것이다. 개츠는 자기의 이상적인 이미지, 곧 돈과 권력의 화신incarnation을 사랑했다. 그리고 개츠가 데이지를 사랑했던 것은 본래부터 그가 사랑했던 개츠비에게 데이지가 어울리는 짝이기 때문이다. 사정은 데이지도 마찬가지다. 데이지가 사랑한 대상은 일차적으로 사치스러운[453] 셔츠였고, 게츠비는 그 셔츠에 어울리는 마네킹이었을 뿐이다. 요컨대 개츠비나 데이지 모두 돈의 마법에 사로잡힌 우리 시대의 섬뜩한 조각상들이다. 그렇다고는 해도, 위에서 묘사된 데이지의 특이한 반응은 아직 충분히 해명되지 않았다. 왜 데이지는 아름다운 셔츠들에 파묻혀서 격렬하게 울기까지 했을까?

벤야민의 『독일 비애극의 원천』에는 멜랑콜리커가 궁신으로 등장한다. 궁신은 권력의 핵심이 어떻게 이동하는지에 따라 재빨리 변신하는 해바라기 같은 존재다. 즉 인간을 믿지 않고 쉽게 배반하는 변절자다. 하지만 궁신에게도 믿고 따르는 것이 전혀 없는 것은 아니다. 즉 그는 인간에게 충성하지 않지만, 운명을 읽는 점복관의 '사물'(예컨대 별자리 형세)과 같은 것에는 충성을 다한다. 살아 있는 인간이 아니라 죽은 사물을 사랑하는 셈이다. 그런 점에서 그는 일종의 페티시스트다. 살아 있기에 변화무쌍할 수 있는 인간이 아니라, 죽어서 더이상 변치 않을 사물에게 믿음을 보낸다. 정확히 말하자면, 시간에 풍화되는 구체적인 사물이 아니라, 사물들 사이의 추상적 질서, 즉 지성을 통해 파악된 법칙적인 '것Ding'을 사랑한다.

> 멜랑콜리는 지식을 위해서 세계를 배신한다. 그러나 멜랑콜리의 끈질긴 침잠은 죽은 사물들die toten Dinge을 구출하기 위해서 그것들을 자

신의 명상 속으로 끌어올린다.[454]

멜랑콜리커는 자기를 중심으로 세계를 재편하고자 하는 사람이다. 그것이 어떻게 가능할까? 세계를 통제하고 장악하기 위해서는 지식이 필요하다. 베이컨이나 푸코의 말처럼, 지식은 힘이고 권력이다. 그래서 그는 변화무쌍한 세계를 배신하고 지식을 움켜쥔다. 그러나 지식을 얻는 대신에 세계는 죽은 사물들의 폐허로 변모된다. 지식으로 포착된 것은 구체적이고 생기 넘치는 것이 아니라, 수식이나 법칙 같은 죽은 사물에 불과하기 때문이다. 지식이라는 마법의 그물망, 바로 그것이 멜랑콜리커의 유일한 충성 대상이다. 그러나 이것은 아직 반쪽짜리 멜랑콜리일 뿐이다. 단지 사물에 충성하고 집착하기만 하는 사람의 모습은 그다지 멜랑콜리하지 않다. 죽은 사물을 다시 소생시키려는 불가능한 시도를 감행할 때, 비로소 멜랑콜리는 정점에 이른다. 허나 어떻게 지식으로 죽인 사물을 지식으로 다시 구할 수 있단 말인가? 폐허의 자리에서 생명을 명상하는 자의 처연한 멜랑콜리, 이것이야말로 벤야민이 궁신을 통해 보여주고자 했던 진정한 멜랑콜리다.

자본주의 시대를 살고 있는 사람이 세계를 지배하기 위해서는 돈이 필요하다. 그는 살아 있는 인간이 아니라 돈을 믿고 따른다. 그런데 돈은 모든 살아 있는 것을 죽은 사물, 즉 추상적인 화폐 내지 그 화폐가 기입된 상품으로 변모시킨다. 벤야민의 궁신처럼, 돈을 추종하는 이런 유형의 인간은 죽은 사물, 즉 화폐와 상품에게 충성을 다하는 물신숭배자다. 돈이 물신화되어가는 과정을 짐멜은 다음과 같이 설명한다. "돈은 점점 더 모든 가치의 절대적으로 충분한 표현과 등가물이 됨으로써, 추상적인 수준에서 모든 다양한 대상을 초월하게 된다. 또한 돈은 지극히 대립적이고 이질적이며 멀리 떨어져 있는 사물들이 공통점을 발견하고 서로 접촉하는 중심이 된다. 이렇게 해서 돈도 사실상 신처럼 개별적인 것을 초월하며 자신의 전능을 마치 최고 원리의 전능인 양 신뢰하도록 한다."[455] 돈은 "세속적 신"[456]이다. 셔츠 더미 앞에서 보인 데이지의 특이한 행동은 이런 페티시즘[457]을 통해 설명된다. 그런데 데이지를 비롯한 소설 속 대부분의 인물들은 이 정도의 물신숭배자로 머무는 데 그치지만, 주인공 개츠비는 좀더 처절한 멜랑콜리커의 길로 나아간다. 전자가 반쪽짜리 물신숭배, 절반의 멜랑콜리에만 머문다면, 후자는 물신숭배의 완성태, 극단의 멜랑콜리로 치닫는다. 개츠비는 신실하게 돈을 숭배하면서도, 돈 때문에 죽은 사물을 다시금 살려내려 한다. 불가능한 꿈을 실현시키려 한다. 뼛속까지 속물인 데이지와 진솔한 사랑을 꿈꾸기에 그는 소설 속의 어느 누구보다도 '위대'하다고 말할 수 있다. 위대한 개츠비The Great Gatsby다. 그러나 그는 위대한 만큼 거대한 멜랑콜리를 떠안을 수밖에 없다.

뒤러의 멜랑콜리 그림에는 주먹을 꽉 쥔 천사가 등장한다. 꽉 쥔 주먹은 우울증의 참기 힘든 고통을 보여주는 듯하다. 광기가 치밀어오르는 순간을 가까스로 억제하는 모습이다. 그런데 파노프스키의 흥미로운 해석에 따르면, 주먹 쥔 손은 보통 탐욕스러운 멜랑콜리커를 상징한다. "주먹을 쥔 손pugillum clausum은 탐욕의 전형적 상징이다.(오늘날 우리는 주먹을 꽉 쥐고 놓지 않는 사람을 '구두쇠'라고 하고, 단테는 구두쇠가 '주먹을 쥐고col pugno chiuso' 되살아날 것이라고 말했다.) 혹시 이 우울증적 악덕이 진짜 정신이상을 나타낸다면, 그 환자들은 손가락을 펴려 하지 않을 것이다. 왜냐하면 그들은 자기가 보물을 쥐고 있거나 혹은 전체 세계가 자기 손아귀에 들어가 있다고 여기기 때문이다."[458] 물론 파노프스키는 뒤러 작품의 천사가 그런 통속적인 구두쇠, 정신박약자가 아니라, 해결될 수 없는 문제를 고집스럽게 움켜쥐고 있는 "혼돈스러운 사색가"의 모습이라고 해석한다.

탐욕을 상징하는 '꽉 쥔 주먹'과 같은 의미 계열에 있는 또다른 모티프는 천사의 허리춤에 매여 있는 '주머니'와 '열쇠'다. 이 둘은 모두 권력과 부를 상징한다. 사투르누스의 자식인 멜랑콜리커는 통속적인 의미에서 권력을 지향하고 부를 축적하려는 사람을 뜻한다. 사투르누스는 황금시대 농업의 신이다. 뒤러 이전의 수많은 도상 속에서 사투르누스는 돈주머니와 열쇠를 지니고 등장한다.[459] 여기서 열쇠는 돈이나 황금을 저장한 금궤를 여는 도구이며, 주머니 역시 돈을 저장하는 도구다. 탐욕적인 구두쇠는 튼튼하고 견고한 금궤로 소유물을 지키려 하지만, 그러면 그럴수록 불안과 번민 또한 커질 수밖에 없다. 이런 점에서 옛날 사람들은 '탐욕의 멜랑콜리'를 생각했던 것 같다.

처음부터 인간 사회에서 돈이 위력을 떨쳤던 것은 아니다. 모든 것을 교환 가능하게 함으로써 모든 것을 획일화하는 돈은 잠재적으로 공동체에 위협적인 존재였다. 돈은 일순간 공동체적 가치와 삶의 리듬을 무너뜨릴 수 있는 위험천만한 것이었다. 마르크스에 따르면, "화폐 자체는 철저한 평등주의자로서 일체의 차이를 제거해버린다. 그러나 화폐는 그 자신이 상품이며 누구의 사유물로도 될 수 있는 외적 물건이다. 사회적 힘이 개인의 사적인 힘으로 될 수 있는 것이다. 그러므로 고대 사회는 화폐를 사회의 경제적 및 도덕적 질서의 파괴자라고 비난하였다."[460] 옛사람들은 돈이 절대권력을 양산하는 '기게스의 반지'[461]임을 예감했다. 그래서 다양한 방식으로 돈에 대한 탐욕을 제어하려 했다. 예컨대 기독교가 지배하던 서양의 중세에는 돈과 그것을 향한 탐욕이 지금처럼 활개칠 수 없었다.

저명한 중세 사학자인 자크 르 고프는 『돈과 구원—고리대금업자에서 은행가로』에서, 중세인들이 고리대금업자를 "시간을 훔치는 자"[462]로 단죄했다고 밝힌다. 중세 기독교적 관점에서 시간은 오로지 신에게만 속하는 것이기 때문에, 고리대금업자는 신의 재산을 훔친 죄인이다. 중세에도 돈이 나름 힘을 발휘했겠지만, 종교적 윤리는 돈에 대한 과도한 탐욕과 숭배에 재갈을 물렸다. "사람들은 고리대금업자가 가진 돈을 보고 그에게 아첨하고 그를 두려워하지만, 하느님에 대한 숭배가 돈에 대한 공공연한 숭배를 배척하는 사회에서 그는 바로 그 돈 때문에 멸시당하고 저주받았다."[463] 그리하여 중세의 고리대금업자는 돈의 '악마적인 자기번식'에 기생하는 파렴치한 무위도식자 혹은 가증스러운 게으름뱅이로 낙인찍혔던 것이다.

음험한 고리대금업이 화려한 금융산업으로 환골탈태한 자본주의 시대에는 구두쇠의 탐욕을 통제할 방법이 없다. 개인의 자유라는 명목하에 탐욕은 거대한 자본을 형성한다. 자본은 탐욕의 대상이자 동시에 인간 욕망이 물신화된 거대한 자동기계가 되었다. 이 시대의 사람들은 한갓 그런 기계의 부속품에 불과하다. 데이지도 개츠비도 모두 돈이라는 아름다운 자동인형에 홀렸던 자본의 인간들이다. 유감스럽게도, 이들의 모습은 1920년대 미국인만이 아니라, 어느덧 이 시대 우리의 자화상이 되었다.

우리가 겪는 우울증의 상당 부분은 자본주의 체제가 낳은 화폐 물신숭배에서 기인한다. 사물들의 고유한 가치와 인간의 다양한 욕망을 획일화시켜 돈으로 수렴하는 체제, (조금만 더 뻗으면 거머쥘 수 있을 것 같은 환상이 드리워진) 돈을 향해 무한경쟁하는 사회, 그곳에서는 필연적으로 절대다수의 박탈감과 상실감이 초래된다. 대부분의 사람들은 그 상실감을 체제변혁의 분노로 바꾸지 못하고, 오히려 자신의 무능 혹은 지독한 불운을 한탄하며 자학한다. 이것이 바로 자살에 이르는 병, 우울증의 사회적 원인이다.

자본은 살아 있는 모든 것을 죽은 화폐로 바꾼다. 처음 자본을 탄생시킨 인간마저도 예외로 남겨두지 않는다. 대부분의 사람들은 물신화된 욕망의 꼭두각시로 살아가지만, 때때로 개츠비 같은 순수하고 무모한 열정은 죽은 사물들을 되살리려 한다. 하지만 피그말리온 신화에서도 신의 도움 없이는 죽은 사물들을 다시 살려내지 못했다. 이때 신의 도움이란 플롯에서의 데우스 엑스 마키나deus ex machina(기계장치 신)에 불과하다. 화폐를 통해 획일화된 것을 다시 소생시키려는 불가능한 욕망에서 '자본주의적 멜랑콜리'가 아름답게 피어난다. 하지만 돈으로 죽은 것은 결코 부활하지 않는다. 개츠비가 열렬히 사랑한 "돈이 충만한 목소리"는 결코 사랑스러운 데이지의 목소리로 변성되지 않는다. 위대한 개츠비가 꿈꾼 "초록색 불빛"[464]은 그를 삼켜버린 자본, 즉 "초록 눈을 가진 괴물"[465]의 눈빛이었던 것이다. 우리 사회 곳곳에는 자본주의적 멜랑콜리가 괴물의 눈처럼 초록 빛깔로 반짝이고 있다.

에필로그

서양철학의 네 국면

멜랑콜리 4체론

포도주 맛을 표현하는 말 중에 '풀바디full body'가 있다. 보통 풀바디드 와인full-bodied wine이란 중후하고 진한 맛과 우아한 향, 부드러운 탄닌의 맛을 즐길 수 있는 오래 숙성시킨 포도주를 말한다. 이 낱말은 입안 가득 전해오는 포도주의 오묘한 맛을 나름 심오하게 표현하고 있다. 미묘한 맛을 언어로, 그리고 특정 언어를 또다른 언어로 번역하는 일이 어렵기 때문일까? 통상 이 말은 번역되지 않고 일종의 외래어로 사용되고 있다. 물론 포도주를 즐기는 이들에게 제한적으로 사용되며, 그들만의 전문용어처럼 통용되지만 말이다. 그래도 굳이 한국어로 번역한다면? 조금 엉뚱하지만 '풍만한 몸' 정도로 번역할 수 있지 않을까? 언뜻 들으면, 특정 맛을 지칭하는 말로는 어색하게 들린다. 영어권의 일상 화법에서 '바디'라는 말은 단순히 생물학적 신체를 가리키는 것 말고도, '(사물의) 주요 부분, 조직적이고 통일적인 집단, (작품 따위의) 실질, (음색 따위의) 야무지고 힘참, (기름의) 점성粘性

농도, (술 따위의) 진한 맛' 등을 뜻한다.

이런 의미들을 고려한다면, 풀바디란 '핵심적 내용물이 빠짐없이 들어 있는 묵직하고 진한 맛'을 뜻한다고 말할 수 있겠다. 단어의 전체 의미군을 고려하여 다시 규정한다면, 바디body, 體란 한갓 정신에 대립하는 물리적이고 생리적인 사물res만이 아니라, 사태 전체의 핵심을 가리킨다. 오래전부터 한자문화권에서도 핵심적인 사태를 지칭하는 개념어로서 체體라는 말이 용用과 쌍을 이루며 사용되었다.

이런 의미로 '체'란 용어를 사용한다면, 2,500년 서양철학의 역사를 네 가지 체로 명명할 수 있을 것이다. 나는 고대 의학의 4체액설을 패러디하여 이것을 일명 서양철학사의 4체론이라 부를 것이다. 여기서 4체란 단일한 체질의 네 가지 양상을 뜻한다. 다르게 말하면, 하나의 몸이 네 가지로 변신變身한 모습을 뜻한다. 서양철학은 단일한 멜랑콜리 체질을 가지고 있으며, 4체란 그 체질의 네 가지 역사적 양상을 가리킨다. 동일한 멜랑콜리 체질의 상이한 양상인 한, 4체는 같은 시대에 한꺼번에 나타날 수도 있다. 마치 현대에도 들뢰즈 철학은 물론이거니와 플라톤과 아퀴나스, 칸트 철학이 공존하는 것처럼 말이다. 그러나 대개 특정 양상이 한 시대를 주도한다. 그래서 각각의 체는 많은 경우 서양철학의 네 가지 역사적 국면을 지칭한다.

이런 명명법nomenclature은 크게 두 가지 이점을 가지고 있다. 하나는 서양철학을 멜랑콜리라는 단일한 체질로 봄으로써 그것을 전체적으로 한눈에 조감할 수 있다는 점이고, 다른 하나는 하나의 몸을 네 가지 변신으로 설명함으로써 서양철학의 시대별 변화 과정을 일목요연하게 식별할 수 있다는 점이다. 요컨대 서양의 풀바디는 멜랑콜리이며, 그 멜랑콜리한 체질은 네 가지 변태 과정을 겪으면서 지금처럼 풍만하게 서양의 몸을 살찌웠다.

시대epoch를 구분한다는 것은 역사적으로 위대한 사건을 기점으로 그 이전과 이후를 나누어서 괄호를 칠 수 있는 핵심적 시간대時間帶를 분간하는 것이다. 원하든 원하지 않든 간에, 같은 시대를 살고 있는 철학자들은 시대적 공통감각sensus communis 혹은 물음의 공감대로 묶여 있다. 예컨대 정치적으로 적대적 위치에 있었던 하이데거와 아도르노는 외견상(정치적 입장)의 차이에도 불구하고 철학적으로 상당히 친화적인 면을 공유하고 있다. 슈미트와 벤야민의 관계도 마찬가지다. 동일한 사유의 사태에 직면하여 유사하게 물음을 던졌기 때문이다. 요컨대 동시대의 철학자들은 시대의 화두를 공유하고 있다.

아무리 다양한 해답을 제시한다 하더라도, 철학자들은 동일한 지평의 물음 속에서 세계를 함께 바라볼 수 있다. 그렇다면 그들은 같은 시대를 공유하는 셈이다. 철학에서 중요한 것은 해답이 아니라 물음이다. 같은 물음의 지평에서 나올 수 있는 해답이 천차만별이라 하더라도, 결국 한 묶음으로 분류될 수 있다. 오직 이전과는 현격하게 다른 지평의 물음을 제기할 때에만 철학의 신기원을 열었다고 할 수 있다. 그래서 철학사를 구획하기 위해서는 먼저 공유되는 물음이 펼쳐내는 시간의 폭을 확인할 수 있어야 한다. 철학사에서 '위대한 사건'이란 것이 존재한다면, 그것은 이전과는 전적으로 다른 지평의 물음이 제기되는 사건을 뜻한다.

서양철학은 고대 그리스에서 시작되었다. 고대 그리스인들은 지중해의 청명한 하늘과 푸른 바다를 배경으로 명징하게 세계를 보고자 했다. 청명한 대기처럼 해맑은 눈을 가졌던 그리스인들은 대체 이건 '무엇일까?'라는 질문을 던졌다. 마치 세상에 나온 지 얼마 안 되는 어린아이가 어른을 졸졸 따라다니며 귀찮게 묻곤 하듯이, 그들은 세상에 존재하는 모든 것의 '무엇임'을 찾았다. 곧 그들은 존재하는 모든 것의

1) **실체實體**를 물었던 것이다. 어떤 것을 그 자체이게끔 해주는 무엇,

그것이 없으면 도무지 존재할 수도 없는 그 무엇 말이다. 통상 서양철학은 세계의 시원이자 세계를 지배하는 원리, 아르케arche에 대한 추구에서 시작되었다고 한다. 엄밀히 말하면, 고대 그리스 철학은 실체에 대한 '앎의 열망philo-sophy'으로 시작했다. 물, 불, 무한정자apeiron, 원자, 이데아 등등은 모두 '무엇'이라는 물음에 대해 그들이 제출했던 궁극적인 해답들이다.

그리스인들의 해맑았던 눈, 일명 '그리스적 명랑성Heiterkeit'을 시기하고 폄훼하고 싶은 생각은 추호도 없다. 하지만 앞서 4장에서 언급했듯이, 그 명랑성의 이면에 드리운 검은 그림자, 즉 멜랑콜리를 간과해서도 안 된다. 그들은 광기어린 집요함으로 실체를 추구했다. 선명하고 또렷하게 실체를 낱낱이 밝히려 했다. 다르게 말하면, 세계의 설계도면을 집요하게 그리고자 했다. 세계의 도면을 그리기 위해서 플라톤 같은 철학자는 현실을 떠나 이데아Idea의 세계로 비상한다. 개항기 동양의 지식인들이 서양문명은 물질문명이고 동양은 정신문명이라 규정하며 자기위안을 삼았던 적이 있는데, 사실 서양의 근대과학은 이처럼 비현실적으로 보이는 실체 추구의 전통 속에서 형성된 것이다. 그런데 오디세우스의 후예들이 관념idea의 모험을 떠난 이유는 그들을 둘러싼 세계를 지배하고 장악하기 위해서였다. 존재의 지도를 완벽하게 그려내어 미래를 예측하고 세계를 정확히 측량함으로써, 그것을 지배하고자 했던 것이다. 오이디푸스콤플렉스의 후예들, 즉 세계의 존재론적 지배라는 오만hybris을 금지하면서도 그 오만을 선망했던 그리스인들은 처음부터 멜랑콜리하지 않을 수 없었다. 현대 과학기술문명은 이 오만에 대해 극도의 양가감정을 가졌던 이들의 후예들이 과감하게 고안해낸 첨단의 산물이다.

첫 질문에 이어서 서양인들은 또다른 질문을 던지게 된다. 그들은 존재하는 모든 것들 전체를 일거에 '하나'로 말하고 싶은 욕망을 가지고서, '대체 이 모든 것들의 전체는 무엇을 뜻할까?'라고 묻는다. 때마침 그리스의 헬레니즘 문화는 유일신을 믿는 헤브라이즘을 만나 이 물음을 본격적으로 풀어내기 시작한다. 하나로서의 신, 짝이 있는 상대가 아니라 홀로 있는 절대자로서의 신, 그런 존재를 묻기 시작한 것이다. 플로티노스와 아우구스티누스, 아퀴나스와 오컴은 이런 물음의 지평에서 사유를 전개하고 제각기 나름의 해답을 제출한다. 특히 신을 언급하며 성부와 성자, 성령이라는 세 가지 구분되는 것의 2) 일체一體를 갑론을박하면서 중세철학은 그 정점에 이른다. 중세 서양인들은 고딕 성당의 첨탑처럼 하나의 점으로 모든 것이 수렴되는 일체의 철학을 꿈꾸었던 것이다.

헬레니즘과 헤브라이즘을 통합하고 합리적인 그리스적 이성과 기독교의 신앙을 화해시키는 것, 그것이 중세 지식인들의 최대 과제이자 목표였다. 지금 우리가 당면한 동서의 융합처럼 그것은 지난한 과제였을 것이다. 이성과 신앙, 그리스적 다신교와 유대·기독교적 일신교는 물과 기름처럼 섞이기 어려운 것이었기 때문이다. 하지만 접점이 전혀 없는 것은 아니었다. 대부분의 그리스인들이 다신교를 믿었지만, 그리스 철학자들은 궁극적인 존재의 단일성, 혹은 모든 것을 소급시킬 수 있는 단일한 원리, 즉 아르케를 추구했기에 종국에는 유일신과 비슷한 철학의 신을 언급했기 때문이다. 예컨대 아리스토텔레스의 '부동의 원동자'가 그 대표적 사례다. 스스로는 움직이지 않으면서 모든 존재자의 운동을 거느리고 있는 최고의 존재는 이성의 언어로 말해도 '신'이었다. 이런 점에서 하이데거는 서양 전통철학을 '존재-신-론Onto-theo-logie'이라고 명명한다. 이런 일체적 사유는 실체적 사유를 기저에 깔고 있다. 일체적 사유라는 것이 특정한 존재자에서 확장하여 전체 존재를 하나의 실체로서 확정지으려는 사유이기 때문이다. 이런 형이상학을 바탕으로 중세는 신, 천사, 인간, 동물, 식물, 무생물 등의 위계 구조로 엮인 '존재의 대사슬'로 세상을 포박하며 천 년 이상 유지될 수 있었다.

중세는 '암흑의 시대'가 아니었다. 악의적인 그 말은 중세라는 시대의 괄호를 뛰쳐나온 근대인들이 자신을 합리화하려는 일환에서 고안해낸 말이다. 어느 시대나 한 시대가 끝나는 말기는 어둡기 마련이다. 즉 중세 천 년 내내 암흑의 시대였던 것이 아니라 기존의 바디, 체體가 쇠하고 다른 체로 교체되던 중세 말이 굳이 암흑이라면 암흑이었던 것이다. 찬란했던 믿음의 시대, 중세의 정오가 지나자 중세 말의 어둠이 찾아왔다. 깜깜한 어둠 속에서 근대인들은 믿을 수 있는 것을 찾지 못했다. 드높던 믿음만큼 높은 불신과 의혹이 불거진 것이다. 누구보다 빨리 그리고 깊숙이 의심의 늪에 빠진 철학자는 데카르트였다. 동시에 그는 근대를 구획짓는 물음, 즉 가장 자명하고 확실한 진리, 추호의 의심도 불허하는 진리가 무엇인지를 묻는다. 의심의 수렁에서 그를 구한 것은 바로 그 '의심하고 있는 나'였다. 데카르트가 보기에, 의심하고 있는 3) 주체主體인 '나'만큼은 더이상 의심할 수 없는 확실한 진리였다. 이제 근대인들은 신으로부터 시선을 돌려 자기 자신에게로 향한다. 칸트가 꿈꾸었던 철학에서의 코페르니쿠스적 전환은 이렇게 시작된 것이다. 이제 근대인들의 질문은 '생각하고 행동하는 주체는 누구인가'라는 말로 요약된다. 이제 중세철학의 전문용어 transcendentia는 더이상 신을 향한 '초월'이 아니라 인식 주체인 자기를 향해 넘어가는 '선험'이란 뜻이 된다.

근대 이후, 인간은 신이 있던 자리에 들어선다. 모든 것이 인간 주체를 중심으로 설명되고 해석된다. 신이 인간을 창조한 것이 아니라, 신은 인간이 만들어낸 상상의 산물일 뿐이다. 지식도 거울처럼 단순히 세계를 반영한 것이라기보다는 인간의 적극적이고 능동적인 가설 수립과 실험을 통해 창안해낸 것으로 이해된다. 아마도 인간의 자유와 권리, 자발성과 능동성이 이만큼이나 찬미된 시기는 없을 것이다. 그런데 서양 근대인이 말했던 인간은 엄밀히 말하자면, 백인, 성인成人, 남성, 신흥 부르주아에 가깝다. 이들은 자신의 자유를 위해 자연을 정복하고, 타문명권을 식민지로 만들었으며, 여성과 하위계급을 억압했다. 자유의 기치 아래 성립된 서양 근대의 주체 철학은 '인간(백인/이성/남성)중심주의'라는 편파적인 모습을 감출 수 없었다.

그렇다면 지금 서양인들은 어떤 질문을 던지고 있을까? 근대인들과는 변별되는 어떤 문제를 떠안고 있을까? 현대인들은 근대인들이 믿었던 주체를 믿지 못한다. 의심하는 저 자신마저 믿지 못하게 된 것이다. 인간은 자신의 주인이 아니라 정확히는 알 수 없는 어떤 것(구조이든 욕망이든 자본이든 또다른 무엇이든)의 대리인 혹은 4) 매체媒體에 불과하다는 불길한 각성, 이것이 서양 현대인들을 근대철학의 꿈에서 깨어나게 했다. 근대 주체 철학에 기초한 혁명들의 연이은 실패, 양차 세계대전의 끔찍한 참화, 인간 종 전체의 말살을 가능케 하는 과학의 발전, 무엇을 위해 어디로 굴러가는지 알지 못한 채 전지구적으로 몸집을 불려가기만 하는 자본 등등이 서양 현대인들이 당면했던 특이한 경험들이다. 이런 경험을 바탕으로 현대철학자들은 매체에 관심을 돌린다. 다시 말해서, 주체로 여겨왔던 인간 개개인마저도 무엇인가의 매체라고 바라보면서, 주체라는 환상을 생성·조작·변형시키는 일련의 과정에 논의를 집중한다. 그럼으로써 현대철학자들은 주체의 죽음을 선포한다. 요컨대 현대인들에게 주체는 타자의 매체일 뿐이다. 이런 결론의 배후에는 현대 서양인들의 다음과 같은 질문이 도사리고 있다. '어떻게 모든 것이 매체가 되며, 대체 무엇의 매체인가.'

현대라는 시간의 폭은 상대적으로 가장 짧다. 그렇기에 아직 현대의 진면목이 드러나지 않았을 가능성이 높다. 특히 철학, 즉 황혼이 되어야 날개를 펴는 부엉이는 빠른 속도로 전개되는 밝은 대낮의 흐름을 제대로 포착하지 못한다. 철학의 중심에서 현대를 열었던 하이데거도 이 시대를 막연하게만 말하고 있을 뿐이다. 하지만 하이데거가 분명히 보았던 것은 있다. 즉 근대적 주체인 인간이 점차 매체로 변신한다는 점은 분명히 보았다. 하이데거에게 인간은 더이상 주체가 아니다. 인간은 던져진 존재이자 기분에 소유된 존재이며, 언어와 존재에게 사용Brauch되는 진리의 매체다. 사실 매체가 현대의 화두라는 점은 철학 이외의 영역에서 더 잘 알려져 있다. 예컨대 정보의 네트워크에서 인간은 수신된 메시지를 송신하는 그물코일 뿐이며, 자본의 시장에서는 화폐를 통해 교환되는 노동력 상품이고, 생물학적으로 보자면 유전자가 스스로를 복제해서 퍼트리기 위한 운반도구에 불과하다. 인간은 주체로서 우주의 중심에 있다가, 한순간 무엇인가의 운송수단으로 추락했다.

이처럼 서양철학은 시대별로 네 가지 체, 즉 실체, 일체, 주체, 매체로 구획될 수 있다. 그런데 각각의 체는 서로 딴 몸이 아니다. 서양이라는 풀바디의 네 지체肢體일 뿐이다. 혹은 알, 애벌레, 번데기, 나비로 변하듯이, 한 몸이 성장하면서 단속적으로 발현되는 네 가지 변태變態 양상이다. 한 사람의 일생에 빗대자면, 4체는 하나하나의 사물이 '무엇'인지를 캐묻는 유아기, 질풍노도의 열정으로 '하나'의 우상Idol에 매달리는 청년기, 모든 사안의 '주인'이 되는 장년기 그리고 세상의 '부림'을 자각하는 노년기에 상응한다.

그러나 이러한 서양의 4체는 모든 사람에게 통용될 수 있는 보편 개념은 아니다. 비록 어떤 보편적 지평이 있다손 치더라도, 그것은 서양문화에서 추출한 내용으로서 서양철학의 특수한 양상 및 국면 들을 지칭하는 말이다. 그렇다면 서양철학의 풀바디는 구체적으로 어떤 이의 몸을 가리키는가? 신화 속의 인물인 나르키소스나 피그말리온일 수 있다. 혹은 이름을 남기기 위해 죽음을 불사하는 모험을 즐겼던 호메로스의 영웅들일 수도 있고, 운명에 맞서 자유를 갈망했던 소포클레스의 비극적 영웅들일 수도 있다. 셰익스피어의 햄릿이나 괴테의 파우스트일 수도 있으며, 당통이나 사르트르, 체 게바라일 수도 있다. 지금까지 우리는 그들을 총칭하여 멜랑콜리커라 불렀다.

특이하게도 그들 모두는 멜랑콜리 포즈를 취하고 있다. 이것을 단순한 우연의 일치로 치부하기는 어렵다. 그들 전체의 풀바디에는 검은 담즙, 즉 멜랑콜리가 흐르고 있다. 진한 멜랑콜리 향이 2,500년 내내 그들의 몸에서 발산되고 있다. 실체가 일체가 되고 주체와 매체로 변신하면서도 그들의 몸에서는 멜랑콜리한 분위기가 사라지지 않는다. 왜일까? 지금까지 우리가 살펴본 바에 따르면, 그들은 자기중심적 존재론과 정체쟁의라는 삶의 형식, 그리고 동일성의 논리에 입각한 특수한 문화적 세계 속에서 살아왔기 때문이다. 배타排他로 직조된 자기애의 세계가 서양철학의 풀바디이기 때문이다.

서양인들도 타자성을 알고 있다. 타문화도 이방인도 알았다. 그러나 무시했다. 그들의 지독한 나르시시즘 때문이다. 타자를 보기는 했으나 받아들이지는 않았다. 서양인들이 관심을 갖은 타자는 이웃에 실재하는 자들이 아니다. 서양인들에게 실재의 타자는 이국적exotic 취향의 대상으로만 여겨졌다. 그들에게 타자란 인식적 지배의 대상인 그것Es(타문화, 타민족 등도 여기에 속한다), 아니면 의식과 인식의 배후에서 인식 불가능한 상태로 남아 있는 그것(프로이트적 이드Id, 칸트적 물자체Ding an sich)에 불과하다. 혹은 불멸의 신들, 절대자, 아니면 자기의 배타적 순수성이 자아내는 '기묘한 낯섦Un-Heimlich'이 서양인들이 타자로 삼았던 것들이다. 멜랑콜리는 이러한 자기 내부의 타자성이 뿜어내는 서양문화의 근본 정조이다. 오래전부터 서양인들은 이 멜랑콜리에서 문화 창조의 샘을 발견했다.

서양인들은 예나 지금이나 여전히 타자를 모른다. 정확히 말하자면, 지금 현재 '살아 있는' 타자를 모른다. 그런 그들이 어떻게 '사랑'할 줄 알겠는가? 사랑한다고 하더라도, 그것은 기껏해야 자기중심적 사랑, 곧 나르시시즘에 갇힌 사랑이다. 이런 의미에서 서양인들은 멜랑콜리커다. 서양의 멜랑콜리커는 실체, 일체, 주체, 매체의 개념틀로 타자를 대상화시켜 인식해서 사용하고 조작하고 지배할 줄만 알지, '타자를 만나 받아들이면서 또다른 타자를 낳는' 진정한 사랑에 동참할 줄 모른다.

서양의 멜랑콜리아Melancholia Occidentalis는 빛나는 문화유산과 과학기술을 인류에게 남겨주었다. 하지만 점차 그것만으로 모든 것이 정당화될 수 없다는 사실이 분명해지고 있다. 특히 서양의 멜랑콜리 문화에는 우리 같은 이방인들, 주변자들을 위한 넉넉한 거주 공간이 없기 때문에 더욱 그렇다. 그곳에는 중심으로의 철저한 편입과 동화만이 허용된다. 이미 서양문화의 역사가 그 점을 잘 보여주었다. 또한 서양문화 내에서 멜랑콜리아는 엘리트의 특권적 정조이다. 서양의 주류문화와 지배문화에서 멀어지면 멀어질수록, 즉 주변부 혹은 하위문화로 접근할수록 멜랑콜리는 점점 더 색이 바랜다. 그렇지만 서양의 하위문화는 지속적으로 주류문화와 접촉할 기회를 가졌기 때문에, 멜랑콜리 정조에서 완벽하게 자유롭지는 않다. 예컨대 궁중문화를 접했던 '어릿광대(혹은 피에로pierrot)의 멜랑콜리'는 분명 자유로운 지성인(군주)의 멜랑콜리와는 다르지만, 멜랑콜리 스펙트럼의 한 귀퉁이를 차지한다고 보아야 할 것이다.[466]

이질적인 문화에 대한 집요한 배타성과 자기우월성. 거기에는 아직 타자와의 공존 가능성이 요원하기만 하다. 그 가능성을 살리기 위해서 우리부터 다음과 같은 사실을 잊지 말아야 한다. 서양의 타자인 '우리'가 서양의 내부에서 '지금 여기' 엄연히 살아 숨쉬고 있다는 사실, 그리고 서양문화의 포식에도 소화되지 않은 생존자들이 존재한다는 사실 말이다.

권태로운 포만감에 젖은 서양인들은 여전히 이런 상황을 모르고 있다. 아마도 대규모 '격파'의 사건이 일어나지 않는 이상, 향후 오랜 시간 동안 모르고 지낼 것만 같다. 인류의 역사를 돌이켜볼 때, 인간은 결코 스스로의 힘만으로 현명해지지 않는다. 만일 그랬다면, 역사적 과오들이 그처럼 지겹도록 반복되지는 않았을 것이다. 대개 고통스러운 격파의 경험이 인간을 지혜롭게 만든다. 서양인들보다 현재의 우리가 더 지혜로울 수 있는 것도 격파된 과거가 있었기 때문이다. 서양의 멜랑콜리라는 잣대로는 도저히 측량할 수 없는 깊은 슬픔이 몸에 배었기 때문이다. 그런데 문제는 서양문명에 엄습하게 될 격파의 사건이 더이상 남의 일이 아니라는 점이다. 서양의 격파는 멀찍이 떨어져서 구경할 수 있는 일이 아니다. 시나브로 우리가 서양의 내부로 들어왔기 때문이다. 어느새 운명 공동체가 되어버렸기 때문이다. 숙주가 죽는다면, 기생체도 살아남을 수 없다. 초보적인 생명의 논리다. 그렇다면 이제 남은 길은 무엇일까?

동쪽에 위치한 아침의 나라Morgenland 사람들이 먼저 잠에서 깨어나 탁월하게 변용된 문화적 거주 공간을 만드는 길이다. 미래 문화의 거점을 마련하는 길이다. 우리가 그런 길로 접어들 때에야 비로소 서양인들은 스스로를 가두고 있던 멜랑콜리의 빈집에서 나올 것이다. 이런 의미에서 세계철학사적 운명의 공은 우리에게 넘어왔다. 철학의 미래는 서양의 타자인 우리의 손에 달려 있다. 지금 우리는 철학적 결단의 갈림길에 서 있다. 조건 없이 서양철학을 절대적 진리로 받아들이고 그것에 동화되느냐, 아니면 동서를 아우를 수 있는 새로운 철학을 창조하느냐. 기생하며 겨우 명맥만을 유지하느냐, 아니면 주도적으로 공생의 지혜를 발휘하느냐.

지금껏 우리는 두번째 갈림길을 선택해서, 얼마쯤 그 길을 따라가 보았다. 다행스럽게도 미리 길을 터놓은 선배들이 있어서 우리의 발걸음이 무겁지만은 않았다. 이 길에서 우리는 선배 철학자 박동환, 김상봉, 김상환 등과 선배 시인 한용운, 김수영, 이성복 등을 만났다. 나는 그들이 서양의 내부, 즉 멜랑콜리 문화의 한가운데에서 어떻게 그것을 변용해왔는지에 초점을 맞춰 살펴보았다. 그리고 그들이 남긴 발자취에서 끊어진 길의 방향을 가늠하려 했다.

이 책에서 나는 '멜랑콜리'라는 바구니를 들고 다니며, 곳곳에 흩어져 있던 생각의 이삭들을 주워 모았다. 그래서 책의 태반은 '이미 누군가의 입을 통해 말해진 것들'로 채워져 있으며, 새롭게 덧붙인 것이라곤 철저히 이방인의 관점에서 서양문화의 멜랑콜리적 특이성을 부각시키고 그것의 철학적 의미를 찾은 것뿐이다. 긴 지적 여정이 끝나는 뒤풀이 자리에서, 안타깝게도 나는 미래 철학의 지도를 선명하게 그려내지는 못했다고 고백해야만 하지만, 우리가 선도적으로 미래 문화를 창조할 수 있는 가능성만큼은 다양한 층위에서 보여주었다고 감히 말해본다.

나는 미토콘드리아가 세포 내 공생에 성공함으로써 진화의 신기원이 일어났듯, 미래에는 주변부의 우리가 세계문화의 신기원을 이룰 것이라는 희망을 결코 포기하지 않을 것이다. 단 이런 벅찬 미래에는 조건이 붙는다는 사실을 잊지 말기로 하자. 희망에 부푼 미래는 언제나 '조건부 미래'다. 미래는 그저 주어지는 것도, 거저 얻어지는 것도 아니다. 그렇다고 인간의 힘만 가지고서 마음대로 만들 수 있는 것도 아니다. 어렵사리 조건을 충족시킨다고 해도, 언제든 의외의 사건이 발생해 엉뚱한 곳으로 밀려갈 수 있는 것이 미래다. 박동환식으로 말하자면, 미래는 결국 X( )라는 격파의 소관이다.

그렇다고 희망하는 미래를 위해 뜻과 지혜를 모으는 일이 결코 허망하기만 한 것은 아니다. 참으로 허망한 것은 격파의 존재사건을 외면하면서 안전지대를 확보하려는 부질없는 시도이다. 허나 임시적인 안전도 종국에는 존재사건의 소관이다. 격파가 관장하는 미래 앞에서 우리가 할 수 있는 일이란 발을 딛고 있는 현실 위에서 미래의 조건들을 헤아려보고 그것을 충족시키고자 노력하는 일뿐이다. 단지 그뿐이다. 격파를 알기에 '속절없이', 격파를 알면서도 '의연하게' 노력할 뿐이다. 그러는 가운데 성패를 떠나서 존재의 진상, 즉 X( )가 제 모습을 드러낼 것이다. X( )에 바탕을 둔 미래의 세계문화는 아마도 이렇게 시작될 것이다. 미래의 인간은 냉혹한 진리에 좀더 길들여지고 참된 존재에 더 잘 붙어 사는 법을 터득해야 될 것이다.

미래를 위한 필요조건(충분조건을 헤아리는 일은 불가능하다)으로 꼽을 수 있는 것은 세 가지로 압축된다. 서양의 타자인 우리가 서양문화의 내부에서 온전히 소화·동화되지 않고 끝까지 살아남는다는 조건 하나, 종국에 서양문화와 끈끈한 상리공생mutualism의 길을 찾아낸다는 조건 둘, 마지막으로 서양의 멜랑콜리 체질을 바꾸어 동서가 모두 거주할 수 있는 '감각의 공동체', '지성의 공동체'를 만들어야만 한다는 조건 셋. 아마도 이 세 가지 조건의 정당성 및 구체적인 세부 사안들을 치밀하게 사유하는 와중에 미래의 철학은 조금씩 우리에게 다가올 것이다. 지금 우리는 미래의 철학을 맞이할 준비가 되어 있는가? 멜랑콜리보다 훨씬 더 깊은 슬픔의 샘에서 참된 희망과 생명을 길어올릴 채비가 되었는가?

미래를 향한 여정을 앞두고 꼭 챙겨두어야 할 것이 있다. 그것은 바로 꼭두새벽에 정화수를 긷는 마음이다. 과거와 현재에 뿌리내린 절실함과 미래의 희망에 대한 간절함이다.

감사의 말

1

15년 남짓 못 본 친구가 한 명 있다. 오랜 시간 만나지 못했기에 친구親舊라는 말도 조금 어색하다. 코흘리개 시절에 처음 그를 만났고, 사춘기 무렵부터는 진지하게 마주앉아 어쭙잖게 시와 철학을 논하곤 했다. 그 무렵 우리는 교과서 대신 문학, 사회과학, 철학 책들을 읽었다. 당시 젊은 날의 김지하와 김용옥의 책은 자주 우리 입에 오르내렸다. 나는 친구의 영향으로 철학을 전공하게 되었고, 문학청년이었던 그 친구는 한참 뒤(세상을 떠돌다가 뒤늦게 대학에 들어와) 내 권유로 철학과에 입학했다.

이십대 초반 세상물정에 어두웠던 두 젊은이는 어두침침한 포장마차에 앉아 자주 술잔을 기울이곤 했다. 그곳에서 둘은 '친근하지만 고루한' 동양철학과 '세련되지만 불편한' 서양철학에 대해 이야기하곤 했다. 취기와 객기가 정점을 찍던 어느 날, 둘은 동서東西를 아우를 수 있는 미래의 철학을 함께 일구자고 결의하기에 이르렀고, 그 야심찬 과제를 성취하기 위해 한 명은 서양철학을, 다른 한 명은 동양철학을 맡기로 했다. 먼 훗날 다시 만나 각각의 지혜를 모아서 우리의 꿈을 이루기로 했다. 그후 15년 가까이 흘렀다. 아마 두 사람 모두, 과제를 끝내지 못하면 결코 만나지 않으리라 암묵적인 다짐을 했던 것 같다.

이 책은 그 친구에게 보내는 일차 보고서다. 너무 늦었고 보잘 것도 없지만, 더이상 미룰 수 없다고 생각했다. 굴릴수록 몸집을 부풀리는 눈덩이처럼, 인생의 수레바퀴에는 광기어린 가속도만 붙어가니까 말이다. 시간의 광기에 사로잡히기 전에, 부족하면 부족한 대로 작업의 일단락을 짓는 편이 낫다고 판단했다. 하지만 판단의 마지막 순간까지 물음 하나가 떨어지지 않고 실행을 방해했다. '겨우 이만한 것으로 친구를 다시 볼 수 있을까?' 그런데 가만히 생각해보면, 어떤 방식으로 만난다 해도 적잖이 어색할 것만 같다. 이제 와서 어떻게 철모르던 시절의 약속을, 뜨거웠던 우정을 기대할 수 있단 말인가?

그는 이미 어린 시절 철학의 친구로서 내게 해줄 수 있는 모든 것을 베풀어주었다. 그것만으로도 그는 내 인생의 '종신終身' 친구로 남을 것이다. 여하튼 책을 출간하면서 그날의 약속을 까맣게 잊고 있을지도 모를 그 친구에게 누구보다 먼저 고맙다는 말을 전해주고 싶었다. 친구의 이름은 최천식이다. 그러고 보면 이 책은 최천식과 함께 나누었던 시간, 철학에 입문했던 우리의 아련한 기억에 바치는 글이다. 또한 지금도 그 어딘가에서 우리와 같은 꿈을 야무지게 키워나가고 있을 젊은 철학도들에게 이 글을 바친다.

2

이 책은 지난 10년 동안 멜랑콜리를 연구하며 썼던 글들을 모은 것이다. 이미 여러 학술지와 잡지에 발표했던 글들이 주요 부분을 차지하며(책 뒷부분에 글의 출처를 밝혔다), 이 책을 위해 따로 쓴 글도 일정 부분 있다. 한 권의 책으로 묶을 생각을 하면서, 다시 꼼꼼히 읽으며 전체적으로 고치고 보완했다.

10년 공부를 돌아보며 남는 것이라곤, 기대에 한참 못 미치는 내 역량에 대한 씁쓸한 자각뿐이다. 주어진 내 몫, 내 운명이 서서히 초라한 윤곽을 드러내고 있다는 느낌이다. 비유컨대 한 사람의 운명이란 어릴 적 꿈이 인생을 갉아먹고 남긴 자국은 아닐까? 나의 경우 기생하는 꿈에, 혹은 숙주인 인생에 어떤 문제가 있었던 것 같다. 서서히 모습을 드러내고 있는 내 운명이 퍽 실망스럽기만 하다. 과연 남루한 이 운명을 나는 사랑할 수 있을까? 책을 내고 나이를 먹고 내 그릇의 크기를 확인하면서, 점점 운명애amor fati가 절실해진다. 성패를 떠나, 이제는 외길이니까.

그나마도 이만큼의 책을 낼 수 있었던 것은 나와 문제의식을 공유했던 선배 철학자들(박동환, 박순영, 김상봉, 김상환 선생님을 비롯한, 본문에 인용된 모든 한국철학자들) 및 타 분야 연구자들과 예술가들(특히 시인들) 덕분이다. 그분들의 큰 가르침과 격려에 의지해서 나는 여기까지 올 수 있었다. 고개 숙여 그분들께 진심으로 감사드린다. 특별히 지근거리에서 내가 여전히 자문을 구하고 있는 연세대학교 철학과의 조대호 선생님과 시스템생물학과의 김응빈 선생님께 감사드린다. 조대호 선생님은 아리스토텔레스를 비롯한 서양철학 전반에 대해, 김응빈 선생님은 미생물학을 비롯한 서양과학 전반에 대해 아낌없는 조언을 선사해주셨다. 화장실에 들어갈 때와 나올 때가 다르다고, 어려울 때 도움을 얻기만 하고 미처 고마움을 표하지 못했는데, 이 자리를 빌려 두 분 선생님께 감사한 마음을 꼭 전하고 싶다.

고마움을 꼭 전해야 하는 사람들 항목에 선배들만 있는 것은 아니다. 까마득한 후배들도 있다. 특히 2014년 봄학기 연세대학교 '문화철학' 수업에서 나는 이 책의 초안을 교재로 삼아 수업했는데, 그때 참여했던 학생들의 초롱초롱한 눈망울과 무서운 입을 잊을 수 없다. 그들은 생기 넘치는 지성으로 무장하고서 혹독한 비판의 칼날 위로 나를 내몰았다. 그 수업은 내 생애 최고의 수업이었고, '흐림 없는 눈'을 가진 그들이 이 책의 완성도를 한층 높여주었다. 김다영, 김성구를 비롯한 젊은 스승들께 진심으로 감사드린다. 미력한 내가 이 책에서 엄두조차 낼 수 없던 내용들은 언젠가 그들이 채워줄 것이다. 아무리 절망스러워도 기성세대는 희망을 포기해서는 안 된다. 청춘이 엄존하기 때문이다.

3

이번으로 출판사 문학동네에서만 세번째 책을 출간한다. 우연이 세 번이나 반복되면, 묘한 인연을 느끼기 마련이다. 설사 그 느낌이 착각이더라도, 출판사가 필자에게 어김없는 신뢰를 주었기에 망설임 없이 출간을 결정한 사실만큼은 진실일 것이다. 강병선 사장님을 비롯하여 문학동네 여러분께 다시 한번 감사드린다. 조잡했던 초고를 읽느라 힘들었을 인문팀 김영옥 님께는 각별히 감사드린다. 그리고 멜랑콜리 연구를 진행하는 데 한동안 한국연구재단NRF의 연구 지원(2007~2010)이 큰 도움이 되었다. 이 자리를 빌려 한국연구재단에 고마움을 전한다.

책을 다듬는 막바지 긴 시간 동안, 자투리 여유 시간도 휴일도 없이 지냈다. 책이 인생을 좀먹는 것이야 내 자유고 운명이라지만, 부득이 피해를 본 아내 남희와 딸 지은, 그리고 아내의 몸에서 조금씩 자라고 있는 미지의 생명(일취월장 말솜씨가 늘고 있는 네 살배기 지은이는 생면부지의 동생에게 '김하트'라는 배냇이름을 지어주었다)에게 쏟아지는 미안한 마음은 어쩔 수 없다. 멜랑콜리를 연구하는 동안 그들은 나를 우울증으로부터 보호해주었거니와 빛나는 영감까지 선물해준 게니우스(수호천사)들이다. 귀엽고 아름다운 나의 천사들에게는 뭐라고 감사의 말을 건네야 할까? 불가능했다. 도저히 찾을 수 없었다. 진심어린 헌사마저도 면피용일 수 있기에, 무슨 죄인처럼 막막하고 먹먹한 마음을 평생 간직하며 사는 수밖에 없을 것 같다.

2014년 늦가을에
김동규

:: 주

1) 마굴리스의 '세포 내 공생설'과 공생 담론의 역사적 변천, 그리고 미토콘드리아가 진화에 미친 영향에 관해서는 각각 다음 책 참조. 린 마굴리스, 『공생자 행성』, 이한음 옮김(사이언스북스, 2007). 린 마굴리스·도리언 세이건, 『마이크로코스모스』, 홍욱희 옮김(김영사, 2011). 톰 웨이크퍼드, 『공생 그 아름다운 공존』, 전방욱 옮김(해나무, 2004). 닉 레인, 『미토콘드리아 — 박테리아에서 인간으로, 진화의 숨은 지배자』, 김정은 옮김(뿌리와이파리, 2009). 공생 이론에 대한 최근의 연구 동향을 살펴보기 위해서는 다음 논문 참조. Thomas Cavalier-Smith, "Symbiogenesis: Mechanisms, Evolutionary Consequences, and Systematic Implications", *The Annual Review of Ecology, Evolution, and Systematics*, 2013, 44: 145-172쪽. Scott F. Gilbert, Jan Sapp and Alfred I. Tauber, "A Symbiotic View of Life: We Have Never Been Individuals", *The Quarterly Review of Biology*, Vol. 87, No. 4, December 2012, 325-341쪽.

정확히 말하면, 마굴리스는 자신의 이론을 '연속 세포 내 공생 이론 SET(Serial Endosymbiosis Theory)'이라 부르며(여기서 연속이란 공생발생을 통한 융합이 순차적으로 일어났음을 뜻함), '공생발생symbiogenesis'이란 "장기간 지속적으로 공생 관계가 확립됨으로써 새로운 조직, 기관, 생물, 더 나아가 종이 생성되는 것"(『공생자 행성』, 11-23쪽)이라고 규정한다. 세포 내 공생설로 설명되는 대표적인 세포 소기관은 미토콘드리아와 엽록체다. 마굴리스는 미토콘드리아의 선조를 포식성 박테리아로 추정한다. 즉 포식성 박테리아가 숙주세포를 '전염'시켰다가 어느 순간 공생관계를 맺었다는 것이다. 더 큰 숙주세포에 의해 포식되었지만 소화되지 않고 살아남아 공생을 이룬(그래서 우리의 본문 내용에 더 잘 부합하는 것처럼 보이는) 것으로는 엽록체를 꼽고 있다.(『마이크로 코스모스』, 174-180쪽) 공격적으로 전염시키든 수동적으로 포식되든(맥없이 포식된 것처럼 보이던 것이 공격성이 강한 전염체로 판명될 수도 있지 않은가?), 적대적이고 이질적인 '숙주-기생체'가 지난한 과정을 거쳐 결국 긴밀한 공속관계를 형성함으로써 새로운 생명체를 출현시켰다는 점이 세포 내 공생 이론의 핵심 내용이다. 이 글에서 미토콘드리아는 단지 그런 공생을 지칭하는 이름일 뿐이다.

2) 김상환, 『철학과 인문적 상상력』(문학과지성사, 2012), 7-8쪽.

3) 여기서 필자가 언급하는 인문적 상상력은 김상환의 발상에 의존하고 있다. '인문적 상상력'에 관심이 있는 독자는 그의 글을 참조할 것을 권한다. 그의 정의에 따르면, "인문적 상상력은 관념, 이미지, 개념, 이념, 가치 들에 대하여 자유롭고 활력적인 재조합의 가능성을 불어넣는 능력이다." 김상환, 같은 책, 275쪽.

4) Roland Lambrecht, *Melancholie: Vom Leiden an der Welt und den Schmerzen der Reflexion*, Hamburg: Rowohlt Taschenbuch Verlag, 1994, 31쪽 참조.

5) M. Ficino, *Three Books on Life* (*De triplici vita*), A Critical Edition and Translation by C. V. Kaske and J. R. Clark, Arizona, 1998, 283쪽.

6) 린 마굴리스, 『공생자 행성』, 이한음 옮김(사이언스북스, 2007), 133쪽.

7) '마디'는 박동환의 글에서 빌려온 개념임을 밝힌다. 박동환, 「남한산성—경계 모색의 몸짓으로 겪으며 이루는 역사」, 2007, 미발표 원고.

8) 서양의 비범했던 예술가들 가운데 멜랑콜리의 영향권에서 벗어난 예외적 인물을 찾기는 쉽지 않다. 낭만주의의 멜랑콜리 연구자이자 영문학자인 에릭 G. 윌슨이 꼽고 있는 사람만 열거해보면, 콜리지, 블레이크, 키츠와 같은 대부분의 낭만주의 시인들, 소설가 어니스트 헤밍웨이, 리타 도브, 레프 톨스토이, 빅토르 위고, 버지니아 울프, 프란츠 카프카, F. 스콧 피츠제럴드, 한스 트리스천 안데르센, 메리 셸리, 음악가로는 헨델, 베토벤, 말러, 로시니, 슈만, 홀스트, 차이

콥스키, 찰스 아이브스, 화가로는 반 고흐, 고야, 폴 고갱, 미켈란젤로 등이 있다. 에릭 G. 윌슨, 『멜랑콜리 즐기기』, 조우석 옮김(세종서적, 2010), 특히 168-169쪽 참조. 이 책의 원제목은 '행복에 반대한다: 멜랑콜리에 대한 찬미Against Happiness: In Praise of Melancholy'로서 멜랑콜리를 통한 사회 비판을 담고 있는 책이다. 저자는 미국적 행복 지상주의를 비판하기 위해서 멜랑콜리에 최대의 찬사를 보낸다.

9) 이 전시에 관해서는 인터넷 검색에서 쉽게 찾아볼 수 있으며, 베를린 전시 때 만들어진 도록을 참조하면 당시 전시 규모와 짜임새 있는 기획을 가늠할 수 있다. Jean Clair (hrsg.), *Melancholie: Genie und Wahnsinn in der Kunst*, Hatje Cantz Verlag, 2005.

10) 최문규, 「근대성과 "심미적 현상"으로서의 멜랑콜리」, 『뷔히너와 현대문학』, vol. 24, 2005.

11) 김홍중, 『마음의 사회학』(문학동네, 2009), 7장.

12) 독일 프랑크푸르트학파 저널 『베스텐트WestEnd』의 한국판, 『베스텐트』(사월의책, 2013)에서 필자는 특집으로 최문규와 김홍중의 멜랑콜리 관련 논문을 재수록한 바 있으며, 본문의 내용은 그 잡지에 썼던 필자의 소개글 일부를 다듬은 것이다.

13) 진은영, 『우리는 매일매일』(문학과지성사, 2008). 이 시집에는 「멜랑콜리아」라는 시가 수록되어 있고, 권혁웅의 탁월한 해설 「멜랑콜리 펜타곤Melancholy Pentagon」이 담겨 있다.

14) 류신, 『수집가의 멜랑콜리』(서정시학, 2010). 류신은 벤야민의 멜랑콜리론에 입각하여 "멜랑콜리는 시인의 권리를 보장해주는 최후의 실존적 보루이자…… 2000년대 한국의 젊은 시단에 짙게 드리워진 그림자이기도 하다"(8쪽)라고 주장한다. 그의 작업은 멜랑콜리에 대한 모범적인 비평의 용례로 간주될 수 있다.

15) 여기에는 한국인 학자도 끼여 있다. 일찍이 조동일은 유독 서양에만 비극이

존재하는 사실을 직시했고 그것이 서양 예술의 모범임을 알고 있었다. 조동일, 『카타르시스, 라사, 신명풀이—연극·영화미학의 기본원리에 대한 生克論의 해명』(지식산업사, 1997). 비극은 하나의 예술 장르이기 이전에, 고대 그리스의 디오니소스 축제를 가리키는 원시종합예술이다. 임철규는 '동양에 비극이 없는 이유'를 다각도에서 접근하고 있다. 임철규, 『눈의 역사 눈의 미학』(한길사, 2004), 8장 「동양에는 왜 비극이 없는가」 참조.

16) 피터 D. 크레이머, 『우울증에 반대한다』, 고정아 옮김(플래닛, 2006), 356쪽.

17) 김상봉, 『서로주체성의 이념—철학의 혁신을 위한 서론』(도서출판 길, 2007), 58쪽.

18) Martin Heidegger, *Aus der Erfahrung des Denkens*. 4. Auflage. Pfullingen: Neske, 1977, 103쪽. 이후 자주 참조되는 하이데거의 저작은 약어를 사용하여 본문에 출처를 밝히기로 한다. 뒤의 참고문헌 참조.

19) Roland Barthes, *Camera Lucida: Reflections on Photography*, translated by Richard Howard, New York: Hill and Wang, 1981, 26쪽 이하.

20) 김민수 편, 최호철, 김무림 편찬, 『우리말 어원사전』(태학사, 1997), 140쪽. 백문식, 『우리말의 뿌리를 찾아서』(삼광출판사, 1998), 56-57쪽.

21) 죠르주 바따이유, 『에로스의 눈물』, 유기환 옮김(문학과의식사, 2002), 30-34쪽 참조.

22) 에른스트 크리스, 오토 쿠르츠, 『예술가의 전설』, 노성두 옮김(사계절, 1999), 124-125쪽 참조. 플리니우스의 『박물지』에는 다음과 같은 글이 실려 있다고 한다. "회화의 기원에 관한 문제는 밝혀져 있지 않다. ……그러나 한결같이 사람의 그림자 윤곽선을 베껴 그린 데서 회화가 비롯했다고 보고 있다."(124쪽 역주 재인용)

23) 오비디우스, 『오비드 신화집—변신이야기』, 김명복 옮김(솔, 1993), 384쪽.

24) 오비디우스, 같은 책, 385쪽.

25) 헬무트 플라샤가 대표적이다. 아리스토텔레스를 번역한 문헌학자로 유명한 그

는 이 텍스트에 대한 주석에서 이런 해석을 내놓았다. Aristoteles, *Problemata Physica*, übersetzt u. erläutert von Helmut Flashar, Berlin: Akademie Verlag, 1991 참조.

26) 아리스토텔레스 전체 저작에서 언급되는 멜랑콜리를 총망라하는 문헌학적 연구를 바탕으로, 한 연구자는 자신의 논문에서 이런 결론을 내놓는다. "『문제들』의 이론은 아리스토텔레스의 멜랑콜리 개념과 완벽하게 일치하며, 아리스토텔레스의 이론임을 부인할 만한 근거들은 충분치 않다는 점이 명백해졌다." J. van der Eijk, "Aristoteles über die Melancholie", in *Mnemosyne*, vol. 43, 1990, 70쪽.

27) Aristoteles, *Problems II*, Book XXX, translated by W. S. Hett, London and Cambridge, 1957, 953a. 한국어 번역은 영역본과 독역본 모두를 고려했다. 독역본은 다음의 책에 실린 번역본을 참조했다. Aristoteles, *Problemata Physica*, übersetzt u. erläutert von Helmut Flashar, Berlin: Akademie Verlag, 1991. R. Klibansky, E. Panofsky, F. Saxl, *Saturn and Melancholy: Studies in the History of Natural Philosophy, Religion and Art*, London, 1964. 그리스어 원문은 다음과 같다. "Διὰ τί πάντες ὅσοι περιττοὶ γεγόνασι ν ἄνδρες ἢ κατὰ φιλοσοφίαν ἢ πολιτικὴν ἢ ποίησιν ἢ τέχνας φαίνονται μελαγχολικοὶ ὄντες, καὶ οἱ μὲν οὕτως ὥστε καὶ λαμβάνεσθαι τοις ἀπὸ μ ελαίνης χολῆς ἀρρωστήμασιν, οἷον λέγεται τών τε ἡρωἷκων τὰ περὶ τὸν Ἡρακλέα."

28) Michael Theunissen, "Melancholie und Acedia: Motive zur zweitbesten Fahrt in der Moderne", in *Entzauberte Zeit—Der Melancholische Geist der Moderne*, hrsg. von Ludger Heidbrink, München: Carl Hanser Verlag, 1997, 17쪽.

29) 히포크라테스를 포함해서 고대 그리스인들은 간질병과 멜랑콜리를 거의 같은 것으로 이해했다고 한다. 양자의 차이는 단지 "동일한 질병이 간질병의 경

우 육체를 공격하는 데 반해, 멜랑콜리의 경우 정신을 공격한다는 점"에 있을 뿐이다. R. Klibansky, E. Panofsky, F. Saxl, 같은 책, 54쪽, 각주 41 참조.

30) *Greek-English Lexicon*, compiled by Henry George Liddell & Robert Scott, Oxford, 1968, 1387쪽. Franz Passow, *Handwörterbuch der Griechischen Sprache*, 2. Bd. 1. Abteil., Wissenschaftliche Buchgesellschaft, 2004. 페리토스περιττός는 페리소스περισσός의 아티카 방언이다. 이 단어의 영어 번역과 뜻풀이에 따르면, 1) beyond the regular number or size, prodigious ; out of the common, extraordinary, strange ; of persons, extraordinary, remarkable, esp. for great learning, 2) more than sufficient, superflous ; useless ; excessive, extravagant ; of persons, over-wise, over-curious이다. 독어 번역과 뜻풀이에 따르면, 1) über die Zahl od. das Mass od. die gewöhnliche Ordnung hinaus ; überviel, übergross, überschwänglich, gewaltig, reichlich, ; ungewöhnlich, aussergewöhnlich, von besonderer Art, übermässig, allzugross, 2) im Überfluss, im Übermass, überreichlich, unnützerweise 등을 들 수 있다. 동사 περιττεύω는 단지 풍부함만이 아니라 어떤 것에 있어서의 과잉을 표현한다. László F. Földényi, *Melancholie*, (übersetzt von) Nora Tahy, München: Matthes & Seitz, 1988, 14-16쪽 참조.

31) 현대인의 관점에서 시와 예술이 구분되고 있다는 점이 의아스러울 수 있을 것이다. 그런데 고대 그리스인들의 관점에서 양자는 너무도 이질적인 것이었다. 이 점에 관해 나는 다음과 같이 해명한 적이 있다. "고대 그리스인들에게 예술은 테크네techne, 곧 넓은 의미의 '기술'이고 시는 포이에시스poiesis, 곧 넓은 의미에서 '창작'을 뜻하는 말이었다. 기술과 창작은 인간이 무엇인가를 만드는 행위라는 점에서 유사점을 찾을 수 있지만, 전자가 같은 것을 반복해서 제작할 수 있는 지적 행위인 반면, 후자는 미지의 타자적인 힘(신적인 힘)을 빌려서 전무후무한 것을 산출하는 비-지성적 창작행위다. 전자가 지적 인간의

평범한 행위인 반면, 후자는 인간 단독의 힘만으로는 성취하기 힘들어 보이는 초-인간적 행위다. 이런 까닭에 양자는 같은 범주로 모이기 힘들었다. 점차 시의 신화적 후광이 사라지면서 지금과 같은 형태로 분류되었지만, 여전히 시는 예술의 숱한 하위범주들 가운데 하나가 아니라 어떤 특권적 지위를 차지한다. 다시 말해서, 시는 예술의 핵심부, 즉 인간의 기술적 조작을 넘어서는 경이로운 창작성을 뜻한다." 김동규, 「시가 아름다운 이유—하이데거 시론詩論을 중심으로」, 『존재론 연구』, 제31집, 한국하이데거학회, 2013, 108-109쪽.

32) R. Klibansky, E. Panofsky, F. Saxl, 같은 책, 55쪽.

33) Aristoteles, *Problems II*, Book XXX, 953a.

34) 시인의 광기어린 목소리, 예술가의 낯선 목소리에 대한 미학사적·철학적 접근에 관해서는 필자의 다음 글 참조. 김동규, 『철학의 모비딕—예술, 존재, 하이데거』(문학동네, 2013), 3장 「예술가와 양심」.

35) Platon, "ION", in *Platon*, Bd. I, Darmstadt: Wissenschaftliche Buchgesellschaft, 1977, 533d. 또 플라톤은 소크라테스의 입을 빌려 이렇게 말하기도 한다. "뮤즈 여신들에게서 오는 광기 없이, 기술만 가지고도 충분히 시인이 될 수 있으리라 확신하고서 시작詩作의 문턱에 다가서는 사람이 있다면, 그는 그 자신도 완성에 이르지 못할뿐더러 분별이 있는 그 사람의 시작은 광기에 사로잡힌 자들의 시작에 가려 그 빛을 잃게 될 걸세." 플라톤, 『파이드로스』, 조대호 옮김(문예출판사, 2008), 245a(57쪽).

36) Aristoteles, 같은 책, 954a. 앞선 절에서 시문학의 전설적인 시조로서 오르페우스를 다루었는데, 그와 더불어 디오니소스(바쿠스)가 또다른 시조로 손꼽힌다. 또한 고대 오르페우스교에서는 둘 모두가 숭배의 대상이었다고 한다. 한 중세 문학 연구자에 따르면, "시인은 오르페우스와 바쿠스의 형상 사이에 자리잡으며, 하나가 조화로운 형상이라면 다른 하나는 무질서한, 비정상적인, 특히 과도함에 의해서건 결여에 의해서건 성적인 불균형을 가진 형상이다." 자클린 세르킬리니툴레, 『멜랑콜리의 색깔들—중세의 책과 사랑』, 김준현 옮김(문학

동네, 2012), 213쪽. 이 책에는 포도주와 멜랑콜리의 연관성도 등장한다.

37) Aristoteles, 같은 책, 953a.

38) 같은 곳.

39) 같은 책, 953b.

40) 같은 곳.

41) 헤시오도스, 『신통기—그리스 신들의 계보』, 김원익 옮김(민음사, 2003), 32-37쪽 참조.

42) 오비디우스, 같은 책, 114-118쪽 참조.

43) 프로이트의 멜랑콜리론에 관해서는 이 책의 7장 참조.

44) Aristoteles, 같은 책, 954a.

45) 같은 곳.

46) Aristoteles, 같은 책, 955a.

47) 멜랑콜리와 문화 창조의 연관성을 밝힌 베티나 뉘세 책 참조. Bettina Nüsse, *Melancholie und Tragödie: Genealogische Kunturtheorie I*, München: Wilhelm Fink Verlag, 2008.

48) Aristoteles, *The Poetics*, in The Loeb Classical Library, translated by W. Hamilton Fyee, London and Cambridge, 1965, 1458a20 이하 참조.

49) Aristoteles, 같은 책, 1459a.

50) 같은 책, 1457b7-12.

51) 천병희는 '천재의 표징'이라고 번역한다. 『시학』, 천병희 옮김(문예출판사, 1990), 125쪽. 원래 '천재'라고 번역된 말은 εὐφυΐα, 곧 자연적으로 잘 성장한 상태를 나타내는 말이다. 한자 그대로 천재天才란 사실 이상섭이 번역한 '타고난 능력' 또는 타고난 재능이라는 말과 일치하기는 하지만, 보통 사용되는 천재라는 말에는 낭만주의적으로 신격화된 의미가 함축되어 있는 반면, '타고난 능력'에는 '좋은 자연적 소질素質'이라는 그리스어 원의에 가까운 의미로 전달되는 경향이 있어 그 번역어를 선택했다. 이상섭, 『아리스토텔레스의 『시학』

연구』(문학과지성사, 2002)의 번역 참조.

52) Aristoteles, *On Prophecy in Sleep* (in *Parva Naturalia*), in The Loeb Classical Library, translated by W. S. Hett, London and Cambridge, 1964, 463b13-15.

53) Aristoteles, *On Memory and Recollection*, 453a15 이하 참조. 아리스토텔레스는 기억과 상기 개념을 구분하는데, 멜랑콜리커는 특히 상기하는 데에서 어려움을 겪는다고 한다. 멜랑콜리커는 불가항력적으로 떠오르는 이미지들 때문에, 단순히 과거를 떠올리는 '기억'과 과거 사실의 전모를 재구성하는 일종의 추론inference인 '상기' 작업을 어려워한다. 특히 상기의 경우 빠른 속도로 진행되는 연상 작용을 멈추고 논리적인 숙고 과정을 거쳐야만 성취될 수 있기 때문에, 멜랑콜리커는 과거를 상기하기가 무척이나 어렵다. 이 부분에 관해서는 '기억 공동 연구'를 하는 과정에서 조대호 교수에게 큰 배움을 얻었다. 플라톤과 아리스토텔레스의 기억 이론에 관해서는 조대호, 「기억과 상기—아리스토텔레스의 『기억과 상기에 대하여』 2장에 대한 분석」, 『철학연구』 96권, 2012 참조.

54) Aristoteles, *On Prophecy in Sleep*, 463b15 이하.

55) 같은 책, 464a33-464b6.

56) Aristoteles, *Problems II*, Book XXX, 957a33 이하.

57) 플라톤, 『파이드로스』, 250d-252e.

58) Sigmund Freud, "Trauer und Melancholie", in *Psychologie des Unbewußten* (Studienausgabe Bd.III) von hrsg. von A. Mitscherlich A. Richards J. Strachey, Frankfurt am Main: Fischer Taschenbuch Verlag, 2000, 200쪽. 번역본으로는 『무의식에 관하여』(윤희기 옮김, 열린책들, 1998)를 참조했다.

59) 소포클레스, 『소포클레스 비극』, 천병희 옮김(단국대학교출판부, 2004), 63쪽.

60) 같은 책, 59쪽.

61) 같은 책, 65쪽.

62) 같은 책, 210쪽.

63) 같은 책, 75쪽.

64) 같은 책, 74쪽.

65) 같은 책, 75쪽.

66) 이와 같은 맥락에서 자살을 비롯한 멜랑콜리커의 자해 행위는 역설적으로 자기정체성을 지키려는 시도에서 나온 것이다. 피터 투이는 멜랑콜리커의 자살을 다음과 같이 설명한다. "그래서 자살 또는 자살 시도는 무엇보다도 개인의 자기성selfhood의 온전함을 증명하려는 것이다." Peter Toohey, *Melancholy, Love and Time: Boundaries of the Self in Ancient Literature*, The University of Michigan Press, 2004, 189쪽.

67) Aristoteles, *The Metaphysics*, B. Ⅰ, translated by Hugh Tredennick, London, Massachusetts and Cambridge: Harvard Unversity Press, 1975, 982b 이하. 아리스토텔레스, 『형이상학 1』, 조대호 옮김(나남, 2012), 33쪽 참조.

68) Sybille Krämer, "Melancholie—Skizze zur epistemologischen Deutung eines Topos", *Zeitschrift für philosophische Forschung*, Bd. 49(1994), 3, 416쪽.

69) 칸트 철학 내에서 '오성'과 '이성'의 차이, 그리고 그 개념들과 연관하여 더 포괄적인 의미로 사용되는 '이해'의 개념사는 다음 글에 잘 정리되어 있다. 박순영, 「이해 개념의 이해」, 『우리말 철학사전 1—과학·인간·존재』, 우리사상연구소 엮음(지식산업사, 2001), 135-176쪽 참조. 이 글의 장점은 서양 이성의 가장 유연한 개념(이해)조차도 우리 또는 동양의 그것과 미묘한 차이가 있음을 밝히고 있다는 점이다.

70) 국립국어연구원 엮음, 『표준 국어 대사전(하)』(두산동아, 1999), 5672쪽 참조.

71) Aristoteles, *Problems II*, Book ⅩⅩⅩ, translated by W. S. Hett, London and Cambridge, 1957, 953a. 참조

72) *Greek-English Lexicon*, compiled by Henry George Liddell & Robert Scott, Oxford, 1968, 1997쪽.

73) Walter Benjamin, "Ursprung des deutschen Trauerspiels", in *Gesammelte Schrifte I-1*, hrsg. von R. Tiedemann und H. Schweppenhäuser, Frankfurt am Main: Suhrkamp, 1997, 329쪽.

74) László F. Földényi, *Melancholie*, übersetzt von Nora Tahy, München: Matthes und Seitz, 1988, 28쪽.

75) 김상봉, 『나르시스의 꿈—서양정신의 극복을 위한 연습』(한길사, 2002), 89쪽 참조.

76) I. Kant, *Gesammelte Schrifte*n, hrsg. von der Königlich Preußischen Akademie der Wissenschaft, Bd. Ⅱ, Berlin: Druck und Verlag von Georg Reimer, 1912. 이후 자주 참조되는 칸트의 저작은 약어를 사용하여 본문에 출처를 밝히기로 한다. 뒤의 참고문헌 참조.

77) I. Kant, *Gesammelte Schriften*, hrsg. von der Königlich Preußischen Akademie der Wissenschaft, Bd. Ⅴ, Berlin: Druck und Verlag von Georg Reimer, 1913. 이 저작은 약어 GS5로 표기하고, 쪽수는 다른 판본에서도 공통적으로 사용하는 여백 쪽수를 기입했다.

78) 비교적 초기의 「고찰」(1764), 「뇌질환에 관한 시론Versuch über die Krankheiten des Kopfes」(1764), 「어느 시령자視靈者의 꿈, 형이상학의 꿈을 통해 해명하다Träume eines Geistersehers, erläutert durch Träume der Metaphysik」(1766)(세 글 모두 프로이센판 전집 2권에 수록되어 있다)에서만이 아니라, 『실용적 관점에서 본 인간학』과 같은 후기 저작에서도 멜랑콜리를 다루고 있다.

79) 과거에는 멜랑콜리커가 종종 구두쇠로 묘사되었다고 한다. 파노프스키의 흥미로운 해석 참조. 에르빈 파노프스키, 『인문주의 예술가 뒤러 2』, 임산 옮김(한길아트, 2006), 114-115쪽 참조.

80) 원문은 "Ist der Verstand noch schwächer……"이다. 굳이 직역을 하자면, "오성[지성]이 더욱 약화될 경우"라고 번역할 수 있다. 그런데 텍스트 문맥의 의미상 "계몽된 이성"으로 번역해도 무방할 것 같다. 이 번역은 다음의 우리말 번역본을 따랐다. 『아름다움과 숭고함의 감정에 관한 고찰』, 이재준 옮김(책세상, 2007), 38쪽.

81) 이런 생각의 씨앗이야 고대 그리스에까지 소급되지만, 이런 통념을 확대 재생산하고 확고하게 정착시켰던 대표적인 학자는 피치노다. M. Ficino, *Three Books on Life* (*De triplici vita*), A Critical Edition and Translation by C. V. Kaske and J. R. Clark, Arizona, 1998, 113-129쪽 참조.

82) 이미 고대 그리스 시대에도 멜랑콜리와 자살을 긴밀하게 연결해 사유했다. Aristoteles, *Problems II*, Book XXX, 954b 이하 참조.

83) 이러한 포스트모더니즘과 칸트 철학의 연관성에 관해서는 한국칸트학회 엮음, 『포스트모던 칸트』(문학과지성사, 2006) 참조. 그중 최소인의 다음과 같은 결론은 의미심장하다. "오히려 진정한 칸트의 비판 정신은 이 사이에서 균형감각을 유지하는 것이며, 칸트 철학의 진정한 의미는 **이 사이에서 흔들리고 동요하는 인간의 삶이 지닌 본래적 비극성을** 보여주는 것이라고 할 수 있다."(150쪽. 인용자 강조) 비극성의 원천을 다른 각도에서 보고 있기는 하지만, 이런 결론에서도 우리는 칸트 철학의 멜랑콜리를 다시금 확인할 수 있다.

84) 피터 투이, 『권태—그 창조적인 역사』, 이은경 옮김(미다스북스, 2011), 147-148쪽에서 재인용.

85) 토마스 아퀴나스, 『신학대전 2』, 정의채 옮김(성바오로, 1993), 제2편 참조.

86) 멜랑콜리에 대해 아리스토텔레스가 설명했던 '포도주의 거품'을 기억하라. (1장 참조) 또 2장에서 쓸개즙을 논하면서 들었던 '거품을 문 미친 개'의 이미지도 함께 떠올려보라.

87) 단테, 『신곡』, 김운찬 옮김(열린책들, 2008), '지옥편' 제7곡.

88) 가스통 바슐라르, 『물과 꿈—물질적 상상력에 관한 시론』, 이가림 옮김(문예

출판사, 1998), 146쪽.

89) 가스통 바슐라르, 같은 곳.

90) 가스통 바슐라르, 같은 책, 147쪽.

91) 루서 링크에 따르면, 서양 회화에 등장하는 악마는 독자적인 개성이 드러나는 '얼굴'을 가지고 있지 않다. 이들은 흉측한 곤충이나 괴물, 새까맣고 비쩍 마르고 박쥐 날개 같은 것이 달린 도깨비, 사티로스나 팬 같은 야성적 존재, 전염병 병균 등과 같은 다양한 모습으로 그려지지만, 그 모든 모습은 '가면' 또는 '의상'에 불과하다. "악마는 어떤 인물이 아니라 추상적 존재에 지나지 않으므로 얼굴을 가질 수 없다. ……그는 가면밖에 없는 인간이다." 루서 링크, 『악마—얼굴 없는 가면』, 김병화 옮김,(심산, 2005), 291쪽.

92) 귀스타브 플로베르, 『성 앙투안느의 유혹』, 김용은 옮김(열린책들, 2010), 438쪽.

93) Jean Starobinski, *Geschichte der Melancholiebehandlung*, übersetzt von Cornelia Wild, Berlin: August Verlag, 83쪽.

94) Bettina Nüsse, *Melancholie und Tragödie: Genealogische Kunturtheorie I*, München: Wilhelm Fink Verlag, 2008.

95) 같은 책, 31쪽.

96) 불교에 대한 니체의 평가도 이 점에서는 동일하다. 그가 보기에는 기독교에 비해 불교가 고통 문제를 더 냉정하게 보고 있다. "……불교는 백 배나 더 냉정하고 진실되고 객관적이다. 불교는 자기 자신의 고통과 고통을 느끼는 능력을 이제 죄 해석을 수단 삼아 바람직한 것으로 만들어야 할 필요를 느끼지 않는다."(원문 강조) F. W. Nietzsche, *Der Fall Wagner / Götzen-Dämmerung / Der Antichrist / Ecce homo / Dionysos-Dithyramben / Nietzsche contra Wagner*, Kritische Studienausgabe hrsg. von Giorgio Colli und Mazzino Montinari, München: Deutscher Taschenbuch Verlag, 1999, 189쪽.[『바그너의 경우 / 우상의 황혼 / 안티크리스트 / 이 사람을 보라 / 디오니소스 송가 /

니체 대 바그너』, 백승영 옮김(책세상, 2002), 240쪽] 니체 원전의 인용문은 대체로 한국어판의 번역을 존중하되 일부는 수정했다.

97) 셰익스피어, 「리어왕」, 『셰익스피어 4대 비극집』, 신정옥 옮김(전예원, 2000), 532쪽.

98) Juan-David Nasio, *The Book of Love and Pain—Thinking at the Limit with Freud and Lacan*, translated by David Pettigrew and François Raffoul, State University of New York Press, 2004, 102-112쪽.

99) F. W. Nietzsche, *Jenseits von Gut und Böse / Zur Genealogie der Moral*, Kritische Studienausgabe hrsg. von Giorgio Colli und Mazzino Montinari, München: Deutscher Taschenbuch Verlag, 1999, 304쪽.[『선악의 저편 / 도덕의 계보』, 김정현 옮김(책세상, 2002), 410쪽]

100) F. W. Nietzsche, *Der Fall Wagner / Götzen-Dämmerung / Der Antichrist / Ecce homo / Dionysos-Dithyramben / Nietzsche contra Wagner*, 93쪽.(한국어판 119쪽)

101) 이상엽, 『니체의 문화철학』(울산대학교출판부, 2007), 39쪽.

102) 서양에서 비극Tragödie은 연극의 한 장르이기 이전에, 일종의 원시종합예술로 등장한 디오니소스 축제(비극이란 명칭의 어원은 그 축제에 희생양으로 바친 '숫염소 노래tragodía'를 뜻함)를 가리키던 말이다. '고통의 해석학'이라는 관점으로 비극을 바라보는 입장에 대해서는 고대 그리스 비극을 상세하게 소개하고 있는 김상봉의 『그리스 비극에 대한 편지』(한길사, 2003) 참조.

103) F. W. Nietzsche, *Die Geburt der Tragödie / Unzeitgemäße Betrachtungen I-IV / Nachgelassene Schriften 1870-1873*, Kritische Studienausgabe hrsg. von Giorgio Colli und Mazzino Montinari, München: Deutscher Taschenbuch Verlag, 1999, 15쪽.[『비극의 탄생』, 곽복록 옮김(범우사, 2002), 17쪽] 여기서 언급되는 고통은 독일어 Schmerz와 Leid 모두를 지칭한다.

104) 프로이트는 슬픔과 멜랑콜리를 비교하면서, 원초적인 슬픔이 애도작업을 통해 정상적인 슬픔으로 남는 경우와 애도작업에 실패하여 멜랑콜리라는 정신질환으로 번지는 과정을 잘 보여주고 있다. 양자를 구분해주는 관건은 사랑하는 대상의 '상실'에서 '의미'를 찾는 애도작업의 성패成敗에 달려 있다. 이 책의 7장 참조.

105) F. W. Nietzsche, 같은 책, 72쪽.(한국어판 95쪽)

106) Julia Kristeva, *Black sun: Depression and Melancholia*, translated by Leon S. Roudiez, New York: Columbia Unversity Press, 1989, 176쪽.

107) 셰익스피어, 같은 책, 579쪽.

108) Juan-David Nasio, 같은 책, 15쪽.

109) 소포클레스, 『소포클레스 비극—오이디푸스 왕』, 천병희 옮김(단국대학교출판부, 2004), 86쪽.

110) 니체에게 철학은 예술과 마찬가지로 삶에 봉사하는 문화의 일종이다. 삶이 고통에 시달릴 수밖에 없고(고통이 삶의 운명이고), 철학이 고통에 대처하는 추상적이고 사변적인 활동이라면, 철학은 이런 사변을 통해 삶을 치유하는 수단이 될 수 있다. "모든 예술, 모든 철학은 성장하거나 하강하는 삶의 치유수단이나 보조수단으로 간주될 수 있다. 이것들은 언제나 고통과 고통받는 자를 전제한다." F. W. Nietzsche, *Der Fall Wagner / Götzen-Dämmerung / Der Antichrist / Ecce homo / Dionysos-Dithyramben / Nietzsche contra Wagner*, 425쪽.(한국어판 529쪽)

111) 이 해석에 대한 보다 구체적인 논의는 홍사현의 글에서 이루어지고 있다. "디오니소스적인 몰입의 기능이 내적인 힘이 극대화되는 순간 생산적 에너지로 밖으로 분출되어 현실을, 존재를 발생시키는 계기가 되는 것이라면, 이것이 대상화된 형상 자체로 몰입된 상태, 상 속에, 이미지 속에 몰입된 상태, 이것은 아폴론적인 상태이다. ……디오니소스적 예술은 궁극적으로 아폴론적 상을 발생시키고자 하는 내적인 예술충동의 상태다." 홍사현, 「예술의 절대적 기능—

니체의 예술론」, 『예술의 시대』, 김수용 외(아카넷, 2009), 150쪽.

112) F. W. Nietzsche, *Die Geburt der Tragödie / Unzeitgemäße Betrachtungen* Ⅰ-Ⅳ */ Nachgelassene Schriften1870-1873*, 25쪽.(한국어판 30쪽)

113) 같은 책, 26쪽.(한국어판 30쪽)

114) 앞서 언급한 예술, 종교, 철학의 영역에서 이 도취라는 문제를 생각해보자. 도취, 이것에 가장 취약한 영역이 바로 철학이다. 예술과 종교는 쉽게 도취에 접근한다. 물론 둘 사이의 차이점도 있다. 종교(제도)가 어떤 식으로든 진리와 선을 강변하는 반면, 예술은 스스로 가상과 거짓을 지어낸다는 사실을 감추지 않는다. 도취의 부재는 철학의 장점이자 단점이다. 맹목적 광신에 빠져들지 않는다는 점에서 장점이지만, 고통에 취약하고 행위의 추동력(매력)을 결여한다는 점에서 단점이다.

115) 소포클레스, 같은 책, 75-77쪽.

116) F. W. Nietzsche, *Der Fall Wagner / Götzen-Dämmerung / Der Antichrist / Ecce homo / Dionysos-Dithyramben / Nietzsche contra Wagner*, 160쪽.(한국어판 203쪽) 본문 인용문에 이어 니체는 다음과 같이 말한다. "**이것을 나는 디오니소스적이라고 불렀으며, 비극 시인의 심리에 이르는** 다리로 파악했다."(원문 강조)

117) 크리스토프 멘케에 따르면, 인간의 행위는 기본적으로 실천적·윤리적 함의를 가지고 있다. 모든 행위는 실천적인 선을 목적으로 삼는다. 그러나 동시에 이런 행위의 바탕에는 "어두운 힘"이 깔려 있다. 여기서 어두운 힘이란 니체가 말하고 있는 삶, 활기, 디오니소스적 광기 등등이다. 그 어두운 힘을 무시하면, 어떤 행위도 성공했다고 말하기 어렵다. "우연에, 생생한 힘들의 유희에 자신을 내맡기는 자만이 그의 행위 속에서 진실로 성공할 수 있다." 멘케는 니체가 언급하는 (디오니소스적·예술가적) 광기가 행위의 선에 지대한 영향을 미친다는 점을 잘 보여준다. Christoph Menke, *Kraft. Ein Grundbegriff*

ästhetischer Anthropologie, Frankfurt am Main: Suhrkamp, 2008, 128쪽. 특히 6장 참조.[한국어 번역본으로는 『미학적 힘』, 김동규 옮김(그린비, 2013), 167쪽] 멘케에 관해서는 이 책의 11장 참조.

118) F. W. Nietzsche, 같은 책, 436쪽.(한국어판 544쪽)

119) F. W. Nietzsche, *Die Geburt der Tragödie / Unzeitgemäße Betrachtungen* I-IV / *Nachgelassene Schriften1870-1873*, 16쪽.(한국어판 18쪽)

120) F. W. Nietzsche, *Also sprach Zarathustra*, Kritische Studienausgabe hrsg. von Giorgio Colli und Mazzino Montinari, München: Deutscher Taschenbuch Verlag, 1999, 39쪽.[『차라투스트라는 이렇게 말했다』, 정동호 옮김(책세상, 2000), 51쪽]

121) 같은 책, 49쪽.(한국어판 62쪽)

122) F. W. Nietzsche, *Der Fall Wagner / Götzen-Dämmerung / Der Antichrist / Ecce homo / Dionysos-Dithyramben / Nietzsche contra Wagner*, 436-437쪽.(한국어판 544쪽)

123) 같은 책, 127쪽.(한국어판 162쪽)

124) 같은 책, 336쪽.(한국어판 420쪽)

125) 쇼펜하우어, 『의지와 표상으로서의 세계』, 권기철 옮김(동서문화사, 2008), 312쪽.

126) 같은 책, 128쪽.(한국어판 163쪽)

127) F. W. Nietzsche, *Die Geburt der Tragödie / Unzeitgemäße Betrachtungen* I-IV / *Nachgelassene Schriften1870-1873*, 17쪽.(한국어판 20쪽)

128) 같은 곳.

129) 같은 책, 18쪽.(한국어판 21쪽)

130) 같은 책, 19쪽.(한국어판 22쪽)

131) 고통받는 자를 두 부류도 구분하면서 니체는 다음과 같이 말하고 있다. "……하나는 삶의 **충일**에서 고통받는 자다. 그는 디오니소스적 예술을 원하고, 삶에 대한 비극적 통찰과 비극적 개관 또한 원한다. 또다른 하나는 삶의 빈곤으로 인해 고통받는 자다. 그는 안식과 고요, 잔잔한 바다 또는 도취와 경련과 마비를 예술과 철학에 요구한다. 삶 자체에 대한 보복, 이것은 그런 빈곤한 자에게는 가장 자극적인 도취인 것이다!"(원문 강조) F. W. Nietzsche, *Der Fall Wagner / Götzen-Dämmerung / Der Antichrist / Ecce homo / Dionysos-Dithyramben / Nietzsche contra Wagner*, 425쪽.(한국어판 529-530쪽)

132) 같은 책, 160쪽.(한국어판 202쪽)

133) Judith Butler, *Frames of War: When Is Life Grievable?*, Verso, London · New York, 2009, 서문 참조.

134) 같은 책, 159쪽.(한국어판 202쪽)

135) F. W. Nietzsche, *Also sprach Zarathustra*, 49쪽.(한국어판 62쪽)

136) 허먼 멜빌, 『모비딕』, 김석희 옮김(작가정신, 2011), 제42장 '고래의 흰색' 참조.

137) 줄리아 크리스테바, 『검은 태양—우울증과 멜랑콜리』, 김인환 옮김(동문선, 2004). 네르발의 시 전문은 다음과 같다. "나는 침울한 사람—홀아비—위로받지 못한 자, / 허물어진 탑에 갇힌 아키텐의 왕자. / 나의 유일한 **별**은 죽었다—그래서 별이 박힌 내 류트에는 / **멜랑콜리의 검은 태양**이 새겨져 있다. // 무덤 속 밤중에, 나를 위로해주었던 너, / 되돌려다오, 포지리프 야산과 이탈리아 바다를, / 상심한 내 마음을 그토록 기쁘게 해주던 그 꽃을, / 포도나무가 장미와 뒤엉키는 포도덩굴을. // 나는 아무르 신인가 페뷔스 신인가……? 뤼지냥 왕인가 비롱 공인가? / 내 이마는 아직도 여왕의 키스로 붉게 물들었다. / 인어가 헤엄치는 동굴 속에서 나는 꿈을 꾸었지……. // 나는 두 번이나 지옥의 강을 승리자로 건넜다. / 오르페우스의 칠현금에 차례차례로 / 성녀의 탄식과 요정의 외침을 변조하여 노래하면서."(원문 강조)

138) 이 용어는 문화철학자 카시러의 개념을 빌려온 것이다. 카시러가 보기에, 문화형식이란 언어, 예술, 종교, 국가와 같은 것으로, 이것이 세계를 구성한다. 문화형식은 '나'와 '너'의 세계가 가능하기 위한 선행조건이다. "〈'나'와 '너'가 이미 완성되어 주어진 사실이요, 이렇게 주어진 양자가 상호작용을 통해서 문화형식들을 창조해가는 것〉이 아니라, 오히려 〈이러한 문화형식 내에서만 그리고 문화형식 덕분으로만 '나'의 세계와 '너'의 세계라는 두 영역이 비로소 구성된다는 것〉을 분명히 할 때, 진퇴양난을 피할 수 있는 길이 열린다. ……언어 사용에서, 예술적 형성에서, 사유와 탐구 과정에서 각기 고유한 행위가 표현되고 있거니와, 바로 이 행위에서 비로소 '나'와 '너'가 발견되고, 동시에 서로 구별된다."(원문 강조) 에른스트 카시러, 『문화과학의 논리』, 박완규 옮김(도서출판 길, 2007), 165쪽.

139) 클리퍼드 기어츠, 『문화의 해석』, 문옥표 옮김(까치, 2009), 178쪽.

140) 에른스트 카시러, 같은 책, 278쪽. 이 용어는 원래 저명한 미술사학자인 바르부르크의 용어라고 한다.

141) 이탈리아 르네상스 예술가인 브라만테가 이 그림을 그릴 때, 자신을 데모크리토스로, 레오나르도 다빈치를 헤라클레이토스로 묘사했다고 한다. 그림을 자세히 들여다보면, 헤라클레이토스(왼편)의 눈에는 눈물이 방울방울 흐르고 있고, 데모크리토스(오른편)의 입가에는 미소가 어려 있음을 확인할 수 있다. Jean Clair (hrsg.), *Melancholie: Genie und Wahnsinn in der Kunst*, Ostfildern-Ruit: Hatje Cantz Verlag, 2005, 147쪽.

142) Robert Burton, *The Anatomy of Melancholy*, edited by Thomas Faulkner, Nicolas Kiessling and Rhonda Blair, Oxford: Clarendon Press, 1989. 한국어판 『우울증의 해부』(이창국 옮김, 태학사, 2004) 참조.

143) Hippocrates, *Letters 17* (Littré IX, 348-355). 반덕진, 『히포크라테스의 발견』(휴머니스트, 2005), 162쪽에서 재인용.

144) 이 그림에서 보이는 데모크리토스의 자세는 멜랑콜리커의 전형적인 포즈다.

그것은 쇄도하는 고뇌와 우울로 무거워진 머리를 한 손으로 겨우 받치고 있는 자세다. 이 포즈는 고대에서 현대까지 회화나 조각 작품에서 쉽게 확인할 수 있다. 이 포즈에 대한 좀더 상세한 설명은 이 책 9장 말미의 「멜랑콜리 스펙트럼」과 다음 책 참조. R. Klibansky, E. Panofsky, F. Saxl, *Saturn and Melancholy: Studies in the History of Natural Philosophy, Relision and Art*, London, 1964, 특히 409-412쪽.

145) 몽테뉴, 『몽테뉴 수상록』, 손우성 옮김(동서문화사, 2007), 325쪽.

146) S. Freud, *Psychologie des Unbewußten*, (Studienausgabe Bd.III) hrsg. von A. Mitscherlich A. Richards J. Strachey, Frankfurt am Main: Fischer Taschenbuch Verlag, 2000, 207쪽.[『무의식에 관하여』, 윤희기 옮김(열린책들, 1998), 264쪽] 프로이트 원전의 인용문은 대체로 한국어판의 번역을 존중하되 일부는 수정했다.

147) 같은 책, 207-208쪽.(한국어판 264쪽)

148) 같은 책, 207쪽.(한국어판 263쪽)

149) 앙리 베르그송, 『웃음/창조적 진화/도덕과 종교의 두 원천』, 이희영 옮김(동서문화사, 2008), 55쪽 참조.

150) F. W. Nietzsche, *Die Geburt der Tragödie / Unzeitgemäße Betrachtungen I-IV / Nachgelassene Schriften1870-1873*, 22쪽.(한국어판 26쪽)

151) F. W. Nietzsche, *Also sprach Zarathustra*, 368쪽.(한국어판 477쪽)

152) 멜랑콜리와 비극의 연관성에 관해서는 다음 책 참조. Bettina Nüsse, *Melancholie und Tragödie: Genealogische Kunturtheorie I*, München: Wilhelm Fink Verlag, 2008. 멜랑콜리와 명랑성과의 연관성에 관해서는 다음 책 참조. Dieter Borchmeyer (Hg.), *Melancholie und Heiterkeit*, Heidelberg: Universitätsverlag Winter Heidelberg, 2007. 특히 Lásló F. Földényi의 글, 「명랑한 시선, 멜랑콜리에 침수되다: 낭만주의에서의 멜랑콜리와 명랑성Heitere

Anblicke, in Melancholie getaucht: Melancholie und Heiterkeit in der Romantik」이 참조할 만하다.

153) F. W. Nietzsche, *Die Geburt der Tragödie / Unzeitgemäße Betrachtungen I-IV / Nachgelassene Schriften1870-1873*, 11쪽.(한국어판 11쪽)

154) 같은 책, 12쪽.(한국어판 12쪽)

155) 같은 곳.

156) 같은 책, 69쪽.(한국어판 90쪽)

157) F. W. Nietzsche, *Morgenröte / Idyllen aus Messina / Die fröhliche Wissenschaft*, Kritische Studienausgabe hrsg. von Giorgio Colli und Mazzino Montinari, München: Deutscher Taschenbuch Verlag, 1999, 553쪽. [『즐거운 학문 / 메시나에서의 전원시 / 유고(1881년 봄~1882년 여름)』, 안성찬·홍사현 옮김(책세상, 2005), 294쪽]

158) 같은 책, 519쪽.(한국어판 250쪽)

159) F. W. Nietzsche, *Die Geburt der Tragödie / Unzeitgemäße Betrachtungen* I-IV / *Nachgelassene Schriften1870-1873*, 18쪽.(한국어판 16쪽)

160) 같은 곳.

161) 같은 책, 78쪽.(한국어판 102쪽)

162) 같은 책, 78쪽.(한국어판 103쪽)

163) 같은 책, 12-13쪽.(한국어판 13쪽)

164) 같은 책, 13쪽.(한국어판 14쪽)

165) 같은 책, 14쪽.(한국어판 15쪽)

166) 슬라보예 지젝, 『전체주의가 어쨌다구?』, 한보희 옮김(새물결, 2008), 219쪽.

167) 같은 곳.

168) 슬로터다이크는 서양 지성사(계몽의 역사)의 종착점이 냉소주의라고 주장

한다. 그에 따르면, 현대 냉소주의는 "소박한 이데올로기와 그것의 계몽에 뒤이어 나타난 의식의 상태"이며, "계몽된 허위의식"이자 "현대화한 불행의식"이기에, 현대의 냉소주의자는 스스로를 "우울증 환자"라고 이해한다. 페터 슬로터다이크, 『냉소적 이성 비판 1』, 이진우·박미애 옮김(에코리브르, 2005), 43-47쪽.

169) F. W. Nietzsche, *Morgenröte / Idyllen aus Messina / Die fröhliche Wissenschaft*, 506쪽.[한국어판 232쪽]

170) 이 점은 아리스토텔레스의 희극에 대한 규정을 살펴보아도 쉽게 확인할 수 있다. 그에 따르면 연극은 크게 희극과 비극 두 가지로 구분되는데, 이 둘을 나누는 기준은 예상 외로 아주 간단하다. 둘 모두 행위하는 인간을 모방한 것이라는 공통 전제 위에서, 희극이 평범한 사람보다 못한 사람의 행위를 모방하는 것인 반면, 비극은 평범한 사람보다 더 나은 사람의 행위를 모방한 것이다. "희극은 실제 이하의 악인을 모방하려 하고, 비극은 실제 이상의 선인을 모방하려 한다." 결국 희극의 웃음은 못난 사람에 대한 조롱에서 유래한 것이다.

171) 줄리아 크리스테바, 『검은 태양—우울증과 멜랑콜리』, 김인환 옮김(동문선, 2004), 326쪽.

172) 류종영, 『웃음의 미학』(유로, 2006).

173) M. Ficino, *Three Books on Life* (*De triplici vita*), A Critical Edition and Translation by C. V. Kaske and J. R. Clark, Arizona: The Renaissance Society of America, 1998, 403쪽. 같은 곳에서 피치노는 '냉소가Cynic'가 원래 그리스어로 개라는 뜻이었다고 덧붙인다. 소크라테스의 제자인 안티스테네스가 세우고 디오게네스로 대표되는 키니코스kynikos(견유) 학파는 아마도 개에게서 철학자를 연상시키는 데 큰 몫을 담당했을 것이다.

174) 헤시오도스, 『신통기—그리스 신들의 계보』, 김원익 옮김(민음사, 2003), 38, 77쪽.

175) 호메로스, 『오뒷세이아』, 천병희 옮김(단국대학교출판부, 2004), 13권 80행.

다른 판본으로도 참조할 수 있도록 권과 행수로 쪽수를 대신한다.

176) 같은 책, 20권 54행.

177) 같은 책, 21권 358행.

178) 같은 책, 23권 19행.

179) 같은 책, 17권 291행.

180) 여기서 말하는 철학자는 정확하게는 서양 철학자들을 가리킨다. 동양철학은 서양철학과는 또다른 기분을 통해 규정될 수 있을 것이다.

181) Hans-Georg Gadamer, *Gesammelte Werke*, Bd. 1, Tübingen: J. C. B. Mohr(Paul Siebeck), 1986, 270-281쪽 참조. 하이데거적 "이해의 선구조 Vorstruktur des Verstehens"에 해당하는 가다머의 선판단Vorurteil은 무엇보다 "이해의 조건"을 의미한다. 가다머는 두 가지 방향으로 선판단에 대한 논의를 전개한다. 하나는 권위와 전통의 불가피성을 논증하는 것이며, 다른 하나는 권위와 전통이 이성과 양립 불가능하지 않음을 보이는 것이다. 가다머의 선판단과 권위에 관한 상세한 논의는 다음 글을 참조. 김동규, 「텍스트-해석의 권위: 가다머의 경우」, 『철학탐구』 제18집(2005), 237-275쪽.

182) 라이너 마리아 릴케, 『릴케의 로댕』, 안상원 옮김(미술문화, 1998), 56쪽.

183) 김형효, 「所有와 當爲를 넘어선 無의 길」, 『문명갈등시대의 동서사상의 대화』 대회보 1, 제17회 한국철학자대회(한남대학교 문과대학, 2004년 10월 29-30일), 1-12쪽 참조.

184) 김형효, 타양디에와 다른 시각으로 바라보는 학자들은 많다. 예컨대 뵐나겔에 따르면, 로댕의 〈생각하는 사람〉은 원래 〈지옥문〉의 정상부를 장식하는 조각상으로서, 특히 단테의 화신으로 구상되었다고 한다. 9장의 부연설명 참조. Jörg Völlnagel, "Katalogeintragen 252", in *Melancholie: Genie und Wahnsinn in der Kunst*, hrsg. von Jean Clair, Ostfildern-Ruit: Hatje Cantz Verlag, 2005, 466쪽.

185) 김형효, 같은 글, 2쪽.

186) 이 부분에 관한 논의는 미셸 아르의 글을 참조할 만하다. 그는 특히 하이데거 후기 철학에서 논의되는 기분 문제에 초점을 맞추고 있다. Michel Haar, "Attunement and Thinking", in *Heidegger: A Critical Reader*, edited by Hubert Dreyfus and Harrison Hall, Oxford & Cambridge: Blackwell, 1992, 160쪽 이하 참조. 하이데거 기분 철학의 한계를 지적하고 있긴 하지만, 다음 논문도 참고할 만하다. Hinrich Fink-Eitel, "Die Philosophie der Stimmungen in Heideggers *Sein und Zeit*", in *Allgemeine Zeitschrift für Philosophie*, Jg. 17. 1992, 27-41쪽 참조. Philippe Arjakovsky (ed.), *Le Dictionnaire Martin Heidegger: Vocabulaire polyphonique de sa pensée*, LES ÉDITIONS DU CERF, 2013.

187) 하이데거는 기분이라는 말 대신에 "느낌Gefühl"이라고 할 때 많은 경우 인용부호를 사용해 전통철학과의 거리두기를 시도한다. 그 용어가 전통철학의 해석에 너무도 침윤되어 있다고 보기 때문이다. 데리다의 지적처럼 인용부호는 현상학적 "판단중지", "괄호치기"를 수행한다. 특별히 하이데거의 논의를 구체적으로 소개하는 부분이 아닌 이상, 여기서는 별다른 구분 없이 기분과 연관된 용어들을 사용할 것이다. 다른 전통의 언어를 옮겨오는 번역 과정에서 하이데거적 구분은 큰 의미를 상실할 수밖에 없기 때문이다. 하지만 이 글에서 사용된 기분과 연관된 말, 즉 느낌, 분위기, 정조, 감정 등은 모두 하이데거적 Stimmung의 의미를 내포하고 있다.

188) 미셸 아르에 따르면, "기분은 존재에 대한 첫번째 경험이고 존재의 목소리를 처음 듣는 것이기 때문에, 사유를 낳는다." Michel Haar, 같은 글, 171쪽.

189) 미학이란 말은 1750년 바움가르텐이 처음으로 사용했으며, 『판단력 비판』을 통해 칸트가 하나의 체계적인 학문으로 확립했다고 볼 수 있다. 여기에 관해서는 다음 글 참고. 김동규, 『멜랑콜리 미학』(문학동네, 2010) 중 '에스테티쉬'에 대한 부분(119-125쪽), Alexader G. Baumgarten, *Theoretische Ästhetik: Die grundlegende Abschnitte aus der "Aesthetica"(1750/58)*, übersetzt von H.

R. Schweizer, Hamburg: Felix Meiner Verlag, 1983, 2-9쪽.

190) 이런 맥락에서 미셸 아르는 기분이 철학적인 사유를 낳는다고 본다. 주 188 참조.

191) 아리스토텔레스, 『형이상학 1』, 조대호 옮김(나남, 2012), 33-34쪽. 982b 이하.

192) 전반적으로 하이데거 저작의 한국어 번역본에는 큰 오역을 거의 찾아볼 수 없는데, 인용한 문장 속에서 하나의 오역이 발견되었다. 번역본에서는 이 단어, 즉 Muß가 '여유'로 번역되었는데, 아마도 역자가 Muße로 착각한 듯 보인다. 하지만 자유의 '짐'을 논하는 문맥을 고려한다면 '여유'라는 번역어는 어울리지 않을뿐더러, 문법적으로도 Muß는 중성명사이고 Muße는 여성명사이기 때문에, "ein Muß und eine Not"는 "강제와 절박함"으로 옮겨야 할 것이다.

193) 여기서 논의되는 인간의 본질은 전통 형이상학이 했던 방식처럼 실체적으로 이해되어서는 안 된다. 실체적인 측면에서 보자면, 인간의 본질은 없다. 자유Freiheit에 담긴 '없음'이란 의미에서 인간의 본질은 자유다. 또한 인간의 본질은 유적인 본질로 이해되어서도 안 된다. "인간에 대한 인간의 모든 물음은 처음부터 마지막까지 인간 **각자의** **실존**jeweiligen Existenz 사태"다.(GA29/30, 407. 원문 강조)

194) 하이데거는 서양 지성사에서 나온 자유 개념을 다음과 같이 정리한다. 1) 자발성Spontaneität. 2) 부정적 자유Negative Freiheit. 3) 긍정적 자유Positive Freiheit; propensio in bonum. 4) 자기입법 또는 자율성Selbstgesetzgebung-Autonomie. 5) 감성에 대한 지배로서의 자유Freiheit als Herrschaft über die Sinnlichkeit.(GA49, 142) 서양 지성사에서 논의된 자유를 더 상세하게 살펴보려면, 다음의 문헌이 참조할 만하다. Arno Baruzzi, *Die Zukunft der Freiheit*, Darmstadt: Wissenschaftliche Buchgesellschaft, 1993.

195) 이런 의미의 자유에 관해서는 폴트의 책이 참조할 만하다. Richard Polt, *The Emergency of Being—On Heidegger's Contributions to Philosophy*, Ithaca

and London: Cornell University Press, 2006. 특히 170쪽 이하.

196) '세계'와 '자기'의 관련성에 관해서 하이데거는 다음과 같이 말하고 있다. "이러한 근원적 운동[자유, 즉 현존재의 심연]은, 세계내용이 더 근원적으로 근거지어질수록 그 세계내용은 더 단순 소박하게 현존재의 심장Herz des Daseins에, 즉 행위 안에서의 현존재의 자기성Selbstheit에 관계한다는 사실을 우리에게 이해시켜주고 있으며, 다시 말해 그러한 사실을 근원적인 세계내용으로 우리에게 제시하고 있다."(GA9, 174)

197) Jean-Paul Sartre, *Das Sein und das Nichts* (*L'être et le néant. Essai d'ontologie phénoménologique*), hersg. von Traugott König, übersetzt von Hans Schöneberg und Traugott König, Hamburg: Rowohlt Taschenbuch Verlag, 2003, 950쪽.

198) 『고백록』의 경우 한국어 번역본과 영어 번역본의 기본 의미는 일치하지만 뉘앙스의 차이가 매우 크다. 일례로 본문 인용구에 상응하는 영어 번역본 부분을 기재하면 다음과 같다. "Lord, eternity is yours, so you cannot be ignorant of what I tell you. Your vision of occurrences in time is not temporally conditioned. Why then do I set before you an ordered account of so many things? It is certainly not through me that you know them. But I am stirring up love for you in myself and in those who read this, so that we may all say 'Great is the Lord and highly worthy to be praised'(Ps. 47:1)."(XI, 221) Augustinus, *Confessions*, translated by Henry Chadwick, Oxford World's Classics, Oxford Unversity Press, 2008. 아우구스티누스, 『고백록』, 김기찬 옮김(그리스찬다이제스트, 2002), 301쪽. 이후 인용문은 한국어 판본 쪽수로 표시한다.

199) 아우구스티누스, 같은 책, 302쪽.

200) 같은 책, 36~37쪽.

201) 같은 책, 205쪽.

202) 같은 책, 212쪽.

203) 서양사에서 중세시대를 언제부터 언제까지로 볼 것인지는 계속된 논란거리다. 자크 르 고프는 중세의 근본 구조가 4세기부터 19세기까지 장기적으로 지속된다고 보고 있다. 중세 프랑스 문학 전공자인 자클린 세르킬리니툴레는 문학 텍스트를 중심으로 중세적 멜랑콜리를 다룬 바 있다. 프랑스 문학 텍스트를 중심으로 할 경우, 14세기에야 비로소 중세적 멜랑콜리는 꽃을 피웠다. 그에 따르면, "……당대의 문학에는 고유한 색, 다시 말해 멜랑콜리의 색이 칠해진다. 모든 것이 프랑스어로 재창조되어야 했던 문학의 봄, 즐거운 환희의 시절, 선구자들의 시절이 과거 12세기에 있었다. 반대로 14세기는 자신들의 시대를 문학의 겨울, 자기 내면으로의 은거, 칩거와 성찰 그리고 노년의 시절로 바라보았다." 자클린 세르킬리니툴레, 같은 책, 28쪽.

204) Aristoteles, 같은 책, 953b 참조.

205) 로버트 버턴, 『우울증의 해부』, 이창국 옮김(태학사, 2004), 서론 참조.

206) 이와 관련된 상세한 논의는 김동규, 『철학의 모비딕—예술, 존재, 하이데거』(문학동네, 2013), 43쪽 이하 참조.

207) S. Freud, "Trauer und Melancholie", *Psychologie des unbewußten*, 199쪽. (한국어판 251쪽)

208) Sören Kierkegaard, *Der Begriff Angst / Die Krankheit zum Tode*, übersetzt von Christoph Schrempf und Hermann Gottsched, 2. Auflage, Marix Verlag, 2006, 73쪽.

209) 하이데거는 인간 존재를 '염려'로 규정하는데, 독일어로 염려는 Sorge이다. 일상 회화에서 자주 사용되는 "걱정 마Keine Sorge"는 일상성이 현존재의 본래적 모습을 어떤 방식으로 은폐하는지를 잘 보여주고 있다.

210) 헤시오도스, 같은 책, 32-60쪽 참조.

211) 물론 신화 속에 등장하는 크로노스만이 고대인들의 시간관을 대변하지는 않는다. 고대 그리스인들에게는 두 가지 시간 개념이 더 있었다. 하이데거도

이 두 개념을 알고 있었다. 하나가 '카이로스'이고 다른 하나가 '아이온'이다. 카이로스는 어떤 결정적인 순간을 뜻하는 말이며, 아이온은 영원히 고갈되지 않는 창조성을 뜻하는 말이다. 도상학자 파노프스키에 따르면, 이것은 화가들을 통해 다음과 같이 이미지화된다. "카이로스는 인간의 삶이나 우주의 발전 과정에서 전환점을 기록하는 짧고 결정적인 순간을 의미한다. 이 개념은 통속적으로 기회Opportunity로 알려진 인물 모티프로 표현되었다. 기회의 의인상은 잽싸게 움직이고 있는 남자(원래는 나신)로 묘사되었다. ……기회의 상징물로는 먼저 저울을 꼽을 수 있는데, 이 물체는 애초에 면도날 위에서 균형을 잡고 있는 형태로 묘사되었다."(원문 강조) [에르빈 파노프스키, 『도상해석학 연구—르네상스 미술에서의 인문주의적 주제들』, 이한순 옮김(시공사, 2002), 131쪽] "아이온의 이미지는 우선 미트라Mithra 숭배[이란의 태양신 숭배전통]와 연계성을 지니며, 이 경우 사자의 머리와 발톱을 지니고 날개를 단 섬뜩한 인물이 커다란 뱀에 의해 몸체가 단단히 감긴 채 손에 열쇠를 쥐고 등장한다. 또 아이온은 보통 파네스Phanes로 알려진 오르페우스적 신으로 묘사되기도 하는데, 이때는 날개달린 아름다운 젊은이가 12궁에 둘러쌓인 모습으로 우주적 힘을 뜻하는 여러 상징물을 지니고 나타나며 이 인물 역시 뱀에 휘감겨 있다." 같은 책, 132-134쪽. 시간의 신에 대한 이야기는 이후 멜랑콜리 담론과 연결된다. 사투르누스는 고대 천문학과 점성술에 의거하여 토성의 이름이 된다. 당시까지 토성은 지구에서 가장 멀리 떨어져 있다고 여겨지던 행성으로 멜랑콜리커는 그 토성의 자식이라 생각되었다.

212) 리처드 커니, 『이방인, 신, 괴물』, 이지영 옮김(개마고원, 2004), 305쪽.

213) 에르빈 파노프스키, 같은 책, 130쪽.

214) 에르빈 파노프스키, 『인문주의 예술가 뒤러 2』, 124-125쪽.

215) R. Klibansky, E. Panofsky, F. Saxl, *Saturn and Melancholy: Studies in the History of Natural Philosophy, Relision and Art*, London, 1964, 15쪽.

216) 하이데거 철학을 멜랑콜리 담론과 연결지어 해석한 연구는 거의 없었다고

봐도 무방할 것이다. 극소수의 선구적인 연구 자료 중 하나는 앞서 언급한 커니의 책 『이방인, 신, 괴물』이다. 여기서 커니는 아주 간략하게 멜랑콜리에 대한 '실존주의적 설명'으로서 하이데거 철학을 재구성하고 있다. 7장 「멜랑콜리—신과 괴물 사이」, 299-301쪽 참조.

217) 이와 관련된 상세한 논의는 김동규, 『철학의 모비딕—예술, 존재, 하이데거』(문학동네, 2013), 2장 「시와 죽음」 참조.

218) 르네 지라르, 『희생양』, 김진식 옮김(민음사, 1998), 35-36쪽.

219) 이 문제에 대한 자세한 논의는 권순홍, 「하이데거와 타인의 문제」, 『현대윤리학의 문제들』(김수철 외 지음, 철학과현실사, 2002), 64-128쪽 참조.

220) 미셸 푸코, 『주체의 해석학—1981-1982, 콜레주 드 프랑스에서의 강의』, 심세광 옮김(동문선, 2007), 49쪽.

221) 불안과 고독 그리고 권태가 멜랑콜리의 삼중적인 핵심 정조라는 점은 이 책 10장의 '멜랑콜리 스펙트럼' 참조.

222) Aristoteles, 같은 책, 953a.

223) 유아론의 역사적 전개에 관한 정보는 Joachim Ritter u. Karlfried Gründer (hrsg.), *Historisches Wörterbuch der Philosophie*, Bd. 9, Basel: Schwabe & CO AG Verlag, 1995, 1017-1022쪽 참조.

224) 권순홍, 『유식불교의 거울로 본 하이데거』(도서출판 길, 2008), 415-416쪽.

225) 셰익스피어, 『셰익스피어 4대 비극집』, 신정옥 옮김(전예원, 2000), 25쪽.

226) 같은 책, 86쪽.

227) 같은 책, 27쪽.

228) 같은 책, 82쪽.

229) 같은 책, 90쪽.

230) 같은 책, 163쪽.

231) Judith Butler, *Psyche der Macht—Das Subjekt der Unterwerfung*, übersetz. von Reiner Ansén, Frankfurt am Main: Suhrkamp, 2001, 특히 5장

참조. Melanie Klein, *Envy and Gratitude And Other works 1946-1963*, New York: The Free Press, 1984. Julia Kristeva, *Soleil Noir: Dépression et Mélancolie*, Gallimard, 1987.[『검은 태양—우울증과 멜랑콜리』, 김인환 옮김(동문선, 2004)] Nicolas Abraham, Maria Torok, *The Wolf Man's Magic Word: A Cryptonymy*, translated by Nicholas Rand, Foreword by Jacques Derrida, Theory and History of Literature, vol. 37, Minneapolis: University of Minnesota Press, 1986, 데리다의 「서문」 참조.

232) S. Freud, 같은 책, 197쪽.(한국어판 246쪽)

233) 사실상 하이데거가 이런 종류의 비교를 폄하하는 데 그쳤다면, 지젝은 희극적 효과를 설명하는 심리적 메커니즘으로 그것을 적극 사용한다. 지젝은 다음과 같이 말한다. "본격적인 희극적 효과를 위해 중요한 것은 우리가 동일성을 바라는 곳에 나타나는 차이가 아니라 그보다는 우리가 차이를 기대하는 곳에 나타나는 동일성이다." 다음은 그에 대한 예다. "장난감 기차들과 여성의 가슴의 차이는 무엇인가? 없다: 둘 모두 아이들을 위한 것이며 둘 모두 성인 남자가 유희하는 것이다." 슬라보예 지젝, 『시차적 관점』, 김서영 옮김(마티, 2009), 222-223쪽, 미주 778쪽.

234) S. Freud, 같은 책, 296쪽.(한국어판 115쪽)

235) 같은 책, 198쪽.(한국어판 249쪽)

236) 같은 책, 199쪽.(한국어판 251쪽)

237) 같은 곳.

238) 프로이트는 이 개념을 심리학자 오이겐 블로일러에게서 넘겨받았다고 한다. 블로일러는 의지, 지성, 정념의 세 영역에서 이 개념을 관찰한다. 예컨대 먹고 싶으면서 동시에 먹고 싶지 않을 경우(의지), 어떤 생각을 표현하면서 동시에 그와 반대되는 생각을 표현할 경우(지성), 동일한 사람을 사랑하면서 동시에 증오하는 경우(정념)가 그 대표적인 사례다. 이 가운데 프로이트는 세번째 양가감정 개념만을 주로 채용하고 있다. J. Laplanche, J.-B. Pontalis, *Das*

Vokabular der Psychoanalyse, übersetz. von Emma Moersch, Frankfurt am Main: Suhrkamp, 1973, 55쪽 참고. 프로이트 자신의 개념 출처 설명은 다음 글을 참조할 수 있다. S. Freud, "Zur Dynamik der Übertragung", in *Schriften zur Behandlungstechnik* (Studienausgabe Ergänzungsband), hrsg. von A. Mitscherlich A. Richards J. Strachey, Frankfurt am Main: Fischer Taschenbuch Verlag, 2000, 166쪽, 각주 1.

239) S. Freud, *Psychologie des Unbewußten*, 101쪽.(한국어판 131쪽)

240) Melanie Klein, *Envy and Gratitude And Other works 1946-1963*, New York: The Free Press, 1984, 2쪽 이하.

241) S. Freud, *Schriften zur Behandlungstechni*k, (Studienausgabe Ergänzungsband) hrsg. von A. Mitscherlich A. Richards J. Strachey, Frankfurt am Main, Fischer Taschenbuch Verlag, 2000, 166쪽.[『끝낼 수 있는 분석과 끝낼 수 없는 분석』, 이덕하 옮김(도서출판b, 2004), 41쪽]

242) S. Freud, *Psychologie des Unbewußten*, 204쪽.(한국어판 259쪽)

243) 이런 위장은 양가감정의 대상에 대한 '간접적인' 공격을 위한 것이자, 이상화된 상실 대상의 이미지를 '보호'하기 위해 마련된 장치로 볼 수 있다. 이런 해석에 관해서는 대상관계 정신분석가 수전 캐벌러애들러의 책을 참조할 만하다. 이 책에서 그녀는 "멜랑콜리 환자의 공격은 상실한 대상을 간접적으로 공격하기 위해서 자신을 공격하는 것인 동시에, 상실한 대상의 이상화된 이미지를 직접적인 공격으로부터 보호하기 위한 것이다"라고 말하고 있다. 수전 캐벌러애들러, 『애도—대상관계 정신분석의 관점』, 이재훈 옮김(한국심리치료연구소, 2009), 87쪽.

244) S. Freud, 같은 책, 203쪽.(한국어판 256쪽)

245) 같은 책, 203쪽.(한국어판 257쪽)

246) 같은 곳.

247) 같은 책, 203쪽.(한국어판 256-257쪽)

248) 같은 책, 206쪽.(한국어판 261쪽)

249) 이 점에 관해서는 이 책 8장과 나의 책 『멜랑콜리 미학』(2010), 그리고 김상봉, 『서로주체성의 이념—철학의 혁신을 위한 서론』(2007) 참조.

250) S. Freud, 같은 책, 203쪽.(한국어판 258쪽)

251) 같은 책, 204쪽.(한국어판 258쪽)

252) 줄리아 크리스테바, 『검은 태양—우울증과 멜랑콜리』, 김인환 옮김(동문선, 2004), 23쪽.

253) S. Freud, 같은 책, 206쪽.(한국어판 261쪽)

254) 같은 책, 201-202쪽.(한국어판 254-255쪽)

255) 같은 책, 318쪽.(한국어판 146쪽)

256) 같은 책, 315쪽.(한국어판 142쪽)

257) 같은 곳.

258) 같은 책, 318쪽.(한국어판 146쪽)

259) 같은 책, 41, 54쪽.(한국어판 46, 66쪽)

260) 같은 책, 266쪽.(한국어판 80-82쪽)

261) S. Freud, *Schriften zur Behandlungstechnik*, 384쪽.(한국어판 365쪽)

262) Platon, "Das Gastmahl," in *Platon*, Bd. III, Darmstadt: Wissenschaftliche Buchgesellschaft, 1974, 189a 이하 참조.

263) M. M. Weissman, R. C. Bland, G. J Canino, et al., "Cross-national epidemiology of major depression and bipolar disorder", *Jama*, 1996, 276(4): 293-299쪽 참조.

264) Dörthe Binkert, *Die Melancholie ist eine Frau*, Hamburg: Hoffmann und Campe, 1995.

265) 같은 책, 15쪽 참조.

266) 베르너 발트만, 『버지니아 울프』, 이온화 옮김(한길사, 1997), 202쪽에서 재인용.

267) Julia Kristeva, *Black sun: Depression and Melancholia*, translated by Leon S. Roudiez, New York: Columbia Unversity Press, 1989, 71쪽.

268) 같은 책, 84쪽.

269) 베르너 발트만, 같은 책, 107쪽.

270) Julia Kristeva, 같은 책, 85쪽

271) Judith Butler, *Psyche der Macht—Das Subjekt der Unterwerfung*, übersetz. von Reiner Ansén, Frankfurt am Main: Suhrkamp, 2001, 특히 5장 참조. 또 삶의 유약성에 관해서는 다음 책 참조. Judith Butler, *Frames of War: When Is Life Grievable?*, London·New York: Verso, 2009.

272) Julia Kristeva, 같은 책, 68쪽.

273) 당연히 그와는 반대로 서양어에는 없고 한국어에는 있는 용법도 존재한다. 예컨대 한국어에는 문맥과 상황에 따라 자주 주어를 생략한다거나, 문장이 종결되기 전까지 문장의 긍정 혹은 부정('이다' 혹은 '아니다')이 결정되지 않는 등의 어법이 있는데, 이런 것들은 서양어에 없다. 또한 단지 부정어를 통해서만 의미가 드러나는 서양어(예컨대 'is not', 'do not know')와는 대조적으로, 한국어에는 '없다', '모른다'라는 단어처럼 따로 부정할 필요 없이 자체로 부정을 함축한 단어들도 존재한다.

274) Giorgio Agamben, 「*Se: Hegel's Absolute and Heidegger's *Ereignis*」, in *Potentialities: collected essays in philosophy*, edited and translated by Daniel Heller-Roazen, Stanford California: Stanford Unversity, 1999.(*Se*에 있는 별표(*)는 '기록된 문헌에는 없지만 어원 분석을 통해 재구성된 언어'라는 뜻이다.) 이 외에도 '자기' 개념에 관한 서양 철학자들의 성찰에는 다음과 같은 글들을 참조할 만하다. 다른 기회에 자세히 논하겠지만, 이들의 공통점은 본문에서 언급된 자기 개념을 고수한다는 점이다. 자세한 서지사항은 참고문헌 참조. Corey Anton, *Selfhood and Authenticity*(2001), Charles K. Bellinger, *The trinitarian self: the key to the puzzle of violence*(2008), J. R.

Mensch, *Ethics and Selfhood: Alterity and the Phenomenology of Obligation*(2003), Andrew O'Shea, *Selfhood and Sacrifice: René Girard and Charles Taylor on the Crisis of Modernity*(2010), Calvin O. Schrag, *The Self after Postmodernity*(1997), Jerrold Seigel, *The idea of the self: thought and experience in western Europe since the seventeenth century*(2005), Paul Ricoeur, *Oneself as Another*(1992).

275) Giorgio Agamben, 같은 책, 116쪽.

276) 개체와 공동체의 밀접한 관계를 면역학까지 동원하여 치밀하게 밝힌 에스포지토의 글이 참조할 만하다. Roberto Esposito, *Communitas: Ursprung und Wege der Gemeinschaft*, übersetzt von Sabine Schulz und Francesca Raimondi, Zürich: diaphanes, 2004. *Immunitas: Schutz und Negation des Lebens*, übersetzt von Sabine Schulz, Zürich: diaphanes, 2004.

277) 김상봉, 『나르시스의 꿈—서양정신의 극복을 위한 연습』(한길사, 2002), 355쪽.

278) 김상환, 『철학과 인문적 상상력』(문학과지성사, 2012), 548쪽.

279) 박동환, 『안티호모에렉투스』(도서출판 길, 2001), 2쪽.

280) 김상봉, 같은 책, 228쪽.

281) 이들 용어에는 공통적으로 '자기의 고유성'이란 의미의 어간 eigen-이 함축되어 있다. 이 밖에도 하이데거가 자주 사용하는 같은 계열의 용어에는 eigen, eignen, eigentlich, uneigentlich, Eigentum, aneignen, übereignen, enteignen, vereignen, zueignen 등이 있다. 이런 사정 때문에, 정은해는 통상 '존재사건'으로 번역되는 Ereignis를 '자화自化사건'이라고 번역한다. 그는 동양의 '자연自然' 개념과 견주면서, 이 개념을 다음과 같이 규정한다. "자화란 자기화의 방식으로 자현함을 말한다. 이때의 자기화는 서로 관련된 것들이 서로를 자기 것으로 삼으면서(전유하면서) 각자 고유한 자기로 된다는 이중적 의미를 지닌다." 정은해, 『현대존재론—하이데거의 자화사건적 존재론과 가다머의 지

평융합적 존재론』(철학과현실사, 2010), 6, 548쪽 참조.

282) 박동환, 『서양의 논리 동양의 마음』(까치, 1988), 212쪽.

283) 같은 책, 103쪽.

284) 박동환, 『안티호모에렉투스』(도서출판 길, 2001), 104쪽.

285) 박동환, 『서양의 논리 동양의 마음』, 214쪽.

286) 같은 책, 217쪽.

287) 같은 책, 211쪽.

288) 이 점에 관해서는 다음 글 참조. 김동규, 『멜랑콜리 미학』(문학동네, 2010) 1부 중 특히 '잃어버린 반쪽', '불멸의 사랑' 부분.

289) 김상봉, 같은 책, 238-242쪽 참조.

290) 김상봉, 『서로주체성의 이념—철학의 혁신을 위한 서론』(도서출판 길, 2007), 91쪽.

291) 같은 책, 107쪽.

292) 같은 책, 108쪽.

293) 같은 책, 128쪽.

294) 같은 책, 150쪽.

295) 최근 글로벌 기업 삼성 문제를 다룬 책에서 김상봉은 이 문제에 대한 보다 구체적인 해답을 제시하고 있다. 김상봉, 『기업은 누구의 것인가—철학 자본주의를 뒤집다』(꾸리에북스, 2012) 참조.

296) 김상봉, 『서로주체성의 이념』, 141쪽.

297) 같은 책, 233쪽.

298) 김상봉, 『나르시스의 꿈』, 29쪽.

299) 김상봉, 『서로주체성의 이념』, 53쪽.

300) 박동환의 최근 글로는 「x의 존재론—특히 가에로 밀려난 이들의 한계해법에 대하여」, 『철학논집』, 서강대학교 철학연구소, 제31집, 2012. 「x의 존재론을 다시 풀이함—영원의 매체 '제1언어'에 대하여」, 『사회와 철학』, 사회와철학연

구회, 제26집, 2013 참조. 두 글의 내용은 크게 차이나지 않으며, 나는 본문에서 2012년 발표된 글을 주로 참조했다. 왜냐하면 그 글에 유독 '파격'과 '격파'라는 중요 개념어가 등장하기 때문이다.

301) 박동환, 「x의 존재론—특히 가에로 밀려난 이들의 한계해법에 대하여」, 245쪽.

302) 박동환, 『안티호모에렉투스』, 17쪽.

303) 이 세 가지는 3표와는 다른 의미와 맥락을 가지고 있다. 즉 3표가 서양(그리스), 동양(중국), 문명의 주변(한국)을 분별하는 도식이었다면, Xx, ¬x, X( )은 동서고금의 모든 인간, 특히 동서양의 차이가 무의미해진 미래 세대까지 염두에 두고 그들이 개체로서 한계를 풀어내는 세 종류의 해법을 가리킨다. 박동환은 Xx, ¬x, X( )를 서술하는 과정에서 사례를 들고 있는데, 이 부분에는 약간 오해의 소지가 남아 있다. 첫째, Xx, ¬x, X( )의 대표적인 사례로서 플라톤, 카프카, 「전도서」의 필자가 꼽히는데, 이들 모두 서양의 사례들이라는 점, 둘째, 이 사례들은 각기 철학, 예술, 종교(헤겔이 절대정신의 영역으로 설정했던 분야)의 해법으로 해석될 소지가 있다. 이런 사례 선정은 박동환 철학의 서양적 흔적이 확인되는 지점이면서, 그리하여 박동환 철학의 독창성에 흠을 낼 수 있는 지점이다. 하지만 사례는 결국 사례일 뿐이다. 사례를 통해 가리키고자 한 사태에 시선을 옮긴다면, 더이상 사례를 세밀하게 들여다볼 이유는 없다. 박동환, 「x의 존재론—특히 가에로 밀려난 이들의 한계해법에 대하여」, 245쪽 이하 참조.

304) 박동환, 「x의 존재론—특히 가에로 밀려난 이들의 한계해법에 대하여」, 246쪽.

305) 같은 글, 254쪽.

306) 같은 글, 247쪽.

307) 같은 글, 272쪽.

308) 같은 글, 248쪽.

309) 나는 본문에서 Xx와 ¬x를 한 묶음으로 만들어 X( )와 비교했다. 한계지워진 것과 한계가 없는 것과의 '직접적인' 관계는 X( )뿐이라고 해석했기 때문이다. 하지만 박동환은 때때로 ¬x와 X( )를 한 묶음으로 만들어 Xx와 비교한다. 동서고금을 막론하고 도시를 이루며 사는 대부분의 사람들이 Xx만을 주로 고려했다고 판단하기 때문이다. 그에 따르면, Xx는 "이제는 그 유일한 결정권을 잃어버린 것"이 되었다. 미래에는 ¬x와 X( )가 한계 지양의 해법으로 긴요하게 요청될 것이다.

310) 격파라는 용어는 먼저 파국이나 재난을 떠올리게 한다. 많은 경우 격파는 자기중심성을 깨트리는 사건으로서 그런 비극적인 일들을 가리키는 것이 사실이다. 그러나 꼭 거기에만 한정되는 것은 아니다. 필자에게 보여준 미발표 원고에서 박동환은 다음과 같이 밝힌 적이 있다. "역사의 현실 가운데에서 굴욕과 재난의 사건만이 닥쳐오는 것은 아니다. 기대하지 않은 승리와 뜻밖의 은혜 또는 '들림'이 또한 있을 수 있는 것이다. 이 모든 일들은 여하튼 Xx로 대표하는 통분과 일치의 틀 밖에서 일어나는 사건들이다."(인용자 강조) 그렇다면 격파의 일차적인 의미는 호오好惡와 상관없이 중립적인 의미인 '대격변'에 가깝다고 할 수 있다.

311) 오비디우스, 『원전으로 읽는 변신이야기』, 천병희 옮김(도서출판 숲, 2011), 477쪽.

312) 같은 책, 158-161쪽.

313) 같은 책, 483쪽.

314) 같은 책, 501쪽.

315) 플라톤의 이데아론이 가지는 과학적 위상을 김용석은 다음과 같이 서술한다. "어찌보면 플라톤은 어처구니없다. 하지만 서양의 과학자들은 대체로 그런 '어처구니없는' 학문적 주장의 전통을 21세기에도 지켜가고 있으며, 그것을 바탕으로 수많은 성과를 내고 있다. 바이츠제커가 말했듯이 '플라톤의 이데아는 최고도의 객관성을 의미한다. 즉 이데아는 엄밀 과학을 낳는 유일한 원천'이었던

것이다."(인용자 강조) 김용석, 「예술과 과학—그 공생과 갈등의 기원 그리고 전망」, 『예술, 과학과 만나다』, 아트센터 나비 엮음(이학사, 2007), 62-63쪽.

316) 메리 셸리, 『프랑켄슈타인』, 김선형 옮김(문학동네, 2012), 71쪽.

317) 괴테, 『파우스트 2』, 이인웅 옮김(문학동네, 2009), 153쪽.

318) Bernard Barryte (ed.), *Rodin's Art*, Stanford: The Iris & B. Gerald Cantor Center for visual Arts at Standford University, 2003, 174-179쪽 참조 및 재인용.

319) 단테 알리기에리, 『신곡』, 한형곤 옮김(서해문집, 2005), 59-60쪽. 이탈리아어로는 다음과 같다. "PER ME SI VA NELLA CITTÀ DOLENTE, / PER ME SI VA NELLA'ETTERNO DOLORE, / PER ME SI VA TRA LA PERDUTA CENTE. / GIUSTIZIA MOSSE IL MIO ALTO FATTORE: / FECEMI LA DIVINA POTESTATE / LA SOMMA SAPIENZA E'L PRIMO AMORE. / DINANZI A ME NON FUOR COSE CREATE / SE NON ETTERNE, E IO ETTERNA DURO. / LASCIATE OGNI SPERANZA, VOI CH'ENTRATE." 원문은 다음 책을 참조했다. 이마미치 도모노부, 『단테 신곡 강의』, 이영미 옮김(안티쿠스, 2008).

320) 아르튀르 랭보, 『地獄에서 보낸 한 철』, 김현 옮김(민음사, 1990), 서시序詩 부분.(24-27쪽 전문 참조) 인용된 구절의 원문은 다음과 같다. "Je parvins à faire s'évanouir dans mon / esprit toute l'espérance humaine. Sur toute joie / pour l'étrangler j'ai fait le bond sourd de la bête / féroce."

321) 아르튀르 랭보, 『랭보 시선詩選』, 이준오 옮김(책세상, 1996), 165쪽.

322) S. Freud, *Psychologie des Unbewußten*, 199쪽.(한국어판 251쪽)

323) Aristoteles, *Problems II*, Book XXX, 954b 이하 참조

324) 레지스 드브레, 『이미지의 삶과 죽음—서구적 시선의 역사』, 정진국 옮김(시각과언어, 1994), 252-253쪽 참조.

325) 보들레르, 『악의 꽃』, 윤영애 옮김(문학과지성사, 2008), 163, 166쪽.

326) H. Dreyfus and S. D. Kelly, *All Things Shining: Reading the Western Classics to Find Meaning in a Secular Age*, New York: Free Press, 2011.[휴버트 드레이퍼스/숀 켈리, 『모든 것은 빛난다』, 김동규 옮김(사월의책, 2013)]

327) Charles Taylor, *A Secular Age*, Cambridge, Massachusetts, and London, England: The Belknap Press of Harvard Unversity Press, 2007 참조. 테일러는 세속성의 세 가지 양상은 종교의 세 가지 변화 양상을 참조해야 한다고 본다. 즉 1) 공적 공간에서 퇴각하고 있는 종교, 2) 점차 쇠락하고 있는 믿음과 실천의 한 유형으로서의 종교, 3) 이 시대에 그 조건이 시험받고 있는 믿음(믿음의 새로운 조건들의 출현) 또는 참여의 일종으로서의 종교(15쪽 이하 참조)가 그것이다. 테일러는 이런 의미로 세속화 개념을 사용하고 있으며, 이런 분화된 의미 속에서 세속화 시대의 다양한 모습을 보여주고 있다.

328) H. Dreyfus and S. D. Kelly, 같은 책, 56쪽(한국어판 103쪽)에서 재인용.

329) 옥타비오 파스, 『흙의 자식들 외—낭만주의에서 전위주의까지』, 김은중 옮김(솔, 1999), 10쪽.

330) Christoph Menke, *Die Souveränität der Kunst: Ästhetische Erfahrung nach Adorno und Derrida*, Suhrkamp Verlag, 1991, 9쪽.

331) 기형도, 『기형도 전집』(문학과지성사, 2000), 89쪽.

332) 김상환, 『철학과 인문적 상상력』(문학과지성사, 2012), 제4부 4장.

333) 박동환, 『서양의 논리 동양의 마음』(까치, 1988), 210쪽.

334) 박동환, 『안티호모에렉투스』(도서출판 길, 2001), 124-125쪽 참조.

335) 김상환, 같은 책, 583쪽.

336) 같은 책, 584쪽.

337) 같은 책, 584-585쪽.

338) 같은 책, 581-582쪽.

339) 같은 책, 583쪽.

340) 김상환, 『니체, 프로이트, 맑스 이후』(창작과비평사, 2002), 5쪽.

341) 토마스 아퀴나스, 『성 토마스 아퀴나스의 신학대전 요약』, G. 달 사쏘-R. 꼬지 편찬, 이재룡·이동익·조규만 옮김(카톨릭대학교출판부, 1995), 75-76쪽 참조.

342) 에르빈 파노프스키, 『인문주의 예술가 뒤러 2』, 임산 옮김(한길아트, 2006), 135쪽.

343) Eric G. Wilson, *My Business Is to Create: Blake's infinite writing*, University of Iowa Press, 2011, 60쪽.

344) 에르빈 파노프스키, 같은 책, 116쪽. 파노프스키는 우울한 얼굴과 대조를 이루는 화관에 대해 이렇게 설명한다. "그녀의 머리에 얹혀진 화관은 본래 검은 담즙 체액의 위험과 대비되는 일종의 완화제이다. '건조성'으로 인한 악영향을 중화하기 위해 '물기가 많은 식물의 잎'을 머리 위에 얹는 것이 장려되었던 것이다. 이 화관의 소재는 미나리아재비목의 수초……와 물냉이다." 다시 말해서 병적인 멜랑콜리를 창조적인 힘으로 전환시키기 위해서는 어떤 식으로든 중화Neutralization가 필요하다.

345) Jean Clair (hrsg.), 같은 책, 376쪽.

346) R. Klibansky, E. Panofsky, F. Saxl, 같은 책, 410쪽.

347) 에르빈 파노프스키, 같은 책, 118-119쪽.

348) 같은 책, 112-113쪽.

349) 한나 아렌트, 『인간의 조건』, 이진우·태정호 옮김(한길사, 1997), 311쪽.

350) 조르조 아감벤, 『세속화 예찬』, 김상운 옮김(난장, 2010), 13, 23쪽.

351) 발터 벤야민, 『독일 비애극의 원천』, 조만영 옮김(새물결, 2008), 195쪽.

352) 에르빈 파노프스키, 『같은 책』, 99쪽.

353) 같은 책, 112쪽.

354) 엘리안 스트로스베르, 『예술과 과학』, 김승윤 옮김(을유문화사, 2002), 20쪽에서 재인용.

355) 니체의 '예술가-형이상학' 또는 하이데거의 '제작 형이상학'에 관한 철학적

담론과는 별도로, 예술계 내부에서 이런 인식을 확인하는 것은 어려운 일이 아니다. 노소영은 이렇게 밝힌다. "예술과 과학은 공히 세상에 관한 모형을 구성한다는 점에서 일치한다. ……일견 예술 분야와 과학기술 분야는 별도의 모형들을 가지고 있는 듯 보인다. 그러나 좀더 자세히 들여다보면 과학과 예술의 모형들은 상호 간에 밀접한 연관 관계를 가지고 발전·진화해왔음을 알 수 있다." 홍성욱 외, 『예술, 과학과 만나다』, 아트센터 나비 엮음(이학사, 2007), 7쪽. 예술과 과학의 접점에 수학이 있음을 보여주는 책으로는 다음의 책 참조. 마이클 슈나이더, 『자연, 예술, 과학의 수학적 원형』, 이충호 옮김(경문사, 2002).

356) 홍성욱 외, 같은 책, 27쪽. 이 책에 실린 글에서 홍성욱은 예술과 과학이 상호작용하는 접점으로 '재현'을 꼽고 있다. 그는 과학이 예술에 미친 영향으로 새로운 대상, 새로운 재현 매체, 새로운 세계관, 예술을 기록하는 새로운 방법, 인간과 예술 과정에 대한 새로운 이해, 과학의 비전과 과학적 언어 제공 등을 들고 있다. 반면 예술이 과학에 미친 영향은 새로운 재현 기법, 과학적 세계관의 정당화, 과학의 대중화, 세상에 대한 새로운 경험 제공을 꼽는다. 나는 홍성욱의 견해에 동조하면서도, 예술과 과학의 긴밀한 관계가 서양적 문맥에 한정된다는 점, 그리고 그 공속적 관계를 추동하고 있는 서양 형이상학의 '제작적 성향'을 덧붙이고 싶다. 재현은 제작의 필수조건이다.

357) 7장에서 언급한 것처럼, 비교는 공통의 기반 위에서 차이점을 밝히는 작업이다. 무엇인가를 비교할 때, 사람들은 주로 '차이'에 초점을 맞추지만 초점의 배경을 이루는 공통의 기반에 주목하는 일은 더욱 중요하고 필요한 일이다. 이번 장의 앞부분에서는 주로 만해의 시와 하이데거 철학의 공속 지점을 부각시킬 것이며, 마지막에는 차이점을 밝히는 데 주력할 것이다.

358) 임시방편으로나마 프로이트의 분석틀을 비교의 잣대로 삼는 까닭은 한편으로 그것이 멜랑콜리 정조를 해명해주는 적절한 분석틀이기 때문이며, 다른 한편으로 '사랑의 상실', 혹은 '사랑 대상의 부재'가 만해 시의 정조에 접근하는 잠정적인 길이 될 수 있다는 판단 때문이다.

359) 에른스트 카시러, 『문화과학의 논리』, 박완규 옮김(도서출판 길, 2007), 267-268쪽.

360) 「예술작품의 근원」에서 하이데거는 예술작품을 형태Gestalt로 파악한다. 그는 형태를 세계와 대지의 투쟁, 균열Riß로 설명한다.(GA5, 51 참조) 이 부분에 대한 상세한 설명은 필자의 책 『하이데거의 사이-예술론』(그린비, 2009), 92-103쪽 참조.

361) 한용운, 『조선불교유신론』, 이원섭 옮김(운주사, 2007), 26쪽.

362) 한용운, 『한용운 시전집』, 최동호 편(서정시학, 2009), 70쪽. 이후 인용하는 만해의 시들은 모두 이 책을 따른 것으로, 시 제목만 표기하기로 한다.

363) 죽음과 사랑의 관계에 관해서는 「고적한 밤」(39쪽), 「나의 길」(40쪽), 「오서요」(144쪽) 참조.

364) Giorgio Agamben, *Potentialities: collected essays in philosophy*, edited and translated by Daniel Heller-Roazen, Stanford: Stanford Unversity, 1999, 특히 12장 참조. 여기서 아감벤은 사랑을 현사실성과 존재사건을 해명하는 핵심어로 제시한다. 리처드 커니, 『이방인, 신, 괴물—타자성 개념에 대한 도전적 고찰』, 이지영 옮김(개마고원, 2004), 10장 「최후의 신과 마지막 과제」 참조.(384-422쪽)

365) 앞으로 인용될 하이데거 텍스트의 몇몇 부분은 하이데거 철학을 사랑의 지평에서 재해석하는 데 있어 매우 중요한 인용문이기 때문에 독일어 원문을 주에서 밝히고자 한다. 한국어 번역본으로는 『이정표 2』(이선일 옮김, 한길사, 2005, 127쪽)가 있으며, 기존 번역을 존중하되 필자의 논의 문맥에 맞게 수정 번역했음을 밝힌다. "Sich einer 'Sache' oder einer 'Person' in ihrem Wesen annehmen, das heißt: sie lieben, sie mögen."

366) M. Heidegger, *Zollikoner Seminare: Protokolle, Gespräche, Briefe*, hrsg. von Medard Boss, Vittorio Klostermann, Frankfurt am Main, 1987, 237-238쪽.

367) 원문은 다음과 같다. "etwas in seiner Her-Kunft 'wesen', d.h. sein lassen kann."

368) 원문은 다음과 같다. "Aus diesem Mögen vermag das Sein das Denken. Jenes ermöglicht dieses."

369) 이 문제에 대한 자세한 논의는 다음의 글을 참조하기 바란다. 박동환, 『동양의 논리는 어디에 있는가』(고려원, 1993). 특히 '허사虛辭 결정론: 주변자의 논리'(102쪽 이하)에서 박동환은 서양의 논리와 우리 말본이 함축하고 있는 논리를 비교 검토하고 있다. 그에 따르면, "허사 결정론이 함축하는 논리는, 서양의 아리스토텔레스로부터 형식화된 변함없는 같음으로의 논리전략에 합류될 수 없는, 주변자의 특이한 세계이해를 반영한다. 그는 사물의 참모습을 「같음」에서가 아니라 「다름」에서 잡으려고 주변에 산다."

370) 원문은 다음과 같다. "Das Sein als das Vermögend-Mögende ist das 'Mög-liche'."

371) 원문은 다음과 같다. "etwas vermögen: etwas nach seinem Wesen bei uns einlassen, inständig diesen Einlaß hüten."

372) 원문은 다음과 같다. "Wir vermögen immer nur solches, was wir mögen, solches, dem wir zugetan sind, indem wir es zulassen."

373) 사랑과 '사이'의 연관성에 관해서는 다음의 책을 참조하기 바란다. 김동규, 『하이데거의 사이-예술론』(그린비, 2009). 여기서 나는 한편으로 하이데거의 '사이' 개념을 재구성했으며, 다른 한편으로 하이데거의 '사이' 개념과 구별되는 나의 견해를 밝혔다.

374) 하이데거는 독일 낭만주의 시인 노발리스의 경구, 즉 "철학은 본래 향수, 말하자면 곳곳을 고향처럼 만들려는 충동이다"(GA29/30, 7)라는 말을 부정하기는커녕 자신의 철학적 화두, 즉 세계, 유한성, 개별화라는 개념들을 묶는 이정표로 삼는다. 하이데거는 존재망각의 역사를 극복하고자 고대 그리스 철학, 소크라테스 이전의 사유로 회귀한다. 존재망각이라는 시대 진단 자체가 이미 '기

억해야 할 과거', '되돌아가야 할 고향'을 전제한다. 따라서 멜랑콜리한 향수가 근본 정조로서 하이데거 철학을 규정짓는 것은 불가피한 귀결이다. 멜랑콜리와 향수nostalgia/Heimweh와의 관계는 다음 책 참조. Jacky Bowring, *A Field Guide to Melancholy*, Harpenden: OLDCASTLE BOOKS, 2008, 101-104쪽.

375) 반복해서 말하지만, 하이데거의 '자기-존재Selbst-Sein'는 '실체적 주체'로 오해되어서는 안 된다. 차라리 그것은 서양 언어에 등장하는 재귀대명사(그리스어 he, 라틴어 se 또는 독일어 sich) 또는 모든 존재자의 동일성을 재확인하는 지시대명사(selbst)가 보여주는 존재이해에 가깝다. 이 점에 관해서는 8장 참조.

376) 어원상 이 용어에는 '자기동일성', '고유성'이란 의미가 함축되어 있다. 이 용어와 관련해서 존재를 해명하는 동계열의 용어에는 eigen, eignen, eigentlich, uneigentlich, aneignen, übereignen, enteignen, vereignen, zueignen 등이 있다.

377) 엠마누엘 레비나스, 『시간과 타자』, 강영안 옮김(문예출판사, 2001), 116쪽.

378) 플라톤, 『파이드로스』, 조대호 옮김(문예출판사, 2008), 36쪽 이하 참조. 이후 다이몬의 목소리를 듣고 소크라테스는 에로스를 비난하던 첫번째 연설을 번복한다. 하지만 번복 이전과 이후에도 변하지 않는 것은 사랑을 자유인의 관점에서 보고 있다는 점이다.

379) 나는 『멜랑콜리 미학』에서 서양적 자유의 남성성을 논한 바 있다. 제2부 중 '남성적 자유' 항목 참조.

380) 만해 역시 스스로를 묶는 사랑의 속박에 대해 이렇게 말한 바 있다. "사랑의 속박束縛은 단단히 얽어매는 것이 풀어주는 것입니다."(「선사禪師의 설법說法」, 89쪽)

381) 여기서 언급되고 있는 여성이란 타자성의 다른 이름이다. 여성이란 말로 내가 강조하고 싶은 것은 '여성'의 사랑(생물학적 여성 또는 남성 중심적 사회에

길들여진 여성들의 사랑)이 아니라 '사랑 자체의 여성성'이며 여성성의 타자적 성격이다. 이 점에서 하이데거가 말하는 제3의 중성은 기존의 남성적 자기중심성에서 크게 벗어나지 못한 것으로 평가된다.

382) (기본적으로 방언으로 보고는 있지만) 최전승 교수의 글은 이 시어에 대한 포괄적인 논의들을 다루고 있어 참조할 만하다. 최전승, 「詩語와 方言—'기룹다'와 '하냥'의 방언형태론과 의미론」, 『국어문학회』(35권, 2000), 75-135쪽. 기룸은 초판본에서는 '긔룹/긔루-'으로 표기된 형용사 '기룹다'의 명사형이다.

383) 레비나스도 타자성이 결핍된 에로스를 비판하면서 다음과 같이 말한다. "소유, 인식, 장악은 '할 수 있음'과 같은 말이다." 엠마누엘 레비나스, 같은 책, 110쪽.

384) 앤드류 솔로몬, 『한낮의 우울』, 민승남 옮김(민음사, 2008), 467쪽.

385) Sören Kierkegaard, *Der Begriff Angst / Die Krankheit zum Tode*, übersetzt von Christoph Schrempf und Hermann Gottsched, 2. Auflage, Göttingen: Marix Verlag, 2006, 50쪽. 쇠얀 키르케고르, 『불안의 개념』, 임춘갑 옮김(치우, 2011), 78쪽. 이후 한국어판 번역을 참조하되 일부 수정해서 인용했다.

386) T. W. Adorno, *Kierkegaard. Konstruktion des Ästhetischen*, Frankfurt am Main: Suhrkamp, 1974, 109-114쪽에서 키르케고르의 글 재인용 및 그에 대한 아도르노의 해석 참조.

387) Sören Kierkegaard, 같은 책, 50쪽.(한국어판 77쪽)

388) 로제 카이와, 『놀이와 인간』, 이상률 옮김(문예출판사, 2002), 37쪽 이하 참조.

389) Sören Kierkegaard, 같은 책, 73쪽.(한국어판 117쪽)

390) 같은 책, 130쪽.(한국어판 221쪽)

391) 같은 책, 143쪽.(한국어판 245쪽)

392) 쇠얀 키르케고르, 『이것이냐 저것이냐 1』, 임춘갑 옮김(치우, 2012), 471쪽. (Sören Kierkegaard, *Entweder-Oder*, hrsg. von Hermann Diem und Walter

Rest, übersetzt von Heinrich Fauteck, München: Deutscher Taschenbuch Verlag, 2009, 332쪽)

393) William McDonald, "Kierkegaard's Demonic Boredom", in *Essays on Boredom and Modernity*, Barbara Dalle Pezze and Carlo Salzani ed., Rodopi, 2009, 76쪽. 또한 권태 문제에 관해 키르케고르, 쇼펜하우어, 하이데거의 입장을 비교 정리한 패티슨의 책이 참조할 만하다. George Pattison, *Kierkegaard and the Quest for Unambiguous Life*, Oxford University Press, 2013, 3장 참조.

394) Sören Kierkegaard, *Der Begriff Angst / Die Krankheit zum Tode*, 154쪽.(한국어판 265쪽)

395) 단테 알리기에리, 『신곡』, 김운찬 옮김(열린책들, 2008), 지옥편 제34곡 참조.

396) 김종갑은 따분함과 권태를 이렇게 구분한다. "혼자서 아무것도 하지 않으면서 생기는 감정이 따분함이라면 사람들에 둘러싸여 분주한 가운데 찾아오는 텅 빈 것 같은 진공상태가 권태다." 그는 권태를 "근대적 현상"으로 파악하고 있다. 그러나 서양 근대 개인주의의 뿌리가 고대 그리스에 있는 것처럼, "자의식에서 유래하는" 권태도 그 뿌리는 시간을 거슬러 더 소급될 수 있다. "권태를 경험한다는 것은 우리가 새로운 의미를 창조하고 무미건조한 일상을 재주술화해야 한다는 요청인 것이다"라는 김종갑의 결론은 2,500년 멜랑콜리 담론이 권태를 처리하는 상투적인 귀결이다. 김종갑, 「근대의 증상으로서 지루함」, 『권태—지루함의 아나토미』, 몸문화연구소 엮음(자음과모음, 2013), 59-76쪽 참조.

397) 소설가 모라비아는 권태를 "소통 부재, 그리고 그런 상황에서 빠져나올 수 없는 무기력함"이라고 규정하면서, 작중 화자가 어린 시절부터 권태를 경험한 것에 대해 다음과 같이 기술한다. 따분해하는 자식에게 어머니는 재미있는 일을 권하지만, "재미있는 일이란 게 사실은 권태와 반대되는 일도, 권태를 치료해줄 수 있는 일도 아니라는 것을 이미 난 너무나 잘 알고 있었다. ……나는 그때 벌써 권태가 주로 의사소통의 부재에서 생겨난다는 사실에 주목하고 있었

다. 다른 사물들에게서 분리되어 있듯이 어머니에게서도 분리되어 의사소통을 할 수 없기 때문에, 어떻게 보자면 오해를 받아들이고 어머니를 속일 수밖에 없었다." 여기서 권태는 타자(그리고 자기)와의 소통 부재, 관계 단절, 소외의 또다른 이름이다. 알베르토 모라비아, 『권태』, 이현경 옮김(열림원, 2005), 13쪽 이하 참조.

398) 특히 권태와 멜랑콜리의 관계는 투이의 책에 잘 서술되어 있다. 피터 투이, 『권태―그 창조적인 역사』, 이은경 옮김(미다스북스, 2011) 참조.

399) 영문학자 이언 와트는 '근대적 개인'을 표현한 신화적 인물로서 파우스트, 돈 후안, 돈키호테, 로빈스 크루소를 꼽고 있다. 그에 따르면, "그 기본적인 구성과 불후의 이미지는 **모두 서구인의 특징적 열망 중 하나를 외곬으로 추구하는 주인공을 보여준다.** 이들은 우리 문화의 특히 중요한 영역에서 각각 탁월성 arete과 오만hybris, 즉 예외적인 출중함과 그것이 지나쳐 해가 되는 과오를 형상화한다."(인용자 강조) 이언 와트, 『근대 개인주의 신화』, 이시연·강유나 옮김(문학동네, 2004), 12쪽.

400) 괴테, 『파우스트 1』, 이인웅 옮김(문학동네, 2009), 33-34쪽.

401) 같은 책, 111쪽.

402) 진은영, 「한 진지한 시인의 고뇌에 대하여」, 『창작과 비평』(2010년 여름), 18~19쪽.

403) 같은 글, 19쪽.

404) 사실 진은영이 랑시에르에게 빌려온 '타율성' 개념은 이 논의에 썩 어울리는 말은 아니다. '타율'이라기보다는 '주권성sovereignty'이 더 정확하다. "삶-되기"는 예술 '외적' 규칙에 단순히 '복종'한다는 의미의 타율성이 아니라, 예술이 고립된 자기만의 공간에서 벗어나 자신의 역량을 확장함으로써 정치적 권리를 재전유한다는 의미에서 주권성에 가깝기 때문이다. 예술의 자율성과 주권성에 관해서는 다음의 책 서문이 참조할 만하다. Christoph Menke, *Die Souveränität der Kunst: Ästhetische Erfahrung nach Adorno und Derrida*,

Frankfurt am Main: Suhrkamp Verlag, 1991.

405) 김수영, 『金洙暎 全集 II 散文』(민음사, 1984), 175쪽.

406) 같은 책, 250쪽.

407) 같은 책, 61쪽.

408) 진은영, 같은 글, 29쪽.

409) 같은 글, 30-31쪽 인용문 참조.

410) 현대미학의 동향은 크게 영미 미학과 유럽 미학으로 양분된다. 전자는 과학적 성과에 힘입어 감정, 심미적 안목 등을 뇌과학 또는 인지과학 등과 접목시키려 하고 있다. 반면 후자는 전통미학을 고수하는 보수적인 입장과 프랑스 해체주의, 후기 마르크스주의를 대변하는 진보적인 입장으로 갈린다. 1990년대 이래로 국내외에서 벤야민 미학이 가장 많은 주목을 받고 있다. 그리고 벤야민과 하이데거 철학을 확대 발전시킨 아감벤이 최근 가장 주목받고 있는 철학자일 것이다. 과거 벤야민과 아도르노는 친구이자 경쟁자였다. 아감벤 뒤에 벤야민이 있다면, 멘케의 배후에는 아도르노가 있다.(멘케는 아도르노 미학을 계승한 손자뻘 되는 학자다.) 아감벤만큼이나 우리가 주목해야 할 인물로 멘케를 거론하는 까닭이 여기에 있다. 그 두 사람은 스승을 닮았다. 벤야민이 제도권 밖에서 자유롭게 유랑하는 글쓰기를 구사했던 반면, 아도르노는 제도권 내에서 정치하고 힘있는 글을 구사했다. 그와 유사하게 아감벤은 다양한 영역의 소소한 주제들에서 깊이 있는 철학적 문제들을 끄집어낸다. 반면 멘케는 미학사와 주된 미학 문제들과 정면으로 대결하면서, 그것을 새롭게 해석한다. 크리스토프 멘케, 『미학적 힘』, 김동규 옮김(그린비, 2013), '옮긴이의 글' 참조.

411) Christoph Menke, *Die Gegenwart der Tragödie; Versuch über Urteil und Spiel*, Frankfurt am Main: Suhrkamp, 2005, 7쪽.

412) 크리스토프 멘케, 『미학적 힘』, 김동규 옮김(그린비, 2013), 27쪽.

413) 같은 책, 2장 '실천: 주체의 연습' 참조.

414) 같은 책, 80쪽.

415) 같은 책, 89쪽.

416) 이 용어는 원래 그리스어 aisthesis에서 유래한 말로서 '감각', '감성'이라는 기본 의미를 가지고 있다. 그와 함께 하나의 학문 명칭인 '미학', 아름다움 또는 예술과 연계된 '미감', '심미審美' 등등의 다양한 의미소들을 가진 낱말이다. 멘케의 문맥에서는 '인간을 움직이고 변용시키는 힘', 특히 '주체 변용의 힘으로서의 감성'을 뜻한다.

417) 크리스토프 멘케, 같은 책, 108쪽.

418) 멘케는 근대미학적 주체의 등장에 관한 두 가지 상이한 입장을 소개한다. 하나는 요아힘 리터의 해석으로서, 미학적 주체는 근대 객관화된 사회를 형성한 합리적 주체의 반대면이라는 생각이고, 다른 하나는 푸코의 해석으로서 미학적 주체는 훈육 권력의 객체이자 효과라는 입장이다. 전자는 사물화·합리화된 근대 세계에서 살아 생동하는 '개체성'을 되살리는 미학적 주체의 한 모습을 대변하고, 후자는 미학적 주체가 미시적인 '훈육' 권력의 산물임을 보여준다. 이런 논쟁에 대해 멘케는 두 입장이 공통적으로 감성적 주체의 어두운 힘을 전제하지만, 한쪽은 '개체성'을 강조하고 다른 쪽은 '훈육'을 강조한 것에 지나지 않는다고 보고 있다. 같은 책, 52쪽 이하 참조.

419) 같은 책, 167쪽.

420) 같은 책, 168쪽.

421) 하이데거의 어원 설명에 따르면, 폴리스pólis는 폴로스pólos, 즉 소용돌이, 중심축이란 뜻에서 유래한 말이다. 마치 태풍의 눈처럼, 존재자 전체를 소용돌이치며 한곳으로 불러모으는 인간의 삶은 진리의 빛을 드러내는 곳이라는 뜻이다. 하이데거는 "존재자의 한가운데에서 인간이 인간적이고 역사적으로 거주하는 장소"라고 폴리스를 이해한다. M. Heidegger, *Hölderlins Hymne "Der Ister"* (GA 53), hrsg. von Walter Biemel, Frankfurt am Main: Klostermann, 1984, 100-101쪽.

422) 이 점에 대한 자세한 논의는 필자의 다음 글 참조. 김동규, 「탈근대 담론의

'차이의 선'에 대한 계보학적·윤리적 연구—크리스토프 멘케의 미학적 담론을 중심으로」,『사회와 철학』, 제23집(사회와철학연구회, 2012).

423) 김수영, 같은 책, 249쪽.

424) 박동환,『안티호모에렉투스』(도서출판 길, 2001), 30쪽.

425) 진은영, 같은 글, 31쪽.

426) 진은영,『우리는 매일매일』(문학과지성사, 2008), 11쪽.

427) 이런 식의 사랑이 서양의 대표적인 사랑관이다. 플라톤에서 프로이트까지. 예컨대 헤겔의 사랑관에 따르면, 사랑은 '타자 내에서의 자기발견'이다. 헤겔의 사랑관에 대해서는 다음 글 참조. 남기호,「헤겔의 '사랑' 개념과 그 철학적 위상 변화」, 한국철학사상연구회,『시대와 철학』, 19권 4호, 2008.

428) 게오르크 뷔히너,『보이체크 / 당통의 죽음』, 홍성광 옮김(민음사, 2013), 127쪽.

429) 같은 책, 144쪽.

430) 같은 책, 207쪽.

431) 수전 손택,『우울한 열정』, 홍한별 옮김(시울, 2005), 66-67쪽.

432) Walter Benjamin, "Linke Melancholie: Zu Erich Kästners neuem Gedichtbuch," in *Kritiken und Rezensionen*, GSⅢ, Frankfurt am Main: Suhrkamp, 1991, 280쪽. 짧은 글이기에 앞으로 이 글에 대한 쪽수 기재는 생략하겠다.

433) 벤야민이 보기에 좌파 근본주의에는 당시의 행동주의Aktivismus, 표현주의Expressionismus, 신즉물주의Neue Sachlichkeit 등이 속한다.

434) 코르돈은 이런 벤야민의 케스트너 비판을 다음과 같은 수준에서 수긍한다. "케스트너는 자신이 무엇에 반대하고 있는지를 언제나 알고 있었다. 그러나 무엇을 위해 행동할지를 스스로에게 물어보면 그 대답은 그에게 떠오르지 않았다." 클라우스 코르돈,『망가진 시대』, 배기정 옮김(시와진실, 2004), 115쪽.

435) 케스트너를 찬미하는 박홍규의 글은 벤야민의 케스트너 비판과 대조해볼 만하다. 박홍규,『삶을 사랑하고 죽음을 생각하라』(필맥, 2004).

436) 이성복, 『아, 입이 없는 것들』(문학과지성사, 2003) 중 「시인의 말」.

437) 이성복, 『나는 왜 비에 젖은 석류 꽃잎에 대해 아무 말도 못 했는가』(문학동네, 2001), 176쪽.

438) 이성복, 『래여애반다라』(문학과지성사, 2013). 앞으로 특별히 인용 출처를 밝히지 않은 이성복의 시들은 모두 이 시집에 수록된 작품이다.

439) 이성복, 『달의 이마에는 물결무늬 자국』(열림원, 2003), 71쪽.

440) 김동규, 『멜랑콜리 미학—사랑과 죽음 그리고 예술』(문학동네, 2010), 254쪽.

441) Jacques Derrida, *The Animal That Therefore I Am* (*L'animal que donc je suis*), edited by Marie-Louise Mallet, translated by David Wills, New York: Fordham University Press, 2008, 6쪽. 원래 '동물시학'이란 용어는 데리다에게서 유래한 것이지만(데리다는 상세한 설명을 생략한 채 사용), 최근 몇몇 학자는 이를 좀더 급진적인 의미로 사용한다. 이 용어의 의미에 관해서는 모에의 다음 글 참조. 나는 현행적 어법을 고려하면서도, 하이데거적 의미로 재해석하여 이 용어를 사용할 것이다. Aaron Moe, "Zoopoetics: A Look at Cummings, Merwin, & the Expanding Field of Ecocriticism," in *Humanimalia: a journal of human/animal interface studies*, vol. 3 n. 2, 2012.

442) 이런 시선은 이전의 시 대부분에서 발견되는데, 시인이 젊어서 썼던 다음의 자기성찰적 잠언이 그 이유를 전해주고 있다. "처음도, 끝도 관찰! 너는 '눈'이다."[이성복, 『네 고통은 나뭇잎 하나 푸르게 하지 못한다』(문학동네, 2001), 204쪽] 이런 관찰자는 '인식 주체'를 뜻하며, 시인에게 '주체'는 '불가능'에 관한 담론에서도 끝까지 살아남는다. "불가능은 주체와 별개로 존재할 수 없다." [이성복, 『타오르는 물』(현대문학, 2009), 195쪽] '불가능'과의 조우 속에서 관찰과 인식의 강박적 성격이 상당히 희석되었음에도 불구하고, 시인은 여전히 '모호한' 주체 개념을 고집하고 있다.

443) 이런 견해는 여러 곳에서 표방되지만, 특히 자전적인 글 「액자 속의 사내를

찾아서」에서 분명히 밝히고 있다. "그의 글쓰기가 목표로 하는 것은 '환幻으로써 환幻 닦기' '환幻으로써 환幻 걷어내기'…… 도대체 '환상이 아니면 진실을 구할 수 없는' 것이다."(『나는 왜 비에 젖은 석류 꽃잎에 대해 아무 말도 못 했는가』, 37쪽) 사랑을 환상으로 보는 견해는 시인의 학술서 『프루스트와 지드에서의 사랑이라는 환상』(문학과지성사, 2004) 참조.

444) 이성복, 『남해금산』, 문학과지성사, 1986, 71쪽.

445) 여기서 '파격'과 '격파'는 박동환의 철학 용어이며(8장 참조), 덧붙여서 '환멸幻滅'의 이중적 의미에 대한 아이디어는 연세대 중문과의 정진배 선생께 얻은 것임을 밝힌다.

446) 이성복, 『그대에게 가는 먼 길』(살림, 1990), 51, 66쪽, 1977년에 썼다는 시인의 아포리즘 141번과 206번. 시인의 이 아포리즘은 그동안 내게 시인의 소망과 다짐처럼 보였다.

447) 다양하게 찬미되는 데이지의 목소리를 일별해보면, 그것은 "한껏 달아올라 마치 노래하는 것" 같고, "그녀의 말투엔 가슴을 설레게 하는 격정이 흘러넘쳤다."(27쪽) "그녀의 목소리는 최대한 '사실 그대로'를 전하려고 애쓰고 있었다."(110쪽) "고통과 비탄에 잠긴 그녀의 아름다운 목소리는 오직 예기치 않은 기쁨만을 드러내고 있었다."(113쪽) 그 목소리는 "뜨거운 열정으로 거세게 요동"치며, "아무리 오래 꿈꾸어도 결코 질리지 않고", "영원히 사라지지 않을 영생불멸의 노래"다.(121쪽) 그것은 "목 안에서 종알거리는 목소리"(132쪽)이며, "무의미한 언어에 형태를 부여"(149쪽)하는 목소리이며, "허스키하고 매력적"(186쪽)인 목소리다. F. 스콧 피츠제럴드, 『위대한 개츠비』, 김영하 옮김(문학동네, 2013).

448) 같은 책, 21쪽.

449) 같은 책, 151쪽.

450) 같은 책, 117쪽.

451) 같은 책, 124쪽.

452) 같은 책, 125쪽.

453) 역사적으로 사치와 자본주의 사이에는 밀접한 관계가 있다. 독일의 사회학자 좀바르트의 『사치와 자본주의』에 따르면, "사치욕구의 물화Versachlichung는 자본주의 발전에 근본적인 의의"(164쪽)가 있었고, "사치산업은 특히 일찍부터 자본주의에 속하였"으며, "대자본주의적이며 대기업적인 조직은 사치산업에서 맨 먼저 형성되었다."(242쪽) 그는 자본주의의 지배를 가져오는 결정적인 요인으로서 "사치소비의 확대"를 꼽으면서, 사치산업이 자본주의적인 조직에 적합한 이유로 다음의 네 가지를 제시하고 있다. 1) 생산과정의 성질(비싼 원료, 예술적인 제작방식이 자본력을 요구한다), 2) 판매의 성질(일용품보다 경기변동의 영향을 많이 받음), 3) 외국인들에 의한 인위적이고 합리적인 육성, 4) 대량판매의 가능성이 나중에 등장했기에 사치산업의 투자 이외에는 자본축적의 길이 없었던 점.(273-276쪽) 베르너 좀바르트, 『사치와 자본주의』, 이상률 옮김(문예출판사, 1997) 참조.

454) 발터 벤야민, 『독일 비애극의 원천』, 조만영 옮김(새물결, 2008), 201쪽.

455) 게오르그 짐멜, 『돈의 철학』, 김덕영 옮김(도서출판 길, 2013), 388쪽.

456) 같은 책, 391쪽.

457) 다른 각도에서 이 페티시즘을 분석할 수도 있을 것이다. 정신의학적 관점에서, 클레람보는 이와 유사한 현상을 두고서 「여성이 직물에 대하여 에로틱한 열정을 보일때」라는 글을 남겼는데, 여기서 그는 특별히 여성의 비단 페티시즘을 다루고 있다. 비단을 접촉하며 오르가슴을 느끼는 여성, 생리 기간 중 비단을 훔칠 수밖에 없던 여성의 육성 등이 담긴 그 글에는 다음과 같은 대목이 나온다. "비단이 날 끌어당겨요. 리본의 비단이, 치마의 비단이, 코르셋의 비단이 날 유혹해요. 비단의 살랑살랑하는 소리를 느끼면, 비단이 내 손톱 밑에서 날 근질근질하게 만들기 시작해요. 그러면 저항도 말짱 소용없어요. 나는 비단을 훔쳐야만 해요. 날 떼미는 이 충동에 저항할 때, 난 울음이 터지고, 안절부절못한 채 상점 밖으로 뛰쳐나가죠." 가에탕 가티앙 드 클레람보, 『여성의 에로틱한

열정과 페티시즘』, 강응섭 옮김(도서출판 숲, 2003), 62쪽.

458) 에르빈 파노프스키, 『인문주의 예술가 뒤러 2』, 임산 옮김(한길아트, 2006), 114-115쪽.

459) R. Klibansky, E. Panofsky, F. Saxl, 같은 책, 408쪽.

460) 칼 맑스, 『자본론 I』(상), 김수행 옮김(비봉출판사, 1992), 164쪽.

461) 플라톤의 『국가』에 등장하는 마법의 반지. 반지를 낀 사람은 투명인간이 되기에 제멋대로 할 수 있다. 그 자체 절대권력의 도구이자 억압된 욕망들의 발현을 돕는 장치다.

462) 자크 르 고프, 『돈과 구원—고리대금업자에서 은행가로』, 김정희 옮김(이학사, 1998), 54쪽.

463) 같은 책, 69쪽.

464) F. 스콧 피츠제럴드, 같은 책, 224쪽.

465) 원래 셰익스피어가 '질투'를 빗대 표현한 말이다. 셰익스피어와 스콧 피츠제럴드는 공통적으로 불길하고 괴기스러운 욕망을 초록색으로 그리고 있다. 셰익스피어, 『셰익스피어 4대 비극집』, 신정옥 옮김(전예원, 2000), 240쪽.

466) 서양의 하위문화, 민중의 기층문화에 관한 상세한 연구는 차후의 연구과제로 남겨두기로 한다. 이 책에서 다루었던 멜랑콜리 정조는 주류와 정통이라고 불리는 서양의 엘리트 문화에 한정됨을 다시금 밝힌다.

:: 수록문 출처

* 이 책에 실린 각 장의 글은 다음의 글들을 바탕으로 수정·보완했다.

제1부 멜랑콜리, 서양문화의 숨겨진 기원

1장 「이미지 창작의 검은 원천: 아리스토텔레스의 『문제들』을 중심으로」, 『몸, 이미지, 권력』, 조선대학교 인문학연구원 이미지연구소 엮음, 앨피, 2010.

2장 「서양 이성의 멜랑콜리: 칸트의 경우」, 『이성의 다양한 목소리』, 현대철학연구소 엮음, 철학과현실사, 2009.

3장 「니체 철학에서의 고통과 비극: 문화철학의 관점에서」, 『철학탐구』, 제26집, 2009.

4장 「웃음의 문화형식의 한 가지 사례: 검은 담즙에서 배양된 웃음, 냉소」, 『존재론 연구』, 제22집, 2010.

제2부 멜랑콜리 문화의 한계

5장 「하이데거의 멜랑콜리 해석: 창작하는 자유인의 무거운 심정」,『해석학 연구』, 제21집, 2008.

6장 「하이데거 철학의 멜랑콜리: 『존재와 시간』에 등장하는 실존론적 유아론의 멜랑콜리」, 『하이데거 연구』, 제19집, 2009.

7장 「프로이트의 멜랑콜리론: 서양 주체의 문화적 기질론」, 『철학탐구』, 제28집, 2010.

제3부 멜랑콜리의 수용과 변용

9장 「현대시의 멜랑콜리」, 『현대시』, 한국문연, 제236집, 2009. 휴버트 드레이퍼스 / 숀 켈리, 『모든 것은 빛난다』, 김동규 옮김, 사월의책, 2013, 「옮긴이의 글」.

10장 「만해의 '기룸'과 하이데거의 '멜랑콜리': 비근대와 탈근대, 동과 서, 그리고 시와 철학의 만남」, 『존재론 연구』, 제23집, 2010.

11장 「예술의 정치성에 관한 소고: 어두운 감성의 정치적 힘에 관하여」, 『문예중앙』, 125호, 2011. 크리스토프 멘케, 『미학적 힘』, 김동규 옮김, 그린비, 2013, 「옮긴이의 글」.

12장 「슬픔의 기울기: 슬픔의 파격에서 격파의 슬픔으로」, 『문학동네』, 75호, 2013.

멜랑콜리 스펙트럼

「고대: 영웅적 멜랑콜리」, 「중세Ⅰ: 죄, 아케디아, 악마의 유혹」, 「백야의 멜랑콜리」, 「멜랑콜리와 잠」, 「중세Ⅱ: 아우구스티누스의 고백, 자백, 독백」, 「근대: 햄릿의 멜랑콜리」는 2012년 1-6월 월간 『PUBLIC ART』에 연재.

「멜랑콜리의 트라이앵글: 불안, 권태, 고독」은 월간 『현대시』 2014년 3월호에 「멜랑콜리의 시적 이미지: 진은영의 「멜랑콜리아」에 대한 단상」이라는 제목으로 부분 수록.

「좌파 멜랑콜리: 벤야민」, 「나르키소스와 피그말리온의 후예들」, 「자본주의적 멜랑콜리」는 『헤겔연구』(제35호, 2014)에 「우리 사회의 멜랑콜리: 자본주의적 멜랑콜리와 좌파 멜랑콜리」라는 제목으로 재구성해서 수록.

:: 참고문헌

이 책에서 많이 인용된 주요 원전(칸트, 하이데거)은 편의상 약어를 사용해 칸트는 GS, 하이데거는 GA로 표기했다. 가령 'GS2, 212'는 '칸트 전집 2권 212쪽'을 뜻한다. 이렇게 약어를 사용한 경우에는 주註로 처리하는 대신 본문에 직접 표기했다. 외국 문헌의 한국어 번역본이 있는 경우, 원서 서지 뒤에 한국어판 서지도 함께 적었다.

칸트

GS2. *Gesammelte Schriften, Bd. II*, hrsg. von der Königlich Preußischen Akademie der Wissenschaft, Berlin: Druck und Verlag von Georg Reimer, 1912. (『아름다움과 숭고함의 감정에 관한 고찰』, 이재준 옮김, 책세상, 2007)

GS5. *Gesammelte Schriften, Bd. V*, hrsg. von der Königlich Preußischen Akademie der Wissenschaft, Berlin: Druck und Verlag von Georg Reimer, 1913. (『판단력비판』, 백종현 옮김, 아카넷, 2009)

GS7. *Gesammelte Schriften, Bd. VII*, hrsg. von der Königlich Preußischen Akademie der Wissenschaft, Berlin: Druck und Verlag von Georg Reimer, 1917. (『실용적 관점에서 본 인간학』, 이남원 옮김, 울산대학교출판부, 1998)

GA2. *Sein und Zeit*, hrsg. von Friedrich-Wilhelm von Herrmann. Frankfurt am Main: Vittorio Klostermann, 1977. (『존재와 시간』, 이기상 옮김, 까치, 1998)

GA4. *Erläuterungen zu Hölderlins Dichtung*, hrsg. von Friedrich-Wilhelm von Herrmann. Frankfurt am Main: Vittorio Klostermann, 1981. (『횔덜린 시의 해명』, 신상희 옮김, 아카넷, 2009)

GA5. *Holzwege*, hrsg. von Friedrich-Wilhelm von Herrmann. Frankfurt am Main: Vittorio Klostermann. 1977. (『숲길』, 신상희 옮김, 나남, 2008)

GA7. *Vorträge und Aufsätze*, 4. Auflage, Pfullingen: Neske, 1978. (『강연과 논문』, 이기상·신상희·박찬국 옮김, 이학사, 2008)

GA8. *Was heißt Denken?(1951-1952)*. 3. Auflage. Tübingen: Niemeyer, 1971. (『사유란 무엇인가』, 권순홍 옮김, 고려원, 1993)

GA9. *Wegmarken*, hrsg. von Friedrich-Wilhelm von Herrmann, Frankfurt am Main: Vittorio Klostermann, 1976. (『이정표 2』, 이선일 옮김, 한길사, 2005)

GA12. *Unterwegs zur Sprache*. hrsg. von Friedrich-Wilhelm von Herrmann, Frankfurt am Main: Vittorio Klostermann, 1985. (『언어로의 도상에서』, 신상희 옮김, 나남, 2012)

GA13. *Aus der Erfahrung des Denkens*. 4. Auflage. Pfullingen: Neske, 1977. (『사유의 경험으로부터』, 신상희 옮김, 도서출판 길, 2012)

GA16. *Reden und Andere Zeugnisse eines Lebensweges*, hrsg. von Friedrich-Wilhelm von Herrmann, Frankfurt am Main: Vittorio Klostermann, 2000.

GA24. *Die Grundprobleme der Phänomenologie*, hrsg. von Friedrich-Wilhelm von Herrmann, Frankfurt am Main: Vittorio Klostermann, 1975. (『현상학의 근본문제들』, 이기상 옮김, 문예출판사, 1994)

GA29/30. *Die Grundbegriffe der Metaphysik: Welt-Endlichkeit-Einsamkeit*, hrsg. von Friedrich-Wilhelm von Herrmann, Frankfurt am Main: Vittorio Klostermann, 1983. (『형이상학의 근본개념들—세계-유한성-고독』, 이기상·강태성 옮김, 까치, 2001)

GA34. *Vom Wesen der Wahrheit: Zu Platons Höhlengleichnis und Theätet*, Frankfurt am Main: Vittorio Klostermann, 1988. (『진리의 본질에 관하여—플라톤의 동굴의 비유와 테아이테토스』, 이기상 옮김, 까치, 2004)

GA50. *1. Nietzsches Metaphysik, 2. Einleitung in die Philosophie: Denken und Dichten*, hrsg. von Petra Jaeger. Frankfurt am Main: Vittorio Klostermann, 1990.

GA53. *Hölderlins Hymne "Der Ister"*, hrsg. von Walter Biemel, Frankfurt am Main: Vittorio Klostermann, 1984. (『횔덜린의 송가 〈이스터〉』, 최상욱 옮김, 동문선, 2005)

GA65. *Beiträge zur Philosophie (vom Ereignis)*, hrsg. von Friedrich-Wilhelm von Herrmann, Frankfurt am Main: Vittorio Klostermann, 1989.

GA71. *Das Ereignis*, hrsg. von Friedrich-Wilhelm von Herrmann, Frankfurt am Main: Vittorio Klostermann, 2009.

Heidegger, M., *Zollikoner Seminare: Protokolle, Gespräche, Briefe*, hrsg. Medard Boss, Frankfurt am Main: Vittorio Klostermann, 1987.

국내 문헌

강영안 외, 『포스트모던 칸트』, 한국칸트학회 엮음, 문학과지성사, 2006.

괴테, 요한 볼프강 폰, 『파우스트 1, 2』, 이인웅 옮김, 문학동네, 2009.

국립국어연구원 엮음, 『표준국어대사전』, 두산동아, 1999.

권순홍, 「하이데거와 타인의 문제」, 『현대윤리학의 문제들』(김수철 외 지음), 철학과현실사, 2002.

______, 『유식불교의 거울로 본 하이데거』, 도서출판 길, 2008.

기어츠, 클리퍼드, 『문화의 해석』, 문옥표 옮김, 까치, 2009.

기형도, 『기형도 전집』, 문학과지성사, 2000.

김동규, 「시가 아름다운 이유—하이데거 시론詩論을 중심으로」, 『존재론 연구』, 제31집, 한국하이데거학회, 2013.

______, 「탈근대 담론의 '차이의 선'에 대한 계보학적·윤리적 연구—크리스토프 멘케의 미학적 담론을 중심으로」, 『사회와 철학』, 제23집, 사회와철학연구회, 2012.

______, 「텍스트-해석의 권위」, 『철학탐구』, 제18집, 2005년 10월, 237-276쪽.

______, 『멜랑콜리 미학』, 문학동네, 2010.

______, 『철학의 모비딕—예술, 존재, 하이데거』, 문학동네, 2013.

______, 『하이데거의 사이-예술론—예술과 철학 사이』, 그린비, 2009.

김민수 편, 최호철, 김무림 편찬, 『우리말 어원사전』, 태학사, 1997.

김상봉, 『그리스 비극에 대한 편지』, 한길사, 2003.

______, 『기업은 누구의 것인가—철학 자본주의를 뒤집다』, 꾸리에, 2012.

______, 『나르시스의 꿈—서양정신의 극복을 위한 연습』, 한길사, 2002.

______, 『서로주체성의 이념—철학의 혁신을 위한 서론』, 도서출판 길, 2007.

김상환, 『니체, 프로이트, 맑스 이후』, 창작과비평사, 2002.

______, 『철학과 인문적 상상력』, 문학과지성사, 2012.

김수영, 『金洙暎 全集 Ⅱ. 散文』, 민음사, 1984.

김형효, 「所有와 當爲를 넘어선 無의 길」, 『문명갈등시대의 동서사상의 대화』 대회보 1, 제17회 한국철학자대회(한남대학교 문과대학), 2004년 10월 29-30일.

김홍중, 『마음의 사회학』, 문학동네, 2009.

남기호, 「헤겔의 "사랑" 개념과 그 철학적 위상 변화」, 한국철학사상연구회, 『시대와 철학』, 19권 4호, 2008.
단테, 알리기에리, 『신곡』, 한형곤 옮김, 서해문집, 2005.
____, 『신곡』, 김운찬 옮김, 열린책들, 2008.
드레이퍼스, 휴버트 / 켈리, 숀, 『모든 것은 빛난다』, 김동규 옮김, 사월의책, 2013.
드브레, 레지스, 『이미지의 삶과 죽음—서구적 시선의 역사』, 정진국 옮김, 시각과언어, 1994.
랭보, 아르튀르, 『랭보 시선詩選』, 이준오 옮김, 책세상, 1996.
____, 『地獄에서 보낸 한 철』, 김현 옮김, 민음사, 1990.
레비나스, 엠마누엘, 『시간과 타자』, 강영안 옮김, 문예출판사, 2001.
레인, 닉, 『미토콘드리아—박테리아에서 인간으로, 진화의 숨은 지배자』, 김정은 옮김, 뿌리와이파리, 2009.
류신, 『수집가의 멜랑콜리』, 서정시학, 2010.
류종영, 『웃음의 미학』, 유로, 2006.
르 고프, 자크, 『돈과 구원—고리 대금업자에서 은행가로』, 김정희 옮김, 이학사, 1998.
릴케, 라이너 마리아, 『릴케의 로댕』, 안상원 옮김, 미술문화, 1998.
링크, 루서, 『악마—얼굴 없는 가면』, 김병화 옮김, 심산, 2005.
마굴리스, 린, 『공생자 행성』, 이한음 옮김, 사이언스북스, 2007.
맑스, 칼, 『자본론 I』(상), 김수행 옮김, 비봉출판사, 1992.
멜빌, 허먼, 『모비딕』, 김석희 옮김, 작가정신, 2011.
모라비아, 알베르토, 『권태』, 이현경 옮김, 열림원, 2005.
몸문화연구소 엮음, 『권태—지루함의 아나토미』, 자음과모음, 2013.
몽테뉴, 『몽테뉴 수상록』, 손우성 옮김, 동서문화사, 2007.
바슐라르, 가스통, 『물과 꿈—물질적 상상력에 관한 시론』, 이가림 옮김, 문예출판사, 1998.

바타유, 조르주, 『에로스의 눈물』, 유기환 옮김, 문학과의식, 2002.

박동환, 「x의 존재론을 다시 풀이함—영원의 매체 '제1언어'에 대하여」, 『사회와 철학』, 사회와철학연구회, 제26집, 2013.

______, 「x의 존재론—특히 가에로 밀려난 이들의 한계해법에 대하여」, 『철학논집』, 서강대학교철학연구소, 제31집, 2012.

______, 『동양의 논리는 어디에 있는가』, 고려원, 1993.

______, 『서양의 논리 동양의 마음』, 까치, 1988.

______, 『안티호모에렉투스』, 도서출판 길, 2001.

박순영, 「이해 개념의 이해」, 우리사상연구소 엮음, 『우리말철학사전1—과학·인간·존재』, 지식산업사, 2001.

박홍규, 『삶을 사랑하고 죽음을 생각하라』, 필맥, 2004.

반덕진, 『히포크라테스의 발견』, 휴머니스트, 2005.

발트만, 베르너, 『버지니아 울프』, 이온화 옮김, 한길사, 1997.

백문식, 『우리말의 뿌리를 찾아서』, 삼광출판사, 1998.

버턴, 로버트, 『우울증의 해부』, 이창국 옮김, 태학사, 2004.

베르그송, 앙리, 『웃음 / 창조적 진화 / 도덕과 종교의 두 원천』, 이희영 옮김, 동서문화사, 2008.

벤야민, 발터, 『독일 비애극의 원천』, 조만영 옮김, 새물결, 2008.

보들레르, 샤를, 『악의 꽃』, 윤영애 옮김, 문학과지성사, 2008.

뵐플린, 하인리히, 『뒤러의 예술』, 이기숙 옮김, 한명, 2002.

뷔히너, 게오르크, 『보이체크/당통의 죽음』, 홍성광 옮김, 민음사, 2013.

세르킬리니툴레, 자클린, 『멜랑콜리의 색깔들—중세의 책과 사랑』, 김준현 옮김, 문학동네, 2012.

셰익스피어, 『셰익스피어 4대 비극집』, 신정옥 옮김, 전예원, 2000.

셸리, 메리, 『프랑켄슈타인』, 김선형 옮김, 문학동네, 2012.

소포클레스, 『소포클레스 비극』, 천병희 옮김, 단국대학교출판부, 2004.

손택, 수전, 『우울한 열정』, 홍한별 옮김, 시울, 2005.
솔로몬, 앤드류, 『한낮의 우울』, 민승남 옮김, 민음사, 2008.
쇼펜하우어, 아르투르, 『의지와 표상으로서의 세계』, 권기철 옮김, 동서문화사, 2008.
슈나이더, 마이클, 『자연, 예술, 과학의 수학적 원형』, 이충호 옮김, 경문사, 2002.
슬로터다이크, 페터, 『냉소적 이성 비판 1』, 이진우·박미애 옮김, 에코리브르, 2005.
아감벤, 조르조, 『세속화 예찬』, 김상운 옮김, 난장, 2010.
아렌트, 한나, 『인간의 조건』, 이진우·태정호 옮김, 한길사, 1997.
아우구스티누스, 『고백록』, 김기찬 옮김, 크리스찬다이제스트, 2002.
아퀴나스, 토마스, 『성 토마스 아퀴나스의 신학대전 요약』, G. 달 사쏘-R. 꼬지 편찬, 이재룡·이동익·조규만 옮김, 카톨릭대학교출판부, 1995.
______, 『신학대전神學大全 2』, 정의채 옮김, 성바오로, 1993.
오비드, 『오비드 신화집—변신이야기』, 김명복 옮김, 솔, 1993.
오비디우스, 『원전으로 읽는 변신이야기』, 천병희 옮김, 도서출판 숲, 2011.
와트, 이언, 『근대 개인주의 신화』, 이시연·강유나 옮김, 문학동네, 2004.
웨이크퍼드, 톰, 『공생 그 아름다운 공존』, 전방욱 옮김, 해나무, 2004.
윌슨, 에릭 G., 『멜랑콜리 즐기기』, 조우석 옮김, 세종서적, 2010.
이마미치 도모노부, 『단테 신곡 강의』, 이영미 옮김, 안티쿠스, 2008.
이상엽, 『니체의 문화철학』, UUP(울산대학교출판부), 2007.
이성복, 『그대에게 가는 먼 길』, 살림, 1990.
______, 『나는 왜 비에 젖은 석류 꽃잎에 대해 아무 말도 못 했는가』, 문학동네, 2001.
______, 『남해금산』, 문학과지성사, 1986.
______, 『네 고통은 나뭇잎 하나 푸르게 하지 못한다』, 문학동네, 2001.
______, 『달의 이마에는 물결무늬 자국』, 열림원, 2003.

______, 『뒹구는 돌은 언제 잠 깨는가』, 문학과지성사, 1992.

______, 『래여애반다라』, 문학과지성사, 2013.

______, 『아, 입이 없는 것들』, 문학과지성사, 2003.

______, 『타오르는 물』, 현대문학, 2009.

______, 『프루스트와 지드에서의 사랑이라는 환상』, 문학과지성사, 2004.

임철규, 『눈의 역사 눈의 미학』, 한길사, 2004.

정은해, 『현대존재론—하이데거의 자화사건적 존재론과 가다머의 지평융합적 존재론』, 철학과현실사, 2010.

조대호, 「기억과 상기—아리스토텔레스의 「기억과 상기에 대하여」 2장에 대한 분석」, 『철학연구』 , 96권, 2012.

______, 「플라톤 철학에서 기억과 영혼」, 『범한철학』, 66(3), 2012.

조동일, 『카타르시스, 라사, 신명풀이—연극 · 영화미학의 기본원리에 대한 生克論의 해명』, 지식산업사, 1997.

좀바르트, 베르너, 『사치와 자본주의』, 이상률 옮김, 문예출판사, 1997.

지라르, 르네, 『희생양』, 김진식 옮김, 민음사, 1998.

지젝, 슬라보예, 『시차적 관점』, 김서영 옮김, 마티, 2009.

____, 『전체주의가 어쨌다구?』, 한보희 옮김, 새물결, 2008.

진은영, 「한 진지한 시인의 고뇌에 대하여」, 『창작과 비평』, 2010년 여름호.

짐멜, 게오르그, 『돈의 철학』, 김덕영 옮김, 도서출판 길, 2013.

최문규, 「근대성과 "심미적 현상"으로서의 멜랑콜리」, 『뷔히너와 현대문학』, vol. 24, 2005.

최전승, 「詩語와 方言—'기룹다'와 '하냥'의 방언형태론과 의미론」, 『국어문학회』, 35권, 2000.

카발라-아들러, 수잔, 『애도—대상관계 정신분석의 관점』, 이재훈 옮김, 한국심리치료연구소, 2009.

카시러, 에른스트, 『문화과학의 논리』, 박완규 옮김, 도서출판 길, 2007.

카이와, 로제, 『놀이와 인간』, 이상률 옮김, 문예출판사, 2002.

커니, 리처드, 『이방인, 신, 괴물—타자성 개념에 대한 도전적 고찰』, 이지영 옮김, 개마고원, 2004.

코르돈, 클라우스, 『망가진 시대』, 배기정 옮김, 시와진실, 2004.

크레이머, 피터 D., 『우울증에 반대한다』, 고정아 옮김, 플래닛, 2006.

크리스, 에른스트 / 쿠르츠, O., 『예술가의 전설』, 노성두 옮김, 사계절, 1999.

클레람보, 가에탕 가티앙 드, 『여성의 에로틱한 열정과 페티시즘』, 강응섭 옮김, 도서출판 숲, 2003.

키르케고르, 쇠얀, 『불안의 개념』, 임춘갑 옮김, 치우, 2011.

________, 『이것이냐 저것이냐 1』, 임춘갑 옮김, 치우, 2012.

투이, 피터, 『권태—그 창조적인 역사』, 이은경 옮김, 미다스북스, 2011.

파노프스키, 에르빈, 『도상해석학 연구—르네상스 미술에서의 인문주의적 주제들』, 이한순 옮김, 시공사, 2002.

________, 『인문주의 예술가 뒤러 1, 2』, 임산 옮김, 한길아트, 2006.

파스, 옥타비오, 『흙의 자식들 외—낭만주의에서 전위주의까지』, 김은중 옮김, 솔, 1999.

푸코, 미셸, 『주체의 해석학—1981-1982, 콜레주드프랑스에서의 강의』, 심세광 옮김, 동문선, 2007.

플라톤, 『파이드로스』, 조대호 옮김, 문예출판사, 2008.

플로베르, 귀스타브, 『성 앙투안느의 유혹』, 김용은 옮김, 열린책들, 2010.

한용운, 『조선불교유신론』, 이원섭 옮김, 운주사, 2007.

______, 『한용운 시전집』, 최동호 편, 서정시학, 2009.

헤시오도스, 『신통기—그리스 신들의 계보』, 김원익 옮김, 민음사, 2003.

호메로스, 『오뒷세이아』, 천병희 옮김, 단국대학교출판부, 2004.

홍사현, 「예술의 절대적 기능—니체의 예술론」, 김수용 외 지음, 『예술의 시대』, 아카넷, 2009.

홍성욱 외, 『예술, 과학과 만나다』, 아트센터 나비 엮음, 이학사, 2007.
홍준기, 「변증법적 이미지, 알레고리적 이미지, 멜랑콜리 그리고 도시: 벤야민 미학에 관한 정신분석학적 고찰」, Journal of Lacan & Contemporary Psycho-analysis, vol. 10, no. 2, 2008.

외국 문헌

Abraham, Nicolas., Torok, Maria, *The Wolf Man's Magic Word: A Cryptonymy*, translated by Nicholas Rand, Foreword by Jacques Derrida, *Theory and History of Literature*, vol. 37, Minneapolis: University of Minnesota Press, 1986.
Adorno, T. W., *Kierkegaard. Konstruktion des Ästhetischen*, *Gesammelte Schriften, Bd. 2*, Frankfurt am Main: Suhrkamp, 1979.
Agamben, Giorgio, *Potentialities: collected essays in philosophy*, edited and translated by Daniel Heller-Roazen, Stanford California: Stanford Unversity, 1999.
Anton, Corey, *Selfhood and Authenticity*, State University of New York Press, 2001.
Aristoteles, *On Prophecy in Sleep* (in *Parva Naturalia*), in 'The Loeb Classical Library', translated by W. S. Hett, London and Cambridge, 1964.
________, *Problemata Physica*, übersetzt u. erläutert von Helmut Flashar, Berlin: Akademie Verlag, 1991.
________, *Problems II*, Book XXX, translated by W. S. Hett, London and Cambridge, 1957.
________, *The Metaphysics*, B I, translated by Hugh Tredennick, London,

Massachusetts and Cambridge: Harvard Unversity Press, 1975. (『형이상학 1, 2』, 조대호 옮김, 나남, 2012)

________, *The Poetics*, in 'The Loeb Classical Library', translated by W. Hamilton Fyee, London and Cambridge, 1965. (『시학』, 천병희 옮김, 문예출판사, 1990)

Arjakovsky, Philippe (ed.), *Le Dictionnaire Martin Heidegger: Vocabulaire polyphonique de sa pensée*, LES ÉDITIONS DU CERF, 2013.

Barryte, Bernard (ed.), *Rodin's Art*, The Iris & B. Gerald Cantor Center for visual Arts at Standford University, 2003.

Barthes, R., *Camera Lucida: Reflections on Photography* (*La Chambre claire*), translated by Richard Howard, New York: Hil and Wang, 1981.

Baumgarten, Alexader G., *Theoretische Ästhetik: Die grundlegende Abschnitte aus der "Aesthetica"(1750/58)*, übersetzt von H. R. Schweizer, Hamburg: Felix Meiner Verlag, 1983.

Bellinger, Charles K., *The trinitarian self: the key to the puzzle of violence*, Eugene, Or.: Pickwick Publications, 2008.

Benjamin, Walter, "Ursprung des deutschen Trauerspiels", in *Gesammelte Schrifte I-1*, hrsg. von R. Tiedemann und H. Schweppenhäuser, Frankfurt am Main: Suhrkamp, 1997.

________, *Kritiken und Rezensionen*, *Gesammelte Schrifte III*, Suhrkamp, 1991.

Binkert, Dörthe, *Die Melancholie ist eine Frau*, Hoffmann und Campe, 1995.

Borchmeyer, Dieter (Hg.), *Melancholie und Heiterkeit*, Universitätsverlag Winter Heidelberg, 2007.

Bowring, Jacky, *A Field Guide to Melancholy*, OLDCASTLE BOOKS, 2008.

Butler, Judith, *Frames of War: When Is Life Grievable?*, London·New York:

Verso, 2009.

______, *Psyche der Macht: Das Subjekt der Unterwerfung*, übersetz. von Reiner Ansén, Frankfurt am Main: Suhrkamp, 2001.

Cavalier-Smith, Thomas, "Symbiogenesis: Mechanisms, Evolutionary Consequences, and Systematic Implications", *The Annual Review of Ecology, Evolution, and Systematics*, 2013. 44: 145-172.

Clair, Jean (hrsg.), *Melancholie: Genie und Wahnsinn in der Kunst*, Hatje Cantz Verlag, 2005.

Derrida, Jacques, *The Animal That Therefore I Am* (*L'animal que donc je suis*), edited by Marie-Louise Mallet, translated by David Wills, New York: Fordham University Press, 2008.

Esposito, Roberto, *Communitas: Ursprung und Wege der Gemeinschaft*, übersetzt von Sabine Schulz und Francesca Raimondi, diaphanes, 2004.

______, *Immunitas: Schutz und Negation des Lebens*, übersetzt von Sabine Schulz, diaphanes, 2004.

Ficino, M., *Three Books on Life* (*De triplici vita*), A Critical Edition and Translation by C. V. Kaske and J. R. Clark, Arizona, 1998.

Fink-Eitel, Hinrich, "Die Philosophie der Stimmungen in Heideggers *Sein und Zeit*", in *Allgemeine Zeitschrift für Philosophie*, Jg. 17, 1992.

Földényi, L. F., *Melancholie*, übersetzt von Nora Tahy, München: Matthes & Seitz, 1988.

______, *Melancholie*, übersetzt von Nora Tahy, München: Matthes & Seitz, 1988.

Freud, S., *Psychologie des Unbewußten*, Studienausgabe Bd. Ⅲ, von hrsg. von A. Mitscherlich A. Richards J. Strachey, Frankfurt am Main: Fischer Taschenbuch Verlag, 2000. (『쾌락원칙을 넘어서』, 박찬부 옮김, 열린책들,

1998 / 『무의식에 관하여』, 윤희기 옮김, 열린책들, 1998. 본문에서 인용할 때 참고한 한국어 번역본은 『무의식에 관하여』다.)

______, *Schriften zur Behandlungstechnik*, Studienausgabe Ergänzungsband, hrsg. von A. Mitscherlich, A. Richards, J. Strachey, Frankfurt am Main: Fischer Taschenbuch Verlag, 2000. (『끝낼 수 있는 분석과 끝낼 수 없는 분석』, 이덕하 옮김, 도서출판b, 2004)

Gadamer, Hans-Georg, *Gesammelte Werke, Bd. 1*, Tübingen: J. C. B. Mohr(Paul Siebeck), 1986.

Haar, Michel, "Attunement and Thinking", in *Heidegger: A Critical Reader*, edited by Hubert Dreyfus and Harrison Hall, Oxford & Cambridge: Blackwell, 1992.

Kierkegaard, Sören, *Der Begriff Angst / Die Krankheit zurm Tode*, übersetzt von Christoph Schrempf und Hermann Gottsched, 2. Auflage, Marix Verlag, 2006.

__________, *Entweder-Oder*, hrsg. von Hermann Diem und Walter Rest, übersetzt. von Heinrich Fauteck, Deutscher Taschenbuch Verlag, 2009.

Klein, Melanie, *Envy and Gratitude And Other works 1946-1963*, New York: The Free Press, 1984.

Klibansky, R., Panofsky, E., Saxl, F., *Saturn and Melancholy: Studies in the History of Natural Philosophy, Religion and Art*, London, 1964.

Krämer, Sybille, "Melancholie—Skizze zur epistemologischen Deutung eines Topos", *Zeitschrift für philosophische Forschung*, Bd. 49(1994), 3.

Kristeva, Julia, *Soleil Noir: Dépression et Mélancolie*, Gallimard, 1987. (『검은태양—우울증과 멜랑콜리』, 김인환 옮김, 동문선, 2004. *Black sun: Depression and Melancholia*, translated by Leon S. Roudiez, New York: Columbia Unversity Press, 1989)

Lambrecht, Roland, *Melancholie: Vom Leiden an der Welt und den Schmerzen der Reflexion*, Hamburg: Rowolt Tachenbuch Verlag, 1994.

Laplanche, J., Pontalis, J.-B., *Das Vokabular der Psychoanalyse*, übersetzt von Emma Moersch, Frankfurt am Main: Suhrkamp, 1973.

Liddell, H. G., Scott, R. (compiled.), *Greek-English Lexicon*, Oxford, 1968. (독일어판 Franz Passow, *Handwörterbuch der Griechischen Sprache*, 2. Bd. 1. Abteil., Wissenschaftliche Buchgesellschaft, 2004)

McDonald, William, "Kierkegaard's Demonic Boredom", in *Essays on Boredom and Modernity*, edited by Barbara Dalle Pezze and Carlo Salzani, Rodopi, 2009.

Menke, Christoph, *Die Gegenwart der Tragödie; Versuch über Urteil und Spiel*, Frankfurt am Main: Suhrkamp, 2005.

______, *Die Souveränität der Kunst: Ästhetische Erfahrung nach Adorno und Derrida*, Suhrkamp Verlag, 1991.

______, *Kraft. Ein Grundbegriff ästhetischer Anthropologie*, Frankfurt am Main: Suhrkamp, 2008. (『미학적 힘』, 김동규 옮김, 그린비, 2013)

Mensch, J. R., *Ethics and Selfhood: Alterity and the Phenomenology of Obligation*, State University of New York Press, 2003.

Moe, Aaron, "Zoopoetics: A Look at Cummings, Merwin, & the Expanding Field of Ecocriticism," in *Humanimalia: a journal of human/animal interface studies*, vol. 3, n. 2, 2012.

Nasio, Juan-David, *The Book of Love and Pain: Thinking at the Limit with Freud and Lacan*, translated by David Pettigrew and François Raffoul, State University of New York Press, 2004.

Nietzsche, F. W., *Also sprach Zarathustra*, Kritische Studienausgabe hrsg. von Giorgio Colli und Mazzino Montinari, München: Deutscher Taschenbuch

Verlag, 1999. (『차라투스트라는 이렇게 말했다』, 정동호 옮김, 책세상, 2000)

___________, *Der Fall Wagner / Götzen-Dämmerung / Der Antichrist / Ecce homo / Dionysos-Dithyramben / Nietzsche contra Wagner*, Kritische Studienausgabe hrsg. von Giorgio Colli und Mazzino Montinari, München: Deutscher Taschenbuch Verlag, 1999. (『바그너의 경우 / 우상의 황혼 / 안티크리스트 / 이 사람을 보라 / 디오니소스 송가 / 니체 대 바그너』, 백승영 옮김, 책세상, 2002)

___________, *Die Geburt der Tragödie / Unzeitgemäße Betrachtungen I-IV / Nachgelassene Schriften1870-1873*, Kritische Studienausgabe hrsg. von Giorgio Colli und Mazzino Montinari, München: Deutscher Taschenbuch Verlag, 1999. (『비극의 탄생』, 곽복록 옮김, 범우사, 2002)

___________, *Jenseits von Gut und Böse / Zur Genealogie der Moral*, Kritische Studienausgabe hrsg. von Giorgio Colli und Mazzino Montinari, München: Deutscher Taschenbuch Verlag, 1999. (『선악의 저편 / 도덕의 계보』, 김정현 옮김, 책세상, 2002)

___________, *Morgenröte / Idyllen aus Messina / Die fröhliche Wissenschaft*, Kritische Studienausgabe hrsg. von Giorgio Colli und Mazzino Montinari, München: Deutscher Taschenbuch Verlag, 1999. (『즐거운 학문 / 메시나에서의 전원시 / 유고(1881년 봄~1882년 여름)』, 안성찬 · 홍사현 옮김, 책세상, 2005)

Nüsse, Bettina, *Melancholie und Tragödie: Genealogische Kunturtheorie I*, München: Wilhelm Fink Verlag, 2008.

O'Shea, Andrew, *Selfhood and Sacrifice: René Girard and Charles Taylor on the Crisis of Modernity*, London Continuum International Publishing Group, 2010.

Pattison, George, *Kierkegaard and the Quest for Unambiguous Life*, Oxford

University Press, 2013.
Platon, "Das Gastmahl," *Platon, Bd. III*, Darmstadt: Wissenschaftliche Buchgesellschaft, 1974. (『잔치』, 조우현 옮김, 두로, 1994)
______, "ION," *Platon, Bd. I*, Darmstadt: Wissenschaftliche Buchgesellschaft, 1977.
Ricoeur, Paul, *Oneself as Another*, translated by Kathleen Blamey, The University of Chicago and London, 1992.
Sartre, Jean-Paul, *Das Sein und das Nichts* (*L'être et le néant. Essai d'ontologie phénoménologique*), hrsg. von Traugott König, übersetzt von Hans Schöneberg und Traugott König, Rowohlt Taschenbuch Verlag, 2003.
Schrag, Calvin O., *The Self after Postmodernity*, New Haven and London: Yale University Press, 1997.
Seigel, Jerrold, *The idea of the self: thought and experience in western Europe since the seventeenth century*, New York: Cambridge University Press, 2005.
Starobinski, Jean, *Geschichte der Melancholiebehandlung*, übersetzt von Cornelia Wild, August, S. 83.
Theunissen, M., "Melancholie und Acedia: Motive zur zweitbesten Fahrt in der Moderne", in *Entzauberte Zeit—Der Melancholische Geist der Moderne*, hrsg. von Ludger Heidbrink, München: Carl Hanser Verlag, 1997.
Toohey, Peter, *Melancholy, Love and Time: Boundaries of the Self in Ancient Literature*, The University of Michigan Press, 2004.
Van der Eijk, J., "Aristoteles über die Melancholie", in *Mnemosyne*, vol. 43, 1990.
Völlnagel, Jörg, *Katalogeintragen 252*, in *Melancholie: Genie und Wahnsinn in der Kunst*, Jean Clair (hrsg.), Hatje Cantz Verlag, 2005.

Wilson, Eric G., *My Business Is to Create: Blake's infinite writing*, University of Iowa Press, 2011.

:: 찾아보기

고유명사

작품

개념어

멜랑콜리아
—서양문화의 근원적 파토스

초판 1쇄 2014년 12월 20일
초판 4쇄 2018년 4월 13일

지은이 김동규 | 펴낸이 염현숙
책임편집 김영옥 | 편집 허정은 송지선 고원효
디자인 김이정 최미영 | 마케팅 정민호 이숙재 정현민 김도윤 오혜림 안남영
홍보 김희숙 김상만 이천희
제작 강신은 김동욱 임현식 | 제작처 영신사

펴낸곳 (주)문학동네
출판등록 1993년 10월 22일 제406-2003-000045호
주소 10881 경기도 파주시 회동길 210
전자우편 editor@munhak.com | 대표전화 031)955-8888 | 팩스 031)955-8855
문의전화 031)955-3578(마케팅), 031)955-1905(편집)
문학동네카페 http://cafe.naver.com/mhdn
문학동네트위터 http://twitter.com/munhakdongne

ISBN 978-89-546-3398-7 93100

이 도서의 국립중앙도서관 출판예정도서목록(CIP)은
서지정보유통지원시스템 홈페이지(http://seoji.nl.go.kr)와
국가자료공동목록시스템(http://www.nl.go.kr/kolisnet)에서 이용하실 수 있습니다.
(CIP 제어번호: CIP2014034892)

www.munhak.com